中华文化遗产系列丛书

美的创造

杨效平/主编

【第壹卷】
美的创造

中华民族在五千年的历史中，创造了灿烂的民族文化，留下了极为珍贵的文化遗产，这些文化遗产始终流淌着炎黄基因，记录着中华民族创造历史的艰难历程，永远将成为中华民族宝贵的精神财富。历史文化作为炎黄民族的共同财富，有如常青之树，愈老弥坚，散发着永恒的魅力。众多的学者围绕这一话题不断深入探讨，可谁也难对历史文化予以准确囊括。不少政府与企业都在努力寻求对文化遗产的指导开发，但更多则偏重于对现实时利的追求，历史文化遗产在经历了「文革」的批判的不幸遭遇后，其精华在流失，对于文化的视为国的子孙后代，民族走向复兴的共同心理，成为民族心理的共同积淀，视为国的子孙后代，我们仍不足。重塑不可缺少过重在传统文化保存。更多则偏重于历史文化问题的专题性和专业式的讨论，涉及太多历史与史料的水讨论，历史观念与发展脉络的表缕，而是试图以一种新的角度和视野对所涉及的问题加以过程中我们充分重在传统文化成要突出了各类问题的归纳和串联，没有受固定传统史学源流，可能全有很多不足和疏漏，但我们的目的是为了更集中，更明晰地将历史根进和基本史实直接呈现在读者的面前，更加突出中国本土传统文化中的基本环节和亮点。

中国文史出版社

图书在版编目(CIP)数据

美的创造/杨效平主编. --北京：中国文史出版社，2017.5

ISBN 978-7-5034-9316-4

Ⅰ.①美… Ⅱ.①杨… Ⅲ.①中华文化–通俗读物 Ⅳ.①K203-49

中国版本图书馆 CIP 数据核字(2017)第 144819 号

美的创造

丛 书 名：中华文化遗产系列丛书《天地之间》

书 名：美的创造

卷 次：第一卷·美的创造

主 编：杨效平

责任编辑：程 凤

出版发行：中国文史出版社

社 址：北京市西城区太平桥大街 23 号

邮政编码：100811

经 销：全国新华书店

印 刷：武汉立信邦和彩色印刷有限公司

开 本：787mm×1092mm 1/16

印 张：11.75

字 数：163 千字

版 次：2017 年 7 月第 1 版

印 次：2017 年 7 月第 1 版第 1 次印刷

书 号：ISBN 978-7-5034-9316-4

总 定 价：262.00 元

特邀顾问

耿　莹　肖云儒

编 委 会

编委毛佩琦简介

毛佩琦,中国人民大学历史学院教授、博士生导师;中国社会科学院明史研究室、北京大学明清研究中心、故宫博物院明清宫廷研究中心客座研究员;中国明史学会常务副会长;中国文物保护基金会历史文化专家委员会主任。在中央电视台《百家讲坛》主讲明十七帝、郑和下西洋600年祭、大明第一谋臣刘伯温、

七解中庸等，影响广泛。主要著作有：

《明成祖史论》《永乐皇帝大传》《郑成功评传》《明清行政管理制度》《中国明代政治史》(合著)《中国明代军事史》(合著)《平民皇帝朱元璋二十讲》等。

历史需要解读

近年来有一股通俗历史读物热，为什么？一个最基本的原因，就是中国人重视历史。这是传统，或者说，中国人多少都有点历史癖。当爸爸对孩子说，咱们的老家如何如何的时候，他已经在向孩子讲述历史了。什么家谱，什么姓氏起源，都是老百姓关心的东西。大多数人都以知道点儿老辈子的事为荣，以知道历史上的事为荣。在民间，能历数历史掌故的，常会受到人们尊重。这是我们特有的民族品格。

通俗历史读物热，其实也不是什么新事物，历史上通俗历史读物就一直受欢迎。自有史以来，对历史的记录就有两条线，一是官方的当朝或前朝的正史，一是民间的包括各种演义和口头传说。并非所有的野史都是通俗的，只有那些在民间流传的才具备通俗的品格。

引起近几年的通俗历史读物热的直接原因，是大量的连篇累牍的书籍对历史的戏说甚至颠覆、恶搞。其中大辫子戏、小说、影视狂轰滥炸，引起了大众的厌倦、反感，而戏说恶搞，则引发了大众的疑问。大众要追究历史真相，要正本清源，致使所谓"正说"的历史读物就大受追捧了。在学术界，史家不必给自己冠以"正说"之名，因治史的基本原则是实事求是。凡是加了"正说"的，都是说给大众的。"正说"针对恶搞而起，"正说"历史读物最先引起了通俗历史读物热。

不仅关于历史的记忆有官民两条线，而且对历史的解读也有官民两条线。两者有时重合，有时则大相径庭。百姓对历史的解读常常与官方不同，甚至故意对立。百姓对历史事件和人物有一套自己的认识，有自己的伦理意识和感情寄托。历史本身只有一个，记载、解释历史的方式和角度则各种各样。官、民的解读不同,学者写的通俗读物与民间的历史读物也不同。这就出现了所谓"草根史学",既不是官方,也不是学者,而是老百姓当中的人来解读历史。他们用自己的感情好恶,是非判断来解读历史。

既然历史可以有各种解读,老百姓当然也有解读的权力。非学术的解读并不一定是不健康的。几千年来,民间在历史上所寄托的好恶是非,也是维系民族心理、社会道义的纽带之一。草根史学与戏说恶搞不同,他们只是用自己喜欢的方式,表达了自己的感情和是非判断。因为生活背景、学养的不同,学者写的通俗读物不能取代草根史学。草根对历史有自己的感受,也有一套自己的语言和叙事方式。对于大众而言,和象牙塔里的史学著作相比,他们更愿意倾听和相信草根们对历史的解读,这不仅仅因为草根所使用的语言和解读方式更容易为大众理解,更因为大众与草根写手在感情上更为亲近。他们潜意识中认为那是自己人,说自己人的话。

草根和非史学文化人写的通俗历史读物,常常比史家更显出满腔正义。他们对恶搞的批评态度更加鲜明。史家的清高或无暇顾及,使自己在面对恶搞时往往处于弱势。而草根和非史家写手,反倒成了打击戏说和恶搞的生力军。在和一些写手的接触中发现,他们可能囿于非专业眼界,作品中出现一些错误,但一般不存在故意歪曲历史的情况。

大众读史热还与社会经济发展,与所谓国学热有关系。社会经济发展使人们有了更多的时间和精力关心文化和历史。与所谓国学热一样,伴随我国的和平发展,民族精神的回归和民族意识的集体认同,使大众更加关注中国传统文化。甚至一些人读历史读物仅仅满足于参与了,至于书中说的什么,他们并不在意。黄仁宇的《万历十五年》是一本严肃的史学著作,但由于它独特的写作手法,受到很多人的追捧。这本书已经成为一个符号,读不读这本书似乎成为有没有文化素养的标志。我多次遇到一些把《万历十五年》挂在嘴边上的人,包括大小媒体的记者,他们常以此向我提问,但当我以此反问他们的时候,其中十个有八个回答说"我还没好好看"。这是一种赶时髦的现象,人们不愿意站在时髦之外。读者争看《明朝那些事儿》,也成了一种时髦。而这种

赶时髦正是大众对民族身份的集体认同。认知和理解自己的历史，认同自己的民族身份，对于加强民族凝聚力、提高民族自信心和自豪感是有利的。

当然，也有些历史读物的读者是为了从中寻求知识和智慧，解答疑问。比如，朱元璋为什么成功？明清为什么易代？历史上中国为什么强盛？为什么衰败？等等。大众历史读物热，说明社会有此需要。在一个时期的过热之后，大众将会对通俗历史读物的态度回归理性，但对于通俗历史读物的需求则永远不会消失。

其实，许多通俗读物的写作素材来源于严肃的史学著作，通俗读物作者们很少直接接触原始史料。但在一些情况下，通俗读物的写手们很少注意吸收新的研究成果，他们所依据的研究成果相对陈旧。作为史学工作者，给草根和非史学专业写手的建议是，请他们多少关注一下史学研究。对于专业的史学工作者，我也建议不要轻视通俗历史读物和草根写手，他们的作用是庙堂史学不能替代的。如果可能，史学工作者倒应该关心他们，给他们帮助和引导。而史学家也有把知识传播给大众的责任。通过通俗历史读物和草根写手把自己的研究成果传播给大众，未尝不是一条捷径，至少也会有所助益。

二○○九年四月十日

编委马刚简介

马刚,热爱传统文化的研究,书画爱好者,有多幅作品参加展览获奖。

传统文化中积淀着中华民族最深的精神追求

不忘本来,才能赢得未来。中华民族优秀的传统文化就是我们的本来,任何一个民族区别于其他民族都有其根本特征,这个根本就是文化。中华民族有 5000 年的文明史,中华民族传统文化是中华民族的文化基因和精神命脉,为中华民族生生不息、发展壮大提供了丰厚滋养。中华文化源远流长,积淀着中华民族最深层的精神追求,代表着中华民族独特的精神标识,铭刻着祖先的梦想与智慧,是我们在世界文化激荡中站稳脚跟的根基。

中华优秀传统文化博大精深,多元包容,一脉相承,根深叶茂,蕴含着丰富的哲学思想、人文精神、教化思想和道德理念,这些思想、精神、追求和理念历久弥新,不断焕发出强大的的生命力,闪耀着巨大的光辉。正如习近平总书记所指出的"中华民族有着深厚文化传统,形成了富有特色的思想体系,体现了这个人几千年来积累的知识智慧和理性思辨。这是我国的独特优势"。珍视、呵护、探究、传承这些珍贵的传统文化是我们每个炎黄子孙义不容辞的责任。

　　今天,我们坚守和弘扬传统文化,就是要增强文化自信,守住传统文化之根,以更加敏锐的目光,更开放的胸襟,更高远的视野加以鉴别,从博大精深的传统文化中,剔除糟粕,取其精华,抓住本体,提炼精髓,创新自我,领先世界,要使传统文化和当代文化相适应,与现代社会相协调,让其焕发出青春之力,发挥引领风尚、教育人民、服务社会、推动发展的积极作用。开启未来,薪火相传,让中华优秀传统文化转变为促进民族强大的历久弥新、生生不息的内在支撑力。

序　言

耿　莹
（中国华夏文化遗产基金会会长）

古人说，观今宜鉴古，无古不成今。这句看似浅显的老话却深刻揭示了两层含意：一是一个国家的历史，必然会积累和沉积丰厚的历史营养；二是任何一个时代人生的追求与取舍，都离不开民族的传统精神和文化。这也正是我们致力追求、锲而不舍、大声疾呼、保护和传承中华文化遗产的根本所在。

前不久近平总书记在欧洲访问时指出，"历史是现实的根源，任何一个国家的今天都来自昨天"。"中华文明是没有中断，延续发展至今的文明，已经有5000多年历史了，2000多年前诸子百家的许多理念，至今仍然深深影响着中国人的生活。中国人看待世界、社会、人生，有自己独特的价值体系。中国人独特而悠久的精神世界，让中国人具有很强的民族自信心，也培育了以爱国主义为核心的民族精神。"因此，他深刻指出："抛弃传统等于割断精神命脉。"

习总书记的这些论断，深刻揭示了传统文化在中华复兴、实现"中国梦"中的重要作用，体现了我们党对弘扬传统文化的高度重视和深刻认识。

纵观近年来传统文化的研究、阐述和传播，令人欣慰的感到传统文化正在形成一种深受国人接受和欢迎的文化正能量，越来越感受到它已成为凝聚、激励人们团结奋进的强大动力。这也预示着在我们民族共有的精神家园里，中华历久弥新的优秀文化，必将会焕发出更加夺目的光彩和不竭的动力。

　　中华文化遗产系列丛书《天地之间》的出版，正是适应当前这一文化需求的产物。对传承、普及和宣传传统文化知识和理念，是一件很有意义的事。翻阅其第一套《天地人和》（四卷本），感觉他们做了大量细致的工作，其立意和结构很有特点。一是立足普及、宣传和教育，积极探索文化遗产研究的另一种通俗化、知识化模式。目录体例自成系统，资料分类梳理相互关联，连类所及，征引博繁，点点滴滴，浓缩了大量丰富的传统文化知识，给读者以系统性的知识阅读，也启发和帮助人们从昨日世界中找回了许多历史的记忆；二是朴实明快，一事一物，始末原委，一目了然，便于翻阅，而且图文并茂，增加了文化色彩，可读性较强。

　　中华文化，源远流长，博大精深；天地之间，山高水阔，浩然无涯。以《天地之间》为本套丛书命名，体现了本书编撰者的开阔意境和广纳兼容的胸怀。相信这套丛书一定会给人们带来大量丰厚的文化知识和信息，使读者从中感受到中华传统文化的巨大魅力，展示了中华文明的自信和力量。

二〇一五年四月于北京

编者的话

在中华民族五千年的历史中，我们的祖先创造了灿烂的民族文化，留下了极为珍贵的文化遗产。这些文化遗产始终流淌着炎黄基因，记录着中华民族创造历史的艰难历程，将永远成为中华民族宝贵的精神财富。

历史文化作为华夏民族的共同财富，有如常青之树，葱荣繁茂，愈老弥坚，散发着永恒的魅力。众多的学者围绕这一话题不断深入探讨，可谁也难对历史文化予以准确概括。不少政府部门与企业都在努力寻求对文化遗产的挖掘与开发，但更多则偏重于对现实功利的追求。历史文化遗产在经历了"文革"的批判、否定与摧残之后，在新的现代化浪潮的冲击下，其地位、作用和功能又面临着新的错位与迷失。

传统文化是中华民族长期孕育、积累和形成的共同民族心理和精神追求。中华民族文化一是古老悠久，二是各民族共同创造，既深厚，又有韵味，是中华民族之灵魂，是人类智慧与文明的结晶。在中华民族走向复兴的今天，对于传统文化的发展和普及，我们不仅需要有新的认识，还需要认真反思。弘扬历史文化遗产的核心是传承。传承的目的，就是要让我们的子孙后代，不要忘记自己的祖宗，让我们的民族始终坚守自己民族文化的基本理念，让中华民族的精神和正气不断地发扬光大；就是要把民族的文化创造和建树视为国之奇葩，让它永远绽放在东方大地

上。

在思想观念活跃多元的今天，历史可以任人戏说甚至改写，但中华民族的历史传统和文化，犹如国之魂魄，应始终坚守如一。不论历史如何进步，也不论人们生活方式如何改变，在漫长历史岁月中自然形成的民族精神和传统文化，始终具有强大的向心力和凝聚力，只能弘扬，只能重塑，不可缺失。这是中华民族的需要，是国家振兴的需要，也是现代化事业发展的需要。

基于这些认识，我们编写了这套文化遗产系列丛书《天地之间》。丛书重在对传统文化成果的介绍和展现，旨在宣传、普及中华传统文化知识和中华文化的基本理念，以期引起人们对传统观念与文化的回顾和记忆。在资料的搜集和编写过程中，我们充分利用了现有研究成果和大量的网络资料，整合资源，集中焦点，广泛搜求，精心筛选，着重于传统文化的核心问题，加以介绍。资料的梳理、分类和编排，更多侧重于历史遗存和史物资料，没有过多地涉及问题的专题性和专业式的学术讨论，没有太多顾及历史链条与脉络体系的关联和完整，编排和叙述框架主要突出了各类问题的归纳和串联，没有受固定传统史学源流、历史观念与发展脉络的束缚，而是试图以一种新的角度和视野对所要阐述的问题进行归类和梳理，并表达对传统文化新的认识。这种组织和叙述的方法，可能会有很多不足和疏漏，但我们的目的是为了更集中、更明晰地将历史痕迹和基本史实直接呈现在读者的面前，更加突出中国本土传统文化中的基本环节和亮点。

随着越来越多的人对历史文化遗产的关注和讨论，历史文化遗产的功能越来越受到重视，涉及的内容越来越丰富，研究的形式和表达的载体也越来越多样化，为人们重新认识历史和中华文明的传承开辟了更为广阔的道路。我们组织和编写了这套丛书，正是希望通过自己的努力，为中华传统文化的宣传、普及和教育贡献自己的一份力量。我们企盼这种尝试能得到广大读者的认可，同时也诚恳地希望得到大家的批评和指正。

中华文化遗产系列丛书《天地之间》编写组

二〇一三年六月

文明肇始，人治乃兴，人功尽显。人之技巧，心思才力，通灵入圣，巧胜于天。随着生存环境的改善，人类文明进入创造拓展的新阶段。美的创造和艺术形式的诞生，正是人们在物质创造的同时重要的精神飞跃。方寸之心，应物写形，工巧独到；字画玉器，神采咸备；锦瑟华音，气韵生动。中华民族美的观念和美的创造从此独具一格。

目 录

CONTENTS

壹 石器篇

中华文化遗产系列丛书《天地之间》
ZHONGHUA WENHUA YICHAN XILIE CONGSHU

壹、石器篇

　　石器，是指以岩石为原料制作的工具，它是人类最初的主要生产工具，盛行于人类历史的初期阶段。从人类出现直到青铜器出现前，共经历了两三百万年，属于原始社会时期。这一时期，石制工具远比其他（更软的）材料所制的工具用得多，可以说，原始人类使用的主要生产工具就是石器。因此，这一时期又被称为石器时期。

　　根据不同的发展阶段，又可分为旧石器时期和新石器时期，也有人将新、旧石器时期之间列出一个过渡的中石器时期。旧石器时期使用打制石器，这种石器利用石块打击而成的石核或打下的石片，加工成一定形状的石器。种类有砍砸器、刮削器、尖状器等。新石器时期盛行磨制石器，这种石器先用石材打成或琢成适当形状，然后在砺石上研磨加工而成。种类很多，常见的有斧、凿、刀、镰、犁、矛、镞等。精磨的石器有的可呈镜面状。齐家文化等新石器时期末期文化，能见少数刀、凿、镜子等红铜器。

　　石器的发展与人类对石器形态要求的关注与有意识的区分有着密不可分的联系。

夏商以后，人类社会进入了阶级社会，但夏商，甚至更晚的一段时期内，石器仍作为重要工具使用。由于矿体的开采、熔炼、铸锻等技术水平，当时的金属工具、武器，不少还是承袭磨制石器形制发展而成的，石器中的斧、锛、铲、刀、镰、镞、矛头等器形，不但是青铜器的祖型，甚至影响到铁器。值得注意的是，金属器产生以后，某些磨制石器又直接因袭青铜器的形制，如钺、戈、剑、斧等。

在长久的劳动实践中，我们的祖先改变自然、改进劳动工具，进而改变自身，逐渐产生和发展着自己的思维能力、审美能力和艺术才能，并创造了独树一帜的美。

一、劳动创造了美

劳动是人类创造之源，也是美的创造力和产生的本源。劳动创造了人类，工具创造了智慧，美创造了文明。在人类各种各样的劳动活动中，有一种我们称之为"造物行为"的劳动形式，即创造工具。劳动工具的产生，人类社会演变的发展过程中，尤其是对艺术和手工艺的起源、发展有着独特的意义。工具的使用是人类适应自然、利用自然、改造自然的重要手段，在新旧石器时期，人类在劳动中创造了工具，而工具又在人类的劳动中不断推动着人类发明新的创造物，人类在此基础上创造了相应的工艺和一定的技术形态，成为生活创造的主体，并从生存方式和斗争中获得了物质和精神的双层升华，人类早期的这种创造性劳动，不但使原始工具的创造呈现在早期人类的生活中，而且开启了人类形象思维之门，人类的意识观念和智力思考能力有了不可思议的突破，这是人类文明进化史上的重大转折。

1. 劳动创造了石器

500万年前，人类直立行走，与猿产生了分离，在这个漫长的转化过程中，劳动无疑起着决定性的作用，人类形态在由爬行向直立转变的过程中，因为生存需求而进行形式不一的活动，其中最关键的就是对工具的创造和使用。在此之前，人类思维和其他灵长类动物并没有太大的区别。

为了生存，早期人类慢慢地学会利用身边的天然材料——石头、树枝做工具。比如说用长树枝去勾打生长在树身高处的果实；用石头砸开坚硬的果核取食；用边缘锋利的石片来肢解动物躯体，获取肉类以及皮毛；捕猎中用投掷石块来砸击动物等等。这些行为都是人类对食物的获取所作出的尝试。而工具就是在漫长的生存和实践中逐步被创造出来的。

大约在距今300万年至250万年前，人类开始打制石器，直到三四千年前，才进入金石并用时期。人类用打制石器作工具的时间，约占人类历史发展总长的99.5%以上。

在简单工具阶段，人类制造的工具主要是以手的各种劳动形态为模型的，它们是人手的延长和强化。正如厄恩斯特·卡普所说：最早的工具确实是"按照"人体器官的"模样"制造的。最早的工具是利用手头现成的物件充当的，犹如身体器官的延长、加强和锋锐化。钝器是以人的拳头为模型，同样，锐器是以趾甲和门齿作为模型的。但是这些以人类自身为模型的早期简单工具并不具备美观的形态，工具形态是模糊的，只讲求初具实用性的。

在新旧两个石器时期，劳动工具从不定形、不规则的石器逐渐进到定形的、有规则的石刀、石斧、石箭；从粗糙到细致、匀称；从凹凸不平到光滑平整。这些变化，都是出于实用的考虑——使工具坚固、锋利、使用方便，提高劳动效率。

2. 美的意识的觉醒

人类在从早期猿人向"新人"演进的漫长过程中，人类在体质上与意识上逐渐与其他灵长类动物区别开来，开始了人类最初文明的创造过程。

这一过程产生了人类文明的初始形态——"石器文明"，其所留下的诸多生产工具、武器与器皿的雕刻、图画、装饰品虽然原始粗糙，但却朴素直观地"记录"了人类最初的物质和精神生产实践活动，反映了当时人们的生产样式、生活方式、心态与思维，也从一个侧面体现了他们的价值观念与审美情趣。它标志着人类想象能力的形成，体现了人类早期超越物质生活和现实生存的一种精神最求。这个变化将成为推进社会进步、文化提升的巨大力量。

打制石器技术是人类创造发明的"第一技术"，是人类有目的地开发和利用地球资源的开始，人脑潜在智能的发挥从此迈出了最为重要的一步。而石器制作技术的进步，是通过石器的形态、种类、打片和修理台面技术的运用等方面表现出来的。

在旧石器时期早期这一漫长的期间内，人类制作石器技术的发展是十分缓慢的。事实上，从石头上打下一块石片来并不难，但是要按照人的主观要求用十分有限的手段打出一定形状的工具来却不是一件容易的事。有的打制技巧是通过打制者自己长期实践体会出来的，是只可"意会"无法"言传"的。所使用的打制工具不同，选取的加工材料不同，用力的方向不同，用力的轻重不同，都会影响石器工具制作的质量。打制石器不像加工金属或者制作陶器，可以进行精确的控制。总而言之，制作一件匀称精致的石器并不是轻而易举的事情。

起初猿人使用的石器多半是捡来的砾石（鹅卵石）打击而成。或者把砾石的边沿，进行敲打，现出厚刃，用以敲砸事物。或者是从石英砾石上打下一层一层石片，形成一种拥有薄刃的刮割用具。中国猿人的石器，可以看出是不加选择地采用能得到的任意石质原料，无论打石片或打砾石，都没有固定的方式，也没有一定的形状，不进行第二步加工，任选一片，即行使用。因此，石器的形状，不能做出有意义的区分。

襄汾丁村发现的石器中，大部分石片石器也是没有一定的打击方法，打出的石片，没有一定的形状，也是不加修理，即行使用。但可以看出打击方法与中国猿人有着根本的不同。在一部分石片上有第二步加工的痕迹，并且有一定的石器类型。

河套人的打制石器相比较前两类石器有所进步。打制的石器有较薄的和长形的石英石片，这些都是技术精巧的证明。石器都是按照不同的使用目的，进行了加工，使之成为各种不同形状的器具。这就是在长时期的劳动实践中，人们对于造型样式，从劳动角度，开始有所认识。

周口店山顶洞人的石器打制技术进步不是很显著。但磨制和钻孔的技术是山顶洞人文化发展的突出表现，已经接近新石器时期的水平。

　　石器形式的重要进步表现在扎赍诺尔等地的中石器时期的石器及其以后的细石器上。特别是细石器(雕刻器、石旋、尖形器、石叶、石钻等)有整体对称的形式，经过相当精细的加工剥制。所选用的材料，尤其是细石器，有石英、玛瑙、碧玉、黑烁石等，都是颜色美丽、有光泽、半透明的矿物。可以看出人类对于用以加工的原材料已经有了选择。而这种精细的加工，完整的对称形式和美丽的色泽等，构成了细石器的特点，使细石器有审美价值。

　　继打制石器之后出现的磨制石器，是新石器时期的主要标志。以磨和钻孔(也是一种利用磨擦的加工)的技术和极整齐对称的形式(方的、长方的、圆的等等)成为石器工具发展的高级阶段。磨制石器对石器形状，性能塑造方面显现出更加成熟的工艺，更加明显的审美倾向。

　　新石器时期一些工具上可以看到装饰的痕迹，如砧是一个圆孔等。是为了携带方便，区别自己工具，出于对自己工具的喜欢，这是美的起源中重要的一步。

　　后来，人们又发现一种诞生时间较晚的原始工具，一种从实用工具向装饰品过渡的工具。它们保持着刀、斧、铲的基本形状，但并不磨出刀刃来，这实际上是按常用工具造型做的一种装饰

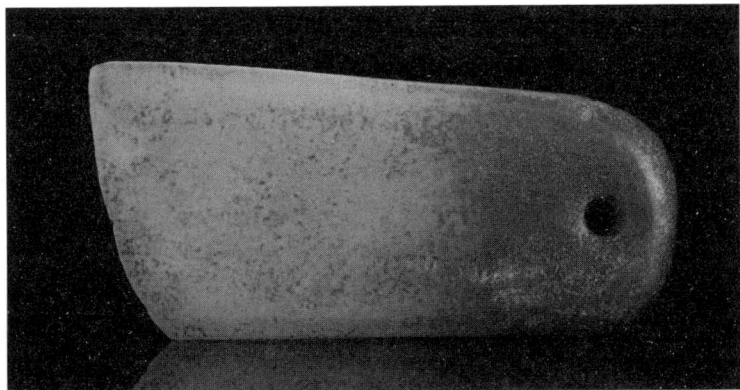

只具备观赏价值的玉斧

品。这些石器没有刀刃，也不具备原有的功能，它们的形体更规则整齐，且光滑匀称，特别是玉制的刀、斧、铲等，看起来精巧美观。所以，不得不承认它们已经脱离了实用范围，成了人类第一批供欣赏的产品。原始社会后期的石珠、玉环等，完全是装饰品了。这就是从实用到审美的必然趋势，表明了在原始社会末期人类美的意识开始觉醒，美的观念初步形成。

石器的制造由粗糙发展为精细是制造工艺进步的必然性，但是早期人类在面临来自大自然未知的危险，为了生存朝不保夕时，是较少考虑使用工具的美观性的。随着人类自身智力和技术的不断发展，制造工艺才有了进步的空间。而在原始社会末期，农业起源，陶器出现，人类的生活得到了很大的改善，生存也有了保障。

生存环境的改善和生活质量的提高，加速唤醒了人们美的意识。而石器作为人类制造工艺的初始形态，人类审美意识的觉醒，与其有着千丝万缕的联系。

二、石器的类别

据推测，人类形成的过程中，在长期使用天然木棒和石块来获取食物和防卫时，偶尔发现用砾石摔破后产生的锐缘来砍砸和切割东西比较省力，从而受到启示，便开始打击石头，使之破碎，以制造出适用的工具。从制作工艺和器形上分类，石器大致可以分为砾石石器、石片石器、细石器、磨制石器。石器种类的丰富多样，说明我们远古时代祖先具有极高的聪明才智。

1. 砾石石器

砾石石器也称石核石器。从砾石或石材上打下石片，以剩下的石核作为工具来使用。丁村遗址的三棱大尖状器系从两面或三面交互打击加工，使之成形。习惯上把两面刃的砾石石器称为敲砸器，单面刃的称为砍砸器，在砾石周缘加工的，称为盘状器，在砾石的周身加工，则成为圆形的石球。但以上的用途分工并不甚明显。至于打制的斧形器或在砾石两侧打成凹腰的网坠，大抵是中石器时期、新石器时期或更晚的遗物。

砾石石器（石核石器）

2. 石片石器

石片石器指从石块上打下的石片加工而成的石器，主要有刮削器、尖状器和雕刻器等几类器形，延续使用的时间比较长。

刮削器是在石片的一边或多边加工，用来刮削兽皮或木、骨一类工具，由于刃部的加工部位以及形式的不同，有短刮削器、长刮削器、圆刮削器、复刃刮削器、凸刃刮削器和凹刃刮削器等名称。

刮削器

尖状器是沿石片相邻的边加工成锐尖，以利于刺割。其他像桂叶顺、矛头和镞等武器的出现时间稍晚，大都是从两面细致加工，也属于这一类器形的范畴。

雕刻器系在石片尖端，打成垂直的短刃，可用来雕刻骨角器及其艺术品。两端器出自砸击法的石片，两端的打击痕迹，为北京人文化的典型遗物。此外，在石片两侧打缺口的粗糙石刀，则是新石器时期仰韶文化的收割工具。

石片石器

3. 细石器

细石器是形状细小的一种打制石器，一般都是以间接打法打出的细石核、细石叶及其加工品为限，不宜把器形较小的石片石器也称细石器。

细石器出现于旧石器时期晚期，盛行于中石器时期，在某些地区，甚至到新石器时期或更晚仍在继续使用。在中石器时期，表现在生产工具的发展上，主要是细石器十分流行，细小的石片被镶嵌在骨或木柄上做成的复合工具颇具特色。

细石核有船底形、楔形、圆柱形和圆锥形等各种形式，台面经过细致修整，核身遗有剥离细石叶的条状痕迹，严格地讲，它本身并不属于工具。细石叶作扁薄的长条形，一般长2厘米至3厘米，宽0.5厘米，厚0.2厘米左右，在侧缘上有加工或使用的痕迹，有的截成长方形的小块，这些细石叶是镶嵌在骨刀梗上的石刃。用细石叶加工成的工具，有尖状器、钻和刮削器等。

细石器

4. 磨制石器

磨制石器是新石器时期的重要标志之一，由于技术的不断进步和用途分工的愈加明确，它的器形比其他各类石器更为复杂，是"剥、琢、砸击、磨、钻孔、雕刻等多道程序的综合体"。磨制石器是以磨制技术为基础而出现的，但两者并不是同步发生的。在旧石器时期晚期的山顶洞人文化中，就已出现了刮磨制的骨针、装饰品等，说明磨制技术可能先于磨制石器而出现。显然，磨制技术并不是导致磨制石器起源的唯一原因。而且，磨制石器较之骨器及装饰品，其制作难度更大。

经过旧石器时期的发展，中国新石器时期的工具仍以石器为主。不过，在制作方式上，磨制的已占多数，且更为精致，器形种类也大大增多；同时，骨、角、蚌、木、陶等质料的工具也更加丰富。这反映了人们的经济生活水平提高了，生存的手段增多了，但更重要的一点是，工具的改进，为人类文化形态的发展提供了物质前提。

磨制石器

这一时期的工具，已突破了旧石器时期的那种一器多用的"万能工具"的界限，逐步地开始向定型、规整和用途单一的专用工具方向发展。

新石器时期的石器发展进步，石器的应用变得广泛起来，在用途方面，主要分为以下几种：

由于技术的不断进步和用途分工的愈加明确，磨制石器的器形比其他各类石器更为复杂。从用途上大体包括以下各类：

砍伐工具

最常见的有斧、锛、凿，主要用于加工木材。斧身一般作长方形，厚薄不等，主要特征为两面刃。还有三种特殊的形式，即有孔石斧、有肩石斧和有段石斧，前者是青铜钺的前身，后两者是华南地区具有特征的遗物。锛与斧相似，不过刃部为单面刃。凿身狭长，具有单面刃或双面刃。以上的各器都附着木柄使用，今天的金属工具仍然保持其基本形态。

石凿

农耕工具

有铲、穿孔砾石、刀、镰和磨盘等。铲身扁薄狭长，附木后可用来翻土播种。穿孔砾石可能是套在带尖的木棒上，以供脚踏掘土之用。刀有长方形和半月形两种，前者多穿一孔，后者多为两孔，可系绳套在手上，以摘取粟穗，今天的铁镰仍然保持其形状。

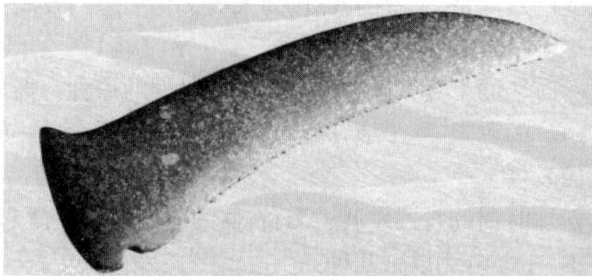

石镰（裴李岗文化，河南省郏县水泉遗址出土）

镰是附着木柄的收割工具，最早见于裴李岗文化，刃部附有锯齿，但在后来的仰韶文化中却非常罕见，到龙山文化时又再度盛行，刃部已无锯齿。磨盘和磨棒是加工谷物的工具，裴李岗文化和磁山文化的四足磨盘尤具特色，较晚的石磨盘变得简单粗糙，数量也相对减少。

兵器

有镞、矛头、钺、戈、剑、锤斧和弹丸等。镞和矛头是最常用的狩猎工具，弹丸也可能与之有关。至于钺、戈、剑和锤斧等，大抵是模仿青铜器而出现的新器形。

仪仗

穿孔的石球和齿轮状的环形石斧，属于权杖上的头饰，盛行于新石器时期晚期到青铜时代的某些地区。

装饰品

多以精致美观的石材制成，有珠、管、坠、环、璜等，大都属于佩饰。中国早在新石器时期就出现了环、璜、璇玑、琮、璧等精致的玉器，成为商周礼器的前身。

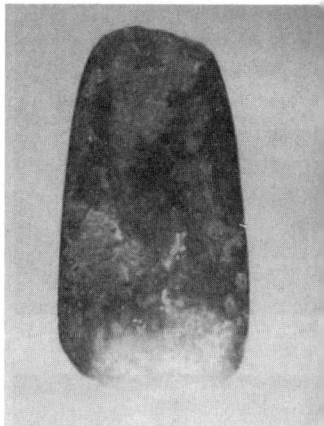

石斧（兴隆洼遗址）

装饰品石珠

三、石器的器形

中国旧石器时期的石器主要是用片状石块打击加工而成的。这类工具可用于砍木、刮削、挖掘、狩猎、加工猎物等。考古发现表明，北京人已经学会用火，并用这种方法采石、制造生产工具、主要有砍砸器、尖状器、雕刻器、刮削器、两端刃器和球形器。旧石器时期分化出的不同石器具备不同的器形，每种石器的器形也决定了石器的用途。

1. 刮削器

刮削器大都是由对石片的二次加工而来的。并且多数以向背面加工修理而成，少数标本向破裂面加工。刮削器是旧石器时期人类常用的工具,分为 7 种类型:直刃刮削器、凹刃刮削器、凸刃刮削器、两侧刃刮削器、龟背状刮削器、复刃刮削器和短身圆头刮削器。刮削器的形体一般不大, 重量大多 20 克到 40 克之间。根据观察和实验证明,刮削器一般是用来刮削木棒、果实去皮、割治兽皮等,用途比较广泛。

2. 砍砸器

它的刃部夹角比刮削器大,体积和重量都要超过刮削器,小的几百克,大的可达千克以上。砍砸器又可分为单面加工的砍砸器和双面加工的砍砸器。制作方法主要为将砾石或石核边缘打成厚刃。这种砍砸器形状不固定,器身厚重,有钝厚曲折的刃口,可起到砍劈、锤砸和挖掘等多种作用,因而可以用于砍树、做木棒、挖植物块根、砸坚果等工作。

3. 尖状器

尖状器是用以挖掘根茎类植物的工具,一般个体较为粗大,多用巨厚石片制成,从平坦的一面向背面加工,使背部成棱脊或高背状。尖状器是一种有尖刃的工具,一般为两刃一尖的形制。尖状器分为 5 种类型:齿状尖状器、椭圆状尖状器、鼻形尖状器(或称凿形尖状器)、喙形尖状器、圆头刮削器尖状器。同时,它又分为小尖状器和三棱大尖状器两种。前者是割兽皮的工具,后者则主要用于挖掘。

4. 石锤和石砧

石锤和石砧。在北京人遗址里,发现了许多一端或两端具有剥落碎屑痕迹的长砾石和表面具有许多坑疤的圆形或椭圆形砾石。这些器物是打制上述石器的"工具",也有一些早期人类会使用石锤和石砧取用果核内的种子食用。

5. 石球

球形石在旧石器时期早期即有零星出现。但完全称得上石

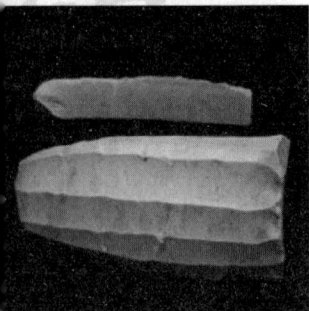

刮削器

砍砸器

尖状器

球的器形，主要还是见于山西匼河移、丁村皿和许家窑等。石器时期中期和后来的旧石器时期晚期遗址中。粗大的石球可直接投掷野兽，中小型的石球可用作飞石索。据推测，这种石球既有敲击（如敲骨吸髓的功能），又是一种狩猎的武器，而主要的是以后者的应用较广泛。

根据宋兆麟先生的研究，旧石器时期人类使用石球方法可能有三种：一是用手直接投击猎物；二是绊兽索，它是在很长的木杆的一端，拴一条5米至6米长的绳索，绳的另一端拴一个石球，平时将绳索绕在木杆顶端。一旦逼进野兽时，就猛然甩动木杆，石球急速飞出，击中目标后缠绕旋转，将兽足牢牢捆住；三是飞石索，飞石索的使用方法是：用兽皮或植物纤维做成一兜，兜的两头拴两根绳子，兜里放石球，使用时甩起绳子，使石球抡起来，而后松开一根绳索，将兜中的石球对准猎物飞出，有效射程可达50米至60米。

石球

6. 石镞

石制箭头。石镞器形较厚重，磨制较精细，器形规整，有脊有铤，锋部截面呈长菱形，铤部截面呈圆形，有翼，铤部表面呈砍削状。断面呈菱形的石镞多见于长江流域。使用方法一般是把镞附在箭杆上,使用时利用弓的弹力将镞与箭杆一起射向远方。除去适当的尺寸、锋利的尖端之外,镞的底部设计尤为重要,必须符合安装箭杆的要求,或有铤或镞底扁薄,或呈凹状,便于直接插入箭杆的夹缝中。石镞的出现标志着早期人类对弓箭的使用。

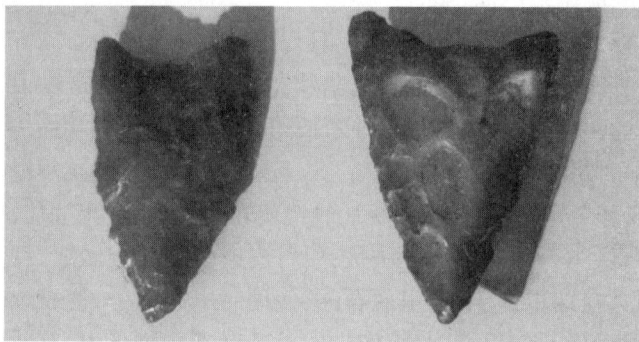

石镞

7. 石矛

考古中最早被发现的用于投掷的石质状工具。在已发现的被加工过的石器中,成品较多的是一种被称为"投射器头"的工具——也就是"矛头"。这种投射器头,具有打制的尖端,其底部或齐平,或凹入,或尖形。从形状分析,石矛是从最早的圆柱状尖木棒发展来的。这时的石矛,是作为一种复合工具使用的,它是将石矛复合于一类长木棒上进行投掷,猎杀野兽。

矛的使用方法主要是投刺或直刺。它的出现和长期使用,丰

石矛

富了人们的生存手段。石矛的制造技术扩展了这时人类工具的使用范围和人们身体活动的方式，而石矛则是后世投掷器械的主要来源。

在旧石器时期晚期，除了上述石球、石镞和石矛等几种新器形的出现外，还有斧形小石刀、雕刻器、钻头等。这些石器主要是作为切、刮、剥工具应用于人们的日常生活中。不过，像小石刀这种石器，后来多数是作为复合工具使用的。因此，它对石镞，石矛等复合工具的发展，也产生了一定的影响。

四、石器工艺的发展

在旧石器时期制作石器最原始的办法，是把一块石头加以敲击或碰击使之形成刃口，即成石器。打制切割用的带有薄刃的石器，则有一定的方法和步骤：先从石块上打下所需要的石片，再把打下的石片加以修整而成石器。初期，石器是用石锤敲击修整的，边缘不太平齐。到了中期，使用木棒或骨棒修整，边缘比较平整了。及至后期，修整技术进一步提高，创造了压制法。压制的工具主要是骨、角或硬木。用压制法修整出来的石器已经比较精细。

到新石器时期，石器制造技术有了很大进步。首先，对石料的选择、切割、磨制、钻孔、雕刻等工序已有一定要求。石料选定后，先打制成石器的雏形，然后把刃部或整个表面放在砺石上加水和沙子磨光。这就成了磨制石器。

磨制石器与打制的石器相比，已具备了上下左右部分更加准确合理的形制，使用途趋向专一；增强了石器刃部的锋度，减少了使用时的阻力，使工具能发挥更大的作用。

穿孔技术的发明是石器制作技术上的又一重要成就，它基本上可分为钻穿、管穿和琢穿三种。钻穿是用一端削尖的坚硬木棒，或在木棒一端装上石制的钻头，在要穿孔的地方先加些潮湿的沙子，再用手掌或弓弦来转动木棒进行钻孔。管穿是用削尖了边缘的细竹管来穿孔，具体方法与钻穿相同。琢孔，即用敲琢器在大件石器上直接琢成大孔。穿孔的目的在于制成复合工具，使石制的工具能比较牢固地捆缚在木柄上，便于使用和携带，以提高劳动效率。

钻孔石器

新石器时期的石器种类大大增多。早期遗址中大量出土的农业、手工业和渔猎工具有斧、锛、铲、凿、镞、矛头、磨盘、网坠等，稍后又增加了犁、刀、锄、镰等。

五、石器时期与石器文化

石器时期是人类文明的起点，石器时期是一个极为漫长的历史发展阶段。

起初，人类只会使用天然的木棒和石块来获取食物、保护自身。后来有了对天然物的加工。人类使用石器的漫长历程可划分为旧石器时期和新石器时期。

(一)旧石器时期：遗址追踪

旧石器时期是使用打制石器为标志的人类物质文化发展阶段。地质时代属于上新世晚期更新世，从距今约 300 万年前开始，延续到距今 1 万年左右止。

中国旧石器时期早期文化分布已很普遍，经过半个多世纪的工作,中国已经发现了许多旧石器时期的遗址,积累了比较丰富的旧石器考古材料,初步建立起中国旧石器时期考古化发展的框架。

1. 旧石器时期早期

中国旧石器时期早期文化分布已很普遍。距今 100 万年前的旧石器文化有西侯度文化、元谋人石器、匼河文化、蓝田人文化以及东谷坨文化(见东谷坨遗址)。距今 100 万年以后的遗址更多,在北方以周口店第 1 地点的北京人文化为代表,在南方以贵州黔西观音洞的观音洞文化为代表。

元谋人石器

中国境内已知旧石器时期的文化遗迹有 300 多处。考古发现,170 万年前的元谋人已能打制粗糙的石器。石料主要是石英岩,多为用石锤打制而成的刮削器和三角形的尖状器。制造石器,需先取得石块。远古人除捡石块外,也掌握了从地层里开采石料的技术,一般是用火烧岩石,然后泼上冷水,使岩石分裂。这种方法,沿用了很久。还有 7 件石制品,人工痕迹清楚。原料为脉石英,器型不大,经研究鉴别,属旧石器,其类型包括尖状器、刮削器和砍砸器。

在遗址中还找到一些有明显人工痕迹的动物骨片,说明当时已会制造骨器和简单的工具了。

蓝田人文化

蓝田人是旧石器时期早期人类,属早期直立人,生活的时代是更新世中期、旧石器时期早期。

在蓝田的中更新世地层里,共发现 200 多件石制品,其中从公王岭含化石层和稍晚层位中发现的不过 13 件,另外一些则出自附近与之层相当的 20 来个地点。这些石制品本身的技术差别不大,在如今材料不足的情况下,一般暂时将它们都看作是蓝田人的文化遗物。蓝田石制品包装砍斫器、刮削器、大尖状器和石球,还有一些石核和石片。它们多半用石英岩砾石和脉石英碎块制成,比较粗糙。石器中最有物色的是大尖状器,断面呈三角形,又称"三棱大尖状器"。除蓝田外,这种石器在丁村遗址、合河文化、西侯度文化和三门峡市等地点中也有发出。上述地点均位于"汾渭地堑"及其邻近地区,表明大尖状器是这个地区旧石器文化的一个重要因素。在蓝田只发现一件石球,制作粗糙,与丁村、合河、三门峡市等地点发现的比较接近。蓝田的砍斫器的刮削器没有什么特色,制法和类型都和华北其他旧石器时期早期地点的差不多。

蓝田人遗址中发现的石器加工技术粗糙,有单面加工和交互加工者。器形多不规整,对原料的利用率也较低,表明当时的石器制作技术仍具有一定的原始性。

东谷坨石器

东谷坨遗址存在于约 100 万年前。考古学家在东谷坨遗址中发现石制品近两千件, 其中石核占将近 10%, 石片占60%以上, 石器不到 30%。石器几乎全部为小型,加工相当精细,石片石器居优势,从破裂面向背面方向加工的占大多数。从石核和石片来看,打片技术相当熟练,主要应用的是锤击法,砸击法也较为普遍。石器类型中,砍砸器不多,主要为刮削器,其次是尖状器。刮削器形式多样,加工方法多种。制作精致的尖状器是石器中最漂亮的工具,有的标本不论是大小形态,还是制作技术和北京人的材料相比,具有异曲同工之妙。

泥河湾东谷坨遗址距今约 100 万年。无疑,东谷坨的石器可以代表"泥河湾文化",是北京人文化的先祖,它是"细石器传统"文化系列中发现的最早的文化。

周口店北京人石器

在周口店北京人遗址,石制品数量很大,据报道已发现约10 万件。其中石核和石片相当丰富,大部分石片没有第二步加工痕迹,但有使用痕迹的却很多。从石核和石片的打击痕迹来看,北京人掌握三种制作石片的方法,并且已经达到了相当娴熟的程度。北京人的一些发掘报告当中,石器通常可以分为刮削器、尖状器、砍砸器、石锤、石砧等。刮削器是北京人地点里最为常见的工具,据有人不完全统计,刮削器在石器中数量竟达 70% 以上,而尖状器和砍砸器的数量分别只占 5% 和 10% 左右。

早期人类制作石器图

石器原料以脉石英为最多,绿色砂岩次之,石灰岩、燧石又少于前两类。石料的来源大部分是取之于河滩上的砾石,脉石英则是由风化的山坡堆积或河边阶梯的石英堆中拾来所得。由此可以看出北京猿人制作石器时对石料的选取是就地取材。

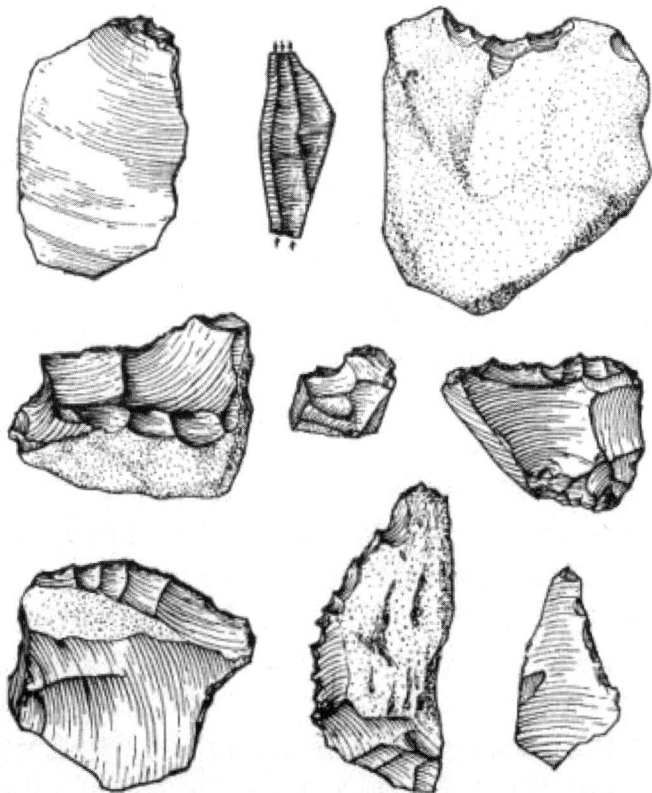

北京人石器

观音洞文化

观音洞文化是中国西南地区的旧石器时期早期文化。这时的人类还处在"晚期直立人"阶段,人类已经能够直立行走。观音洞文化发现于贵州黔西沙井的观音洞。1964年至1973年考古学家在该洞先后4次进行发掘,发现石制品3000多件,可分为早晚两期,地质时代为中更新世。

观音洞文化是目前在长江以南发现的旧石器时期初期最大的文化遗址。观音洞石器以石片石器为主,其中又以刮削器的数量最大。石料以燧石、硅质灰岩为主,也有以火成岩为原料制成的。

黔西观音洞出土的石制品都经过细致加工,加工方法多样。譬如石核,有单台面、双台面、多台面三种类型,人工台面占多数。又譬如石片,绝大部分是人工台面,可分为素台面、小台面、有疤台面、有脊台面和修理台面几类,并有一定数量的长方形、梯形、三角形石片。石器制造的方法更是多种多样,刮削器有单边刮削器、相连两边刮削器、不相连两边刮削器、三边管刮削器、多边刮削器等类型,端削器有单端、双端、尖端三种,砍砸器有单刃、双刃、多刃、端刃、尖刃数种,尖状器分为薄尖、厚尖、错向尖三类。正因为如此,黔西观音洞"加工之细微和方法之多样",不仅在南方,而且在全国各地的旧石器时期早期遗址中,都堪称"石器之冠"。

2. 旧石器时期中期

距今约10万年至2万年,相当于地质史上的晚更新世,也就是考古学的旧石器时期中晚期,人类的经济活动逐渐活跃了。中国大陆的气候比较干燥寒冷,西北高原及华北大地堆积了厚厚的黄土。这一时期处于间冰期,大陆大部分植被是森林草原或半干旱的草原,自然条件比较恶劣。人类正是在这种恶劣的环境中求生存,才得到锻炼和发展,最后脱离了动物界,转变为现代人的。地质学家称之为黄土时期,人类学家称之为智人阶段的旧石器时期中晚期,氏族组织已广泛分布在黄河流域、长江流域、东北地区和华南地区,在各地不同的生产实践中改进工具,发明了摩擦取火,从而促进了原始经济的发展。

旧石器时期中期,打制石器的技术比早期进步了,丁村人的石器已有更多的类型,遗址中出土的各式砍砸器、刮削器、三棱大尖状器和石球等,有的形制相当规整。说明了石器功能作用的分化。

与丁村人相比,许家窑人的狩猎技术更高一些,从出土的石器来看,他们不仅会从打制的石核台面周围边缘敲剥石片,而且制作出更多小型的尖状器、雕刻器、小石钻和小型砍砸器。一种龟背状刮削器和短身圆头刮削器,刃缘经过仔细加工,已初步开创了细石器工艺技术的风格,代表了旧石器文化的进步因素。石球作为狩猎大动物的有效武器,在许家窑人的营地里成堆地发现,数以千计,生动地显示了这个氏族狩猎经济的高度发展。在旧石器时期晚期和中石器时期盛行的石叶,在这里也已经出现,这种工具与狩猎和吃兽肉有密切关系。

许家窑遗存的全部动物骨骼数以吨计,但未见一具完整的个体,甚至连一个完整的头骨都没有发现,说明基本上都是人们食肉后又砸碎的抛弃物。他们还善于用动物的骨角加工成铲式工具、三棱尖状器和刮削器。许家窑人生活在距今4万年前,他们的狩猎经济代表了当时的较高水平。

丁村人

丁村人是发现于中国山西襄汾县丁村的早期智人化石,距今20多万年,属于晚更新世早期的旧石器时期遗存。

这里出土的器物越来越多,构成了一套先祖亲手打制成的旧石器,其中有生产类的,也有生活类的。这些器物进一步拓宽了考古学家的视野,被冠之"丁村文化"的这些器物分为三段,即早段、中段和晚段。

丁村文化早段,属于旧石器时期的初期,但稍微靠后一些,主要石器有三棱大尖状器、斧状器、宽型斧状器和石球等,距今约20多万年;丁村文化中段,属于旧石器中期,主要器物和早段完全一致,只是精细了一些,距今为10万年左右。而丁村文化晚

美的创造

期,既有先前的石器,又有了以燧石为原料的细石器,如锥形石棱、琢背小刀等,这说明这一时期还有新的文化融合了进来,经测定距今约 2.6 万年。

丁村的石片多半用碰砧法和投击法(又称摔砸法)产生,具有宽大于长、石片角大、打击点不集中、半锥体大且常常双生等特点;石核也比较大,但也有一定数量的石片是用石锤直接打制的。在一些石片上,可以清楚地看到修理台面的痕迹,这是一种比较进步的技术。石器分石核石器和石片石器两类,遗址中分布的石器以后者为主。石核石器有砍砸器、手斧和石球三类。砍砸器是用交互打击法加工的,与北京人的砍砸器不同,后者单面打击的多,交互打击的少。手斧只有一件采集品。石球用石锤打击而成,尚未发现像许家窑人那种用两个打制石球对敲而成的正球体石球。石片石器有砍砸器、厚尖状器、小尖状器和刮削器。石片砍砸器与石核砍砸器不同,绝大部分是一面打击的,并且刃部较薄。厚尖状器用大石片制成,又分成较厚的三棱大尖状器和较薄的鹤嘴形尖状器两种。

三棱大尖状器是丁村文化中最富有特色的器物,由于是在丁村首次发现的,所以又称为“丁村尖状器”。小尖状器都是用较薄的石片制成的,有的刃缘打制得相当平齐,反映了较高的工艺水平。

丁村石器技术的进步和类型的分化,反映了狩猎经济的进一步发展。多种装饰品的出现,可知当时人们已有爱美观念。

丁村遗址出土三棱大尖状石器

丁村出土的大三棱尖状器

许家窑人

许家窑位于山西省阳高县许家窑村和河北省阳原县侯家窑村一带。

许家窑人总体上已经属于早期智人,并且已经能制造更进步的石器和骨器。发掘出来的石器多达 14000 件,以石英和燧石为主要原料。用厚石片加工成的龟背形状的刮削器、细小石器和石球,成了许家窑文化的象征。大致说来,许家窑文化多小型石器,类型较多,有些石器精巧复杂,是细石器的母型,小型刮削器占绝大多数，很明显是从旧石器时期早期的北京人文化发展而来的。

上千件石球是许家窑遗址中具有特色的一种工具类型。在1976年的发掘中，就发现了1059件，其中最大的重1.5千克，最小的重100克，直径为5厘米至10厘米不等。许家窑石球制作工艺比较先进：它先用石锤打击成粗略的球形；再反转打击去掉边缘使它成为荒坯；最后用两个荒坯对敲，把打击时出现的坑疤磕掉，即成正球体或次球体。可以看出，三维空间意识一直支配着整个石球的制作过程。由于遗址里存在大量被人工打碎的野马等食草动物的骨头，人们很容易联想到这些石球可能是被用作狩猎工具"飞石索"上的弹丸。流星索的出现是远古狩猎技术的重要革命，是人手脑结合的伟大创造，是人类综合能力的初步体现。

许家窑石球

3. 旧石器时期晚期

进入旧石器时期晚期，遗址数量增多，文化遗物更加丰富，技术有明显进步，文化类型也更加多样。在华北、华南及其他地区，都存在时代相近但技术传统不同的文化类型。

在华北，有继承前一个时期的小石器传统，其重要代表有萨拉乌苏遗址、峙峪文化、小南海遗址、山顶洞遗址等；有石叶文化类型，以宁夏回族自治区灵武县的水洞沟文化为代表，它与西方同期文化有较多的相似处；还有70年代后发现的典型细石器工艺，如山西沁水的下川文化，河北阳原虎头梁遗址的虎头梁文化等。在东北地区，属于这一时期的重要遗址有辽宁海城小孤山遗址和黑龙江哈尔滨阎家岗遗址等。

在南方，这一时期出现了几个区域性文化，如以四川省汉源县富林遗址命名的富林文化类型，以重庆市铜梁县张二塘遗址为代表的铜梁文化类型，以及最初在贵州省兴义市猫猫洞遗址发现的猫猫洞文化类型。

另外，在西藏、新疆和青海地区也发现了一些属于这一时期或稍晚的旧石器文化地点。总起来看，这一时期文化的主要特点是，除少数地点外，石叶工艺和骨角器生产不很发达。

峙峪文化

峙峪文化的石制品,共发现两万余件。原料取自当地砂砾层中,有脉石英、石英岩、硅质灰岩、燧石和火成岩等。峙峪人既沿用北京人文化的某些传统技术,如用砸击法生产两极石核、两极石片,还掌握了较进步的制作技术,如能用间接法打制小石叶。从峙峪遗址可以找到中国迄今能见到的最早用间接打击法制作的石器,表明当时人类打制小石片的技术有了新的提高。峙峪遗址出土的石器主要是小型的,大型石器极少,砍砸工具罕见。

峙峪人双手灵巧,思维活跃,适应生产和生活的需要,打制出数以万计的小巧玲珑的石器。如:尖状器、刮削器和雕刻器等。刮削器主要用于刮削兽皮、切割兽肉,有圆形、盘形、凹刃、凸刃、双边刃、单边刃等类型。尖状器则用于割剥兽皮,采集根茎。这些石器形状对称均匀,刃部锋利适用,种类也更加多样化。小型石器通常修制规整,以尖状器、雕刻器和刮削器数量为多。刮削器形制复杂,有圆头、盘状、双边刃和单边刃等类型。其他如扇形石核、斧形小石刀和石镞,制作十分精致,虽然数量不多,但在研究细石器工艺的发生上具有重要意义。

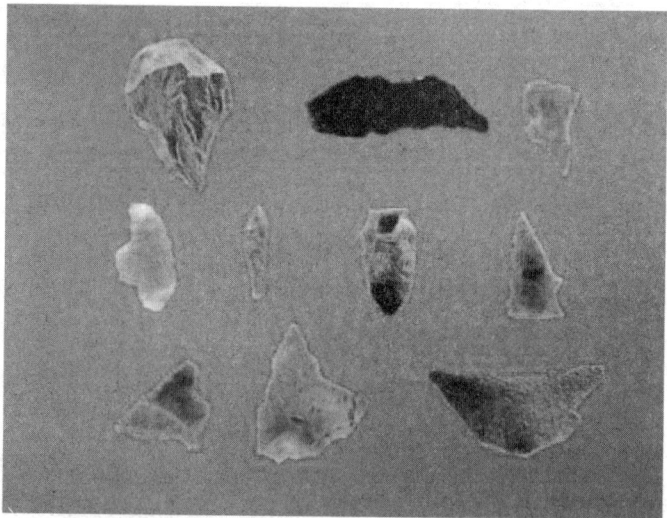

1963年山西省朔县峙峪出土的小石(骨)器

石镞的出现,表明当时人们已掌握了弓箭,狩猎技术获得了长足发展。斧形小石刀的原料为半透明水晶,弧形刃口宽约3厘米,两平肩之间有短柄状突出,当是复合工具的刃部,镶嵌在骨木把上使用,对透明水晶的出现显示了人对于石制品原材料的区别与有目的地选取,而复合工具的使用则体现其文化的进步性。在出土的文化遗物中有一件由一面穿孔而成的石墨装饰品,从出土的石墨装饰品来看,有钻孔和摩擦的痕迹,既表明峙峪人生产技术的进步,又反映了当时人类的原始审美情趣。这显示了峙峪旧石器时期晚期人类已经开始用特殊的矿物制作简单的装饰物。

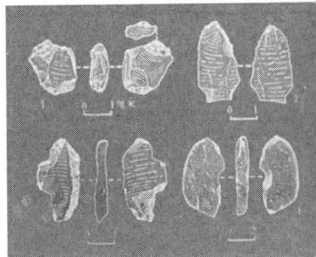

峙峪文化的遗物

旧石器时期晚期的石镞

下川文化

距今约2.5万年至1万年,全球气候进入末次冰期的最高峰,冰川扩张,海平面下降到比现在低100多米的位置。面对恶劣的气候和变化了的环境,人类要继续生存繁衍下去,就不得不面对严酷的客观现实,发掘聪明才智,充分调动各种潜能和创造力,主动而勇敢地适应新的生态系统,由此而相应产生了新的文化:典型细石器工业。下川文化是细石器工业发展的代表性文化。

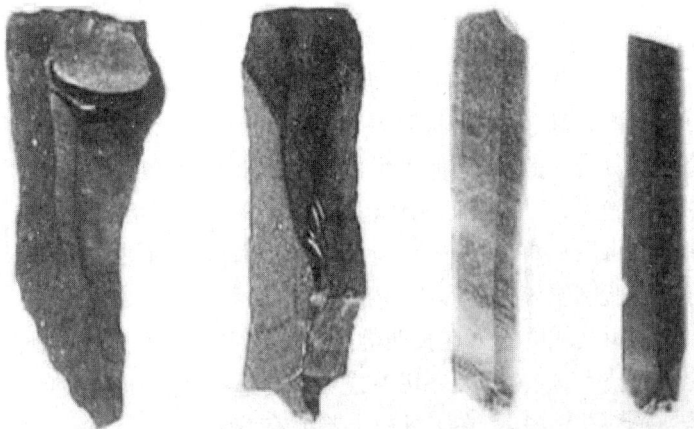

细石叶工艺

在旧石器时期晚期，峙峪为广义的细石器，时代比许家窑晚，属晚更新世中期；下川为典型细石器，时代比峙峪晚，属晚更新世后期。两种文化虽各有特点，但在石器中，也有一些同类物，如峙峪的斜边雕刻器和楔状石核，在下川石器中虽不乏其类，但从制作乃至器型，下川者显然要比峙峪的石器更稳定更典型。

下川出土石器主要分两大类，一为承袭中国旧石器时期早期就用的打制方法，以石英岩、砂岩、脉石英等原料打制的粗大石器。粗大石器为数较少，仅占 4.7%。一为以燧石为主要原料制作的细石器，它是下川文化的主体，并决定着下川文化的性质。

下川文化的石质遗物包括细小石器和粗大石器两大类，但文化的主体是以黑色燧石制造的大批类型复杂的细石器。

在初级产品中，虽然直接打击法产生的普通石片仍占绝大多数，但压制法的产物——锥状石核、柱状石核、楔状石核、漏斗状石核以及与之相应的大量细石叶代表了下川文化先进的石器工艺。在加工石器方面，除继承了传统的石锤直接修整方法，还出现了大量压制法产品。

工具的类型有琢背小刀、雕刻器、尖状器、锥钻、石镞、石锯、石核式石器和各种式样的刮削器。这里还有不少小石叶和细石叶，完整者很少，大多数截断了一头或两头，其目的是为了作刀片使用，把这些截断的小刀片连续地镶嵌在骨把或木把上，使彼此接口平齐，减少间隙，便成为一件锋利而实用的骨刀、骨匕首或骨矛头。这是出现在旧石器时期末期，盛行于中石器时期和新石器时期的先进复合工具。

石镞、扁底三棱尖状器的发现，证明下川文化的主人已经普遍使用复合工具，从而促进了原始生产力的大发展。下川的细石器因材施用，工序明确、制作精细、形制规范。从功能上考察，这些工具可以从事狩猎、采集、收割、加工木器、加工皮革、穿孔、切割、雕刻、制衣等多种形式的生产活动。

下川文化的主人在长期的制石工艺中，创造了生产细石叶的特殊技术，成为今天一切刀式工具的远祖。他们创造发明的石锯、石锛、石钻凿等，在工具史上都要有着无可估量的功绩。

下川文化的发掘，表明远在旧石器时期晚期，华北地区的细

下川文化石镞

下川文化研磨盘

石器工艺已经成熟，而且代表旧石器时期石器制作技术的最高水平。下川大量出现的细石器说明当时已经普遍使用刀、锯、短剑、弓箭、标枪等复合工具,生产力有了提高,社会生活发生新的飞跃。细石器一般被公认为代表一种以渔猎为主的经济文化,下川地区有山有水,以文化遗存推断,下川文化的主人,过着猎获动物兼营采集的生活,成为新石器文化的先行者,下开新石器时期早期高度发达的细石器工艺之先河,在华北地区乃至中国细石器工艺发展上居有十分重要的地位。

(二)新石器时期:文明演化

新石器时期,指在考古学上是石器时期的最后一个阶段,以使用磨制石器为标志的人类物质文化发展阶段。这个时期在地质年代上已进入全新世,继旧石器时期之后,或经过中石器时期的过渡而发展起来,属于石器时期的后期,大约从1万年前开始,结束时间从距今5000多年至2000多年不等。

1. 新石器时期早期

在中国新石器时期的早期阶段,农业属火耕农业,家畜饲养业以饲养羊、牛等食草动物为主。使用的石器以打制石器为主,磨制石器的数量较少。石器中出现了农业生产工具和谷物加工用具,如砍伐器、石斧、石铸、磨盘、磨棒等。陶器处于形成阶段,火候较低。以李家村遗址为代表。

李家村遗址距今7000年以上,处于母系社会阶段,属新石器时期早期文化。在李家村出土的文物主要分为两类:石器类,陶器类。

其中石器以打制居多,磨制石器也相当发达,典型器形有扁平磨光双弧刃铲,它是李家村遗址的代表器物。另有尖状器、刮削器、斧、凿、锛、砍砸器、石球及有肩石锄等石器生产、生活工具。

从打制石器时期渐变到磨制石器时期,它代表了人类社会进化发展中最关键的因素,即先进生产力的进步,因而是人类发展、文明进步的重要标志之一。

与旧石器时期相比，尽管新石器时期初期文化遗址的数量和规模并没有呈现出陡增的现象，但是无论是石器的制造水平还是陶器的产生以及农业的起源都可以认为是生产技术上甚至是生产方式上的重大突破。尽管这时期的先民仍然没有摆脱渔猎的生产方式，但是原始采集农业甚至是栽培农业的引入很大程度上改变了人类的饮食结构和饮食习惯，提高了生产效率，缓解了生存危机。人类从采集和狩猎经济向最初的原始农业经济转化。

2. 新石器时期中期

此时已经从早期驯化、采集农业阶段向定居农业发展，大的初级文化中心开始形成。在这一时期，南方的稻作农业也得到了较快发展。当时生产力水平的陶器制造技术、石器打磨技术以及农业生产的成熟程度都有所提高。此时文化遗址数量与新石器时期早期相比可以称得上是剧增，以裴李岗文化为代表。

裴李岗文化距今已有8000多年。裴李岗遗址位于双洎河转弯处的台地上，距现代河谷约300米，高出河床约25米。遗址的面积约20000平方米，开封地区文管会于1977年至1978年的发掘中，发现了墓葬、灰坑和窑址等。遗址的地面上很少见陶片，文化层薄而且灰色较浅，包含物极少，灰坑内遗物多但不丰富，完整的器物主要出自墓葬。

石器以磨光为主，制作精致，也有少量打制的。器形有磨盘、磨棒、铲、镰、刀、斧、弹丸和石片等。

磨盘经琢磨而成，平面是前宽后窄的椭圆形，略呈鞋底状，盘底附有柱状的四足；有的平面狭长，前端尖而后端平齐如柳叶状，盘底无足。它们与扁圆柱状的磨配成一套。历年发现的磨盘达四十余件。石磨盘是用整块的砂岩石磨制而成的，正面稍凹，可能是长期使用造成的。大多石磨盘的底部有四个圆柱状的磨盘腿，高3厘米至6厘米。石磨盘一般长70厘米左右，最长者可达1米，宽度一般为20厘米至30厘米。与其配套使用的是石磨棒，它的长度一般约30厘米至40厘米，直径6厘米左右。据发掘证实，它们主要出自墓葬。

裴李岗文化磨盘与磨棒

　　裴李岗文化出产了很多石制农具。铲身狭长扁薄,两端俱为圆弧刃;另一种为有肩铲,它的两端也为圆弧刃。镰身为拱背长穷三角形,刃部附有细密的锯齿以提高收割效率,柄部较宽,上端上翘,下部磨有缺口。刀很少见,人形状上似可归入镰类。

　　裴李岗居民已进入锄耕农业阶段,处于以原始农业、手工业为主,以家庭饲养和渔猎业为辅的母系氏族社会。他们还有简单的文化生活,在龟甲、骨器和石器上契刻符号式的原始文字,用以记事,将烧制的陶器工艺品摆放在案头观赏。休息时,男人拿起石片、陶片和着七孔骨笛伴奏,那音律相当准确;女人们打扮得花枝招展,发髻梳得高高的,头上插着骨笄,身上佩戴着骨饰和松绿石等,欢乐地跳舞,庆贺丰收或喜事。

裴李岗文化遗址出土石器

3. 新石器时期晚期

新石器时期晚期是新石器文化史上的黄金时代。无论是遗址数量、文化分布范围还是技术水平都已经今非昔比。由于农业的发展，随之形成了阶级，产生了城邑，中华文明已经初具雏形。此时文化的多样性和地方性特征尤为明显。

在新石器时期，龙山文化作为极具代表性的文化，石器的使用不再占据文化主体，石器更多地作为农具来使用，农业经济有了更显著的发展，人们种植粟类作物，农具的质料和种类也更加增多。陶器和玉器的进一步发展丰富了人类文明，丰富了社会文化。

入早商之后，山东龙山文化可能还延续了一段时期，特别是黑陶上的云雷纹和石铸上的兽面效，或许表示已与早期青铜文明有所接触。新石期时代逐渐步入终结。

玉器的使用以及陶器的制作成为该时期的两个耀眼的明星。红山文化、良诸文化、石峡文化中普遍发现了大量的随葬玉器。玉器这种礼器的出现不仅反映了人们审美观的提高而且表明了当时社会的繁荣与富足。只有社会生产有所剩余才能供养一批技艺高超的工匠专门从事玉器的制作。

六、石器之美

无论是在农业经济开始发展的新时期时代，还是茹毛饮血的旧石器时期，早期人类经过制造石器的长期实践和对大自然的长期观察，积累了宝贵的经验，开拓了自身的思维，因此，人类文明才得以发展。

对于美的追求现今人类无法详细追溯，但通过人类祖先留下的遗迹，我们仍然能看到，在努力对抗大自然，尝试更多的生存手段时，人类对于自身的理解越来越深刻，对于自我价值的认定也越来越清晰。人类在想要凸显自我价值，想要吸引异性时，想获得满足感时，佩戴装饰物成了他们的首要选择。

1. 绿松石器

新石器时期绿松石器主要出土于墓葬,生前佩饰,死后亦不丢弃而随葬墓中,可见价值之重要。虽然也见装饰器物,但主要是用于人体不同部位的佩饰,佩戴不分男女老幼。绿松石器出现之时,佩戴与身份地位或贫富差别无关。而从大坟口文化晚期开始, 个别地区绿松石常附属于一些具有礼器性质的精美重器之上,一定程度上开始体现身份等级,这也使得绿松石器更多地被保存在各地遗址之中。

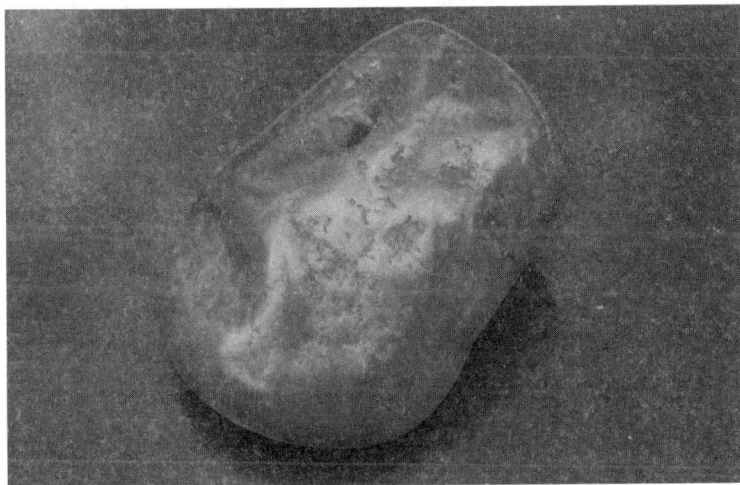

盘古开天辟地主题图

石材

在花样繁多的各类石器中,绿松石器脱颖而出,夺人眼球。

不同于旧石器时期早期没有经过选择的劣质材料制造的石器,绿松石器在石材方面就体现了人类对于器物材质美观的追求。

绿松石,又称“松石”,因形似松球色近松绿而得名。绿松石属优质玉材,中国清代称之为天国宝石,视为吉祥幸福的圣物。古人称其为碧甸子、青琅玕等。

绿松石质地细腻、柔和,硬度适中,色彩娇艳柔媚,但颜色、硬度、品质差异较大。通常分为四个品种,即瓷松、绿松、泡(面)

松及铁线松等。

绿松石是铜和铝的磷酸盐矿物集合体，以不透明的蔚蓝色最具特色。也有淡蓝、蓝绿、绿、浅绿、黄绿、灰绿、苍白色等色。

绿松石质地不很均匀，颜色有深有浅，甚至含浅色条纹、斑点以及褐黑色的铁线。致密程度也有较大差别，孔隙多则疏松，孔隙少则致密坚硬。抛光后具柔和的玻璃光泽至蜡状光泽。优质品经抛光后好似上了釉的瓷器，故称谓"瓷松石"。

绿松石料

形制

新石器时期绿松石器器形多种多样，各类几何体均有，尤以梯形、方形、三角形的片状饰最常见。器体较小，多有穿孔，适合佩戴，也见有带缺口或凹槽者，可能是穿孔造成的。器类中动物造型的绿松石器比较少见，但一般制作都比较精美。

各地区出土的绿松石器中，形制琳琅满目，让人叹为观止。

第一类，以球形为基本造型和典型特征，有圆球形、半球形、圆形、半圆形等等；

第二类，器物平面或横剖面呈椭圆形或近似椭圆形，其间包括扁形、梭形；

第三类，器物平面或横剖面以直线几何形状为主要形态特征；

第四类，以管状为基本造型，根据横剖面的不同形状，有管状珠、管状体、长方形等；

第五类，以动物造型为主要特征，包括鱼形、鸟头形、虎形等；

第六类，以工具造型为主要特征，包括斧形、刀形、钉形、纽扣形等；

第七类，以不规则形为主要形态特征。

功能

第一类，主要是用作人体的装饰品，根据佩戴部位的不同，分为头颈饰、胸饰、腕饰等。头饰中有冠饰或发饰，如山东西朱封龙山文化大墓发现的人头骨附近的几百片绿松石小薄片可能就是头冠和头巾饰。而发现最多的是出土于墓中头骨耳部的耳饰，它们一般体积较小，成对出现。颈饰多由十多件各类型的珠、管和片状绿松石串连起来组成，如大汉口遗址出土一串由十九件形状不规则形扁平绿松石片组成的项饰，出土于墓主的颈部。

胸饰是胸前配搭的装饰品，一般比耳饰和颈饰稍大，多发现于胸前，应该也是系绳佩戴使用的。如目前发现的最大一件绿松石配饰，龙岗寺的磺形佩，尽管出土于墓主人颈部，由于其体积较大和直条瑛形，推测可能为胸配饰。在桅杆坪遗址发现的一件绿松石佩饰出土于一盘腿人骨的胸前，推测也应为胸配饰。

腕饰主要是在手腕和脚腕使用，多由五件至十件不等的珠、管或片状的绿松石串起组成。

第二类，主要用作器物的装饰，目前发现的多是镶嵌于器物之，常见镶嵌于骨器上。

绿松石还发现被放人墓主人的口中，因此绿松石的功能不排除具有"葬玉"功能。

新石器时期绿松石器最明显的功能就是装饰品，或饰人，或饰物，以前者为主。人体经常被佩饰的头、颈、耳、胸、手等部位均有绿松石器发现，尤以耳坠最多，而置于眼窝中的绿松石珠十分

美的创造

罕见。装饰器物的绿松石多是被镶嵌在一些精美重器或奢侈品上，似乎与器物一起体现墓主人的身份等级。

2. 良渚玉琮

新石器时期的良渚文化距今5300年至4500年左右，此时由石器工艺影响发展的玉器工艺已经相当成熟。《鹖冠子》记载说："成鸠氏之国……兵强，世不可夺。"实际上就是说良渚文化集团的武力强大，天下无敌。考古研究表明，在良渚文化时期，农业已率先进入犁耕稻作时代；手工业趋于专业化，琢玉工业尤为发达；大型玉礼器的出现揭开了中国礼制社会的序幕；贵族大墓与平民小墓的分野显示出社会分化的加剧；刻画在出土器物上的"原始文字"被认为是中国成熟文字的前奏。专家们指出：中国文明的曙光是从良渚升起的。

而良渚玉琮作为良渚文化的典型器物，因其具有精美绝伦的纹饰和重要的历史价值，以及巨大的艺术魅力，自古就被嗜玉者所追捧。对其形制、纹饰、源流、年代、功能、工艺等方面，学术界观点多样，迄无定论。

神乎其技

在选材上，良渚文化的玉材为江浙一带的透闪石质的玉石，质地不纯，以青色、青赭色居多。从出土的玉琮来看，除部分保留着晶莹的质感外，大部分玉琮的外表已沁蚀成粉白色，受沁的程度大大高于同墓所出的玉璧。玉琮的表面色泽较均匀，不像玉璧那样存有灿烂多变的块状彩斑。

良渚玉琮系软玉雕琢而成，从外观看呈外方内圆、上大下小形。其表面细密的阴纹线刻技艺达到了后世几乎望尘莫及的地步。在既没有青铜，又没有钢铁的良渚时期，对硬度超过一般岩石和各种金属的玉料，是怎样进行加工，使之成为纹饰精美繁细的玉琮呢？至今还困扰着研究良渚古玉的学者。不仅如此，良渚玉琮还以体大自居，更显它独特的魅力。方柱形玉琮四面中间立槽，槽两边基本等距，误差在1毫米左右，每节上下间距也几乎完全相等，而且玉琮兽面纹的构图也基本相同。每个面的转角上有半个兽面，与其相邻侧面转角上的半个兽面组成一个完整的兽面,这样的组合使原本呆板的兽面更显生动且具变化。

美名来源

"琮"之名,始见于《周礼》等古籍。其形制依《周礼·考工记·玉人》所释:"大琮十有二寸,射四寸,厚寸。"东汉时的《白虎通·文质篇》也指出:"圆中牙身玄外曰琮。"但郑玄为《周礼》作注时却说:"琮,八方象地。"南唐徐锴解释说:"(琮)状若八角而中圆。"琮为何物,后世的确难以确指,以致南宋之后也有人称其为"镇圭"。至清初,高宗弘历(乾隆)以东汉许慎《说文解字》所称"琮,瑞玉,大八寸,似车釭"为据,并按其形而称琮为"辋头"、"杠头笔筒"或"㧙头瓶"等。直至光绪十五年(1889年),著名金石学家吴大澄在《古玉图考》书中,引述嘉庆年间文字学家钱坫的说法,玉琮实物才被正式确定为琮,从而结束了玉琮名不副实的局面。

神秘形制

玉琮因造型奇特精巧、寓意神秘而著称于世。

按照形制特点,良渚玉琮一般可分为扁圆筒形和方柱形两大类,但其器身高矮、大小差异较大。

扁圆筒形琮外壁以减地法突出四块对称的长方形凸面,每一凸面都以阴线琢刻有兽面纹,琮身低矮而中孔大,外形和功能如同于镯,故又称琮式镯。就其年代来说,镯式琮出现较早。

镯式玉琮

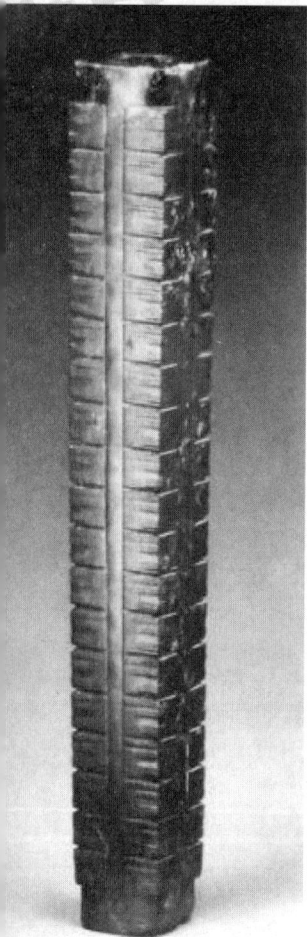

良渚文化中期以后盛行的是方柱形琮；至良渚文化晚期此种玉琮的节数增多，器身也越高。方柱形琮身外表呈正方形柱体,上比下稍大,四面正中各琢刻有纵向的凹槽一道;同时又多在纵槽两侧凹面上刻出等距的横向凹槽,把琮身分成若干节。每节又以四角为中轴,在相邻的两个凸面上对称琢刻出或繁或简的纹饰。琮身上下两端基本呈圆形,中心则对钻有圆孔,这便是人们所称的"内圆外方"的方柱形琮,是规范定型后的典型玉琮。而后由弧边的短方形琮发展演变成方柱形琮。

良渚玉琮上最引人注目的就是"神人兽面纹",古老而神秘的纹饰为良渚玉琮增添了几分令人着迷的色彩。

神人脸面作倒梯形。重圈为眼、宽鼻、阔嘴。头上戴有羽冠。上肢形态为耸肩、平臂、弯肘、五指平张叉向腰部。下肢作蹲踞状。在神人的胸腹部以浅浮雕突出威严的兽面纹,重圈为眼,宽鼻、阔嘴、嘴中有獠牙。神人及兽的身上密布卷云纹。

礼敬天地

虽然考古界许多专家学者对于玉琮的功用争论不休,就目前研究的情况来看,玉琮的功能归纳起来至少有 20 多种。如女阴的象征说、图腾柱说、大地之表号说、祖先崇拜(男女密合器)说、天象观测器物说等。

但归结起来其功能性质不外乎为实用器、陈设器、礼器和明器。

其中,关于玉琮作为礼器的猜测是有据可考的。

《周礼》有云:"以苍璧礼天,以黄琮礼地。"那么玉琮是祭祀苍茫大地的礼器,或是巫师通神的法器之一,似是印证"璧圆象天,琮方象地"等道理。

早期人类对于礼器的重视和使用,体现了人类对天地万物的敬重。由自然而生,立于天地之间,敬畏天地法则。

方柱形琮

饰品篇

中华文化遗产系列丛书《天地之间》
ZHONGHUA WENHUA YICHAN XILIE CONGSHU

贰、饰品篇

考古发掘和现代民族学的大量资料证明，至迟在旧石器时期晚期，生活在中国现在版图上的原始先民就已经懂得装饰自己的身体了。也就是说，作为一种原始艺术形式，人体装饰品在旧石器时期晚期，就已经出现了。

饰品就是用来装饰和佩戴的。饰品的起源，最初因为遮体，随着生活水平和人的创造力不断的发展，开始向着修饰部分转化，衍生出以修饰为主的各种装饰。

进入新石器时期后，原来打制石器已被磨打磨光的技术所代替，原始的火耕农业已经出现，饲养家畜已经产生，制陶、编织得到发展。在生活资料已有剩余的情况之下，为了满足更高的追求，其中一部分人脱离了农业生产，专门从事用具制作。这样，原始的手工制造业出现了。除了生产各种工具之外，为了满足人们对美的追求，还制作一些奢侈品，饰品艺术就在这样一场变革中飞速发展。我们的祖先在原始美感的驱动之下，将自然界认为美的东西作为饰物，制作也越来越小巧美观，饰品之美也越来越多地得到展现。

一、饰品的产生和动因

　　人体装饰发端于旧石器时期晚期，这不仅是因为迄今发现的最早的装饰物是旧石器时期的遗物，而且是说装饰自己是在人类发展到一定阶段上才产生的一种心理和审美欲求。

　　动物生来就具有装饰的自然属性，越是低级动物，就装饰得越加美丽。但它们不能改进，也不能排除自身的装饰。而人生来完全没有装饰，装饰自己的意图和愿望也不是天生的，是他自己动手把自己装饰起来的。因此，装饰是人类自身的活动，是其劳动的成果。当原始人由于生存的需要而开始装饰自己的时候，他们才产生了装饰自己的欲求；当他们看到了装饰自己所带来的好处时，他们才逐渐体验到装饰自己时出现的审美快感。

1. 人体装饰的原因

　　人体装饰，无论是绘身、文身还是附加装饰物，都是以抽象的形式来构成特殊的审美形象。这些抽象的线条或几何图形，有些是从客观实在物的物理空间特征转变而来，有些则是完全不可识的，但对于装饰自己的原始人来说，他们是心领神会的。当他们在装饰自己的欲求驱使下，透过节奏、对称、比例、光洁等抽象的形式，使身体上绘制（或刻画）的纹样或装饰品的排列组合，反映出现实世界的秩序性，构成人的自身完整形象，因而就具有了强烈的审美倾向。这些以抽象的形式而构成的几何形纹样（形象）暗含着某种具体的文化含义，或代表着他所属的族群的徽记和他在其中的地位，或为他所信仰的崇拜物的变体，或为投射着强烈的性意识图形，或为成年的标志等等。这些装饰纹样或附加装饰物一旦成为人身体的一部分，就会反过来对他的精神世界产生着某种激发的作用。

　　从收集世界各地发现的旧石器时期的资料和现代原始部落的资料中，人们可以发现，早期原始体饰形式主要有项饰、腰饰、臂饰、腕饰、头饰等几种，而这些形式中尤以项饰和腰饰为主。它们很大程度上是围绕人体生殖区而装饰的，究其原因，除了这些部位有支持佩戴物的能力之外，大量研究表明这种选择还另有目的。

动物身上的色彩和图案也是一种体饰——自然体饰。雄鸟的头饰、项饰、胸饰、尾饰等等往往在繁育季节呈规律性的变化和显示，而且这些装饰对吸引异性颇有功效，大量生物学材料证实动物的漂亮装饰在性选择过程中具有很大的优势。人体文身是一种类似的体饰形式，人体装饰则正是动物自然装饰的延伸和质变。

世界各地发现的旧石器时期晚期最早的人体饰物尤论是动物牙齿、羽毛，还是石珠等，都有一个十分显著的特点：光滑、规则、小巧、美观。而这一特点进一步说明了体饰产生的妆点妆扮、自我炫示、吸引异性的重要心理动因。因此将体饰起源心理源于生理本能的美感是十分科学的。而由这种起源动因衍变而来的"人体美化"功能是体饰最原始最根本的功能。

在体饰的起源和发展过程中还存在其他两个重要的动因，一是宗教功能动因，二是社会功能动因，而这两种动因都是基于生理本能动因之上，在此基础上发展和演化出来的。宗教源于史前人类的巫术，而体饰发展的宗教动因则正是在史前人类的巫术活动中和在这种巫术思想指导下逐渐形成并在人们的思想中根深蒂固。原始人类在劳动实践过程中，逐步对自然界中一些与他们生活密切相关的材料如植物的果实、种子、动物的羽毛、牙齿、骨骼以及石(玉)料产生一种朦胧的神秘看法，他们甚至将其作为自己巫术活动中的崇拜对象，赋予神秘的力量。

如他们将植物的果实或种子串挂在母性身上以祈求繁衍子女；将狩猎动物的毛皮、牙齿、骨骼穿挂与身上以求得狩猎的成功和自身的平安；对石(玉)料的崇拜，则是源于原始人对石器工具的深厚感情，其中略有光泽和色彩鲜艳夺目者，被视为是他们心目中某个神秘主宰者对他们的馈赠品，他们更是小心地收藏和加以保护，而在这一过程中，又逐渐丰富了这种自然崇拜物的内涵，中国玉文化最初的启蒙思想正是源于此。在中国石器时期的各种文化中，玉一直是被视为一种有着丰富灵性的自然崇拜物，广泛地使用于巫术仪式中，并为史前人随身携带，一则作为美化自身的装饰，另则作为一种避邪去灾、逢凶化吉的吉祥物。

2. 人为何穿上衣服

人类早期是不穿衣服的，但为什么到了后期要穿衣服一直困扰着来自世界各地的专家学者。关于这个问题，国内外的专家学者的观点也都不尽相同。归结起来，主要有适应环境说、装饰美化说、遮掩羞涩说、吸引异性说、宗教信仰说。

从考古学发掘中得知，早期人类比较重视头部和颈部的装饰，可能与灵魂观念有关，后来渐而扩展到装饰手臂、胸部、腰部以至足部。手臂、手腕的装饰品，在墓葬中遗留下来的数量甚多。腰部的装饰品，可能与衣服的起源有关。在衣服的起源上学术界有截然相反的两种见解，一种意见认为猿人所以发明衣服是为了遮羞，另一种意见则认为，衣服的起源与人类的羞耻感无关，人们在腰间扎上皮革或布片，恰恰是为了让人注意，因为有的民族并没有用这些东西将生殖器遮住。腰部的装饰品，也有引起他人注意的作用。

适应环境

服装是为了适应环境、保护身体的需要，是人类起码的生活需要。我们的祖先历经漫长的岁月，逐渐形成了自己的衣着，并逐步完善起来。穿衣是为了能够抵御寒冷和潮湿的天气，同时又大大地丰富了人类的物质文明。

在距今约 50 万年前，人类的祖先是不穿衣服的。到了旧石器时期末期，人类在与自然界的斗争中，随着生产技术的逐渐提高，改造自然的能力也得到增强，在距今约 18000 年前的母系氏族社会的山顶洞人开始使用磨制和钻孔技术，学会用骨头做成的针和兽筋或皮条做成的线，将一块块兽皮缝合起来，制成衣服，可以有效地抵御寒风雨雪的侵袭，同时，还可以起到防止爬虫或蚊子的叮咬，起到保护身体的作用。

装饰美化

服装是为了装饰美化人体的需要产生的。他们认为在原始社会时期人类是不懂得穿衣的，也不需要用衣服来保护身体。因为至今还有一些民族过着原始生活，他们不穿衣服，但懂得装饰自己。他们通过涂粉、文身、披挂兽皮、兽骨、树叶等来装饰自己。对原始人来说，装饰是他们的第一需要，保护是第二需要，是开化以后的事情。

　　人类从旧石器时期的山顶洞人开始，就已经有了爱美的观念，懂得用各种方法来装饰自己。装饰形式分为肉体和外表两种。肉体装饰包括对人体的各种"体塑"，外表的装饰包括服装或其他各种装饰物。这两种装饰形式有着某种相互依存的关系。如耳环或鼻环就是体塑和饰物附贴两者的结合，现代女子使用腰带紧束腰部使其纤细，也是同样的道理。而中国古代女子的缠足则属于改形装饰。

遮掩羞涩

　　常用的肉体装饰主要有结疤、文身、涂粉、残毁、改形等几种。在几十万年前，人类的祖先和其他动物一样，全身毛发甚长，足以御寒。因此，人类在几十万年的漫长岁月里，一直不穿衣服。后因人类的智能不断发达，逐渐开化文明，懂得了礼仪和羞涩，于是产生了用以遮身的服装。

　　在炎热的非洲，人们根本不必穿衣，但因男女有别，故均用纱笼、围布或裤衩等遮盖下身。纵观人类服装的形成，也是从下身开始向上身发展的，首先是以树叶或兽皮围住腹、臀等部位，后来有了裙类服装，然后才发展成衣和袍。

吸引异性

　　服装是为了吸引异性而起源的。他们认为，人们之所以要穿衣服，并不是单纯为了保护身体、遮掩羞涩或装饰。实际上，由于原始人对性、性感以及性爱有追求，为了吸引异性才产生服装的。在远古时代，人类要在恶劣的自然环境下生存，除了要付出艰辛的劳动去获取生活必需品，还要通过性爱活动来繁衍后代。在远古人类看来，性爱是神圣的活动，并且具有神秘化。而且对性爱的神化，还表现在对生殖器的崇拜上。特别是在人类进入直立行走阶段之后，一览无余的将生殖器暴露出来，势必需要采取一些手段或形式来显示其神圣和崇高，如最初的树叶、鲜花，继而使用兽皮来遮掩或装饰生殖器官，以后又扩展到其他的性感部分。这些就是今天的服装雏形。因此也有人认为，对性的崇尚是服饰产生的直接原因，要获得性的刺激和吸引异性的好感是服饰最基本的功能。

宗教信仰

服装是为了满足宗教信仰需要而形成的。他们认为原始人在很长时期里，一直是不穿衣服的，后来在原始氏族公社中出现图腾崇拜或偶像供人崇拜。所以，服装最初出现在部族的首领身上，后来发展到巫师、传教者或者教徒们身上。直到今天，服装依然有明显的标志功能，这说明服装的起源与满足宗教信仰的需要密切相关。

二、早期的饰品

迄今为止，在中国境内发现的最早的人体装饰品，均属旧石器时期晚期的遗物。其绝对年代都在距今 4 万年至 1 万年之间。发现这些遗物的地点包括宁夏水洞沟、山西峙峪、北京山顶洞、河南小南海、河北虎头梁、辽宁金牛山、辽宁小孤山等处，其分布范围基本上相当于中国远古时期的黄河、辽河流域的广大地区。

上述这些地点所出土的人体装饰品，按质地可分为石、骨、牙、贝（蚌）、蛋壳等五种。石质品包括有钻孔的小砾石和石珠、经磨制穿孔的石墨制品、椭圆形珠状的天然石灰质结核；骨质品有穿孔的亚腰形饰品、刻有沟槽的骨管、钻有小孔的青鱼骨、鸟骨扁珠；牙质品主要有用獾、狐、鹿、羷的犬齿在齿根穿孔制成的牙饰；贝（蚌）类有穿孔的海蟹壳、咏部磨孔的贝壳；蛋壳类有用驼鸟蛋皮穿孔制成的扁珠等物。

（一）旧石器时期——出现

在大约距今四五万年左右，也就是考古学上旧石器时期晚期,远古人类从最古老的直立人进化到晚期智人的新阶段。这时的人类已走近了现代人的行列,其长相和身材都同现代人没有多大的差别。那么,他们将如何打扮自己呢? 下面就以山顶洞人的饰品为代表进行说明。

山顶洞人遗址位于世界闻名的北京人遗址周口店的龙骨山顶上。这是一个洞中有洞的洞穴,被分成上下二室。上室在洞内东部一个垂直的陡崖上,在这里发现有刚刚出生的婴儿头骨、骨针、装饰品和少量石器等遗物。钟乳石的地面中部还有一堆灰烬,让人想起山顶洞人围坐在这堆篝火旁烤食兽肉和制作装饰品的情景。下室在洞内西半部,发现有三具完整的人头骨和一些体骨,人头骨周围撒有赤铁矿粉,这里可能是山顶洞人埋葬死者的地方。

在山顶洞发现的人类化石,有完整的头骨及残片、上下颚骨及体骨等至少包括 7 个人类个体。其中既有男性也有女性,既有超过 60 岁的老人,也有成年男女,还有少年和刚刚出生的婴儿。似乎是一个原始氏族家庭的成员。他们都属于晚期智人阶段的原始蒙古人种,是我们黄种人的远古祖先。

山顶洞人以狩猎采集和捕鱼为生。他们狩猎的对象,既有森林动物,也有山地草原动物。而捕鱼则扩大了他们生活的来源,使食物有了较稳定的保证。根据发现的一件鲩鱼眼上骨的大小推断,他们已能捕捞长达 80 厘米的大鱼,反映了渔猎水平的提高。从发现的动物化石判断,他们生活在更新世晚期的末期,距今约 18000 年。

山顶洞人重要的文化遗物有骨针和装饰品。骨针保存较好,除了针眼稍有残破外,整个骨针完整无缺。长约 8.2 厘米,只有火柴棍粗细,通体磨制光滑。从残留的针眼可以看出,它是用尖利的石器挖成的。这件骨针的发现,说明山顶洞人已经懂得了缝制衣服,尽管他们缝制的可能是兽皮。自从发明了骨针,才算真正有了缝纫能力,在人类文化史上又迈进了一大步。

山顶洞人遗址中最为重要的发现就是装饰品,山顶洞人的装饰品包括钻孔石珠、钻孔小砾石、穿孔兽牙、穿孔海蚶子贝壳、钻孔鲩鱼骨和刻沟骨管六种。

钻孔的石珠最精巧，直径最大 0.65 厘米，为白色石灰岩制成，近似扁平四方形或多角形。一面被磨平，中间琢出一小孔，另一面呈漏斗状孔，孔边缘由于长期佩戴被磨得很光滑。石珠表面染有赤铁矿的红色。其发现于女性头骨附近，是一种头部佩戴的装饰品。

钻孔小砾石，为黄绿色火成岩制作，椭圆形，两面扁平，一面被磨光，形状较规整。中部从两面对钻一孔，孔边缘染成红色，对钻得相当准确，这只有人类智慧发展到相当水平时才能办到。正像考古学家所说：无论谁看到它，都会喜爱的，因为它非常像现代妇女项下的那颗"鸡心"。

穿孔兽牙以貛的犬齿最多，其次是狐犬齿、鹿犬齿和门齿、虎门齿、鼬犬齿等。这些兽牙形状各异，有像弯角状的、笔尖状的，还有钻头形的、扁平葫芦形的，等等。孔都是用锐利的尖状器从牙根处两面对挖而成，许多孔由于长期佩带已磨出亮光。穿孔兽牙也是一种佩戴在头上的装饰品。可以想见，串在一起的时候，垂坠着的是一排黄色光亮的齿冠，走动起来，齿冠相互碰撞磨擦，还会发出诱人的声响；如果再与白色或红色的石珠串在一起，那情景一定非常动人和美观。

穿孔海蚶子贝壳的扇形壳面，凸起一道道平行的圆棱，因而也呈现出一道道沟槽。孔穿在尖嘴处，是在石头上磨出来的，有的因佩带使用，孔已被磨光，有的还保留着原来磨出的粗糙边缘。这种贝壳装饰品，在中国及世界各地许多史前遗址中都常有发现，表明远古人类都有以它作装饰品的习俗。

一件在边缘上有钻孔的鲩鱼眼上骨，像一朵茎杆肥壮的蘑菇。鱼骨表面还用赤铁矿染上了红色，这种用鱼眼骨做成的装饰品在世界上尚不多见。刻沟骨管是用禽类腿骨制成。其中最大者有 3.8 厘米长、宽 1.4 厘米，最短的有 2 厘米长、宽 1.4 厘米。它们的外表面磨得很光滑，上刻一到三个不等的椭圆形短沟槽。

山顶洞人上述装饰品的发现，表明他们已经知道将同一类型的东西加以贯串，把不同的形象变成相同形象，具有了最初的形式美。这些质料不同、形状各异的装饰品色彩也比较丰富，很大一部分装饰品的穿孔都发红色，这可能是由于系装饰品的带子被赤铁矿染过的缘故。如果我们把山顶洞人的装饰品全部串

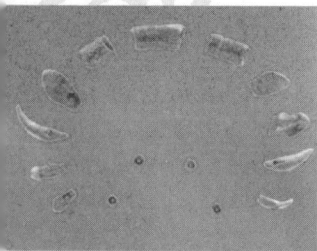

山顶洞人的饰物（钻孔石珠和鲩鱼眼上骨）

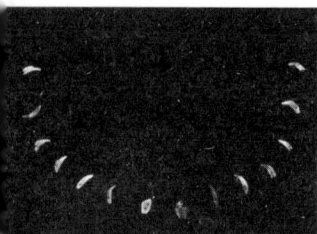

穿孔兽牙（山顶洞人的饰物）

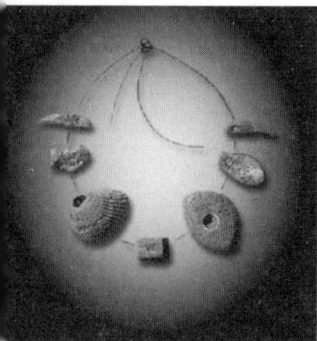

山顶洞人的装饰物

在一起，用一根红带子，穿着白色的或红色的石珠，黄色和白色的兽牙与骨管，还有黄绿色的小砾石以及白色的贝壳，就形成一串美丽的项链。

山顶洞人对色彩已经有了认识，而且最先认识的应该是红色。这不仅表现在他们的装饰品上染的红色，以及他们埋葬死者时在人头附近撒下的赤铁矿粉，而且从遗址中发现的赤铁矿碎块也可以看出来。这些赤铁矿碎块最大的可达 20 厘米长，分别在不同地点发现的两块竟能对接在一起，并能看出人工打制的痕迹。有的赤铁矿碎块边角很光圆，似是经磨擦后形成的。在遗址中还发现有一件扁圆形的石灰岩砾石，其表面也有红色的痕迹，可能是磨制赤铁矿粉的磨石。过去人们认为，山顶洞人的赤铁矿块是来自北京以北近 180 公里的宣化市。但考古学家在龙骨山以东约 1 公里的周口店村南头的土石中，也曾发现同山顶洞遗址相同的颗粒状赤铁矿碎块，因此认为，远在 18000 年前的山顶洞人已在此开土采矿作染料了。

俄国 位伟大的哲学家曾说过：红色是一切野蛮人非常喜爱的颜色。我们从山顶洞人的装饰品上看到的正是如此。而且，红色很可能是史前人类最先认识的颜色。正是从红色开始，我们的远古祖先开始有了最初的美感。也许山顶洞人佩带装饰品的目的，并不单纯是为了审美的需要。有人认为，那些用兽牙、蚌壳和石头制成的原始装饰品，是力量和勇敢的象征；也有人认为，原始人佩带装饰品的目的是为了吸引异性的注意。然而不管怎样，这些在我们现代人看来，并非是一种审美的动机，也许在山顶洞人的眼中正是一种美的标志。因为不同时代，甚至不同人对美有着不同的认识和理解，有不同的审美标准，即使是现代人之间审美的内容和形式也各不相同，更何况远古的原始人类。

山顶洞人装饰品的出现并不是孤立的，与山顶洞人同时期的其他一些遗址中也发现有类似的人体装饰品。如在河北阳原虎头梁遗址，就发现有一件穿孔的小石珠和两件穿孔贝饰，甚至还有一件用鸵鸟蛋皮做成的穿孔小珠。类似的鸵鸟蛋皮小珠，在宁夏灵武县水洞沟遗址也有发现。在旧石器时期晚期，中国远古人类普遍有了装饰自己的意识，原始艺术已经产生。

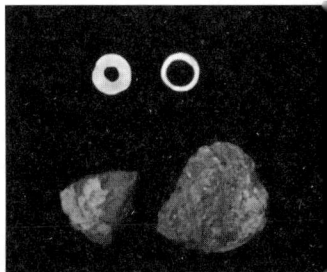

珠饰（河北省阳原县虎头梁出土

（二）新石器时期——发展

中国出土的新石器时期人体体外装饰品，与旧石器时期相比，在材料、制作工艺、品种类别、造型以及所悬挂的人体部位等方面，都发生了重大的变化。根据考古发掘的材料及其外在特点，考古学家们将这个时代的人体体外装饰分为黄河上游地区、黄河中游地区、黄河长江下游地区、江汉地区、西南及华南地区和北方地区等六个考古文化类型。

1. 黄河上游地区

齐家文化是以中国甘肃为中心地区的新石器时期晚期文化，已经进入铜石并用阶段，其名称来自其主要遗址甘肃广河县齐家坪遗址。

时间跨度约公元前 2200 年至公元前 1600 年的齐家文化，是黄河上游地区一支重要的考古学文化，其主要分布于甘肃东部向西至张掖、青海湖一带东西近千公里范围内，地跨甘肃、宁夏、青海、内蒙古等四省区。随着齐家文化研究的不断深入，齐家文化已成为探索中华文明形成与早期发展的重要研究对象之一，在海内外影响日益扩大。齐家文化距今 4000 年左右。齐家文化的制陶业比较发达，当时已掌握了复杂的烧窑技术。在墓葬中发现的红铜制品，反映了当时生产力水平的提高，为后来青铜文化的发展奠定了基础。齐家文化的房屋多为半地穴式建筑，居室铺一层白灰面，既坚固美观，又防潮湿。

甘肃武威娘娘台遗址，在齐家文化层位中所出玉质或者近似玉质的璧，多达 264 件，这样大量出土玉石璧在中国田野考古工作中尚属罕见。齐家文化时期的玉器种类很多，玉璧是其中最为常见的一个大类，相对于其他种类而言，其品种齐全，数量众多，使用广泛，影响深远。有玉璧（肉大于好）、玉环（肉好相若）、玉瑗（好大于肉）、两璜联璧、三璜联璧（俗称三合璧）、多璜联璧、异形璧（如三牙璧、玉璇玑的原始形状）等。单璜也可以算璧的一部分，是由璧演变而来的。

所用材料大多是就地取材或就近取材（这主要受制于当时的经济条件和交通条件），其中也有少量的和田玉，还有的疑似青海玉。就其材质而言，有石质（最多也最常见，这里不作讨论）、半石半玉、玉料，还有绿松石、天河石、贝壳（这里也不作讨论）。所用玉料大多质地较好，有白玉、青白玉、黄玉、糖玉、碧玉、墨玉、灰色玉等，还有介于不同颜色之间的杂色玉。现代考古发掘和玉料开采证明，齐家文化分布地域范围内拥有丰富的玉料矿藏。据笔者观察，齐家文化玉璧用料最多的是来自榆中县与临洮县交界的马衔山，玉质相对较好，比较接近和田玉，还有武山、积石山、祁连山等地方的玉，偶有疑似青海玉的玉料。当然，和田玉质量更好，更为难得。

玉璧（齐家文化）

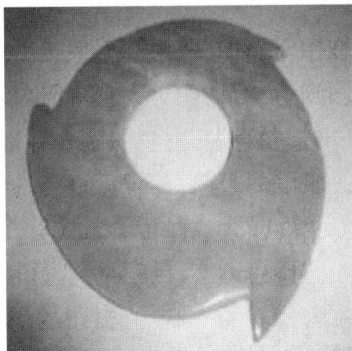

玉璇玑（齐家文化）

2. 黄河中游地区

　　黄河中游地区出土的人体装饰品仍然是以骨质品最多，其次为石质品，也有一定数量的蚌、贝饰品及牙饰。此外，一个显著的特点是，该地区从仰韶文化时期一直到龙山文化时期，都出土有大量的陶质装饰品，如环、珠、管、笄等，其中尤以陶环在数量上占有相当大的比重。根据各个时期装饰品在材料选择上的变化来看，磁山、裴里岗时期主要为骨、蚌、牙、绿松石四种质地；到仰韶文化时期，出现了多种质地的装饰品，尤以人工烧制的陶质品占了很大的数量；发展到龙山文化时期，骨质品逐渐减少，玉、石制品有所增加。这个发展趋势清楚地表明，进入新石器时期以后，由于工艺水平和制作能力的不断提高，人们对装饰品的制作已逐步由对自然材料进行简单加工发展到烧制陶质饰物或对坚硬、细腻

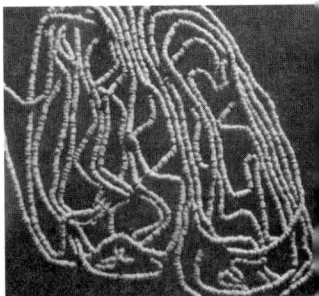

姜寨遗址 7 号少女墓共出土骨珠 8577 颗

的玉、石材料进行雕、刻、琢、磨这样一个新的阶段。

黄河中游地区人体装饰品的形制，是以大量环类为主，尤以大量的陶环为主。陶环的式样，也是非常丰富的，除有红、灰、黑陶外，还发现有一种白陶环。其形状有圆形、多角形、螺旋形、齿轮形等若干种，剖面多呈圆形或椭圆形，也有少数呈三角形、半月形、长方形等。其中素面和划纹占最大多数，个别用红、黑两色加以彩绘。

龙山文化是黄河中下游地区代表性文化遗存，约当新石器时期晚期的一类文化遗存。年代约当公元前2500年至前2000年，距今约4350年至3950年。主要分布在山东省中部、东部和江苏省的淮北地区。它上承大汶口文化，下续岳石文化，在中国新石器时期诸文化中具有较高的发展水平和独特的成就。目前经过发掘的主要遗址，有山东章丘县城子崖、潍坊姚官庄、潍县鲁家口、胶县三里河、日照两城镇和东海峪、诸城呈子、泗水尹家城和江苏徐州高皇庙等。

制玉工艺比较突出，发现了一定数量的精美玉器，如扁平穿孔玉铲、阴刻兽面纹玉锛、三牙璧及鸟形、鸟头形等各种玉饰。这些贵重玉器表明当时制玉工艺达到了较高水平，同时说明玉质礼器的生产已专业化。

龙山文化是因1928年首次发现于山东章丘市龙山镇城子

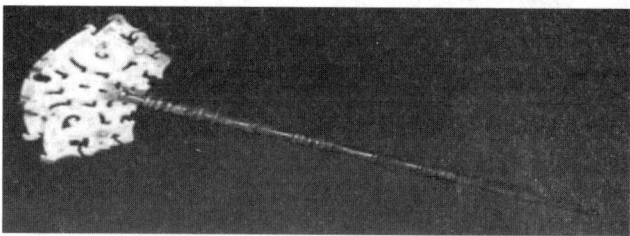

镂雕变形兽面纹玉簪（龙山文化）

崖而得名的。它的下限年代较晚，有可能已经跨到中国历史上的夏代，是高度成熟的新石器时期晚期文化。出土了许多玉石装饰品，鸟形或鸟头形玉饰成组随葬，为以后商代大量盛行动物雕开创了先例。出土有玉斧、玉锛、玉刀、玉凿、玉璇玑等。我们从龙山文化出土玉器的造型、纹饰来分析,它们所体现的思想内容和社会特点及时代所赋予的特殊性质,并不仅仅只具有装饰的意义,说明它与当时宗教思想有关,这种以某种生物为崇拜对象的现象正是原始图腾的特征。

璇玑(龙山文化,陕西延安市碾庄乡芦山峁村出土)

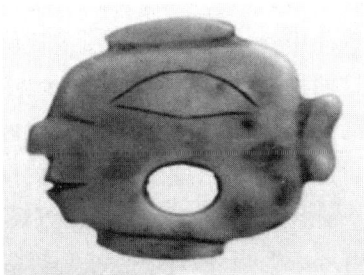

人头像(龙山文化,陕西神木石峁遗址出土)

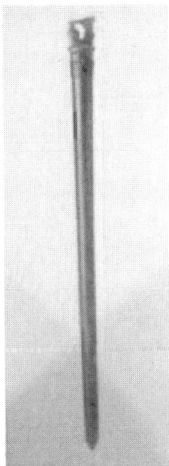

凤首笄(龙山文化,陕西延安市碾庄乡芦山峁村出土)

　　目前出土龙山时代玉器最为丰富的,当属分布在山西东南部的陶寺文化。据统计,襄汾陶寺、临汾下靳村和芮城清凉寺三处遗址考古发掘出土的玉器已超出 1000 件。

　　总览陶寺文化玉器,不仅改变了仰韶时期玉器数量少、器形单调的局面,而且呈现出器类构成的多元化特征。这种多元化特征,初步显示出中原地区"八方辐辏"、厚积薄发的地理与文化优势。

　　以琮、璧、钺为代表的玉器组合,是长江下游良渚文化玉器的基本特征,陶寺文化中琮、璧、钺的数量也不少,但造型大多具有自身特征。如形制多样的璧,就源自不同的地区和文化。中孔较大的圆形玉璧,可能是受良渚文化影响的产物;方形玉璧,则有红山文化的影子;玉牙璧,显然来源于海岱地区;而由二璜或

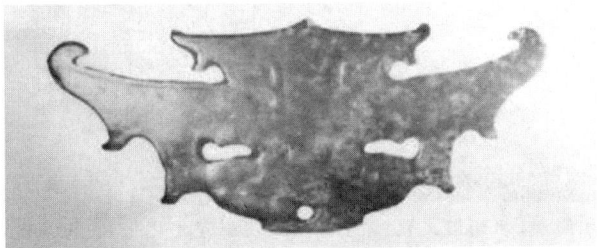

兽面形饰(陶寺文化,山西襄汾县陶寺遗址出土)

多璜联缀组合的多璜联璧，则是黄河中上游特有的形制。除陶寺文化外，还见于陕北的石峁和西北的齐家文化。

3. 黄河长江下游地区

与黄河上游、中游两大地区相比较，这一地区出土的人体装饰品中骨质品、陶质品所占比例大为减少，尤其是长江下游地区这两种质地的装饰品更为少见。此外，牙、贝（蚌）质装饰品在本区亦不多见。这一区域装饰品在质地上最为显著的特点，则是大量造型丰富、工艺精湛的玉、石质装饰品。

该区出土的装饰品仍以环类（包括筒状的环饰）为大宗，有臂环、镯、指环、珠、璧、小环等多种类型。同时，还出土了不少颇具特征的装饰品，如锥形坠饰、成组的珠管串挂饰、牙质束发器、玉琼、玉缓等等。

数量品种众多的玉质装饰品，是这一地区尤为引人注目的特点。早在河姆渡、大汶口文化时期，就已经出现了玉环、玉管、玉玦、玉璜、玉珠等小件饰品。至崧泽、良渚文化时期，更有大批的玉琼、玉璧、玉瑗及成组的串挂玉饰等较大型的装饰品出土。

黄河长江下游地区主要有河姆渡文化、凌家滩文化、大汶口文化、崧泽文化、良渚文化等。

河姆渡文化

河姆渡文化发现于浙江省杭州湾附近的余姚县河姆渡，距今年代约 6800 年至 7000 年，在河姆渡遗址第三、四层所出土的玉器是中国迄今发现较早的玉饰件之一。出土玉器品种有璜、玦、

腰鼓形玉管（河姆渡文化，浙江余姚河姆渡遗址出土）

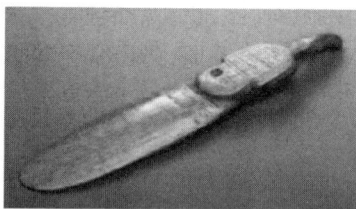

鸟形象牙圆雕（河姆渡文化，装饰品，浙江省余姚市河姆渡出土）

珠（河姆渡文化一期，河姆渡遗址出土）

管、珠、饼、丸、坠等,多系小件装饰品。由于当时人们制作玉器经验不足,琢玉工具尚不完备,再加之艺术欣赏能力较低,制作不规整。工艺一般仅采用琢打磨光,器形较简单,器身多不饰纹饰。

凌家滩文化

1987 年发现于安徽省含山县凌家滩, 位于长江中下游地区,它晚于同一地域的河姆渡文化和马家浜文化,而应早于良渚文化,与同一地区的薛家岗文化相当,是中国早期玉文化发展的重要地区之一。

凌家滩遗址 1985 年发现于安徽省含山县铜闸镇凌家滩村,遗址总面积约 160 万平方米,经测定距今约 5300 年至 5600 年,是长江下游巢湖流域迄今发现面积最大、保存最完整的新石器时期聚落遗址。自 1987 年以来,由安徽省文物考古所主持的 4 次考古发掘发现,聚落遗址内,包括居址、墓地、祭坛、作坊以及近 3000 平方米的红陶块建筑遗迹。同时, 发掘出土大批精美玉礼器、石器、陶器等,反映出同时期其他遗址中所罕见的精美程度和工艺水平。由此推断,远古时期的凌家滩是一座繁华的城市。

凌家滩墓地出土玉器数量最多,品种最为丰富,雕琢精湛,是中国新石器时期其他古文化遗址不能比拟的, 具有重要的考古、历史、科学和美学艺术价值。器形主要分以下几类:工具、武器类:主要是缺乏实用功能的斧、钺、戈,应是礼仪用器。装饰品类:主要是穿戴在身上起装饰作用的镯、璜、环、玦、璧、双连璧、管、珠,以及形制较为特别的宝塔形饰、扣形饰、喇叭形饰、月牙形饰、菌形饰、冠形饰;动物或人物形象类:主要有猪、龟、龙、凤

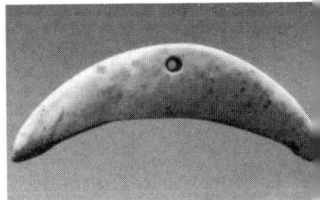

半月形玉器(凌家滩文化,安徽含山凌家滩墓葬出土)

冠形饰(凌家滩文化,安徽含山县凌家滩遗址 15 号墓出土)

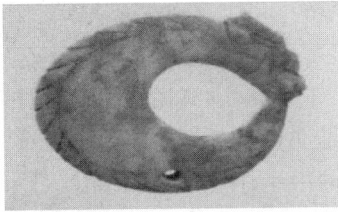

龟形饰(凌家滩文化,安徽含山县凌家滩遗址出土)

龙形饰(凌家滩文化,安徽含山县凌家滩遗址 1 号墓出土)

鸟、鹰、兔、立姿人像和坐姿人像几类,数量很少;其他类:形制较为特殊,如玉版、三角形玉片、玉勺等。此外,凌家滩玉器钻孔技术也令人称奇,有的孔径仅有 0.15 毫米,可谓是细如发丝,这种技术即便在现在恐怕也不易做到。

鹰形饰(凌家滩文化,安徽含山县凌家滩遗址 1 号墓出土)

人形饰(凌家滩文化,安徽含山县凌家滩遗址 29 号墓出土)

叶形饰(凌家滩文化,安徽含山县凌家滩遗址出土)

大汶口文化

大汶口文化是新石器时期文化,因山东省泰安市大汶口遗址而得名。分布地区东至黄海之滨,西至鲁西平原东部,北达渤海南岸,南到江苏淮北一带。另外,该文化类型的遗址在河南和皖北亦有发现。大汶口文化年代距今约 6300 年至 4500 年,延续时间约 2000 年左右。根据地层叠压关系和遗物特征,可以区分为早、中、晚三期。

大汶口遗址晚期 10 号墓出土的玉环佩在死者右臂上,玉铲放在股骨上,玉指环放在坑角处。35 号男女合葬墓,玉管戴在女性颈部。胶县三里河墓葬,璿玑放在胸部,玉琀出于口中。景芝镇 2 号墓,玉镯戴在左腕。7 号墓,玉镯戴在右腕。2 号墓玉璧放在胸间,与江苏省新沂县花厅村墓所放位置一致。2 号墓玉坠放在胸间。1 号墓玉珠放在额下,与西夏侯墓出土位置一致。玉器也见于遗址地层中,江苏省邳县刘林遗址上层出土有玉饰,表明这些玉器大部分为生前装饰品。

玉器的颜色有墨绿色、翠绿色、淡黄色、鸡骨白色、白色带黑斑。山东邹县、莱阳县均产玉,所以这些玉器的玉料可能产自当地。

崧泽文化

崧泽文化距今约 6000 年至 5300 年,属新石器时期母系社会向父系社会过渡阶段,以首次在上海市青浦区崧泽村发现而命名。

崧泽文化上承马家浜文化,下接良渚文化,是长江下游太湖流域重要的文化阶段。青浦区发现崧泽文化遗址 4 处（崧泽遗址、福泉山遗址、金山坟遗址、寺前村遗址）,出土各类文物 800 余件。

太湖流域,介于马家浜文化与良渚文化之间的崧泽文化,在玉器制作和使用方面也表现出承前启后的作用。

崧泽文化早期玉器基本延续了马家浜文化晚期玉器的风格,所见器型仍较单调,以玦、璜为主,但玉钺等突破装饰品范畴的新器形也偶有所见。玉玦中竖直的管状玦已消失,扁平的环状玦除规整的圆形外,还出现了方形、勾形等变体。崧泽文化晚期玉器的出土数量大增,器型除沿续早期的璜、钺、管外,还出现了环、镯、小璧、坠饰、球冠形隧孔珠等新种类,早期流行的玦此时出土数量骤减,淡出视野。

璜是崧泽文化晚期出土数量最多的大体量玉器,并且由早期的窄条形,经由"桥形",而发展成为璜体较宽的半璧形。窄条

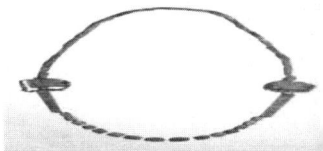

神人纹玉串饰（大汶口文化,江苏省沂花厅遗址 16 号墓出土）

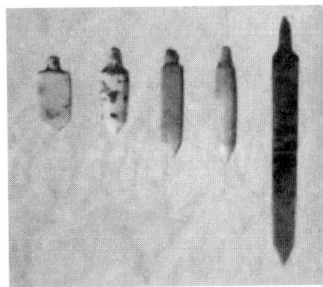

锥形玉饰（大汶口文化,配饰物,山东省邹县三里河出土）

人面形饰（大汶口文化,佩饰品,山东滕县大汶口遗址出土）

形璜呈半环形,横截面多规整近圆形;桥形璜器体扁薄,两端宽中间窄,宛似拱桥;半璧形璜的形体尚不规整,左右多不均衡对称,背面常遗留未打磨干净的线锯切割痕迹。

以几何造型为主的玉坠饰,是崧泽文化晚期独特的器形,圆形、梯形、三角形、舌形等的小件坠饰,构成了组串成饰的头部装饰物。

不过,崧泽文化晚期已逐渐改变马家浜文化以来装饰玉器集中佩戴在头部的现象,镯、环等手腕部装饰品在崧泽晚期呈燎原之势,表明装饰玉器由头部扩展到上肢已成为新的时尚。

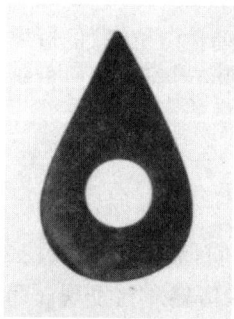

玲(崧泽文化,上海青浦崧泽遗址墓葬出土)

玉璜(崧泽文化)

玉镂空觿(良渚文化早期,江苏省吴县张陵山出土)

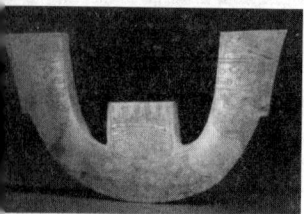

山形玉饰(良渚文化,冠饰,浙江省余杭县瑶山7号墓出土)

良渚文化

良渚文化是中国长江下游重要的晚期新石器文化,最初发现于浙江余杭良渚镇,距今约4000年至5000年。良渚文化分布范围大体是南自浙江的杭州湾,北跨长江到达苏北的海安,东至上海,西到南京附近的宁镇山脉。良渚玉器的造型、装饰技艺都有一定的创新。在造型方面除璧、玦、管、珠、环等以简单的几何形状为主的装饰品外,还出现了鸟、鱼、蝉、蛙、龟等动物形态的立体雕刻品。良渚文化中的大型玉璧和高矮不同的多节玉琮,标志着制玉工艺已于石器工艺分离。

玉器造型较为复杂,已能碾琢阴线或阳线、平凸或隐起的几何形及动物形图案装饰,具有朴素雅拙的风格。在装饰方面,一扫前代朴实无华的光素传统,出现了云雷纹、鸟纹、蛙纹等繁密精细的装饰花纹,其中以多种形态出现的神人、兽面复合图像最为重要。良渚文化玉器中最令人瞩目的是以"两眼一嘴"为特征的所谓"兽面纹",这也是最具代表性的纹饰。这种"兽面纹"或繁或简,变化多端,它以其狰狞而怪异的色彩对后世纹饰(尤其是商周青铜器饕餮纹)产生巨大的影响。

锥形玉饰(良渚文化,浙江省余杭县瑶山7号墓出土)

龙首纹饰(良渚文化,浙江杭州市余杭区瑶山出土)

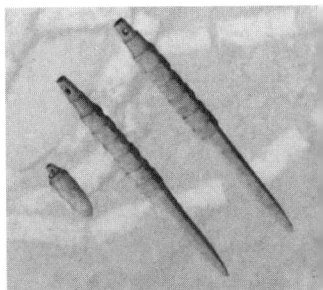

龙首纹镯(良渚文化,浙江杭州市余杭区瑶山出土)

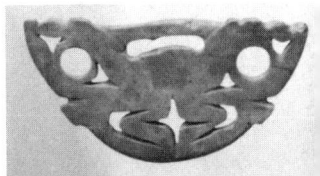

牌形饰(良渚文化,浙江杭州市余杭区瑶山出土)

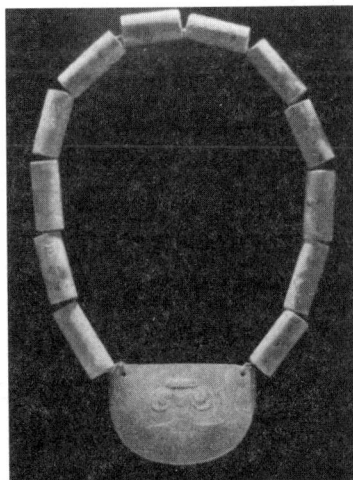

玉串饰(良渚文化,1986年浙江省余杭县反山出土)

人形饰(良渚文化,江苏高淳县朝墩头遗址12号墓出土)

鱼形饰(良渚文化,浙江杭州市余杭区反山出土)

4. 江汉地区

江汉地区的人体装饰品与长江下游地带的出土物既有着某些共同之处,又存在一些明显的差异。从质地上来看,本区有数量较多的陶质品(环类),这是长江下游地区极少见到的;这一地区还有较多的骨质品,其种类数量也超过了长江下游地区。而石、玉质饰品数量较多,蚌、牙质品很少,这一点又与长江下游地区相似而有别于黄河中上游地区。

从形制上看,江汉地区仍是以环类饰品为主,包括腕镯、臂环、小环、玦、玗、璧等品种。与以上各区相比较,珠、管类较少。

大溪文化

大溪文化分布于长江中游西段的两岸地区,处于新石器时期中期,距今 6000 年至 5000 年。玉器主要出土于四川巫山县大溪遗址和湖北松滋县桂花树的大溪文化墓地。出土的玉器形体较小,器类有玦、璜、璧、环、坠等,均为扁平状,其中以玦、璜的数量为最多。玦的形状不十分规整,出土于人的头骨两侧。璜的数量较多,主要有弧形、桥形和半璧形三种。璜的两端有穿孔,半璧形璜外缘刻成连续锯齿状,其装饰手法是大溪文化玉器独具特色的工艺。大溪文化玉器主要用作装饰,有耳饰、项饰和臂饰等。耳饰为玦和坠,璜和璧作项饰,悬挂于颈上或胸前,臂饰主要是环。

大溪文化玉器的意义在于它与长江中下游地区的原始文化玉器非常相似,例如大溪文化的弧形璜与薛家岗文化桥形璜、与崧泽文化半璧形璜、与良渚文化等同类器物形状很接近。这为研究史前各文化间玉器风格的影响、长江中下游地区玉器的共同性和特殊性以及大溪文化玉器的渊源提供了实物资料。

石家河文化

石家河文化是铜石并用时期的文化,距今约 4600 年至 4000 年。因发现于湖北省天门市石河镇而得名。此地有一个规模很大的遗址群,多达 50 余处。该文化已经发现有铜块、玉器和祭祀遗迹、类似于文字的刻画符号和城址,表明它已经进入文明时代。陶器大部分为黑色,不过也有不少红色的陶杯和陶塑,是

人形佩(大溪文化,重庆巫山县出土)

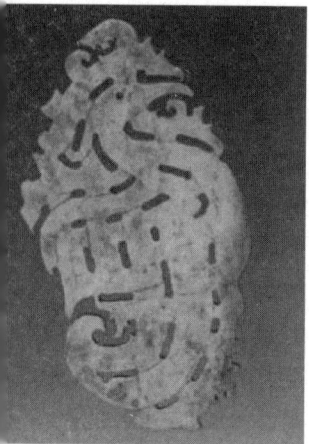

镂雕凤纹玉佩(大溪文化,饰品,湖南省澧县孙家岗 14 号墓出土)

该文化的一大特色。

　　石家河文化,以出土小型精致的玉件而倍受关注。玉人头、玉鹰、玉虎头和玉蝉属于石家河文化玉器中的精华部分。这些玉器体积小、重量轻、纹饰简洁,做工却很精细。它们大多出土于成人瓮棺之中,显示石家河先民具有特殊的原始宗教信仰。石家河文化中的玉人头基本都具有头戴冠帽、菱形眼、宽鼻、戴耳环和表情庄重的特征,但在造型上富于变化。这些玉制的人头形像可能代表着石家河先民尊奉的神或巫师的形象。石家河文化的动物形玉器多为写实造型:展翅飞翔的玉鹰生动逼真、惟妙惟肖;玉虎头方头卷耳、生气勃勃;玉蝉写实的形象,开创了商周时期玉蝉造型的先河。石家河文化的玉器代表了江汉平原史前玉雕的最高水平。

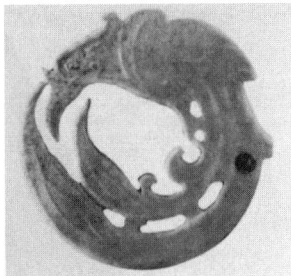

凤形饰（石家河文化,湖北天门市石家河出土）

人头形饰（石家河文化,湖北天门市石河镇肖家屋脊遗址出土）

虎面形饰（石家河文化,湖北天门市石河镇肖家屋脊遗址出土）

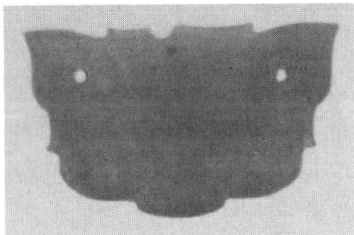

人面形牌饰（石家河文化,湖北天门市石河镇肖家屋脊遗址出土）

鹰形饰（石家河文化,湖北天门市石河镇肖家屋脊遗址出土）

玉人头像（石家河文化,湖北天门肖家屋脊遗址出土）

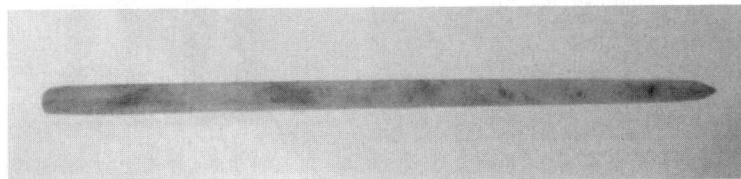

簪（石家河文化,湖南澧县孙家岗遗址出土）

5. 西南及华南地区

西南及华南地区出土的人体装饰品以石、骨质品为主,牙、蚌质品很少,不见陶质品。从形制上看,多为穿孔的小型饰件,有小骨管、珠、环、牌、串珠及小石块、穿孔砾石、坠、环、珠和穿孔贝壳、牙坠、绿松石片等,稍大型的镯、环类饰物也时有发现,同时还出土有磺、璧、琼等石质饰品。

卑南文化

台湾地区在距今 3500 年至 2300 年前的卑南文化时期,发现了大量的建筑遗存和石板棺墓葬,玉器就出土自石板棺墓葬。据统计,考古发掘出土以及流散民间的卑南文化玉器,总数不下五六千件。

依功能,卑南文化玉器分为工具、武器和装饰品等三大类。其装饰品类器形丰富,可区分出头饰、项饰、腕饰、坠饰和耳饰。头饰仅有造型非常别致的铃形玉珠一种, 使用时以上百颗玉珠成串环绕于头顶发髻。项饰有两端带孔的棒形玉饰、玉管与玉珠等。腕饰有手镯和喇叭形臂环。坠饰则有纽扣形玉饰、穿孔坠子和玉璧。耳饰是卑南文化玉器装饰品中器形最丰富的,尤以造型各异的玦为最大宗。玦的形制,有环形、四突环形、长方形或长条形、变体(人兽形、多环兽形)等多种。

单人单兽复合式玉玦(卑南文化,饰品,台湾台东卑南遗址 B2391 号墓出土)

双人兽形饰(卑南文化,台湾台东县卑南遗址出土)

卡若遗址

卡若遗址位于中国西南部西藏自治区的昌都县，是一处新石器时代晚期文化遗址，年代为距今 4000 年至 5000 年。卡若遗址发现于 1978 年，遗址总面积约 1 万平方米，是考古界公认的西藏三大原始文化遗址之一。该遗址面积大，保存好，遗存丰富。发现有房址、道路、石墙、石台、石围圈、灰坑等遗迹。出土物包括石器、陶器、骨器、装饰物等，还发现有炭化的粟米和动物骨骼等。

卡若遗址是卡若文化的命名地，它是青藏高原新石器时期聚落遗址的首次发掘。爱美之心，人皆有之。远古时代的卡若人也是如此。卡若遗址中出土的装饰品就是证明，如：璜、环、珠、项饰、镯、贝饰、牌饰、垂饰。原料有石、玉、骨、贝等。这些装饰品大多制作精细。

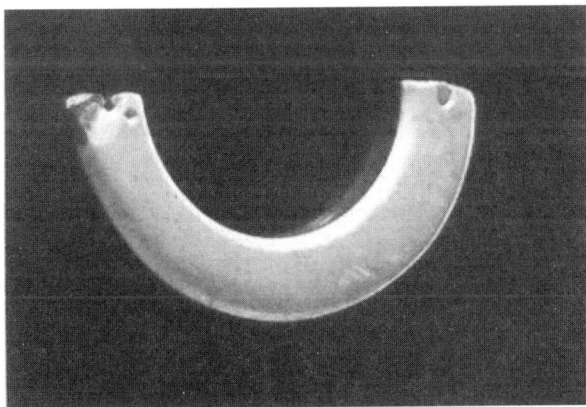

玉璜(卡若文化，西藏自治区昌都县卡若村出土)

石峡文化

石峡文化是珠江流域新石器时期的考古学文化，主要分布于粤北地区，也俗称岭南古玉文化。年代距今为 4500 年至 4900 年。石峡文化玉器种类主要有用具类和礼器类，礼器类有琮、璧、钺等，玉琮的器形和纹饰有些与良渚文化相似。说明良渚玉器已传播和影响了岭南地区的石峡文化。石峡文化玉器材质有透闪石、蛇纹石、高岭玉、大理岩、绿松石和水晶等。大部分玉器制作精致，表面打磨光亮。器表无纹饰占多数，仅在玉琮表面有一些阴线刻纹。

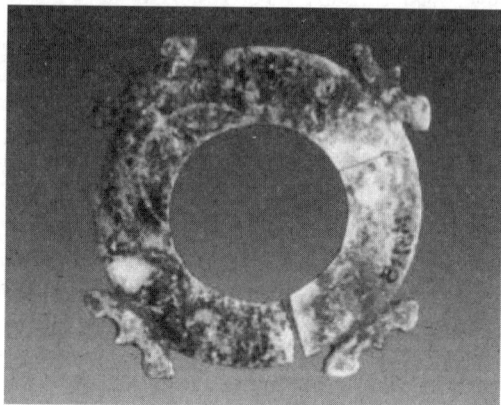

玉玦(石峡文化，广东曲江马坝石峡文化遗址出土)

6. 北方地区

北方地区也是中国史前时期玉器的重要出产地之一，在红山文化诸遗址当中，出土了相当数量的玉质品。这些玉饰的显著特点是多为形制较小的片状坠饰，有鱼、鸮、鸟、龟、猪龙等多种动物形象，另外也有玉珠、玉环及较大型的璧、璜、"箍形器"等饰物。

兴隆洼文化

兴隆洼文化因内蒙古敖汉旗兴隆洼遗址的发掘而得名，20世纪经过较大规模发掘的同类文化性质的遗址还有内蒙古林西县白音长汗、克什克腾旗南台子、辽宁阜新县查海遗址等，正式发掘出土玉器的总数已达100余件。经放射性碳素测定，兴隆洼文化的年代为距今8200年至7400年，由此认定兴隆洼文化玉器是迄今所知中国年代最早的玉器，开创中国史前用玉之先河。

兴隆洼文化玉器皆为阳起石、透闪石等软玉类，色泽多呈淡绿、黄绿、深绿、乳白或浅白色，器体偏小。主要器类有玦、匕形器、弯条形器、管、斧、锛、凿等。玉玦的出土数量最多，是兴隆洼文化最典型的玉器之一,常成对出在墓主人的耳部周围,应是墓主人生前佩戴的耳饰。一类呈圆环状,另一类呈矮柱状,体侧均有一道窄缺口。匕形器的出土数量仅次于玉玦,亦为兴隆洼文化玉器中的典型器类之一。器体均呈长条状,一面略内凹,另一面外弧,靠近一端中部钻一小孔,多出自墓主人的颈部、胸部或腹部,应是墓主人佩戴的项饰或衣服上的缀饰。弯条形器和玉管数量较少,均为佩戴在墓主人颈部的装饰品。斧、锛、凿等工具类玉器特征鲜明,其形制与石质同类器相仿,可形体明显偏小,多数磨制精良,没有使用痕迹,其具体功能尚待深入探讨,但不排除作为祭祀用"神器"的可能性。

蝉形饰（兴隆洼文化,内蒙古林西县白音长汗遗址出土）

查海文化

查海文化是一批全新的考古学文化。因查海遗址得名。它是中国北方辽河流域农业的重要发源地,是红山文化的源头之一。它是中华民族龙形象形成及作为原始宗教图腾崇拜的诞生地。

查海遗址位于辽宁省阜新县沙拉乡查海村西南约 2.5 公里处,现存面积约 1 万平方米。遗址自 1986 年以来进行过六次发掘。发掘者认为,查海遗存的内涵特征十分鲜明,它与同一地区、同一时期的兴隆洼遗存之间的差异十分明显,故提出了"查海文化"的命名。该遗存距今 7500 年至 8000 年,属新石器时期早期。

查海遗址出土的玉器可分为两大类:一是装饰类,如玉玦、玉匕、管状玉。另一类是工具类,有玉斧、玉凿等等。

中华民族历来是爱玉、崇玉的民族,古人把玉视为神秘、吉祥之物,他们生前佩戴,死后殉葬,这在查海遗址的发掘过程中得到充分的证实。查海遗址发掘中,曾在一座房址内发现一座小孩墓葬,就在这座墓中出土了七件装饰类玉器——玉匕。这一事实说明了"查海人"对玉的崇爱,说明了查海文化遗物中玉器含量大。通过大量的玉器出土,解决了中国七千年玉文化中的三个问题:"一是对玉的认识, 二是对玉的加工, 三是对玉的专用。"

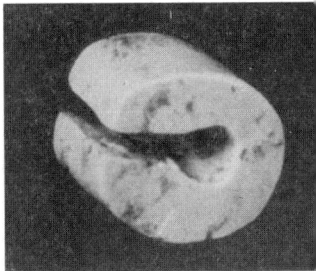

柱形玉玦（查海文化,饰品,辽宁阜新查海遗址出土）

新乐文化

因辽宁沈阳北郊区新乐遗址的下层遗存而得名，又称新乐下层文化，是中国北方地区的新石器时期文化，年代为公元前5300年至前4800年。新乐文化出土的煤精制的圆泡形饰、坠饰和珠等，是中国最早的煤精工艺制品。煤精雕刻艺术品有球形、耳当形，晶莹乌亮，雕工细致，在当时条件下能制成如此精细的艺术品，使人难以置信。

煤精制品(新乐文化，装饰品，辽宁省沈阳市新乐出土)

红山文化

红山文化发源于东北西部，是华夏文明最早的文化痕迹之一。分布在东北西部的热河地区，北起内蒙古中南部地区，南至河北北部，东达辽宁西部，辽河流域的西拉木伦河和老哈河、大凌河上游。红山文化遗存最早发现于1921年。1935年对赤峰东郊红山后遗址进行了发掘，1956年提出了红山文化的命名。70年代起，在辽西北昭乌达盟(今赤峰市)及朝阳地区展开了大规模的考古调查，发现了近千处遗址，并对松岭山脉及努鲁尔虎山之中的凌源、喀左东山嘴、建平牛河梁遗址群开展了大规模的发掘，使红山文化研究进入一个新的阶段。

红山文化出土了一批包括龙和与龙有关的各种动物图案为题材的玉器群,而装饰用的小件玉器则发现甚少,也没有琮、钺、璋等礼器出现。红山文化玉器依据造型和题材可以分为动物形玉类和几何形饰玉类。动物形玉类又可以分为现实动物和幻想动物:现实动物如玉鸟、双龙首玉璜、兽形玉、玉龟、鱼形坠、玉鹗等;幻想动物如兽形玉和玉龙、兽形玦。几何形玉饰有:勾云形玉佩、马蹄形玉箍、方圆形边似刃的玉璧、双联玉璧、三联玉璧、棒形玉等等。

红山文化时期的玉器中最具有代表性的是玉雕龙,此件玉饰玉质呈碧绿色,体卷曲,形似“C”字,吻前伸,嘴紧闭,鼻端平齐,双眼突出,额及颚底皆刻细密的方格网纹,颈脊长鬣上卷,边缘斜削成锐刃,末端尖锐,尾向内弯曲,末端圆钝,背有一对穿圆孔,可供穿挂用。

红山文化玉器中的动物造型,风格质朴而豪放,表现手法中的圆雕、浮雕、透雕、两面雕、线刻等已日臻成熟。

玉龟（红山文化,1973年辽宁省阜新县胡头沟村出土）

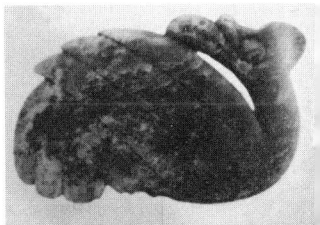

凤鸟形饰（红山文化,辽宁朝阳市牛河梁遗址4号中心大墓出土）

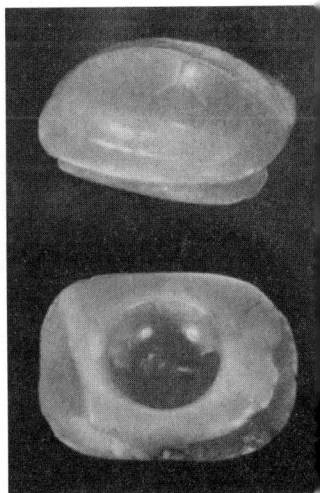

玉龟壳（红山文化,辽宁省建平县牛河梁出土）

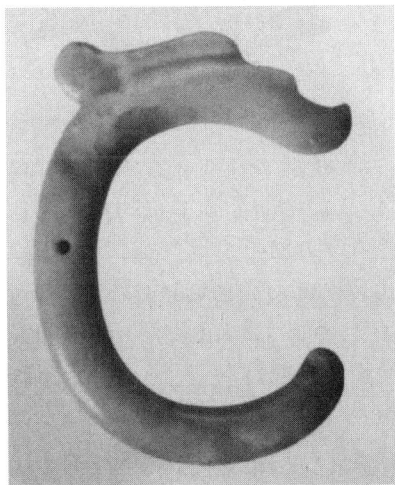

龙(红山文化,内蒙古翁牛特旗广德公乡黄谷屯出土)

玉神人(红山文化,现藏故宫博物院)

三、原始饰品的意义

原始饰品是生存的一种需要。在原始社会，人类在同大自然进行抗争的过程中，为了保护自己，避免猛兽的伤害，常常把兽皮、犄角等东西佩挂在自己头上、胳膊上、手腕上或脚上，一方面是为了把自己扮成猎物的同类以迷惑对方，另一方面这些兽皮或兽角本身就是一种防御或攻击的武器。至于那些挂在脖子上、腰上或手腕上的小砾石、小动物骨头或兽齿，除了人类最早的无意识的装饰行为外，其真正的作用恐怕还是为了计数或记事的需要。

原始饰品是一种力量的象征。在装备十分简陋的原始社会，人类要向大自然索取食物，战胜凶猛的野兽，无疑是需要勇气的和力量的。在原始人看来，猛兽之所以充满着力量，其锋利的爪牙、坚硬的骨骼以及美丽的皮毛必定是起了重要的作用的。于是，人类在捕获这些猛兽之后，吃掉能吃的，就将其骨头、牙齿等穿成串戴在身体上，以为这样就吸取了猛兽的力量，就能凭借它战胜凶猛的野兽。看来，从这些原始的首饰之中，原始人得到了某种精神的慰籍与力量。

饰品也是一种权威的象征和炫耀。一个人佩戴这样的"首饰"越多，就代表他获取猎取的能力越强，他也就越有可能佩戴更多更贵重的首饰。事实上，这些勇敢者往往喜欢用一些鲜艳夺目、便于识别的物体装饰在身上，如美丽的羽毛、猛兽的牙齿、难得的贝壳乃至贵重的"美石"（玉石）等作为自己独特的标志，以显示、炫耀自己的力量和权威。这些东西最初只是作为勇敢、灵巧和有力的标记而佩带的，到了后来，正是由于它们是勇敢、灵巧和有力的标记，所以开始引起审美的感觉，归入装饰品的范围。

饰品艺术代表着一种图腾崇拜。日月星辰，风雨雷电，这些本来都是普通的自然现象。但在原始人看来，这些东西都具有某种神奇的力量。原始人与大自然朝夕相处，与太阳、月亮、星星、河水以及飞走兽相依为伴，他们非常崇拜这些自然界赐予他们生存的物质。久而久之，这物质深深地印在他们的脑海中，成为一种具有神奇力量的图腾。他们或者把它视为自己的祖先或者保护神；或者把看作是本氏族、本部落的血缘亲属而加以膜拜。一开始，人类为了使这些图腾能够保护自己，就将自己同化于这些图腾。慢慢地，人们把这些图腾融入了他们的首饰中，把他们的首饰做成这些图腾的形象或形状，如像太阳，满月一样的圆形手镯、戒指；像鸟形状的冠、发束等等。

饰品艺术也成为一种护身之符。在远古时代，人们还完全不知道自己的身体构造，并且受梦中景象影响，于是就产生一种观念：他们的思维和感觉不是他们身体的活动，而是一种独特的，寓于这个身体之中而在死亡时就离开身体的灵魂中的活动。原始人相信万物都有灵魂，而且灵魂有善恶之分，给人类带来幸福和欢乐的是善灵，相反带来灾难和疾病的是恶灵。原始人为了使那些恶灵不能近身，同时能够得到善灵的保护，便用绳子把贝壳、小砾石、羽毛、兽齿、树叶和果实等东西戴在身上，他们相信，这些东西具有一种人眼看不见的超自然的力量，有了它人就能得到保佑，邪恶就会被驱走。这些起减保护和驱邪作用的东西后来就以某种装饰品的形状在人体上，成了一种专门的首饰。而且，这种习俗与意义也被保留下来，首饰也被人类赋予了更多美好的寄托与神秘的色彩。

四、饰品的发展

饰品艺术在新石器时期得到了极大的发展，距今约七八千年，生息在中国大地的远古先民们，陆续进入了新石器时期。我们的祖先过上了定居的生活，并且组成以血缘为纽带的氏族公社。他们开始改革旧习俗，探索新的生活方式，社会发生了巨大变化。原来打制石器已被磨打磨光的技术所代替，原始的火耕农业已经出现，饲养家畜已经产生，制陶、编织得到发展。在生活资料已有剩余的情况之下，为了满足更高的追求，其中一部分人脱离了农业生产，专门从事用具制作。这样，原始的手工制造业出现了。除了生产各种工具之外，为了满足人们对美的追求，还制作一些奢侈品，饰品艺术就在这样一场变革中飞速发展。我们的

美的创造

祖先在原始美感的驱动之下,将自然界认为美的东西作为饰物,制作也越来越小巧美观,饰品之美也越来越多地得到展现。

现代饰品丰富多彩,琳琅满目,一般用途为美化个人仪表、装点居室、美化公共环境、装点汽车,故可分为居家饰品、服饰饰品、汽车饰品等。有些饰品可以起到芳香、清洁、美化等作用,好的饰品可以让佩戴者焕然一新、心旷神怡,在居家装饰、生日礼物、朋友聚会、送男女朋友等都离不开饰品。随着社会经济、文化的飞跃发展,人们从温饱型步入小康型,崇尚人性和时尚,不断塑造个性和魅力,已成为人们的追求。

叁　　　　　　　　岩画篇

中华文化遗产系列丛书《天地之间》
ZHONGHUA WENHUA YICHAN XILIE CONGSHU

叁、岩画篇

　　中国最早著录岩画的文献是 5 世纪北魏地理学家郦道元的《水经注》。其后在一些历史文献和地方志中，也有零星的记载。黄仲琴于 1915 年对福建省华安县汰溪岩画进行了调查。1928 年，瑞典人贝克曼对新疆库鲁克山岩画做过考察。随着技术的进步，以及对文物重视程度的提高，1949 年以后，岩画有了大量的发现。20 世纪 50 年代，考古学家对广西花山崖壁画进行了大规模调查。60 年代以来，在云南沧源崖画和内蒙古阴山地区也有了大量的发现，并进行了大量研究。80 年代在新疆、宁夏等地也发现一些岩画。

　　据已有的研究结果及发现的实料来看，中国的岩画艺术萌芽于 14000 年前至 30000 多年前，还可能更早。中国在黑龙江、内蒙古、甘肃、青海、新疆、西藏、广西、云南、贵州、四川及江苏等地，都有古代岩画，数量之多，分布之广，虽然南北东西各有差异，但又不乏共性。岩画艺术随着时间的推移又衍生出许多新的艺术形势，技艺得到传承的同时，又有各自的创新，绵延至现代的原始部族仍有制作。

　　岩画研究是考古学的一个重要分支,是一种边缘学科。先民怀着对生命、对世界的独特理解将他们周围的事物以及发生在他们身边的事情记录下来,绘制刻画在岩石之上,表达他们的一种信仰,也为我们后人留下了宝贵的精神文化财富。岩画准确的概念是指在岩穴、石崖壁面和独立岩石上的彩画、线刻、浮雕的总称。它之所以被称为边缘交叉学科,是因为它包含民族史、民族学、民俗学、语言学、原始宗教史、艺术史、经济史、神话学、哲学、天文学、美术史等各种学科的内容。岩画为这些学科提供翔实而形象的图形资料,并对史前历史文化的深入认识,产生深刻的影响。

　　岩石,因其质地坚硬,分布范围广泛,容易采集等特点,自从远古时代起,它就已经开始被人类使用,作为劳动工具,也作为日常生活用品,也自然而然地成为世界上最早的绘画材料,古人就最早在岩石上磨刻、涂画,来描绘他们的生活,以及想象和愿望。岩画中的各种符号图像,不仅涉及原始人类的经济、社会和生活,还成为原始人类的精神文化产品,至今仍以独特的艺术语言打动人心,成为文字发明以前,研究原始人类生活、文明起源等最早的"文献"。岩画是人类社会的早期文化现象,是人类先民们留给后人珍贵的文化遗产,需要我们不断地进行研究和保护。

　　岩画作为中华文化遗产的重要组成部分,越来越多地受到人们的重视。在中国,岩画研究尚是一个新兴的研究领域,尽管不同方面的学者已经在各个层次上对岩画的研究付出了艰辛的努力,但从总体上来看,岩画研究中需要我们去发掘、去探索、去深究的问题比我们已经触及或者发现的问题要多得多,这更需要我们一代又一代不断努力,不断探究,直至揭开岩画的神秘面纱。岩画以无声的语言诉说着历史,吸引着学术界的关注,各种解说蜂拥而至。新颖的观点,科学的研究方法,完善的理论基础,科学家的不断努力,岩画艺术会越来越清晰地呈现在世人面前。

　　本篇章将从中国岩画艺术的起源、特点、意义、地域差异及原因、文化内涵、传承保护等几个方面对岩画艺术进行介绍。

一、绘制岩画的目的

《师古注》中有"言坚固如石"之说,可见石头是十分坚硬的,再加上当时染料的不易提取,岩画的绘制是十分困难的,先民们在原始社会工具简陋、技术低下的情况下,不辞劳苦地克服重重险阻,在如此坚硬的岩石之上描绘刻画,他们出于什么样的目的,又怀着怎样的期待……这些问题自岩画被发现以来,一直困扰着很多研究人员。通过研究发现,主要有以下几个方面:

1. 表达对自然的崇拜

由于受到远古时代特殊的地理环境限制,且人类尚处于发展初期,生存会受到自然灾害、猛兽、疾病等多种问题的困扰,人类在与自然抗衡中,不断争取生存空间,获得生命能量,并逐步形成了对自然、对宇宙以及对生活在人类周围的动植物独特的认识与情感。先民们通过绘制岩画表达对自然的崇敬之情,期待着狩猎成功,动物多产,灾难不要发生。这样他们就能拥有充足

放牧(新疆维吾尔自治区昆仑山)

食物，平安的生存繁衍下去。同时先民们也有英雄崇拜、太阳崇拜、生殖崇拜等情怀。

裙装女性与媾合图（新疆昌吉回族自治州呼图壁县康家石门子）

2. 教育传承

古代先民大多以狩猎采集为生，狩猎采集是一种技术性比较强的工作，在语言不发达、人类寿命水平比较低的情况下，狩猎采集经验的传承就显得尤为重要。以目前保存较多且完好的射箭岩画为例，根据射箭岩画的内容来看，有立射、绳射、骑射三种姿势，先民们用岩画的形式，将狩猎成功时动物被击中的情景、猎人的姿势等内容记录下来，以便教导家族中其他成员好好

对射（青海海西蒙古族藏族自治州天浚县庐山）

盘古开天辟地主题图

学习,提高狩猎技巧。因此,岩画的绘制有一定的教育督促目的。但是固定的狩猎姿势,并不能保证每次射杀都成功,为了祈祷得到更多的食物,弓箭巫术的形式也应运而生。

3. 重大事件纪念

在远古社会文化发展水平极低的情况之下,祭祀、战争、食物获取、生殖繁衍就成了古人生命中最重要的几件事。为了体现这些事情的重要性,先民把这些事情刻画在石头之上来进行纪念,以便更好地传承部族的历史,表现某种权威。中国很多地方发现的岩画都包含祭祀图、生殖图、战争图、狩猎图等。

巫师作法与面具(内蒙古磴口县沙金陶海苏木格尔敖包沟)

4. 迷信神灵

在原始社会时期,古人限于当时的艺术水平,无法用科学而理性的思维方式认知世界、评价世界,同样也无法利用各种高效工具改造世界,在这种情况下,迷信神灵是他们唯一的选择。他们相信很多无法解释的现象都是神的作用——"万物有灵",如:日升日落由太阳神操作,月亮盈亏由月亮神操作,刮风有风神,下雨有雨神,在每种动物背后都有动物神指使。古人的思维方式具有一定的"巫术"性质,这个特点在人类社会发展初期是普遍存在的。

因此，在已经发现的岩画中，会发现很多有关神鬼图腾的内容。比如大量的动物岩画，表面看画的是一只虎、一匹马或一只羊，但其真实内涵却需要我们进行深入研究，不能单从直观印象加以判定。它的暗寓意，诸如图腾崇拜、祈求牲畜兴旺，我们不能简单地加以判定。动物形象只是表达理想的一种媒介，一种象征性符号，或者出于敬畏，或者出于祈求，或者出于占有心理，或者得到动物神的恩赐从而更好地猎取驯养它们。

太阳神（内蒙古乌海市桌子山召烧沟）

二、中国岩画艺术的特点

原始社会古人的迷信思想、不成熟的思维方式决定了岩画具有一定的原始性，同时岩画是原始艺术的一类，是诗性思维的创造作品，其画面形式与风格特征都具有极为明显的稚拙美。同时，中国岩画内容丰富多彩，形式多种多样，是按照美的规律进行创造的，是纯真的、质朴的、感人的。

1. 原始性思维

古人的思维方式受到人类发展水平的限制，这也决定了原始艺术的形成与发展方向。现代艺术理论研究者将这种思维方式定性为"诗性思维"。这种"诗性思维"并不是理性而抽象的玄学智慧，而是最原始的玄学，就如古人在绘制岩画时完全建立在没有概念束缚与逻辑束缚的基础之上，通过古人丰沛的生命力和幻想能力来感悟或认知事物含义。古人所秉承的"万物有灵"的思想观念促使他们认为一切事物都具有某种神秘的关系，因此在创作岩画的过程中常常将这种事物之间神秘的联系性加以表达，从而记录他们的现实生活与生命的联系。比如，岩画中所刻绘的牛，古人会赐予其灵性，主客观互渗，心物互渗，因此也就产生了无法解释或无法理解事物的崇拜敬畏心理，这也是产生各种图腾崇拜、巫术等迷信心理的源泉。

牦牛（内蒙古阿拉善右旗孟根布拉格苏木曼德拉山）

2. 稚拙美

稚拙美是通过作品的稚拙艺趣特点加以定界的一种审美形式。这种稚拙美给观众往往以轻松却带着晦涩的意味。岩画中的稚拙美具有相对流畅的优美线条与位置。在岩画艺术中,所体现出的率性、真诚与自由意识的思维方式,通过稚拙美的艺术形式加以体现出来,成为很多艺术家所向往的一种艺术风格。岩画流畅简单的线条,质朴的表现形式,体现出先民的"天真烂漫"、"随心所欲不逾矩",往往能给欣赏者强烈的视觉冲击感。如帐篷与鞍马图,简洁大方的构图,带有质朴感的线条,就像小孩子的画作,趣味中带有生命感,充分反映出人类在童年时期岩画制作的特色,带有浓厚的稚拙感和很强的审美特色。

帐篷与鞍马(内蒙古阿拉善左旗厢根达来苏木大井山)

3. 略去细节,突出主要特征

凡艺术都要有夸张取舍,有闻必录不能称为艺术。所谓取舍就是取其主要部分舍弃次要部分,夸张就是把所取的部分加以强化突出,夸张变形,甚至"无中生有",给人以强烈的感官刺激。岩画以石头为画面,主要供人远观,在当时的物质条件和技术手段的局限下,很难刻画细部,必须略去细节,抓住基本形,突出主要特征。

如画象则突出其胖体长鼻,画野猪则强调其脊背上的鬃毛及大嘴巴,画猴子则强调其长吻和长尾,画斑马则不厌其烦地刻画出其身上的斑纹,画狼则突出其竖耳、粗尾、尖嘴和机警的神态。见于南方省区岩画中的动物形象种类较少,主要有马、牛、野猪、象、猴、虎、狗、鸭等。大都画成侧面,采取单线平涂剪影式画法,变化不大,但因抓住了动物的基本特征,一看便知是何种动物。北方以畜牧为主的几个省区的岩画动物形象种类多,大概不下 40 种,主要有鸵鸟、野牛、大角鹿、牦牛、骆驼、岩羊、北山羊、羚羊、驯鹿、鹰、狼、虎、豹、豺、狗、马、驴、骡、鹰等。动态较南方为丰富,虽也以侧面为多,但也有半侧面的。活动方式有单个行动者、群体行动者、有交配者、有嘶咬者、有交颈相摩者、奔跑者、警视者、狂逃者、哀鸣者、吮奶者、卧者、立者、欲扑食者、被捕获者、牺牲者等等,俨然一部活动的动物世界。对不同种属的动物也能

象

鹿与大角羊(宁夏石嘴山市小棘沟黑石崆圪垯)

抓住主要特征,给以夸张地表现。如虎豹的凶猛、狼的贪婪机警、骆驼的笨重、鹿及羱的大角细腿,马的奔驰。

刻画全身人物均不画五官,也很少刻画手指和脚趾。以软质工具沾颜料涂绘的岩画,均用单色影绘法,即单色平涂辅以简单的线条,形象呈剪影效果,以正面姿势者居多。上肢变化较丰富,有高举、平伸、抓物、投掷、挥舞兵器、击乐、伸拳出击、舞蹈,等等。下肢变化少,只有平站、骑马蹲裆式、屈伸等几种姿势。有的虽然画了手和脚,也仅只画出大形而已。对于能代表人物特定身份的头饰、尾饰及身佩的器械、手持的兵刃等都认真刻画。广西宁明花山岩画中的人物形象均不画五官和衣着,既无层次变化,又无浓淡区别。人物动作只有正侧两种姿势,均作蛙形舞蹈式,外形规整、明确,形式感很强。

北方以敲凿磨刻法制作的岩画,其人物动态较丰富,仅射箭姿势就有骑射、步射、侧身射、半侧身射、仰射、平射等,而且给以夸张地表现。其他动作还有拜日、连臂而舞、蹲踞、交媾、叉腰、平伸双腿、拼杀、骑马、装神弄鬼等等。画面虽都不大,但形象特征明显,给人以身临其境之感。

4. 夸大主体形象

中国岩画构图,整个来说是零乱的、分散的,整体规划不严密,表明它的原始性,但也不乏成功的追求,夸大主体形象就是突出的一点。在狩猎题材中,被猎对象比例大,人马小;在表现人物群体活动中,主要人物被夸大,效果强烈。青海刚察县泉吉乡黑山舍布棋沟岩画中有一幅骑射牦牛图,牦牛弯角相对,胖体、细腿、翘尾、浑身绒毛,作奔逃哀鸣状,形体庞大;而后面骑马放箭的猎手显得比例很小,相当于牦牛的三分之一。又如内蒙巴彦淖尔盟乌拉特中旗昂根乡阿斯根沟山上有一幅狩猎图,一母兽(疑为《尔雅·释兽》中的牭),安详地站在地上,子兽立在母腹下吮奶,后面有两位徒手猎人,正欲张弓放箭,兽显得很大,人的比例不及兽的半条腿。整个画面的气氛平和肃穆,毫无惊恐不安的感觉。两幅狩猎图气氛不同,但都强调兽的庞大和人的渺小。

骑射牦牛图(青海省刚察县泉吉乡黑山舍布齐沟岩刻)

　　在狩猎时代,人们在各种野兽的包围之中,靠猎获野兽为生,又时刻受到野兽的威胁,人们对野兽的祈求、占有、敬畏等矛盾心理交织在一起,兽的形象充满了人的头脑。在时人心目中,重要的突出事物就应该是显眼的、高大的,反之则是渺小的。这同儿童的心理有某些相似,当小孩子认为老鼠是值得同情的时候,他会把它画得比猫还要大。当他画自己喜欢的人时,就会毫不犹豫地在纸的主要部位画上一个大脑袋,在儿童的感觉中,人的头部最重要,五官不一定比四肢小,画完头部他又会不分长短比例地在头下空白处填上胳膊和腿。真实事物的大小,只是量上的差异,而理想中事物的大与小是质的差异,后者才是最重要的。人们早期的空间概念都是涉及事物之间质的关系,而不涉及它们之间量的关系。这种形式的背后还可能隐藏着某种巫术意义,即祈求野兽繁殖兴旺,狩猎丰收,给人带来幸福,这是占有欲的另一种表达方式。

　　江苏连云港将军崖崖画中那组谷物神图像,不仅以人面为主体,而且有了组合,有了主次之分,植物世界被赋予了人间的形式。一位老祖母模样的人面在画幅的显要位置,而且面积最大,其他中等的或小的人面围在她的周围。广西花山岩画中占据显要位置的类似酋长一类的大人物，个头比周围的人大很多，头上有兽形装饰，身佩兵器。云南沧源岩画中那些头插长羽的巫者，在个头上也比周围的人大。凡此种种，不胜枚举。

这种以大小来区分主次的手法，在中国曾被沿用了几千年，至今不衰；在世界许多国家也曾被广泛运用，西方文艺复兴之后才改变这种方法。它体现了一条重要的美学原则——以大为美。大代表力量，代表权威，大的形体醒目、突出，给人以膨胀之感、崇高之感。在发光体中太阳最大最亮，给人感官刺激最强；夜间皓月当空，群星显得暗淡无光。大的猛兽一般难以对付，高大的人力气大、自卫能力强。在原始时代可能有过这样的事实，一位能干的酋长为本部落创造过幸福，一位老祖母曾经养育过几代人，一位身材高大的英雄曾为捍卫本部落建立过奇功，一位特殊聪明的人在谷物种植、房屋建造方面胜他人一筹，如此等等。这些英雄在人们心目中是高大的、突出的。无数事实在人们头脑中反复多次，就会形成一种概念，上升为理论；而有着形式韵律的形体在人们头脑中反复多次，就会形成一种美的观念，上升为规律。大，即是如此。

如下面狩猎图的构图，人物众多，虽没有五官，但主次之分，非常明显，体现出远古先人就已经有了等级尊卑之别。

狩猎图

在现实生活中,父母的体积不一定比子女大,帝王不一定比臣属大,主人不一定比仆人大,甚至可能完全相反。但以社会地位论,以实际作用论,前者处于主导地位,后者处于从属地位。自然形态的大与小让位于理想的大与小,量的大小服从于质的大小。社会的等级观念转化为审美意识,变为艺术形象。这不仅反映了人们的社会伦理判断,也反映了人们的审美感知和艺术创作的一条重要规律:"得其精而忘其粗,在其内而忘其外,见其所见,不见其所不见,视其所视,而遗其所不视。"

5. 广泛运用对比手法

中国岩画之所以生动感人,除去上述原因之外,广泛运用对比手法也是成功的原因之一。以形体而言有大小的对比、正侧的对比、高矮的对比;以形式韵律而言有方圆的对比、曲直的对比、动静的对比、繁简的对比、疏密的对比;以色彩而言有红绿对比、黑白对比。如广西宁明花山崖壁画,首先选择了最高大的颜色浅的黄白色陡峭崖壁作为画面,远远望去特别醒目,在浅色石壁上用红色作画,与周围的褐色石壁、绿色植物、山脚下湍急的碧水形成对比。穿着祭祀圣装的人们头顶明月,在这样的环境下举行宗教仪式,会形成一个五彩缤纷的喧闹世界。在 200 多米宽、40 多米高(指画面高度,崖壁通高 230 多米),画满了人、兽、兵器、乐器等形象,密密麻麻,几无空隙,真有密不透风之感,但仔细分辨又会发现形象安排是密而不乱的。人物按内容被分画成若干组,每组都以一位军事酋长式的大人物为中心,大人物作正面蛙形舞蹈姿势,着羽状头饰、腰佩刀或剑,前面有犬。大人物周围是侧身或正身舞蹈人群,个头比大人物小得多,动态较轻松,少数能区分出男女不同性别,有的突胸鼓腹长发泄地,显系女性;有的着头饰。人群中有铜鼓、铜锣、羊角钮钟之类的乐器。画面内容安排是繁密的,而每个具体形象的处理又是极简练的,抓取人物舞蹈动作中最富特征的一刹那,以单色平涂剪影式画法处理,几乎省略了所有的细部,简练到不能再简的程度,但不失基本特征。远看,每个形象就是一个色块,单纯、整体、醒目,这样就造成

花山岩画中区画面
(广西宁明县花山)

了个体的简与整体的繁、个体的疏与全局的密的对比,丰富的内涵与简练形式的对比。

6. 一双特殊的审美眼睛

生活在不同社会发展阶段的人们,各有自己的生活天地,各有与之相适应的精神世界,因而有对客观世界的不同感知方式。万物有灵观念是原始人类观察世界的总出发点和最后归宿,由此产生他们感知方式的神秘性。我们认为世间一切事物都是由运动着的物质组成的,是可以理解的,可分析的。而原始人类囿于当时社会生产力水平和特殊的生活环境,他们不可能对事物作出同我们一样的分析。原始人用与我们相同的眼睛来看,但用与我们不同的意识来感知。他们把周围的事物差不多都看作是神秘的,从不把事物的外表特征看作是单一的,而看作是内部结构与外表特征神秘的混合物,而且是受着一种神秘外力的操纵。在原始文化遗址中常常出现陶祖,其真实意图不是表现生殖器本身,而是对男性的崇拜,是对生命现象不可理解的神秘猜测,是对生殖的祈求,是对生命、希望、发展等的憧憬。岩画中的兽蹄印迹(像女阴)也是生殖崇拜的一种表达方式,只是被蒙上了一层神秘色彩。

大量的动物岩画,表面看画的是一只虎、一匹马或一只羊,其真正含义是什么,我们并不能单凭直观印象加以判定,因为他们要表现的并非动物本身,而是它的暗寓意,诸如图腾崇拜、祈求牲畜兴旺等等。动物形象只是表达理想的一种媒介,一个象征性的符号,或出于敬畏、或出于祈求、或出于占有心理,使其在思想中成为实现愿望的筹码。四川珙县僰人悬棺四周常画有狗的形象,目的也不是画狗本身,而是表示狗所代表的超自然的力量。文献记载,僰人普遍敬犬,犬在他们心目中是神圣之物,如同匈奴人把狼看作神圣之物一样。据《北史獠传》载,假如儿子杀了老子外逃躲避,"求得一狗以谢,母得狗谢,不复嫌恨"。足见狗在僰人心目中的地位。北方游牧民族也敬犬,《后汉书·乌桓鲜卑列传》云:"俗贵兵死,敛尸以棺,有哭泣之哀,至葬则歌舞相送。肥养一犬,以彩绳缨牵,并取死者所乘马衣物,皆烧而送之,言以属累犬(属累,犹付讬也），使护死者神灵归赤山，赤山在辽东西北数千里，如中国人死者魂神归岱山也。"犬在这里成为护送死者魂灵的保驾神了。估计悬棺周围画狗的形象，也是作为死者魂灵的保驾神。

　　岩画中无数的动物形象，大多带有一种难以名状的神秘色彩，总感觉与真实的动物相比"似是而非"，形象大都被改造变形，有的部分被夸大，有的部分被缩小，有的部分被省略，有的部分又是"无中生有"。众多的神灵像，似人非人，似鬼非鬼，稀奇古怪。有的人物形象装束奇特，动作少见。对其寓意，有的已不得而知，原因是过去的时代一去不复返了，前人有着他们的特殊的生活环境，特殊的审美观念，有着一双不同于我们的特殊审美眼睛。

三、岩画对环境的选择

　　生活环境（包括天地山水、日月星辰及动植物）是包围着人的一种强大的异己力量，它不仅供给人们生活所必需，而且给人以威胁。人在同大自然长期斗争过程中，逐渐懂得坏境与人的关系，为生存计，须趋利避害，选择适合生存的环境。原始人的居住地，一般都选择在靠近水源的第二台地上，便于生活又安全，主要是出于实用的需要。岩画为使它发挥应有的作用，也要选择合适的场地，这是出于审美的需要。选择生活环境需要生活经验，选择岩画环境需要审美经验，后者是前者的派生物，同时又是前者的升华。环境为岩画提供活动舞台，同时又给岩画以限定，以其特殊的意境感染观众。如用于祭祀的神灵图人面形，多刻于深山幽谷的僻静之处，前面往往有一片开阔地，便于人们举行宗教仪式。有的刻于山谷绝壁之上，便于诱发人们的崇敬之想。内蒙古阴山磴口县莫勒赫图沟崖壁上就刻有两片大面积的类人形，那里山高涧深，形势险要，给人一种威严崇高之感，体现的是一种壮美。江苏连云港将军崖崖画刻在锦屏山南面入口处弧形巨石上，形似穹庐，所刻之星相、神灵图如在天上，前面是低洼开阔地，祭祀的人们对之顶礼膜拜，有如拜倒在苍天之下。威严的场所，虔诚的心境，神秘的图像，无限的遐想，交织成一幅扑朔迷离难以名状的幻景，体现出一种崇高美。广西宁明花山岩画，画于河流转弯处面向急流的绝壁之上，那里水流湍急，常常发生水患，容易引起人们的遐想，在高 330 米、宽 220 多米的山崖上，密密麻麻地画了一千多个人物形象，最大的人像将近 3 米高。场面之宏大，气势之雄伟，举世罕见。近在咫尺，目不暇接，给人一种巨大的威慑感，体现的也是一种壮美。

岩画中的舞蹈图，多刻画于面朝沟畔的峭壁上，为舞者提供直接的感应对象。如内蒙古磴口县托林沟中段西边，有一条狭窄而多处断崖的小山沟，名特买撒拉，沟内有许多清澈透底的小潭，水平似镜，山色秀丽，就在这石壁上刻了一幅舞蹈图，画中有四人着尾饰连臂而舞，另有二人化装成鸟形追逐而舞。在这样优美的环境下，舞者会倍觉心旷神怡，忘乎所以。

舞蹈图（甘肃嘉峪关市黑山四道鼓心沟）

动物图或狩猎图，多刻在山峰或接近山峰的地方，因为那里动物经常出没，便于表达人们对于动物的占有心理。如在青海刚察县泉吉黑山舍布棋沟沟口转弯处，在一高 50 多米、宽约 10 米的山坡崖壁面上，密密麻麻地刻满了牦牛、野牛、狼、马、羊、狩猎等图像。这里是放牧的必经之地，人们经常看到这些形象，会不断诱发人们对于狩猎放牧生活的联想、回忆，激发对于动物的占有欲望。

象征生殖崇拜的人足迹和兽蹄印迹，多刻在前面有平坡的巨石上。如在青海刚察县吉尔孟乡哈龙沟有一组兽蹄印迹岩画，就刻在前面是草地的巨石上，石面朝南，周围绿草如茵，求生育者近前摸持，退后顶礼膜拜，在这样的环境下求生殖，怎能不引起无限的遐想呢？那众多的男男女女，当场跳起性爱舞，狂欢之后，一对对一双双各找僻静之处野合，求生育的愿望就达到了。

祭水神舞蹈岩画，如广西宁明花山岩画，画在河流转弯处的陡峭崖壁上，崖壁石面呈黄白色，在周围黑色石皮和绿色植物包围卜，色阶最亮、最醒目，红色画面又与大自然的绿色造成对比效果，给人以万绿丛中一点红的感觉。崖画对面是一片高约17米的开阔地，水平面比壁画底部略高，估计这是供举行宗教仪式用的，狂欢歌舞的人们与岩画上一千多个形象相呼应，会使人产生无限遐想，画壁高耸入云，比周围的山头都高大，远远望去格外醒目。蓝天碧水、红色画面、绿色植物，在阳光或月光照射下，会产生一种奇异的色彩，众多的男男女女身穿各色服装，醉舞狂歌，人声、水声、风吹竹叶声、敲锣声、击鼓声、撞钟声，交织在一起，这是一幅多么壮丽的情景！

献俘图（广西宁明县花山）

诚然，以上所述都是最成功的范例，并不是说岩画都能选取合适的环境。事实上，绝大多数岩画是因地制作的，对环境的选择是并不讲究或无法讲究的。但仅就少数成功的范例而论，也足以证明，当时的人们已经自觉或半自觉地追求壮美或优美的艺术境界了。

四、岩画对工具、材料的选择

岩画材料、工具的选用与制造，是猎牧人生产斗争经验的结晶，也是他们审美理想的物质体现。使用不同的材料、工具制作出来的岩画效果各异，形式美感有别。中国岩画按制作手段可分用软质工具沾颜料涂画和以硬质工具敲击磨刻两大系统。前者多见于广西、四川、云南、贵州等省区，后者多被用于新疆、青海、甘肃、西藏、宁夏、内蒙古、黑龙江、江苏、福建、香港、台湾等省区。

中国岩画的两大体系，形成两种不同的艺术风格，一个刚劲、朴素，一个华美、柔和，给人不同的审美感受。两种风格都曾长期地影响中华民族艺术的发展，有时互相交融，有时并行不悖，各放异彩。

1. 软质工具沾颜料涂画

用软质工具沾颜料涂画，曾被广泛应用于原始陶器上。云南、四川、贵州、广西等省区的岩画也普遍采用这种方法。所使用的颜料主要是赤铁矿粉、土红一类的天然矿物颜料，稀释剂大概是动物脂肪、动物血或水，也可能是植物汁液。

中国的颜料岩画几乎都是用红颜色画成的，这可能有多种原因，一是红色颜料好找，不必加工便可使用，在云南、广西等地岩画周围都发现了用于绘画的赤铁矿粉，在云南岩画附近还发现了盛红颜料的器皿。二是红颜色耐久醒目，原始人很早就发现了红色的美，并用于装饰。最早用赤铁矿粉为装饰剂的可以追溯到旧石器时期，在北京周口店山顶洞人居住的洞穴中，第一次发现了红色颜料末。山顶洞人用颜料涂染穿孔小砾石、石珠、狐牙、鹿牙、鱼骨和骨管等装饰品，以增加美观，或撒在尸体下面或周围，以示哀悼。原始人类普遍喜欢红色，这是不难理解的，因为红色强烈、醒目,又是生命的象征。每天当太阳从东方升起的时候,首先使大地呈现一片红色,给人间送来了光明和温暖,给万物带来了生机。红色象征着希望,象征着朝气。人与动物因有血而活,因失去血而亡。幼儿或子兽降生随母体血液落地。血色之高贵,是人凭直觉都可以感受得到的。红色被用于绘画,不仅因为它有用,更主要的是因为它能把人的审美理想变为现实。作为岩画用的红色,它在大自然中是一种对比色,特别是在南方,在蓝天、碧水、绿色植物包围下的岩壁上,用红色绘制形象,就会产生一种"万绿丛中一点红"的强烈效果。这是一种对比的美,重点突出的美。对比的艺术手法一直被沿用下来,中国古建筑的彩绘,工笔重彩画、京剧的服装,都大胆使用了对比手法。

牧马人(红色涂画,贵州关岭县花江普利乡马马崖)

中国岩画的用色,与欧洲岩画显然不同。中国岩画是单色的,追求单纯对比的美;而欧洲洞穴岩画使用红、绿、黑、白、黄等多种颜色,似乎追求一种真实再现的美。洞穴壁画是封闭式的,与大自然是隔开的,他们要在洞中如实再现外部世界,以唤起人们的回忆和联想。这种以再现为目的艺术要求真实,故色彩丰富。已发现的中国岩画是露天的,以大自然为背景,又与大自然浑然一体,使用复杂的颜色不仅不能突出形象反而会模糊了形象。中国的这种"开放式"的岩画，不需要如实地再现自然，而要重点突出地表现自然，故色彩单纯强烈。中西艺术走着不同的发展道路，在岩画中似乎也可以找到一点痕迹。

2. 硬质工具敲击磨刻

用硬质工具制作岩画的方法主要有三种：一种是敲凿法，即用钝尖的石器、金属器在石面上一点一点凿刻，凿痕成麻点状，麻点呈圆形或不规则的多面形。内蒙古乌拉特中旗昂根乡南山《虎豹逐马图》、青海刚察县泉吉乡黑山舍布棋沟岩画和台湾万山岩雕群就采用这种手法。第二种是磨刻法，即用石器和金属器磨刻，磨痕有深浅之别，深的阴线断面呈 U 形，其制作程序大概是先凿出（或画出）轮廓，再用尖硬的石块沿轮廓线来回磨擦，使之成为槽状粗线。江苏连云港将军崖崖画、内蒙古已彦淖尔盟乌拉特后旗大坝口人面形、人足迹岩画，青海湖附近岩画中的人足迹和兽蹄印迹，福建华安仙字潭人物形象，都是采用磨刻法制作的，磨痕都较深。另有磨痕较浅的，磨刻的线条因年代久远，其颜色已与石面无别，均呈紫褐色。这在内蒙狼山地区和青海哈龙沟都可找到实例。第三种制作方法是线刻法，即用尖硬的锐器划出线条组成形象。用敲凿磨刻法制作岩画，多选择石质坚硬、平滑、石色暗褐、周围植物稀疏，那里不便用颜色画，因为在暗褐色石面上作画，用什么颜色都是不容易显眼的。用敲凿磨刻法制作出来的岩画，艺术效果刚劲、粗犷、质朴。

早期岩画画面的形象具象性强，往后逐渐向程式化、模式化、抽象化、符号化转变，但发展到一定程度之后，又返回到具象性强的老路上来，从制作方法上来讲，磨刻作品仅限于早期，划刻是晚期作画的方法，而凿刻的方法则是早晚岩画通用，有的岩画三种方法一起使用，先使用敲凿的方法制作，然后用磨刻的方法进行后期的修饰加工；有的岩画使用疏点凿刻的方法来构筑框架，然后使用磨刻的方法来完成主体；有的使用敲凿的方法加工动物身体的某些部位（角部，腿部）然后用磨刻的方法制作身体的另一些部位（身体）还有用划刻的方法勾勒动物轮廓，然后对轮廓内用磨刻方法填充等等。

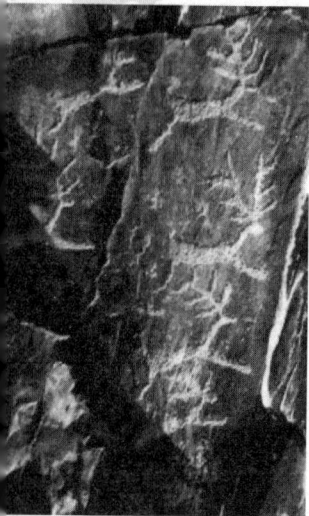

奔鹿（凿刻，新疆阿勒泰地区阿勒泰市雀儿沟）

巨牛（线刻法，宁夏贺兰县金山乡金山村回回沟）

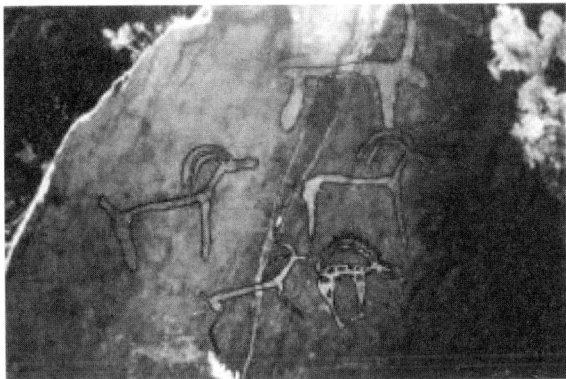

鹿羊(磨刻,新疆阿勒泰地区阿勒泰市骆驼峰)

五、岩画与汉字血脉相承

　　岩画与甲骨文及整个中国文字血脉相承。任何视觉语言都有一个建构并演变发展的历程,中国文字亦不例外。大量的考古发掘资料、文献研究、岩画研究以及甲骨文的构型都证明,岩画是中国文字演变历程中从结绳记事到甲骨文中间的一个重要的过度环节,其与甲骨文在结构的基本类型、象形造字法、结构表意方式、简化趋势以及书写方式等方面一脉相承。已知的世界各地很多早期原始文字基本上都是只表意的象形文字,它们不是用词语,而是采用象征手法,使用图像符号表达人们想说出的思想,变体繁多。种种研究表明,岩画上刻绘的图画就是汉字形成之前的一个重要阶段。如岩画中的"虎"与甲骨文中的"虎"在构型与笔画上充满了相似性,反映出书画本是同根同源,岩画艺术与汉字起源有着不可断绝的联系。

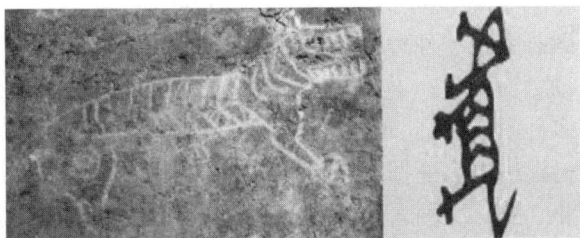

虎(内蒙古乌海市桌子山苏白音沟)　　虎(甲骨文)

从文明产生之日起，人们便不可避免地产生对事物记载的需要，随着人类社会的不断发展，社会生活的不断复杂，人们从最初的结绳记事，逐步发展为以图记事，并最终导致了文字的产生。作为最古老的文字种类，甲骨文无疑是从最原始的图画发展成的一种具有高度概括力的记事符号。在商周时期流传下来的甲骨文和金文中，我们不难发现其中保存有大量图画文字。这些文字除了包括象形与指事两种功能，更具有一定的绘画因素存在，这些图画文字随着人们对自身和客观事物的观察能力、思维能力和表现能力的发展，逐渐由图案化的形象符号演变为由线条构成的文字，并在此基础上产生了神奇瑰丽的书法艺术。而作为文字先祖的图画，自是毫无疑问地成为兴起于书法艺术之后的独具东方气韵的中国绘画艺术的基石。

图画与文字作为先祖们记事的工具，自是拥有相同的起源。而分别以图画和文字为基础而产生的中国绘画与书法艺术也必拥有相同的起源。对此，早在唐代，张彦远在其《历代名画记·叙画之源流》中就为我们做出了精辟的概括：“颉有四目，仰观垂象。因俪鸟龟之迹，遂定书字之形，造化不能藏其秘，故天雨粟；灵怪不能遁其形，故鬼夜哭。是时也，书画同体而未分，象制肇始而犹略。无以传其意，故有书；无以见其形，故有画。”

文字的产生必然有一个漫长的过程，必然是从绘画到绘画文字，逐步从象形文字发展，最后约定俗成具有相对统一性的文字系统。而象形本身也是一种描述形体的绘画，所以绘画是文字形成之前必然要经历的一个过程。

六、岩画研究的意义

岩画研究是一种边缘学科，涉及到民族史、民族学、民俗学、语言学、原始宗教史、艺术史、经济史、神话学、哲学、天文学、美术史等多种学科，因此研究岩画首先有利于这些学科的发展，为这些学科提供更多证据。

除此之外，中国岩画的发现可能为我们提供确凿的从画到字的演化线索，岩画与文字有着密不可分的联系，反映在中国岩画与甲骨文中的原始思维方式可以成为我们研究探索史前人的思维方式和文化心理结构的绝好材料。一些学者指出,一些原始岩画图像有助于破译甲骨文与金文图形中的某些"哑谜",而一些甲骨文金文图形也有利于解开一些原始岩画图像的奥秘。二者互相影响,互为解释,互为印证。

同时研究岩画,也有助于研究中华文化的起源,对那时候古人的生活状态会有更加深入的认识。岩画的研究"山重水复",纷繁复杂,只有各学科综合渗透,才有助于我们解开更多的远古之谜,迎来"柳暗花明"。

七、中国岩画艺术的地域差异

中国岩画的分布区域极广,在黑龙江、内蒙古、甘肃、青海、新疆、西藏、广西、云南、贵州、四川及江苏等地都有古代岩画,共计12个省(自治区)的40个以上的县(旗)都有岩画遗址。从内容以及特性来看,中国的岩画可分为南方、北方、东南沿海地区岩画三大系统。北方岩画,主要指中国北部内蒙古阴山贺兰山一带、新疆宁夏甘肃一带;西南地区岩画,主要指广西云南一带以及西藏一带;东南沿海地区岩画,主要指江苏连云港将军崖岩画。南系岩画大都以红色涂绘,颜料是以赤铁矿粉调和牛血等制成的,制作年代在战国至东汉期间;北系以阴山、黑山、阿尔泰山等为主,绵延数千里,气势宏阔;东南沿海地区岩画,主要反映人类与出海活动有关的事件,内容以抽象的图案为主,都采用凿刻的技术。

我们将从绘制材料、内容技巧等几个包方面来比较在中国发现的几处岩画遗址,并分析产生这些差异的原因。

(一)北系岩画

北系岩画分布的范围比较广泛,涉及到蒙古,新疆,甘肃,宁夏等地,其中最为著名的有内蒙古岩画、宁夏贺兰山岩画、新疆岩画。北系岩画作品风格写实,技法主要是磨刻。

1. 内蒙古阴山岩画

内蒙古岩画多表现为狩猎、游牧、战争、舞蹈等活动，描绘有穹庐、毡帐、车轮、车辆等器物，还有天神地祇、祖先、日月星辰、原始数码以及手印、足印、动物蹄印等图像，比较全面地反映了古代北方各狩猎游牧民族的经济生活、宗教信仰、意识形态、审美观念等方面的情况。作品数量多达数万幅，是北方草原上规模宏大的岩画群。作品延续时间很长，据目前的研究推断，以新石器时期晚期至青铜时代的岩画最多，是内蒙古岩画的鼎盛时期。

阴山岩画早在公元5世纪时，就被北魏地理学家郦道元所发现并在著名的《水经注》中作了详细的记述。这些记载是世界上对阴山岩画最早的记录。专家表示，岩画的创作历经旧石器时期晚期、新石器时期、青铜时代、战国时期、秦汉时期、南北朝时期、隋唐时期、西夏时期、蒙元时期、明清时期共10个阶段。阴山岩画的艺术特色质朴、生动，并具有浓厚的生活气息，可以把它说成是一部北方游牧民族的画史。岩画多以写实为基础，记录了人类童年及各个历史阶段的社会生活。题材来源于自然，来源于生活，再现作者亲身所处的自然环境。在构思、技巧和表现力诸方面，均显示出作者敏锐的观察力、朴实健康的美学观和惊人的艺术才华。阴山岩画并非对自然原封不动的照搬，作者往往把从生活中捕捉来的形象给予想象性的加工，把表现对象简化到不能再简化的程度，并竭力突出作者的意图，因而使作品非常生动。许多动物图像动感强烈，或引颈长嘶，或回首短鸣，或慢步缓行，或四蹄腾跃；有的彼此含怒欲斗，有的互相舐吻亲昵。作者为了强调某一事物，运用夸张、对比和衬托的手法，突出作者想表现的中心，如人与动物、动物与动物间斗争的图画，均在构图和比例上往往突出胜利者的形象，因而产生了强烈的艺术效果。

五虎图是阴山动物岩画的代表作。"五虎图"岩画就位于山沟里的一块大岩石上，上面有五个虎的图案清晰可见，五个虎旁边还有幼虎崽，依偎在成年虎的旁边，让人感叹古代先民们艺术创作的精美绝伦。五个虎有的静卧，睡眼蒙眬，有两个相爱的虎正在交媾，喻示着原始部落的自然崇拜、生殖崇拜，也向人们揭示了自然界中生命的图腾和绵延不绝。虽说是"五虎图"岩画，但其实，除了清晰可见的五个虎外，还有别的小动物也刻在岩画上。

五虎图

2. 贺兰山岩画

中国是岩画诞生最早、分布最广、内容最丰富的国家之一，而贺兰山又是华夏土地上遗存最集中，题材最广泛，保存最完好的岩画地区之一，宁夏贺兰山岩画，分布在北自石咀山市，南至青铜峡地区许多山口及纵深地带的岩石上，以类人面形的图像最为突出。如在贺兰口的岩画，形象古怪，面目各异，是原始宗教崇拜的神灵图像，同时也反映出当时人们的装饰和黥面或使用面具的习俗。

贺兰口距银川城50余公里，位于贺兰山中段的贺兰县金山乡境内，山势高峻，海拔1448米，俗称"豁了口"。山口景色幽雅，奇峰叠障，潺潺泉水从沟内流出，约有千余幅个体图形的岩画分布在沟谷两侧绵延600多米的山岩石壁上。画面艺术造型粗犷浑厚，构图朴实，姿态自然，写实性较强。以人首像为主的占总数的一半以上。动物图形构图粗犷，形象生动，栩栩如生。有奔跑的鹿，有双角突出的岩羊，有飞驰的骏马，有摇尾巴的狗，有飞鸟的图形和猛兽的形象，有部分人的手和太阳的画面，还有原始宗教活动的场面。

根据岩画图形和西夏刻记分析，贺兰口岩画是不同时期先

盘古开天辟地主题图

后刻制的，大部分是春秋战国时期的北方游牧民族所为，也有其他朝代和西夏时期的画像。贺兰口岩画的题材、内容与表现手法都十分广泛，富有想像力，给人一种真实、亲切、肃穆和纯真的感受。众多岩画为我们了解和研究古代游牧民族的历史、文化、经济状况、风土人情提供了极为珍贵的文物资料，堪称是一处珍贵的民族艺术画廊。

3. 新疆岩画

新疆岩画几乎遍及全疆，主要分布在天山、阿尔泰山、阿尔金山、昆仑山和库鲁克山等高山牧场、中低山区以及牧民们转道的牧场上，部分河谷地带也有发现，上述地区的自然条件优越，有丰盛的牧草，自古以来就是各族人民狩猎、放牧的理想天地，岩画反映出人们生产活动和社会生活，以及对人类祖先图腾崇拜的画面。

大都凿刻在黑砂岩、花岗岩和板岩的岩面上，也有少数彩绘岩画见于洞穴中。画面有动物、行猎、放牧、舞蹈、车辆器物、原始文字和族徽符号等。例如，霍城县的干沟岩画绘有许多大角羊，裕民县的红石头泉岩画绘有牧区帐篷周围的生活情景，尉犁县的库鲁克山岩画规模较大，皮山县桑株镇昆仑山口南通往印度克什米尔山口的岩画，大约是牧群转场的路标。新疆各地发现的岩画，除个别作品外，一般尚难确定作品的年代和民族成分。

新疆岩画在反映生殖崇拜方面，有着突出的重大贡献，不仅数量多、质量高、年代久，而且画面热烈、健美。生殖岩画的产生与人类自身的繁衍有关，生殖是最令原始人感到神秘的主题。繁衍，是人类最古老而持久的渴望，也体现出先民们对后代重视。

迄今为止的考古研究表明，新疆岩画的时代上限可追溯到石器时期，但其延续时间很长，晚的可到公元十二三世纪的蒙古时期。享有盛誉的新疆阿尔泰山岩画数量最多，内容多为奔跑的骏马、鹿和羊群，其线条简练、造型生动。有数以千计的岩画雕刻在山体的岩壁或较大的岩石面上，所表现的题材和内容丰富多彩。

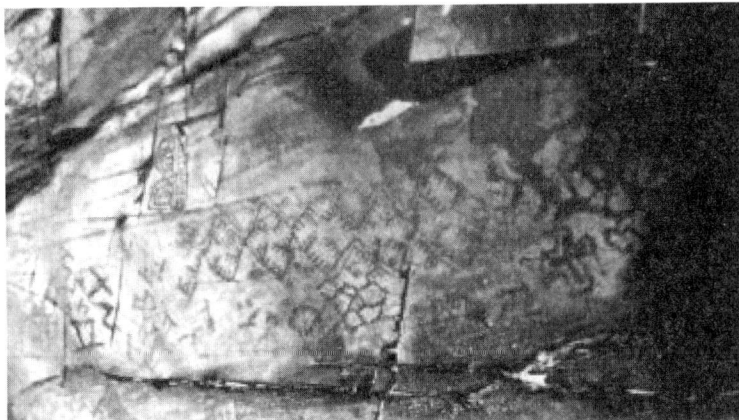

菱格几何纹图案（新疆巴音郭楞蒙古自治州且末县）

（二）南系岩画

西南地区岩画，主要分布在云南省，广西壮族自治区，西藏白治区。表现内容主要是宗教活动，作品技法以红色涂画为主，以云南沧源岩画、广西左江流域岩画和西藏岩画最为著名。

1. 云南沧源岩画

云南沧源岩画在云南省沧源佤族自治县勐省、勐来乡境内的深山岩壁之间，靠近中缅边境，这里隐藏着中国目前发现的最古老的岩画之一。沧源是一个多山的地方，这里森林茂密，珍禽异兽活跃其中，每年5月至9月，充沛的雨水滋养万物生长。优越的自然条件使这里成为自古以来各民族繁衍生息的家园。

沧源崖画至今共发现15个点，全都分布在海拔1200米至2000米之间的山上。其中，第一、第二、第六、第七等岩画点，画面内容较为丰富，也更具代表性。已发现的岩画可辨认的图像有1063个，包括人物、动物、房屋、树木、太阳等。岩画内容丰富，能表现出当时人们各种生产生活的活动场面。如描写狩猎的，有的猎人身旁有狗相随，说明当时狗已被驯养；另有牛群成行或颈上套了绳索被拖拉的情况，大约是一种放牧的画面。舞蹈有手拉手的圆圈舞，亦有手持牛角的围猎舞和手持盾牌的战争舞。战争的画面在人群之中有持弩而射的，又有倒地而死的。有一幅村落图，描写战争凯旋返回村落的情景，大约是一次重大战争的记录。岩画年代，经放射性碳素断代测定为距今约 3000 年，同时在岩画分布区内发现新石器时期遗址多处，这些事实大体上可以证明岩画当为新石器时期的遗物。沧源岩画具有历史悠久，采用剪影式轮廓画法描绘人物，绘制技法简单、粗率，造型稚拙、古朴，是用赤铁矿粉与动物血调合成颜料绘制在距地面高 2 米至 10 米左右的石灰岩崖面上，表现的主要内容是宗教活动，画面布局多采用图解、示意的形式处理空间。图形描绘均作剪影式。人物和动物分别严守正面律和侧面律，强调主观意趣。表现方法以单线为主，或辅以平涂法表现大块的形体。画面内容反映了一定的宗教观念，作画的意图和功能具有明显的记事性质。

云南沧源岩画，绘制技法非常精妙，像是一种剪影，简单却特点鲜明。有一处画面上数十只猴子排成一列，在崎岖不平的山路上行进，上爬的猴子尾巴下垂，下坡的猴子则长尾上翘，当地人说猴群爬山的情形也的确如此。猴群之下，是众多牛的图案，扁长的牛角一看便知是水牛。它们有的被人骑在背上，有的被人牵着，有的被张满弩的人瞄准，有的两两相对，作出格斗的架势。牛是云南古代民族尤其崇拜的动物，牛头是力量和财富的象征。古代祭祀仪式的主持者都是手持牛头的。在牛图像的右边，呈现出一系列丰富的杂技表演：顶杆、弄丸、双人叠立……热闹非凡。画幅的最下面是人们持弩猎象、猎豹的场景。至今，野象还在沧源的班洪、班老两地出没。

2. 广西左江流域岩画

广西左江流域已发现 80 余处岩画点，其中宁明县花山崖壁画，画面宽约 221 米，高约 40 米，尚可辨认的图像 1819 个，为目前国内已知的规模最大的岩画。花山，位于广西明江之滨，距离宁明市区 25 公里，海拔 1885 米。因悬崖上有雄伟壮观的两千多年前骆越先民所作的图画而闻名世界；又因先民的画意、画法和成画年代的考古艰难，直到现在研究仍毫无结果，因此成为千古之谜。

花山上画面绝大多数是人物，皆为双臂曲举，两脚半蹲姿

岩画全景（云南麻栗坡县大王岩岩画点）

态，最大的约 3 米，最小的也有 30 厘米，一般为 1 米左右，似作舞蹈。大都是一群小型人像围着一个大型人像起舞或祝拜，部分人像腰佩刀剑，骑着非马非犬的动物。人像周围画有单层或双层圆圈，或内有似米字形的圆圈，像太阳，似月亮，神秘莫测。花山崖画的重要历史价值和巨大艺术价值，引起了国家的高度重视，建国后几十年来一直吸引着众多的学术团体前来考察研究。崖画内容或为语言符号，或为乐事庆典，或为祈天抗洪，或为战事盛会，或为宗教祭祀，研究的学者各执一词，莫衷一是，迄今尚无定论。暂且不说崖画的反映内容，仅画的本身就是一件世界罕见的崖画艺术珍品，具有强大的艺术魅力和重大的考古价值。整个画面 95 米×150 米，气势雄伟磅礴，百米之外才能尽览全幅。画面布局工整，繁而不乱，主次分明，完整和谐。看似单调机械的画像造型，充满了古朴庄重而又轻松活泼的气氛；只有寥寥几笔的人体和物体造型，使人能够捕捉到一种生动逼真、惟妙惟肖的美感；单色平描剪影式及单线条勾勒式的艺术构思和浪漫笔彩，使人观之便产生一种似虚似实的梦幻之感态；整齐而又纷繁的上千个人像，洋溢着舞动的节奏和激越的声乐。用心专注观察，褚红色人群全都活动了起来：首领挎刀骑兽，众卒簇拥欢呼，铜鼓声震天，喊杀声动地；又像山林呼啸，风劲草低，猎犬穷追不舍；又若设案江滨，阴风迷雾，巫师念念有词，部落上下痛祭亡灵；又似鼓乐阵阵，轻歌曼舞，人群雀跃，欢声鼎沸……伫立在此幅 1.5 万平方米的崖画面前，使人仿佛进入画境，置身在远古社会的人群中，与之共欢乐、同激动，让人流连忘返。

　　岩画大都发现在江水拐弯的悬崖峭壁上，从这个位置看，最大的功能可能是镇水，因为水患是左江沿岸最大的自然灾害，作画镇水，表现出先民对自己力量的觉醒。对英雄主义的崇拜。

氾河图（广西宁明县花山）

3. 西藏岩画

　　西藏岩画分布广、数量多，是中国岩画分布最密集的地区之一，已成为中国岩画的重要组成部分。考古工作者近十年在西藏各地发现岩画遗迹 40 余处，包括近 60 个地点和 300 多组画面。这些岩画绝大部分分布于藏北和藏西高原。画面中，能辨认出最多、最清晰的画面是人类生活(狩猎)和繁衍(生殖),畜牧、战争与演武以及自然崇拜等内容。

西藏岩画的早期发现集中在20世纪的前40年,发现者大都是在西藏境内进行考察的外国学者。如19世纪末的英国考古学家弗兰克,20世纪前期的意大利藏学家G·杜齐、彼得·奥夫施莱特(Peter Aufshnaiter),都曾几次深入西藏腹地进行考察,并获得极为丰富的第一手资料。1992年起,美籍藏学家温森特·贝莱萨游历于藏北高原,考察探索这里的古文化遗址,发现了数量可观的新岩画。中国对西藏岩画的考古发现,在20世纪80年代逐渐拉开帷幕。1985年,西藏文物考古队在藏西日土县境内发现了鲁日朗卡、任姆栋、阿砻沟这三处古代岩画点,在国内外岩画学界引起很大反响。20世纪80年代后期至90年代中期,西藏岩画考古发现成为一个黄金时期。本世纪西南和青藏高原地区不断有新的岩画被发现,新发现的岩画给岩画研究者开辟出更广阔的天地。

部落生活(西藏日土县塔康巴)　　　豹逐鹿(西藏日土县日姆栋)

(三)东南沿海地区岩画

东南沿海地区岩画主要指江苏连云港将军崖岩画,是目前中国发现的唯一反映原始农业部落社会生活的石刻画面,也是中国汉族地区首次发现的岩画和年代最早的岩画,还很可能是中国岩画中最为独特的人面岩画的发源地。

将军崖岩画,位于江苏连云港市海州区锦屏镇桃花村锦屏山南麓的后小山西端,在南北长22.1米、东西宽15米的一块混合花岗岩构成的覆钵状山坡上,分布着三组线条宽而浅,粗率劲直,作风原始,断面呈"V"形,面壁光滑,以石器敲凿磨制而成的岩画。这是中国迄今发现最古老的岩画，是东南沿海地区首次发现的岩画，是唯一反映农业部落原始崇拜内容的岩画，距今约 4000 年。著名考古学家苏秉琦先生称之为中国最早的一部天书。

将军崖岩画是中国新石器时期中晚期的刻画在崖壁上的图画。1988 年中华人民共和国国务院公布为全国重点文物保护单位。连云港古属东夷少昊氏鸟图腾氏族活动之域，周代为剡国所辖，汉属东海郡，地处边远，交通不便，人迹稀少，人民生活十分困苦，更希望谷物神给人以幸福。谷物何以会春青而秋黄，何以会丰歉不均。先民们认为这大概都是稷神在作怪。在原始人看来，谷物也同人一样，有生命、有思想、有父母、有子女，一代传一代。人面与植物连成一体，脸上又布满植物状纹饰，显然，是把植物人格化了。九面小人头绕一面大人头，俨然一个大家族的子孙围着一位老祖母。

将军崖岩画名称来源也有一段故事，其位于将军崖下的一个隆起的山包上。山包上有一块巨大的原生石以及在原生石下排放着的三块不规则的自然石，长约两米，其中一块身上布满大小不等而又规则的凿刻圆窝史学家考定其为"石祖"和"石足"，为东夷部落主要的"以石为祭"的祭祀主体。三组岩画就围绕着这四块大石，排列在长 22 米、宽 15 米的北、南、东三面。在岩画北侧的山岩上原有一个石棚，据原市政协副主席方进介绍，他曾见过在石棚里的崖壁上有一组"将军牵马"的岩刻，这就是"将军崖"得名的由来。

江苏连云港将军崖岩画发现于 1979 年，20 多年来，崖壁上那些神秘的原始印迹一直是考古界想要破解的难题，被称为"东方天书"。近日，终于有学者称破解了这部"天书"。在对宁夏贺兰山、内蒙古阴山等地发现的人面像岩画对照研究考证之后，南京大学民俗艺术专家陈竞教授认为：此前学界一般认为的至少有 4000 年至 6000 年历史的将军崖岩画，始作于春秋时期，是东夷族的附庸国——少昊氏郯国的巫师为死亡的王族招魂引魂留下的印迹，而当时这里很可能是郯国故都。他认为：图案中"大"字的圆形纹符号是指日中之大人，即东夷人，圆形纹、中间有一点的圆形纹均似鸟头，象征鸟人灵魂，一排人在跳巫舞，这是引魂升天的仪式。这一解释的提出，引起了广泛的关注，为将军崖岩画的破解又提供了一个新的思路。

稷神崇拜

（四）南北东西岩画差异

南北东西岩画在绘制方法、材料、内容、技巧等几个方面都存在差异。比如北方岩画发现数量很多，内容非常丰富，多用敲砸方式成画。画面上的动物东部以鹿类多见，西部以牦牛为主，多数画面表现了游牧和狩猎活动。北方岩画制作时间的跨度很大，最早的可能在新石器时期，最晚的在元代。作品风格具有粗犷、简洁、明快的特点。南方岩画的制作大都以红色涂绘，以表现舞蹈、放牧和狩猎的人物活动为主，有的画面很大，相当多的地点以色彩成画。东南沿海区岩画只有零星发现，以表现宗教崇拜的题材为多，用磨刻和敲凿方式成画。

北方岩画多表现狩猎、游牧、战争、舞蹈等，图形有穹庐、毡帐、车轮、车辆等器物，还有天神、地祇、祖先、日月星辰、原始数码以及手印、足印、动物蹄印等。贺兰山的岩画，形象古怪，面目各异。新疆岩画多为生殖崇拜的内容。这些图像大都凿刻在深灰或灰蓝色的岩石上，凿刻或磨刻的图像斑驳、稚拙、粗犷、简洁、浑然而多变。

西南地区岩画表现内容主要是宗教活动，画面内容多为狩猎、舞蹈、放牧、杂技、战争、原始宗教、采集、建筑和村落等。

连云港的岩画刻在深褐色的岩石上，岩画的纹路和岩石的色彩既一致,又有微妙的变化。色彩的深浅交替,使图像产生一种跃动的感觉。主要反映人类与出海活动有关的事件,内容以抽象的图案为主。

(五)南北东西岩画差异产生的原因

北系岩画、南系岩画、东南沿海地区岩画在绘制材料、绘制题材等方面有诸多差异,这些差异代表了中国南北东西文化的不同起源。差异产生的原因也和自然环境、鬼神巫术信仰、人类不同发展阶段等多种因素有关。

1. 自然环境

岩画的制作与欣赏与自然环境相互制约。北方多平原草原,气候较为干旱,动物种类多大型食肉食草动物,如牛羊马老虎豹子等,因此北方绘画题材多此。而南方多山川河流,地形条件复杂,气候湿润,动植物种类丰富,大多比较小巧,如猴子、鸭子等,也成为南方岩画的题材。东南沿海地区岩画由于其靠近沿海,岩画中有鱼和水草等题材。先民们,对大自然的敬畏又依赖,所有的一切活动以自然为背景,与自然浑然一体,在不断的奋斗中创造着属于人类自己的独有的智慧。

2. 神鬼图腾

图腾信仰的不同也是中国南北东西岩画差异产生的原因之一。北方游牧民族,有自己独有对于天地人的理解,北方大量的动物岩画,表面看画的是一只虎、一匹马或一只羊,我们并不能单凭直观印象加以判定。因为他们要表现的并非动物本身,而是它的暗寓意,诸如图腾崇拜、祈求牲畜兴旺等等。动物形象只是表达理想的一种媒介,一个象征性的符号,或出于敬畏、或出于祈求、或出于占有心理,使其在思想中成为实现愿望的筹码。

在北方草原地区,许多动物与人类的生存都息息相关,特别是那些食草动物,更是人们赖以生存的物质基础,一方面人们迫于生计对他们进行猎取和驯养,以便能"食其肉,衣其皮,饮其酪",另一方面,人们又对自己赖以生存的动物充满了崇拜心理。

人们心存感恩,心怀崇敬,因此就有了对动物神图腾的崇拜。

还有一种动物图腾是由于敬畏恐惧心理而产生,在生产力极为低下的原始社会时期,人很难抵御野兽的侵袭,在与猛兽的交锋中,人往往处于弱势。人们就对猛兽充满了恐惧,迫于无奈,人们就不得不像神一样敬重和崇拜它们,以祈求它们勿伤于人,例如北系岩画中大量虎的形象的出现就体现了这一点。至于先民选择哪种动物作为自己的图腾,这与不同部落有关。

水是生命之源,水生万物,但有时候也会毁灭万物,南方本来属于亚热带或热带季风气候,湿润多雨,加上多丘陵山地的地形,使得南方水灾频繁,给人类的生存带来威胁。先人们为了生存不得不居住在靠近水源的地方,在生产力水平低下的情况下,古人只能借助鬼神的方式来祈求上天减少水灾。观察南系岩画可以看出,很多是有关于镇水、迎神祭鬼、拜月祈祷的。

东南地区靠近海洋,视野开阔,那里的古人对星象天象有更多的观察和信仰,加上以农业为主要生产方式,人们更加注重天象物候的变化,因此便产生了特殊的天象崇拜和植物崇拜,以天象和植物作为他们的信仰图腾。

3. 人类不同的发展阶段

生活在不同社会发展阶段的人们,各有自己的生活天地,各有与之相适应的精神世界,因而有对客观世界的不同感知方式。万物有灵观念是原始人类观察世界总的出发点和最后归宿,由此产生他们感知方式的神秘性。随着人类社会不断向前发展,人的价值不断提高,人的力量不断被人所理解所认识,人不再盲目地拜倒在自然脚下,而要利用自然、改造自然,使之为自己服务。进入农耕阶段以后,英雄崇拜的原始神话产生了,中国民间流传着的夸父逐日、精卫填海、羿射九日、大禹治水,神农尝百草等等,都属于原始神话。随着人价值的增长,在美术作品中人的地位被突出出来,西安半坡村仰韶文化遗址出土的人面鱼纹彩陶盆,青海柳湾出土的原始裸体人彩陶壶,青海大通上孙家寨出土的原始舞蹈纹彩陶盆,辽宁喀左县东山嘴红山文化出土的女裸体雕塑等,都可见出人在自然中的显要位置。以人面为主体的神灵像的出现是人的价值增长的突出表现。

人在与自然生存斗争中,不断成长进步,对身边事物的认识也不断的深入,生产技术也不断发展,因此不同时期的岩画即使是同一题材会有很大不同,早期的岩画作品可能在绘制技巧,材料使用,地点选取等很多方面都不如后期的成熟,这是不可避免的,任何事物都有其发展的一个漫长的过程,不可能一蹴而就。随着古人对自身力量的不断探索,不断认识,岩画的刻绘内容也更加地突出人的力量,体现人的智慧。

八、岩画艺术的保护

岩画是不可再生的文化资源, 它的客观存在是岩画研究工作的"第一前提"。故此,在与岩画相关的所有问题之中,都应该把有效地保护岩画放在第一位。近三十年来,中国岩画从鲜为人知到为少许民众了解,与大众传媒的进步有着密不可分的关系,但是,我们也应该看到,这期间岩画毁坏的速度和程度也达到空前的地步,岩画宣传保护力度越大,岩画被破坏和毁坏的数量就会越多,岩画文化的保护问题已经迫在眉睫。

为加快中国岩画保护与研究步伐,中国各地的岩画学者都做了许多努力。2012 年,由中年学者王建平、老一辈岩画学者陈兆复、盖山林共同发起成立的中国岩画学会获得文化部、民政部批准,并于 2013 年 6 月 29 日在北京举行了成立大会。这是中国岩画学界成立的首个国家级学术团体, 标志着中国岩画学界在国际岩画学术交流中有了组织。这也是岩画对外文化交流迈出的重要一步,它的文化意义在于:中国岩画学会作为中国岩画学界的合法代表,承担着岩画类世界文化遗产的学术交流,团结国内外岩画保护工作者共同开展岩画类世界文化遗产的保护工作,推动岩画遗产走向大遗址保护,实现文化强国的百年梦想。中国岩画学会成立以后开始组织进行中国岩画资料数据统计,图谱、音像、电子地图、文字整理工作,搜集整理国内外岩画资料。各相关省区市文物保护部门积极予以支持配合,所得数据由中国岩画学会派专人进行统计管理。

　　根据统计结果来看，现今中国岩画保存的具体情况基本表现为：越是分布在离人类居住距离近的岩画点，岩画破坏就越严重，甚至列为国家级文物保护单位的岩画点，也不能逃脱破坏和加速损坏的命运。相反的，那些远离人类、偏远且不易被人发现的岩画，除了无法避免的自然毁坏之外，基本上那个都保持着原来的面貌，人类活动已经成为岩画毁坏的最大威胁。阻止人为造成的毁损、延缓岩画在自然地理条件影响下的消弭速度，是岩画保护的核心任务。

　　中国对岩画采取的保护措施，大体有三种。一是调查记录，用文字、照片和拓摹方法获取详细资料；第二是原地保护，为避免现代工程建设造成的损坏，采用加固、防护等封闭方式就地保护，有的则建立现址博物馆；第三是搬迁保护，如长江三峡水库工程涉及到不少古代岩刻，不便就地保护的就实施搬迁保护。

　　尊重岩画的原始状态是岩画工作者保护保存工作的最高目标。尊重岩画的知识，首先来自于对人类早期文明的知识复制和传播的认识，由于历史的久远，民族文化交融等原因，岩画作为复制人类知识的手段没能持续至今，且岩画的制作者已经消逝，岩画承载的文化知识信息甚至成为了一个个不可破译的密码碎片。因此说，保存和保护岩画就是复制和传播人类早期文明的记忆。而保存遗址遗物的不可移动，就意味着不可改变甚至不可触摸。有限地使用和利用，甚至不使用和利用岩画，应该成为岩画学术界的共识以及对政府和岩画管理部门的倡议。反过来，岩画研究应该不断提高加强复制和传播的功能。分享人类文明智慧结晶，是当前岩画研究者完成社会需求的另一使命。

　　现今，当代艺术家的妙手丹青与能够容纳海量信息的互联网，正在让越来越多的岩画元素融入现代社会。中国是一个岩画大国，创造了灿烂的岩画文明，为保护和继承岩画文化，中国各界尝试利用新的形式，激活人们对古老岩画的热情。岩画是世界上最古老的艺术形式之一，是早期人类自我表述的产物，内涵丰富，意义重大。原始社会的艺术保留下来的大多是岩画艺术，虽然岩画的保护和利用在世界各国都是一个难题，但是我们也应该一起努力，让这种古老而神奇的艺术传承下去。

肆 造像篇

中华文化遗产系列丛书《天地之间》
ZHONGHUA WENHUA YICHAN XILIE CONGSHU

肆、造像篇

　　造像，谓塑造物体形象，用泥土、木头、石头等各种材料塑造出创作者想要的形象。

　　造像艺术是文明发展中，人类发自内心，呈现于物的伟大创造。造像者的作品往往反应了造像者的内心。同理，一个民族的造像艺术，也与民族本身的思想内涵和创造活力不无关系。

　　华夏文明长达五千年，但生活在华夏土地上的人类，从华夏土地上萌生的造像艺术却远不止五千年。

　　雕塑是造像艺术中成就最为辉煌灿烂的一种。雕塑又称雕刻，是雕、刻、塑三种创制方法的总称，指用各种可塑材料（如石膏、树脂、黏土等）或可雕、可刻的硬质材料（如木材、石头、金属、玉块、玛瑙、铝、玻璃钢、砂岩、铜等），创造出具有一定空间的可视、可触的艺术形象，借以反映社会生活、表达艺术家的审美感受、审美情感、审美理想的艺术。雕、刻通过减少可雕性物质材料，塑则通过堆增可塑物质性材料来达到艺术创造的目的。

　　雕塑的产生和发展与人类的生产活动紧密相关，同时又受到各个时代宗教、哲学等社会意识形态的直接影响。在人类还处于旧石器时期时,就出现了原始石雕、骨雕等。雕塑是一种相对永久性的艺术,传统的观念认为雕塑是静态的、可视的、可触的三维物体,通过雕塑诉诸视觉的空间形象来反映现实,因而被认为是最典型的造型艺术、静态艺术和空间艺术。

随着科学技术的发展和人们观念的改变,在现代艺术中出现了反传统的四维雕塑、五维雕塑、声光雕塑、动态雕塑和软雕塑等。这是由于爱因斯坦相对论的出现,冲破了由牛顿学说建立的世界观,改变着人们的时空观,使雕塑艺术从更高的层次上认识和表现世界,突破三维的、视觉的、静态的形式,向多维的时空心态方面探索。

一、造像之始

考古材料表明,距今约 10000 年以前的旧石器时期,中国境内已经有了萌芽状态的刻石创造。山顶洞人的 100 余件经过雕琢和加工的装饰品是很著名的例证。这些装饰品中有表面用赤铁矿粉典红的钻孔石珠,黄绿色的卵形钻孔砾石,穿孔的兽类牙齿和海蜡壳,局部用赤铁矿粉染成红色的钻孔青鱼眼上骨等。所有装饰品的穿孔几乎都呈红色, 好像串联用的穿带都用赤铁矿粉染过。山顶洞人的这些装饰品尽管原始,但是可以认为已经孕育着后世的圆雕和透雕,甚至预示着彩塑艺术的诞生。

新石器时期早期,河南裴李岗文化遗址出土的陶塑人头、陶塑猪头和陶塑羊头;磁山文化遗址出土的兽头骨梭;北首岭下层文化遗址出土的陶塑人像; 燕山南北地区新乐下层文化遗址出土的鸟形木雕;上宅遗址出土的陶塑猪头和石雄小猴;辽东半岛后洼遗址下层出土的动物和人形滑石雕刻, 这些雕塑都是原始的造像作品。距今约 8000 年至 7500 年,黄河流域各文化类型的雕塑艺术多以陶塑为主,兼有骨、牙、玉、石等质料的雕刻。题材方面,多塑造人及动物形象。手法以圆雕、浮雕为主,彩塑为辅,罕见线刻。黄河中上游地区发现的人物雕塑数量丰富, 手法多样,而艺术风格较为一致。黄河下游地区则以陶塑动物和骨牙堆刻成绩较为显著, 大汶口文化刘林期的禽鸟状红陶罐形鼎和用猪的獠牙雕琢而成的猪头形装饰品,可谓代表之作。

黄河中游地区仰韶文化的雕塑, 代表着当时艺术发展的主流。仰韶文化雕塑艺术的阶段性很明显,可分为前后两期。前期主要为半坡类型的作品。后期主要为庙底沟类型的作品,其中人像雕塑更趋于比例准确,体态优美。

长江下游地区的雕塑品发现较多,主要出土于河姆渡文化、马家浜文化和崧泽文化遗址之中。归纳起来,长江下游地区的雕塑作品以骨、牙雕刻为精,陶塑和木雕并存,出现玉雕;题材多为动物和植物,少见人物;手法以线刻为主,圆雕和浮雄为辅。作品刀法谙熟,线条简洁圆润。值得注意的是,开始出现对称的构图。

这些作品的出现说明早期造像的类型和艺术已经有了明显的进步。出土的人物雕塑头部大多装饰性较强。头像多能塑出正、侧、顶等大的体面,五官位置基本安排匀称恰当,而且进一步注重细节,发型、冠帽、头饰,以至眼睑、鼻准、上下唇的细微差异,都得到了较形象的表现,出现了神态逼真、生趣盎然的女神塑像。

兽面图案、神化之物和功物造型为主要题材的玉石雕刻的涌现,以崭新的面目开拓了雕塑艺术的新领域。北方以红山文化为代表,玉石雕刻主要是独立的圆雄和两面雕,题材多神化之物,如龙,以及龟鳖、鸽鸟等。动物造型,风格质朴而豪放,即或有少量的线状雕饰,一般只是表示鸟的翅羽、兽的獠牙等局部物象,不多加装饰。南方的玉石雄刻主要出土于良渚文化遗址,如浙江余杭反功、瑶山、江苏吴县张陵山和草鞋山、江苏武进寺墩、上海福泉山等,作品多是附饰于琼等器物之上的装饰性线雕及浮雕,图案以兽面为主,风格细腻。在浙江良渚遗址的大墓群葬出土形象逼真的玉鸟、玉龟和玉鱼等,与红山文化动物玉雄的题材相近。

二、原始造像的原料及造像种类

造像呈现出来的形象是具体而富有内涵的,古往今来,进行艺术创作的人们基于不同的创作条件,不同的创作心情,还有不同的创作水平, 他们所创作的艺术作品有着截然不同的表达效果。

　　由于原始雕塑的材料相当多,有黏土、石、玉、骨、角、象牙、木等,遂发展出陶塑、石雕、玉雕、骨雕、角雕、牙雕、木雕等多种类型。不同的材质所创造的作品有着不同的质感和美感,不同的造像内容给予了中国传统造像艺术源源不断的生机与活力。

1. 陶塑

　　陶塑艺术的技法,是在一件成品的构架上,通过贴塑和艺术处理而成为一种新的艺术造型。有人把陶塑艺术称为泥土之魂,是原始先民在长期的劳动过程中,逐渐对自己及其周围环境的真实生动的表现,或者以此表达一种情感或意愿。

　　陶塑艺术与陶器艺术不同,因为它不是"器",所以不具有使用价值,而是独立的原始艺术品。新石器时期早期的陶塑艺术品,目前仅发现在黄河中游的裴李岗文化中。

陶猪(裴李岗文化)

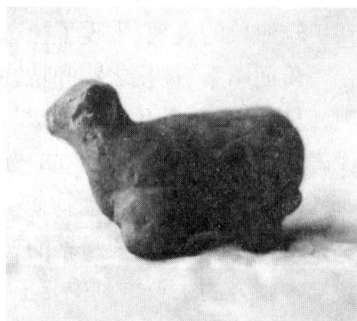

陶羊(河姆渡文化)

　　陶塑艺术既是原始造型艺术发展的产物,也是陶器艺术发展的产物。陶塑猪羊与当时家畜饲养的出现有密切联系,猪是新石器时期早期中国氏族先民早已驯养的家畜,陶猪正是这种新经济形态的艺术反映。陶塑人头像则是氏族先民对人本身认识的一种艺术表现,它的出现,说明中国氏族先民首先是从人的面部特征开始对人认识的。美术史家认为,这正是中国传统艺术重视刻划人物的面部表情,以求传神的优良传统之源。但是,新石器时期早期的这些原始陶塑,尽管已是独立的雕塑艺术品,它们不过是一种简单的平面浮雕,在表现手法上还比较原始。

2. 石雕

从人类艺术的起源就开始了石雕的历史。可以说，迄今人类包罗万象的艺术形式中，没有哪一种能比石雕更古老了，也没有哪一种艺术形式能更为人们所喜闻乐见、万古不衰。

石雕的历史可以追溯到距今一二十万年前的旧石器时期中期。从那时候起，石雕便一直沿传至今。在这漫长的历史中，石雕艺术的创作也不断地更新进步。不同时期，石雕在类型和样式风格上都有很大变迁；不同的需要，不同的审美追赶求，不同的社会环境和社会制度，都在制约着石雕创作的发展演变。石雕的历史是艺术的历史，也是文化内涵丰富的历史，更是形象生动而又实在的人类历史。

新石器时期早期也有独立的石雕艺术品。河北武安县曾出土一件磁山文化的小型石雕人头像，人头呈不规则椭圆形，眼为圆窝形凸起，口部很大，阴刻倒八字形双眉，以夸张的手法表现了人面特征。额部有一穿孔，可能是系佩的装饰品。这是中国目前发现最早的石雕人像。

石雕人像（红山文化，高30厘米，内蒙古敖汉旗四家子镇草帽山祭祀遗址出土）

石人面饰（兴隆洼文化，高5.8、宽4.4厘米，内蒙古林西县白音长汗出土）

石人像（红山文化，高19.4厘米，内蒙古巴林右旗巴彦汉苏木那日斯台遗址出土）

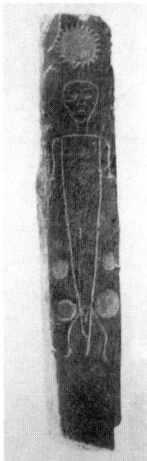

石刻太阳人物纹（城背溪文化，高105厘米、宽20厘米、厚12厘米，湖北秭归县东门头出土）

石雕女神像（兴隆洼文化，高35.5厘米，内蒙古林西县白音长汗出土）

3. 玉雕

古语说"玉不琢不成器"。任何一块好的玉石，经过人工雕琢，才赋予其新的价值和魅力，玉雕是中国最古老的雕刻品种之一。中国玉雕工艺，源远流长，为世界公认。早在原始社会阶段，我们的祖先就用玉石制作成像镞、矛、刀、斧、铲等一类生产工具和各式各样的玉雕装饰品，如1973年发现的浙江余姚河姆渡新石器时期遗址，其中28件用玉料和莹石制作璜、管、珠一类的装饰品，距今已有7000年的历史。郑州大河村仰韶文化（距今5000年），出土文物有两枚绿松石鱼形饰物；新沂市出土有绿松坠、绿松石蝉与蛙等工艺品；河南安阳殷墟出土有硝玉、绿松石、玛瑙等饰品，在郑州有一枚阴雕弦纹骨质指环是最古老、最完美的戒指。

玉雕龙

新石器时期玉器中动物多以鸟、鱼、龟、猪、蝉等动物为主，多采用圆雕、浮雕技艺表达，雕琢手法简单，线条简洁但非常传神，颇有神秘感。

4. 骨雕

骨雕，以骨骼作为载体的雕刻艺术，骨雕的历史悠久，在1982年于陕西西乡县何家湾出土的骨雕人头像距今约6000多年，是目前中国发现现年代最早的骨雕作品，它为研究中国骨雕艺术提供了珍贵实物。骨雕人头像比较完整，五官位置比较准确，制作手法古朴、粗犷，神态憨厚庄重。新石器时期的先民们以极其落后的生产力，在同严酷的大自然进行搏斗，从而谋求生存时，就地取材，创造了这件作品，尽管稚拙古朴，却表达了一种对祖先的崇拜。

随着历史的变迁，骨雕从日用品逐渐演变为装饰品，古人早就把骨利用，做成针、刀并把文字和图案刻在骨上。

在距今约10万年的旧石器时期，北京周口店龙骨山的山顶洞遗址内发现了钻孔的骨坠，是以鱼骨制成，有的用赤铁矿染上红色。陕西临潼新石器时期姜寨墓葬出土的雕刻花纹的骨笄(束发用)以及8577颗骨珠，打磨光滑，造型圆满规整。在山东宁阳大汶口遗址(约公元前25世纪)，出土了镂雕的骨筒、骨梳等，刀法流畅，技艺精巧。1973年，在浙江余姚河姆渡遗址发现了长条形的骨匕，正面雕刻双头鹰纹，上下两端雕刻花纹，非常精致。

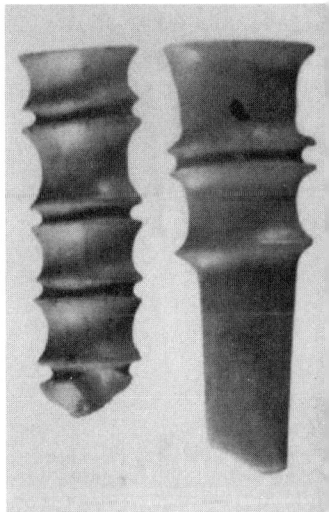

骨雕竹节状匕(仰韶文化，左匕长4.8厘米，右匕长5.6厘米，陕西扶风县案板遗址出土)

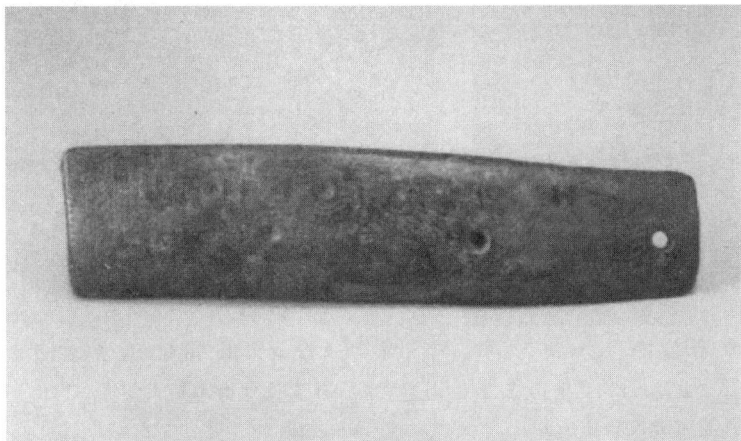

双鸟纹匕柄(河姆渡文化一期，长14.5厘米，宽3.4厘米，1973年河姆渡遗址出土)

角坠饰（河姆渡文化一期，长 8.8 厘米，1977 年河姆渡遗址出土）

5. 角雕

角雕主要就是用牛角、羊角、狍子角、鹿角等雕刻出各种精美的日用品和玲珑的工艺品。有刀壳、刀把、顶针、火柴盒、烟盒、茶叶桶等等，件件都是精美绝伦的工艺品。角雕主要指犀牛角雕刻的工艺品。

在新石器时期，中国就已用兽角制成耳坠、笄、梳、匕等，造型规整，打磨光滑。

6. 牙雕

牙雕是一门古老的传统艺术，也是一门汉族民间艺术。牙为大象身上最坚固的部分，其光洁如玉、耐用、珍贵勘与宝玉石媲美，因此象牙又有有机宝石之美誉。而象牙雕刻艺术品，以坚实细密，色泽柔润光滑的质地，精美的雕刻艺术，倍受收藏家珍爱，成为古玩中独具特色的品种之一。

象牙梳（大汶口文化，长16.2 厘米，1959 年山东省泰安市大汶口出土）

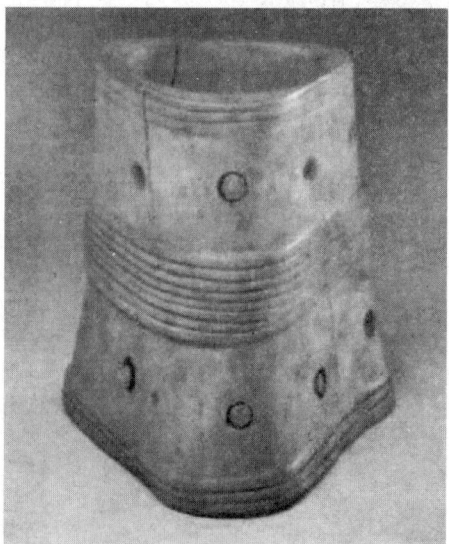

象牙雕筒（大汶口文化，高 9.7 厘米，1959 年山东省泰安市大汶口出土）

中国的象牙雕刻和象牙制品起源非常早，约在 7000 年前的新石器时期,最初的象牙制品只是一种实用工具,以后随着时间的推移,逐渐出现了装饰用品,并成为牙雕工艺的主流。在浙江余姚河姆渡文化遗址出土的象牙刻花小盅、象牙鸟形匕首是目前所知最早的牙雕制品。在山东大汶口新石器时期文化遗址中出土的有象牙镂雕刻筒、象牙梳、象牙珠、象牙管等精美工艺制品。新石器时期的匠人们已经懂得使用阴刻、镂雕,甚至圆雕等种种技法来表达他们的意思。他们的作品因为没有任何传统束缚,所以都是大胆和富有创造性的尝试。这些史前的牙雕,充分表现了原始社会的先民们对雕刻艺术的各种理解,使我们不能不惊叹原始人类的创作才华和表现力。

象牙雕圆形器(河姆渡文化,高 2.4 厘米,浙江余姚市河姆渡遗址出土)

双鸟朝阳纹蝶形器(河姆渡文化,高5.9,宽 16.6,厚 1.2 厘米)

太阳纹象牙蝶形器(河姆渡文化二期,长 8.3 厘米,宽 5.4厘米,厚0.9 厘米,1977 年河姆渡遗址出土)

"双鸟朝阳"纹蝶形器的正中部位是五个大小不等的同心圆构成的太阳纹,炽热的火焰象征着太阳的光芒,太阳左右两侧一对小鸟,昂首仰尾,向着太阳振翅欲飞。对称和谐的构图,流畅的线条,烘托出一派欢快活泼的气氛。这是早在金属雕刻工具尚未出现之前的石器时期的雕刻艺术品,先民们用极其简陋的工具雕刻出如此生动的形象,不能不令我们惊叹和钦佩,原始人类的艺术创造能力远远超出我们的想象。

7. 木雕

木雕是雕塑的一种,但实际上,木雕艺术同其他雕塑艺术一样,是伴随着人类的产生而生;只是一开始是一种不自觉的行为,

直到人们有了审美，木雕才真正成为一门艺术。木雕在我们国家常常被称为"民间工艺"。木雕可以分为立体圆雕、根雕、浮雕三大类。木雕是从木工中分离出来的一个工种，在中国的工种分类中为"精细木工"。一般选用质地细密坚韧，不易变形的树种如楠木、紫檀、樟木、柏木、银杏、沉香、红木、龙眼等。采用自然形态的树根雕刻艺术品则为"树根雕刻"。有的还涂色施彩用以保护木质和美化。

中国的木雕艺术起源于新石器时期。但实际上，木雕艺术同其他雕塑艺术一样，是伴随着人类的产生而生；只是一开始是一种不自觉的行为，直到人们有了审美，木雕才真正成为一门艺术。

从民族学材料看，木雕是很丰富的，如神像、生产工具、木制器皿以及乐器上都有雕刻或完全用木材雕成。但是因为木材容易腐朽而难保存下来，故出土文物中很少见到木雕作品。目前发现的木雕最早的当属辽宁省沈阳市新乐遗址出土的距今 7300 年鸟形木雕。在一根椴树木棒的顶端雕出一只鸟，尖嘴，有翅膀，鸟身上刻有菱形花纹，通长约 40、残宽 4.5 厘米，这是目前中国发现年代最早的以禽鸟为题材的木雕作品。在浙江省余姚市河姆渡遗址也发现了木雕蝶形器等建筑构件，还出土了 2 件木雕鱼。

蝶形器(河姆渡文化一期，长 23 厘米，宽 13.5 厘米，1973 年河姆渡遗址出土)

圆雕鱼(河姆渡文化一期，长 10.2 厘米，宽 3.5 厘米，厚 2.7 厘米，1977 年河姆渡遗址出土)

三、原始造像的内容

　　早期人类根据长期的观察和实践，迸发出无与伦比的创造力。无论是人类自身，还是飞禽走兽和花鸟虫鱼，都以一种极为朴拙却相当写实可爱的形态出现在他们的作品之中。我们看到的不仅仅只是一件作品所呈现出的姿态，而是数千、数万件作品在时间和空间的组合下呈现出的人类社会和大自然。

　　根据造像的内容，可以分为人像雕塑和动物雕塑。

（一）人像雕塑

　　人类在大自然中生存，为生存不断进行实践，在实践中认识自我，且能够根据自己的形象创造自我，创造信仰，创造神明。

1．陶塑人像

　　中国迄今发现最古老的人像雕塑，属新石器时期氏族公社繁盛阶段的遗物。原始社会人像雕塑对探讨社会发展进程、研究造型艺术与意识形态的历史，具有重要意义，所以历来深受人们的重视。黄河流域和长江流域是历年来出土原始社会人像雕塑较多的地区。进入 20 世纪 80 年代之后，辽宁西部的红山文化遗址，也有引人注目的新发现。从作品质料来看，陶塑人像所占比重最大，石雕与骨雕人像仅有少量出土。

陶人头（仰韶文化晚期，高 12.5 厘米，宽 8.5 厘米，1964 年甘肃省礼县高寺头村出土）

陶塑人头像（仰韶文化晚期，高 7.8 厘米，宽 5.5 厘米，陕西省黄陵县征集）

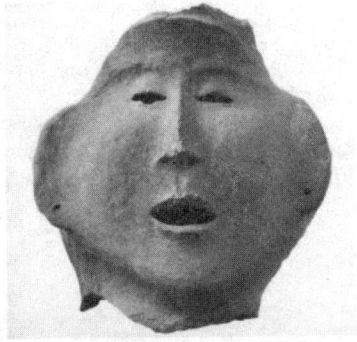

陶塑人面（仰韶文化，高 255 厘米，宽 16 厘米，1967 年甘肃省天水柴家坪出土）

　　宝鸡北首岭上层出土的陶塑人面,细泥红陶质,残高 7.7 厘米,须眉涂黑彩,神态威武,显然是中年男子的形貌。扶风姜西村采集的一块浮雕人面,原是夹砂红陶罐口沿下方的附饰物,锥刺成的双目,外眼角向下倾斜,鼻尖微钩,嘴角上翘,颧骨低平,两腮有轻微起伏,塑工洗练泼辣,生动地刻画了一位老汉的忧郁神态。

2．人像器物

　　始于仰韶文化,陕西长武县和商县,皆有仰韶文化人头形器口红陶壶出土。商县出土的陶壶,通高约 22 厘米,壶口部分捏塑着一个发辫盘顶、笑容可掬的女孩头像,人物造型堪与甘肃礼县高寺头出土的圆雕少女头像媲美,而形象的完整性更胜一筹。

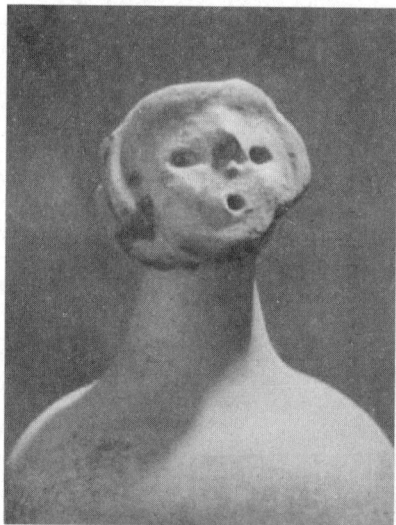

人头壶(仰韶文化庙底沟类型,通高 17.3 厘米,人头高 5.0 厘米,宽 6.3 厘米,陕西省长武县出土)

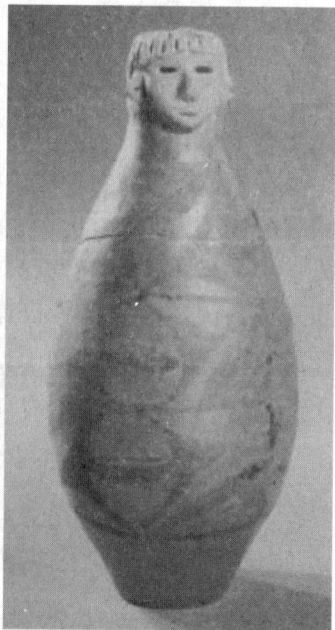

人头壶(仰韶文化庙底沟类型,通高 17.3 厘米,人头高 5.0 厘米,宽 6.3 厘米,陕西省长武县出土)

甘肃秦安大地湾 1973 年出土的人头形器口彩陶瓶，通高 31.8 厘米，细泥红陶质，在瓜子形的脸庞上，堆塑着清秀的五官和刘海型的披发，鼻翼微鼓，生趣盎然。瓶口设在人像头顶，瓶身绘三列由弧线三角纹和柳叶纹组成的黑彩图案，具有庙底沟类型特征，属距今 5600 年前的遗物。造型设计颇完整，宛如身穿花袄的小姑娘。

青海乐都柳湾曾出土一件引人注目的人像彩陶壶，属距今 4000 多年前的马厂类型遗物，作者运用浮雕与彩绘相结合的手法，在壶颈和壶腹上部，堆塑着一位正面站立的裸体人像，不少研究者根据人像嘴旁涂黑彩和乳房很小等特征分析，认为是男子形象，反映了当时流行男性崇拜的习俗；但是从刻画的性器官形状来看，有的研究者又认为是女性的形象，或认为兼有男女两性特征的复合体。

彩陶瓶和彩陶壶的出现，向我们展示了远古人类对实用器物的造型美化，人面雕像的刻画更表现出当时人类对于自身的好奇与崇拜。

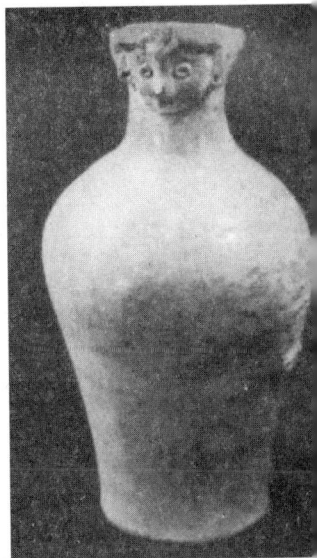

人头形器口陶瓶（仰韶文化，高 26 厘米，口径 6.5 厘米，底径 8.8 厘米，1975 年甘肃省秦安县寺嘴村出土）

裸体双性浮雕彩陶壶（马厂文化，高 33.4 厘米，酒器，1974 年青海省乐都县柳湾出土）

另一件于 1973 年出土于甘肃永昌鸳鸯池 51 号墓的石雕人面像，由白云石雕成，高 3.8 厘米，宽 2.5 厘米，平面亦呈椭圆形，在鼓起的正面,用黑色胶状物粘结白色骨珠以表现人面的五官,神态与巫山大溪出土者相似,顶端有 1 个穿孔,属距今 4300 年至 4000 年马家窑文化马厂类型遗物。

石雕镶嵌人面像（马家窑文化·马厂类型,1973 年甘肃省永昌县鸳鸯池出土）

此外,还发现两件玉雕人面像,1976 年出自陕西神木石峁龙山文化墓葬,以玉髓雕成,高 4.5 厘米,宽 4 厘米,作头顶束髻、鹰勾鼻、微张嘴的侧面头像,阴线刻成的眼睛巨大醒目,脸颊部位透雕一圆孔。

玉雕人面像（龙山文化,高 4.5,宽 4.1 厘米,陕西神木石峁遗址采集）

20 世纪 70 年代中期采集于山东滕县岗上村的人面纹饰，属大汶口文化中期的玉雕作品，人面高 3 厘米，宽 3.6 厘米，正面磨光而微鼓，用阴线刻出五官和脸部轮廓，双目有神，背面有带穿孔的凸脊。

人面纹饰（大汶口文化，高 3.1 厘米，宽 3.6 厘米，山东滕州市岗上村出土）

以上四件石刻与玉雕人面，均作瞪目张嘴的形状，并且均有供系绳佩挂之穿孔，推测其用途是原始社会巫术活动中禳灾避邪的护身符。

(二)动物雕塑

《易经》有云："古者庖牺氏之王天下也，仰则观象于天，俯则观法于地，观鸟兽之文与地之宜，近取诸身，远取诸物，于是始作八卦，以通神明之德，以类万物之情。"

人类在认识自我的同时，也在观察自然、了解自然。在早期雕塑中，动物雕塑占据了相当一部分比重。

在新石器时期中晚期的文化遗址中发现了更多的陶制动物雕塑作品。仰韶文化的半坡遗址出土有狗首鸟尾的陶塑器柄。湖北天门出土的龙山文化时期的一群人与动物陶塑，数量众多，除羊、狗、鸡等家畜家禽外，还有大象和乌龟。这些随手捏成的小陶塑,能够活灵活现地表现动物活动中的神态。如狗和鸟的动作变化很多,有的扭首伫立,有的回头仰望,有的低头觅食,有的狗背上还栖着一只鸟。

　　新石器时期,在定居农业的环境中,南北各地普遍饲养着猪、羊、牛、狗、马、鸡等六畜。雕塑作者在狩猎和豢养家畜的活动中,通过长期观察,熟悉各种动物的特征与习性。因而,这些作品虽形体简单,但特点鲜明、活泼生动。

1. 飞鸟

　　一些较大型的动物形陶器,在造型上达到很高的艺术水平。陕西华县仰韶文化庙底沟类型成年女性墓葬所出的陶鹰鼎,高36厘米,作敛翼站立之状,器口开于背上,勾喙有力,双目圆睁,周身光洁未加纹饰,结构简洁,体积感很强,双足与尾稳定地撑拄地,整个造型充满桀骜猛厉的气势。

　　华县出土的一个陶猫头鹰首器物盖,眼圈与头顶琢出成排的羽毛纹栩栩如生,圆圆的眼睛与勾喙强韧有力的轮廓线,也很好地表现出猛禽的特征。显示了早期人类细致入微的观察力。

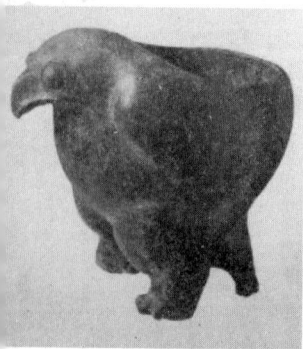

黑陶鸮鼎（仰韶文化,高36厘米,陕西华县泉护村遗址出土）

陶鸮头(仰韶文化庙底沟类型　陕西省华县出土)

　　江苏吴江梅堰遗址所出的良渚文化陶水鸟壶,则光滑细长,眼小而机警,尾部为流口,微微上翘,既便于注水,又显示出水鸟翔于水边涯际的感觉。

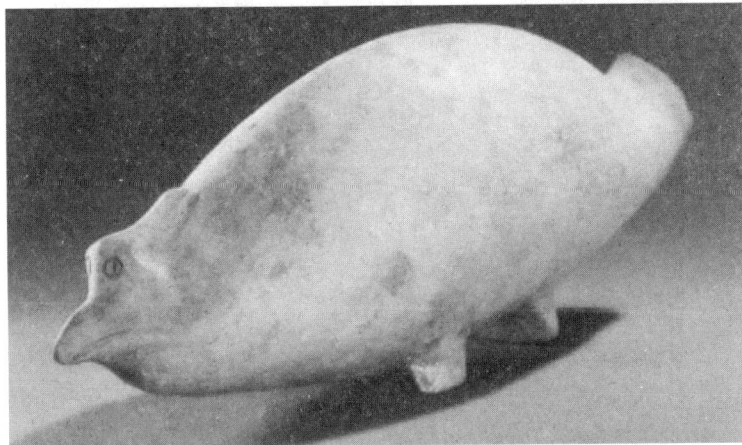

陶水鸟壶(良渚文化高,11.7 厘米,长 32.4 厘米,1960 年江苏省吴江县梅堰遗址出土)

2．鱼虫

　　有些陶容器从写实的动物形态脱出,而仍然保留有其生活原型的某些特征。如江苏南京北阴阳营出土的青莲岗文化陶鬶,器口如大张着嘴的鸟头,底部三只鸭嘴形扁足向外撑开,腹部的管状流和鸟尾形扁把手,像是双翼张开扑打着。整个器物的造型像一只肥胖的小鸟在呼叫奔跑着的感觉。又如山东的大汶口文化白陶鬶,其造型细部变化多端,但都能令人联想到雄鸡报晓的动作。器口的流尖长如鸟喙,有的还在长流的后部加上两个像是眼睛的圆泥钉;有的颈部很长且向后弯仰着;有的将联结器鬶的袋足加大,有如鸟腹。这些器物的造型生动有趣,能引发欣赏者的联想,具有抽象雕塑的意味。以鸟头为饰的器物在河南陕县庙底沟、陕西华县柳子镇、甘肃武威皇娘娘台等地都有发现,有的形象比较真实、具体,似为器物的把手部分;有的很简单,只塑出一对深陷的大眼窝和尖喙,多是作为器耳或灶上的饰物。

　　红山文化遗址还出土有玉和绿松石雕刻的鸟、龟、虎形鬶和鱼形石坠等小型的动物形象作品。玉鸟和玉蝉、龟等在江南地区的新石器时期文化遗址中也多有发现。

浮雕蜥蜴残片(仰韶文化庙底沟类型,蜥蜴残长 7.5 厘米,1975 年河南省陕县庙底沟出土)

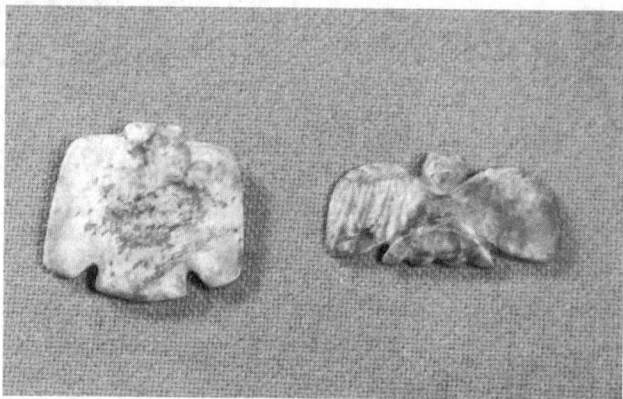

玉鸟、玉鸮(红山文化,左鸟长 3.5 厘米,右鸮长 2.5 厘米,1973 年辽宁省阜新县胡头沟出土)

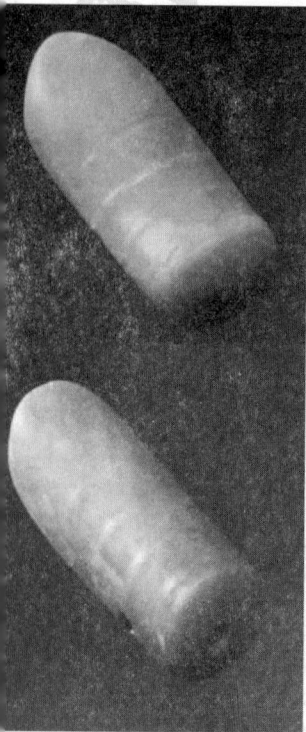

玉蝉(红山文化,小件长 7.5 厘米、高 2.7 厘米,大件长 9 厘米、高 3.5 厘米,内蒙古巴林右旗出土)

3. 家畜

山东出土的几件兽形器造型很是生动。大汶口所出的兽形鬶、胶县三里河所出的狗形鬶,都作扬首呼叫的动作,而神态互不相同。前者口大张,小尾翘起,仿佛看到食物,发出急切的叫声;后者头颈伸长,眯起眼睛,尾卷起成为器柄,仿佛是随意发出狺狺的吠声,其臀部塑出腔门和生殖器,既是实用器物,又力求做得真实、具体。

狗形鬶(大汶口文化,通高 21.0 厘米,身长 17.0 厘米,1975 年山东省胶县三里河出土)

三里河出土的一件猪鬶,器足已残失,猪体造型圆浑,憨态可掬,低头如觅食之状,也很好地表现了猪的形体与习性特征,也表现了农业社会人类已经驯养了家畜,并且十分重视这些动物。而鸟、兽形体的器物在当时的社会生活中可能具有宗教或礼仪的意义,商、西周时期的青铜鸟兽形礼器在造型上与这些陶器有明显的继承关系。

4. 抽象刻绘

在江苏、浙江、上海等地的良渚文化遗址中,出土的玉琮上的兽面纹,为商、西周时期流行的兽面纹的早期样式。其中雕琢最为精工的是江苏武进寺墩所出的一件,为扁方柱体,高 7.2 厘米。浮雕与线刻结合的兽面共 8 组,分做上下两层。下层的 4 组均以四角为中轴作对称的安排,眼为重圈,包着椭圆形的眼睛,鼻为扇形凸面,嘴为横条形,在五官范围和边框上,刻有细密匀称的花纹,最细的线条仅 0.7 丝米。上层的四组图案为同一兽面纹的简化形式。这些玉器具有宗教的、礼仪的性质。龙的形象和兽面纹浮雕,显示了原始社会艺术与奴隶社会艺术之间的渊源关系。

陶猪鬶(大汶口文化,高 18.7 厘米,长 21.5 厘米,1974 年山东省胶县三里河出土)

兽面纹琮(良渚文化,高 7.2 厘米,孔径 6.7 厘米,1982 年
江苏省武进县寺墩遗址出土)

四、中国古代的优秀雕塑

中国古代雕塑主要是指夏商以后至清代用可塑或可雕刻的
材料制成的具有三维空间的造型艺术作品。中国古代雕塑,无论
从形式、材料上,还是用途上来说,都较早期雕塑(史前雕塑)有
了更加多元化的发展。圆雕与浮雕是其主要形式,此外尚有透
雕、线刻等。依材料可分为泥塑、陶塑、瓷塑、木雕、玉雕、石刻、砖
雕、骨牙雕刻、竹雕、金属铸像等众多品种;按用途大致可区分成
纪念性雕塑、工艺装饰雕塑、建筑雕塑、园林雕塑、陵墓雕塑、明
器雕塑、宗教造像、案头雕塑等不同门类。中国古代雕塑创作非
常发达,各个历史时期在不同的雕塑领域有着辉煌的建树。

(一)商周青铜

中国的青铜器主要指 4000 多年前用铜锡合制的青铜器物,
简称"铜器"。包括有炊器、食器、酒器、水器、乐器、车马饰、铜镜、
带钩、兵器、工具和度量衡器等。出现并流行于 4000 年前直到秦

汉时期,以商周器物最为精美。

最初出现的是小型工具或饰物。夏代始有青铜容器和兵器。商中期,青铜器品种已很丰富,并出现了铭文和精细的花纹。商晚期至西周早期,是青铜器发展的鼎盛时期,器型多种多样,浑厚凝重,铭文逐渐加长,花纹繁缛富丽。

除青铜器外,建筑装饰雕塑有了初步发展。战国时期,齐国流行树木对兽纹半瓦当,燕国流行对兽、饕餮纹半瓦当,秦国流行奔鹿纹与凤鸟纹圆瓦当,皆模印而成,浮雕式的动物图案生动有致。此外,燕下都还出土抵角兽纹砖与虎头形陶水管,装饰效果颇佳。

1．青铜鼎

随着原始社会的发展,鼎由最初烧煮食物的炊具逐步演变为一种礼器,成为权利与财富的象征。鼎的多少,反映了地位的高低;鼎的轻重,标志着权力的大小。在商周时期,中国的青铜器形成了独特的造型系列:容器、乐器、兵器、车马器,等等。青铜器上布满了饕餮纹、夔纹或人形与兽面结合的纹饰,形成神灵的图纹,反映了人类从原始的愚昧状态向文明的一种过渡。

司母戊鼎

　　司母戊鼎纹饰美观庄重、工艺精巧，一向为世人所钦羡。它的价值因此更高。鼎身四周铸有精巧的盘龙纹和饕餮纹，增加了文物本身的威武凝重之感。饕餮是传说中喜欢吃各种食物的神兽，把它铸在青铜器上，表示吉祥、丰年足食。耳廓纹饰俗称虎咬人头纹，这种纹饰是在耳的左右作虎形，虎头绕到耳的上部张口相向，虎的中间有一人头，好象被虎所吞噬。耳的上面还有两尾鱼形。足上铸的蝉纹，图案表现蝉体，线条清晰。

　　司母戊鼎是中国殷代青铜器的代表作，标志着商代青铜铸造技术的发展水平和中国高超的铸造水平。

2．青铜尊

　　中国是酒文化的发祥地，谷类酿成酒，始于殷。而用来盛酒的青铜器皿也盛行于此时。商周时期的青铜酒器形制丰富多样、造型独具匠心、美轮美奂。各式各样青铜酒器，不免让后人惊叹古人想象丰富的艺术魅力。而酒文化与青铜文化交融悠悠绵长，更为中华民族文化留下了深厚的积淀。同样，青铜尊在人类文明发展中也出现在了祭祀用的大宗礼器当中。

　　商周时期的鸟兽形铜尊、卣，是青铜工艺雕塑的优秀典范。商代的作品如湖南醴陵出土的象尊、湘潭出土的猪尊、宁乡出土

象尊(商代后期，高 17.2 厘米，相传湖南省出土)

的四羊方尊、传湖南安化出土的猛虎食人卣及殷墟妇好墓出土的鸮尊等,西周的作品如陕西宝鸡出土的牛尊、长安出土的邓仲牺尊、郿县李村出土的盠驹尊等,均于洗练的动物造型上饰以华丽的纹饰,显得格外庄重典雅。战国时的作品如河北平山出土的错金银猛虎噬鹿铜器座、安徽寿县出土的错银铜卧牛及云南江川出土的牛虎形铜祭案,则以生动活泼见长。

四羊方尊

四羊方尊器身方形,方口,大沿,颈饰口沿外移,每边边长为52.4厘米,其边长几乎接近器身58.3厘米的高度。长颈,高圈足。颈部高耸,四边上装饰有蕉叶纹、三角夔纹和兽面纹。肩、腹部与足部作为一体被巧妙地设计成四只卷角羊。肩部四角是四个卷角羊头,羊头与羊颈伸出于器外,羊身与羊腿附着于尊腹部及圈足上。整器花纹精丽,线条光洁刚劲。尊腹即为羊的前胸,羊腿则附于圈足上,承担着尊体的重量。羊的前胸及颈背部饰鳞纹,两侧饰有美丽的长冠凤纹,圈足上是夔纹。

四羊方尊

方尊颈部饰由夔龙纹组成的蕉叶纹与带状饕餮纹,肩饰高浮雕蛇身而有爪的龙纹,尊四面正中即两羊比邻处,各有一双角龙首探出器表,从方尊每边右肩蜿蜒于前居的中间。全体饰有细雷纹。器四角和四面中心线合范处均设计成长棱脊,其作用是以此来掩盖合范时可能产生的对合不正的纹饰,既掩盖了合范痕迹,又可改善器物边角的单调,增强了造型气势,浑然一体。

在商代的青铜方尊中,此器形体的端庄典雅是无与伦比的。此尊造型简洁、优美雄奇,寓动于静,被称为"臻于极致的青铜典范"。这件器物被认为是传统泥范法铸制的巅峰之作,由于这件杰作达到的水平令人难以置信,一度被误以为采取了新的铸造工艺。

龙虎尊

出土于阜南县的龙虎尊距今已有3000多年历史。其中龙虎纹铜尊,铸工、纹饰极精,令考古工作者赞叹不已。它体形高大,口沿广阔,鼓腹,高圈足,高50厘米,口径45厘米,重约20公斤。铸工极精,整体形成三层花纹。肩部以圆雕和浮雕相结合,塑造 3 条生动的蟠龙形象,龙身蜿蜒,龙首探出,额有双角,阔吻巨口,两眼大睁。腹部以三道扉棱为界,分隔 3 组相同纹饰,皆双虎食人之状。虎头居中,为高浮雕,左右两侧是虎身,为浅浮雕。裸体人头已被老虎含噬口中。圈足平雕饕餮纹饰,饕餮纹也称兽面纹。这种纹样象征古代传说中一种贪食的凶兽饕餮的面形。在古代青铜艺术杰作中,此件龙虎尊当为佼佼者,被文物考古界视为珍宝,当之无愧。

龙虎尊

3. 其他器物

　　商代铸铜技艺卓越,青铜雕塑成就辉煌。1986 年在四川广汉三星堆发掘一处商代后期祭祀坑, 出土通高 262 厘米的青铜立人像和横径 134 厘米的特大神面像, 还同时出土数十件与真人等大的铜铸人头像与人面像,造型精美、格调奇伟、气势非凡。1989 年冬, 江西新干商墓出土长着犄角的青铜双面神头像,也是具有地区特色的商代铸铜杰作。此外,陕西宝鸡茹家庄出土的西周握圈小铜人、湖北随县曾侯墓出土的编钟架上的钟鐻铜人及河北易县燕下都出土的战国捧管铜人等,造型也都各具特色。

　　莲鹤方壶通高 117 厘米,口长 30.5 厘米,口宽 24.9 厘米,壶上有冠盖,器身长颈、垂腹、圈足。该壶造型宏伟气派,装饰典雅华美。壶冠呈双层盛开的莲瓣形,中间平盖上立一展翅欲飞之鹤;壶颈两侧用附壁回首之龙形怪兽为耳;器身满饰蟠螭纹,腹部四角各攀附一立体小兽,圈足下有两个侧首吐舌的卷尾兽,倾其全力承托重器。其构思新颖,设计巧妙,融清新活泼和凝重神秘为一体,被誉为时代精神之象征。

错金银双翼铜神兽(战国中晚期,高24厘米,通长40厘米,1977年河北省平山县中山王墓出土)

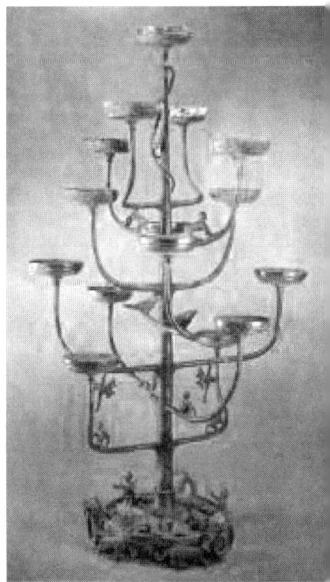

莲鹤方壶(春秋,1923年河南新郑李家园出土)

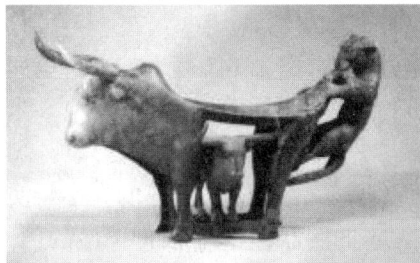

鸟盖瓠形壶(战国中晚期,青铜,通高37.5厘米,口径5.8厘米,1976年陕西省绥德县出土)

虎牛祭盘(战国,青铜,高43厘米,长76厘米,1972年云南省江川县李家山古墓群出土)

持环铜人(西周中期,通高11.6厘米,1974~1975年陕西省宝鸡市茹家庄出土)

十五连盏铜灯(战国中晚期,高82.9厘米,1977年河北省平山县中山王墓出土)

人面纹铜钺（商代后期，长 31.8 厘米，刃宽 35.8 厘米，重 4720 克，1965 年～1966 年山东省益都县苏埠屯一号墓出土）

龙凤纹镜（战国晚期，青铜，直径 18.9 厘米，边厚 0.7 厘米，1954 年湖南省长沙市南郊古堆山二号墓出土）

（二）秦汉雕塑

秦汉雕塑在中国和世界雕塑史上，居于十分重要的地位。古代艺匠在继承传统和密切联系生活的基础上，创作了极其丰富多彩的雕塑作品，具有强烈的时代气息。特别引人注目的是秦始皇陵兵马俑、汉代霍去病墓前的石雕群，以及武威雷台的铜车马和铜奔马等。它们或以其规模的宏大、严整，形象的真实而令人赞叹；或以其整体意境的高妙，雕造手法的豪放雄浑而动人心魄。秦汉纪念性雕塑所取得的辉煌成就，影响极其深远。

1. 秦之恢弘

已发掘的秦始皇一号兵马俑坑面积为 14260 平方米，里面埋藏着高大的陶俑、陶马 6000 余件。陶俑的高度一般为 1.8 米左右，高者达 2 米，最低者为 1.75 米，是古代大力士的形象。陶马身长 2 米，通首高 1.72 米，和真马大小相似。战车的大小与实用车相同。陶俑、陶马虽然是泥塑的明器，但陶俑腰间佩戴的剑、手提的弓弩，背负的矢箙和手持的戈、矛、戟等兵器，都是实用的金属武器；马的络头、靷辔等驾具也是实用器物。这就进一步增

强了俑、马的真实感。秦俑坑因经火焚塌陷,陶俑、陶马出土时多
数已破碎,但原位未动。现在,部分陶俑、陶马已修复放在原位陈
列。场面恢宏壮观、气势磅礴、为世人瞩目。

秦始皇一号兵马俑坑

　　秦俑雕塑群以巨大的体量和数量、群体的组合、气宇轩昂的
形象,造成震撼人心的艺术感染力。在人物和车马的塑造上表现
出力求模仿生活真实的倾向,发式、服装的很多细节表现得非常
具体,军士佩带的兵器用的是实物。塑造的基该方法是模制与手
塑相结合,入窑烧制后再加彩绘。

　　值得一提的是,秦统一六国以后,曾收缴天下兵器,聚于咸
阳,销毁后铸成 12 个金人,各重千石,最后一个存世近 6 个世
纪,毁于前秦(十六国之一)时期,为见于记载的最早的大型金属
雕塑。

2. 汉之灵动

　　汉承秦制,西汉初年,汉朝统治者汲取秦灭亡的教训,废
除苛法,转而采用道家思想无为而治。汉武帝刘彻统治时期,

在政治、经济、军事、外交等方面采取了一系列宽松的政策措施，使政治稳定，经济繁荣，百姓安居乐业，民族关系和睦。在泱泱汉朝雄踞中原的大气魄下，雕塑艺术逐渐形成雄浑豪放、自由洒脱、形神兼备、气势昂扬的审美风格，雕刻手法上表现出注重整体气势、高度概括、简洁凝练、富于意趣的艺术特点。

汉承秦艺

秦兵马俑的格局为西汉以后所承袭，汉代的帝陵没有发掘，已发现的有庞大兵马俑群的汉代大官吏、将军墓葬有陕西咸阳杨家湾的西汉墓，随葬有583件骑兵俑、1800多件步兵俑和100余件舞乐杂役俑，均为模制，着彩。服饰鲜华，重群体的气势，而不追求个性表现。俑身高50厘米左右，规模与气度均不能与秦兵马俑相比。

江苏徐州狮子山出土汉初某代楚王墓的随葬俑群形制与之相近而数量更多。楚王墓俑坑中有人俑六种，计站立俑四种，跪坐俑二种，姿态和服饰各有异处。全部为模制，多用前后合模，趁湿粘接，外部修整；除盔甲俑外，余皆身、头分别做成后插合而成。俑皆以粉涂地，其上绘朱，构成绚丽的服饰。以俑的形象看，站立俑多聪慧而持重，跪坐俑多雄健而威严。部分站立俑和跪坐俑背负箭壶，显系射手。这批陶俑皆面西，似仰望国都长安。这批彩绘兵马陶俑，应当是模拟西汉楚国所拥有的地方武装力量而专门制作的殉葬品。它对研究中国汉代的历史和雕塑艺术，有重要的价值。

汉代各类材料制作的俑，对于现实生活有了更进一步的反映。如四川出土的陶俑，有农夫、工匠、厨夫、俳优、部曲等各种不同身份和活动特征，其中击鼓说唱俑，动作至为传神：右腿扬起，脚掌向上，张口露齿，额前皱纹数道。左臂夹一扁鼓，右手执槌欲击。表情幽默，生动活泼。山东济南无影山出土的舞乐杂伎陶俑群，手法自由，神态生动。一些表现宫廷侍女形象的女俑，表情端庄矜持，其对内在性情的刻画，是此前从未有过的。

击鼓说唱俑(东汉,灰陶,高56厘米,1957年出土于四川成都天迴山)

拂袖舞女俑(西汉,陶质彩绘,高49厘米,1954年出土于陕西西安白家口)

铁骑王朝

　　甘肃武威雷台东汉末张君将军大妇墓出土近百件青铜车马仪仗俑,其中的铜奔马,高34.5厘米,长45厘米,重7.15公斤,它昂头嘶鸣,三足腾空,右后蹄踏着一个展翼翔飞的鸟。马头上一撮呈流线型的鬃毛指向彗星一般的尾部。既表达了奔马风驰电掣的速度超过飞鸟,又巧妙地利用飞鸟的躯体扩大了着地面积,保证了奔马的稳定。它体型矫健,神势若飞,艺术造型优美,

马踏飞燕(东汉)

合乎力学平衡原理,且给人以腾云凌雾、一跃千里之感,具有丰富的艺术想象力。这位东汉的无名艺术匠师以高度的智慧、丰富的想象、深刻的生活体验和娴熟精深的艺术技巧,成功地塑造了一件源于生活而高于生活、极富浪漫色彩的"天马行空"的艺术杰作。

汉代重视驯养良马,墓葬随葬的马匹雕塑造型多取扬蹄嘶鸣的动势。广西贵县、河北徐水所出土的铜马,甘肃地区出土的木车马,陕西兴平茂陵附近从葬坑出土的鎏金铜马都是汉代马的雕塑造型中的代表性作品。

另一件为人称道的雕塑作品,被人称为"马踏匈奴"。骏马昂首直立,脚踏一手执弓箭的武士,武士仰卧。这件石刻历来被公认为霍去病墓石刻群的代表,风格沉着浑厚,具有端庄肃穆的意趣。题意含蓄,而表现的意境博大,是一件融合写实与浪漫两种手法的重要作品。

石刻立马(霍去病墓前石雕,俗称"马踏匈奴")

西汉大型雕刻的代表作是霍去病墓的 16 件动物石刻。作为将军生前为国立功的战场——祁连山的象征,墓上散置各种现实生活中的野兽和神怪的幻想动物形象,与大自然环境融为一体,洋溢着生命力。这些作品雕刻手法异常简练概括,利用了石材的自然形态,略加雕凿,便生动地呈现出不同动物的神态,形式博大、雄浑。马踏匈奴石刻不仅象征着霍去病率汉军征战漠北横扫匈奴的丰功伟业,表达了造像者对元帅的敬佩与崇拜,整体石刻雄浑古拙,泱泱大气,彰显了西汉王朝国势之强,国力之盛。

祥瑞伴葬

汉代盛行厚葬,坟墓前多设置成对的石羊石兽。此羊与故宫博物院陈列的另一只石羊实为一对,胸前分别镌刻"永和五年"、"孙仲所作羊"等字。古代"祥""羊"通用,墓前设置石羊是希望墓室主人死后得到吉祥。作者利用矩形石材的形态,雕出羊的轮廓,并对具有特征的部位,如羊角羊腿作夸张刻划,造型纹饰朴实简练,富有装饰趣味。石羊刻有确切纪年,并有营造者和和雕刻工匠的姓名,实属少见,对研究东汉石雕艺术具有重要价值。

石羊(东汉)

除羊之外,还有其他石兽。南阳城北汉汝南太守宗资墓前有一对石兽,分别叫作天禄和辟邪。天禄的右翼前镌有"天禄"二字,辟邪的右翼前原镌有"辟邪"二字,惜已漫漶不清。二石兽的嘴和四肢虽有些损坏,但那气势雄劲的造型仍完好,不失为中国现存东汉石雕中的优秀作品。作者凭自己丰富的想象,并参照现实生活中某些动物的形体,大胆创造,使这种世上并不存在的动物栩栩如生地展现在人们面前。二石兽脊椎骨节分明,两肋骨也根根凸起,昂首挺胸,振翅欲飞,好像蕴藏有极大的内在力气。

此二兽的发现最早见于唐章怀太子李贤注《后汉书·灵帝纪》云:"今登州南阳县北有宗资碑,旁有两石兽,镌其膊一曰天禄,一曰辟邪。"宋代欧阳修将"天禄"、"辟邪"四字收进《集古录》中。宋代著名科学家沈括在《梦溪笔谈》中也记述甚详。

天禄

辟邪

刻绘石砖

　　东汉画像砖出土于四川成都扬子山1号墓。表现盐场全景，下方左侧有一口大井，井上搭架，安置滑车以汲取盐水。右侧五口盐锅，置于灶上，是"火井熬盐"的场面。盐场后面一片柴山，有二人正背柴而来供其煮盐，是炫耀"家有盐铜之利，户有山川之林"的当地富豪生活的作品。同时以大量画面描绘山林景象，山中布满山羊、虎和飞鸟，并有一人张弓跪射奔鹿，用散点透视的方法表现出纵深的感觉，充满生机。也是研究早期山水题材艺术表现的重要依据。

盐场画像

    山东嘉祥武氏石祠自宋代即为金石学家所重视，元代受水后被掩于地卜，全清乾隆时才重见天日。其中的武梁祠的画像石最为精美，皆用减地平雕加阴线刻的技法雕成，多为历史故事及神仙、奇禽异兽，技法高超。作者善于抓取历史故事矛盾冲突的高超，并善于运用必要的景物以交代特定的环境，人物之间的呼应关系也处理得非常出色，如《荆轲刺秦王》等。

巧夺天工

    长信宫是中山靖王刘胜的祖母窦太后居住的宫名。在灯及灯盘、宫女右臂有六处刻有铭文，如杨信家等字样，故灯最初应为杨信侯刘揭家所有，后归长信宫，此灯是窦太后赐给窦绾的。灯通体鎏金，外形作宫女跪坐双手执灯形象，灯由头部、身躯、右臂、灯座、灯盘和灯罩六个部份分别铸造，然后组合而成；各部位均可拆卸，并能通过灯盘的转动，灯罩的开合进行调光和收集烟炱。宫女形象雕刻完整细腻，神态自然，是西汉时期优秀的雕塑品，特别与实用器形的结合方面，体现了艺人的高超技能和智慧。

    汉代在陵墓雕刻、画像石、画像砖、鎏金等工艺方面都取得

荆轲刺秦王

了很大的成就，造就了一批非常具有时代风格和艺术价值的艺术精品。

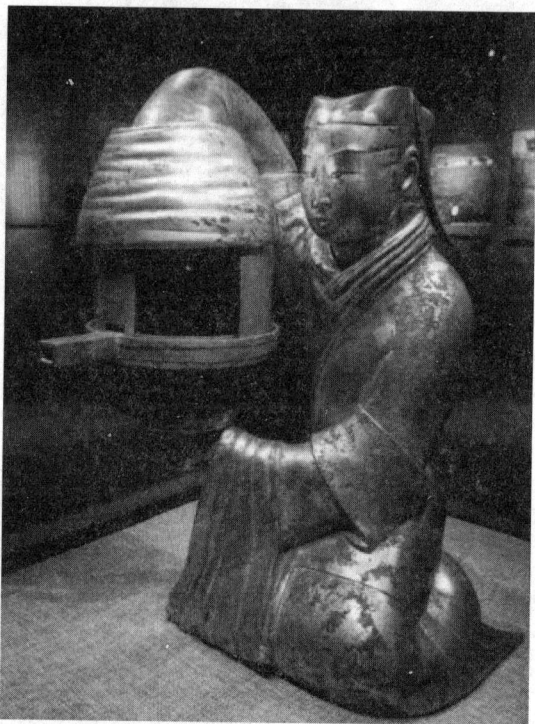

长信宫灯(西汉)

(三)佛像中兴

秦汉以降，丝路开通。至三国、两晋、十六国、南北朝，域外文化与本土文化的相互交融，使这一时期的雕塑艺术从内容到形式上都发生了很大的变化。其中陵墓石兽气势恢宏，造像碑形态丰富，金铜佛造像体小精微，明器雕刻别具匠心。其艺术成就上承秦汉，下启隋唐，在中国雕塑史上独放异彩。

1. 鎏金佛像

石窟寺雕刻艺术样式风格的变化，也直接影响了同时期为寺庙供养而雕塑的单体造像和造像碑、金铜佛造像。金铜佛是小型雕塑,造型玲巧,富于变化。

　　鎏金铜佛坐像造于公元 338 年,是中国迄今为止所发现的有确切纪年铭文的第一尊佛造像,在中国佛教雕塑史上意义重大。造像高肉髻,通肩大衣,跌坐作禅定印。但就风格上,已明显失去了早期犍陀罗造像的风味,是走向"中国式佛像"汉化进程中的典型作例。额际宽平、下颚部渐收属犍陀罗系发展而来,但就总体看已大为变异,柳眉杏眼,眼睑刻划细挑深长,鼻梁平和细腻,肉髻平行,且以细线勾丝出发纹。值得提出的是,此像具有非男非女之相,神情文静,面貌端秀,五指纤长,肥腴的双肩自然下垂,实以女相成份为多。

　　释迦佛高肉髻,两耳垂肩,面带笑容,身着袈裟,右肩袒露,赤足立于圆形覆莲座上。莲座下为四足方形底座,座上部饰忍冬纹,下部阴线刻小佛。头后有圆形头光,其间刻有莲花纹,身后有椭圆形背光,其外侧透雕火焰纹。背光背部线刻坐佛一尊。座背面有"延兴五年四月五日张(言立) 戴为佛造释迦门佛一躯"铭文。该造像满鎏金、色泽鲜艳、衣纹细密、线条圆润、线刻婉转、疏密得体。

2. 石窟大作

　　三国两晋南北朝时期雕塑发展上的一个重要现象是随着佛教的兴盛而出现的大规模营造石窟寺的活动。中国几个最大的石窟群如敦煌石窟、云冈石窟、龙门石窟、麦积山石窟等,均开凿于此时期。营造石窟风气以北魏为最盛。主要的造窟工程是以皇室或勋臣贵戚名义,动用国家资金和营建力量兴造的,工程浩大、宏伟。

　　北魏时期雕塑的佛像最著名的莫过于山西大同云冈石窟,其规模巨大、气势宏伟,是北魏时期佛像雕塑的代表作。北魏时期受南北战乱的影响,人们都把解脱苦难的希望寄托在佛教上,所以那个时代的佛像雕塑都有尊贵无极的地位,无论官民都造佛像保平安,一次佛像艺术得到了长足的发展。北魏时期佛像的造型不仅有着中国传统的造像基础,还融入印度佛教的造像艺术,包括石刻造像、佛寺壁画等。题材多以释迦牟尼佛、弥勒佛及

鎏金铜佛坐像(公元 338 年, 高 39.7 厘米)

释迦牟尼造像(公元 475 年, 高 35.8 厘米,宽 30.4 厘米,厚 12.3 厘米,四川省成都市西门外万佛寺遗址出土)

菩萨为主，其时代特征最显著的莫过于坐着的交脚弥勒佛以及男性观音。此时的佛像比较高大，像身伴有圣光，还雕着飞天，菩萨则以少妇的形象雕塑，带有宝冠花饰，整个时期的雕塑雄壮悲丽。

云岗第 20 窟大佛释迦坐像

3．陵寝藏珍

南北朝时期另一类大型石雕是陵墓地面石刻群。

西晋亡国之后，司马睿及晋室南迁，定都靖康（今江苏南京），使江南地区第一次成为全国的重心。及至南朝宋，出现了南朝第一次经济文化的盛期，从而结束了东晋以来陵寝"不封不树"之制。

存世的作品主要是分布于南京及其附近地区的宋、齐、梁、陈四代帝王及王侯陵墓的 31 处石雕群。此外，在南、北各地墓葬中还发现有砖、石浮雕和石刻线画，有对现实生活的描写，也有神话人物。

镇墓兽

置于帝陵前的石兽有角，称天禄或麒麟；王侯墓前的石兽无角，称辟邪。其造型自汉代墓前大型石兽脱出，而趋向于劲健、华丽。兽作行进姿态,颈部很长,头向后仰,其影像与弓屈的背部形成一个极富于力度的 S 形曲线。身上有翼,并有流畅而华丽的线刻花纹。北朝陵前石雕遭后世破坏,仅存个别文吏残像。

犀原产于印度、非洲及中国南方等地,雌称兕,是一种躯体似牛,角生鼻端的稀有动物。西汉时传入中原,因其皮角贵重,可制器具,故为人们所珍视。这件陶犀造型与真犀迥异,它颈生两利角(其一残失),脊长三肉瘤,怒目勾颈,凹腰撅尾,后腿劲蹬,似欲猛烈抵动。风格朴拙,雄壮粗犷,蕴藏着极大力量。因其为避邪之物,故作者用夸张变形手法,将它塑造成奇特的形状。

陶犀(魏,高 21.4 厘米,长 27.5 厘米,1958 年河南省洛阳市涧西防洪渠正始八年墓出土)

镇墓俑

墓室中随葬俑的风气,北朝盛于南朝,数量日增,并形成固定组合。北魏以后随葬俑群,主要包括镇墓俑与镇墓兽、出行仪仗、奴婢和伎乐等。一个墓中随葬俑群数量由数百件以至千件以上。其造型早期粗犷,北魏太和以后趋向清瘦修长,到北朝晚期又转向丰圆,其审美趋向的变化,大体与石窟寺造像的变化相一致。

骑吏俑(公元 302 年,瓷质,高 23.5 厘米,1958 年湖南省长沙市金盆岭九号墓出土)

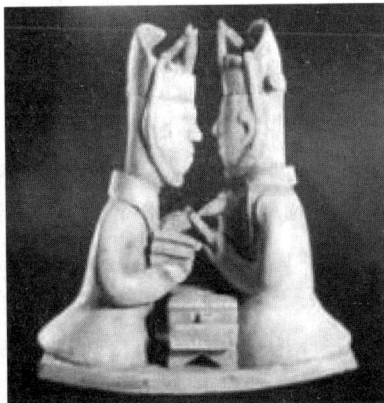

对书俑(公元 302 年,1958 年湖南省长沙市金盆岭九号墓出土)

青瓷飞鸟百戏罐(公元276年顷,瓷质,通高47.5厘米,罐腹直径28厘米,1972年江苏省金坛县唐王乡出土)

其他随葬品

青釉堆塑罐是长江中下游地区东吴晚期和西晋时期特有的一种随葬品,前后延续不足百年。比较著名的有青瓷飞鸟百戏罐,此器盘口鼓腹,盘口上堆一葫芦形,葫芦形体上堆塑有百戏人物、鸟兽等。正面为三层庑殿式楼台,四周有头戴高冠的杂技乐舞人物。罐腹部堆贴有彩衣人像及异兽、蜥蜴、龟、鼠等动物。统计在该罐堆塑及印贴的人物十七、兽畜六十一、飞鸟六十六,三层楼台一、阙二、小盂四。是罐除底部外,均施青色釉,釉面有细冰裂纹。对于这种器物的名称主要有三说,即"魂瓶"、"谷仓罐"和"堆塑罐"。

(四)隋唐雕塑

中国隋唐时期在经历了延续约3个半世纪的分裂和动荡以后,重新得到统一和安定,进入一个政治经济空前繁荣的历史时期,从而促使雕塑艺术的发展出现新高峰。经过隋和初唐的过渡阶段,融合了南北朝时北方和南方雕塑艺术的成就,又通过丝绸之路汲取了域外艺术的养分,雕塑艺术到盛唐时大放异彩,创造出具有时代风格的不朽杰作。最具时代风格的作品,首推帝王陵墓前那些气势雄浑华丽的大型纪念性群雕。晚唐时期,由于王朝统治的衰微和经济的凋敝,雕塑艺术也失去发展的势头,丧失了原有的风采。

隋唐雕塑作品的题材,主要是陵墓雕刻、随葬俑群、宗教造像,也有供玩赏的小型雕塑艺术品,如儿童玩具等。此外,用于建筑或器皿装饰的工艺雕塑,也有精美的作品。隋唐雕塑的题材、技法和风格,特别是宗教造像,对日本、朝鲜等国的古代雕塑有很大影响。

用于建筑装饰的构件,常见的有陶质的鸱尾、瓦当和花纹砖。唐代瓦当和砖纹以莲花图案为主,大量出土于唐长安城发掘的大明宫等宫殿遗址。莲瓣多为宝装形式,呈高浮雕状,显得富丽华美。用于金属器皿的装饰手法,如用于镜背的高浮雕,特别是唐代流行的海兽葡萄镜,镜背的植物和兽纹结构复杂,姿态生动,都呈高浮雕状,是精美的工艺品。在金银器及铜器的制造中,有时使装饰纹饰凸出器表,常见狮子、凤鸟、芝鹿等形象,也具有浮雕趣味。唐代瓷器,较少附加贴塑装饰,显示美感主要靠简洁的器形和晶莹的釉色,但有时也稍加雕饰。

1. 歌功颂德的雕塑

六十一蕃臣像,也称"蕃像"、"宾王像",在乾陵朱雀门外的东西两侧,有两组石人群像,西侧 32 尊,东侧 29 尊,这 61 尊石像与真人身高相仿,装束却各不相同,有袍服束腰的,有翻领紧袖的,有披发左衽的,但全部双足并立,两手前拱,整齐恭敬地排列于陵前,而他们的头却已不知去向。石像初建时,每个石像背部都镌刻着姓名、职衔、族属以及属国国别等文字,表明他们是来自不同民族、不同地区的"蕃臣"。

六十一蕃臣像 唐

2. 纪念性雕塑

唐朝皇陵的陵墓,主要集中分布在陕西省的乾县、礼泉、泾阳、三原、富平、蒲城 6 县,在 18 座陵前至今都保存有大型陵墓石刻群,可称为唐代大型纪念性群雕的艺术宝库。

最初的高祖李渊献陵和太宗李世民昭陵的石刻,由于处于王朝初期,尚未形成制度,故与以后诸陵不同。中唐以后,泰、建、元、崇、丰、景、光、庄等 8 陵的石刻,因安史之乱后,唐王朝政治、经济日趋衰落,因而无法与盛唐石刻相比,制作粗疏、体态无力、线条松散,渐失原有的雄伟风格。晚唐的章、端、贞、简、靖 5 陵,虽仍保持着墓前石刻群的设置,但体态瘦小,雕工粗率,显示出衰微破败的气氛。至于创造唐代陵墓雕刻的艺术家,因系当时身份低下的匠人,姓名多不可考,仅在献陵的石犀上,留有题铭,为"武德拾年(公元 627 年)九月十一日石匠小汤二记"。这位小汤二,是唯一留下名字的唐陵石刻艺术的作者。

昭陵是唐太宗李世民的陵寝,位于陕西省礼泉县东北四十五华里之九嵕山。"昭陵六骏"原放置于九嵕山北坡玄武门内东西庑,是唐太宗于贞观十年(公元 636 年)为纪念开国征战时所乘的六匹骏马而诏令雕刻的。传其画稿由唐初著名画家阎立本绘制,并由画家本人主持雕刻。作品采用浮雕形式,构图新颖,刀法洗练,造型逼真,是唐代石刻艺术中的杰作。1914 年,六骏中的"飒露紫"和"拳毛䯄"流失国外,现藏于美国费城宾夕法尼亚大学博物馆。现存四件石雕均属国宝级文物。

昭陵原只置有李世民生前所骑 6 匹战马的浮雕像,习称昭陵六骏。马的姿态或伫立、或缓行、或急驰,仅"飒露紫"一件上有人物浮雕,为唐将丘行恭为其拔箭的情景。雕工精细,形体准确,造型生动,是初唐大型浮雕的代表作。石刻组合制度化,气魄雄伟,与建筑群相配合,形成肃穆、庄严、神圣的气氛。

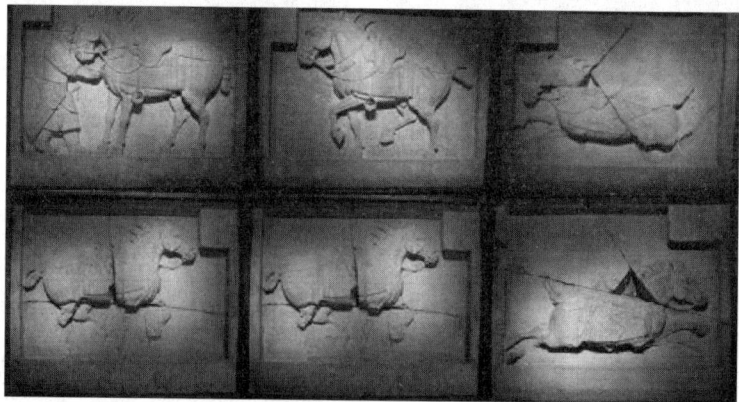

昭陵六骏

3. 大唐盛世的明丽人俑

唐朝的随葬俑群主要是陶塑,也有一些瓷塑、泥塑、木雕和石雕。陶俑中,除一般陶质或施彩绘外,也有釉陶俑。特别是这一时期创制出一种三彩俑,器表施有黄、绿褐、蓝、黑等彩釉,胎色有红、白2种,其烧成温度较瓷器略低,以釉色绚烂多变而受人喜爱。隋至初唐的俑群中,人物形态的塑造处于由南北朝向盛唐的过渡阶段,还常常显露出北齐、北周时期形成的地方特征。镇墓武士俑仍继承着以前的按盾仁立的姿态;镇墓兽姿态呆板地蹲坐在地上;侍女长裙曳地,面容呆滞,缺乏生气。

盛唐时期,俑群的塑造风格一变,人物形体趋向肥满丰腴,造型准确,姿态传神。镇墓武士改作天王状,全装甲胄,体态雄健,足踏小鬼,风仪威猛。镇墓兽也从蹲坐改为挺身直立状,伸臂,鬃毛飘张,狰狞可怖。女侍的形象最为传神,高髻长裙,面容丰腴,显示出唐代崇尚的杨玉环式美感。造型比例准确,姿态颇为生动,轮廓曲线富于变化,代表了唐代人物圆雕的高度成就。至于动物雕塑,也极传神,特别是骏马和骆驼。骏马体态劲健,或伸颈嘶鸣,或缓辔徐行,或昂首仁立,神骏异常,加上马具华丽,釉色晶莹,至今仍为人们所喜爱。同时唐俑中还不乏造型生动而富有想像力的佳作,如体高达58.4厘米的驼背上,驮载着成组的乐队和正在翩翩起舞的舞蹈家。再如将威猛的狮子,塑成蹲坐在地上,以后肢搔颈的憨态,逗人喜爱。

此外,也有的俑生动地显示了当时的生活习俗,如三彩对镜梳妆俑、抱有成套兵器的武士石雕、新疆阿斯塔那唐墓出土的庖厨操作泥俑和舞狮子、演杂技的泥俑,都极生动传神,从不同角度反映出那时社会生活的真实情景。还应指出,俑群制作的目的,并不是供人观赏的艺术雕塑,而是埋进坟墓的明器,因此它只能从一个侧面表现出唐代雕塑的成就。

4. 丰腴雍容的宗教造像

唐代宗教造像,以佛教为主,也有道教造像。包括石窟寺中的石雕和泥塑、摩崖大像和造像龛、供寺庙内供养的石雕和金铜造像以及石质经幢的雕刻等。唐代石窟寺造像,在著名的敦煌、

唐代彩绘女俑

唐代彩绘天王俑

龙门、炳灵寺、天龙山等石窟中都有保存,其中石雕的精品以龙门石窟最为集中,著名的奉先寺卢舍那大像龛为其中的代表作,雕造于高宗时期。主尊通高 17.14 米,容貌丰腴,面相慈祥,微露笑意;两侧雕有弟子、菩萨、天王和力士,整铺造像气势雄伟,体现出盛唐雕塑艺术的高度成就。

龙门石窟奉先寺造像

　　奉先寺,原名"大卢舍那像窟",南北 35 米,东西 39 米,置 9 米宽的三道台阶,奉先寺是龙门石窟中雕刻最大、艺术最精、气势最磅礴、最具有代表性的重要洞窟。主佛"卢舍那佛"高 17.14 米,头高 4 米,耳长 1.90 米,为龙门石窟最大的佛雕。卢舍那像端坐石窟正中,端庄大度、淳厚安祥,丰颐秀目,仪表堂堂。她的周围是形象各异的造型:胁侍迦叶持重、阿难温顺、二菩萨盛装、天王雄伟,力士勇猛。这组造像是中国唐代佛教雕刻艺术的代表作。该窟是最具代表性的唐窟,显示了盛唐雕塑艺术的高度成就。卢舍那佛那神秘的微笑又被称为东方的蒙娜丽莎。

　　隋唐时期金铜造像,大型作品目前发现不多,西安出土的隋开皇四年(公元 584 年)董钦造阿弥陀佛像,下为高床,前有二护法狮子,其上在主尊两侧有二菩萨、二力士,各有光背,制工较为精致。唐代以后,发现的多为小型的金铜造像,在唐长安城西明寺遗址、临潼武屯邢家村等处都有出土,数量颇多,邢家村窖藏所出完整造像即达 297 件之多。造像高度最高的 23.5 厘米,最矮的 3.2 厘米,由于体态过小,因此仅具大轮廓和必要的眉目口鼻,而缺乏细部描绘。题材有佛、菩萨、罗汉、力士等。数量最多的是立姿的菩萨像,躯体作流畅的弧曲形,造型尚生动,显得身肢婀娜。还有一些图案色彩浓厚的菩提树形七佛造像。同时,在众多的佛教题材造像中,也有 4 件道教造像。两坐两立,都着道冠,穿道袍,颌下蓄长须,执麈尾或玉符。这种佛道造像混同的现象,反映了当时人们宗教信仰的情况。

5. 小巧精美的雕塑艺术品

唐三彩是中国唐代的艺术精华,距今已有 1000 多年的历史。所谓唐三彩,是指中国唐代陶器上的釉色,后来也用来泛称唐代彩陶。唐代彩陶的釉色有很多种,如浅黄、赭黄、浅绿、深绿、天蓝、褐红、茄紫等,但主要以黄、绿、白(或绿、赭、蓝)三色为主,所以称之为"三彩"。

除供佩带的玉石、琥珀等佩饰外,艺术形象较突出的是唐代流行的小型瓷玩具。在河南、陕西地区的唐代儿童墓中,都出土过小型瓷玩具,在河南安阳北畿发现过专烧小型人、马、犬和盆、罐等的窑址。一些唐代著名瓷窑,如当阳峪窑和耀州窑,也烧制小型玩具。一般只有 3 厘米至 5 厘米大小,轮廓极简单,但作者力求形象简洁生动,抓住所塑对象的特点,并选用动物幼小时头部较大而四肢较短的形体特征,塑造的形象头大体小,头上又突出一对大眼睛,然后夸张耳、鼻、嘴部的特征,因此显得稚拙可爱。最典型的标本,出自河南三门峡市大中六年 15 岁女孩韩干儿墓中,包括乘坐牛车的娃娃、骑马的小骑士,以及小狗、小兔、猴子和狮子和小羊,体态玲珑,釉色晶莹,稚气可爱。

海兽葡萄镜主要流行在唐高宗、武则天时期。其形制主要为圆形,少量呈方形、菱花形。镜背纹饰系高浮雕,主题图案以葡萄和海兽组成,主纹饰的布局有两种形式:一种是内区为数只海兽相互追逐嬉戏,海兽之间为蔓枝葡萄的叶子和果实,外区为飞禽葡萄蔓枝叶实;另外一种被大家成为"过梁式海兽葡萄镜",画面虽被分为内外两区,但是内区的葡萄枝蔓却沿着中间的分割圈伸入外区,外区虽以葡萄蔓枝为主,但是还间以飞禽走兽和小型

唐三彩狮子

盛唐海兽葡萄镜

蜂蝶之类，有些边缘亦有装饰。海兽葡萄镜的尺寸是几厘米到30多厘米之间皆有。

（五）五代两宋

中国雕塑艺术在五代两宋时期，数量和规模上虽逊于隋唐，但其饱满瑰丽的作风和洗练圆熟的手法仍有所体现，而在题材内容和表现手法上更有新的发展，出现了许多直接从现实生活中摄取创作素材，富有生活情趣的作品。即使宗教造像也多以现实人物为原型，有着深刻的心理与个性表现，体现了浓郁的时代气息。在艺术品类上，寺院彩塑数量陡增，表现更加自由如意，砖雕艺术在此时期的发展引人注目。

1. 观音檀龛

五代雕塑作品保存下来的较少，比较重要的有山西平遥镇国寺一组彩塑佛教造像，前蜀王建墓的王建像和刻有浮雕伎乐、抬棺神将的石棺，南唐钦、顺二陵的190件陶俑。五代雕塑代表了由晚唐以来过渡时期的艺术风格。

观音檀龛分主龛与扉龛两部分，扉龛可启合。主龛内上雕帷幕，中立观音。观音头戴有化佛的宝冠，足踏莲花，手拈佛珠，背有光圈。莲下为藕渠，两端株生莲叶莲蓬。右站仅1厘米高的善财童子，手捧莲花，面对观音。童子面容小若米粒，形神毕肖，生趣盎然。左右两扉图像对称，上为飞天，天衣飘舞，体态轻盈；下为胁侍菩萨坐像，与主龛观音相互呼应。此檀龛雕刻精细，刀工苍劲，并有描金硃画纹饰，辉煌富丽，具有相当高的艺术水平。观音檀龛用于案头供奉，又宜携带供奉，盛行于唐。此檀龛于1956年在苏州虎丘塔第三层"塔宫"中发现。该塔始建于五代后周显德六年（公元959年），成于北宋建隆二年（公元961年），此时苏州仍为五代吴越所治，此檀龛应为晚唐或五代作品。

观音檀龛（晚唐至五代，檀木雕，通高19.3厘米

2. 守护神将

晋祠"金人台"因其四角各立铁人一尊而得名。铸造这些铁

人的原意是镇水利民，与历代常在洪水为患的地方铸铁人、铁牛、铜牛等事例类同。"金人台"四尊铁人铸造时间有先有后，亦有近世补铸者。图版所示为西南角一尊。姿势雄健，神情威武，铸工最佳，铁质晶亮不锈。胸前铸有铭文，显示了中国800多年前铸造铁像的冶炼技术的高度水平。

3. 岩雕太上老君岩

老君像在北清源山右峰罗山、武山下羽仙岩，因雕老君像遂称老君岩。此像系一天然岩石雕琢而成。老君端坐，身穿道袍，脚着履，左手平放于膝上，右手依凭案几食指与小指微前倾，似能弹物，背屏青山，巍然端坐，更显空山幽谷，离绝尘世。头、额、眼、髭、须等细雕刻独具匠心。整个石像衣褶分明，刀法线条柔而力，手法精致，夸张而不失其意，浑然一体，毫无多余痕迹。案几雕刻忍冬纹。老君双眼深陷平视，额际皱纹显露，面呈笑容，须髯飘挂胸前，是位饱经风霜、健康爽朗、安乐慈祥的老者形象。该造像造型古朴浑厚，衣纹流畅简洁，比例适度，形神兼备，是宋代道教石雕艺术的精美之作。

4. 铜铸千手观音像

本尊观音菩萨共有42臂，二主臂合掌当胸，左右胁各12臂呈辐射状，手中分执日月、宝剑、净瓶、宝镜、宝杖、尘拂、金刚杵等物。除当胸两臂外，其余40臂曾毁于清代乾隆年间，现在的40臂是1944年重修大悲阁时补加的木臂。全像分7段铸成：第一段铸莲花台座，第二段铸至膝部，第三段铸至脐轮，第四段铸至胸臆，第五段铸至腋下，第六段铸至肩部，第七段铸至头顶。通身天衣无缝，比例合度，其形制之巨，雕工之精，实为国内罕见。

此像在铸造过程中，曾经宋太祖赵匡胤三次审阅。菩萨的表情静穆仁慈，衣饰非常繁丽，天衣贴体，璎珞严身，裙褶线如行云流水，自然熨帖，具有很强的装饰性，整个造型极为富丽辉煌。千手千眼观音的雕塑像，据传由唐代杨惠之始创，但唐代遗物鲜见，现存最早的遗物大多属宋、辽时期，本图是极著名的一尊。千

守护神将（北宋绍圣四年，铁铸，通高225厘米，太原市晋祠金人台）

老君坐像（南宋）

手千眼观音的形制大致为两种：一种是实有千臂之数，另一种即左右各加20臂，配以佛教中的"二十五有"暗含千臂之数。本图为后一种。

千手千眼观音菩萨
立像（北宋）

5. 彩塑罗汉真人像

这尊塑像也是汉僧形象，额部宽阔，眉心至头顶的距离尤长，以示修行有道，智慧不凡。双眉平直微蹙，目光冷峻，注视右手。神情专注作沉思状。左手掌上摊香帕一方，帕上似有细物被右手拈起，眼手的关系处理得殊为微妙协调。右腿盘膝，左脚自然着地，类半跏坐式，这是五代以后佛教造像中常见的坐姿。塑像的相貌、体形具有山东人强壮魁梧的特征，姿态神情肖似真人，显然是以现实人物为依据进行塑造的，充分体现了宋代彩塑像写实技巧所达到的高度。

6. 佛塔浮雕

辽、金两代在北方地区曾开凿石窟，并有不少寺庙造像遗存。辽代的蓟县独乐寺观音像，辽宁义县奉国寺、山西大同下华严寺的菩萨，犹存唐风，但又显示了向匀称、秀美方向发展的趋势。辽代许多佛塔还有精美的浮雕。

7. 其他艺术

北宋陵墓石刻的主要部分在河南巩县，共有8陵，现存石刻539件，加上陪葬墓石刻，共千余件。自永昌陵以后形成定制，大体沿袭唐陵规范，而内容有较大差异。主要由望柱、象及驯象人、瑞禽、角端、鞍马及驭者、虎、羊、蕃使、文武大臣、狮、镇陵将军、宫人组成。宋陵石刻在规模与艺术水平上均逊于唐代，但造型尚严谨。其陵区集中，石刻内容、数量更加规范的特点，对明清两代很有影响。

罗汉坐像（北宋嘉祐
年间）

宋、辽、金时期的俑数量不多，但墓室内的雕塑、壁画和随葬的俑很有特点。由于宋代日常生活习俗有很大变化，墓内出现大量直接模拟现实、表现起居生活和桌、椅等日用器物的雕刻作品。河南、山西等地还出现很多宋、金以及元代表现杂剧演出活动的雕砖。

(六)元明清艺术

元明清雕塑中佛、道等宗教的造像,不少是直接取材于现实生活,具有很高的艺术水平。陵墓雕刻风格多样,表达了特有的理念和思想,反映出中国古代雕塑家在制作大型雕塑作品时巧妙的艺术构思和独特的技巧。民间民俗等各类小型作品,为这一时期具有活力的工艺雕塑,其中陶俑、木雕、泥塑、灰塑等,为古代民间艺术家精湛佳作,有着引人入胜的艺术魅力。

福胜寺座落在新绛县城西北十七公里的光村,创建于北齐天统年间,现存建筑、彩塑大多为元、明时期遗物,渡海观音倒坐于大殿主尊背光之后,菩萨立于一朵祥云之上,祥云似一缕青气由东海普陀山而来,善才童子参拜于左下侧,大海呈现出万顷波涛,碧水荡漾。菩萨头戴风帽,身披长巾,衣裙随风飘扬。肌体圆润丰美。面部神情安详,体态生动,人物、祥云、海水浑然融为一体,使整个造型达到了完美和谐统一的艺术效果。

元代以后雕塑艺术成就突出地表宫廷、皇家园林的环境雕塑方面。元大都宫殿建筑已毁,从遗址出土的凤麒麟石雕、走龙栏板等建筑饰件,犹能见出元代雕刻富丽繁缛的特点。元代存世的重要作品居庸关云台浮雕护法天王、十方佛、千佛、券门上的"六具"等石刻,杭州飞来峰密宗石刻等也都表现了共同的时代风格。元代著名的雕塑家有生于尼泊尔的阿尼哥和他的学生刘元。元代还留下有关雕塑史料的著作型石刻的丰富经验,也标志着民族的宗教雕刻艺术的完全成熟。

双林寺座落在平遥县城西南6公里的桥头村和冀壁村的中间地带。根据本寺宋大中元符四年(公元1101年)碑记载:"中都寺重修于北齐武平二年(公元571年)……"说明双林寺于宋代之前称中都寺,而且中都寺创建于北齐武平二年之前。千余年中,古寺屡遭兵燹焚毁,原建筑、壁画、塑像已经不复存在了,现存近2000尊彩塑基本上都是明代作品。本图是双林寺释迦殿内

渡海观音(元,彩塑,泥,通高166厘米,山西省新绛县福胜寺)

释迦牟尼(明)

的释迦牟尼佛像，虽经重修，但仍保留了胸肩宽阔，面相丰满，衣服贴体，衣纹平直，神韵安详等古风，为明代彩塑释迦佛不可多得之精品。

明、清两代建筑雕刻的精华荟萃于故宫建筑群和天坛、北海、颐和园、圆明园等皇家坛庙、园林。故宫天安门前的华表、石狮，宫廷内主体建筑三大殿白石须弥座上浮雕云龙、云凤的望柱，圆雕的螭首，能燃香的铜龟、鹤等，都对烘托宫殿建筑的庄严、辉煌，增加局部艺术气氛起着重要作用。作为此组建筑有力结束的保和殿后长近17米、宽3米多的下层石雕御路，浮雕着蟠龙、海水江涯与各种图案，布局宏伟，雕刻精谨，是明清石雕艺术的杰作。建于大同、北京故宫、北海的琉璃九龙照壁，故宫内的鎏金铜龙、凤、麒麟、狮、象等动物雕塑，也各以不同的材、质和丰富多样的造型点缀和调节着宫殿群的气氛。

明清陵墓石刻保存较完整，主要有南京明孝陵石刻、北京明十三陵石刻群，河北遵化的清东陵、易县清西陵多组石刻群。其内容和配置沿袭宋陵而有所发展。清代裕陵等陵地宫内的门、壁、券顶上刻有精细的浮雕佛像和各种图案。两个时代的雕刻风格，明代较浑朴、有力，清代追求精巧而易流于琐细。

在清朝众多的佛教雕塑中，昆明筇竹寺的五百罗汉像是比较有创造性的。筇竹寺位于云南省昆明市西北郊区的玉案山上，最初建于唐朝，后来进行了多次翻修扩建，现存建筑和其中的彩塑都是清朝光绪年间修造的。作者黎广修是四川人。他精于雕塑和绘画，是当时著名的民间艺术家，同时对佛学也有很深的研究。筇竹寺五百罗汉是他和他的五个徒弟共同制作的，总共化了20多年才完成。这些罗汉像姿态形象各不相同，有的坐着，有的站着，有的躺着，嬉笑怒骂，表情丰富，神态自然。塑像的服装道具也富于变化，五百罗汉中没有两个是相同的。塑像间的位置也很讲究，疏密得当，布局合理。这些罗汉的头发和胡须都用真的毛发制作，眼珠是用琉璃球做的。罗汉的衣服有些是世俗样式的，使得他们看上去不象神佛，倒象是乡绅、书生、商贾和屠夫等三教九流之徒，活灵活现地表现了当时社会上形形色色的人物形象。这件作品在佛教题材中加入世俗成分，富于浓厚的生活气

筇竹寺五百罗汉像（清光绪年间，彩塑，像高1米左右，作者是黎广修及其弟子，现在云南昆明筇竹寺）

息,是清代雕塑的精品。

宗教雕塑主要为寺庙彩塑和小型的木、石、金铜佛像。明代优秀造像有陕西蓝田水陆庵塑壁,山西平遥双林寺的天王、力士、罗汉、渡海观音等。清代小型嘛教金铜佛中也多有精品。

明朝时期玉、石、竹、木、陶瓷、金属、牙、骨等材料制作的工艺美术品和民间建筑、器用装饰中有很多非常优秀的雕塑作品,如福建德化的瓷塑观音等。清末天津张明山的民俗题材和肖像泥塑达到很高的写实水平。

中华文化遗产系列丛书

美的创造

杨效平/主编

【第贰卷】
美的符号

中华民族有五千年的历史，创造了灿烂的民族文化，留下了极为珍贵的文化遗产。这些文化遗产，始终流淌着炎黄基因，记录着中华民族创造历史的艰难历程，永远将成为中华民族的精神财富，有如常青之树，蒸蒸繁茂，愈老愈你茎，散发着恒久的魅力。众多的学者围绕这一话题不断深入探讨，可谁也难以对历史文化予以尽善尽美的概括，不少政府与企业都在努力探求对文化遗产的挖掘与开发，可更多的人偏惠于对现实功利的追求，历史文化经历了一轮的批判与否定后，人们开始越来越多地意识到：文化自明与传承形成的共同民族心理，正是我们民族自立于世界之林的根本，是我们民族走向复兴的凝聚力和向心力。历史文化让我们重新拾起古老文化的深情，文化自觉和自立已成为中华民族的子孙后代，共同面对的话题。如今历史文化遗产系列丛书，视为国之奇珍瑰宝，精心呵护，让人们在品味一种厚重的历史文化同时，重在传续文化的精髓，在历史的长河中，只始终坚守不可能，不能重复过去，历史研究的专业就是把这一过程固定下来，让我们的历史遗存在人类智慧的长河中永不磨灭，更多地留住历史的痕迹。我们的历史研究，没有大多顾及历史文脉络体系的归纳和串联，涉有受固定传统史学源流，历史观念与发展脉络的束缚，而是试图以一种崭新的角度和视野对所要阐述的问题，要突出了各类问题的归纳和串联，可能会有很多不足和疏漏，但我们的目的是为了更集中，表达对传统文化新的认识。这种纽细和叙述的方法，更明晰地对历史遗迹和基本史实直接呈现在读者的面前，更加展示出中国本土传统文化中的基本环节和亮点。

中国文史出版社

图书在版编目(CIP)数据

美的创造/杨效平主编. --北京：中国文史出版

社，2017.5

ISBN 978-7-5034-9316-4

Ⅰ.①美…　Ⅱ.①杨…　Ⅲ.①中华文化–通俗读物

Ⅳ.①K203–49

中国版本图书馆 CIP 数据核字(2017)第 144819 号

美的创造

丛 书 名：中华文化遗产系列丛书《天地之间》

书　　名：美的创造

卷　　次：第二卷·美的符号

主　　编：杨效平

责任编辑：程　凤

出版发行：中国文史出版社

社　　址：北京市西城区太平桥大街 23 号

邮政编码：100811

经　　销：全国新华书店

印　　刷：武汉立信邦和彩色印刷有限公司

开　　本：787mm×1092mm　1/16

印　　张：13

字　　数：180 千字

版　　次：2017 年 7 月第 1 版

印　　次：2017 年 7 月第 1 版第 1 次印刷

书　　号：ISBN 978-7-5034-9316-4

总 定 价：262.00 元

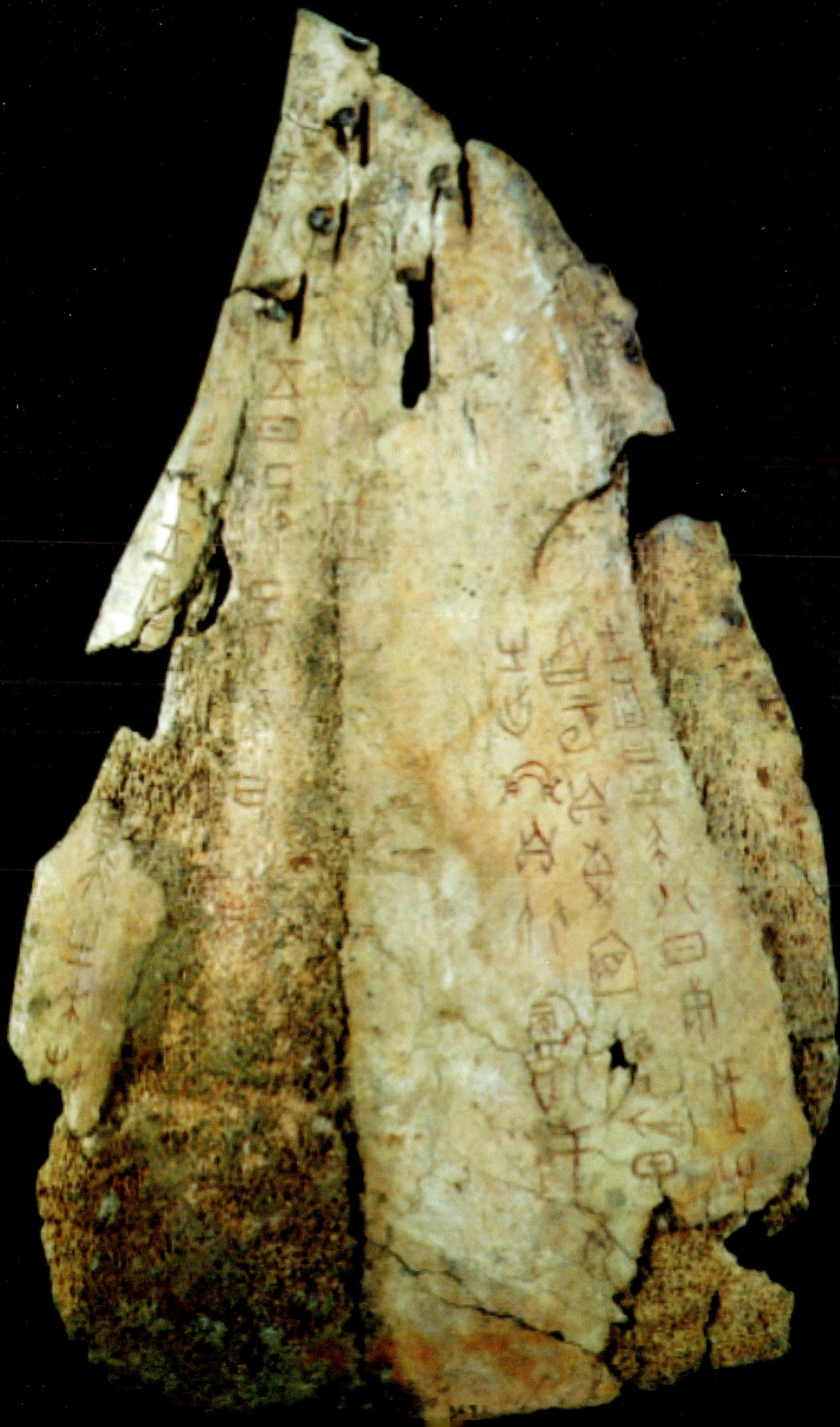

粉红 妃色 品红 桃红 海棠红 石榴红 樱桃色 银红 大红
绛紫 绯红 胭脂 朱红 丹 彤 茜色 火红 赫
嫣红 洋红 炎 赤 绾 枣红 檀 殷虹 酡
酡颜 鹅黄 鸭黄 樱草色 杏黄 杏红 橘黄 橙黄 橘
姜黄 缃色 橙色 茶色 驼色 昏黄 栗色 棕色 棕绿
棕黑 棕红 棕黄 赭 赭色 琥珀 褐色 枯黄 黄栌
秋色 秋香色 嫩绿 柳黄 柳绿 竹青 葱黄 葱绿 葱青
葱倩 青葱 油绿 绿沈 碧色 碧绿 青碧 翡翠色 草绿
青色 青翠 青白 鸭卵青 蟹壳青 鸭青

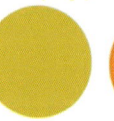

特邀顾问

耿 莹 肖云儒

编　委　会

编委毛佩琦简介

　　毛佩琦,中国人民大学历史学院教授、博士生导师;中国社会科学院明史研究室、北京大学明清研究中心、故宫博物院明清宫廷研究中心客座研究员;中国明史学会常务副会长;中国文物保护基金会历史文化专家委员会主任。在中央电视台《百家讲坛》主讲明十七帝、郑和下西洋600年祭、大明第一谋臣刘伯温、

七解中庸等,影响广泛。主要著作有:

《明成祖史论》《永乐皇帝大传》《郑成功评传》《明清行政管理制度》《中国明代政治史》(合著)《中国明代军事史》(合著)《平民皇帝朱元璋二十讲》等。

历史需要解读

近年来有一股通俗历史读物热,为什么?一个最基本的原因,就是中国人重视历史。这是传统,或者说,中国人多少都有点历史癖。当爸爸对孩子说,咱们的老家如何如何的时候,他已经在向孩子讲述历史了。什么家谱,什么姓氏起源,都是老百姓关心的东西。大多数人都以知道点儿老辈子的事为荣,以知道历史上的事为荣。在民间,能历数历史掌故的,常会受到人们尊重。这是我们特有的民族品格。

通俗历史读物热,其实也不是什么新事物,历史上通俗历史读物就一直受欢迎。自有史以来,对历史的记录就有两条线,一是官方的当朝或前朝的正史,一是民间的包括各种演义和口头传说。并非所有的野史都是通俗的,只有那些在民间流传的才具备通俗的品格。

引起近几年的通俗历史读物热的直接原因,是大量的连篇累牍的书籍对历史的戏说甚至颠覆、恶搞。其中大辫子戏、小说、影视狂轰滥炸,引起了大众的厌倦、反感,而戏说恶搞,则引发了大众的疑问。大众要追究历史真相,要正本清源,致使所谓"正说"的历史读物就大受追捧了。在学术界,史家不必给自己冠以"正说"之名,因治史的基本原则是实事求是。凡是加了"正说"的,都是说给大众的。"正说"针对恶搞而起,"正说"历史读物最先引起了通俗历史读物热。

不仅关于历史的记忆有官民两条线,而且对历史的解读也有官民两条线。两者有时重合,有时则大相径庭。百姓对历史的解读常常与官方不同,甚至故意对立。百姓对历史事件和人物有一套自己的认识,有自己的伦理意识和感情寄托。历史本身只有一个,记载、解释历史的方式和角度则各种各样。官、民的解读不

同,学者写的通俗读物与民间的历史读物也不同。这就出现了所谓"草根史学",既不是官方,也不是学者,而是老百姓当中的人来解读历史。他们用自己的感情好恶,是非判断来解读历史。

既然历史可以有各种解读,老百姓当然也有解读的权力。非学术的解读并不一定是不健康的。几千年来,民间在历史上所寄托的好恶是非,也是维系民族心理、社会道义的纽带之一。草根史学与戏说恶搞不同,他们只是用自己喜欢的方式,表达了自己的感情和是非判断。因为生活背景、学养的不同,学者写的通俗读物不能取代草根史学。草根对历史有自己的感受,也有一套自己的语言和叙事方式。对于大众而言,和象牙塔里的史学著作相比,他们更愿意倾听和相信草根们对历史的解读,这不仅仅因为草根所使用的语言和解读方式更容易为大众理解,更因为大众与草根写手在感情上更为亲近。他们潜意识中认为那是自己人,说自己人的话。

草根和非史学文化人写的通俗历史读物,常常比史家更显出满腔正义。他们对恶搞的批评态度更加鲜明。史家的清高或无暇顾及,使自己在面对恶搞时往往处于弱势。而草根和非史家写手,反倒成了打击戏说和恶搞的生力军。在和一些写手的接触中发现,他们可能囿于非专业眼界,作品中出现一些错误,但一般不存在故意歪曲历史的情况。

大众读史热还与社会经济发展,与所谓国学热有关系。社会经济发展使人们有了更多的时间和精力关心文化和历史。与所谓国学热一样,伴随我国的和平发展,民族精神的回归和民族意识的集体认同,使大众更加关注中国传统文化。甚至一些人读历史读物仅仅满足于参与了,至于书中说的什么,他们并不在意。黄仁宇的《万历十五年》是一本严肃的史学著作,但由于它独特的写作手法,受到很多人的追捧。这本书已经成为一个符号,读不读这本书似乎成为有没有文化素养的标志。我多次遇到一些把《万历十五年》挂在嘴边上的人,包括大小媒体的记者,他们常以此向我提问,但当我以此反问他们的时候,其中十个有八个回答说"我还没好好看"。这是一种赶时髦的现象,人们不愿意站在时髦之外。读者争看《明朝那些事儿》,也成了一种时髦。而这种

赶时髦正是大众对民族身份的集体认同。认知和理解自己的历史，认同自己的民族身份，对于加强民族凝聚力、提高民族自信心和自豪感是有利的。

当然，也有些历史读物的读者是为了从中寻求知识和智慧，解答疑问。比如，朱元璋为什么成功？明清为什么易代？历史上中国为什么强盛？为什么衰败？等等。大众历史读物热，说明社会有此需要。在一个时期的过热之后，大众将会对通俗历史读物的态度回归理性，但对于通俗历史读物的需求则永远不会消失。

其实，许多通俗读物的写作素材来源于严肃的史学著作，通俗读物作者们很少直接接触原始史料。但在一些情况下，通俗读物的写手们很少注意吸收新的研究成果，他们所依据的研究成果相对陈旧。作为史学工作者，给草根和非史学专业写手的建议是，请他们多少关注一下史学研究。对于专业的史学工作者，我也建议不要轻视通俗历史读物和草根写手，他们的作用是庙堂史学不能替代的。如果可能，史学工作者倒应该关心他们，给他们帮助和引导。而史学家也有把知识传播给大众的责任。通过通俗历史读物和草根写手把自己的研究成果传播给大众，未尝不是一条捷径，至少也会有所助益。

二〇〇九年四月十日

编委马刚简介

马刚,热爱传统文化的研究,书画爱好者,有多幅作品参加展览获奖。

传统文化中积淀着中华民族最深的精神追求

不忘本来,才能赢得未来。中华民族优秀的传统文化就是我们的本来,任何一个民族区别于其他民族都有其根本特征,这个根本就是文化。中华民族有 5000 年的文明史,中华民族传统文化是中华民族的文化基因和精神命脉,为中华民族生生不息、发展壮大提供了丰厚滋养。中华文化源远流长,积淀着中华民族最深层的精神追求,代表着中华民族独特的精神标识,铭刻着祖先的梦想与智慧,是我们在世界文化激荡中站稳脚跟的根基。

中华优秀传统文化博大精深，多元包容，一脉相承，根深叶茂，蕴含着丰富的哲学思想、人文精神、教化思想和道德理念，这些思想、精神、追求和理念历久弥新，不断焕发出强大的的生命力，闪耀着巨大的光辉。正如习近平总书记所指出的"中华民族有着深厚文化传统，形成了富有特色的思想体系，体现了这个人几千年来积累的知识智慧和理性思辨。这是我国的独特优势"。珍视、呵护、探究、传承这些珍贵的传统文化是我们每个炎黄子孙义不容辞的责任。

　　今天，我们坚守和弘扬传统文化，就是要增强文化自信，守住传统文化之根，以更加敏锐的目光，更开放的胸襟，更高远的视野加以鉴别，从博大精深的传统文化中，剔除糟粕，取其精华，抓住本体，提炼精髓，创新自我，领先世界，要使传统文化和当代文化相适应，与现代社会相协调，让其焕发出青春之力，发挥引领风尚、教育人民、服务社会、推动发展的积极作用。开启未来，薪火相传，让中华优秀传统文化转变为促进民族强大的历久弥新、生生不息的内在支撑力。

序　言

耿　莹

（中国华夏文化遗产基金会会长）

古人说，观今宜鉴古，无古不成今。这句看似浅显的老话却深刻揭示了两层含意：一是一个国家的历史，必然会积累和沉积丰厚的历史营养；二是任何一个时代人生的追求与取舍，都离不开民族的传统精神和文化。这也正是我们致力追求、锲而不舍、大声疾呼、保护和传承中华文化遗产的根本所在。

前不久近平总书记在欧洲访问时指出，"历史是现实的根源，任何一个国家的今天都来自昨天"。"中华文明是没有中断，延续发展至今的文明，已经有 5000 多年历史了，2000 多年前诸子百家的许多理念，至今任然深深影响着中国人的生活。中国人看待世界、社会、人生，有自己独特的价值体系。中国人独特而悠久的精神世界，让中国人具有很强的民族自信心，也培育了以爱国主义为核心的民族精神。"因此，他深刻指出："抛弃传统等于割断精神命脉。"

习总书记的这些论断，深刻揭示了传统文化在中华复兴、实现"中国梦"中的重要作用，体现了我们党对弘扬传统文化的高度重视和深刻认识。

纵观近年来传统文化的研究、阐述和传播,令人欣慰的感到传统文化正在形成一种深受国人接受和欢迎的文化正能量,越来越感受到它已成为凝聚、激励人们团结奋进的强大动力。这也预示着在我们民族共有的精神家园里,中华历久弥新的优秀文化,必将会焕发出更加夺目的光彩和不竭的动力。

中华文化遗产系列丛书《天地之间》的出版,正是适应当前这一文化需求的产物。对传承、普及和宣传传统文化知识和理念,是一件很有意义的事。翻阅其第一套《天地人和》(四卷本),感觉他们做了大量细致的工作,其立意和结构很有特点。一是立足普及、宣传和教育,积极探索文化遗产研究的另一种通俗化、知识化模式。目录体例自成系统,资料分类梳理相互关联,连类所及,征引博繁,点点滴滴,浓缩了大量丰富的传统文化知识,给读者以系统性的知识阅读,也启发和帮助人们从昨日世界中找回了许多历史的记忆;二是朴实明快,一事一物,始末原委,一目了然,便于翻阅,而且图文并茂,增加了文化色彩,可读性较强。

中华文化,源远流长,博大精深;天地之间,山高水阔,浩然无涯。以《天地之间》为本套丛书命名,体现了本书编撰者的开阔意境和广纳兼容的胸怀。相信这套丛书一定会给人们带来大量丰厚的文化知识和信息,使读者从中感受到中华传统文化的巨大魅力,展示了中华文明的自信和力量。

二〇一五年四月于北京

编者的话

在中华民族在五千年的历史中，我们的祖先创造了灿烂的民族文化，留下了极为珍贵的文化遗产。这些文化遗产始终流淌着炎黄基因，记录着中华民族创造历史的艰难历程，将永远成为中华民族宝贵的精神财富。

历史文化作为华夏民族的共同财富，有如常青之树，葱荣繁茂，愈老弥坚，散发着永恒的魅力。众多的学者围绕这一话题不断深入探讨，可谁也难对历史文化予以准确概括。不少政府部门与企业都在努力寻求对文化遗产的挖掘与开发，但更多则偏重于对现实功利的追求。历史文化遗产在经历了"文革"的批判、否定与摧残之后，在新的现代化浪潮的冲击下，其地位、作用和功能又面临着新的错位与迷失。

传统文化是中华民族长期孕育、积累和形成的共同民族心理和精神追求。中华民族文化一是古老悠久，二是各民族共同创造，既深厚，又有韵味，是中华民族之灵魂，是人类智慧与文明的结晶。在中华民族走向复兴的今天，对于传统文化的发展和普及，我们不仅需要有新的认识，还需要认真反思。弘扬历史文化遗产的核心是传承。传承的目的，就是要让我们的子孙后代，不要忘记自己的祖宗，让我们的民族始终坚守自己民族文化的基本理念，让中华民族的精神和正气不断地发扬光大；就是要把民族的文化创造和建树视为国之奇葩，让它永远绽放在东方大地

上。

在思想观念活跃多元的今天，历史可以任人戏说甚至改写，但中华民族的历史传统和文化，犹如国之魂魄，应始终坚守如一。不论历史如何进步，也不论人们生活方式如何改变，在漫长历史岁月中自然形成的民族精神和传统文化，始终具有强大的向心力和凝聚力，只能弘扬，只能重塑，不可缺失。这是中华民族的需要，是国家振兴的需要，也是现代化事业发展的需要。

基于这些认识，我们编写了这套文化遗产系列丛书《天地之间》。丛书重在对传统文化成果的介绍和展现，旨在宣传、普及中华传统文化知识和中华文化的基本理念，以期引起人们对传统观念与文化的回顾和记忆。在资料的搜集和编写过程中，我们充分利用了现有研究成果和大量的网络资料，整合资源，集中焦点，广泛搜求，精心筛选，着重于传统文化的核心问题，加以介绍。资料的梳理、分类和编排，更多侧重于历史遗存和史物资料，没有过多地涉及问题的专题性和专业式的学术讨论，没有太多顾及历史链条与脉络体系的关联和完整，编排和叙述框架主要突出了各类问题的归纳和串联，没有受固定传统史学源流、历史观念与发展脉络的束缚，而是试图以一种新的角度和视野对所要阐述的问题进行归类和梳理，并表达对传统文化新的认识。这种组织和叙述的方法，可能会有很多不足和疏漏，但我们的目的是为了更集中、更明晰地将历史痕迹和基本史实直接呈现在读者的面前，更加突出中国本土传统文化中的基本环节和亮点。

随着越来越多的人对历史文化遗产的关注和讨论，历史文化遗产的功能越来越受到重视，涉及的内容越来越丰富，研究的形式和表达的载体也越来越多样化，为人们重新认识历史和中华文明的传承开辟了更为广阔的道路。我们组织和编写了这套丛书，正是希望通过自己的努力，为中华传统文化的宣传、普及和教育贡献自己的一份力量。我们企盼这种尝试能得到广大读者的认可，同时也诚恳地希望得到大家的批评和指正。

中华文化遗产系列丛书《天地之间》编写组
二〇一三年六月

文明肇始，人治乃兴，人功尽显。人之技巧，心思才力，通灵入圣，巧胜于天。随着生存环境的改善，人类文明进入创造拓展的新阶段。美的创造和艺术形式的诞生，正是人们在物质创造的同时重要的精神飞跃。方寸之心，应物写形，工巧独到；字画玉器，神采咸备；锦瑟华音，气韵生动。中华民族美的观念和美的创造从此独具一格。

目 录

CONTENTS

壹　文字篇

中华文化遗产系列丛书《天地之间》
ZHONGHUA WENHUA YICHAN XILIE CONGSHU

壹、文字篇

文字是人类用来记录语言的符号，同时也是文明社会产生的标志之一，是扩大语言在时间和空间上的交际功能的辅助工具。文字不仅能帮助人类传递知识，而且有助于传承人类的智慧和精神财富，使人类能够完善教育体系，为人类提高自身的智慧，进入文明社会发挥重要的作用。

文字具体到我国，则被称为汉字。

汉字，亦称中文字、中国字，是汉字文化圈广泛使用的一种文字，属于表意文字的词素音节文字。

汉字是迄今为止连续使用时间最长的主要文字，也是上古时期各大文字体系中唯一传承至今的文字，中国历代皆以汉字为主要官方文字。

中华民族是一个很伟大的民族，中华文明也是最独特的文明。世界上所有的国家里，只有中国的文化是始终没有间断过地传承下来，也只有我们的"汉字"是世界上唯一的从古代一直演变过来没有间断过的文字形式。

早在六千多年前仰韶文化时期的陶器上，就留下了先民所

刻写的符号,我们的祖先开始探索和创造文字。距今三千多年的殷商甲骨文,已发展成为一种成熟而严密的文字。到了周代,金文(钟鼎文)开始流行。春秋战国时期,地处西陲的秦国,文字已有自己的特点,即秦系文字。而函谷关以东六国的文字,文字歧异现象比较严重。秦统一天下后实行"书同文",用小篆统一了全国文字。秦代开始出现的隶书,在汉代逐渐通行。汉末到魏晋时期,开始出现并流行楷书。从此,汉字相对稳定了下来。但是,汉字改革的步伐并未停止,特别是近现代汉语拼音的推行和新中国成立后实施的汉字简化运动,可以算是汉字发展史上一个极其重大的改革。

汉字对促进中华民族创造出辉煌灿烂的文化发挥了重大作用,对世界文明的发展也做出了不可磨灭的贡献,作为华夏子孙,多了解一些与汉字相关的知识,对于我们更好地了解和继承古代优秀的文明成果、提高自身的文化素养、增强民族自豪感都是十分必要的。

一、文字的萌芽——从记事符号到象形文字

关于汉字的起源,中国古代文献上有种种说法,如"结绳"、"八卦"、"图画"、"书契"等,古书上还普遍记载有黄帝的史官仓颉造字的传说。现代学者认为,成系统的文字工具,不可能完全由一个人创造出来,仓颉如果确有其人,应该是文字的整理者或者是颁布者。

最早的刻画符号出现在距今8000多年前,中国考古界先后发现了一系列较殷墟甲骨文更早、与汉字起源有关的出土资料。这些资料主要是指原始社会晚期及有史社会早期出现在陶器上面的刻画或彩绘符号,另外还包括少量的刻写在甲骨、玉器、石器等上面的符号。可以说,它们共同为解释汉字的起源提供了新的依据。

文字在发展早期都是图画形式的表意文字,如象形文字。普通文字是用简单图形拼成,早期更加接近图画和几何线条。古代的甲骨文汉字,埃及象形文字和玛雅文字等古老文字的图画性

就比较强。拉丁字母就是由简单的直线、弧线和点构成,而汉字则主要是由直线构成,所以又叫"方块汉字"。

文字发展到后期,已不仅仅是作为人类学习、阅读及交流的一种工具,更是人类传情达意、表述情感的纽带之一。文字是先人们在生产和交换的过程中,经过了无数年月的不断创造和改进而形成的,是人类记录思想、交流思想的符号,随着它的萌芽,标志着人类开始由野蛮社会向文明社会过渡。

根据文献及考古研究,汉字的起源经历了从符号到文字的逐步转变。

1. 记事符号

起初,我们的先民们用"堆石记事"的方法传递信息,以石块的大小、多少、堆放的方法和位置,分别代表不同的事物。但这种方法既麻烦又不便于管理,而且很容易被破坏,于是先民们探索出了"结绳记事"的方法。

结绳记事起源于旧石器时代后期,当时绳索是原始人生活中的重要发明和重要用品,不但可以用来捆束东西、捆扎武器、捆绑野兽、遮盖和装饰身体,而且还可以用来记录大事。《易经·系辞》中说:"事大,大结其绳;事小,小结其绳。"

古代没有"记"字,最早的"记"为"纪"。所谓"大事做大结,小事结小结",就是用绳子做结帮助记忆事情之大小。具体方法是用柔软而有韧性的树皮搓成细绳,然后将数十条细绳排列整齐,悬挂在一处,在上边打结记事。大事打大结,小事打小结,先发生的事打在里边,后发生的事打在外边。后来又利用植物的色彩,把细绳染成各种颜色,每种颜色分别代表一类事物,使所记之事更加清楚。由于"结绳记事"更方便,更易于保存,后来逐步取代了"堆石记事"。

结绳记事的传说,是保留了历史的影子的,这也被许多古代书籍和近代的人类学和民俗学所证实。据记载,埃及、古波斯、古代日本都有结绳记事的书籍,近代非洲、澳洲的土人,我国的藏族、高山族、独龙族、哈尼族都流行过结绳记事,比如独龙族远行,用结绳计算时间,走一天,打一个结。

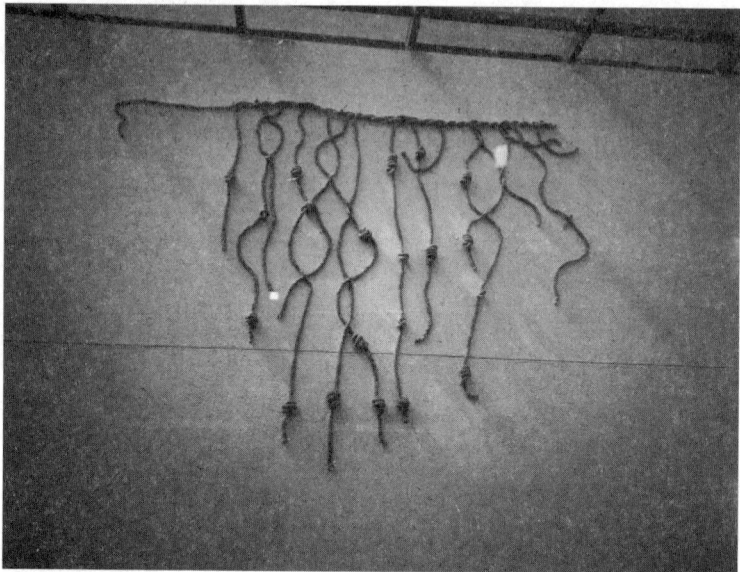

结绳记事图

后来，有人嫌结绳麻烦，便把结绳记事的"结"用符号刻在木头上，形成"刻木记事"。

所谓"刻木记事"，就是在木头上刻出许多不同的符号，用来帮助记忆、储存信息或传递信息，缺口深的表示重大事件，浅的表示较小事件。新中国成立初期，中央人民政府访问团在云南发现过一块刻木，上面刻着"｜｜｜〇×｜｜｜"的符号，这些符号表示两层意思：一是来了三个人，月圆时我们会面了；二是现在送去三包礼物，分送给三个人。

刻有符号的木头常常一年又一年、一代又一代地传下去。大结用"〇"表示，小结用"△"表示，重结用"米"表示，避免了"结绳记事"容易被烧毁和腐烂等不利因素，可以永久性保存，因此"刻木记事"逐渐代替"结绳记事"，先民们还陆续发明了数十种不同的符号来代替不同的事物。

"堆石记事"、"结绳记事"和"刻木记事"等所创作累积起来的符号为文字的产生创造了一定的社会条件，但它们只是用来帮助记忆的符号，并不是真正的文字。文字的真正产生应该从象形文字算起。

2. 象形文字

象形文字又称为"意音文字",象形就是指相像的形状,象形文字是指纯粹利用图形来作文字使用,而这些文字又与所代表的东西在形状上很相像。远古的文字符号是从象形图画开始的,用文字的线条或笔画,把要表达物体的外形特征,具体地勾画出来。象形文字是最早产生的文字。

中国的象形文字是华夏民族集体智慧的结晶,是老祖宗们对原始的描摹事物的记录方式的一种传承,也是最形象、演变至今保存最完好的一种古代汉字字体。

象形字来自于图画文字,是一种最原始的造字方法,如"月"字像一弯月亮的形状,而"龟"字像一只龟的侧面形状,"鱼"是一尾有鱼头、鱼身、鱼尾的游鱼,"日"字就像一个圆形,中间有一点,很像人们在直视太阳时,所看到的形态。象形文字发展到后期,才慢慢出现了具体成形的文字。埃及的象形文字、苏美尔文、古印度文以及中国的甲骨文、石刻文,都是独立地从原始社会最简单的图画和花纹产生出来的。

中国纳西族所采用的东巴文和水族的水书,是现存世上唯一仍在使用的象形文字。

东巴文大约产生于公元 11 世纪以前,是一种十分原始的图画象形文字,从文字形态发展的角度看,它比甲骨文还要原始,属于文字起源的早期形态,最早是画在木头和石头上的符号图像,后来发明了纸,人们才把这些符号图像写在纸上,成为东巴文。由于东巴掌握这种文字,故称东巴文。

东巴文被誉为是如今世界上唯一保留完整的"活着的象形文字",它是世界上最古老的象形文字之一,是人类社会文字起源和发展的"活化石"。它不仅是解开人类文字产生之谜的宝贵史料,而且也是丰富、发展中国传统书法和篆刻艺术的理想字体之一。东巴文的表意方法主要是用一个字或几个字代表一句话,字句从左至右,自上而下。

东巴象形文字属于象形表意文字,包括象形、会意、指事、形声等字体,文字总数约 1600 个。

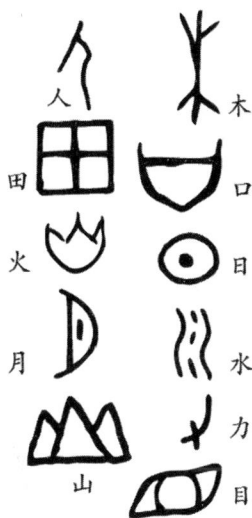

象形文字

丽江东巴象形文字

水族的水书是一种类似甲骨文和金文的文字符号系统，又称"鬼书"、"反书"，水书其一是指其结构，有的字虽是仿汉字，但基本上是汉字的反写、倒写或改变汉字字形的写法。相传，在古代，水族先民因受统治阶级迫害，其祖先"陆铎公"便创制"鬼书"以反对和报复统治者。水书是世界上使用的文字当中唯一的非拼音文字，水族语言称其为"泐睢"，由水书先生代代相传，其形状类似甲骨文和金文，主要用来记载水族的天文、地理、宗教、民俗、伦理、哲学等文化信息。

水书在水族群众的社会生活中，至今还起着很重要的作用，如婚丧嫁娶仍然按照水书记载的"水历"推算决定，可谓水族的"百科全书"。它主要靠手抄、口传流传至今，据专家研究考证，水族古文字目前约有 2500 个。

最新的考古研究表明，水族文字与河南偃师二里头遗址的夏陶上的符号有相通之处，这引起了考古学界的重视，进而提出了水族先民来自北方，和水书与夏陶符号是一种文字的可能性。

水族的古文字和纳西族的东巴文，是世界上最后的象形文字。

水书在 2006 年被列为国家级非物质文化遗产，2002 年 3 月，"水书"被纳入首批"中国档案文献遗产名录"。

东巴文

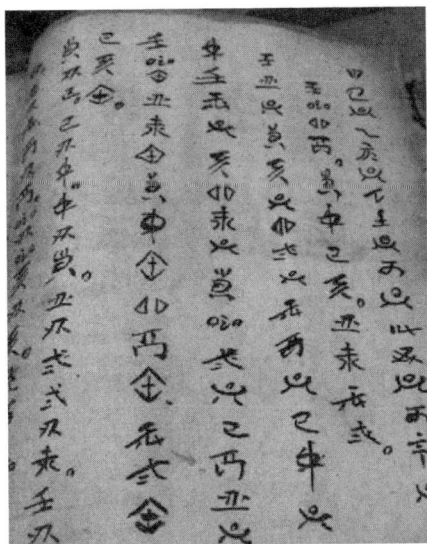

水书

　　象形文字不仅是解开人类文字产生之谜的宝贵史料，而且也是丰富、发展中国传统书法和篆刻艺术的理想字体之一。

3. 象形文字的演变

　　象形文字都是从原始的图画发展而来，古埃及的原始岩画虽然没有欧洲岩画古老，但却比欧洲的岩画流传得长久，时间在一万年以上，对以后的字母文字产生了重要影响。由于古代埃及象形文字的繁难，随着古埃及的灭亡，这种文字逐渐变成死文字，完全被人们遗忘。

　　而中国的象形文字，则要追溯至大汶口时期。大汶口文化是新石器时代晚期重要的遗存之一。大汶口文化的陶器特征明显，表示它的社会经济已发展到较高水平，其出土的器具中已发现的许多刻划符号，被认为是象形文字的前身。从后来出土的兽骨和陶器、石器上的图案可以判定，一万年以前，中国就出现了半图像的图画、花纹符号。中国近代大量出土的曾在商代（公元前1800年至公元前1200年）广泛、成熟使用的"甲骨文"，就是象形文字的演变阶段。期间中国的陶器制作、居室建造、壁画艺术、金属使用、丝织生产等，各种高级文字载体陆续发明、使用。

象形文字

　　汉字的字形变化是渐进式的，十分有趣的是，至今许多汉字还留有象形的尾巴，仔细琢磨就可以看出它的原形来，例如口、身、耳、手、山、田、井、水、火、云、电、雨、伞、门等。象形字就是画物像它的形状，以此形状表达它的含义。"鸟"与"鸟"字相比，正好切去鸟头上表示眼睛的一短横。

象形文字"女"的演变

象形文字"鸟"的演变过程图

古老的象形字是一种表形的文字。"象物之形",这种方法具有很大的局限性。且不说抽象的意义无形可象，就是具体的东西，也不是都可以"象形"出来的，用这种方法构造汉字没法满足记录语言的需要，汉字由表形向表意发展，于是更多的造字法开始产生。

二、汉字的雏形——甲骨文与石鼓文

世界上众多不同民族的文字，概括起来讲，大体可分为三大类型，即表形文字、表意文字、表音文字。汉字应属于表意文字类型，确切地说，汉字是典型的在表形文字基础上逐渐发展起来的表意文字。

人类由文字的发明及其应用于文献记录而过渡到文明时代，文字的诞生标志着人类告别了蛮荒而走向文明。作为汉文化载体的汉字，其产生宣告了中华文明的开始。同时，汉民族特有的文化结构和汉字本身的特点，孕育出华夏民族独特的书法艺术。

甲骨文与石鼓文，则是汉字成熟前的雏形。

1. 甲骨文

甲骨文，又称"契文"、"甲骨卜辞"或"龟甲兽骨文"，它是汉字的早期形式，也被认为是汉字的书体之一，是现存中国王朝时期最古老的一种成熟文字，最早出土于河南省安阳市殷墟。它是中国已知最早的成体系的文字形式，上承原始刻划符号，下启青铜铭文，是汉字发展的关键形态。

《礼记·表记》载："殷人尊神，率民以事神，先鬼而后礼。"殷商时期，国王在处理大小事务之前，都要用甲骨进行占卜，祈问鬼神，事后将所问之事契刻于甲骨上。占卜所用的材料主要是乌龟的腹甲、背甲和牛的肩胛骨，从事占卜的人就根据卜兆的各种形状来判断吉凶。

从殷商的甲骨文看来，当时的汉字已经发展成为能够完整记载汉语的文字体系了。

殷王武丁占卜用的龟腹甲

刻字兽骨

甲骨文记录和反映了商朝的政治和经济情况。殷墟是著名的殷商时代的遗址，范围包括河南省安阳市西北的小屯村、侯家庄等地。这里曾经是殷商后期中央王朝都城的所在地，所以被称为殷墟，这些甲骨基本上都是商王朝统治者的占卜记录。

人们在占卜之前，先把龟甲和牛肩胛骨锯削整齐，然后在甲骨的背面钻出圆形的深窝和浅槽，占卜时，先把要问的事情向鬼神祷告述说清楚，接着用燃烧着的木枝对深窝或槽侧烧灼，烧灼到一定程度,在甲骨的相应部位便显示出裂纹来。于是,占卜者根据裂纹的长短、粗细、曲直、隐显,来判断事情的吉凶、成败。占卜后,便用刀子把占卜的内容和结果刻在卜兆的近处,这就是卜辞。刻有卜辞的甲骨被当作档案资料妥善收藏在窖穴中,遂得以流传于后世。

殷商灭亡周朝兴起之后,甲骨文还延绵使用了一段时间。

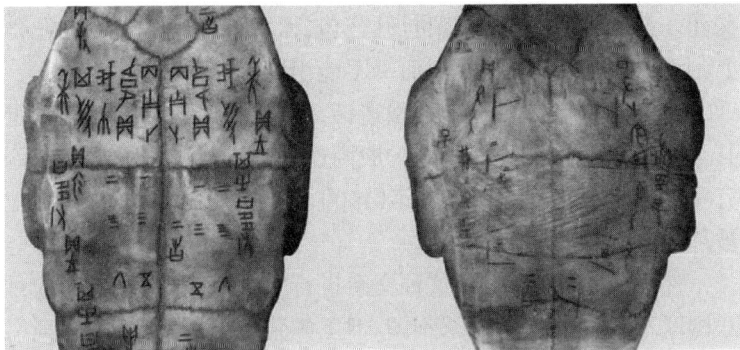

殷商甲骨

甲骨文的发现

甲骨文的发现,源于巧合。

清代光绪初年,我国河南省和河北省的交界处、黄河北岸附近,有一个安阳县(现名安阳市)。约在 1880 年左右,在安阳西北部的小屯村一带,农民从泥土中掘出了龟甲和牛骨,这些是3000 年前商代的遗物,农民称它为"龙骨"。

安阳当地有个理发匠,身患疮疖,无钱买药治疗,就把河边捡来的甲骨碾成细粉,敷在疮口上,脓水竟被吸干了。他又在手上划开一道口子,涂了焙干的龙骨粉,顿时起到了止血的作用。理发匠开始搜集这些神奇的龙骨,以每斤六文钱的价格,卖给药铺,并当场展示了"龙骨"的奇效,于是轰动了四邻,当地农民纷纷在农闲时以挖售"龙骨"为副业。后来商贾们发现安阳"龙骨"多,就到那里去收购,趁机囤积居奇,获取暴利,并对出土龙骨的地点严加保密。

由于药铺老板拒收上面有刻划痕迹的龙骨,小屯村的农民就用小刀将上面的痕迹刮掉，以六文钱一斤的价格，将挖出的龙骨卖给药铺。于是许许多多的商代史料被磨成粉，当作药吃进肚里，这就是后来人们所说的"人吞商史"。

清末光绪二十五年（1899年）秋天，北京城内一位山东福山人王懿荣，患了疟疾，延请太医诊治。太医诊脉后开出了一张处方，其中一味是中医常用的龙骨。据说龙骨可治刀伤烂疮，又可涩精补肾。王懿荣派了家人特地到宣武门外的老中药铺达仁堂购药。药买回来后，王懿荣打开药包，无意中发现药包中的龙骨上刻有古文字，与篆文相似而又不能识别。

王懿荣具有深厚的金石学造诣，他在得到龙骨之后，即认定其上文字是比籀文更加古老的殷商遗物，于是他开始重金收购有字的甲骨，至光绪二十六年（1900年）春，共得到1508片，他被称为"发现甲骨第一人"。

然而，王懿荣尚未对这种文字进行深入研究，即在同年七月八国联军攻占北京时自杀殉国。但王懿荣对甲骨的收购，逐渐引起学者的重视，古董商人则故意隐瞒甲骨出土地，以垄断货源，从中渔利。

王懿荣的好友刘鹗派人到河南多方打探，以为甲骨来自河南汤阴。后来学者罗振玉经过多方查询，终于确定甲骨出土于河南安阳洹河之滨的小屯村，这里与古文献记载的商朝后期的殷都所在地相吻合。甲骨文发现后，金石学家、古董商人、外国人开始大量收购。

这些甲骨文所记载的内容极为丰富，涉及到商代社会生活的诸多方面，不仅包括政治、军事、文化、社会习俗等内容，而且涉及天文、历法、医药等科学技术。从甲骨文已识别的约2500个单字来看，它已具备了"象形、会意、形声、指事、转注、假借"的造字方法，展现了中国文字的独特魅力。

甲骨文发现的故事，后来被人们称为"一片甲骨惊世界"的奇迹，在中国和世界考古史上写下了带有传奇性的篇章。

甲骨片

甲骨文的特点

甲骨文有完整的内容和形式，它不仅是研究我国文字源流的最早而有系统的资料,同时也是研究甲骨文书法重要的财富。从字体的数量和结构方式来看,甲骨文已经是发展到了有较严密系统的文字了。汉字的"六书"原则,在甲骨文中都有所体现。甲骨文的主要特点是:

第一,在字的构造方面,甲骨文的图画很强,以象形字体为主,有的字体甚至颇逼真,尤以与人或动物相关的名词象形最逼真,有些象形字只注重突出实物的特征,而笔画多少、正反向背却不统一。

甲骨文的象形性

第二,甲骨文的一些会意字,只要求偏旁会合起来含义明确,而不要求固定,因此甲骨文中的异体字非常多,同一个字可有十几种甚至几十种不同的写法,合文性字体不少,(就是把两个以上的字体组合成另一字体,以表达一个新含义)合文性字为后来的部首偏旁的创造作了前驱性的实践与铺垫。

第三,甲骨文的形体,往往是以所表示实物的繁简决定大小,有的一个字可以占上几个字的位置,也可有长、有短。行款没有定格,有的行款有从右到左,也有从左到右,有横写的,也有竖写的。这种行款方式在现存的书画艺术的行文补白上还一直盛行。

第四,因为字是用刀刻在较硬的兽骨上,所以笔画较细,方笔居多。有些字体在写法上尚未定型,例如"车"字有四种写法,又如"人"字有十二种写法,而且可以正写反写,字体还可以侧写倒写,尤其是合文性字体的组成,其某字可有增有减的,到其演进为部首偏旁时则可作颇灵活的取舍了。

早期甲骨文的一字多种写法

甲骨文书法

由于甲骨文是用刀刻成的,而刀有锐有钝,骨质有细有粗,有硬有软,所以刻出的笔画粗细不一。结构上,长短大小均无一定,或是疏疏落落,参差错综;或是密密层层,十分严整庄重,故能显出古朴多姿的无限情趣。甲骨文形体上虽然大小不一,错综变化,但已具有对称、稳定的格局。所以有人认为,中国的书法,严格来讲是从甲骨文开始的。

　　甲骨文书法还具有自身的一些特点。它一般是用刀直接刻字,有的刻好后还填以朱砂,也有个别不是刀刻而是用朱砂直接写成的。所以,甲骨文的刀法就体现了它的笔意。从刻划的线条犀利苍劲来看,刀法也很熟练。线条起止有度、转折恰当,且有粗有细,有长有短,说明有用单刀,也有用双刀的。字形结构一般呈瘦长形,有大小、长短、方圆之别;各种长短线条的排列疏密有序,各种横竖斜直线的组合也恰如其分,既保持了平衡对称的结构,又表现出丰富而有变化的笔意。同时,甲骨文还具备了象形、指事、会意、形声、转注、假借"六书"的汉字构造法则,既是成熟的文字,也是高水平的书法艺术。

　　甲骨文书法的风格类型分别有:一是劲健雄浑型、二是秀丽轻巧型、三是工整规矩型、四是疏朗清秀型、五是丰腴古拙型。总之,尽管甲骨文是契刻出来的文字,但笔意充盈,百体杂陈,或骨骼开张,有放逸之趣;或细密绢秀,具簪花之格,字里行间,多有书法之美。

甲骨文书法

　　从书法的角度审视,甲骨文已具备了书法的用笔、结字、章法三个基本要素。从用笔上看,甲骨文因用刀契刻在坚硬的龟甲或兽骨上,所以,刻时多用直线,曲线也是由短的直线接刻而成。其笔画粗细也多是均匀;由于起刀和收刀直起直落,故多数线条呈现出中间稍粗两端略细的特征,显得瘦劲坚实,挺拔爽利,并富有立体感。就结字而言,甲骨文外形多以长方形为主间或少数方形,具备了对称美或一字多形的变化美。另外,甲骨文在结字上还具有了方圆结合、开合揖让的结构形式,有的字还具有或多或少的象形图画的痕迹,具有文字最初发展阶段的稚拙和生动。从章法上看,卜辞全篇行款清晰,文字大小错落有致。每行上下左右虽有疏密变化,但全篇能形成行气贯串、大小相依、左右相应、前后呼应的活泼局面。并且,字数多者,全篇安排紧凑,给人以茂密之感,字数少者又显得疏朗空灵,总之,都呈现出古朴而又烂漫的情趣。其章法布置毫无做作气,错落自然,浑然一体,变化无穷,一片天机。无论从哪方面看,都体现了殷代先人高度的艺术技巧和艺术匠心,不愧为中国最早的书法艺术。

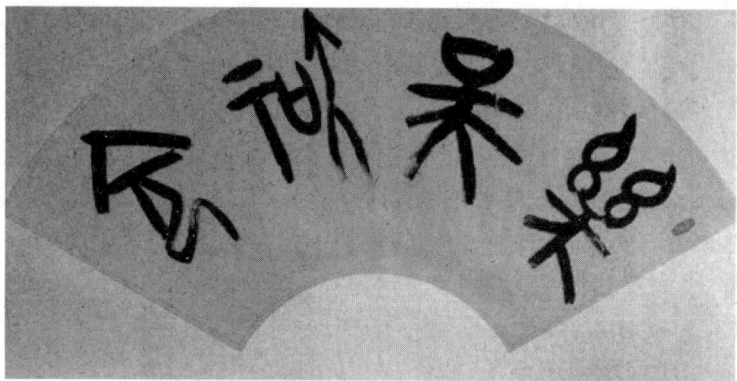

郝新安甲骨文书法扇面甲骨文书法

2. 石鼓文

石鼓文，即刻有籀文的鼓形石，因为文字是刻在十个鼓形的石头上，故称"石鼓文"。

石鼓文最早发现于唐初，出土共十枚，高约二尺，径约三尺，分别刻有大篆四言诗一首，共十首，计七百一十八字。内容最早被认为是记叙周宣王出猎的场面，故又称"猎碣"。

石鼓刻石文字多残缺，北宋欧阳修录时存四百六十五字，明代范氏《天一阁》藏本仅四百六十二字，而今之"马荐"鼓已一字无存。原石现藏故宫博物院石鼓馆，字体在古文与秦篆之间，一般称为"大篆"，石鼓刻于秦前还是秦后，考古界尚无定论。郭沫若鉴定认为应是秦襄公（公元前 777 年 –766 年）时期的作品。刘星、刘牧《石鼓诗文复原译释》则研究认为石鼓文产生于秦始皇二十八年（公元前 219 年）与"鲁诸儒生议刻石颂秦德"的始皇三十四年（公元前 213 年）之间。

2013 年 1 月 1 日，《国家人文历史》杂志评选秦石鼓文为"中国九大镇国之宝"之一。

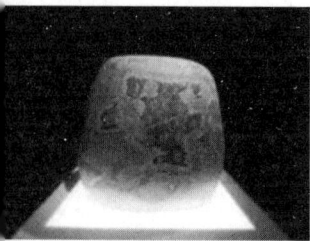

镇国之宝：秦石鼓文

石鼓文的特点

迄今为止，我国考古出土的石鼓共十只，高二尺，直径一尺多，其形像鼓，上细下粗顶微圆（实为碣状），因铭文中多言渔猎之事，故又称它为"猎碣"，上刻以籀文分刻十首为一组的四言诗,目前其字已多有磨灭,其第九鼓已无存字。其书传为史籀手笔,体态堂皇大度、圆活奔放,气质雄浑,刚柔相济,古茂遒朴而有逸气,横平竖直,严谨而工整,善用中锋,笔画粗细基本一致,有的结体对称平正,有的字则参差错落,近于小篆而又没有小篆的拘谨。

传说在石鼓文之前,史籀曾经对金文进行改造和整理,著有大篆十五篇,故大篆又被称为"籀文"。石鼓文是留传后世、保存比较完整且字数较多的书迹之一。石鼓文对后世的书法与绘画艺术有着非常重大的影响,不少杰出的书画家如:杨沂孙、吴大澄、吴昌硕、朱宣咸、熊国英、曹宇、王福庵等都长期研究石鼓文艺术,并将其作为自己书法艺术的重要养分,进而融入进自己的绘画艺术之中。

石鼓文的字体多取长方形,体势整肃,端庄凝重,笔力稳健,石与形,诗与字浑然一体,充满古朴雄浑之美。石鼓文比金文更规范、严整,但仍在一定程度上保留了金文的特征,它是从金文向小篆发展的一种过渡性书体。

在章法布局上,石鼓文虽字字独立,但又注意到了上下左右之间的偃仰向背关系、其笔力之强劲在石刻中极为突出,在古文字书法中,是堪称别具奇彩和独具风神的,方正丰厚,用笔起止均为藏锋,圆融浑劲,结体促长伸短,匀称适中,古茂雄秀,冠绝古今。

石鼓文的书风以工整严谨著称,笔画之间的间距十分均匀,线条粗细也一律相等,字形构架还有不少大篆的方法,因此体势以平稳安详取胜;当然,正因为它是出自秦人之手,因此它也已含有后来秦代小篆的那种工稳平均的审美趋向。在看来,这种趋向是表明了当时人崇尚正规、严谨、细致的"时代"倾向。

石鼓文的内容

经过专家释读,表明石鼓文是赞颂诗。它不叙秦国王公贵族的渔猎游玩之事,也不叙老百姓生活和生产劳动之情,而是记叙国家的重大活动;歌颂秦君主开疆治国的丰功伟业;歌颂秦国君主尊礼护周、拥戴天子之举;歌颂围猎、捕鱼、种植、养殖发展农

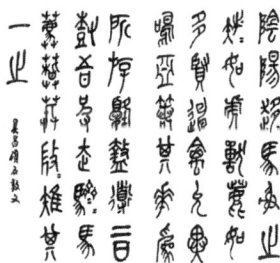

《石鼓文》书法

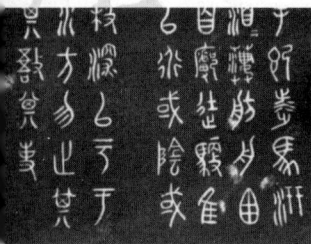
石鼓文拓片

业、牧业的成就；歌颂秦人英勇顽强、团结一心、忠于祖国的精神；颂扬秦国强大、法律严明、百姓诚信的强国风范。

石鼓文的具体内容是歌颂秦国君主及其辉煌业绩的一组史诗，十篇史诗各有内容，互不重复，分别赞颂秦国发展史上的十件大事。

《马荐》诗篇歌颂的是秦祖非子牧马建秦、复续嬴氏祀之事，关键时间点为公元前897年非子复续嬴氏祀之时。《马荐》高一尺六寸，围六尺八寸，在所有出土石鼓中最小、最矮。

《汧殹》诗篇歌颂的是秦襄公封侯始国之事，关键时间点为公元前770年襄公始国之时。《汧殹》高二尺一寸，围六尺三寸。

《霝雨》诗篇歌颂的是秦文公伐戎迁汧建都之事，关键时间点为文公三年东猎迁汧之时，即公元前763年。《霝雨》高二尺一寸，围六尺八寸。

《虞人》诗篇歌颂的是秦穆公用贤乃至称霸西戎之事，关键时间点为穆公五年用虞人大夫百里奚之时，即公元前655年。《虞人》高二尺一寸，围六尺三寸。

《作原》诗篇歌颂的是秦孝公变法和迁都咸阳之事，关键时间点为孝公十二年迁都咸阳之时，即公元前350年。《作原》残高一尺五寸，围六尺八寸。

《銮车》诗篇歌颂的是"天子致伯"秦孝公之事，关键时间点为孝公十九年天子致伯孝公之时，即公元前343年。《銮车》高二尺，围七尺三寸。

《田车》诗篇歌颂的是秦惠文王使张仪取陕打开东扩要道之事，关键时间点为惠文君十三年使张仪取陕之时，即公元前324年。《田车》高一尺八寸，围六尺四寸。

《而师》诗篇歌颂的是"天子致胙"秦惠文王以及嗣王武王始国之事，关键时间点为武王元年始国之时，即公元前310年。《而师》高二尺二寸，围六尺七寸。

《吾车》诗篇歌颂的是秦昭襄王定蜀之事，关键时间点为昭襄王六年司马错定蜀之时，即公元前301年。《吾车》高一尺七寸，围六尺六寸。

《吾水》诗篇歌颂的是始皇帝统一天下，"收天下之兵，聚之咸阳,销以为锺鐻,金人十二",至天下太平之事,时间应不早于始皇二十六年兼并六国之时,即公元前 221 年。《吾水》高二尺九寸,围七尺八寸。

这十篇石鼓文记述的渔猎、出征、祭祀活动场面宏大,赞扬君主英明,善治城池,重视渔猎,发展农业,军队强大,装备精良,歌颂士兵骁勇,人民勤劳,讲究诚信,民众团结,显示国威。十篇石鼓文展示了秦的强国面貌,是秦国的壮丽史诗和宏伟画卷。

五代战乱,石鼓散于民间,至宋代几经周折,终又收齐,放置于凤翔学府。

宋徽宗素有金石之癖,尤其喜欢石鼓,他于大观二年(公元 1108 年),将石鼓文迁到忭京国学,用金符字嵌起来,后因宋金战争,复迁《石鼓》于临安(今杭州),金兵进入汴京后,见到石鼓以为是"奇物",将其运回燕京(今北京)。清乾隆五十五年(1790 年),清高宗为更好地保护原鼓,曾令人仿刻了十鼓,放置于辟雍(大学)。现仿鼓在北京国子监,其形状与刻字部位和原石鼓有不少差别。

此后,石鼓又经历了数百年的风雨沧桑。抗日战争爆发,为防止国宝被日寇掠走,由当时故宫博物院院长马衡主持,将石鼓迁到江南,抗战胜利后又运回北京,1956 年在北京故宫展出。

石鼓文是我国最早的石刻文字,世称"石刻之祖"。而今,石鼓文是我们了解汉字的重要历史材料,研究石鼓文,也可以更好地帮助我们了解汉字的发展历史。

石鼓文

附:与石鼓文有关的诗歌

石鼓歌

唐·韦应物

周宣大猎兮岐之阳,刻石表功兮炜煌煌。

石如鼓形数止十,风雨缺讹苔藓涩。

今人濡纸脱其文,既击既扫白黑分。

忽开满卷不可识,惊潜动蛰走纭纭。

喘息逶迤相纠错,乃是宣王之臣史籀作。

一书遗此天地间，精意长存世冥寞。
秦家祖龙还刻石，碣石之咢李斯迹。
世人好古犹法传，持来比此殊悬隔。

石鼓歌
唐·韩愈

张生手持石鼓文，劝我试作石鼓歌。
少陵无人谪仙死，才薄将奈石鼓何。
周纲陵迟四海沸，宣王愤起挥天戈。
大开明堂受朝贺，诸侯剑佩鸣相磨。
蒐于岐阳骋雄俊，万里禽兽皆遮罗。
镌功勒成告万世，凿石作鼓隳嵯峨。
从臣才艺咸第一，拣选篆刻留山阿。
雨淋日炙野火燎，鬼物守护烦㧙呵。
公从何处得纸本，毫发尽备无差讹。
辞严义密读难晓，字体不类隶与科。
年深岂免有缺画，快剑斫断生蛟鼍。
鸾翔凤翥众仙下，珊瑚碧树交枝柯。
金绳铁索锁纽壮，古鼎跃水龙腾梭。
陋儒编诗不收入，二雅褊迫无委蛇。
孔子西行不到秦，掎摭星宿遗羲娥。
嗟予好古生苦晚，对此涕泪双滂沱。
忆昔初蒙博士徵，其年始改称元和。
故人从军在右辅，为我度量掘臼科。
濯冠沐浴告祭酒，如此至宝存岂多。
毡包席裹可立致，十鼓只载数骆驼。
荐诸太庙比郜鼎，光价岂止百倍过。
圣恩若许留太学，诸生讲解得切磋。
观经鸿都尚填咽，坐见举国来奔波。
剜苔剔藓露节角，安置妥帖平不颇。
大厦深檐与盖覆，经历久远期无佗。
中朝大官老于事，讵肯感激徒婤娿。

牧童敲火牛砺角，谁复著手为摩挲。
日销月铄就埋没，六年西顾空吟哦。
羲之俗书趁姿媚，数纸尚可博白鹅。
继周八代争战罢，无人收拾理则那。
方今太平日无事，柄任儒术崇丘轲。
安能以此上论列，愿借辨口如悬河。
石鼓之歌止于此，呜呼吾意其蹉跎。

石鼓歌

北宋·苏轼

冬十二月岁辛丑，我初从政见鲁叟。
旧闻石鼓今见之，文学郁律蛟蛇走。
细观初以指画肚，欲读嗟如箝在口。
韩公好古生已迟，我今况又百年后。
强寻偏旁推点画，时得一二遗八九。
吾车既工马亦同，其鱼维鱮贯之柳。
古器纵横犹识鼎，众星错落仅名斗。
模糊半已似瘢胝，诘屈犹能辨跟肘。
娟娟缺月隐云雾，濯濯嘉禾秀芰荞。
漂流百战偶然存，独立千载与谁友。
上追轩颉相唯诺，下揖冰斯同鷇彀。
忆昔周宣歌鸿雁，当时史籀变蝌蚪。
厌乱人方思圣贤，中兴天为生耆耇。
东征徐虏阚虓虎，北伐犬戎随指嗾。
象胥杂沓贡狼鹿，方召联翩赐圭卣。
遂因鼓鼙思将帅，岂为考击烦朦瞍。
何人作颂比嵩高，万古斯文齐岣嵝。
勋劳至大不矜伐，文武未远犹忠厚。
欲寻年岁无甲乙，岂有名字记谁某。
自从周衰更七国，竟使秦人有九有。
扫除诗书诵法律，投弃俎豆陈鞭杻。
当年何人佐祖龙，上蔡公子牵黄狗。

登山刻石颂功烈，后者无继前无偶。
皆云皇帝巡四国，烹灭强暴救黔首。
六经既已委灰尘，此鼓亦当遭击掊。
传闻九鼎沦泗上，欲使万夫沉水取。
暴君纵欲穷人力，神物义不污秦垢。
是时石鼓何处避，无乃天公令鬼守。
兴亡百变物自闲，富贵一朝名不朽。
细思物理坐叹息，人生安得如汝寿。

瓦器易石鼓文歌

北宋·张耒

周纲既季宣王作，提剑挥呵天地廓。
朝来吉日差我马，夜视云汉忧民瘼。
桓方召执弓铖，荡荡申韩赐圭爵。
北驱猃狁走豺狼，南伐徐夷斩鲸鳄。
明堂车马走争先，清庙笙镛尸载乐。
岐阳大猎纪功伐，石鼓岩岩万夫凿。
千年兵火变朝市，后世纸笔传冥漠。
迹荒事远贵者寡，叹惜风霜日摧剥。
君诚嗜古更过我，易以瓦器尤奇卓。
满盘苍玉列我前，制古形奇异雕琢。
羲黄已亡巧伪起，采椽土木消纯朴。
何为获此上古器，经历万古遭搜掠。
寥寥墨翟骨已朽，尚有遗风传隐约。
又疑晏子矫齐俗，陶土抟泥从俭薄。
或云古者宗庙器，斥弃金玉先诚确。
是时此物参鼎俎，蕡桴土鼓诚为乐。
呜呼二物信奇绝，赖有吾徒与提握。
不然乌瓦与荒碑，坐见尘埃就零落。

石鼓诗

元·揭傒斯

孔庙颓墙下，周宣石鼓眠。
苔分敲火迹，雨洗篆蜗涎。
野老偷为臼，居人打卖钱。
有形终易尽，流落漫堪怜。

石鼓诗

明·卢原质

羲皇妙心画，人文始昭宣。
后圣更有作，载籍日粲然。
成周逮中叶，宣王振其颠。
宏纲用勿坠，厥德未为愆。
伟哉岐阳猎，伐石工磨镌。
方前固云迈，揆后信犹贤。
嬴秦一何愚，尽灭古简编。
翻刻李斯文，乃欲垂万年。
岂谓不旋踵，扫迹如云烟。
孔壁遂启藏，此石亦偶全。
于今二千载，墨本盛流传。
要知文字行，白日丽中天。
纵今荡无存，人心复开先。
贤圣去我远，鲁鱼失其筌。
安得周召徒，为倡麟趾篇。

石鼓诗

明·程敏政

岐阳埋没草离离，汴省燕都石屡移。
三代文章存鸟迹，百年风雨蚀虬皮。
摩挲尚识宗周器，题跋谁镌蒙古辞。
却爱胜游黄叔度，孔庭怀古立多时。

石鼓诗

明·王家屏

我闻周宣狩岐阳，其时中兴王业昌。

作诗刻字传永久，辞高二雅文三仓。

遗碣累累至今在，鬼护神呵更显晦。

自岐徙汴复入燕，幸遭珍重休明代。

鸿都石经久已讹，此鼓完好曾不颇。

文庙之中戟门畔，几回剔藓为摩挲。

固知至宝非容易，合令安顿森严地。

今皇文治迈成周，讲求自是词臣事。

谁人得比韩孟才，斡旋风云天汉来。

惟有岣嵝一片石，千秋万古共崔嵬。

石鼓诗

明·顾文昭

古文不可见，籀也遗芬芳。

去今二千载，字画犹端庄。

缺落虽不完，间亦存数行。

如逢冠剑士，济济游严廊。

想见当时盛，会朝坐明堂。

仆隶皆证人，从知史臣良。

况在文武日，交修宁少忘。

西旅贡厥獒，召公远为防。

周宣中兴主，羽猎思外攘。

惜哉词语间，末及戒其荒。

赵君博雅士，好古能收藏。

起我东周叹，题诗赠慨慷。

三、汉字的发展历程及影响

汉字是世界上使用时间最久、空间最广、人数最多的文字，汉字的创制和应用不仅推进了中华文化的发展，还对世界文化的发展产生了深远的影响。而汉字从形成到定型,也经历了漫长的发展过程。

　　文字的发展是个由低级到高级的过程,由记事到记语、由表义到表音、由浑沌到清晰的过程。文字的发展是文字的内部矛盾斗争促使的,这种矛盾就是文字的能记和所记之间的矛盾,就是文字的记录能力和文字的记录对象之间的矛盾。这种矛盾的每一突破,就是文字的一大发展。

　　汉字的发展过程是汉字字形字体逐步规范化、稳定化的过程。

1. 汉字的构成

　　中国文字创造之初,是由图画、象形文字演化而来的。中国文字的演化,始终维持着原始的绘画或符号内容,只是在形成更多文字时,在原有文字构成的基础上,加以种种组合,以求形成更多的文字,这在世界文化史上是独一无二的。

　　关于汉字的造字法,从汉朝以来,便有"六书"的说法。"六书"的这个概念始见于《周礼·地官·保氏》:"保氏掌谏工恶而养国子以道,乃教之六艺,一曰五礼,二曰六乐,三曰五射,四曰五驭,五曰六书,六曰九数。"

　　一般来说,汉字的造字方法有象形、指事、会意、形声。我国古代对造字法有"六书"的提法,除了上述四种外,还包括转注和假借。

　　象形,即字的形状是仿照事物的形体而成的。象形字当中,也有一些不是直接用来表示具体实物, 而是用来表示与实物有关的概念。例如:"大"字,原来是像一个正面直立的人的形状,手足展开,就表示"大"的意思了。这种从名词推广到形容词的造字法,是后来发展出来的。象形字虽然起源最早,但数量却最少。因为这种依样画葫芦的方法有明显的弊端, 有的字是没有实物对照的。后来为了克服象形字的局限性,以适应社会发展的需要,就又发明了另一种造字法——指事法。

　　指事,这种构字方法,就是在象征性的符号或在图形上加上指示性符号来表示意义的造字法。这种造字法大体上可分为两类:一类是单纯性的符号,即不成图形的符号;另一类是附合在

图形上的符号。例如"上"、"下"、"凶"……等等。"上"、"下"两个字是用横线"一"为界,在横线上用一点或较短的短线指出上方的位置,也就是"上"字;而在横线下面画符号则是"下"字。"凶"字是指地上有一个深坑,走路的人没看见而踏空掉进坑里,"凵"代表深坑,中间的"×"符号就是象征在陷阱里放置的致命的危险物(交叉而置的箭)。但这种方法还不能普遍地应用到很多事物上,而且作为符号的点、横等跟其他笔画混在一起不容易分辨,于是我们的祖先又想出了一个办法,用几个图画合起来表示一个意思,即会意法。

会意,就是把两个或两个以上的字联系起来而派生出一个新字义,从而产生一个新字。如"人"字和"言"字合并成"信"字,意思是人言而有信。我们的祖先有着无穷的智慧,他们想到了文字是记录说话的,说话跟声音有关,于是就又发明了形声字。

形声,是由形与声两部分组成。例如"湖"字,以"水"为形,字义与水有关,"胡",则与读音相同或相近。

转注,转注的含义在于用两个字互为注释,彼此同义而不同形。例如"考"、"老"二字。古时"考"可作"长寿"解释,两字相通,意义一致,故这类字称为"转注字"。

假借,假借字,即一字两用。原来本无此字,然而有些新的意义又无字表达,于是就把这种尚无字可以表达的意义赋予一个原有的字。许慎说:"假借者,本无其字,依声托事,令长是也。"例如:"难"原是鸟名,借为"艰难"之难;"长"是长发,借为长久之长;"久"是"从后灸之",借为"久远"之久,等等。

指事字"上、下"图解

2. 汉字的发展历程

汉字与历史互相依存,共同发展。汉字是历史发展的印记,而历史又是汉字发展的源泉。历史的长河以磅礴的气势在奔涌,时代的脉搏在跳动,"汉字"作为中华民族文化的瑰宝也将不断地变化发展。

在中国文字中,各个历史时期所形成的各种字体,有着各自鲜明的艺术特征。如篆书古朴典雅,隶书静中有动、富有装饰性,草书风驰电掣、结构紧凑,楷书工整秀丽,行书易识好写、实用性

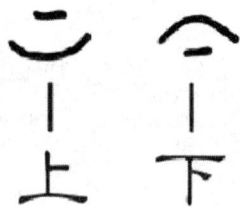

强，且风格多样，个性各异。但是在秦统一文字前，中国的汉字，不论从字体、应用角度而言，都是混乱的。

目前还难以确定汉字成型的最早的时代，但最晚在距今3500年左右的殷商晚期，汉字已经趋于成熟。殷商晚期的甲骨文是现在已经发现的最早的能够系统地记录语言的成熟汉字，而汉字的发展大致经历了以下几个时期：

古文

古文从广义而言，指包括大篆在内的小篆以前的文字；狭义地讲，是指中国文字史上大篆以前的文字，即甲骨文与金文。这里采用狭义的古文概念。古文包含甲骨文与金文，其中，甲骨文被人们视为中国最早的定型文字。

甲骨文字：大约是在公元前14世纪的殷商后期，"表意符号"演变成了比较定型的"甲骨文"，这被认为是"汉字"的第一种形式。被刻在动物的骨头上和乌龟的龟板上的甲骨文，被认为是"现代汉字"的直系祖先，其内容多为"卜辞"，也有少数为"记事辞"。甲骨文大部分符合象形、会意的造字原则，其文字有刀刻的，有的填满朱砂，也有直接朱书墨书的。至今为止发现的"甲骨文"有五千多种，可以解读的有一千多个。

甲骨文

　　殷代图像金文：青铜器的大量使用，使得被刻在青铜的钟鼎和石鼓上的文字即"金文"应运而生，先秦称铜为金，故铸刻在青铜器上的文字叫做"金文"，又叫"钟鼎文"或"石鼓文"，相传金文是周宣王时期太史所创写的。

　　与甲骨文相比，金文象形程度更高，显示了更古的文字面貌。金文填实的写法，使形象生动逼真，浑厚自然。甲骨文是商代书写的俗体，金文才是正体，显示了正体多繁、俗体趋简的印迹。

金文

大篆

　　西周后期，汉字发展演变为大篆。大篆的发展结果产生了两个特点：一是线条化，早期粗细不匀的线条变得均匀柔和了，它们随实物画出的线条十分简练生动；二是规范化，字形结构趋向整齐，逐渐离开了图画的原形，奠定了方块字的基础。大篆又有"籀文"、"籀篆"、"籀书"、"史书"之称，因其为史籀所作，故世称"籀文"。

大篆

小篆

小篆又名"秦篆",为秦朝丞相李斯等人所整理出的标准字体。秦始皇统一文字,统一度量,其功绩显著的就是当时的宰相李斯。李斯对当时的文字进行收集整理然后进行删繁就简地美化加工,这种统一后的文字被称为"小篆",亦称为"秦篆"。这个时候的文字几乎已经完全没有象形文字的痕迹了。小篆之形体结构规整协调,笔势匀圆整齐,偏旁也作了改换归并,与大篆相比较无象形性。

从大篆到小篆的文字变革,其在中国文字史上具有极重大的意义。

小篆

隶书

隶书主要有秦隶和汉隶，秦隶是隶书的早期形式，汉隶则是隶书之成熟字体。从小篆向隶书演变的第一步，最显著的变化是从婉曲的线条变为平直的笔画，从无角变成有角。隶书因其字较方正、厚实，故带有刚正不阿的严肃感。"秦隶"并没有完全摆脱"小篆"的结构特点，基本上是方形，而"汉隶"就完全发挥了毛笔的特点，出现了"蚕头雁尾"的波折之笔，书写起来轻松自如。隶书在汉代得到了很大的发展，变无规则的线条为有规则的笔画，奠定了现代汉字字形结构的基础。

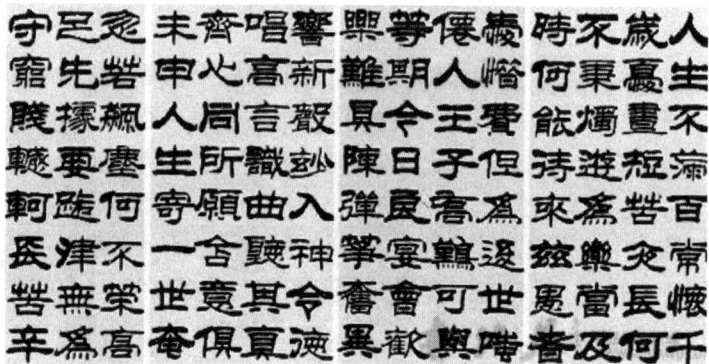

隶书

楷书

中国东汉末年，一种新的汉字字体——楷书出现了，创始人为钟繇。晋代的王羲之、王献之父子是楷书书法的真正发扬者，颜真卿、柳公权、欧阳询等书法家都是当时的佼佼者。

楷书汲取了篆书的圆转笔画，也保留了隶书的方正平直，去掉了"蚕头燕尾"，使汉字的结构大体的固定了下来，当时被称之为"真书"，后人因为以这种字体作为学习书法的楷模，即改称之为"楷书"。这种字体一直沿用至今，被视为标准字体且为世人所喜爱。楷书有一种稳重而衍生出的宁静之感，文字因个人书写的方式、性格之异，而有不同风格。

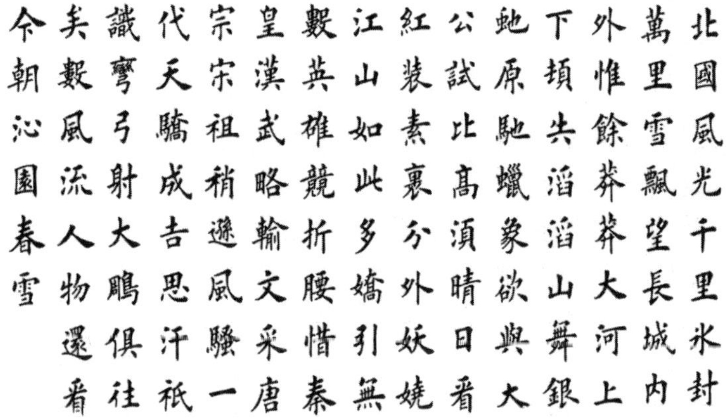

北国风光，千里冰封，万里雪飘。望长城内外，惟余莽莽；大河上下，顿失滔滔。山舞银蛇，原驰蜡象，欲与天公试比高。须晴日，看红装素裹，分外妖娆。

江山如此多娇，引无数英雄竞折腰。惜秦皇汉武，略输文采；唐宗宋祖，稍逊风骚。一代天骄，成吉思汗，祗识弯弓射大雕。俱往矣，数风流人物，还看今朝。沁园春·雪

楷书

行书

行书是一种统称，分为行楷和行草两种。它是在楷书的基础上发展起源的，介于楷书、草书之间的一种字体，是为了弥补楷书的书写速度太慢和草书的难于辨认而产生的。"行"是"行走"的意思，因此它不像草书那样潦草，也不像楷书那样端正，实质上它是楷书的草化或草书的楷化。楷法多于草法的叫"行楷"，草法多于楷法的叫"行草"。行书实用性和艺术性皆高，而楷书是文字符号，实用性和艺术性相对不足。相比较而言，草书艺术性高，而实用性相对不足。

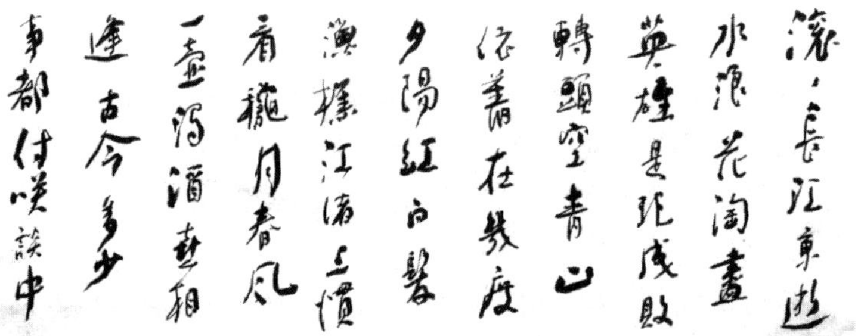

滚滚长江东逝水，浪花淘尽英雄。是非成败转头空，青山依旧在，几度夕阳红。白发渔樵江渚上，惯看秋月春风。一壶浊酒喜相逢，古今多少事，都付笑谈中

行书

草书

"草书",又称"破草"、"今草",由篆书、八分、章草,沿袭多种古文字变化而成。它本于章草,因为起于草稿的字体,为了发挥速写功能,较为省略草率,自然不能工整,草草写成,顾名思义而为草书。

草书沿袭多种古文字变化而成。"草书"的起源,亦如行书和其他书体一样,无法确指始于何时。而章草又带有比较浓厚的隶书味道,因其多用于奏章而得名。章草进一步发展而成为"今草",即通常人们习称的"一笔书"。今草大部分较章草及行书更趋于简捷,草书给予观者豪放不羁、流畅之感,而后又有"狂草"等更为肆意潇洒的字体。

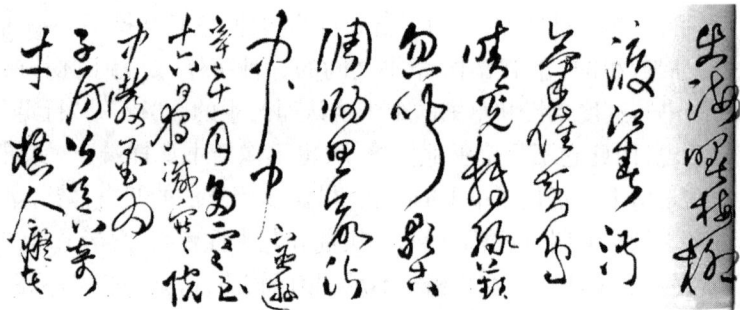

草书

宋体字和仿宋体

中华四大伟大发明之一——雕版印刷被毕昇改进为活字印刷术,"宋体字"也应运产生。宋体字最早产生于北宋,是由楷书变化而来,有肥体和瘦体之分,可无论肥瘦,都是横细竖粗,方方正正,显得古朴端庄。

"仿宋体"是模仿"宋体"而产生的一种字体,是现在人们最喜欢使用的一种规范字体,在印刷品中还有各种不同场合得到了广泛的应用,丰富了汉字的表现形式。由于宋体字适于印刷刻版,又适合人们在阅读时的视觉要求,是出版印刷使用的主要字体,亦是现在运用得最广泛的汉字字体。

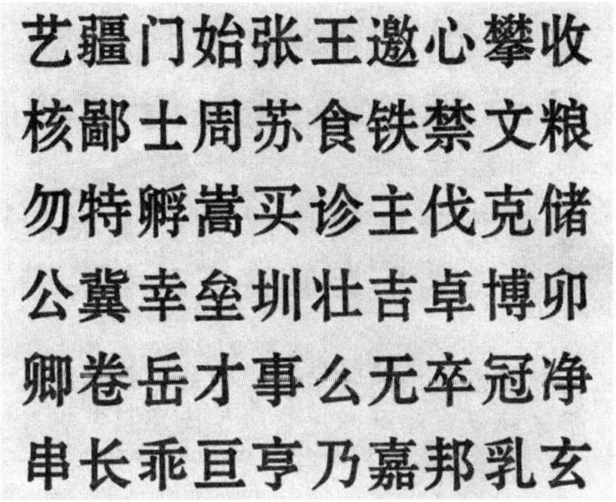

艺疆门始张王邀心攀收
核鄁士周苏食铁禁文粮
勿特孵嵩买诊主伐克储
公冀幸圣圳壮吉卓博卯
卿卷岳才事么无卒冠净
串长乖亘亨乃嘉邦乳玄

宋体字

3. 汉字的六大突出优点

汉字是中华民族的文化瑰宝，也是人类文明史上的奇迹。曾潜心研究几十年汉字和英文比较的香港工商界名人安子介先生曾提出"汉字是中国的第五大发明"的观点。

相较于其他文字，汉字有自己显著的优点。首先，汉字是世界上通行面最广的文字；其次，汉字是世界上历史最悠久的文字之一，它是独立创造、独立发展起来的文字。

对照其他民族的拼音文字，我们可以知道，它们大都是依傍着别的民族已有的文字改造而来的。而汉字则是由图画发展起来的象形文字，再以象形文字为基础，用一种独创的方法把音行义结合起来，成为一种丰富多彩的文字体系。

总结起来，汉字有六大优点。

第一，汉字是读法最动听的文字之一。

汉字一字一音，每个音又分为四个音调，因此读起来响亮清晰、婉转动听，有节奏感，有音乐美，是世界上最美的语言。用这种语言写成的诗文，有铿锵悦耳、抑扬顿挫的美感，特别是诗，讲究平仄、对仗，所以，诗句可以特别整齐、节奏特别鲜明，琅琅上口。由于汉字语音响亮清晰，所以汉字在"人机对话"方面占有明显优势。有人预言，21世纪是"汉字的世纪"。

第二，汉字是书写最优美的文字之一。

汉字书写已成为一种艺术——书法艺术。汉字的书法艺术是任何其他文字都无法相比的，古代书法作品已经成为无价之宝。

第三，汉字阅读较为便利。

人类的眼睛视野总是一个面，而不是一条线，所以线性排列不易辨认，排成方块则一目了然。汉字是方块文字，比拼音文字有更高的阅读效率。

第四，汉字具有关联性，信息获取较为系统化。

汉字是形音义的统一体，因为汉字所记录的是语素，而语素是音义的统一体，每个语素既有声音又有意义，加上汉字的形体，所以汉字是形音义的统一体。正因为汉字的这个特点，所以我们初学汉字有一定困难，但是如果学习了一定数量的汉字以后，进而学习词语就不困难了。

例如我们学习了"电"字，可以和别的有意义的汉字组成"电话、电灯、电线、电视、电影、电流、电机、电表、电动"，而对这些新词，我们基本上不用重新学习记忆，很容易理解掌握，因为我们学会了一个一个的汉字，实际上就等于学会了一个一个的构成词的语素，掌握了这些构词成分的形、音、义，再来学习理解这些词语，自然就非常容易了。

第五，汉字很形象，直观达意。

汉字是象形文字，其显著的特点是字形和字义的联系非常密切，具有明显的直观性和表意性。汉字的表意性使汉字成为世界上唯一能跨越时空的文字。现在的人仍能读懂2500年前的《诗经》，朗诵"关关雎鸠，在河之洲，窈窕淑女，君子好逑"。

汉字有着区别于世界其他各种语言的根本特点，这就是汉语语法自身的特殊性，即意合。无论是词组合成句子，还是单句组合成复句，首先考虑的因素往往是语意的配合，而不是语法形式的使用，只要几个负载着重要信息的关键词语在意义上大致搭配得拢，就能言简意赅地达到交际目的，这几个词就可以组合在一起，这就是所谓的"意合"。汉语语法的这一特点，使它结构独特，灵活多变，颇多隐含，着重意念，其意合性、灵活性和简约性是其他语言所不能比拟的。

第六,汉字信息量是所有语言中最大的。

汉字系统的字数,数量之多是非常惊人的。从古到今,汉字的总字数已达到八万多个,据资料统计,现代汉语常用字在一万左右,国家公布的《现代汉语通用字表》收录汉字七千个,《现代汉语常用字表》收录汉字三千五百个,远远多于其他文字系统。我们可以用英文和汉字做个比较,这种差异就看出来了。现在电脑处理文字信息,一般使用点阵表示,即用电子方阵来表示一个字符,每个方阵有若干个格子,其中有笔画的点亮,没有笔画的点暗,这样就实现了文字自负的显示。显示英文,最低要用 7×9 点表示一个字符(一般要使用 9×12 点),显示汉字,最低要使用 16×16 点表示一个字符(一般要用 24×24 点)。英文的字符我们算 100 个,汉字的字符只算 7000 个,那么所占的点是:

英文: $7 \times 9 \times 100 = 6300$ 点

汉字: $16 \times 16 \times 7000 = 1792000$ 点

汉字字形存储量在电脑中所占的空间,是英文的 284 倍,差距之大是惊人的。

汉字的这些优点促使汉字成为所有语言中一道靓丽的风景线,也促使汉字的魅力历久弥新,令人神往。

四、汉字书法概述

文字的记录方式是书写,而书写的方式则逐渐演变成一门艺术——书法。

书法是世界上少数几种文字所有的艺术形式,包括汉字书法、蒙古文书法、阿拉伯文书法等。其中"中国书法"是中国汉字特有的一种传统艺术。

中国的书法艺术,多指用毛笔写汉字的艺术。中国之画与书法为缘,而多含文学之趣味。从广义讲,书法是指语言符号的书写法则。换言之,书法是指按照文字特点及其涵义,以其书体笔法、结构和章法写字,使之成为富有美感的艺术作品。

汉字书法为汉族独创的表现艺术,被誉为无言的诗、无行的舞、无图的画、无声的乐。

1. 汉字书法特点

书法是中国特有的一种传统艺术。由于象形文字本身就是从构画开始的,因此,中国书法与绘画能够很自然地、轻松地结合一起,交相辉映。

中国汉字是劳动人民创造的,开始以图画记事,经过几千年的发展,演变成了当今的文字,又因祖先发明了用毛笔书写,便产生了书法,古往今来,均以毛笔为书写汉字的主要工具,至于其他书写形式,如硬笔、指书等,其书写规律与毛笔字基本相通。

狭义而言,书法是指用毛笔书写汉字的方法和规律,包括执笔、运笔、点画、结构、布局(分布、行次、章法)等内容。例如,执笔指实掌虚,五指齐力;运笔中锋铺毫;点画意到笔随,润峭相同;结构以字立形,相安呼应;分布错综复杂,疏密得宜,虚实相生,全章贯气;款识字古款今,字大款小,宁高勿低等。

中国的书法艺术开始于汉字的产生阶段,《书林藻鉴》记载:"声不能传于异地,留于异时,于是乎文字生。文字者,所以为意与声之迹。"因此,产生了文字。书法艺术的第一批作品不是文字,而是一些刻画符号——象形文字或图画文字。

原始文字的起源,是一种模仿的本能,用于形象某个具体事物。它尽管简单而又混沌,但它已经具备了一定的审美情趣,这种简单的文字因此可以称之为史前的书法。

中国字的基本形态是方形的,但是通过点画的伸缩、轴线的扭动,也可以形成各种不同的动人形态,从而组合成优美的书法作品。结体形态,主要受两方面因素影响,一是书法意趣的表现需要;二是书法表现的形式因素。就后者而言,主要体现在三个方面:一为书体的影响,如篆体取竖长方形;二为字形的影响,有的字是扁方形、而有的字是长方形的;三为章法的影响。因此,只有在上述两类因素的支配下,进行积极的形态创造,才能创作出美的结体形态。

汉字书法点画结构美,其构建方式主要有两种,一是指各种点画按一定的组合方式,直接组合成各种美的独体字和偏旁部首。二是指将各种部首再按一定的方式组合成各种字形。中国字的部首组合方式无非是左右式、左中右式、上下式、上中下式,包围式、半包围式等几种。这些原则主要是比例原则、均衡原则、韵律原则、节奏原则、简洁原则等。这里特别要提的就是比例原则,其中黄金分割比又是一个非常重要的比例,对点画结构美非常重要。

汉字书法墨色组合美,体现结体墨色组合的艺术性,主要是指其组合的秩序性。作为艺术的书法,它的各种色彩不能再是杂乱无章的,而应是非常有秩序的。这里也有些共同的美学原则,要求书者予以遵守。如重点原则、渐变原则、均衡原则等。书法结体的墨色组合,一是对背景底色的分割组合。人们常说的"计白当黑",就是这方面的内容。二是点画结构的墨色组合。从作品的整体效果来看,不但要注意点画墨色的平面结构,还要注意点画墨色的分层效果,从而增强书法的表现深度。

2. 中国书法的发展

书法的演变一般是指书法字体的演变。中国书法历史悠久,书体沿革流变,书法艺术异彩迷人。从甲骨文、金文演变而为大篆、小篆、隶书,至东汉、魏、晋的草书、楷书、行书诸体,书法一直散发着独特的艺术魅力。从象形文字到甲骨文,商周、春秋还有汉代的简帛朱墨手迹,唐楷的法度,宋人尚意,元明尚态,清代的碑帖之争等书法演进。

中国书法启蒙于商,形雏于周,建立于秦,成就于汉,发挥于晋、隋,辉煌于唐宋,直至今日。

在殷商时期,中国人就开始使用甲骨文,在龟甲和骨片上刻字凿画,记录事件或表示信仰。

甲骨文书法

汉字真正形成是在西周晚期。大篆的出现，使文字"线条化"了。于是，文字由"画"向"字"迈出了一大步，刻画也变成了刻字，书写文字的美感就这样第一次的体现了出来。

出土于唐朝前秦时期的"石鼓文"，字势雄浑厚朴，用笔匀圆挺拔，行列均衡疏朗。苏东坡称为："上迫轩颉相唯诺，下揖冰斯同箝辖（箝辖：紧缩小心之意）"，对其书写刻画端秀大气之美倍加赞誉。

从夏商周，经过春秋战国，到秦汉王朝，两千多年的历史地发展也带动了书法艺术的发展。这个时期内各种书法体相继出现，有甲骨文、金文、石刻文、简帛朱墨手迹等，其中篆书、隶书、草书、行书、楷书等字体在数百种杂体的筛选淘汰中定型，书法艺术开始了有序的发展。

秦始皇统一国家后，丞相李斯主持统一全国文字，称为"秦篆"，又叫"小篆"，是在金文和石鼓文的基础上删繁就简而来的。李斯主持整理出了小篆，《绎山石刻》《泰山石刻》《琅玡石刻》、《会稽石刻》即为李斯所书，历代都有极高的评价。秦代是书法继承与创新的变革时期。

李斯《会稽石刻》

到了西汉，隶书完成了由篆书到隶书的蜕变，结体由纵势变成横势，线条波磔更加明显。隶书的出现是汉字书写的一大进步，是书法史上的一次革命，不但使汉字趋于方正楷模，而且在笔法上也突破了单一的中锋运笔，为以后各种书体流派奠定了基础。

两汉书法分为两大表现形式，一为主流系统的汉石刻，一为次流系统的瓦当玺印文和简帛盟书墨迹。"后汉以来，碑碣云起"是汉隶成熟的标记。在摩崖石刻中（刻在山崖上的文字）尤以《石门颂》等为最著名，书法家视为"神品"。

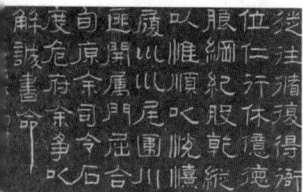

《石门颂》临帖

书法艺术的繁荣期，是从东汉开始的。东汉时期出现了专门的书法理论著作，最早的书法理论提出者是东西汉之交的扬雄。第一部书法理论专著是东汉时期崔瑗的《草书势》。汉代书法家可分为两类：一类是汉隶书家，以蔡邕为代表；一类是草书家，以杜度、崔瑗、张芝为代表。最能代表汉代书法特色的，莫过于是碑刻和简牍上的书法。东汉碑刻林立，这一时期的碑刻，以汉隶刻之，字型方正，法度谨严，波磔分明。此时隶书已登峰造极。

汉代创兴草书,草书的诞生,在书法艺术的发展史上有着重大意义。它标志着书法开始成为一种能够高度自由地抒发情感,表现书法家个性的艺术。草书的最初阶段是草隶,到了东汉时期,草隶进一步发展,形成了章草,后由张芝创立了今草,即草书。

楷书被称为"正书"或"真书",始成于东汉,距今也有两千年的历史。那时,笔墨纸砚皆已具备,书写条件得到极大改善,于是中国真正的书法时代开始了。楷书的名家很多并自成一体,如"欧体"(欧阳询)、"虞体"(虞世南)、"颜体"(颜真卿)、"柳体"(柳公权)、"赵体"(赵孟頫)等,多为唐宋文人。从篆书弯弯曲曲,到隶书一波三折,再到楷书秀丽挺拔,书写速度加快了许多,表现力也大大提高。无数文物证明,汉字形体的艺术表现在这段时期得到了极大的张扬和发展。事实上,隶书、楷书、草书、行书都是在汉朝有所成就的。楷书之后,汉字的艺术书法作品便如雨后春笋般,在华夏大地开始迸发。

草书最早始发于汉,为"隶草",即为了快速书写隶书之便而形成的手法。草书形成于汉却成就于唐并有章草、今草、狂草之分。

行书的产生自当在草书之后,约于东汉末年,形式却介于楷书与草书之间,为了书写方便而又兼顾了美观。行书的出现对中国近代乃至现代书法史的建立奠定了基础。书法上说的行云流水、笔走龙蛇就是形容行书的。既能疾写飞书又易让人辨读,唯行书最佳耳。行书的变异体行草,为书法艺术表现的宽度并同时又降低其艺术表现的难度立下了磐石砥柱之功。

三国时期,隶书开始由汉代的高峰地位降落衍变出楷书,楷书成为书法艺术的又一主体。晋时士大夫在生活处事上倡导"雅量"、"品目"艺术上追求中和居淡之美,书法大家辈出,简牍多为"二王"(王羲之、王献之)妍放疏妙的艺术品味迎合了士大夫们的要求,人们愈发认识到,书写文字,还有一种审美价值。最能代表魏晋精神、在书法史上最具影响力的书法家当属王羲之,人称"书圣"。王羲之的行书《兰亭序》被誉为"天下第一行书",论者称其笔势以为矫若惊龙,其子王献之的《洛神赋》字法端劲,所创"破体"与"一笔书"为书法史的一大贡献。加以陆机、卫瓘、索靖、王导、谢安、鉴亮等书法世家之烘托,南派书法相当繁荣。

东汉古栈道留下的碑刻

欧阳询《九成宫醴泉铭》

南北朝时期的书法进入北碑南帖时代。此时书法是汉代隶书向唐代楷书发展的过渡时期。钟致帅《雪轩书品》称："魏碑书法，承汉隶之余韵，启唐楷之先声。"北朝碑刻书法，以北魏、东魏最精，风格亦多姿多彩。代表作有《郑文公碑》《张猛龙碑》《敬使君碑》。碑帖之中代表作有《真草千子文》。北朝褒扬先世，显露家业，刻石为多，余如北碑南帖，北楷南行，北民南土，北雄南秀皆是基差异之处。

隋朝结束南北朝的混乱局面，统一中国，和之后的唐朝都是较为安定的时期，南帖北碑之发展至隋而混合同流，正式完成楷书之形式，居书史承先启后之地位。隋楷上承两晋南北朝沿革，下开唐代规范的新局。

唐初，国力强盛，书法从六朝遗法中蝉脱而出楷书大家以欧阳询、虞世南、褚遂良、薛稷四家为书法主流，总特点结构严谨整洁，故后代论书有"唐重间架"之说，一时尊为"翰墨之冠"。延至盛唐歌舞升平，张旭、怀素以癫狂醉态将草书表现形式推向极致，张旭史称"草圣"。

盛唐时期书法，如当时的社会形态追求一种浪漫忘形的方式。如"颠张醉素"（张旭、怀素）之狂草，李邕之行书。到了中唐，

颜真卿楷书

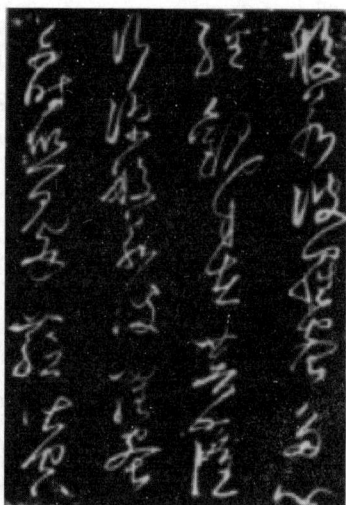

张旭草书

楷书再度有新的突破。以颜真卿为代表为楷书奠定了标准,树立了楷模,形成为正统。至此,中国书法文体已全部确定下来。

到晚唐五代,国势转衰,柳公权再变楷法,以瘦劲露骨自矜,进一步丰富了唐楷之法,到了五代,杨凝式兼采颜柳之长,上蓊二王,侧锋取态,铺毫着力,遂于离乱之际独饶承平之象,也为唐书之回光。五代之际,狂禅之风大炽,此亦影响到书坛,"狂禅书法"虽未在五代一显规模,然对宋代书法影响不小。

宋朝书法尚意,此乃朱大倡理学所致,意之内涵,包含有四点:一重哲理性,二重书卷气,三重风格化,四重意境表现,同时倡导书法创作中的个性化和独创性。这就是要堰书家除了具有"天然"、"工夫"两个层次外,还需具有"学识"即"书卷气"。

北宋四家一改唐楷面貌,直接推崇晋帖行书遗风。无论是天资极高的蔡襄和自出新意的苏东坡,还是高视古人的黄庭坚和萧散奇险的米芾,都力图在表现自己书法风貌的同时,凸显出一种标新立异的姿态,使学问之气郁郁芊芊发于笔墨之间,并给人以一种新的审美意境,这在南宋的吴说、陆游、范成大、朱熹、文天祥等书家中进一步得到延伸,然南宋书家的学问和笔墨功底已不能和北宋四家相比了。宋代书法家代表人物是苏轼、黄庭坚、米芾、蔡襄。

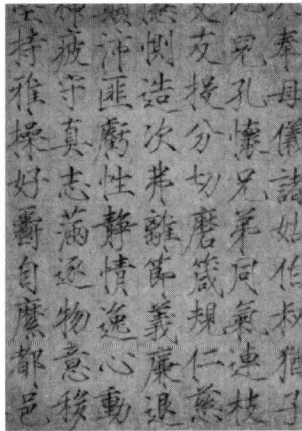

宋徽宗赵佶书法——瘦金体

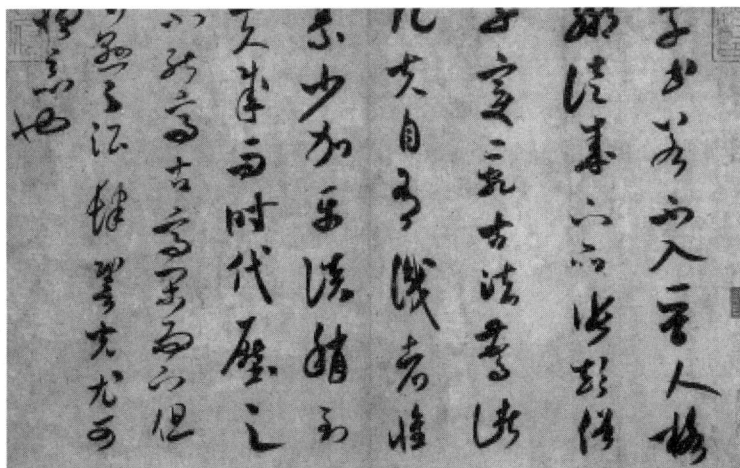

米芾书法

元初经济文化发展不大,书法总的情况是崇尚复古,宗法晋、唐而少创新。虽然在政治上元朝是异族统治,然而在文化上却被汉文化所同化,与宋不拘常法的意境追求不同,元朝之意表现为刻意求工的开式美的追求。元朝书坛的核心人物是赵孟頫,他所创立的楷书"赵体"与唐楷之欧体、颜体、柳体并称"四体",成为后代规摹的主要书体。在元朝书坛也享有盛名的还有鲜于枢、邓文原,虽然成就不及赵孟頫,然在书法风格上也有自己的独到之处。他们主张书画同法,注重结字的体态。

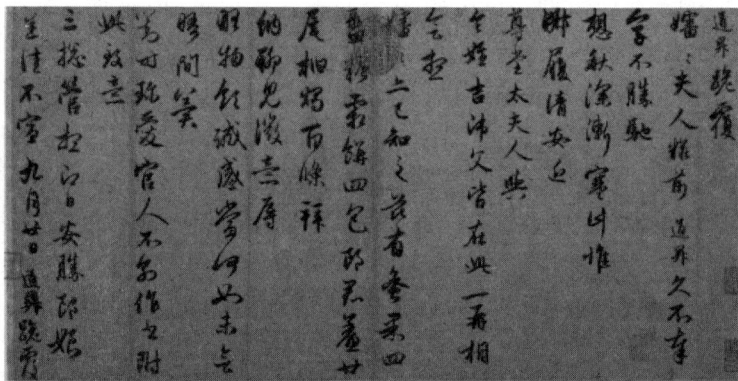

赵孟頫书法

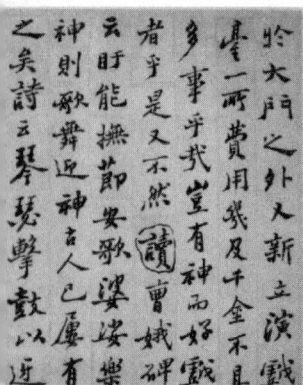

郑板桥书法

明初书法"一字万同","台阁体"盛行。沈度学粲兄弟推波助澜将工稳的小楷推向极致。"凡金版玉册,用之朝廷,藏秘府,颁属国,必命之书",二沈书法被推为科举楷则。明初书法家有擅行草书的刘基、工小楷的宋濂、精篆隶的宋遂和名满天下的章草名家朱克。

明朝中期,"吴中四家"崛起,书法开始朝尚态方向发展。祝允明、文征明、唐寅、王宠四子依赵孟頫而上通晋唐,取法弥高,笔调亦绝代,这和当时思想观念的开拓解放有关,书法开始迈入倡导个性化的新境域。

明末书坛的放浪笔墨,狂放不羁。愤世嫉俗的风气在清初进一步延伸，如朱傅山等人的作品仍表现出自我内在的生命和一种不可遏止的情绪表现。这一点在中期"扬州八怪"的身上又一次复现。与此同时，晚明的帖学统也同时进一步光大发扬，姜英、张照、刘墉、王文治、梁同书、翁方纲等人在刻意尊传统的时候，力图表现出新面貌，这就使帖学的颓势不可避免地出现了。

明末与清朝时期，美学主潮以抒情扬理为旗帜，追求个性与发扬理性互相结合，正统的古典美学与求异的新型美学并盛。清代书法的总体倾向是尚质，同时分为帖学与碑学两大发展时期。

自古代"创体"以来，中国书法虽在文体上格局若定，但在"表美"和"蕴意"上却行无止境。"美"的表现之艺术价值追求更高，"意"的感悟之文学内涵探究弥深。因此，中国书法的精髓不仅在于表现外型的美，还在于表现内涵的深厚。

附：部分书法名家及其作品欣赏

1. 王羲之（303—361）：世称"书圣"。东晋书法家，字逸少，号澹斋，原籍琅玡临沂（今属山东），后迁居山阴（今浙江绍兴），著名书法著作有《兰亭序》等，晚年隐居剡县金庭，历任秘书郎、宁远将军、江州刺史。后为会稽内史，领右将军，人称"王右军"、"王会稽"。其子王献之书法亦佳，世人合称为"二王"。因此，《书谱》概括为："汉魏有钟、张之绝，晋末有二王之妙。"四人被称为古代书家"四贤"。

王羲之

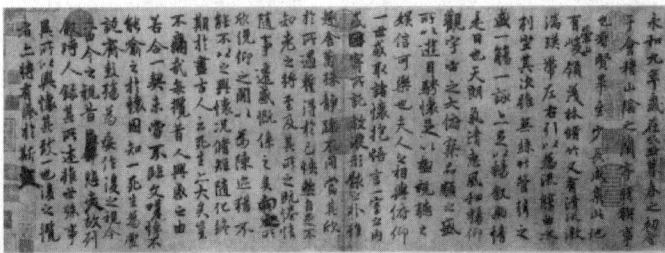

王羲之书法作品《兰亭序》

2. 欧阳询(557—641)：字信本，潭州临湘(今湖南长沙)人。欧阳询楷书法度之严谨，笔力之险峻，世无所匹，被称之为唐人楷书第一。

欧阳询　　　　　　　　　　　　　欧阳询书法《心经》

3. 柳公权(778—865)：字诚悬，京兆华原(今陕西耀县)人，官至太子太师，世称"柳少师"，是唐朝最后一位著名书法家。擅长楷书，代表作有《神策军碑》、《玄秘塔碑》等。

柳公权　　　　　　　　　　　　　柳公权书法《金刚经》

4. 米芾(1051—1107)：初名黻，后改芾，字元章，自署姓名米或为芊，时人号海岳外史，又号鬻熊后人、火正后人，与蔡襄、苏轼、黄庭坚合称"宋四家"，书画自成一家，创立了"米点山水"。集书画家、鉴定家、收藏家于一身，擅篆、隶、楷、行、草等书体，长于临摹古人书法，达到乱真程度。主要作品有《多景楼诗》、《虹县诗》、《研山铭》、《拜中岳命帖》等。

米芾

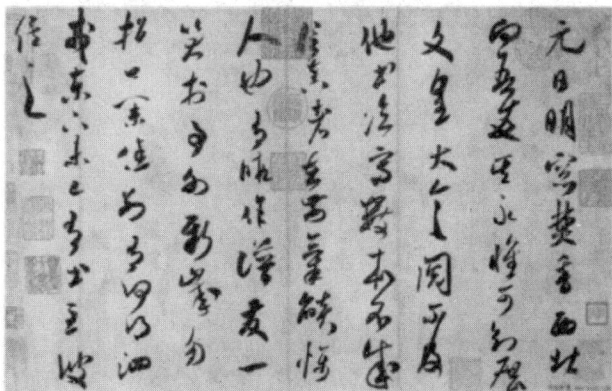

米芾草书《元日帖》

　　5.　颜真卿（709—784）：字清臣，小名羡门子，别号应方，京兆万年（今陕西西安）人，祖籍琅玡临沂（今山东临沂）。颜师古五世从孙、颜杲卿从弟，唐代名臣，杰出的书法家。颜真卿书法精妙，擅长行、楷，创"颜体"楷书，与赵孟頫、柳公权、欧阳询并称为"楷书四大家"。又与柳公权并称"颜柳"，被称为"颜筋柳骨"。又善诗文，有《韵海镜源》、《礼乐集》、《吴兴集》、《庐陵集》、《临川集》，均佚。宋人辑有《颜鲁公集》。

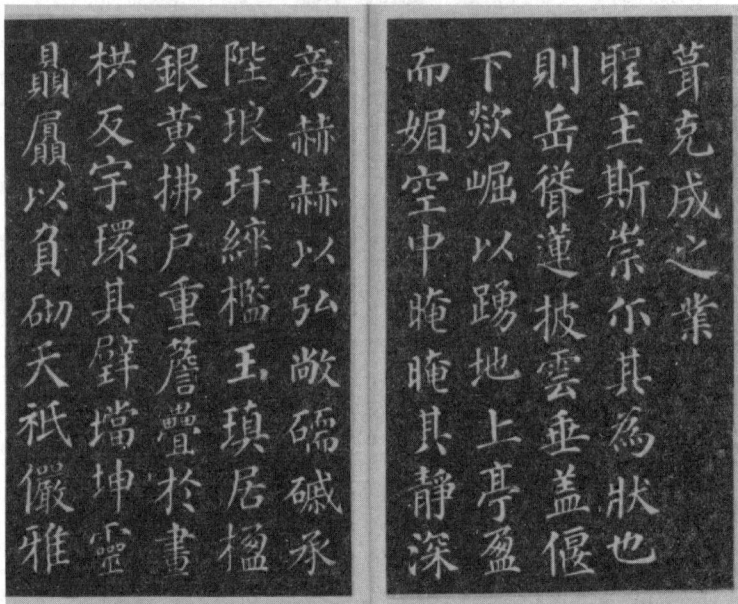

颜真卿

颜真卿《多宝塔碑》（局部）

贰 纹饰篇

中华文化遗产系列丛书《天地之间》

ZHONGHUA WENHUA YICHAN XILIE CONGSHU

贰、纹饰篇

纹饰,又称"纹样",是器物上的装饰花纹的总称。古代纹样多装饰于彩陶、青铜器皿以及服装织物上,纹饰的功能作用无疑是给这些器物及服饰以美化,增加其装饰效果。

纹饰的"纹"本义是指织物上的花纹装饰,后引申指各种器物上的花纹装饰。《说文解字》中没有收"纹"字,字形从文声,可知造字本义与织物有关。《康熙字典》释义为:"《玉篇》绫纹也,《类篇》织纹,《篇海》凡锦绮黼绣之文皆曰纹。"

"饰"字的本义是擦拭的拭,《说文解字》载:"从人从巾,食声,读若式"。清代段玉裁说"饰"和"拭"是古今字,"凡物去其尘垢即所以增其光彩",所以后来引申为装饰。纹饰的饰用其引申义,最初是指织物的花纹装饰,后来引申到其他器物上。

早期的纹饰有其深层寓意,表达了人类对美好生活的企盼,因而在日常生活中被广泛应用,出现在陶瓷、漆器、建筑画、雕刻、织锦、刺绣、地毯、年画、剪纸、首饰、服装等工艺美术日用品上,在装饰性和实用性方面为其他美术形式所不能比拟。

纹饰作为中国传统文化的重要组成部分,一直贯穿于中国历史发展的整个流程,贯穿于人们生活的始终,反映出不同时期的风俗习惯。从原始社会简单的纹样到奴隶社会简洁、粗犷的青铜器纹饰,再到封建社会精美繁复的花鸟虫鱼、飞鸟走兽、吉祥图案纹样,都凝聚着相应时期独特的艺术审美观。

纹饰图案

一、纹饰的概述

纹饰即纹样,是器物上的装饰花纹的总称,是人类文化中的主要活动现象之一,许多纹饰流传至今,成为人类文化的丰富遗产。纹饰是我国劳动人民创造的一种美术形式,是中国传统艺术宝库中的一朵奇葩。它丰富的内涵,善美的理想正是中华民间文化的象征。

从东方到西方,从城市到乡村,从日新月异的大街小巷、高楼大厦到我们平时穿戴的服装、饰品再到人们居住空间的墙壁和地板上、坐具上,从浩浩荡荡的出土文物到现在人们使用的生活日用品上,都有斑斑纹饰,款款图案。

传统纹饰以其特有的美学表现形式和内涵特性,运用在我们生活的各个方面。我们传承这些文化精髓的同时,可以窥视到先前人们的创造力和对生活的热情。

1. 纹饰的起源

在中国历史发展的整个过程中，纹饰成为中国传统文化的重要部分，与人们的生活紧密相连，它能体现出不同时期的民俗风情和情感观念。在中国众多的传统视觉艺术中，装饰纹样无疑是我们研究的重点。因为它与现代平面设计关系极为密切，并蕴涵着中华民族古老的文化习俗和审美心理。中国历代代表吉祥的纹饰，代代相承又代代相异。商周的威仪神秘、秦汉的质朴写实、魏晋的矫健刚劲、隋唐的丰满富丽、宋朝的典雅秀丽、明清的纤细巧密，都令人赞叹。

纹饰起源于遥远的原始年代，当时，人类的祖先虽然受着凶禽猛兽的威胁，但又从它们身上求得食物和衣物。因而给人们带来益处的禽兽，便被人们视为神灵之物，具备着某种超自然的力量，受到人们的崇敬。人们把美好的愿望寄托于这些动物之神身上，以祈求平安、吉祥、幸福。

由中华民族创造、发展、综合而逐渐演化的理想化的瑞兽纹样图案，被赋予吉祥的寓意，普遍受到大众的喜爱。因此，纹饰的起源时期，大多纹饰的内容都是寓意吉祥的吉祥物。

传统纹饰

　　古代纹饰的数量很大，种类也非常多。常见的有水波纹、旋转纹、圈纹、锯齿纹、网纹等十几种。这些纹饰线条画得规整流畅，图案的组织讲究对称、均衡、变化，疏密得体，并有一定的程式和规则。在甘肃省马家窑一带发现的被称之为马家窑类型的彩陶上，大都描绘水波纹、旋转纹图案。这些图案匀称、流畅，十分精彩，看上去有行云流水之感，使人觉得轻松活泼，平和而亲切。面对这些五千年前的历史遗存，我们很容易想象到历史中讲述的原始氏族社会的情景：男人耕作、狩猎、捕鱼，女人从事家务或采集，没有剥削，没有奴役，一幅平等和谐的社会景象。稍晚于此的半山类型和马场类型彩陶的纹饰则发生了变化，那些锯齿纹、四大圈纹以及蛙纹等显得大起大落，粗犷狞厉，甚至怪诞神秘。当时原始社会行将解体，社会发生变革，战乱、动荡等不安的情绪也在图案中流露出来。

彩陶水波纹钵

　　早期的纹饰一般出于吉祥观念而产生，而吉祥观念的产生一直可上溯至原始社会的图腾崇拜。图腾是一个民族的标志，一般是宗教的祖先和守护神，以祖灵崇拜为主，沿用至今。

　　吉祥纹饰着重于寓意吉祥的内涵，因而有别于一般的装饰图案。吉祥的内涵是一个抽象的概念。《辞海》云："吉祥，亦作吉羊。《庄子·人世间》曰："虚室生白,吉祥止止。"吉祥纹饰是将抽象的概念物化。

睿智的中国人以丰富的想象力与联想力,先将抽象的概念与一具体的实物相联系,再将这种实物美化,并与其他吉祥物组合在一起,最后的效果,就是让人们在画面中读出那一抽象的概念。其主要表现手法大致有以下几种:

第一,谐音法:即以同音或相近的音借喻某一吉祥事物,在民间创造出了不少谐音的装饰图案,比如代表吉祥如意的纹饰,用戟代表吉,祥云图案代表祥,这样就可用戟、祥云与如意组成图案,或用小孩手中拿着橘子和如意骑在大象背上来表示吉(橘)祥(象)如意。

这种形式与内容巧妙结合的手法,既悦目又悦耳,是中国装饰艺术中一个趣味盎然的特色。

第二,借喻法:借助可视的有寓意或象征性的事物来比喻吉祥。比如表示富贵白头,选择象征富贵的牡丹与白头翁组成画面,以一种花和一种鸟来比喻人与人长时间的和谐相处。最明显的是佛教寓意消灾灭祸的八吉祥图案,即法螺——妙音吉祥;法轮——圆转不息;宝伞——张弛自如,保护众生;华盖——解脱众生病苦之象征;莲花——圣洁、出污泥而不染,生命之本,灵魂安息处;宝瓶——福智圆满不漏;双鱼——避邪、解脱坏劫;盘长(吉祥结)——回环贯通,连绵不绝。其他类似的如花蝶象征融融春意,元宝、钱币象征富有,天地象征长久,兰花象征高洁,鸳鸯象征恩爱,仙桃、松象征长寿等等。

第三,变形法:将适当的汉字直接变化成图案,再陪衬其他借喻的动、植物图案,如"福"、"寿"、"万字图"等。

比如五福捧寿图案,用蝙蝠谐音"福",将"寿"字变形,然后用五只蝙蝠加上寿桃组成。蝙蝠的造型在我国传统装饰艺术中是一个创造,中国人用自己丰富的想象和大胆的变形手法,把原本丑陋的形象变得翅卷祥云、风度翩翩。把"喜"拉长为长双喜,寓意新婚志喜,天长地久。

第四,比拟法:托事于物。如清代郑板桥以梅、兰、竹、菊自比,以牧童表示升平,以南极仙翁和麻姑比拟长寿,连小白菜在

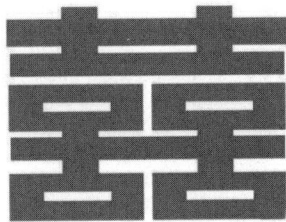

双喜字

鹦鹉濡羽纹饰

龙凤剪纸图案

齐白石的笔下也寓意清清白白做人。以"鹦鹉濡羽"的典故为图案，寓意人生在世重情义，朋友有难，濡羽相助，心诚则可贵等等。

作为华夏图腾崇拜的龙，其造型融许多吉祥动物的特征于一体：鹿角、牛头、蟒身、鱼鳞、鹰爪，口角旁有须髯，颌下有珠，在民间是神圣吉祥之物，以它尊贵、英勇、威武的形象存在于中华民族的传统意识中。

在民间，以龙代表男性，凤代表女子，两者相配为郎才女貌之意，用来祝福新婚夫妇幸福美满。

中华民族源远流长，有着极为丰富的民俗文化，我国的吉祥图案经过许多代画家、工艺美术家和民间艺人的描绘、提炼、雕琢、修饰和创造，至今品种繁多、形象生动、实用性强，为广大人民群众所喜爱。

2. 早期纹饰

早在几千年前的新石器时代，我们的先民就在彩陶上运用纹饰来装饰自己的生活用具，随着时代的发展和变迁，物质条件及生活方式的改变，图案的表现形式更加丰富多样。

追溯纹饰的渊源，首先会想到史前时期那些画在陶器上的纹饰。正是由于器表绘有精美的纹饰，考古学家把这些陶器叫作彩陶。这些彩陶制作的年代在大约距今3000年至5000年间，主要分布在黄河流域，最集中的地区是青海、甘肃，陕西南部和河南北部。彩陶大多是红色陶质的盆、瓶、盘、豆一类盛器，原始艺术家用一种刷笔，蘸了黑色、白色以及红色画在器表上。彩陶纹有两大类，一类是抽象的图案，一类是具象的人、动物或昆虫一类的形象。

在西安半坡村遗址发掘出的彩陶上的动物纹样虽然非常简练，但表现得很生动：自由自在游动着的鱼、奔跑的鹿、站立吠叫的狗，从中显示了远古艺术家捕捉动物瞬间特点的才能。

半坡村的原始艺术家已经开始把具体的物象变形成装饰性的图案，并在其中注入某种观念。他们把一条鱼的侧面分割为鱼头、鱼身、鱼鳍几部分，用直线、弧线、三角形和圆圈等来表现，这是一种很了不起的创造。半坡的彩陶盆上还有一种人面鱼纹图形，把人面和鱼形纹样结合在一起，并且组织成很有规则的图案，旁边有一条鱼在游动。这种构成严谨又略带神秘感的图形，颇使考古学家费解。他们猜测，这不仅仅是美化器物而已，很可能与庆贺春天到来、祈祷丰收的祭祀活动有关。

原始人在进行最初的创造活动时，借用头脑中印象较深的常见的造型，彩陶的造型多用拟人的方式对待，把器皿当作一个完整的生命体，赋予生命形态，如彩陶的口、颈、肩、腰、腹、足等部位，很多是对人体、动物器官的模拟，局部构件也往往称之为耳、鼻、舌等，使它们成为活体生命的组成部分，上面的纹样呈现的也是充满人性的气韵之美。

彩陶纹饰

商周时期是我国奴隶社会的鼎盛时期，这一时期的青铜器从艺术风格到制作工艺都达到了前所未有的高度，尤以青铜器为最。青铜器上的各种纹饰，题材多样，手法独特，结构严谨，纹饰造型夸张、凝练。青铜器等器物上的纹样，由单纯粗犷趋于成熟精工，由神秘奇特转向平实奔放，由严峻肃穆变为生动活跃，其发展轨迹，揭示着与之对应的社会文化的进步与革新。

青铜器上纹饰

二、纹饰的种类

原始纹饰的艺术形式与传统美学的内涵，如同一颗耀眼的钻石嵌在我国传统装饰纹样的艺术史上，璀璨明亮，为我国现代的设计提供了一个巨大的艺术宝库。

中国纹饰具有简洁流畅、多姿多彩的特点，每一个纹样都渗透着早期人类朦胧的装饰意识，不断向人们传递着原始人类赞美生命、追求美感的炽热情感。同时它在造型、装饰纹样等方面取得了卓越的艺术成就，促进了传统艺术和现在艺术的快速发展，从而形成了艺术基本的美学观念和审美标准，展示了东方艺术的无穷魅力。

古代纹饰种类繁多，风格多变，大致有如下种类：

1. 连珠纹

连珠纹是古波斯萨珊王朝最为流行的花纹，以对兽或对鸟图案母题为主,而以各种圆和椭圆的连珠作为图案装饰主题。连珠纹图案于 5—7 世纪间沿丝绸之路从西亚、中亚传入我国,但在这一时期基本是作为器型排列的边饰。连珠纹在中国的唐锦中成为数量最多,而且具有时代特色的纹饰。

白玉连珠纹石花鸟牌

明和阗青玉连珠纹转心佩

2. 云雷纹

云雷纹是陶瓷器装饰的一种原始纹样, 图案呈圆弧形卷曲或方折的回旋线条。圆弧形的称云纹,方折形称雷纹,云雷纹是两者的统称。

云雷纹有拍印、压印、刻划、彩绘等表现技法,在构图上通常以四方连续或二方连续式展开。云雷纹出现在新石器时代晚期,可能从漩涡纹发展而来。至商代晚期,云雷纹已经比较少见,但在商代白陶器和商周印纹硬陶、原始青瓷上,云雷纹仍是主要纹饰,多作衬托主纹的地纹。

云雷纹的基本特征是以连续的“回”字形线条所构成。有的作圆形的连续构图,单称为“云纹”;有的作方形的连续构图,单称为“雷纹”。云雷纹常作为青铜器上纹饰的地纹,用以烘托主题纹饰, 也有单独出现在器物颈部或足部的, 它盛行于商代和西周,春秋战国时期仍见沿用。在粤系的铜鼓上,云雷纹是作为主导纹饰应用的,常见密布于鼓面中心太阳纹的周围,象征太阳与云雷共存于天际,这是南方民族对云雷崇拜的一种反映。

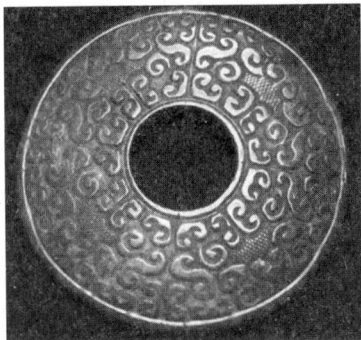

春秋战国云雷纹玉璧

战国云雷纹镜

3. 回纹

回纹是瓷器的一种辅助纹样,瓷器装饰的一种传统纹样,因纹样如"回"字而得名。有单体,一正一反,相连成对和连续不断的带状形等,多于妆饰器物口部或颈部。宋代吉州窑、定窑、耀州窑、磁州窑等广泛采用回纹,元明清沿用。

回纹图案在明清的织绣、地毯、木雕、瓷器和建筑装饰上到处可见,主要用作边饰或底纹,富有整齐、划一而丰富的效果。织锦纹样中有把回纹以四方连续组合的,俗称为"回纹锦",线条作方折形卷曲。回纹与雷纹同源同义,也是雷纹形象的一种,有单体间断排列的,有作一正一反相连成对的,俗称"对对回纹",也有连续不断的带状形等,多用于装饰器物的口部或颈部。

回纹窗户

莲花边菊花回纹团

唐代三彩弦纹烛台

4. 弦纹

弦纹纹样是刻划出的单一的或若干道平行的线条，排列在器物的颈、肩、腹、胫等部位，是古器物上最简单的传统纹饰，在青铜器上呈现为凸起的横线条，出现于新石器时代，商周普遍流行。

弦纹有细弦纹和粗弦纹两种。细弦纹像一条细长的带子，平缚于陶器之上，粗弦纹作宽带状，中间呈凹槽状，犹如板瓦，亦称瓦纹。两种纹饰有时在一件器物上同时出现，有时弦纹与其他纹饰配合使用。纹形为凸起的横线，一般一道至三道。有时单独出现，有时作为其他复杂花纹的衬托，另有作人字形的弦纹，称为"人字纹"或"人字弦纹"。

白玉雕谷纹转心佩

5. 谷纹

谷纹是玉器上的一种纹饰，最早出现在春秋时期的玉器中，到战国时期发展为逗号字样，如同圈着尾巴的蝌蚪，因此俗称蝌蚪纹。谷纹是谷物发芽叶子的样子，是农耕文明发展的产物，它和人类赖以生存的粮食有关。它象征着万物苏醒，生机勃勃的景象和人们对农业丰收的盼望。《周礼·典瑞》中有"子执谷璧，男执蒲璧"的说法。

玉器上的谷纹汉代以后就不多见了，宋代和清代仅少量制作，但是琢工不如战国和汉代。谷纹常与涡纹、卧蚕纹异名同称，事实上，三者之间确实区别不大。一般来说，人们常把半球形谷粒或有萌芽线的谷粒成为"涡纹"，把具有粗壮圆实萌芽线的谷粒称作"卧蚕纹"，到了汉代又简化出了乳钉纹。

蒲纹"宜子孙"玉璧

6. 蒲纹

蒲纹即蒲席状的纹样，由三种不同方向的平行线交叉组织，用浅而宽的横线或斜线把玉器表面分割成近乎蜂房排列的六角形的纹样，六角形有时还琢有阴线的谷纹。《说文解字》解释蒲："蒲草，可为度也。"从古人"席地而坐"的蒲席而来，也是和人类的日常生活息息相关，后人将这种雕琢排列有序的纹饰称为蒲纹。

蒲续流行于汉代，宋明之间也有少量制作，汉代蒲纹分割线较宽,并带有玻璃光,碾法干净利落,后代所仿制的分割线一般较小,且较毛糙,纹饰较小。

7．绳纹

绳纹是新石器时代至商周时期陶器最常见的纹饰,因为在陶坯用缠有绳子的工具拍印,故在陶器上印有密排的绳纹,多在陶器的腹部。其制作方法是:在陶坯制好后,待半干时,用缠有绳子的陶拍在陶坯上拍印,便留下绳纹,再入窑焙烧。

西汉钮绳纹环

青玉绳纹手镯

8．络纹

络纹是青铜器纹饰之一,其状以一根或两根并连的绳索,相连或套结而成,连成菱形戎长方形的网格式,常见施于瓴和壶上,流行于春秋战国之际。

9．锦纹

锦纹是瓷器装饰的典型纹样之一,采用织锦和建筑彩绘作为装饰图案,因其常被用作辅助纹饰,起地纹作用,故又称"锦地纹",于其上再绘花卉纹者,称锦地花,又称锦上添花,蕴含吉祥寓意。锦纹图案常以各种图形连续构成,有绣球、龟背、花卉、云纹、十字、卍字纹等,其构图繁密规整,华丽精致。

战国络绳纹卧牛敦

锦纹用于陶瓷器装饰始见于唐三彩,元代景德镇窑受江南兴盛的织锦业影响,将其引入了制瓷工艺,明清两代更是广为流行,表现技法多为彩绘。

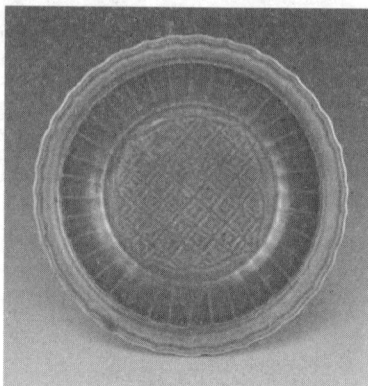

明早期龙泉锦纹盘

清中期锦纹螭耳犀角杯

10. 勾云纹

勾云纹有两种,一种是阴线碾琢的小勾云纹,另一种是减地凸起的勾云纹,勾云正反相连,排列密实,这两种勾云纹均流行于战国至汉代,宋代以后仿制的勾云纹较大,排列疏散。

玉勾云纹勒

青白玉刻勾云纹璧

11. 乳钉纹

乳钉纹是青铜器上最简单的纹饰之一，纹形为凸起的乳突排成单行或方阵。另有一种图案，乳钉各置于斜方格中，称为斜方格乳钉纹，纹为凸起的乳突，卅成单行或方阵（四方连续形式）。另有一种，乳钉各置于斜方格中，以雷纹作地纹，称为"斜方格乳钉纹"、"乳钉雷纹"、"百乳雷纹"。

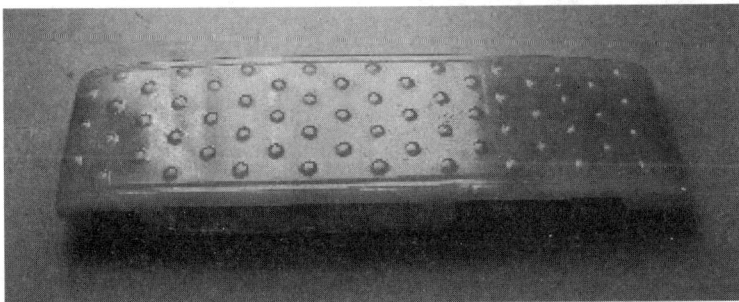

东汉乳钉纹玉璧

12. 漩涡纹

漩涡纹是陶瓷器装饰的传统纹样之一，形象摹拟水流动的形态，统称水纹、又称水波纹、波浪纹或波状纹等。专门表现海水波涛的，习惯上称作海水纹或海涛纹，着力表现水的漩涡的，习惯上称作漩涡纹或涡纹。

四大漩涡纹重口彩陶壶

13. 曲折纹

曲折纹亦称曲尺纹、波折纹、三角折线纹,以折曲的线条组成,状如水波纹的一种,施纹方法有彩绘、刻划、拍印诸种。新石器时代磁山文化陶器已有彩绘曲折纹,刻划折纹见于新石器时代晚期的陶器上,拍印曲折纹在印纹陶上较为多见,流行于仰韶文化及以后的彩陶上,特别是马厂类型的陶器上。

西周双耳曲折纹陶壶　　　　曲折纹陶罐

14. 卍字纹

中国佛教对"卍"字的翻译不尽一致,北魏时期的一部经书把它译成"万"字,唐代玄奘等人将它译成"德"字,强调佛的功德无量,唐代女皇帝武则天又把它定为"万"字,意思是集天下一切吉祥功德。"卍"字有两种写法,一种是右旋("卍"),一种是左旋("卐")。佛家大多认为应以右旋为准,因为佛教以右旋为吉祥,佛家举行各种佛教仪式都是右旋进行的。这是一个被佛教徒视为吉祥和功德的具有神秘色彩的符号。

卍字纹

15. 如意纹

如意是指一种器物,梵语为"阿那律",柄端作手指形,用以搔痒,可如人意,因而得名,也有柄端呈心字形的,通常以骨、角、竹、木、玉、石、铜、铁等制成,长三尺左右,古时持以指划。和尚宣讲经文时,也持如意,记经文于上,以备遗忘。近代的如意,长不过一、二尺,其端多作芝形、云形,不过因其名吉祥,以供玩赏而已。按如意形作成的如意纹样,借喻"称心"、"如意",与"瓶"、"戟"、"磬"、"牡丹"等组合成民间广为应用的"平安如意"、"吉庆如意"、"富贵如意"等吉祥图案。

如意纹

16. 囍字纹

读作双喜,有时也写"禧"。"禧"字是福或喜神之意,和高兴一词有几分不同,但写成"双喜"和"禧"一词则意思相同。喜、禧、囍被民间广泛用来作为一种装饰纹样。囍字,象形兼表义,表义兼表音,看上去简练生动,整体协调,十分美观,且寓意深刻,具有祝福婚姻美满,囍人同心,白头偕老的美好意义。一桩美好的婚姻要靠两个人去用心经营,"囍"的妙处,恰恰在于它把人们内心祈求恩爱幸福的意愿体现得淋漓尽致。

囍字纹

17. 篦划纹

篦划纹是用篦状工具在尚未干透的器物坯体上刻、压出篦状纹而得名一种装饰纹样,习惯上称"篦点纹"。篦纹还有栉齿纹、梳篦纹、篦线纹等多种别称。篦纹产生在新石器时代早期,裴李岗文化和磁州文化陶器即以篦点纹和弧线篦纹为主要装饰。以后在商代陶瓷器上很少有篦纹,但在西周陶瓷器上大量出现。战国至汉代,篦划纹风行,表现手法熟练,线条流畅,极富动感。到了宋元时期,篦纹在瓷器装饰上又被大量采用,尤其盛行于东南沿海地区,在青瓷和青白瓷上最为多见。篦划纹的制作工具虽然简单,但是线条纹样变化多端。

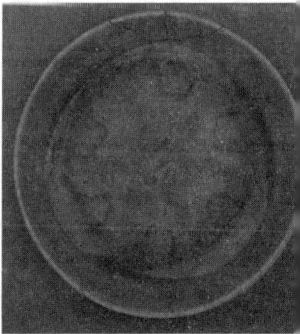

篦划纹

18. 螺旋纹

螺旋纹是形似螺旋的一种陶瓷器传统纹样,也似流水漩涡,因此也叫"涡纹",是在器物成型过程中由于旋削而留于器底的螺旋状线痕,习惯上也称"螺旋纹"。螺旋纹广泛出现在中国新石器时代典型文化遗存中,其表现技法主要是彩绘及刻划,布局有个体纹饰左右排列的,也有四方连续式的,通常采用黑红二色颜料,以红色为多,有的搭配较为复杂。商周原始青瓷上,常见成型

螺旋纹

过程留下的螺旋纹。战国彩绘陶上，螺旋纹又成为重要的装饰纹样。在明代前期民窑青花瓷器上，螺旋纹流行，尽管纹饰比较草率，但很生动。

19. 文字纹

文字纹是一种特殊的瓷器装饰纹样，文字本非图案，用于瓷器装饰即将文字书写得错落有致，犹如花纹，或将文字作图案化布局，作为装饰画面的组成部分。

文字纹分汉文、藏文、梵文、阿拉伯文等，内容有民谚、俚语、诗句、词句、曲句、文赋等等。文字纹用于瓷器装饰始于唐代的长沙窑，多在盘心或壶身。宋代磁州窑、吉州窑等延续这种方法，瓷枕等器物上文字纹较为多见，反映市井商民的生活意识，如"众中少语，无事早归"等。元、明时期景德镇窑、龙泉窑等盛行文字纹，明代瓷绘上出现阿拉伯文、梵文、藏文，清康熙朝一度流行短篇古文，如《出师表》《滕王阁序》《归去来辞》《兰亭集序》《赤壁赋》《圣主得贤臣颂》等，有的配以图画，图文并茂，字体多仿虞世南、柳公权、欧阳询、褚遂良等名家，且有草、隶、篆、行等不同的体势。乾隆帝喜欢为宋代名瓷和其他瓷器精品题诗，因此乾隆时期盛行将御题诗书写或刻于瓷器上，皇帝所题的更为名贵。

文字纹

20. 钱纹

钱纹是一种典型的瓷器装饰纹样，图案呈现为圆圈中有内向弧形方格，似圆形方孔钱，故名"钱纹"。钱纹的构图多作二方或四方连续排列，也绘作成串圆圈两两相交套合的形象。其表现手法主要为印花、刻花和绘画，多用于装饰盘、碗的边沿或瓶、罐的肩部或腹部，主要用作辅助纹饰，也有作主题纹饰的。辅助纹样多为单钱二方连续展开，形成装饰带，主题纹样则由钱纹构成整个纹饰格局，并有在圆钱纹的中心填画花草图案的，还有以钱纹作地，衬托主题纹饰的。钱纹在汉代瓷器上始见，北京故宫博物院收藏的褐釉钱纹大罐是钱纹饰样的代表作，宋、元、明三代较流行，代表作有宋代耀州窑青釉刻花钱纹小壶、明洪武青花钱形锦地垂云莲纹折沿盘等。

钱纹

21. 八吉祥纹

八吉祥，又称佛教八宝，是象征佛教威力的八种物象构成的纹饰，由八种识智即眼、耳、鼻、音、心、身、意、藏所感悟显现，描绘成八种图案。作为佛教艺术的装饰。清代乾隆时期又将这八种纹饰制成立体造型的陈设品，常与寺庙中的供器一起陈放。八吉祥简称轮、螺、伞、盖、花、罐、鱼、长。

八吉祥纹

22. 八卦纹

八卦纹以八组各不相同的、由短线符号组成代表《周易》中的乾、兑、离、震、巽、坎、艮、坤八种图形。八卦象征天、地、雷、风、水、火、山、泽八种自然现象。《易经·系辞上》曰："易有太极，是生两仪，两仪生四象，四象生八卦，八卦定吉凶，吉凶生大业。"明、清时期景德镇窑瓷器上常见，装饰八卦纹的瓷器常与海水、云鹤为伍组成海水八卦、云鹤八卦纹。

八卦纹

23. 璎珞纹

璎珞纹是陶瓷器装饰纹样之一，将璎珞形象用于塑像或其他器物为装饰纹样。璎珞原是用丝线将珠石编串成多层次的装饰物品，《晋书·林邑国传》载："其王服天冠，被璎珞。"

璎珞纹始见于元代瓷塑宗教人物像上，多为景德镇窑与龙泉窑的瓷塑观音菩萨，表现方法为模印或贴塑，以首都博物馆藏元代青白釉观音坐像最为精绝，其所绘坐姿观音微闭双目，端庄慈祥，自发髻而下全身纷披璎珞，神采奕奕。明代以后，璎珞脱离人物独立使用，往往成为佛教或道教的象征，明代中期风行，多见于珐华器、青花器和五彩器上，珐华器采用立粉画法，青花器与五彩器则采用笔绘手法。首都博物馆藏明成化珐华八仙纹罐，在罐的肩部饰一周璎珞纹，与腹部八仙过海纹相呼应，宗教意味浓厚。也有作为一般流行纹样应用的，如明中期珐华花鸟璎珞纹罐。

青花璎珞海马纹直口罐

麟趾呈祥纹

白菜纹

24. 麟趾呈祥

麟趾呈祥是旧时用于贺人生子时贺礼上常见的纹饰，麟趾语出《诗·周南·麟之趾》："然则关雎麟趾之化，王者之风，故系之周公。"通常用以比喻子孙众多和贤能，纹样通常由小孩和麒麟组成画面，比喻子孙昌盛，祝贺生育后代。

25. 白菜纹

白菜纹是清代瓷器常见的纹饰，白菜和百财同音，借喻家财万贯，表达人们希望财源广进的愿望。

26. 四神纹

四神是指青龙、白虎、朱雀、玄武四种神兽。四神本是指方向的星辰，《论衡·物势论》载："东方木也，其星苍龙也；西方金也，其星白虎也；南方火也，其星朱鸟也；北方水也，其星玄武也。"汉人以四神为吉祥之守护神，因此，常当作建筑、瓦当、铜镜的装饰，故称四神纹，多用作瓦当、铜镜、墓室和葬具上的装饰，两晋、南北朝至唐代初年甚为流行。它包括四种动物即青龙、白虎、朱雀、玄武，由这几种动物组合成一组图案，又称"四灵纹"。

四神又表示季节和方位。青龙的方位是东，代表春季；白虎的方位是西，代表秋季；朱雀的方位是南，代表夏季；玄武的方位是北，代表冬季。曹操之子曹植的《神龟赋》记曰："嘉四灵之建德，各潜位于一方，苍龙虬于东岳，白虎啸于西岗，玄武集于寒门，朱雀栖于南方"，其中就有对四神的描写。这四种动物中，玄武比较奇异，它是龟和蛇的合体。"玄武"谓龟蛇，位在北方故曰"玄"，身有鳞甲故曰"武"。有人解释，这与古代图腾信仰有关，是氏族外婚制的反映。在瓦当形制方面，汉代瓦当的特点是中央有大圆柱，旁轮宽而齐整。早期四神瓦当的制作分三道工序：先造瓦心，后造旁轮，最后上瓦当。西汉中期以后，瓦心与瓦轮不再分两次制作，而是一次做成，制作过程得到了简化。这些模印有青龙、白虎、朱雀、玄武四神的瓦当，大气磅礴，仪态生动，是新莽时期的代表作品。

四神纹

27. 鱼纹

鱼纹常饰于盘内,器物装饰和器物的造型是密切结合的。鱼纹也常施于铜洗和铜镜上,图案表现为鱼的形态,脊鳍与腹鳍各一个或两个。商代的鱼纹,脊鳍和腹鳍各有两个,鱼的形象较为呆板。春秋战国时期的鱼纹、常见有一个脊鳍,鱼口多张开,形象生动。鱼纹也常见于汉代的铜洗和宋、元的铜镜上。

《史记·周本纪》上说:"周有鸟,鱼之瑞。"《太平御览》亦有记载:"伯鱼之生,适用鑶孔子鱼者,嘉以为瑞,故名鲤,字伯鱼。"说明鱼在古人的心目中,是一种祥瑞之兆。同时,鱼具有生殖繁盛、多子多孙的祝福含义。

鱼纹

28. 鸟纹

鸟纹是一种传统的装饰纹样,广义上包含由鸟纹与其他内容组合而成的纹饰,如花鸟纹;狭义上则仅指纯粹的鸟纹或以鸟纹为主体的纹饰,神话性质的凤纹或其他瑞禽纹也可归在鸟纹类属。鸟纹常见于青铜器、玉器和陶瓷器的表面。

鸟纹图画中的鸟一般长翎垂尾或长尾上卷,作前视或回首状,在青铜器上大多作对称排列。青铜器上最早出现的是二里冈期的变形鸟纹,殷墟时期已有鸟纹作为主要纹饰。商代鸟纹多短尾,西周鸟纹多长尾高冠。鸟纹包括凤纹、鸱枭纹、鸾纹及成群排列的雁纹等。

鸟纹

纷繁众多的纹饰,构成了中国古代纹饰的大观园,折射出不同时代人们的审美观念和工艺技术,了解和研究这些纹饰,可以帮助我们更好地了解相关时代的历史人文。

三、彩陶纹饰与青铜纹饰

在中国古代的纹饰大观中,最受瞩目的,还是彩陶纹饰和青铜纹饰。

彩陶是新石器时代文化的标志,其造型与装饰非常丰富,渗透着创造者对生活的理解和适应。远古彩陶以其独特的造型风貌和特定的艺术内涵成为后来人类文化的范本,也对后来华夏民族的思维形式、审美意识及文化产生了深远的影响。同时,富有诗意的圆形和曲线对称造型,蕴含了天人合一的美学观念和人文思想。

常见的彩陶是和原始人生活息息相关的盆、碗、壶、罐等器皿,作为容器,彩陶在各个时期的造型都各有特色,例如,半坡类型的彩陶以卷唇圆腹或葫芦形圈底盆、钵等为主,朴实厚重;庙底沟陶器以大口鼓腹小平底钵最为典型,造型已显示出礼器的先兆。马家窑时期的彩陶,种类多样,造型更加优美,形象丰满浑厚,稳重大方。原始彩陶造型的基本特征为圆形器,如果我们仔细地分析造型的轮廓线,就会感到它们都是一些富有韵味的自由曲线,以圆和曲线为轮廓线是和当时人们的生活紧密相连的。原始人日出而作、日落而息,造成人与天地、人与自然、人与动物的特殊关系,他们所接触到的各种物体的形态多是以圆形为主,如太阳、天空、树干、果实、鸟卵等。

从审美的角度看,彩陶的轮廓曲线连贯流畅,再加上耳、口等其他装饰,把含蓄隽永的自然韵味融汇其中,匀称优美,富有韵律,让我们看到的是和谐宁静之美。原始彩陶排斥造型的几何数理特征,实际上是原始先民追求人与自然和谐所表现的一种人文情怀,重感情不重理性的观念在彩陶造型中的反映,这也造就了我国传统陶瓷几千年"求正不求奇"的造型特点,使得陶瓷造型作为一种独特的文化形态流传至今。

与彩陶相对应的,中国的青铜器艺术,经历了夏、商、西周和春秋战国千余年的发展,形成了独具特色的青铜文化。

商周青铜器上的种种纹样,首先不是出于奇异的审美观念,而是出于对自然力的崇敬和支配它的欲望。商代青铜器的纹样,是与当时生活中的动物界及人与动物之间的关系分不开的。

商代装饰艺术家所使用的动物纹样中,大多数都有一个土生的、与自然界有关的基础。工匠们将主体的动物分割成相等的两半,拼成平面,再将同一动物身体的各部分予以重复,或将甲动物的一部分配合乙动物的另一部分,或夸张其身体之一部而忽略他部,由此形成各种复杂的纹样。所以,有各种奇异畸怪的形象出现在青铜纹样上,但题材都是从他们生活的环境中取出的。

商周青铜器是中国古代青铜器的最重要组成部分。由于商周青铜器纹饰与王权、神权的结合尤为突出。

神秘、独特、璀璨的彩陶纹样与青铜纹样的艺术特征延续了十多个世纪,营造了中国早期文明的极浓厚的神秘氛围,从而使它们不仅直接作用并支配了那一个时代,而且也对后来的中国文化及艺术产生了深远的影响。

1. 彩陶纹饰

彩陶制作是远古先民们一种不自觉的艺术行为,它是以静态美为基调的,呈现的是一种和谐的气派,在造型、装饰纹样等方面取得了卓越的成就。彩陶促进了艺术的发展,形成了艺术基本的美学观念和审美标准,传承与发扬了文化,展示了东方艺术的无穷魅力。彩陶的具象纹反映了原始氏族部落社会人们的精神活动,这是最早出现的中国绘画艺术与陶器工艺相结合的艺术,在中国艺术史上占有重要的历史地位。

彩陶纹样多为对称形,自然界中植物、昆虫、动物以及人等都遵循对称的原则,原始人将日常生产活动中接触到的东西经过观察思考,运用到了艺术上,这应该是彩陶纹样左右对称的源泉,对称的图形和物体使人产生了美感,看起来更加平稳,让人感到更加完整,更富有装饰性。

原始彩陶装饰题材包罗万象,主要有植物、动物、人物、天地、日月星辰等,这些最初代表某种意义的形象,慢慢产生了具有一系列象征意义的简明几何化纹样或符号,成为区别不同类型文化的重要标志。

彩陶纹饰大都是从现实生活中的常见物发展而来的,遵循由低级向高级、由简单向复杂的规律,反映了先民善于抓住复杂事物的本质作高度概括的能力,能用最简单明确的艺术语言表现事物的特征,并提炼出标志性很强的纹样,比如,出于对生活的理解和感受,鱼可用圆点和两条对称弧线组合而成,仅寥寥几笔,就把对象刻画得栩栩如生,是以意写形的意象表现手法,形成了从自然转化为抽象生动而简练的艺术符号。

彩陶装饰纹样

彩陶装饰纹样

在彩陶纹样中，抽象的几何纹样占据了很大的比例，通过点、线、面或者进行夸张、变形、组合，让人产生无限的联想和回味无穷的美感，由此我们可以领会到中国古代先民观察事物的方法和画面构成的美学观念，从具象转化成抽象，再到一种美的抽象符号，更能强烈地表达思想情感，在美学上，它比原来的境界更高、更含蓄。

不同氏族文化的标志性形象和彩陶纹饰，反映了氏族部落审美需求的文化特征，蕴含了氏族文化的盛衰变化。随着部落之间来往活动的频繁，人们的观念和审美相互影响，装饰纹样代表某种意义的演变，反映了人类对装饰造型语言的掌握程度。彩陶纹样与造型完美结合，对后来的美学标准和文学法则产生了深远的影响。

在原始艺术神秘而又极具魅力的领域中，彩陶艺术闪耀着夺目的光彩。其简洁流畅的造型、多姿多彩的纹样，向人们传递着原始陶艺工匠们赞美生命、追求美感的炽热情感。

彩绘装饰也以其艺术性强和表现内容丰富而引起了众多学者和收藏者的关注。作为新石器时代制陶工艺中最为成功的装饰手法，彩绘装饰比较集中地反映了中国原始时期陶器艺术所达到的辉煌成就。

仰韶文化彩陶的完整标本是半山类型。半山型彩陶的代表形式是大敞口的盆和敛口的(有颈或无颈)罐。盆和罐都是宽度超过高度、小底，整个器形侧影是柔和的曲线，平底无足，所以造成的印象是腹部极为膨胀，粗矮坚实。

我们追溯绘画的渊源，首先会想到史前时期那些画在陶器上的纹饰。正是由于器表绘有精美的纹饰，考古学家把这些陶器叫作彩陶。这些彩陶制作的年代在大约距今 3000 年至 5000 年间。它们主要分布在黄河流域，最集中的地区是青海、甘肃、陕西南部和河南北部。彩陶大多是红色陶质的盆、瓶、盘、豆一类盛器，原始艺术家用一种刷笔，醮了黑色、白色以及红色画在器表上。彩陶纹有两大类：一类是抽象的图案，一类是具象的人、动物或昆虫一类的形象。

彩陶是最早将纹样与造型相结合的艺术，很注意图案与器形、视角的关系,纹样总是装饰在视觉最易接触、最合理的部位,原始社会没有出现桌椅,人们席地而坐,器皿大多放置于地上或小土台上,是从侧上方进行观测的,因此主要纹饰放在了腹部以上,而口径相对较大,高度较低矮的盆钵等内表面装饰了纹样,以方便人们在不同的角度都能看到完美的图案画面。装饰纹样的主次部位是由彩陶造型决定的,次要纹样装饰在不太显眼的位置,器身腹部以下通常没有装饰纹样,马家窑类型的盆,大口浅腹,因此多在内壁绘制纹样为主,简练的外彩为辅。

彩陶装饰纹样

彩陶上的纹饰题材和样式多含有一定的意义,这是目前公认的意见,这种意义常常被认为是一个部族或地区推崇的纹样,以图腾或符号的形式表现在彩陶纹饰上,除了表达远古时期人们对天、地、植物、动物、生殖、生产等各方面崇拜以外,还有人们想象并加以神化的样式符号,表现了人们豪放不羁的想象力与创造力。这些意义使得一种纹饰具有了特殊性,从而有别于一般的标记。

彩陶的主要纹样,是以大自然中的动物、植物作为主要描绘对象。这是一种人与自然和谐相处的表现,环境造就生存,人类改造环境,两者不可分割的关系被淋漓尽致地表现在彩陶纹饰中。

人形彩陶纹

大多数彩陶纹样发展趋于几何化,并逐步提炼为一种符号。这种符号化发展虽然具有一定的几何化趋势,但不是笼统地说所有纹饰演变都是几何化的,也有少数纹样具有繁化特征,主要如增加对象的肢节、足爪数量等,具有神化象征,如:半山和马厂型彩陶上,有一种人形纹,经过发展变化后在人的每个关节处增加了爪指,但从这种人形的总体变化来看,最终是演变为了折线纹,这也是一种几何化。

彩陶纹样具有重组特征,如人、鱼、鸟的组合;单独纹样的二方连续等。这种组合不是仅限于彩陶纹饰,还表现在后期的玉器、青铜器纹饰上,表现了先民丰富的想象力与创造力,进一步表明了这种符号象征意义的发展。

综上所述,黄河中上游、黄河下游、长江中游、长江下游、东北平原、东南沿海、西北地区等各文化类型的彩陶纹样的起

鹳鱼石斧彩陶缸

源都相当古老,它们各具特点,又互相发生影响,愈到晚期这种相互影响的范围就愈加扩大,尤其在黄河中、下游地区的各族文化经过多次复合而融为一体,充分反映了中华民族文化形成的复杂过程,也反映出中国彩陶纹样是多元发展又自成体系的。

2. 青铜纹饰

处在奴隶社会的人们在生产力水平低下的条件下,仰仗自然的恩泽而生存,同时又在无情残酷的自然现象面前,对各种不可知的事物产生了敬畏的观念及神秘的认识。人们在这种观念认识的支配下,构造了"万物有灵"的形象世界。青铜时代的艺术表现出了神力兼并万物的倾向,以权力强化宗教活动在社会生活中的地位,事事占卜,事事问神,用青铜礼器来供奉神灵,祭祀社稷、祖先,为酒为醴,载歌载舞,因而,为此应运而生的器皿——青铜器,开始广泛出现。

中国的青铜器时代始于公元前两千年左右,至春秋战国时期,经历了十五个世纪。到商代晚期和西周早期,青铜冶炼与铸造的技术水平达到了巅峰。青铜器与中国奴隶社会的发展是一致的,它随着奴隶社会的产生而出现,又随着奴隶社会的解体而变迁,它是中国奴隶社会文化最为直接的体现。

早期人类对自然的无奈、恐惧与敬畏,使得人们期盼神力的庇护,甚至把自己想象为某种猛兽,因而刻画出兽身人首或人身兽首的形制、纹饰,即形成了青铜纹饰,人们用青铜器上更为狞厉怪异的纹饰"辟邪免灾",增强自身的安全感。《吕氏春秋·先识览》记载:"周鼎著饕餮,有首无身,食人未咽,害及其身,以言报也。"这是关于青铜纹饰较早的文献记载。

随着生产力的发展,人运用智慧、工具与猛兽斗争,从偶尔取胜,逐渐相持,到掌握主动以挑战者的姿态出现,一些猛兽虽然存在却不再像先前那样常出没于人们居住的村寨与城邑。人与动物之间的搏斗逐渐减少,甚至不是猛兽寻人残食,而进入了人寻兽而猎的时代。反映在青铜器装饰上,动物纹饰趋于程式化,前一时期占主导地位的饕餮纹、夔纹数量减少、面积缩小,所表现的怪异力量递减,逐渐失去了往日超自然的魔力。青铜器装饰中的动物纹仍然保存,已不再具有怪异的力量,或被现实动物纹、人物纹或几何图案替代。这段时间的动物纹通过人们对自然界一些动物的认识和主观的加工,产生了一种以幻想为主的动物纹饰。其中饕餮纹、龙纹、凤纹等占着主要的地位。

饕餮纹青铜器

　　春秋战国时期,政治变革、学术争鸣空前繁荣,青铜器的应用则是钟鸣鼎食的组合,已失去彝器和礼器的特性,向生活日用品方向发展。青铜器不仅造型是依据人的尺度设计的,装饰上一反前一时期的简明、质朴,趋于细腻繁茂、灵巧新颖。

　　商代和周代初期的青铜彝器是酒器的组合,尤以祭祀用器为主,《左传·宣公三年》曾说:"昔夏之方有德也,远方图物,贡金九枚,铸鼎象物,百物而为之备,使民知神奸。故民入川泽山林,不逢不若,螭魅魍魉,莫能逢之。用能协于上下,以承天休。"在王孙满看来,动物中有一些是帮助巫师通天地的,而它们的形象在古代便铸在青铜彝器上了。

青铜器上的纹饰

不难想象,青铜彝器怪异的纹饰把人置于恐惧与威严之下,在祭祀的烟火缭绕之中,巨睛凝视、阔口怒张,瞬间即可咆哮的动物纹饰,有助于造成严肃静穆、诡秘阴森的气氛,产生震撼人心的威慑力,充分体现统治者的意志和力量。

动物纹主要是以动物为原形而进行的动物图案装饰。动物型大致可以分为两类:一类为写实动物型,以尊最多,像象尊、羊尊、牛尊等。它的一个很重要的特点就是真实、生动;而另一类为想象动物型,多有鸟首兽尊、鸟兽纹四足光觥等。这类动物多是人们把一些动物典型的特征加以组合创造出来的,多以恐怖、怪诞、神秘为主。

青铜羊尊

商朝青铜器主要是作为宗教祭祀活动中的祭器。因为在商周两代,宗教活动特别盛行,一为占卜,二为祭祀,特别是在商代的时候,宗教活动尤为多。商朝时对卜辞的迷信,已发展到了极致,并且中央分设了管理政务的卿事寮和主持祭祀的太史寮二大机构。古代记载原有"商人尚鬼"的话,证以卜辞而知其确切。在商人看来,神鬼的世界是和有形的世界同样地实在,而且这两个世界关系极密切。鬼神充斥于他们的四周,他们自身及其环境的一切变动,操纵着他们的一切利害吉凶祸福,需要他们不断地馈飨和贿赂,因此这一时期的青铜纹饰带有浓厚的祭祀及畏惧自然和神灵的色彩。

然而西周中期,盛行了几百年的动物纹饰突然退出了青铜器装饰主纹的领域。但是,与饕餮纹同时出现在青铜器上的几种动物纹样,如龙、虎、凤、龟等,在以后的文化演变中,都大量出现在官方与民间,成为中国文化中最具盛名的吉祥物。

东周初的青铜器则以礼乐器为主,用于"明贵贱,辨等列"、"纪功烈,昭明德"。青铜器动物纹饰已退居次要地位,装饰形式也与前期的单独适合对称式不同,多运用二方连续的带状纹样,常常一个母题织成带状的连续、反复,整齐中求变化。其一唱三叹的形式,给人有条不紊的节奏与韵律之美。这和礼制观念强调等级与秩序密切联系,也与《诗经》叠章法的表现形式相似,于反复中,强化主旨,加强感染力。

青铜器纹饰与原始宗教青铜器纹饰作为神人关系中介物的图像标志,具有符号性意义,能够为同一社会集团的成员和本集团的祖先神以及所崇拜的诸鬼神仙灵所认同,所认同之物可以是具有图腾性质的物象,也可以是人们所崇拜的动物。

青铜器上布满了饕餮纹,夔纹或人形与兽面结合的纹饰,形成神灵的图纹,反映了人类从原始的愚昧状态向文明的一种过渡。

商代晚期前段的纹饰方面,动物形象比较具体,有的甚至有写实感,主体花纹和地纹区分明显,地纹常为细雷纹,与主体花纹构成强烈对比。主体花纹多采用浮雕手法,风格有浑圆、峻锐两种。

中国青铜器的发展主要经历了夏、商、周三个历史时期,其间青铜器的风格从庄严的艺术风格转向了朴实、简洁、明快的 风格,同时青铜器的社会功能也从祭祀用的礼器逐渐转变成实用器具。商周器物纹饰的这种特点与其作为礼器,用于祭祀祖先神灵有关,也与图腾崇拜有关,纹饰内容有时同器物用途有很大关系。祭祀场面的肃穆,观念上对神灵的尊崇,必然使得纹饰趋于神秘,令今人看去有怵目惊心之感。春秋战国时,由于奴隶制度开始瓦解,纹饰便开始描绘现实生活,如狩猎、宴乐、攻战等,从神秘、威严的气氛中脱离出来,审美价值开始凸显。

纹饰的出现使商周青铜器更具艺术价值。青铜器的纹饰则由庄重的饕餮纹、夔纹到富有韵律的窃曲纹、环带纹,再发展为清新的蟠螭纹、宴乐纹、攻战纹等,其间动物纹饰狰狞的超自然魔力逐渐减弱,直至丧失。这种纹饰的变化不仅仅是由制造工艺或者人们审美水平的提高所引起的,同时也与人类生产力的提高及社会的变革存在一定的联系。

青铜器纹饰的产生是中国劳动人民勤劳、朴实、聪颖、智慧的结晶,是体现人们美好心愿的依托物,是人们与大自然抗争、共存、达到"天人合一"朴素心愿的具体表现,他们用高超的铸造技艺,为我们留下了象征中华文明的艺术瑰宝。

附:中国传统吉祥纹饰与寓意

1. 龙凤呈祥,图案为一龙一凤。龙的传说很多,记载的文献也多,但将龙和帝王联系起来的是司马迁的《史记》,《高祖本纪》说:"是时雷电晦冥,太公往视,则见蛟龙于其上,已而有身,遂产高祖。"凤凰在刘安《淮南子》一书中开始被称为祥瑞之鸟,雄曰凤,雌曰凰。龙凤都是人们心中的祥兽瑞鸟,哪里出现龙,哪里便有凤来仪,龙凤同出则象征着天下太平、五谷丰登。

龙凤呈祥图案

2. 二龙戏珠,图案为两条云龙一颗火珠。《通雅》中有"龙珠在颌"的说法。龙珠被认为是一种宝珠,可避水火。有二龙戏珠,也有群龙戏珠和云龙捧寿,都是表示吉祥安泰和祝颂平安与长寿之意。

二龙戏珠

3. 鹤寿龟龄或龟鹤同龄，图案皆为一龟一鹤。龟寿万年，是长寿的象征，鹤是仙禽，《崔豹古今注》记载："鹤千年则变苍，又二千岁则变黑，所谓玄鹤也。"龟鹤同龄，乃同享高寿之意。

4. 松鹤延年，图案为鹤和松树。《字说》载："松，百木之长。"《礼·礼器》记载："松柏之有心也，贯四时而不改柯易叶。"松除了代表长寿象征之外，还作为有志、有节的象征，故松鹤延年既有延年益寿，也有志节高尚之意。

5. 岁寒三友，图案为松、竹、梅。松，"贯四时而不改柯易叶"；竹，清高而有节；梅，不惧风雪严寒。苏东坡爱竹成癖，他曾说："宁可食无肉，不可居无竹"，还题写过："梅寒而秀，竹瘦而寿，石丑而文，是三益之友"。松、竹、梅被人们称之为"岁寒三友"，乃寓意做人要有品德、志节。

鹤寿龟龄

松鹤延年

岁寒三友

6. 喜上眉梢,图案为梅花枝头站立两只喜鹊。古人认为鹊灵能报喜,故称"喜鹊",两只喜鹊即双喜之意。梅与眉同音,借喜鹊登在梅花枝头,寓意"喜上眉梢"、"双喜临门"、"喜报春先"。

喜上眉梢

7. 三星高照,图案为三位老神仙。古称福禄寿三神为三星,传说福星司祸福,禄星司富贵贫,寿星司生死。三星高照象征着幸福、富贵和长寿。

三星高照

8. 平安如意,图案为一瓶、鹌鹑、如意。以瓶寓平,以鹌鹑寓安,加一如意,而称平安如意。

平安如意

9. 年年有余,图案为两条鲇鱼,鲇与年,鱼与余同音,表示年年有节余,生活富裕。图案为两条鲇鱼首尾相连者,童子持莲抱鲇鱼者,均称年年有余。图案为一磬一鱼,或一磬双鱼、一童子击磬一童了持鱼者,皆称吉庆有余。一妇人手提鱼者,称之为富贵有余。

年年有余

10. 麻姑献寿,图案为麻姑仙女手捧寿桃。麻姑是古代神话故事中的仙女。葛洪《神仙传》说她为建昌人,修道牟州东南姑余山。传说在东汉桓帝时,麻姑应王方平之召,降于蔡经家。她年十八九,能掷米成珠,自言已见东海三次变为桑田,蓬莱之水也浅于时,或许又将变为平地,后世遂以"沧海桑田"比喻世事变化之急剧,麻姑也成为长寿者的代表。相传三月三日西王母寿辰,她在绛珠河畔以灵芝酿酒,为王母祝寿,故旧时祝女寿者多以绘有麻姑献寿图案之器物为礼品。

麻姑献寿

叁 色彩篇

中华文化遗产系列丛书《天地之间》
ZHONGHUA WENHUA YICHAN XILIE CONGSHU

叁、色彩篇

　　色彩,对于我们的生活来说是必不可少的。色彩是通过眼、脑和我们的生活经验所产生的一种对光的视觉效应。人对颜色的感觉不仅仅由光的物理性质所决定,更与人们日常生活的情感密切相关。色彩对民族精神具有深远的影响,在民族色彩文明史上,色彩记录着民族精神形成的全部过程。

　　在人类物质生活和精神生活发展的过程中,色彩始终焕发着神奇的魅力。人们不仅发现、观察、创造、欣赏着绚丽缤纷的色彩世界,还通过天长日久的时代变迁不断深化着对色彩的认识和运用。色彩在人们的社会生活、生产劳动以及日常生活的衣、食、住、行中的重要作用是显而易见的。

　　大千世界,美的事物数不胜数。晨起迎接朝阳是一种美,午后小憩品上一杯绿茶是一种美,夜晚走在皎洁的月光下是一种美,雨天雨水落在窗台上的滴答声是一种美,看到暖暖向日葵时的会心一笑是一种美……在这些美中,色彩又起到了无可替代的作用。

　　人们对色彩的联想往往会受到人的性格、文化、宗教、生活环境、时代背景、生活经历等各方面因素的影响。色彩的联想分为具象联想和抽象联想两种。具象联想是指人们看到某种色彩后,会联想到自然界、生活中某些具体的事物。如人们看到红色后,会联想到玫瑰、红旗、朝霞等;看到蓝色,会联想到蓝天、大海等;看到黄色,会联想到火焰、太阳等。抽象联想则是指人们看到某种色彩后,会联想到理智、高贵等某些抽象概念,比如人们看到白色,则可能联想到纯洁、朴实、素雅等抽象的事物。

色彩总会给人一种可以冲击视觉、感觉和冲击心灵的享受,而这些各种不同的视觉观感,都和不同色彩有着密不可分的联系。

色彩是人们对于美的向往和精致生活的追求。一幅画、一本书、一场电影、一首音乐、一朵水仙花、一个温柔的笑容和动作,都是美的源泉。而色彩,无疑在这场追求中起了关键性作用。

中华民族五千多年形成的色彩体系就是世界独特的"五色体系"。我们全面系统地了解中国色彩文化的内涵,有助于中华民族在全球一体化的世界文化格局中,保持鲜明的民族色彩个性。

随着新时代的来临,传统的经典色彩已经面临数字色彩的挑战,人类的色彩活动必将进入一个崭新的时代。弘扬民族色彩文化,开拓丰富色彩表现语言,成为实现中华民族伟大复兴中不可缺少的一个环节。

一、色彩的发现与发展

色彩理念自远古旧石器时代就已经初步成型。早期人类对色彩的需要不是色的本身,而是把不同色彩看作某种意识符号或作为族类的标志,或者是赋予某种色彩神秘的意念,以它来涂抹身体与涂染工具,以此象征对本部落强大威力的崇拜和征服自然的雄心。

五千年的中国传统文化在历史的延续中体现出对色彩独特的解释,这种解释充分显示出中华文化与西方文化观念矛盾的不可逾越。中国人的色彩理念是强调内在生命意识的表达,以及儒、道之间对立的渗透与协调，其追求的是本体意境产生的愉悦，和西方色彩追求来自感觉有着本质上的不同。前者从中国哲学宇宙本根论的最基础范畴"元气"出发，是由外向内的心理欲求，形成独特的本民族色彩审美心理结构。中国悠久的传统色彩理念在发展的道路上依旧生机勃勃，在色彩运用上仍然随着民族的审美意识而进步。

人类对色彩科学认知和色彩艺术表现、运用色彩材料的发展阶段为：

1. 色彩的发现与早期运用阶段

人类使用颜色，大约在 15—20 万年以前的冰河时期。我们在原始时代的遗址中，发现了与遗物埋在一起的红土，涂了红色的骨器遗物，是人们在劳动中用美丽的颜色表示自己的感情而制作的。

约公元前 20000—公元前 10000 年间的欧洲旧石器时期，居住于西班牙拉斯科、法国阿尔塔米拉洞窟的原始先民开始普遍使用矿物、动物材料为颜料绘制岩画的技术。这些岩画一般使用赭石矿石研磨出的红、黄、棕三种颜色来描绘，以木炭为黑色，以动物脂肪、血液为调和胶。而不同质地的岩石成为人与自然最初合作时的底色材料。说明这一阶段，人类还没有形成明确的运用色彩的审美观念，却逐渐产生了一些感受色彩的审美观。

这一阶段一般处于人类社会发展历史中的原始社会时期，人类的生产技术水平比较低下，只是初步掌握了几种色彩材料的简单使用方法，在装饰色彩的使用中也只掌握了很少种类的色彩材料，赋色主要是为区别装饰图形使用。在早期的器皿设计中，原始人类由于长期的积累也形成了一定的审美观念，他们最早掌握的颜料是铁红色、赭红色和黄色，其次掌握了黑色、白色和青色。

对中国色彩理念的价值判断，在历史的长河中一直是与政治、道德、伦理紧密联系的，自远古旧石器时代就已经初步成型。这一时期，人类对色彩的需要不是色彩的本身，而是根据社会的需求赋予其神秘的使命。如"红色"是原始人感受最早的色彩，不是表现对色彩的某种快感，只是观念上的某种意识符号与族类标志。

当山顶洞人在尸体旁撒上矿物质红粉时，这种早期的哀悼方式也意味红色对人类精神上的征服，这时红色对于原始人不仅具有生理感受的刺激，而且还包含着某种特殊含义。原始人对红色的崇拜，并不是对鲜艳色的动物性的反应，而是和社会性、宗教、艺术、审美等在内的原始巫术礼仪的符号有直接关系，同时在主体上也积淀了观念性的想象。所以这一时期的原始色彩价值，在于原始人特定的观念意义，这一意义的本身也体现着我们祖先在旧石器时期已对色彩有了一定的认识和重视。

在距今约11000—18000年的北京山顶洞人遗址中，出现了具有明确装饰作用的染色文化迹象，主要染料为赤铁矿粉。中国新石器时期（公元前6000—公元前2000年）的一千余处遗址中都出现了彩陶，分布几乎遍于全国。距今6000—7000年的浙江余姚河姆渡遗址第三文化层中曾发掘到一个木碗，外壁残留一点儿朱红色涂料。经科学鉴定，其涂料物质性能与汉代漆器的漆皮相似，可以认定此时以朱红为涂料的漆器雏形已经形成。

彩陶艺术的出现在美学史上具有重大的意义，那些闪耀着原始人智慧光辉的灰陶、黑陶、红陶、白陶、彩陶以及形形色色的

彩陶

印纹陶,也寓意着原始人的某种意念。各时期彩陶上所出现的色彩符号纹样,意味着原始人利用彩陶艺术的色彩形象,表达了对神灵的崇拜。而这彩陶色符号纹样从另一方面又显示出由物质生产观念向艺术生产观念的转化,虽然它仍然和原始的祭祀礼仪不可分割。半山型彩陶上的折线纹、三角纹、斜线纹、菱形纹以及人面鱼耳纹和庙底陶型上的纹样,都是在赭红色的陶胎上施以黑彩。马家窑出土的各种彩陶上的纹样和色彩不仅饰满了整个物体,连内部都会加以装饰色纹样,色彩随着纹样的变化而更加绚丽。半山型彩陶上的纹样已经大量运用红色与黑色交替或间隔处理,获得了更加复杂的视觉艺术效果,发展到马厂型彩陶时,已经用色彩本身的对比方法,如先用黄褐色衬底,再绘黑色图案。

随着历史的发展,原始色彩与天地崇拜、图腾崇拜、先祖崇拜形成了各自不同的色彩文化。《尚书益稷》载:"天皇氏尚青,地皇氏尚赤,黄帝尚黄,金天氏尚白,高阳氏尚黑。"正说明了早期色彩文化的社会功能。随着五行学说的出现,人们又把五色、五方与五行等相联系,产生了相生相胜的五行反馈说,这种原始色彩的崇尚理念、相生相克的理念正是中华民族早期特有的色彩观念和审美心理。

原始灰陶

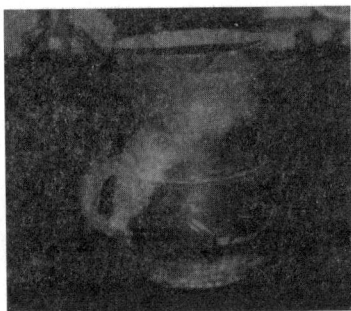

原始磨光黑陶杯

春秋绳纹红陶壶

原始白陶

2. 色彩社会文化符号形成阶段

公元前 11 世纪以后,中国人逐渐形成了五行、五方、五色相匹配的数术学说,色彩成为划分地理方位和族群的形象符号。而黑、白、青、赤、黄五色本身也确实是对光学三原色和黑、白两无彩色极端的正确概括,也说明此时人类对于色彩全光谱的结构有了基本的认识。《夏书·禹贡》中已有土之五色说法:"厥贡惟土五色,羽畎夏翟,峄阳孤桐,泗滨浮磬,淮夷蠙珠暨鱼。"而在《仪礼·觐礼第十》中记载当时的诸侯觐于天子礼仪时,与中央点相对应的黄色又分为两色:"方明者,木也。方四尺,设六色:东方青;南方赤;西方白;北方黑;上玄下黄。"

根据对中国古代少数民族色彩文化的研究,远古时期羌氏族的先民曾逐渐分化为黑、白两大族系,与原始的色彩材料基础有一定的关系。如白色部落多牧养白马、白羊,黑色部落可能是豢养牦牛的主要牧人群体。因此,色彩早期也是被作为一种色彩图腾手段来使用的,至春秋之时,华夏五方各族群已轮流在中原角逐,民族融合和交流决定了族群视觉符号的建立需求,因此五色与五方的匹配应是一种族群与地理划分的工具,而后演变成为色彩地理学中的文化符号和阴阳哲学中的审美符号。

公元前 1000—612 年,两河流域亚述时期的祭祀建筑设计中出现了用红、白、蓝、褐、黑、银白、金黄的色彩次序作为祭坛建筑的等级划分,表示色彩作为一种划分事物层级的抽象符号已经产生。

到这一阶段,色彩的视觉识别功能得到了比较充分的发挥,并且产生了超越一般视觉的形式审美,发展为文化符号审美和意象审美文化层次。这一阶段,我国各个主要文明区域都在色彩基础符号、色彩材料技术上逐渐形成了自成体系的色彩符号系统,为区域色彩传统奠定了重要的基础。

3. 科学认知色彩的阶段

公元前 350 年前后,在古希腊出土的一幅陵墓壁画中,已经可以清晰地看到画家在起稿的时候对人物身体、服装衣褶的光影效果表现。对人类来讲,这是一个非常重要的进步,人类发现了现实世界色彩的明度变化来自于光线的照射角度的变化，并感受到了色彩对于空间塑造的意义，但也因为这种观察的发展，色彩的独立审美价值在绘画中一度被暂时放在了次要的位置上。

在公元前468—376年的中国，墨子也开始研究光与影子的规律，从墨子开始便产生了明确反对以五色附会五行、五方数术迷信说法的思想。在《墨子·卷十二·贵义第四十七》中记载着墨子批判滥用五色比附的事：

"子墨子北之齐，遇日者。日者曰：'帝以今日杀黑龙于北方，而先生之色黑，不可以北。'子墨子不听，遂北，至淄水，不遂而反焉。日者曰：'我谓先生不可以北。'子墨子曰：'南之人不得北，北之人不得南，其色有黑者有白者，何故皆不遂也？且帝以甲乙杀青龙于东方，以丙丁杀赤龙于南方，以庚辛杀白龙于西方，以壬癸杀黑龙于北方，若用子之言，则是禁天下之行者也。是围心而虚天下也，子之言不可用也。'"

这段文字翻译成白话文的意思是："墨子要到北方的齐国去，碰到一个占卜的巫师，巫师说：'天帝今天要在北方杀黑龙，先生的皮肤跟黑龙的颜色一样，我说你可千万不要向北走啊。'墨子不听他的，一直往北走。到了淄水，过不了河，只好往回走。巫师见到了墨子，说：'我对你说过不要往北走嘛。'墨子说：'照你说的办，南方人不能到北方，北方人不能到南方，人们的肤色有黑有白，为什么都不能走动呢？况且昨天天帝在北方杀青龙，今天在南方杀赤龙，明天在西方杀白龙，后天在南方杀黑龙，要是按照你的意见办，那就要禁止天下的人走路了。这既违背人心，又让天下空虚，你的话不能听啊！'"

从这段话中，我们可以看到，公元前468—376年的中国已经有了明确的色彩分类，且每种色彩都有其对应的特殊文化含义，人们对色彩已经有了比较深厚的认知。

4. 色彩审美规律的探索阶段

所谓色彩的本体审美就是视觉感受的美感评价与接受，要使色彩的视觉感受得到比较好的美感评价，就必须进行有意识的色彩设计。因此，这一阶段也可以被看作是色彩设计的产生阶段。

许慎在《说文解字》里记载了已为汉代人所熟知的 39 种色彩名，说明当时染色和绘画可以使用的颜料已经很丰富，对色相丰富程度的拓展是进行色彩设计的必要条件。我国的正史史书编撰从《后汉书》开始专门开设了"舆服志"作为"礼仪志"的补充，开始对当时规定的不同级别、时间、应用场合的车舆装饰、冠带、绶带、佩饰、服装等色彩规范设计做了详细的记录。这些设计由于集中了当时最好的材料和染色工艺，因此可以推断色彩搭配的美感也能够达到一定的水平。如《后汉书·志第三十·舆服下》所记："公主、贵人、妃以上，嫁娶得服锦绮罗縠缯，采十二色，重缘袍。特进、列侯以上锦缯，采十二色。六百石以上重练，采九色，禁丹紫绀。三百石以上五色采，青绛黄红绿。二百石以上四采，青黄红绿。贾人，缃缥而已。"

从这段文字中，我们已不难想象古代贵族服饰色彩斑斓的视觉效果。由于许多应用主要还是为了区分身份、地位所设计的，因此色彩审美的独立性还嫌不足。

在这一阶段中，人类对色彩美的全部认知由一些很具天赋的艺术家发挥到了顶点。同时，色彩彻底放掉了历史上一直背负的重重包袱，自由发挥出色彩关系的美感。这个过程整整经过了 100 年，艺术家用自己的探索验证了人类对于色彩审美的世界的发现还拥有更为广阔的空间。

中国的色彩理念融和了自然、宇宙、伦理、哲学等观念，形成了独特的中国色彩文化。色彩艺术体现在多方面，如建筑、绘画、雕刻、瓷器、剪纸等，当我们对传统色彩知识有了了解，就能充分感受到传统色彩之美。

二、中国传统色彩概述

中国传统民间色彩"五色观"的形成，是继承远古人类对单色崇拜，再结合中国人自己的宇宙观——"阴阳五行说"，并与构成世界的其他要素：季节、方位、五脏、五味、五气逐渐发展而来的。

据史书《周记》记载："画绩之事杂五色"，这是目前我国最早关于"五色观"色彩理论的记载，由此也奠定了我国传统色彩美学观念形成的基础。它比西方的"七色观"、"三色观"都要早上一千余年的时间。在我国洛阳二号殷人墓发掘了四幅绘有红、黄、白、黑的四色画幔，就充分地证明了我国当时的帛画已初具"五色"的丰富性。

在中国历史上关于"五色观"的记载还有：

《尚书》："采者，青、黄、赤、白、黑也，言施于缯帛也。"

《老子》："五色不乱，孰为文彩。"

《庄子》："五色乱目，使目不明。"

《荀子·劝学》："目好之五矣。"

《礼记·礼运》："五色、六章、十二衣，还相为质也。"

《礼乐记》："五色成文而不乱。"

何谓"五色"？孔颖达注疏："五色，谓青、赤、黄、白、黑。"刘熙也曾作具体解释，他在《释名》中谈及了他的观点："青色为主，生物生长之色；红色为赤，太阳之色；黄色为光，日光之色；白色为启，如同化水之色；黑为晦，如同昏暗之色。"

西周时期，已经提出了"正色"和"间色"的色彩概念。南朝染皇侃云："正谓青、赤、黄、白、黑，五色也，不正谓五方间色也。"间色是正色混合的结果，正色即原色，它与间色和复色相对应。

所谓"正色论"即"五原色论"，亦即赤、青、黄、黑、白五原色构成的"五色体系"。古人从色彩实践中发现五原色是色彩最基本的元素，也是最纯正的颜色，必须从自然界中提取原料才能制作出来，其他任何色彩相混都不可能得到五色，而五色相混却可得到丰富的间色。从西周到春秋战国时期五色广泛流行，"五色体系"的确立标志着古代中国占统治地位的色彩审美意识，已从原始观念的积淀中获得了独立的审美意义。

五色体系的建立对于推动古代色彩科学技术的发展和色彩艺术的繁荣起到了非常重要的作用。五原色的发现和色彩混合规律的掌握，大大丰富了色彩的色谱和艺术表现力。从此，人们从原始的自然单色概念中解放出来，走向色彩艺术创造的多元化,使色彩的装饰应用更广泛地进入到了人类社会生活中,并注入了奴隶社会和封建社会的文化内涵,如商周时期奴隶制等级制度和宗教礼仪非常严格,色彩用作尊卑的标志,成为"明贵贱,辨等级"的工具,以维护其统治阶级的利益。

我们在追踪历史中发现,随着时间、空间的变化,色彩由单一的礼仪祭祀祖先、崇拜英雄转向具有神秘力量的宣示,进而赋予色彩伦理内涵并与社会政治相联系。传统色彩这一特有的现象,是和中国几千年的封建文化、伦理道德相适应的必然产物。孔子把色彩分为正色、杂色、美色、恶色,这些颜色决定了君子、父子、男女的严格界限,不得僭越。这种社会伦理的价值观渗透到色彩领域后,不同的色彩又成为不同社会等级、贵贱贫富、喜丧节庆等社会现象的一种表现。

君子礼服是朱色,而紫色、绀色(天青色)、緅色(青赤色)都是百姓所饰。同时各时代由于政治、伦理、道德的不同,对色的总体审美也不一样。秦朝崇尚黑色的深沉、威严,寓意着秦始皇的严酷性格和治国方针。汉代对色赋予了较高的地位,如:皇帝赤绶、相国绿绶、公、侯、将军紫绶等,以及南朝白为尊,隋代紫、白为上,到唐代以后黄色为帝王的专色,百官和百姓均无权享用。这种以色分等级养成了我国艺术历来为政治服务的实用功利性。周代强调礼乐制、分封制,不仅在祭祖、服饰、器物、宫室、车马等使用方面有严格的等级规定,而且使用色彩也要符合"礼"的规范。如:天子赤、诸侯黼、大夫黻、士玄衣纁裳都不可用赤来制,越礼是大逆不道的。在理性社会里,赋色是与社会政治相联系的,赋色的美与丑也不是以现代的美学观点来衡量的,而是"理性文化传统往往决定了审美要素的重要地位"。

随着时代的发展,中国古代文化审美艺术从崇拜神灵走向敬重自然。在庄子"天地有大美而不言"的道家审美思想的支配下,形成了超功利的社会理性的审美原则。墨子主张"先质而后之",韩非子反对"以文害用",主张"好质而恶饰"思想,强调人与外界对象的超功利的无为关系即审美关系,是内在的、精神的、实质的美,这种道家精神在民族的色彩心理中产生了巨大的影响,中华民族色彩审美观念有了进一步的发展,传统色彩的概念大大拓展,色彩的概念和范围大大丰富,逐步形成了具有中国特有的色彩理念——中国色。

1. 中国传统色彩溯源

我们在追踪历史中发现,随着时间、空间的变化,色彩由单一的武术礼仪祭祀祖先、崇拜英雄转向具有威吓神秘力量的宰辅,而赋予色彩伦理内涵并与政治相联系。这一特有的现象,是当时社会的必然产物,也侵蚀了中国人几千年的伦理、道德。

其实,人类祖先对色彩"结缘"最早应归属于大自然的石头。人类开始创造的第一个工具就是石头。考古学家在人类遗址中发现了大量的石器原料,如玛瑙、各色燧石、蛋白石、水晶、脉石英等,五彩缤纷。自然界的色彩不会自发地成为唤醒色彩美感的力量,启蒙者只能是人类自己。作为自己本质力量的感性确证,工具形式一开始就让人类激动,也有了这种深厚的心理积淀,人类开始对色彩产生区分和认知欲望。本能被唤醒的过程,就是本能得到提升、发展和转换的过程,因而,当人类对色彩的好奇心被催发之后,便会开始了解色彩,认识色彩。这是人类祖先的眼睛转化成人的"欣赏形式美的眼睛"的过程,而本能被唤醒和得到提升,人类终会以欣赏工具色彩的眼睛来欣赏大自然给予的一切。这就是自然界的人化过程,小石器是人类色彩感的启蒙老师。

彩色石头

到了旧石器时期的后期,人类生活开始有了变化。进入母系氏族社会时,随着人类社会生产力水平的提高,人类长期受自然色彩的潜意识教育,开始有了要驾驭自然的意识。这时人类群居生活的模式已形成,首领或族长出现,已有了尊卑等级的区别,开始有了约束族人祈求上苍的需求,也出现了巫术观念。人们把某种动植物或自然现象当作民族的图腾来崇拜。

追溯到中国,考古发现,在"山顶洞人"时期,原始先民就已经有穿戴物品中用赤铁矿的砂粉的痕迹,在尸体旁也撒满了"红粉"。红色对于他们已不是生理感观的刺激作用,而是开始包含着应用或提供某种行为观念的含义。原始人之所以染红穿戴撒抹红粉,这一官能感受是原始人类最早有朦胧的装饰意识活动,亦即包含着应用色彩是服务于原始的宗教、艺术、审美、巫术、礼仪的真正的开始，这是中国应用色彩历史上最早的最原始的应用色彩现象。

秦朝皇帝冠冕

韩非子

此外，传统色彩在日常生活中也都有所体现和划分。据《礼记》记载："木盈，天子丹，诸侯黝，大夫苍，土黄圭。"即帝王的房屋柱子用红色，诸侯用黑色，一般官僚用青色，至于百姓只能用土黄。除了统治阶级对"五色观"的推动作用之外，更多的因素还源自于民间。烧陶与冶铜术的发明和普及，使色彩得到广泛的

帛画

应用。从大量的古代文献记载和发掘出土的墓室壁画、帛画、纺织染色以及陶俑、漆器、铜器上丰富的色彩，可以看出距今两千年前我国的色彩科学技术与色彩装饰艺术的发展与繁荣。

按照中国随类赋彩的原则，色彩可表现一切，概括一切，色彩能与一切产生同构。可以这样说，中国色彩主观意念赋彩，并不是凭空而造，它是与中国哲学思想相一致的，不重模拟，而重理性、情感的凝练，同时又注重自身结构合理安排的本体价值，这些决定了它和西方三原色论同样能震撼世界。

就中国色彩文化发展而言，它所面对的是几千年来历史发展形成的色彩价值体系，社会变化能不能改变传统的艺术观念和价值观。传统艺术赋色中那种淡雅、空灵的形式可能无法体现这一时代的心理需要，但在接受西方色彩文化的同时又体现出中国人几千年来独特的赋色观念。这种维护民族文化尊严的赋色观念，不可避免地与现代色彩科学性产生矛盾。是与传统色彩观念决裂，大胆地吸收西方科学配色观念来重构中国色文化体系，还是继续沿着本土文化道路发扬光大，这是现今一直存在争议的一个问题。

在人类物质生活和精神生活发展的过程中，中国色彩始终焕发着神奇的魅力。人们不仅发现、观察、创造、欣赏着缤纷绚丽的色彩世界，而且通过漫长的时代变迁不断深化着对色彩的认识和运用。

2.　中国色详解

中国色是我们的先祖们在长期的观察和实践中对色彩的系统分类和差别定位。色名发展的初期，大多以单字描写为主，色彩表现并不丰富，如早期被确立的五正色为青、赤、黄、白、黑，随着套染色工艺水平的不断提高，更多具有色泽细微差别的间色出现，古代文献中所记载的"一染谓之縓，再染谓之赪，三染谓之纁，四染谓之朱"就极可能是在描述红色系的间色染色材料。再加之人的色彩感觉逐渐分化以致更为细致，有限的汉字色彩表现单字，再也无法满足后来的发展，慢慢地演变出双字、三字和多字，丰富了中国汉语上的色彩表现。

人的色彩感受，除了借助物色样品之外，还可以借助语言文字沟通，因此，在缺乏确切的古代色标或色谱的情况下，色名就成了解传统色彩最简捷的途径。分析中国传统色名系统，我们会发现我国古代色名非常丰富。色名，顾名思义，即色彩的名字，可以用来区分不同色彩的相貌，如鲜红、水红、天青、藏青、鹅黄、橄榄绿、松花色等，丰富多样的色彩名称，自有文字以来就一直被使用与流传。

传统色彩从色彩材料的来源、采集、制作到色彩命名都是一脉相承地取自自然，中国色彩命名始终与古代日常的农耕生活紧密相连，从中我们可窥探到古人在日常生活中体悟着四季和自然生态的种种更迭循环的现象，慢慢培养出一种以大自然为依归的认知及思维方式。

中国古语有云："天地有大美而不言"、"不贪天之功"，人只是大自然中的发现者，这正反映着古人对天地万物心存尊重和敬畏的美学观点。也许只有从古人的角度来感受这些充满情绪化的色名，才能在潜移默化中发现现代人一直寻找的具有"中国味儿"的色彩感觉。

古人将青、赤、黄、白、黑称为五色,视作中国色彩的本色和原色,同时对同一色彩又按深浅不同程度加以区分排列。绛、朱、赤、丹、红均为红色,但其色彩深浅程度又各有区别;青、苍、碧、绿、蓝其本色均为蓝色,但色彩寓意各不相同;而同一色彩的命名大多根据自然界的色彩现象加以描绘,如白色,有雪白、月白、象牙白、鱼肚白等。色彩的命名多取自于日常生活科参照的事物,如茶色、驼色、栗色、棕色、鹅黄、鸭黄、杏黄、橘黄、橙黄、海棠红、石榴红、樱桃红、胭脂红等,从而使传统色彩更加贴近自然,更加生动丰富。

我国传统的色彩名称,大致罗列如下:

红:形声字,从糸(表示与线丝有关),工声。《说文解字》载:"红,帛赤白色也。"本义是:"粉红色。"段注:"按,此今人所谓粉红、桃红也。"本义指浅赤色的帛,后来也表示各种红的颜色。现在红色使用极为普遍,结合其他表示红色的词语使用, 如 "绯红"、"绛红"等。

赤:会意字,从大(人)从火,意为人在火上,被烤得红红的,本义是"火的颜色",即红色。《说文解字》载:"赤,南方色也。"《书·洪范·五行传》:"赤者,火色也。"后指红色。

绯:形声字,从糸(表示与线丝有关),非声。本义是"(帛)红色"。《说文新附》:"绯,帛赤色也。"后常表示"红色,深红色",如韩愈《送区弘南归》:"佩服上色紫与绯。"现在有"绯红"等词语。

丹:象形字,甲骨文字形,外面框框像矿井形,里边的一横是加上的符号,表示那里有丹砂。《说文解字》载:"丹,巴越之赤石也。像采丹井。"本义是"辰砂,朱砂"。原来指的是一种水银与硫黄的天然化合物,后来引申指大红色。

朱:指事字,小篆字形,从木。《说文解字》载:"朱,赤心木,松柏属。"本义是一种木材,后来指朱红色,后用来指"朱色,大红色"。如《韩非子·十过》:"墨染其外,而朱画其内。"《庄子·达生》载:"紫衣而朱冠。"古代又称"朱"为正色,如"朱门"、"朱红"等。

彤:会意字,从丹,从彡。丹就是丹砂,彡表示装饰,本义是"彩色装饰"。《说文解字》载:"彤,丹饰也。"《荀子·大略》:"诸侯彤弓。"(按:"丹漆也。")本来是动词,后用作形容词指"朱红色",

如　《书·顾命》："麻冕彤裳。"《诗·邶风·静女》载："贻我彤管。"现在仍有"彤日"、"彤云"、"红彤彤"等词语。

赫：会意字，从二赤，《说文解字》载："赫，火赤貌。"火赤。本义是"火烧的颜色"，泛指"赤色和火红色"。如《诗经·邶风·简兮》："赫如渥赭。"现在仍有"赫日（红日）、赫赤（深红，火红）"等词语。

紫：形声字，从糸，此声。《说文解字》载："紫，帛黑赤色也。"本义指青赤色的帛，后来引申指青赤色。

绛：形声字，从糸，夅声。《说文解字》载："绛，大赤也。"本义是："大红色"，《广雅》载："纁谓之绛。凡九旗之帛皆用绛。"（纁：红色）后表示深红色。

绿：形声字，从糸（表示与线丝有关），录声。《说文解字》载："绿，帛青黄色也。"本义指蓝染料与黄染料调配后染成的帛，后来引申为像草和树叶壮盛时的颜色。

青：会意字，从生，从丹。金文"青"字的字形上面是个"生"字；下面是"丹"字，丹是井字之变。"青"是汉字部首之一。《说文解字》载："青，东方色也。"原指靛青，是古代最常用的染料之一，后引申指蓝色或深绿色，也可指黑色。

蓝：形声字，从艸，监声。《说文解字》载："蓝，染青草也。"蓝在上古汉语中并不表示颜色，一般都是表示染料"蓼蓝"，如《荀子·劝学》："青取之于蓝，而青于蓝。"用来表示蓝色的形容词是"青"。蓝的本义是蓼蓝，古代最重要的染草之一，后引申指颜色。

碧：形声字，从玉，从石，白声。《说文解字》载："碧，石之青美者。"本义是"青绿色的玉石"，后表示"青绿色"，现在仍有"碧绿"、"碧草"等词语，引申为青绿色。

翠：形声字，从羽，从卒，卒亦声，《说文解字》载："翠，青羽雀也。"本义指一种鸟，后引申为带绿的一种颜色。

苍：形声字，从艸，仓声。《说文解字》载："苍，草色也。"本义是"草色"。《广雅》："苍，青也。"后引申为"深绿色"或"深蓝色"，如《庄子·逍遥游》载："天之苍苍，其正色耶？"李白《庐山谣寄卢侍御虚舟》载："谢公行处苍苔没。"也表示"灰白色"。

黛：形声字，从黑，代声。《说文解字》载："黱，画眉也。从黑，朕声。"本义是"青黑色的颜料。"古代女子用以画眉。后来泛指"青黑色",如杜甫《古柏行》载:"霜皮溜雨四十围,黛色参天二千尺。"现在仍有"黛黑"等词语。

黄:象形字,金文像蝗虫形,当是"蝗"的本字,《说文解字》载:"黄,地之色也。"本义指大地的颜色。黄色在古代是尊严崇高的颜色,帝王都穿黄袍,皇宫用金黄色的琉璃瓦。

褐:形声字,从衣,曷声。《说文解字》载:"褐,编枲袜。"(枲:粗麻。)本义是:"用粗麻织成的袜子",后表示"黄黑色",现在仍有"褐煤、褐铁矿"等词语。

白:象形字,甲骨文字形,象日光上下射之形,太阳之明为白,从"白"的字多与光亮、白色有关。《说文解字》载:"白,西方色也。殷用事物色白。"古人还用以代表西方、秋季、金、肺等。白本义指日光的白色,后引申为白色。

素:会意字,从生,从糸。《说文解字》载:"素,白也。"本义指本色的生帛,即没有染色的丝绸,后来引申指本白色。

灰:会意字,从手,从火。意思是火已熄灭,可以用手去拿。《说文解字》载:"灰,死火余烬也。"本义是"火灰",后指"灰色",白色和黑色的混合色。

黑:会意字,小篆字形,上面是古"囱"字,即烟囱,下面是"炎"(火)字,表示焚烧出烟之盛,合起来表示烟火熏黑之意。《说文解字》载:"黑,火所熏之色也。"后经常表示"黑色"。

其中有颜色相近的,比如"绛、朱、赤、丹、红"五个词都表示红色,按其由深到浅的不同程度排列,"绛"的程度最深,"朱"的程度其次,"红"的程度最浅,到后来,"红"和"赤"没有区别。

而"青、苍、碧、绿、蓝"几种颜色相近,但也都有区别。"青"古代和现代都表示"蓝色","苍"的本义是"草色",表示"深蓝色"或"深绿色",程度最深,"碧"的本义是"青绿色的玉石",表示"浅蓝色"或"浅绿色",这三个词本来是有区别的,有时也可以混用。如青天又叫"苍天",青草也叫做"碧草",青苔也叫做"苍苔"。"绿色"和"青色"意义相差较远,混用得较少。"蓝"在上古汉语中只作为"蓼蓝"的意思,是名词,后来才具有"蓝色"的意思。

3. 中国色的特殊内涵

中国人自古对颜色就有丰富的认识，汉语中存在着大量的颜色词。而且人们又从传统的哲学思想、民俗文化、色彩联想等出发，赋予了各种颜色不同的象征意义，形成了独特的中华色彩文化。颜色本身是一种客观存在的现象，它不存在高低、贵贱之分，可是一旦人们把它与社会政治、文化、礼仪等问题联系起来，它便有了三六九等的差别。

古时候，中国人把颜色分为两大类：一类是"正色"，包括青、赤、黑、白、黄；另一类是"间色"，包括绀(红青色)、红(赤之浅者)、紫、缥(淡青色)、骝黄五种。这可能是很早的时候，古人在诸多的颜色中，发现了有些颜色是基本色，它们互相按照一定的比例搭配，就能产生新的颜色，所以称之为"正"色，而有些颜色是在搭配中产生的，所以称之为"间"色。久而久之，人们对色彩逐步形成了不同的爱憎情感。据《论语》中记载："子曰，'恶紫之夺朱也，恶郑声之乱雅乐也，恶利口之覆邦家者，"这句话的意思是："我讨厌用紫色代替红色，讨厌用郑国的乐曲代替典雅的乐曲，讨厌用花言巧语颠覆国家的人。"在这里，孔子把他的观点和爱憎感情注入到了色彩之中。

另外，中国人赋予各种颜色的文化含义，还与中国阴阳五行的学说有着密切关系。阴阳五行学说，最早的创立人是子思及其门徒孟子，而实际上完成此说的人，是战国末齐国人邹衍。他的著作《邹子》和《邹子始终》都已经失传，我们只能在其他史书中见到他的理论。邹衍把水、火、木、金、土这五种元素称之为"五德"，也叫"五行"。他认为这"五行"之间是互相制胜的，木胜土，金胜木，火胜金，水胜火，世界按照这个规律，循环更替，改朝换代。他的理论当然受到了当时统治者的欢迎，因为未当上皇帝的地方军阀，希望自己有机会夺得王位，当上皇帝的，认为自己是顺乎天意掌握了政权。

这种阴阳五行学说，把东西南北中五方，春夏秋冬四季和青、赤、白、黑、黄五种颜色联系在一起。根据《吕氏春秋》《礼记》《周礼》《淮南子》等书中记载，它们相配的情况是这样：东方天帝是太昊，属木，主春，木为青色，所以叫青帝；南方天帝是炎帝，属火,主夏,火为赤色,所以叫赤帝;西方天帝是少昊,属金,主秋,金是白色,所以叫白帝;北方天帝是颛顼,属水,主冬,水是黑色,所以叫黑帝;中央是属于"土德"的黄帝,为黄色。

传说轩辕黄帝得"土德",穿黄袍,戴黄冕,所以黄色便成了帝王之色,是皇权的象征,代表着尊贵、威严和至高无上。北京故宫的大部分屋顶都是黄色琉璃瓦,皇帝的衣服是黄色龙袍,出巡时打的是黄色龙旗,坐的是黄色龙辇,后宫寝室是黄色的龙被、龙帐,皇帝的诏书更是写在黄绫子上,都是受此观念的影响。总之,黄色成了皇帝的专用色,其他人是绝对不能用的,如果用了,就会被视为是含有不轨之心,甚至会被冠上"大不敬"的罪名,因为擅自使用黄色意味着有谋反篡位之心。

唐朝时,黄巢写了一首《咏菊》诗,歌颂黄色的菊花,被定为"反诗"之列,他是借题抒发自己的造反之心。这首诗是:"待到秋来九月八,我花开后百花杀;冲天香阵透长安,满城尽带黄金甲。"这首诗正是用满城遍布黄色的菊花,暗喻起义军希望推翻统治者、夺取政权的愿望。

在中国,以下几种色彩被赋予了特殊的文化内涵:

红色

红色是中国人最喜爱的喜庆之色,无论是逢年过节、贺寿嫁娶、买卖开张、竣工典礼等庆祝活动,人们都是用红色作为主色。结婚时,要贴大红双喜字,新娘子穿红色衣服,戴红花,坐大红花轿,新郎要十字披红,洞房要布置得红彤彤,点红蜡烛,铺红被褥,人们还称"结婚"为"红喜"。春节时,家家贴红春联、红福字,挂大红灯笼,放红爆竹,给孩子的压岁钱用红纸包上,各公司、商店发的奖金,也是装在红袋内,叫做给"红包"。妇女生小孩,要送红鸡蛋等。红色在中国是幸福、欢乐的象征。

在近代,红色又与政治意义相结合,出现了红区、红军、红色根据地等词语。近年来,随着市场经济的发展,有些人富起来了,这引来了一些人的嫉妒,人们把这种嫉妒心理称为"红眼病"。

中国人对红色也有一些禁忌。在给别人写信的时候,禁用红色笔,因为这是一种断交的表示。也不用红笔写别人的名字,或在别人的名字上画红钩、打红叉，因为中国古时候，在处死罪犯时，才在他们名字上打红钩。

黄色

在我国古代，黄色是至尊、至贵的象征，因为它是帝王之色，

传统婚礼红色剪纸

明亮的黄色烘托出一种皇家气象。帝王的服饰、车骑、仪仗多以黄色为饰。北京的故宫是明清两代的皇宫，被视为尊位的屋顶，盖有黄色的琉璃瓦。

汉代以前，中华民族并不尚黄。黄色的地位在朱红与黑色之下。《礼记·檀弓》记载："殷商尚白，西周尚赤。"

从现代考古发现来看，殷商的陶器以白色的较为精致，多作祭祀用品，主要是贵族使用。秦王朝建立后，按照"五德终始"的说法，自认是水德，崇尚黑色。

史实表明，汉代以前华夏族并没有尚黄的观念，汉初也不尚黄，而是尚赤，只是到汉武帝时，才改尚赤为尚黄。他接受了董仲舒的学说，进行了多方面的变革。董仲舒对邹衍的五行说作了进一步的发挥和阐释，按照这种学说，五行相生相克，每一个朝代都代表了五行中的一德。在金、木、水、火、土五德中，木居东，尚

青;火居南,尚赤;金居西,尚白;水居北,尚黑;土居中央,尚黄。董仲舒以黄色为最美的色彩,并说"王者,黄也",黄的"身价"也就随着"黄色居五行之中位"而越来越高,尚黄的观念便愈益牢固,就连东汉末年的黄巾军起义,也自认为是"黄天当立"了。

此后,黄色与皇家便紧密地联系在一起,赵匡胤在发动陈桥驿兵变时,部下将黄袍往他身上一披,就意味着他要当皇帝了。明代虽也尚赤,但皇帝的话要写在黄纸上,称"誊黄"。皇帝的文告用黄纸书写,称为"黄榜"。明清时期,为皇家征发财赋和徭役的户口册子被称为"黄册"。

清代尚黄之风更为突出。清代皇帝"龙袍,色用明黄"。进入近代以后,清廷效仿西方国家有国旗之制,遂制定和使用黄色龙旗。清代宗室人员系黄金色的带子,"黄带子"就成了清代宗室的别名。一般的臣民,如未得到皇帝的特许,则不得用黄色。连雍正时的大将军年羹尧,因擅用鹅黄色荷包和黄包袱,就被认为有"不臣之心",成为被定死罪的罪状之一。

在近代,中国人的色彩文化融入了西方文化,赋予了"黄色"一些新的意义。人们把一些色情、淫秽的事物冠之以"黄",如:黄

古代皇帝的龙袍

色画报、黄色小说、黄色电影、黄色录像、黄色酒吧等,进而把取缔这些不良现象,叫做"扫黄"。有人传言这种观念来源于美国。19世纪时,美国报业巨子普利策创办的《世界报》与另一报业巨子威廉·赫斯特主持的《纽约新闻报》两种刊物竞争时,《纽约新闻报》将原《世界报》栏目《黄孩儿》挖走,由此掀起了两份报纸对《黄孩儿》的争夺,之后,两份报纸借人们对此事的关注大肆策划刺激性报道,争夺群众。由此被人们戏称为"黄色新闻",这种说法很快被人们接受并沿用至今。无论这种观念源自何方,中国人对黄色的理解都是中西合璧的,由此可见各种文化是互相交流、互相影响的。

白色

白色对世界上很多国家的人们来说,是纯洁明亮、高雅和坦率的象征,所以在西方举行婚礼时,新娘子身着白色婚纱。可是在中国人的传统观念中,白色表示肃穆和哀悼,只有在举行传统葬礼时,才使用白色。灵堂的布置使用白花,用白布做"台裙",供桌上点着白色蜡烛,四周墙壁上,挂着白色的挽联。死者的亲属穿白孝衫、白孝鞋和戴白孝帽。出殡时,打的是白纸幡,撒的是白纸钱。总之,白色给人带来静穆、哀伤的气氛。中国古书《礼记》中说:"素服(白衣),以送终也。"因此人们称葬礼是"白喜"。但是由于受西方的影响,现代中国的年轻人在婚礼上会先穿白婚纱、黑礼服举行典礼,之后再换上红色的旗袍参加酒宴,展现了中外文化交融的景象。

白色和红色一样,在近代也带上了政治色彩,出现了白区、白色恐怖、白色政权等词语。另外,在京剧表演艺术中,白色脸谱象征奸诈、阴险和歹毒。历史上的奸臣,如曹操、赵高、严嵩都施白色脸谱。

曹操脸谱

黑色

黑色因为其颜色本身较暗,给人一种庄重、沉稳的感觉,所以它象征严肃和刚毅。中国古代夏朝(约公元前2070年—公元前1600年)和秦朝(公元前221年—公元前206年)是崇尚黑色的，当时的官服和旗帜是黑颜色，秦朝老百姓因为用黑布包头，所以被叫做"黔首"。中国京剧脸谱中，黑色象征刚直、勇猛、淳朴和铁面无私。多少年来，一直为广大人民喜欢和爱戴的清官包拯，就是画黑色脸谱，被人们称作"包黑子"。其他还有李逵、尉迟恭、张飞、呼延庆等人物，他们有的是草莽英雄，有的是勇猛的斗士，都有憨直、无私、可爱的一面，脸谱也都是黑色的。

包拯脸谱

在西方国家，黑色用在葬礼之中，人们穿黑色服装，带黑领带、黑围巾、黑面纱，以表示肃穆、庄严，寄托对逝者的哀思。这种文化习俗也传到中国，在一些大城市，追悼会上人们戴白花，臂上缠黑纱，已是很普遍的事情了。

另外，黑色又和黑暗相关联。中国古代有一种侮辱性的刑罚叫"墨刑"，就是在人的脸上刺上记号或文字，再涂上黑色的墨，使之永远抹不掉。虽然这种刑罚很久以前就被禁止了，但很多有刑罚意思的字还是以"黑"为偏旁。在汉语中，黑字也出现在许多贬义词中，凡是不光明正大的坏勾当，常常与"黑"联系在一起，如：黑社会、黑手、黑货、黑巾、黑名单、黑帮、黑后台等。

"黑"字还有表示狠毒的含义，如：黑心肠。近年来，又在此义上进行了引申，将那些贩卖假货、抬高物价、坑害别人、牟取暴利的行为评价为"真黑"或"太黑了"。

绿色

绿色也是人们喜爱的颜色，它象征青春、希望、和平和充满活力。在国际上，它是穆斯林国家偏爱的颜色。现代中国在很多方面也与世界其他国家一样，采用绿色，比如：邮政局工作人员穿绿服装，邮筒、邮箱涂成绿色；外科医生手术时，穿绿色手术衣；交通信号的绿灯表示通行等。近年来，人们把那些没有受到化学污染的食品，称之为"绿色食品"。

绿色在中国古代是底层人民的标志。官在七品以下穿绿衫，屠夫、酒保戴绿色巾帽，唐代乐府妓院里的男人戴绿纱巾，所以汉语中有"戴绿帽子"一语，明朝郎瑛在《七修类稿》中说："吴人称人妻为淫者为绿头巾。"此语在今天也含有同样的意思，是一句非常不好听的话，十分令人避讳。

绿色邮筒

色彩对人的心理作用,来源于人的生活经验。人对色彩的反映是普遍的,色彩的象征性也是非常鲜明的,不同时代、不同文化、不同地域、不同国家与民族喜欢的色彩不同,色彩的忌讳也不同。因此,在国际交往日益频繁的今天,我们更需注重色彩在不同文化交流中的作用。

三、传统色彩的运用

中华民族对中国画色彩观的认识最初是与汉代的"阴阳五行"学说有关联的,并受到中华民族长期以来形成的审美情趣和文化所制约,尤其与中国的哲学、伦理学、文学是分不开,渗透着中国儒、道、释各家的哲学思想和审美观念。可以说,在色彩的运用上,中国一直走了一条意识形态的道路,这使得传统色彩的运用渗透进了中国传统文化的方方面面。在我们的生活中,中国传统色彩无处不在,运用极其广泛。将传统色彩恰到好处地运用在生活中,不仅会让人觉得是种享受,也具有十分重要的意义。

中国传统色彩在历史发展过程中形成了传统色彩固定的称谓和分辨审美理念。在色彩的应用方面,融入了许多中国文化独有的表现方式和心理追求,产生了中国传统文化中许多独特的文化现象以及具有世界影响力的艺术作品,比如绘画、服装、建筑等。

1. 中国传统色彩在绘画上的运用

中国画有着悠久的历史,它是中华民族的独特瑰宝,在其形成与发展过程中,中国画的色彩起着重要的作用。

色彩与中国文化紧密相连,色彩是因时而类、因地而类、因物而类、因形而类、因色而类、因意而类,是与时、与地、与形、与境、与情相对应而赋彩,是与天、地、人、物、时空的最大限度的融合。审视中国画色彩语言时,应从历史的、文化的、哲学的角度,全面、整体地认知中国画色彩语言。明确审美原则和审美心理,这对于中国画的发展具有重大意义。

我国古代绘画的色彩的起源可以追溯至史前人用颜料画身

的活动中。谈及色彩，让人不禁想到西方的油彩，其实中国画也极其重视色彩表现，绘画古代称为"丹青"，"丹"指朱砂，"青"指石青、石绿等重彩颜料。中国画色彩具有独特的表现手段和色彩观念，它可以为中国画创作提供理论依据，并推动中国画向前发展。

中国画传统色彩观受五行学说影响很深。古人将宇宙生命万物分类为五种基本构成要素，称为"五行"。周末春秋时《尚书·洪范》中记载："五行：一曰水，二曰火，三曰木，四曰金，五曰土"。五行也找到了与之相应的五种颜色。《周礼·冬官画绩》里说："画绩之时，杂五色，东方谓之青，南方谓之赤，西方谓之白，北方谓之黑，天谓之玄，地谓之黄。"即水—黑，火—赤，木—青，金—白，土—黄。这五种颜色被古人定为绘画的正色，就像西方绘画里面的三原色，而这五种颜色两两相配称为间色，重正色，轻间色。

在大多数人的印象中，中国画就是用水墨画的画，没有绚丽的色彩。然而当我们回过头审视中国画的发展史时却发现，色彩的衰落只是中晚唐以后的事，此前中国画家们十分讲究色彩的运用。

远在新石器时代的彩陶上，纹样的色彩组合已经十分复杂；汉代壁画里有朱、黄、青、白、黑等色，缤纷灿烂；长沙出土的马王堆西汉帛画和同时期的漆画已是多色并置，五彩纷呈，形成中国绘画突出的重彩风格。魏晋南北朝时期的工笔画是一个被注入了文人素质，并受到佛教美术影响的新的绘画样式。在这种样式中，色彩的表现被进一步强化，着色技法也更趋复杂。特别是在一些宗教绘画中，浓重艳丽色彩的运用，使画面具有很强的视觉冲击力，从而营造出一种浓厚的宗教气氛，例如敦煌壁画。

中国的青绿山水画要比水墨画早得多，而青绿山水画的大多数画家都是为达官贵族服务的宫廷专职画师，以反映宫廷富丽生活为美。也有与天地自然为伍，超然物我外，以色彩为手段，以干、湿、浓、淡、焦、枯来蕴含色彩的元素，创作了许多看似无色却有色万千，有绚烂之极之感的美术作品。

苏东坡曾言："气象峥嵘，五色绚烂。渐老渐熟，乃造平淡。"张彦远论以水破墨，以墨分色曰："草木敷荣，不待丹碌之彩，云

古代青绿山水画

雪飘扬,不待铅粉而白,山不待空青而翠,风不待五色而絟。"又说,"是故运墨而五色具,谓之得意。"荆浩《笔法记》中曰:"张璪员外树石,气韵俱盛,笔墨积微,真思卓然,不贵五彩,旷古终今未知有也。"这些论述都充分表达了对中国古代色彩绘画、以墨韵彩的哲理思辨及超然物外的审美心理,也是中国传统色彩思维和传统文化色彩运用积淀的成果。

中国古代文人画家大都政治失意,逃避社会现实,有的学道参禅,避居山林,超然物外,对黑色更为崇拜,主张"黑分五色……不施丹青、光彩照人",运用墨色之变化,强调神韵;用墨"写胸中逸气",追求以墨造型达到舍形而悦影、舍质而趋灵的高度的艺术境界。张彦远最先确认墨的正统:"运墨而五色具",席卷了这个世界的丰富,又放弃了这个世界的丰富,因而中国黑白色彩的水墨山水画整体呈现了深邃却也荒寒之意境。

中国古代的卷本绘画虽然并不善于运用丰富的色彩材料,但在画面的色彩设计上也逐渐积累了一些重要的经验,最典型的是重视墨色的使用。早在魏晋南北朝时期,东晋画家顾恺之在《论画》一文中曾记叙过当时绘画设色技法的程序:"竹、木、土,

黑色在山水画中的体现

可令墨色轻而松竹叶浓也。凡胶清于彩色,不可进素之上下也
……"书中已经提出了墨色与浓厚色彩之间的分离运用经验。

　　唐朝美术理论家张彦远在他所著述的《历代名画记》中,曾
谈及运用墨色的重要性问题:"山不待空青而翠,凤不待五色而
綷,是故运墨而五色具,谓之得意。意在五色,则物象乖矣。"表示
他主张重用墨色、慎重使用浓丽色彩的观点。

　　宋以后,中国画设色的重墨轻色观点非常流行,画面色彩设

顾恺之《洛神赋》

计趋向清淡,形成了中国画色彩设计的典型风格。

中国画色彩除了根据物体的类似颜色敷色外,还可以改变物体的固有色相,以达到反映作者的绘画意图,传达自己思想感情的目的。例如,花本来没有黑色,但画国画花卉时可以用墨画成黑色,又如竹也没有红色,然而宋代苏东坡喜爱用朱砂颜色画竹。这都可以说明中国画不必受光色和环境色的局限,而可以变象、变色,独立发挥色彩的作用。总而言之,中国画并不像西洋画那样注重光色效果、自然颜色的再现,也不需要太多的颜色进行调和,而是着重于单一固有色的运用,省去了许多光源色、反光色、环境色的影响,具有色彩装饰性的效果。

中国画色彩是哲学色彩观,在宇宙论的深处,讲阴阳向背、飘然出尘。静默如禅、空灵如水的中国画色彩开辟了中国文人的第二世界(本体的心灵世界)。这是中国人深藏出世,以求灵魂平息安宁的表达。

中国人的色彩审美形态决定了其偏爱单纯明丽的色彩或对比强烈的色彩,其用色的主观性让"随类赋彩"更受欢迎,传统色彩运用到绘画中,使得画作充满"性格"。

2. 中国传统色彩在服装上的运用

服饰是一种文化现象,是构成一个民族的外部特征,故而不同民族的服饰所反映的文化特征也各有差异。服饰是人类生活的要素,同时也是人类文明的一个标志,它除了满足人们物质生活的需要外,还代表着一定时期的文化。服装的款式与演变,服装面料的选用与搭配,服装颜色的选择与组合,特定场合着装的选筛与习惯,均记录着特定时期的生产力状况和科技水平,反映着人们的思想文化、宗教信仰、审美观念和生活情趣,也烙有特定时代的印迹。中国传统服饰文化历经数千年的光辉发展历程,其内涵是极其丰富多彩的。

中国传统服饰文化是中国各族人民经过上下五千年共同创造的优秀文化,是中国传统文化的一个重要组成部分,是中华民族乃至人类社会创造的宝贵财富,在构建和谐社会、建设社会主义的今天,传承其优良传统,对于不断提高人民的物质生活和精神生活质量尤为重要。

纵观我国几千年的历史,汉族的服饰,在式样上主要有上衣下裳和衣裳相连两种基本的形式,大襟右衽是其服装始终保留的鲜明特点。不同朝代、不同历史阶段,又各有不同的特点。在服饰的色彩上,汉族视青、红、皂、白、黄等五种颜色为"正色"。不同朝代也各有崇尚,一般是夏黑、商白、周赤、秦黑、汉赤,唐服色黄,旗帜赤,到了明代,定以赤色为宜。但从唐代以后,黄色曾长期被视为尊贵的颜色,往往天子权贵才能穿用。服饰的原料主要有麻布、丝绸、棉布、毛呢、皮革等。

汉族的染织工艺,以其历史悠久、技术先进、制作精美而在世界上独树一帜、享有盛誉。

我国古代染织,特别是丝织方面,在相当长的时间内都是世界上独有的。古代的染色技术也极为卓越和先进,不仅颜色种类多,色泽艳美,而且染色牢固,不易褪色,被西方人誉为神秘的"中国术"。其方法大体可分为织花、印染、刺绣、书花四大类,充分显示了汉族人民的勤劳与智慧。

在黄帝、尧舜所处的仰韶时期,中国已经有了与色彩相关的服饰文化制度。从秦汉以后,中国历朝历代对服装色彩问题都非常重视,每当易代改制,新的朝代都必然要"改正朔"、"易服色",目的是为了顺应天命,并彰明新的时代的到来。这种"色彩制度"的观念主要是以邹衍的阴阳五行学说为依据,后世以"五德相生"为法则。

服装色彩的构成有以下三种属性:一,实用性:保护身体,抵抗自然界的侵袭;二,装饰性:色彩本身对服装具有装饰作用,优美图案与和谐色彩的有机结合,能在同样结构的服装中,赋予各自不同的装饰效果;三,社会属性:它不仅能区别穿着者的年龄、性别、性格及职业,而且也表示了穿着者的社会地位。例如,在选择服装色彩时,针对胖型的人应避免采用扩张感强的高明度色,如雪白、鲜黄、橘红等,应使用统一色彩。而体型瘦小的人,宜穿着扩张感强的明亮色调,使比例得到相对调整,产生视觉上的美感。性格开朗的人,宜穿白色或暖色系的高明度、低彩度的服装,不适宜穿黑色和寒色系的低明度、低彩度的服装;性格温和的人,适宜穿柔和而彩度较低、中明度的服装,却不宜穿高明度、高彩度的服装;理智的人,适宜选用柔和的冷色或黑色、白色,不宜选用温暖而强烈的色彩。

种类多样性文化是中国传统服饰文化的又一特征。从纵向上看,中国历代服饰文化均有较大的差异。就以中国近三千年以阶级社会为形态的服饰"制度形态"演变的轨迹而言,周礼和汉服不同,唐制与清制差别也大,基本上每个朝代都有自己的服饰制度,都有其特定的礼仪要求。

从横向上看,由于中国地大域广,民族众多,其对服饰款式的追求上、对服饰色彩的忌讳上、对服饰材料应用的技术水平上,以及对服饰不同时间、不同地点和不同场所的意象表达上,都有很大的差异,有时还反映出极大的对立。这种多样性既反映了中国传统服饰文化的丰富多彩,又反映了与其他国家的不同特征。

中国古代女子服饰的变化,很好地揭示了这一现象。

秦汉女子服饰

魏晋女子服饰

魏晋南北朝女子服饰

隋朝女子服饰

唐朝女子服饰

宋朝女子服饰

元朝女子服饰

明朝女子服饰

清朝女子服饰

中国素有"衣冠王国"之称,几千年来,中国人民创造了无数精美绝伦的服饰,为世界服装之林作出过突出的贡献。今天我国服饰在经过近代西化的冲击后,又再次登上了世界服饰的舞台。这说明,中国传统服饰具有强大生命力和艺术感染力。

3. 中国传统色彩在建筑上的运用

中国古代建筑的特点之一是敢于使用色彩也最善于使用色彩,这个特点是和中国建筑的木结构体系分不开的。因为木料不能经久,所以,中国建筑很早就采用在木材上涂漆和桐油的办法,以保护木质和加固木构件,同时增加美感,达到实用、坚固与美观的效果。以后又用丹红装饰柱子、梁架,或在斗拱、梁、枋等处绘制彩画。

中国古代建筑的色彩非常丰富。有的色调鲜明,对比强烈,有的色调和谐,淳朴淡雅。建筑师根据不同需要和风俗习惯而选择施用。大凡宫殿、坛庙、寺观等建筑物多使用对比强烈、色调鲜明的色彩:红墙黄瓦或其他颜色的瓦,衬托着绿树蓝天,再加上檐下的金碧彩画,使整个古建筑显得分外绚丽。

中国原始建筑为"茅茨土阶",很少人工装饰,其色彩多为草、木、土建筑材料的本色,原始而质朴。随着社会生产力的提高及人们审美意识的增强,在建筑上使用红土、白土、蚌壳灰等涂料来装饰和防护,后来又出现了石绿、朱砂、赭石等颜料。

原始时代的人类在不知不觉的状态中创造了历史性色彩最纯粹的形式。最早发现的原始美术物是距今两万年前的洞窟岩画,标志着人类已经用色彩装饰自己的居住场所,其各种各样的动物形象,用色鲜明浓烈,饱含着原始人类特有的生命力和艺术感染力。在我国黄河中游发现的石器时代原始氏族部落建造的浅穴中,由红、黄、褐等色泥土、草泥和木材建成,表明我们祖先在建筑中对色彩的掌握和运用迈出了一大步。

由于阶级的产生,统治者把建筑物上的色彩赋予了阶级内容,《礼记》中规定:"楹,天子丹诸侯黝,大夫苍,土。"这些统治阶级的意识形态明显地反映在建筑的等级与色彩上。殷商时期的宫殿,柱子多用红色,墙为白色,宫殿的"堂"和前檐多用色彩斑

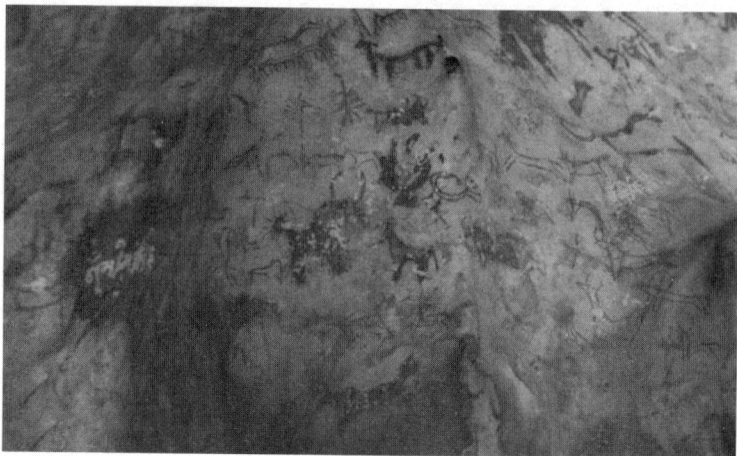

洞窟岩画

斓的"锦绣被堂"帷幔、壁衣之类的织绣、绘品装饰,使得统治者的建筑高贵、豪华而富丽堂皇。周代还规定青、红、黄、白、黑为正色。宫殿、柱墙、台基多涂以红色,这种以红为高贵色彩的传统一直延续下来。

中国建筑的萌芽虽然可追溯到原始初民的洞穴时期,但是直到商周时期,中国的建筑才有了真正意义上的大发展,并且初步形成了如方整规则的庭院,纵轴对称的布局,木梁架的结构体系,由屋顶、屋身、基座组成的单体造型等一些重要的中国建筑艺术特征。

至春秋战国时期,社会政治、经济、文化获得了前所未有的发展,中国古典美学思想进入启蒙阶段,以儒道两家为代表的古典美学思想已经形成,并不断地推动着"目观为美"的简单朴素的低层次色彩美感认识向高层次色彩审美认识的发展。几千年来,以孔孟为代表的儒家色彩观和以老庄为代表的道家色彩观始终贯穿于中华民族的色彩审美意识之中。

战国瓦当

从战国时代出土的瓦当图案看,青龙、白虎、朱雀、玄武分别用于东、西、南、北各方,可以推测,当时在建筑上使用黑、白、红、黄代表不同方位。此时建筑的梁架上还出现了彩画,建筑的色彩更加丰富多彩。

　　秦统一全国后,建筑风格趋于统一,建筑室内的墙壁出现了以人物、动物、车马、植物、建筑、神怪和各种边饰为内容的壁画,黑、赫、大红、朱红、石青、石绿等的建筑色彩才在建筑上得到体现。

秦代咸阳宫复原图

　　汉代的宫殿与官署建筑也多用红色,有大量有关"丹楹"、"朱阙"、"丹墀"的文字记载。汉代除民间一般砖造泥木房的室内比较朴素外,宫殿楼台极为富丽堂皇。尽管两汉时期中国建筑事业极为活跃,建筑组合和结构处理日臻完善,中国建筑体系也已大致形成,但汉武帝时,因"罢黜百家,独尊儒术"政治思想的提出,儒家思想开始成为统治阶级的工具,人的思维遭到了严重的限制,因而,秦朝出现的中国古代建筑色彩艺术在汉代并没有得到较好的发展。

汉代皇宫未央宫复原图

自汉以后,红色在等级上退居黄色之后,人们还利用青、红、白、黑、黄色彩的组合与对比,出现"彤轩紫柱"、"丹墀缥壁"、"绿柱朱楣"等众多变化的建筑色彩组合,在构成建筑彩画的图案上规定:"青与赤谓之文,赤与白谓之章,白与黑谓之黼,黑与青谓之黻,五彩谓之绣"。

自魏晋南北朝以后,传统建筑的屋顶上琉璃瓦的出现和使用,使黄色拥有至高无上的地位。魏晋南北朝时期,佛道盛行,统治阶级大量兴建寺、塔、石窟等,寺院经济强大,数量众多的佛教艺术作品,使文学艺术得到了解放。正处大发展技艺阶段的中国建筑,在宗教思想的影响下,建筑装饰在继承前代的基础上,吸收了"希腊佛教式"工艺表现风格,中国古代建筑的形象得到了丰富,但建筑色彩的施用仍然不多见。隋唐时期开始,宫殿、庙宇、官邸多用红柱、白墙、梁架施以彩画,屋顶为灰瓦、黑瓦与彩色琉璃瓦,还出现了"剪边"屋顶,丰富了屋顶的色彩变化。

唐代是中国历史上建筑发展的鼎盛时期,建筑气势庞大,造型质朴,体态劲道。由于唐代建筑有了统一的规划,建筑归"礼部"所管,因此有了等级制度的划分,依附在建筑上的色彩也就自然成了等级和身份的象征:黄色成为皇室特用的色彩,皇宫寺院采用黄、红色调,红、青、蓝等为王府官宦之色,民舍只能用黑、灰、白等色。唐代盛行直棂窗,窗根上的纹样有龟锦纹及花纹繁密的球纹等。室内壁面上往往会有壁画,天花板形式很简洁。这时候的彩画构图已初步使用"晕",它对以对晕、退晕为基本原则的宋代彩画有一定的启蒙作用。在使用花纹方面,除莲瓣以外,窄长花边上常用卷草构成带状花纹,或在卷草纹内杂以人物。这些花纹不但构图饱满,线条也流畅挺秀,还常用半团窠及整个团窠相闻排列,以及回纹、连珠纹、流苏纹、火焰纹及飞仙纹等富丽丰满的装饰图案。可以说,唐代是用色彩来维护统治阶级的利益。

盛唐竞相攀比华贵之风盛行,建筑色彩比以前更豪华,不但用大红、绿青、黄褐及各层晕染的间色,金银玉器也是必用材料。绿色、青色琉璃瓦流行,深青泛红的绀色琉璃瓦开始使用。从汉至唐代,建筑木结构外露部分一律用涂朱红,墙面用白粉,

唐朝长安城复原图

采取赤红与白色的组合方式,红白衬托、鲜艳夺目、简洁明快的色感是其特点。

宋代是中国封建社会由繁荣逐渐走向衰败的转折时期,这种特殊阶段,使得人们的思想观念、社会风气与以前大不一样,特别是从唐中叶以来,商品经济有了一定的发展,两宋时则得到了前所未有的发展,这个发展对两宋社会产生了巨大的影响。受儒家理性主义和禅宗的哲理作基础的宋代社会思想影响,宋代建筑用色喜用稳重而单纯、清淡而高雅的色调。自唐玄奘在佛庙中引入西藏风格开始,至宋代,印度佛教文化开始渗透到中国文化的各个角落。宋代建筑寺塔的装饰尺度合理,造型完整而浑厚,苏州的虎丘塔、泉州的仁寿塔便是宋代的点睛之作,建筑颜色突出为红色,屋顶上或全部覆以琉璃瓦,或用琉璃瓦与青瓦相配合成为剪边式屋顶,彩画和装饰的比例、构图和色彩都取得了一定的艺术效果,因而当时建筑给人以柔和而灿烂的印象。

宋代建筑的色彩充分反映了当时的主流文化,并且对后来中国建筑装饰文化的发展有着指导性的意义。

宋代建筑的色彩留白

　　唐宋建筑一脉相承,宋代建筑是唐代建筑的继承和发展。但宋代建筑比唐代建筑规模小,秀丽、绚烂而富于变化,出现了各种形式复杂的殿阁楼台。受唐代建筑的影响,宋代建筑主要以殿堂、寺塔和墓室建筑为代表,装饰上多用彩绘、雕刻及琉璃砖瓦等,油漆在这一期开始大量使用,建筑构件也开始趋向标准化,装饰与建筑的有机结合是宋代建筑的一大特点。

宋代建筑

　　元室以蒙古民族入主中土,建立蒙古政权,并大力西征,以展疆土,形成了地跨亚欧的大国。元朝由于民族众多,而各民族又有着不同的宗教和文化,因而元代传统建筑艺术在各民族宗教和文化的碰撞下增添了许多新的元素。由于蒙古族崛起于北方蒙古高原,因此受以北方工匠为主的外来工匠的影响,元代建筑结构大胆而粗犷,艺术风格也狂放不羁。最为突出的是宗教建筑,从西藏到大都建造了很多喇嘛教寺院和塔,带来了一些新的装饰题材与雕塑、壁画的创作手法。陆续兴建的伊斯兰教礼拜寺开始和中国建筑相结合,形成了独立的风格,装饰、色彩也逐步融合起来。与汉族传统风格不同,高浮雕是元代建筑中的优秀作品。人物姿态、神情十分雄劲,图案生动的气氛热烈,喇嘛教的雕刻题材和手法给予明清建筑艺术不少影响,尤其是对官式建筑影响较大。元大都是元代建筑的点睛之作,《中国建筑史》记载:"此宫壮丽富赡,世人布置之良,诚无逾于此者。顶上之瓦,皆红黄绿蓝及其他诸色,上涂以釉,光泽灿烂,犹如水晶,致使远处亦见此宫光辉,应知其顶坚固可以久存不坏。"可见,元代建筑色彩艺术不仅在视觉上有了较大的突破,色彩更为丰富,而且在使用功能上也有了长足的发展,较好地延长了建筑的使用寿命。元代宫室建筑在承袭唐宋建筑风格的传统下,建筑装饰纹样倾向平实、写实的路线,宫殿建筑的色彩和图案更为精湛,风格秀丽且绚烂。

　　明朝之时,中央集权的封建君主专制进一步加强,明太祖的休养生息政策极大地推进了明代手工业的生产,手工业技术突飞猛进。

　　明初建都南京,建筑主要仰赖江南工匠。永乐时期移都北京,北京宫苑建设,以南方工匠为主,形成了严谨、工丽、清秀、典雅的明代建筑风格,颇具江南艺术的风范,只是经过皇家贵胄的

盘古开天辟地主题图

渲染，明代建筑体量宏巨，色彩浓重，虽更改了江南的雅淡之风，但其根系，实与江南建筑相近，这一时期，琉璃瓦开始盛行。

琉璃瓦是一种非常坚固的建筑材料，防水性能强，起初是从陶瓷发展而来的，从出土实物得知，在殷代即已经有了原始的瓷器，其质地与琉璃瓦很相近。但是由于琉璃毕竟是贵重材料，所以直到南北朝、隋、唐时期才开始在建筑上使用，其时仍然是在局部作为点缀装饰。到宋、元时期出现了用琉璃瓦全部铺盖屋顶或包砌全部建筑的情况。现在河南开封的北宋佑国寺塔（俗称"铁塔"）就是全部用琉璃砖瓦包砌的。到了明、清时期，琉璃瓦件的生产技术提高，生产量也大大增长，皇家建筑和一些重要建筑便大量使用琉璃砖瓦，因而琉璃瓦成为明清建筑的特点之一。

琉璃瓦的色泽明快，颜色丰富，有黄、绿、蓝、紫、黑、白、红等等。一般以黄绿蓝三色使用较多，并以黄色为最高贵，只用在皇宫、社稷、坛庙等主要建筑上，就是在皇宫中。在王府和寺观，一般是不能使用全黄琉璃瓦顶的。清朝雍正时，皇帝特准孔庙可以使用全部黄琉璃瓦，以表示对儒学的独尊。

琉璃瓦件大约可分作四类：第一类是筒瓦、板瓦，是用来铺

北宋佑国寺塔

盖屋顶的;第二类是脊饰,即屋脊上的装饰,有大脊上的鸱尾,垂脊上的垂兽,戗脊上的走兽等,走兽的数目根据建筑物的大小和等级而决定。明清时期规定,最多的是十一个,最少的是三个,它们的排列是,最前面为骑鹤仙人,然后为龙、凤、狮子、麒麟、獬豸、天马……等;第三类是琉璃砖,用来砌筑墙面和其他部位的;第四类是琉璃贴面花饰,有各种不同的动植物和人物故事以及各种几何纹样的图案,装饰性很强。

琉璃瓦

琉璃瓦脊饰

明代故宫琉璃瓦的数量及质量都超过过去任何朝代，官式建筑已经高度标准化、定型化。房屋的主体部分，亦即经常可以得到日照的部分，一般用暖色，尤其爱用朱红色；格下阴影部分，则用绿蓝相配的冷色。这样，强调了阳光的温暖和阴影的阴凉，形成悦目的对比。

明代故宫

建筑色彩的施用，在中央集权的明代封建君主制下仍然受到等级制度的限制，在一般民用住宅建筑中，多采用青灰色的砖墙瓦顶，梁枋门窗多采用本色木面，也显得十分雅致。

明、清时期，藏族和蒙古族的喇嘛教建筑在元代的基础上进一步发展。寺院建筑由于有一些比较完整定性的装饰手法，这就使寺院中许多建筑的外形有着共同的艺术特点：墙很厚，收分很大，窗很小，因而建筑显得雄壮结实，檐口和墙身上大量的横向饰带，给人以多层的感觉。这些特点在艺术上增大了建筑的尺度感，在色彩和装饰上则采用了对比的手法。教义规定：经堂和塔刷白色，佛寺刷红色，白墙面上用黑色窗框、红色木门廊及棕色饰带，红墙面上则主要用白色及棕色饰带，屋顶部分及饰带上重点点缀镏金装饰，或用镏金屋顶。这些装饰和色彩上的强烈对比，有助于突出宗教建筑的重要性。

明、清时期的伊斯兰教建筑以维吾尔族的礼拜寺和玛扎为

明代建筑——玄神楼

代表。这类建筑窗户棂条的组合使用了各种精巧的几何纹样。维吾尔族建筑装饰的种类很多，而最出色的是拼砖、石膏花饰、彩画和窗户棂条的组合，多种装饰往往综合使用，形成华丽细致的艺术气氛。

中国伊斯兰教建筑的代表作之一：东大寺

清朝统治者入关后，封建君主制进一步加强，皇权更为巩固。手工业生产水平比明朝有较大提高，规模更加扩大。在此背景下的清代建筑色彩的施用越来越复杂，其色彩功能突出装饰性，这一时期最突出的就是"油漆彩画"。围绕彩画形成了一系列与建筑文化相关的内容，彩画的功能演化成装饰。

彩画是中国古建筑中重要的艺术部分。我们今天看见的天安门城楼、故宫三大殿以及天坛、颐和园、雍和宫等重要建筑的室内外，特别是在屋檐之下的金碧红绿彩画，使这些阴影部分的构件增强了色彩对比，同时使黄绿各色屋顶与下部朱红柱子门窗之间有一个转换与过渡，使建筑更觉辉煌绚丽，这实在是一种很成功的手法。我们追溯其源，建筑彩画也有一个长期发展的过程。

根据目前所知的情况，在公元前一千多年前的殷周时期，人们就已经开始在建筑物内外涂色绘画了。秦汉时期得到了很大的发展，唐宋时期已形成了一定的制度和规格，宋代书籍《营造法式》上有详细的规定，明清时期史加程式化并作为建筑等级划分的一种标志。考其产生与发展，建筑彩画也有实用和美化两方面的作用。实用方面是为了保护木材和墙壁表面。古时候皇帝妃子所住的椒房，即是在颜色涂料中加上椒粉，不仅可以保护壁面和梁柱，而且还可散发香气驱虫。装饰美化方面的作用就是使房屋内外美观。

彩画的图案早期是在建筑物上涂以颜色，并逐渐绘画各种动植物和图案花纹，后来逐步走向规格化和程式化，到明清时期完成了定制。明清时期的彩画主要分两大类：一类是完全成为图案化的彩画，分为和玺（以金色龙凤为主要题材）、金线大点金、墨线大点金、金琢墨、烟琢墨、雄黄玉、雅五墨等，它们都以用金多少和所用的主要题材来定其等次贵贱；另一类是后来才兴起的"苏式彩画"（苏指苏州），它的特点是在梁枋上以大块面积画出包袱形的外廓，在包袱皮内绘各种山水、人物、花鸟鱼虫以及各种故事、戏剧题材。还有一些别出心裁的彩画，如故宫太和殿的柱子以贴金沥粉缠龙为饰，遵化清东陵慈禧陵在楠木梁枋上素底描金彩画，达到了金碧辉煌、登峰造极的地步。

建筑彩画

孔庙

　　清代后期,等级制度使建筑颜色两极分化,艺术表现寓于内容要求。清代官式建筑以金龙合玺为最荣贵,雄黄玉最贱。宫殿地位最重要,色彩也最强烈;其次为坛庙、陵墓、庙宇,色彩的强烈程度也递减而下;民居最普通,色彩最简单,其建筑一般不施彩画,即使有的也只在梁枋交界处画"箍头"。清代台基一般为砖石本色,重要建筑用白色大理石。如北京紫禁城的颜色是红黄色

清代康熙景陵

近代租界建筑

的,与紫禁城相连的周围一些重要建筑都是红色,屋顶则呈现绿色,而其他的北京建筑颜色大多是灰色。清代琉璃瓦的使用极为普遍,黄色最尊,用于皇宫及孔庙;绿色次之,用于王府及寺观;蓝色像天,用于天坛;其他红、紫、黑等杂色用于离宫别馆。明清

现代上海建筑

建筑装饰，是中国古代建筑史上的最后一个高峰。许多规模宏大的宫苑、陵寝，无论在数量上还是质量上都很出色。建筑装饰风格沉雄深远，映射出了明清全盛时期皇权的声威。直到清代中叶以后，建筑的装饰图案或彩画生气才开始低落，唐宋装饰的风采已经踪影皆无，由于过分追求细腻而导致了琐碎和缺乏生气的局面。

辛亥革命时期，受西方的影响，建筑系统变了，色彩关系也变了。中国一些地方出现了租界，在西方设计理念的影响下，建筑重新突出材料的本质色彩，建筑颜色衬托了建筑载体的功能。

近现代的中国建筑在欧美国家取消建筑装饰的影响下，开始步入了重现代技术和新材料的运用，不重装饰的阶段：装饰性的花纹图案已不多见，建筑装饰除功能和施工技术的要求外只能在符合功能、技术的门、窗及实墙中寻找理想的格局。

现代之后，因社会发展，人口增长，土地使用紧张，中国的建筑以钢筋水泥为主，追求实用性，建筑的中国色彩开始弱化。

中国建筑色彩艺术极好地诠释了华夏子孙的审美观：一是艺术表现寓于内容要求。中国建筑色彩首先表现在建筑设计上，处于至高地位的宫廷建筑色彩最为强烈，坛庙、陵墓、庙宇的色彩较次之，普通居民建筑的色彩则非常单一；二是多样寓于统一。中国古建筑色彩不论其复杂华丽程度，都会基于一个统一的色调之中，那就是宫廷建筑以红、黄的暖色调为主，天坛以蓝、白色调为主，园林则以灰、绿、棕色作主色调；三是对比寓于和谐。由于建筑装饰色彩基调的高度统一，中国古建筑不论色彩多么地大胆、明快、强烈，尽管许多的互补色、对比色会在同一座建筑中同时出现，而且对比十分强烈，但这种丰富的建筑施色法不仅没有使中国建筑显得杂乱无章，反而使其和谐的基调更加赏心悦目、耐人寻味。

经过长期的实践，中国建筑在色彩运用方面积累了丰富的经验，例如在北方的宫殿、官衙建筑中，很善于运用鲜明色彩的对比与调和。房屋的主体部分一般用暖色，特别是用朱红色；房檐下的阴影部分，则用蓝绿相配的冷色。这样就更强调了阳光的温暖和阴影的阴凉，形成了一种悦目的对比。朱红色门窗部分和蓝、绿色的檐下部分往往还加上金线和金点，蓝、绿之间也间以少数红点，使得建筑上的彩画图案显得更加活泼，增强了装饰效果。

中国建筑的色彩艺术以其特有的艺术视觉、艺术形式和美学追求独树一帜，展示了中国文化的深刻内涵，在世界建筑艺术史上占有举足轻重的地位。中国建筑的色彩是中华文明的外表，中国人的色彩观作为一种文化符号，体现了诸多对人事的关怀，具备主观印证和日常为用的性质。

人类在改造自然的过程中，产生了审美意识，在创造性的劳动中，发展了色彩系统。不同时代、不同阶层、不同文化思潮，都直观地反映在对色彩的应用和规范上。文化对色彩的影响因素是复杂多样的，每一种色彩文化的出现都不是单一因素造成的。中国人的色彩观与中国传统文化思想是密不可分的，作为中国文化重要部分的色彩文化同样呈现出风情万种的姿态，色彩文化背后隐藏的哲学思想尚未穷尽，博大精深的色彩文化值得我们做更深入更全面的研究。

附:与"颜色"有关的诗词

1. 蒹葭苍苍,白露未霜。(《诗经·蒹葭》)
2. 白毛浮绿水,红掌拨青波。(唐·王勃《鹅,鹅,鹅》)
3. 日暮苍山远,天寒白屋贫。(唐·刘长卿《逢雪宿芙蓉山主人》)
4. 千里莺啼绿映红,水村山郭酒旗风。(唐·杜牧《江南村》)
5. 千里黄云白日曛,北风吹雁雪纷纷。(唐·高适《别董大》)
6. 渭城朝雨悒轻尘,客舍青青柳色新。(唐·王维《送元二使安西》)
7. 碧玉妆成一树高,万条垂下绿丝绦。(唐·贺知章《咏柳》)
8. 日出江花红胜火,春来江水绿如蓝。(唐·白居易《忆江南》)
9. 岱宗夫如何? 齐鲁青未了。(唐·杜甫《望岳》)
10. 绿树村边合,青山郭外斜。(唐·孟浩然《过故人庄》)
11. 夜来南风起,小麦覆陇黄。(唐·白居易《观刈麦》)
12. 苔痕上阶绿,草色入帘青。(唐·刘禹锡《陋室铭》)
13. 最爱湖东行不足,绿杨阴里白沙堤。(唐·白居易《钱塘湖春行》)
14. 客路青山外,行舟绿水前。(唐·王湾《次北固山下》)
15. 角声满天秋色里,塞上燕脂凝夜紫。(唐·李贺《雁门太守行》)
16. 半卷红旗临易水,霜重鼓寒声不起。(唐·李贺《雁门太守行》)
17. 孤帆远影碧空尽,唯见长江天际流。(唐·李白《黄鹤楼送元二使安西》)
18. 一道残阳铺水中,半江瑟瑟半江红。(唐·白居易《暮江吟》)
19. 两个黄鹂鸣翠柳,一行白鹭上青天。(唐·杜甫《绝句》)
20. 江碧鸟逾白,山青花欲燃。(唐·杜甫《绝句》)
21. 遥望洞庭山水色,白银盘里一青螺。(唐·刘禹锡《望洞庭》)

22. 青箬笠,绿蓑衣,斜风细雨不须归。(唐·张志和《渔歌子》)

23. 草树知春不久归,百般红紫斗芳菲。(唐·韩愈《晚春二首·其一》)

24. 紫陌红尘拂面来,无人不道看花回。(唐·刘禹锡《元和十年自朗州至京戏赠看花诸君子》)

25. 鸟下绿芜秦苑夕,蝉鸣黄叶汉宫秋。(唐·许浑《咸阳城东楼》)

26. 白雪犹嫌春色晚,故穿庭院作飞花。(唐·韩愈《春雪》)

27. 绿蚁新醅酒,红泥小火炉。(唐·白居易《问刘十九》)

28. 夜雨剪春韭,新炊间黄粱。(唐·杜甫《赠卫八处士》)

29. 蔡洲新草绿,幕府旧烟青。(唐·刘禹锡《金陵怀古》)

30. 白云回望合,青霭入看无。(唐·王维《终南山》)

31. 联步趋丹陛,分曹限紫微。(唐·岑参《寄左省杜拾遗》)

32. 暮从碧山下,山月随人归。(唐·李白《下终南山过斛斯山人宿置酒》)

33. 绿树阴浓夏日长,楼台倒影入池塘。(唐·高骈《山亭夏日》)

34. 淑气催黄鸟,晴光转绿苹。(唐·杜审言《和晋陵陆丞早春游望》)

35. 春风又绿江南岸,明月何时照我还。(北宋·王安石《泊船瓜洲》)

36. 一水护田将绿绕,两山排闼送青来。(北宋·王安石《书湖阴先生壁》)

37. 一年好景君须记,最是橙黄橘绿时。(北宋·苏轼《赠刘景文》)

38. 含风鸭绿鳞鳞起,弄日鹅黄袅袅垂。(北宋·王安石《南浦》)

39. 绿杨烟外晓寒轻,红杏枝头春意闹。(北宋·宋祁《玉楼春》)

40. 疏影横斜水清浅,暗香浮动月黄昏。(北宋·林逋《山园小梅》)

41. 等闲识得东风面,万紫千红总是春。（南宋·朱熹《春日》）

42. 接天莲叶无穷碧,映日荷花别样红。（南宋·杨万里《晓出净慈寺送林子方》）

43. 茅檐低小,溪上青青草。（南宋·辛弃疾《清平乐·村居》）

44. 绿满山原白满川,子规声里雨如烟。（南宋·翁卷《乡村四月》）

45. 梅子金黄杏子肥,麦花雪白菜花稀。（南宋·范成大《夏日田园杂兴》）

46. 雪色白边袍色紫,更饶深浅四般红。（南宋·杨万里《金凤花》）

47. 知否,知否? 应是绿肥红瘦。（南宋·李清照《如梦令》）

48. 黄梅时节家家雨,青草池塘处处蛙。（南宋·赵师秀《有约》）

49. 春色满园关不住,一枝红杏出墙来。（南宋·叶绍翁《游园不值》）

50. 浩荡离愁白日斜,吟鞭东指即天涯。（清·龚自珍《己亥杂诗》）

肆 染织篇

中华文化遗产系列丛书《天地之间》
ZHONGHUA WENHUA YICHAN XILIE CONGSHU

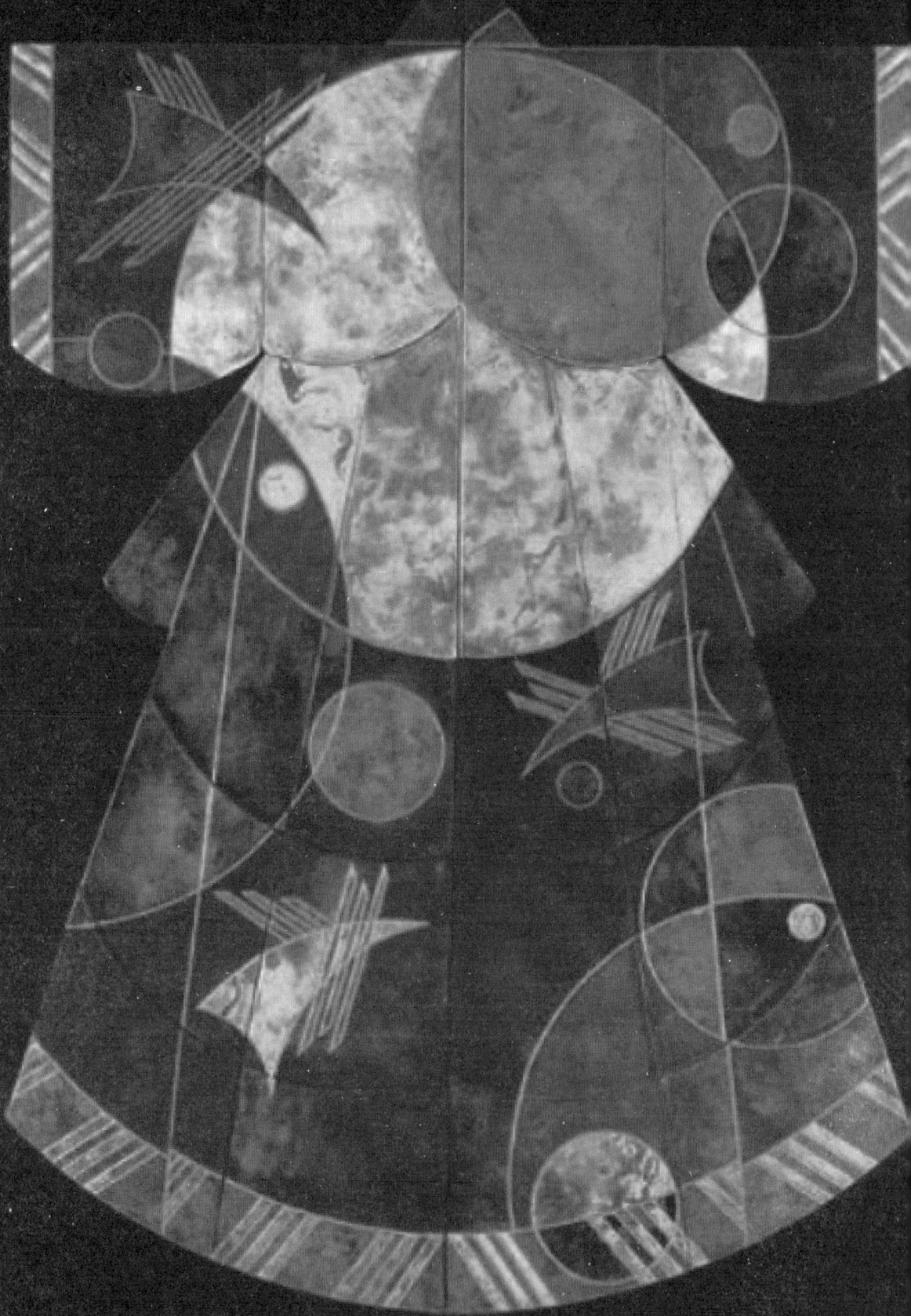

肆、染织篇

　　染织，广义为染与织的合称。染即染色，染色在某种意义上含印花，因为织物印花是局部染色；织即织造、织花，染织狭义则专指印花和织花。染织的类型有很多种，美丽的染色印花图案让白布变得更美观，仿佛富有灵性一般传达着不同的吉祥寓意，让我们的生活也得以多姿多彩。

　　中国是养蚕治丝的发源地，历代生产的丝织物，以精湛的制作，高超的技艺，使中国一直在世界上享有"东方丝国"之称。中国传统的、高水平的丝织技术，对世界文明曾经产生了相当深远的影响。

　　中国古代的纺织与印染技术具有非常悠久的历史，早在原始社会时期，古人为了适应气候的变化，已懂得就地取材，利用自然资源作为纺织和印染的原料，以及制造简单的纺织工具。据考古资料显示，中国纺织生产习俗，大约在旧石器时代晚期已萌芽，距今约两万年左右的北京山顶洞人已学会利用骨针来缝制苇、皮衣服。这种原始的缝纫术虽不是严格的纺织，但却可以说是原始纺织的发轫。

而从甲骨文中，我们可以得到中国人使用染料的证据。甲骨文中有许多与早期的染丝、染麻有关的字出现，如青、幽、玄字。玄字的甲骨文字体造型就如同两股的纤维相互绞纽在一起的形状，而玄的色彩就是纤维燃烧后的灰黑色相就叫做玄。另外这些与色彩有关的文字中，与染色有关的纟字偏旁的色彩文字是不少的。在说文解字中，与色彩有关的汉字共有 75 个，其中就有红、紫、绿、素、缁、缇、练、绛、绯、缥、缟、绌、缤、绀、缃、綦、缥、纁等等。虽然这些文字的出现有些是在后来才有的，但在这些字被造出来时，相信已经存在有相当水准的染色技术。随着是时代发展，染色工艺技术的不断提高和发展，中国古代用染料染出的纺织品颜色也不断地丰富。中国古代印染不仅颜色多，色泽艳丽，而且色牢度好，不易褪色。

在长远的历史中，人类都是从天然材料中染得天然的色彩。绚丽多彩的服装是精致的染织工艺的结晶，合理正确地运用染织技术，才能随心所欲地将我们喜爱的花色及图案完美无缺地再现在白坯上，从而使织物更加富有生活情趣和艺术气息。

我国染织工艺遗产丰富，并且在艺术创造和制作技术上都有较高的成就，直至今天，我们日常生活的衣服、某些生活用品和艺术品都是纺织和印染技术的产物。

一、中国染织的起源与发展

中国是一个拥有五千多年历史的文明古国，中国文化更是源远流长，博大精深，纺织工业就是中国文化发展的其中之一。

早在五千年前的新石器时期，我国就出现了纺轮和腰机，但是在当时，并没有染色设备，当时人类并没有温暖、色泽鲜艳的衣服可穿，大多数人依赖大自然为生，于是他们便利用身边的植物作为染料，把自己的身体、脸染成各式各样的颜色，这可以说是染色技术的前奏。

中国的染织工艺早在西周时期就已得到较大的发展。根据《礼记》等文献记载，丝、染色当时都设有专官主管，楚国还设有主持生产靛青的"蓝尹"工官，足见当时的丝织、染色工艺已颇具规模。到了西周时期,出现了具有传统性能的简单机械缫车,纺车和织机,那时,虽然染色设备并不完善,但已出现了用染缸染色的方法,从而带动了当时社会经济的发展,也为纺织染整工业文化奠定了一定的基础。从此之后,中国纺织机械更是日趋完善,染色效果也逐渐改进,大大促进了纺织业的发展,染织文化也开始日臻丰富。

1. 纺织的起源与发展

纺织是一种服务于人类穿着的手工行业,纺纱织布,制作衣服,遮丑饰美,御寒避风,防虫护体。起源于五千年前新石器时期的纺轮和腰机,西周时期具有传统性能的简单机械缫车、纺车、织机相继出现,汉代广泛使用提花机、斜织机,唐以后中国的纺织机械日趋完善,大大促进了纺织业的发展。在过去的半个世纪里,纺织业在中国既是传统产业,也是优势产业,为国民经济作出了巨大的贡献。纺织业之所以能成为中国经济的大块头之一,和它在中国悠久的历史是分不开的。

早在原始社会,人们已经采集野生的葛、麻、蚕丝等,并且利用猎获的鸟兽毛羽,搓、绩、编、织成为粗陋的衣服,以取代蔽体的草叶和兽皮。随着农、牧业的发展,原始人逐步学会了种麻索

原始人纺织模拟图

缕、养羊取毛和育蚕抽丝等人工生产纺织原料的方法，并且利用了较多的工具。有的工具已是由若干零件组成，有的则是一个零件有几种用途，使劳动生产率有了较大的提高。那时的纺织品已出现花纹，并施以色彩。但是，所有的工具都由人手直接赋予动作，因此这一时期的纺织活动被称作"原始手工纺织"。

那时候用于纺织的纤维均为天然纤维，一般是毛、麻、棉三种短纤维，如地中海地区以前用于纺织的纤维仅是羊毛和亚麻，印度半岛地区以前则用棉花。古代中国除了使用这三种纤维外，还大量利用长纤维——蚕丝。

蚕丝

父系氏族公社时期纺织技术有了新的进步，已经出现了养蚕缫丝业。我国是世界上最早发明丝织品的国家。养蚕取丝是举世公认的伟大发明之一，早在2000多年前就传往东南亚，1800多年前传到朝鲜和日本，1600多年前传到中亚，1400多年前传到希腊，900年前传到意大利，意大利人正是受到养蚕吐丝的启发后发明了化学纤维的生产技术。蚕丝在所有天然纤维中是最优良、最长、最纤细的纺织纤维，可以织制各种复杂的花纹提花织物。丝纤维的广泛利用，大大地促进了中国古代纺织工艺和纺织机械的进步，从而使丝织生产技术成为中国古代最具特色和代表性的纺织技术。

到了商代,麻织开始出现,由于其更具有广泛性、大众性,故其发达情况亦丝毫不逊于丝织。浙江河姆渡遗址发现的苘麻痕迹和纺车等,说明麻织业在中国渊源甚早。商代麻织品已见于北京平谷刘家河商代墓葬和河北藁城台西商代遗址等,这些发现共同表明,商代麻织的技术水平已达到了一定的高度。

到了西周,在殷墟出土的甲骨文记录中,纺织业已有充分的反映。甲骨文已见桑、蚕、丝等字,甲骨文的丝字,是两束缠绕好的抽丝象形,桑字如桑树的象形(商代已种植桑树)。种桑是为了养蚕,养蚕是为了抽取蚕丝,抽取蚕丝后便可以进行丝织。山西夏县西阴村仰韶文化遗址曾发现过半个蚕茧,浙江河姆渡牙雕盅上也发现了蚕的刻划图形,郑州青台、浙江钱山漾发现的丝织品,均说明新石器时代的养蚕习俗存在当确凿无疑。桑、蚕、丝是丝织的前提,种桑、养蚕、抽丝技术的发生与发达,使商朝的丝织业也取得了空前发达的成就。

春秋战国时期,纺织技术已达到很高的水平,主要原料为麻和丝。

到了秦朝,纺织以民营为主,民间已经能生产锦绣等高档丝织品。两汉之后,民间已经能织出锦、绣、罗、纱等多种丝绸。

西汉的长安、临淄和襄邑拥有全国最重要的官营手工业。陈宝光是西汉民间最优秀的纺织家,他发明了织花机。丝绸之路沿线有许多西汉丝绸遗物出土,长沙马王堆出土了素纱禅衣等大量丝织品。东汉时期桑麻种植扩大,丝、麻织业发展迅速,洛阳、山东、四川等地设有服官。新疆地区已经种植棉花,有了棉纺织业,羊毛也成为纺织原料。

我国的纺织业最早可追溯到战国时期,到隋唐时期是我国纺织品生产的极盛时期之一。晋唐时期是中国丝绸大转折的时期,尤其是唐朝,它既是中国封建社会的鼎盛时期,也是中国丝绸史上最为灿烂的一个篇章。

随着汉代西北绿洲丝绸之路的开辟,中国同西亚、中亚等地区文化的交流更加频繁,其中丝绸起到了很重要的媒介作用。张籍在《凉州词》中说:"边城暮雨雁飞低,芦笋初生渐欲齐。无数铃声遥过碛,应驮白练到安西。"正是在这种多元化文化的冲击下,丝绸呈现出前所未有的新兴技术和中西合璧的艺术风采。

魏晋南北朝时,曹魏在纺织业中心襄邑、洛阳等地设有专门的织造机构。吴国培育出八辈之蚕,缫丝质量很高。蜀汉所产的蜀锦,行销魏吴。后赵的邺锦与蜀锦齐名,前秦的回纹锦深受人们喜爱。北魏在纺织业发达的河北地区集中了大批工匠,纺织品产量大增。

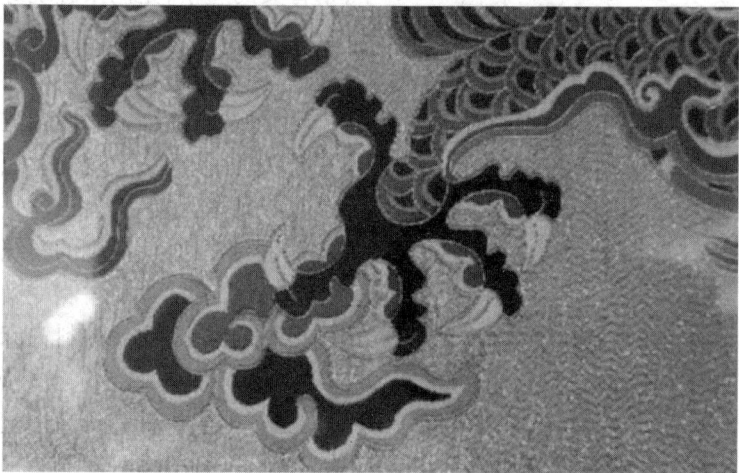

蜀锦

五代十国时期,丝织业规模大、品类多(分为蜀绣、吴绫、越锦)。南唐宫廷生产的染织物,染色工艺独特、名贵。

隋唐之后,丝麻织品遍布全国各地,纺织品生产规模大,产量多,定州出产的高级丝织品,每年仅上贡朝廷的就达 1500 多匹。同时纺织业分工细,品种多,有不少新产品:官营丝织业仅织染部门就有 25 种作坊,丝织品有绫、锦等十几类,每类又分为许多品种,其中绫就有 20 多个品种。纺织技艺水平高,且融入了外来的风格,从发掘出来的丝织品看,颜色多达 20 多种,至今色彩鲜丽,图案也很新颖,有些还吸收了波斯的风格和手法。

到了两宋时期,随着棉花在中原地区和长江流域的广泛种植,手工棉纺织业得到迅速发展,棉花逐渐成为主要的纺织原料。由于棉花适宜于集中种植,单位产量高,实用性能好,再加上棉纺织加工技术的发展，特别是 18 世纪中叶开始，以蒸汽机为动力，以棉纺织工业为带头产业，两者的结合率先在英国构成推动世界第一次产业革命的原动力，从此棉花生产登上了世界纺织纤维的主导地位。直至 20 世纪 50 年代，棉花及棉纺织工业一直处于世界纺织工业的中心地位。蚕丝、羊毛虽然历史也很悠久，但是由于养殖条件和地域环境上的种种限制，产量一直处于微弱地位，只能当做一种珍贵纺织原料而存在。

北宋丝织业有新的进步，产地有两浙、四川两大中心，花色品种繁多，单州的薄、亳州的轻纱、抚州的莲花纱，都是珍品。南宋棉纺业也取得了新的成就。棉业比重上升，从两广、福建扩展到江南地区，出现了纺车、弹弓、织机等工具。棉纺业的兴起，标志着棉布逐渐代替了麻布，成为人们主要的衣被原料。辽代纺织业空前发展。

元朝时，黄道婆把黎族人民先进的棉纺技术带回家乡松江乌泥泾。很快，松江便成为全国棉纺织中心。江南一批小镇也因为棉纺织业而迅速发展起来。

到了明代，织造技术已相当高明。官营纺织生产和民间纺织生产都有很大发展。江南三织造——南京、苏州和杭州的织造局（或称"织造府"）生产的织物供皇室和政府使用，因豪奢华丽而耗料费劲，不计成本。这一方面极大地加重了劳动人民的负担，一方面也刺激了纺织物品种的发展。后世称之为云锦的南京织锦，到此时已经形成了其基本风格。

明代纺织品中较有代表性的品种有妆花、改机、漳缎、云布、丝布等。明代纺织丝绸的海外贸易，主要是对南洋各国和日本等地，纺织品以江南三织造生产的贡品技艺最高，其中各种花纹图案的妆花纱、妆花罗、妆花锦、妆花缎等富有特色。富于民族传统特色的蜀锦、宋锦、织金锦和云锦合称为"四大名锦"。

清代的丝织工艺在设计和织造方面，大都紧密配合了服饰的要求，丝织图案已逐渐趋向于写生。织造者往往大胆而新颖地在短袄上只安排一丛花，或者一株牡丹，从衣服下襟一直伸展到袖子上，使气势显得十分自由豪放。清代官营织造的纺织品，以康熙、雍正、乾隆时期较为出色。其中的仿古织物工细胜于前

黄道婆

云锦

期，一些织物的艺术花卉纹样吸收了欧洲罗可可和日本倭式小卷草等国外风格的长处。清代中后期，官营织造日趋衰退，民间织品仍然不断发展，还出现了很多具有地方特色的优秀品种。

近代之后，机器开始普及，纺织及染色开始与世界接轨，成为独立的产业。

我国手工机器棉纺织技术发展的停滞在1840年前后，此时的手工纺织技术已经达到了很高的水平，但没有普及动力化。在织造方面，我国已有了用于织造高档精美产品的大花本束综提花机、绞综纱罗织机等机型。虽已普及脚踏开口和手投梭穿幅木织机来织造大宗织物，但没有发明"飞梭"等机器，所以也难以动力化。

19世纪下半叶，我国农村仍然普遍使用的是手摇单锭棉纺车和30cm幅宽的脚踏手投梭织机。每人每天只能织布9m左右，劳动生产率无法与动力机器相比。鸦片战争后，中国被迫开放"五口通商"，西方商品，首先是纺织品，像洪水一般大量涌入中国。1842年输入商品总值白银2500万两，其中鸦片占55%，棉花占20%，棉织品占8.4%，居第三位。到1885年，在进口总值8820万两中，棉织品占35.7%，升至首位，此后长期居高不下。廉价洋纱、洋布的大量倾销，使各通商口岸附近的手工纺织业遭到冲击。在这种形势下，我国手工及其纺织业几乎趋于破灭的边缘。

我国动力机器纺织技术在《马关条约》之前萌芽，洋人没有在中国建厂的特权，他们的企图受到中国政府的制止。不过洋人办厂的企图，给中国开明人士以启发，使他们认识到利用动力机器办纺织厂是非常有利可图的。中国人自办动力机器纺织厂始于1872年，归侨陈启沅在家乡广东南海创办缫丝厂，采用动力缫丝机，这是中国动力机器纺织的萌芽。自此之后，纺织业步入现代化阶段。

2. 染色的缘起与发展

在色彩的领域中，染色是不能不谈的。染色的过程可以说是一个民族生产事业的典型代表，也是民族特性表现得最完整且具体的媒介物。借着染色的发展除了可以看出民族的色彩特性之外，也是生活状况、社会系统的重要凭仗。

关于染色的文字记录，最早出现在中国的古籍《诗经》中的《豳风·七月》："七月鸣鵙，八月载绩。载玄载黄。我朱孔扬，为公子裳。"其意思就是："七月伯劳鸟鸣叫，八月时开始忙着纺织，纺的有黑色的、也有黄色的，其中最漂亮的朱色衣裳是给公子穿的。"通过这段文字，我们可以得出在当时就已经出现了黑色、黄色、朱色的染色技巧。

在青铜器"颂壶"中，也有一段记载着周王赏赐的文字："赤市朱黄"，《周礼》中亦有出现"绿衣素纱"之描述，绿色与白色纱布搭配的衣服是贵族专用的礼服色彩，在《尚书》中亦出现有："以五彩彰施于五色，作服。"这里的五彩就是青、黄、赤、白、黑等五种颜色。《郑风·出其门》中亦有："缟衣綦巾"，"缟衣茹"，綦就是暗绿色的意思，茹就是草的名称，茹是一种可以取得红色的染料植物。在《礼记·祭仪》中也记载有："使缲。遂朱绿之，玄黄之，以为黼黻文章。"在当时既然有朱、绿、玄、黄等字的出现，相信也一定有如此相对应的染料或颜料存在。

《礼记·玉藻》中，记载着："君子狐青裘豹褒，玄绡衣以裼之。"白话的意思是：君子穿着有豹皮袖口的青色狐裘，外面加上玄色的绡衣使得青裘若隐若现。在此的玄色是黑中透红的色相，绡是一种轻薄透明的生丝织品。《玉藻》篇中，亦有如下的色彩在服饰上的使用记载："士不衣织。无君者不贰彩，衣正色，裳间色。非列彩不入公门。"在文中出现的正色与间色，根据武敏在其著作《织绣》书中的说法，正色是青、赤、黄、白、黑，间色是指绿、红、碧、紫、留黄(烟色或棕色)。

周朝时的黑色、赭色、青色大致上是一般百姓或劳动者所穿着衣服的色彩，一方面这些色彩在活动中较不容易显出脏的感觉；再者，这些色相的染料大都是坚牢度较高，且染色过程不困难，素材取得也较容易，如以烧黑的榛树皮来涂抹即可完成。相对来说，贵族的衣着不必考虑那么多，色彩的使用上则是丰富多了。其中，以朱砂染成的朱红色为最高贵与最受欢迎，因为朱砂的取得较不容易，因此价格也较贵，也因为稀少性，特殊的阶层才负担得起，具有阶级的标示作用。其他如较明亮的色彩、较容

尚书

易弄脏的色彩,如黄色也是贵族喜欢使用的服装色彩之一。

春秋战国时期染色的使用状态,可以从《荀子·劝学》、《荀子·王制》《荀子·正论》中所提到的色彩相关叙述了解一二。如《荀子》所载的:"青,取之于蓝而青于蓝",意思就是说:青的颜色是从叫做蓝这种植物所提炼出来的,却比蓝的植物还要青。《荀子》中也提到许多的染料与色彩,如紫草、空青、赭色、涅色等。紫草是染紫色、空青是青色、赭色是红色、涅色则是黑色。

《礼记·玉藻》中,有如下的记载:"玄冠朱组缨,天子之冠也,玄冠丹组缨,诸侯之斋冠也。"从这句话中,我们可以知道天子的帽子与诸侯帽子的色彩是不同的,在《礼记》的时代就已经利用色彩作为朝廷官阶的管理符征。其次,也可以知道朱与丹的色彩是不一样的,按照《国语大辞典》的解释:朱是指深红色,丹是赤铁矿、赤色也。在《周礼·夏官》中也有记载着当时掌管天子的衮冕、鷩冕、毳冕、希冕、玄冕等五冕,冕就是帽子。帽子的颜色都是"玄冕朱里",外表是玄色,里子是朱色,并且使用五彩的缫,诸侯则是使用三彩缫。帽子是以"玉笄朱纮"系住,纮是系帽子的带子的意思,朱红就是红色的帽带。可见,朱色是天子专用的色彩。另外,《礼记·深衣》里"名曰深衣者,谓连衣裳而纯之彩者"。

从《考工记》当中,我们也可以发现留存有确切的染色记录。如《考工记》中就记载着:"设色之工五。"此处的意思是说与染色的工作分成五种,这五种就是画、缋、钟、筐等。画就是在成品上画图案,缋与画同是施彩的工作,钟就是管染色,筐就是印花工,就是练丝帛的工匠。

在实际的染色方法的记载上,如"钟氏染羽。以朱湛丹秫,三月而炽之,淳而渍之。三入为纁,五入为緅,七入为缁。"朱湛的湛字是厚重的意思,丹秫的秫是指黏稠的意思;经过三个月后就到达最佳的状态,再放入水中浸泡。三入、五入、七入就是指浸泡的意思,反映出当时的染色技术,如要取得较深的、较鲜艳的色相的话,就须通过反复的染色过程来完成。在文中出现的緅是指带黑色,也就是接近黑色;而缁是指黑色的意思。

关于实际的染色方法,《考工记》中亦多有记载,其中也出现有媒染剂的记录。如"以涅染缁",缁就是黑色的意思;涅的意思,

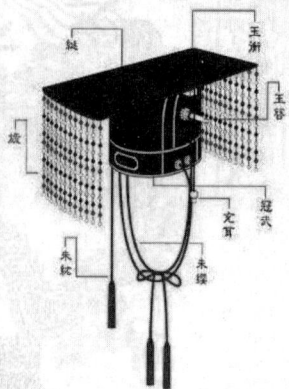

冕

《考工记》

根据汉末高诱注："涅,矾石也。"涅就是现在的矾石的意思,石矾又称为青矾、皂矾、绿矾,是含硫酸亚铁的矿石。现在一般的明矾是硫酸钾铝,溶于水时,是呈现酸性。矾石的作用是让许多植物性染料产生黑色沉淀,只要反复浸染即可得到黑色,这也是中国古代染黑色的方法之一。

到了秦朝,人们所使用的染料,大致上可以分成矿物性和植物性染料两种。矿物性的染料有赭石、石绿、石青、石黄、雌黄、雄黄等,赭石也就是赤铁矿。赤铁矿的色相因为氧化的情况不同,会产生铁黄色、铁红色、铁黑色等色相。石绿就是孔雀石,石青就是蓝铜矿,两者都是绘画使用的颜料。雄黄就是硫化砷(AsS),可以染橘红色;雌黄就是三硫化砷(As2S3),是染浅黄与金黄。在植物性的染料方面,有蓼蓝、马蓝、茜草、荩草、紫草、鼠尾草,蓼蓝、马蓝是染蓝色;茜草是染红色、荩草染黄、紫草染紫、鼠尾草染灰与黑。

蓼蓝

在《尔雅·释器》中亦有"一染縓,再染赪,三染纁"的记载。在这里的縓、赪、纁都是红色的色相,只是红的浓度不一而已。对不同浓度的红给予不同的名称,一方面可以看出中国古代对色彩的敏感度,再者也证明中国早就已经在开始运用重复染的技巧,以取得深浅不同的色彩。除了当时已经有了重复染的技巧之外,还使用套染的方法来染色。套染的技巧是以两种以上的染料连续来染色，以得到第三色。如先以蓝草染蓝色，再以栀子染黄色，就可以得到绿色。这种技巧在西周时期就已经被开发出来了，还有夹缬、绞缬等的染色技巧，以取得不同的花纹。

汉代的色彩可以从出土的锦织中，可得知当时的色彩使用更是丰富，《急就篇》中就出现有缥、绿、皂、紫、绀、缙、红、青、素等的色彩词。加上长沙马王堆所出土的文物中，有许多的衣物类，这些衣物、丝线经过整理之后，有绛、白、黄、褐、宝蓝、淡蓝、油绿、绛紫、浅橙、浅驼、大红、翠蓝、湖蓝、蓝、绿、叶绿、紫、茄紫、耦荷、古铜、杏色、纯白等二十余种色彩。除了这些颜色之外，另外也有了金、银等的金属丝线。

汉朝的服饰色彩中，初期并不设限制。西汉时，斋戒中，出现有玄衣、绛缘领袖、绛裤等，玄、绛都是指色彩的色相。玄是黑色，绛是大红色。在《后汉书·舆服志》里，载有"通天冠，其服为深衣制。随五时色……"，五时色即为春天穿青色，夏天穿朱色，秋天穿白色，冬天穿黑色。可是官员上朝时，却又是穿皂色，皂色为黑色。在战服上，《后汉书·窦审传》中，出现有"玄甲耀日，朱旗绛天"的形容。玄甲即是铁做的盔甲，是铁黑色的；朱旗就是朱红色的旗帜，应得满天通红。有如此的服饰、旗帜之色彩，当然也表示出当时的染色水准。

在实际的证据方面，可以由长沙马王堆的挖掘工作所得到的丝线染色获得证明。马王堆的遗留品中有 36 种颜色的彩丝，除常见的朱红、深蓝、深红、浅棕、深棕、藏青、黑、朱黄、金黄、浅蓝、深绿外，还有蓝黑、浅蓝、金棕等。在汉朝的官位区别上，也出现有以色彩来管理的情形。比如扎在腰际的丝制绶带在底色上；皇帝是橙黄色、诸侯王是红色、各国相国是绿色、公侯将军是紫色、九卿或中二千石与二千石官员是青色、千石到六百石官员是黑色、四百石到二百石官员是黄色、百石官员是绀色。在底色上绣的花纹也有着明确的规范，如皇帝、诸侯王有黄、红、深蓝、绿四色。各国相国是绿、紫、蓝等色；长度也较短一点，官位越小，授带的长度也越短。公侯将军有紫、白两色，九卿或中二千石与二千石官员是青、白、红，千石到六百石官员是青、红、绀。四百石以下官员则没有花纹,以单色表现。

南北朝时,根据《晋志》中的记载:"八座尚书荷紫,以生紫为夹囊,缀于服外,加于左肩。"囊大约是现在的背于肩膀上的袋子之类的东西,叙述中的囊是紫色的,因此也可以知道紫色的染色除了出现于服饰之外,也被应用在器物上。

在唐朝亦设有"染院",专司染色工作。在皇宫内的建筑中,也有一个专给染色用的"暴室",位于未央宫的西北处。官服也严密的规定,三品以上是穿紫色,四品、五品穿红色,六品、七品穿绿色,七品以卜穿青色。这些色彩的服装是专供官方使用,一般百姓是不可以使用的。至于皇帝所使用黄色服装,也是由隋、唐朝开始的,皇帝的黄色是以黄栌所染成的。黄色在五行中是属于中间的象征色彩,中间对中国人而言,是最尊贵的位置。以后逐渐变成了皇帝的专用色彩。

官服绶带

宋朝的染色记载,根据方以智在《通雅·第三十七卷》里记载,所引述送人的文献说:"仁宗晚年(10世纪60年代)京师染紫,变其色而加重,先染作青,徐以紫草加染,谓之油紫。……淳熙中(12世纪80年代)北方染紫极鲜明,中国(按:指南宋)效之,目为北紫。盖不先着青,而改绯为脚(为脚是打底的意思),用紫草少,诚可夺朱……"

明朝的染织业大都是集中在芜湖一带。关于染色方面的记载,也存在于许多的资料中。如明朝宋应星所著的《天工开物》一书之《彰施第三》与《丹青第十六》中,记录着与色彩有关的信息。《彰施第三》里的内容是叙述着与染色有关的部分,《丹青第十六》是有关绘画中的色彩。如《彰施第三》的首篇之大红色,详细地记录了当时是如何做工以染出大红色的纲要,以红花饼,用乌梅水煎出,再应用碱水媒染数次。不用碱水的话,也可以用稻草灰来取代碱。染的次数越多,色泽则越鲜艳。紫色则是用苏木来染,明矾作为媒染剂。大红官绿色是以槐花煎水,再以蓝靛染上,媒染剂仍然还是用属于铁媒染剂的明矾。淡青色用黄檗水染再入靛缸,玄色用靛水、芦木、杨梅皮分煎,附染包头青色使用栗壳或莲子壳加上铁砂皂青矾等等。可以看出古代中国的穿着的衣服色彩都是从植物所得到的,媒染剂也是以稻草灰与碱水或明

《天工开物》

苏木

矾居多。在《考工记》中有关媒染剂的记载,有涚水的记载,涚水就是现在的媒染剂的意思。

另外,《明会典·织造条》里所记载的明代用来染色的染料有苏木、黄丹、明矾、槐子、靛子、槐花、乌梅、炼碱、木紫、茜草等,这里面包含了作为媒染剂的明矾、乌梅、炼碱等,其余的就是植物性染料。明代尚有一本与染色有关的参考性书籍《本草纲目》,虽然是本药书,但对各式各样的植物特性有着详细的描述,也有许多可以作为染色植物的附带记载。如红花、番红花、燕脂、蓝、蓼、大叶马蓝、蒿叶吴蓝、槐叶木蓝、蓝靛、青黛、茜草、藤黄、黄栌、紫草、栀子、槐、苏方木、姜黄、五倍子等都是可以用来染色的植物,这些植物同时是中药材料,也是染色的原料。

在《天水冰山录》的记载里,明代的染色中有大红、红、水红、桃红、青、闪红、天青、黑青、绿、黑绿、墨绿、油绿、沙绿、柳绿、蓝、沉香、玉色、紫、黄、柳黄、白、葱白、闪色、杂色等。《天工开物》中与染色有关的篇幅中,出现的染色方法有二十多种。在蓝色方面,记录着有茶蓝、蓼蓝、马蓝、吴蓝、莞蓝等不同的蓝色染料的名称。蓝染在唐朝时,就已经和红花染一起被传到日本。

清朝设有江南织造局,专管为皇家贵族织染衣物,红楼梦的作者曹雪芹的祖先从曾祖父开始三代,就是江南织造局的负责人。江南织造局下管江宁局、苏州局、杭州局等三个主要的编织染色的机构,染料的开发也随着织造业的发达而有所发展。

二、古代染色工艺概述

染色是把纤维材料染上颜色的加工过程。它一般借助染料与纤维发生物理化学反应的结合,或者用化学方法在纤维上生成染料而使整个纺织品成为有色物体。染色产品不仅要求色泽均匀,而且必须具有良好的染色牢度。根据染色加工对象的不同,染色方法可分为织物染色、纱线染色和散纤维染色等三种。其中织物染色应用最广,纱线染色多用于色织物和针织物,散纤维染色则主要用于混纺或厚密织物的生产,都以毛纺织物为主。

中国虽然很早就出现了以蚕丝制衣的记载,染色的记载却出现得比较慢。到周朝以后就有较明朗与丰富的文献记载,并且在政府机构中,也出现有专司染色的机构。在西周时代,周公旦摄政时期,政府机构中设有天官、地官、春官、夏官、秋官、冬官等六官。在天官下,就设有"染人"的职务,专门负责染色的工作;另外在地官下,有设有专管染色材料的收集工作的。如在《周礼》上记载着管理征敛植物染料的"掌染草"和负责染丝、染帛的"染人"等的官职,秦代也设有"染色司"的官职,之后的各朝也都分别设有"司染署",唐代设有"染院",在染院里也设有"染人"一职。到了最近的清代是设有"蓝靛所"、"江南织造局"。

早期的染织工艺主要包括生丝及织物的精炼、染色、印花和整理四道加工工序。我国染织工艺的装饰方法,大体可以分为四大类:织花,印染,刺绣,画绘。织花可分为彩色花和本色花。彩色花是由织物的彩色经线或纬线交织而成,规则而有序;而本色花是由织物的经纬线因不同组织而形成的花纹,虽不如彩色花规则,却别有一番趣味;印染,顾名思义就是将色彩与图案拓印于白布所造成的一种效果,著名的有绞染、夹染、蜡染、碱印、拓印等;刺绣,是用针在布上穿针走线的纹路形成的一种织法。用刺绣作为织物的装饰,最早是用辫绣的方法,由于装饰内容的不同要求,以后又发展了许多针法,以及多种品种,如挑花、补花等。画绘是殷周时普遍应用的一种着色方法,它是采用画的方式,将调匀的颜料或染料液涂绘在织物上,以形成图案花纹。

1. 染料的起源与发展

中国古代的染色材料属于天然染料,这与华夏文化所植根的农业文明有很大的联系。早期先民的生产生活特别倚重自然环境,在从事农业生产的同时,人们发现并利用自然界中五颜六色的材料来美化生活。

早在六、七千年前的新石器时代,我们的祖先就能够用赤铁矿末将麻布染成红色。居住在青海柴达木盆地诺木洪地区的原始部落,能把毛线染成黄、红、褐、蓝等色,织出带有色彩条纹的毛布。随着染色工艺技术的不断提高和发展,中国古代用植物染料染出的纺织品颜色也不断丰富。

中国古代印染不仅颜色多,色泽艳丽,而且色牢度好,不易褪色。古代将青(即蓝色)、赤、黄、白、黑称为五色,也是本色、原色。原色混合得到多次色如绿、紫、粉等色,也称间色。在长远的历史中,人类都是从天然材料中染得天然的色彩,天然染料中又以植物染料为大宗。《唐六典》有言:"染大抵以草木而成,有以花叶,有以茎实,有以根皮,出有方土,采以时月。"

中国古代染色用的染料,大都是以天然矿物或植物染料为主,天然染色中使用植物染料最多,用途也最为普遍。如树皮、树根、枝叶、果实、果壳;花卉的鲜花、干花、花叶、花果;水果的外皮、果实、果汁及草本植物、中药、茶叶等很多都可以用来染色。矿物类染料,如朱砂、赭石、石青等;动物染料,如胭脂虫,紫胶虫、墨鱼汁等。

从考古历史中,我们可以发现,古时候颜料、染料、化妆品、涂料其实是一体的,如红花所提炼出来的汁液或色素既是染布的原料,同时也是化妆品,更是绘画上的颜料,理解了材料,也就理解了中国古代设色的模式,更理解了当时的色彩在人们生活中所占据的重要地位。通过对传统染色材料的认识,了解到传统色彩的来源,可以帮助我们更好地从日常生活或色彩的角度来理解色彩观念与造型方法。

早期的人们从事并发展着农业活动,在农业文明不断发展前进的同时他们发现并合理利用自然界中五颜六色的材料来点缀生活,并按其种类来源的不同,将染色材料分为矿物颜料、动物染料以及植物染料。

矿物染料

经考古发现,早在旧石器晚期古代先民就已经使用矿物作为颜料来设色,但是方法很简单,一般用涂染的方法,即把矿石粉研磨细之后,涂在器物或织物上形成条纹或图案。

古代的各种物质及材料还不及今天物质的丰富,人们直接用水调和颜料,后来随着胶结材料的出现及使用,使矿物颜料能更牢固地粘附在物体表面,但是研磨的颜料细度有限,且入水易脱落,不能长久留存就成为一种遗憾。进入农业社会以后,人们

矿物颜料

开始关注植物,开始掌握植物染色技术并学会加以利用,植物染色被大量地运用在织物印染上。但是对于物体表面的涂色,如壁画、塑像、陶瓷器等,仍然以使用矿物颜料为主。

主要的矿物颜料有:

红色矿物颜料:赭石、朱砂、铅丹

黄色矿物颜料:石黄

青色矿物颜料:石绿、石青

白色矿物颜料:胡粉(铅白)、白云母

黑色矿物颜料:墨炭、石墨

石墨柱

另外,金、银粉是传统印染工艺中常用的高级颜料。金银粉是指用金、银研磨而成的粉末,一般加上黏合剂制成金银泥使用。古时候朱砂的使用频率是很高的,几乎所有的红色燃料都来源于朱砂,古代女子的妆容以及朱唇都少不了朱砂的点缀,因此各种关于朱砂的美好诗句也应运而生,如宋朝欧阳修的诗句"寿安细叶开尚少,朱砂玉版人未知",亦还有用朱砂来描写男女情感的爱情诗句,如"一抹朱砂点眉间,百番愁肠俏眸显,千丝柔婉绕发线,万般深情植心田,为君植下同心结,倾城笑嫣若花颜,月老错把鸳鸯点,浮世红尘此一劫。"

动物染料

动物性的染色材料在中国的文献记载里出现有红紫色系的贝紫,是胭脂的原料之一,贝紫是一种树受昆虫刺激所产生的分泌物,将之挤碎就会出现红紫色的汁液,在古代欧洲地中海地区贝紫染是最著名的贵族用色染,叫"帝王紫"。另外的动物性染料还有紫草茸,别名为胶虫、紫矿、紫胶虫,它可用于制成紫红色的绘画颜料。动物性染料并不如植物性染料品种繁多,但在人们日常生活中仍占有较大的比重。

古装美女眉间的朱砂

植物染料

我国是最早使用天然染料染色的国家,利用植物染料也是我国古代染色工艺的主流。新石器时代的人们在应用矿物颜料的同时,也开始使用天然的植物染料。人们发现,漫山遍野花果

紫草茸

的根、茎、叶、皮都可以用温水浸渍来提取染液。经过反复实践，古代人民终于掌握了一套使用该种染料染色的技术。到了周代，植物染料在品种及数量上都达到了一定的规模，朝廷设置了专门管理植物染料的官员负责收集染草，以供浸染衣物之用。

在古籍文献中亦记录了不少色彩的名称，秦汉时，染色已基本采用植物染料，形成了独特的风格。东汉《说文解字》中有 39 种色彩名称，明代《天工开物》、《天水冰山录》则记载有 57 种色彩名称，到了清代的《雪宦绣谱》书中已出现各类色彩名称共计 704 种。明清时期，我国天然染料的设备和染色技术都已达到很高的水平，染料除自用外，还大量出口，而用红花制成的胭脂绵输到日本的数量更是可观。中国应用天然染料的经验跟随丝绸一同传播到海外各国，产生了久远的影响。

国产植物染料通常有如下几种：青色染料——靛蓝；红色染料——茜草、红花、苏枋（阳媒染）；黄色染料——槐花、姜黄、栀子、黄檗；紫色染料——紫草、紫苏；棕褐染料——薯莨；黑色染料——五倍子、苏木。

青色染料：青色主要是用从蓝草中提取靛蓝染成的《荀子·劝学篇》载："青，取之于蓝，而青于蓝。"能制靛的蓝草有好多种，《天工开物》载："凡蓝五种，皆可为靛"，古代最初用的是菘蓝，后来逐渐发现了蓼蓝、马蓝、木蓝、苋蓝等诸种可以制靛之蓝。

赤色染料：中国古代将原色的红称为赤色，而称橙红色为红色。中国染赤色最初是用赤铁矿粉末，后来有用朱砂（硫化汞）。用它们染色，虽色泽鲜丽，但牢度较差。从周代开始使用茜草，它的根含有茜素，以明矾为媒染剂可染出红色，附着度较好，因此汉代起，人们开始大规模种植茜草。但茜草不是正红而是暗土红色，在色彩使用的明度上略显黯淡，直到后世逐渐发明了红花染色技术，这才得到了鲜艳的正红。

赤色染料的植物原料茜草是人类最早使用的红色染料之一，故茜草又名：破血草、染蛋草、红根草等。茜草所染不是红花那种鲜艳的真红，而是比较暗的土红，在印染界有专门的术语叫做土耳其红。

《诗经》中有"缟衣茹藘，聊可与娱"、"东门之墠茹藘在阪"等

蓝草

茜草

句,《汉官仪》记有"染园出卮茜,供染御服"之句,《史记·货殖传》中亦有"千亩卮茜,其人与千户侯等"的记载,可见当时栽植茜草可享有厚利,茜草染红在周朝以前即受到相当的重视。

另一种主要的赤色染料是红花,又被称之为红蓝花、黄蓝花、草红花、燕脂花、胭脂花、山丹花,原产地是在现今的埃及中亚西亚、美索布达平原,是越年的蓟草科植物,叶片呈现锯齿有尖刺。六月到七月之间,山上会由上往下开出黄色的小花,三日后才会由花根部逐渐长出红色的色素,在日本也被叫做"末摘花"。红花的色素以黄色和红色较多,另含有蓝色色素和植物荧光物质。根据南宋赵彦卫的《云梦漫钞》和明代李时珍在《本草纲目》中的说法,红花是汉代张骞通西域时,所传进的物种,且描述染出的色相叫做"真红"。红花是绘画颜料、也是染料,同时是妇女的化妆品染色料。红花的染色部位是使用其花瓣,所提炼出来的色素,和上油脂后,制出口红或腮红的化妆品胭脂,因此也被叫做胭脂花。

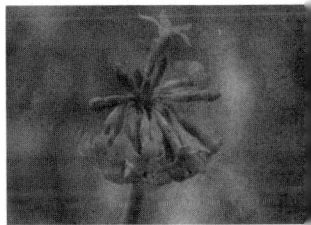

胭脂花

黄色染料:早期黄色主要用栀子取得。栀子的果实中含有叫"藏花酸"的黄色素,是一种直接染料,染成的黄色微泛红光。南北朝以后,黄色染料又有地黄、槐树花、黄檗、姜黄、柘黄等。用柘黄染出的织物在月光下呈泛红光的赭黄色,在烛光下呈现赭红色,其色彩眩人眼目,所以自隋代以来便成为皇帝的服色,宋代以后皇帝专用的皇袍,即由此演变而来。

槐树花

另一种黄色植物染料叫姜黄,又叫做郁草、郁金、宝鼎香,是多年生的草本植物。郁金和姜黄是同科的植物,姜黄又称之为宝鼎黄、黄姜,染色的部位是其块根。在《本草正义》中记载着:"又一种则坚实光亮,其色深黄,乃如郁金,为染色之用,不入药剂者。"另在《本草纲目》中也有:"郁可浸水染色"之记载。姜黄染色的部位是根部,染出的色彩是差不多的,都是黄色系的,姜黄较为鲜黄,有荧光色,也是咖喱料理的材料。

郁草

郁金也是一种染黄色的染色材料,也就是郁金香草,但不是现今的荷兰郁金香。郁金香草可将妇人所穿的裙子染成鲜明的黄色,且带有郁金本身的香气,但缺点在于不耐日晒,容易褪色。古代用郁金香草所染的裙子称为"郁金裙",唐诗中也有记载,李商隐《牡丹》诗中载："垂手乱翻雕玉佩,折腰争舞郁金裙。"这是一首描述牡丹花的诗,写花丛绿叶在风中的姿态。传说唐玄宗的爱妃杨玉环喜爱穿着以郁金香染成的黄色裙子, 于是成为当时的流行色彩,不论宫中嫔妃、仕宦之家女子争相模仿。唐代李珣的《浣溪沙》里也有"入夏偏宜澹薄妆,越罗衣褪郁金黄,翠钿檀注助容光"的郁金黄的色彩名。

黑色染料:古代染黑色的植物主要用栎实、橡实、五倍子、柿叶、冬青叶、栗壳、莲子壳、鼠尾叶、乌桕叶等。中国自周朝开始采用,直至近代,才为硫化黑等染料所代替。

紫色染料:紫草的又称为硬紫草、大紫草、红条紫草藐,苉草,紫丹,地血,紫草茸,鸦衔草,紫草根,紫草为多年生草本植物,草高约 30-60 公分,七月开小白花,根部是暗红紫色,染色的部位是根部,因此叫做紫草根或紫根,其根部又分软根和硬根两类,软根的紫草较适合染色。紫草的被染物还是以丝质的染色效果较佳,棉麻质料的染着度较低,不容易上色。

除了以上几种常用的植物染料外, 还有一种植物染料也是被当时人们所熟知的,就是五倍子。五倍子除了是中国古代的纤维染色材料外,也是染发剂和近代蓝黑色钢笔墨水的材料。五倍子染出的色相,根据《本草纲目》的记载,五倍子是叫做"皂色",皂即是黑色的意思,皂字和现在的皂字是通用的,但在古代的字书里都是使用"皂"字。根据三国魏张揖《广雅》的说明,"皂"和"早"是相通的,皂的色相是借由早晨看不见东西时的黑色状态来比喻的。

天然染料源于我国,但我国对其传承却越来越缺失,目前,传统的蓝染技术仅在贵州地区得到了较好的传承,对天然染料的探索,对传统工艺的复原还需要更多的努力。在当代,天然染料在日本研究得最深入, 在韩国最为普及, 韩国称其为自然染色。中国历史上在天然染料方面具备优势,但目前大多使用化学颜料。目前,最好的颜料在日本、英国,我国国内几乎都为化工颜料,且很多颜料或缺失,或因为有毒等原因不再使用。如以前的媒染剂最好是用红帆,即砒霜,而在现在不被使用,诸如此类,造成了很多方面的缺失,因此,天然染料有很大的发展前景。

冬青叶

紫草茸

五倍子

三、传统织染工艺的发展

传说在公元前三千年，黄帝的妃子嫘祖发明了"育蚕治丝"的方法，并把蚕丝作为纺织的原料，这说明蚕丝的应用在我国已有非常久远的历史了。全世界公认我国最早发明养蚕治丝，并称我国为"丝国"。

据考古发掘的资料证明，中国的丝织物始于东南地区新石器时代的良渚文化。此后，经过殷商的发展，春秋战国时期的织绣工艺，已具有较高的水平。这一时期，襄邑的美锦，齐都、临淄的薄绸和绣花已全国闻名。到了秦汉时代，染织工艺有了更进一步的发展，在继承战国传统的基础上，丝织品种更为丰富，有锦、绫、绮、罗、纱、绢、缟、纨等。当时王宫里设有东织室和西织室，并有"纺织场"专供帝室服用。这时，染织工艺最有名的是襄邑、蜀群、陈留等地，而成都有"锦城"之织物的花纹图案多种多样，有车马纹锦、宜字双禽锦、韩仁乙无极锦、云纹绣花锦、龙纹锦、山形鸟纹锦、神灵云纹锦、芝纹锦、双鱼纹绮、豹纹锦、朱雀纹刺绣等，非常优美。秦汉时代织物已逐步采用了山云狩猎等来组织图案，有很生动的狩猎生活，有云中的鸟的图案，也有龙的图案，但后者只是一种四条脚的走虫，多是用线条来表现的。

汉代丝织的制作工艺已非常精美，湖南长沙马王堆一号汉墓曾出土了一件素纱禅衣，衣长128厘米，通袖长190厘米，只重49克，不到一两重，可见极为精巧。汉代刺绣的针法，主要是辫绣，也称锁子绣，其特点是针路整齐，绣线牢固。马王堆汉墓曾出土了大量的刺绣实物，品种丰富，制作优美，还有"葡萄"图案，是张骞由西域带回来的，汉代开始有葡萄纹样，其组织多用对称的方法。此外，汉代的民间染织品也很有发展，如西南夷出产的班、蓝干布、白越布、黎单等都较有名。

六朝时期的织锦，以四川生产的蜀锦为著名，《丹阳记》载："历代尚未有锦，而成都独称妙，故三国时魏则市于蜀，吴亦资西蜀，至是始乃有之。"可见蜀锦是三国时魏国、吴国所争求的一种高级丝织品。六朝时期的织绣纹样，在继承汉代传统的基础上，有所发展变化，它改变了汉代云气纹高低起伏的不规则变化的

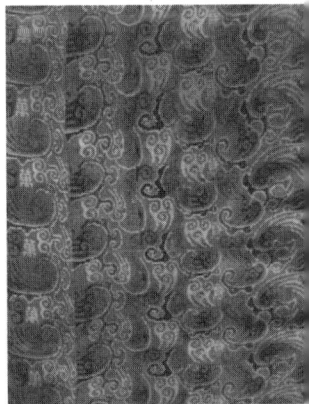

丝绸织锦

蜀锦

格式,构成了有规则的波状骨架,形成几何分割线,而更加样式化。

至隋唐时代,在艺术创作上可称为最兴盛、最辉煌灿烂的时期。当然,染织工艺也不例外。初唐武则天时代,朝廷没有绫锦坊,其中巧儿(织工)就有三百六十多人。盛唐时代,仅杨贵妃一人就有专用织绣工人七百名。在织锦上的花纹图案也很多,常见的"雁卸绶带"、"鹊唧瑞草"、"鹤唧方胜"、"盘龙"、"对凤"、"孔雀"、"仙鹤"、"芝草"、"万字"以及其他折枝散花等。当时,织物图案不仅有织绣,而且发展采用夹染、蜡染、绞染、广金等四种方法。夹染,当时所谓"夹缬",就是夹板染印,采用两块雕刻空花的版,两块版雕同样的花纹,中间夹住帛浸染;蜡染是我国最早的一种防染印花,是根据所需要描绘的花纹,用蜡涂在白布上,染上颜色,然后把蜡洗去,而显出美丽的花纹图案;绞染,即当时所谓"绞缬",则是札束布帛成绺,染后放开,使自然成花纹。可唐代的织绣工艺十分发达,封建中央设有织染署专门管理生产,分工很细。

唐代织绣工艺努力追求华丽的色彩效果,丝织的品种有很多,而以织锦最著名,一般称为"唐锦"。它是用纬线起花,用两层或三层经线夹纬的织法,形成一种经畦纹组织。因此,区别于唐代以前汉魏六朝运用经线起花的传统织法,一般称汉锦为"经锦",称唐锦为"纬锦"。纬锦的优点是能织出复杂的装饰花纹和华丽的色彩效果,加之唐锦在传统的图案花纹基础上又吸收了外来的装饰纹样,所以它具有清新、华美、富丽的艺术风格,唐锦的装饰花纹有:联珠纹、团窠纹、对称纹、散花纹等。

唐锦

到了宋代,政府设有许多官局,北宋时汴京有绫锦院,苏州有绣局,成都有锦院,南宋时有茶马司锦院等。其花纹和色彩富丽而繁多,以牡丹为图案资料的主要内容就是从宋代开始的。在丝织物中,宋朝的缂丝是一种新兴的丝织品。缂丝有多种名称,如刻丝、克丝、兢丝等。缂丝主要是织作绘画或书法,反映丝织工艺由实用向欣赏方面分化。宋代缂丝的主要产地,北宋时在河北定州,南宋时以云间(松江)为中心,名家辈出。

缂丝补子

元代的织绣工艺,丝织、毛织、棉织都得到了一定的发展。

丝织中以织金为特色。织金在元代称为"纳石失"或"纳失失"等。元代统治者喜欢用金，"无不以金彩相尚"，所以织金成为生活所需的一种时尚。金锦的花纹有团龙、团凤、宝相花、龟背纹、回纹等。毛织在元代得到特殊发展，这是由于适应蒙古游牧民族的生活需要，多作为地毯、床褥、马鞍、鞋帽等。毛织以宁夏与和林为主要产地，棉织是在元代发展起来的一种新兴工艺，元代在我国广大地区得到推广，棉纺织工艺家黄道婆作出了卓越的贡献。

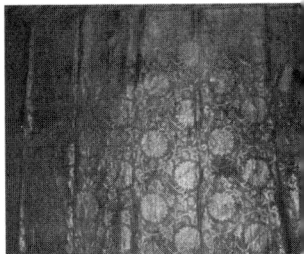
织金锦

明代的织绣工艺，丝织得到了较大发展。全国有江南、山西、四川、闽广等四个丝织产区，而以江南为主要产地。织锦具有时代特色，被称为"明锦"。明锦有三类主要品种：即库缎、织金银、妆花。库缎系本色花，具有光柔的特点；织金银则是在织锦中织进金线或银线，高雅华贵；而最精巧的则是妆花，它用过管的织法，即每一朵花均用不同的色线，边织边绕，色彩多，花朵大，具有富丽辉煌的艺术效果。明锦的图案组织有团花、折枝、缠枝、几何纹等。缠枝是明锦的主要组织，具有时代特点。明锦花纹丰富多彩，有云龙凤鹤、化卉鸟蝶、吉祥锦纹等，其造型淳朴大方，富于程式化的装饰美。刺绣工艺中以"顾绣"为有名。顾绣是一种画绣，所绣花卉、人物、翎毛、山水，因其"劈丝细过于发，针如毫"而名噪一时，为人所重。此种刺绣以制作欣赏品为主，加以文人雅士的评赏和赞美，故当时影响很大，几成刺绣工艺的代表。

明锦焦茶色地蜀江正绢

清代的丝织，南京、苏州、杭州已形成全国生产中心，品种丰富，织造精美。此外，四川、广东等地区，丝织工艺也很兴盛。

从历代染织图案的发展情况可以看出，我国染织工艺的历史悠久，遗产丰富，并且在艺术创造和制作技术上都有高度的成就。

四、染织的应用

染织工艺的发展可以追溯到人类形成之初，每个历史时期的染织工艺都有其独特的艺术风格与表现形式。在人类进化的早期，先民们逐渐学会用兽皮、葛麻等为原料制成简单的御寒蔽体之物，进而在生活实践中不断提高编、织、染等技术。黄河流域和长江流域很多新石器遗址中出土了陶纺轮、木纺轮等,说明在新石器时代,麻、毛等原料已经开始使用。

中国古代丝绸纷繁的品种足以让我们后人眼花缭乱。商至西周的织物多为平纹或简单显花织物。春秋战国起,丝织品种逐渐增多,不仅有素织的绢、纱、缟、纨等,也有带花纹的绮和锦。唐代以后,不仅绫和罗的组织更加丰富,还出现了缂丝、缎、绒和妆花等新品种。

1. 丝织品种

绫罗绸缎是日常生活中对丝织品的通称,并非一个完整的分类方法。中国古代丝织品种有绫、罗、绢、缎、妆花、织金、锦、绒、缂丝等。

团花纹绫

绫

绫是以斜纹组织为基本特征的丝织品,可分为素绫和纹绫。素绫是单一的斜纹或变化斜纹织物,纹绫则是斜纹地上的单层暗花织物。绫盛行于唐代,其中以缭绫最为著名。

罗

罗

罗是采用绞经组织使经线形成明显绞转的丝织物。罗在商代已经出现,在唐代,浙江的越罗和四川的单丝罗均十分著名,其中单丝罗表观具有均匀分布的孔眼——后来称为"纱"。

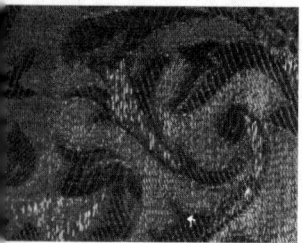
绢布

绢

绢是古代对质地紧密轻薄、细腻平挺的平纹类丝织物的通称。平纹类织物早在新石器时期就已经出现,并一直沿用至今,历代又有纨、缟、纺、绨、絁、䌷(绸)等。

缎

绸

绸字原写作䌷,指抽茧绪加捻成线织出的平纹织物。清代的绸有江绸、宁绸、春绸、绉绸等,指平纹地或斜纹地上显花的暗花织物。民国时期,大量的平纹素织物也称为绸。今天,绸成为丝织品的通称。

缎

缎是经纬丝中只有一种显现于织物表面并形成外观光亮平滑的丝织品。缎织物最早见于元代,明清时成为丝织品中的主流产品。

妆花

妆花是采用挖梭工艺织入彩色丝线的提花织物。根据不同的组织,妆花织物可分为妆花纱、妆花罗、妆花缎等。妆花始于唐宋,盛于明清,是中国古代丝织品最高水平的代表。

织金

织金是在不同地组织上再织入金线的织物,出现于唐代,流行于宋元,最为著名的是元代的纳石失。织金通常要求纹样花满地少,充分发挥显金效果。

经锦

经锦是用彩色丝线以重组织织成的多彩显花织物,是古代丝织品中结构最为复杂、变化最为丰富的一种。织锦始于西周,唐以前主要采用以经线显花的经锦。

纬锦

受到西域纺织文化的影响,魏唐时织锦开始使用彩色纬线织出图案,称为纬锦。中唐起,纬线显花成为丝绸提花织物中的主流。

宋式锦

明清时期,苏州织锦颇为盛行,其部分花色继承宋代风格而称"宋式锦"。宋式锦采用特结经固结显花纹纬,纹样多为几何纹骨架中饰以团花或折枝小花,配色典雅和谐。

明黄地妆花缎缠枝莲云锦

黄色葫芦双喜纹织金绸绵衣

平纹经锦

彩纬色织彩纬显色的纬锦

宋式锦

双层锦

绒布

缂丝

双层锦

双层锦是以双层组织显示图案,早在汉唐时期已经出现,明清又重新流行。其图案均为两色,正反面纹样一致,色彩相反。多为中小型的满地纹样。

绒

绒是全部或部分采用起绒组织、表面呈现绒毛或绒圈的丝织物。汉代出现绒圈锦,在锦上织出绒圈。明清时期的绒有漳绒、漳缎等多种名称。

缂丝

缂丝是采用通经断纬法以平纹组织织成。织制时以本色丝作经,用小梭将各色纬线依画稿挖梭织入,最后不同色彩的纬线间出现空隙,如"雕镂之状",因此又称刻丝、克丝。缂丝技术出现于唐代,盛行于宋代,一直延续至今。

丝织是我国对世界文化的重要贡献,早在原始社会时期便已开始养蚕的织造,至两汉时已作为主要的衣饰面料流行于世,织造技术和品种大为丰富。丝织代表了一种民族文化传统,虽然在历史上高贵的丝织品为贵族所享用,但却从未割断与民间的联系。有不少优秀的织造工艺和样式首先是在汉族民间确立而流变于整个社会的。

2. 印花品种

我国早在新石器时代就采用凸版印制陶纹,至周代始用于印章、封泥,以至春秋战国,凸版印花已用于织物,到西汉时期已有相当高的水平。湖南马王堆出土的印花敷彩纱就是用三块凸版套印再彩绘结合的产物,隋唐时期已有大量的印花织物通过"丝绸之路"传输到西域,五、六世纪又传至日本。在凸版印花开始发展的先后或同时,另一种印花方法——雕纹镂空版相继出现,与凸版印花并驾齐驱。

这种印花技术,据史料记载秦汉已有,到南北朝的北魏时,这种工艺已有相当大的规模。隋唐时期,印花技术更趋完善,已能生产"五色夹缬罗裙"等高级产品,并发明了在镂空版上加筛网,解决了印封闭圆圈花纹的困难。宋代,夹缬印花生产已专门化,印花织物非常流行。夹缬在隋唐时已传入日本;宋代以后,随着海上交通的发展,逐步被带到西欧各国。解放前夕,纺织业采用滚筒印花和"浆印";解放后,印花工艺技术及生产得到了很大发展,先后发明了平版筛网印花、圆网印花等机械化生产,印花工艺不断改进,有特种印花、仿烂花印花、金属箔印花、涂料罩印花、闪烁印花等,对织物的外观及内在质量的获得有很大的提高,如今印花已成为一种时尚元素。

织物上的花纹图案,可采用先染后织的方法形成,即先将纤维着色,而后织造。古代主要流行的印花方法有画绘、凸版印花、夹缬、绞缬、蜡缬等。

画绘

画绘是殷周时普遍应用的一种着色方法,它是采用画的方式,将调匀的颜料或染料液涂绘在织物上,以形成图案化纹。在织物上用画花的方法进行装饰,也具有悠久的历史。据文献记载,古代的礼服,下裳用刺绣装饰,上衣则用绘画装饰,称之为"画"、"会"。从出土实物来看,洛阳殷墓就发现有用黑、白、红、黄等色绘成几何形图案的画幔。

当时的贵族很喜欢穿画绘的服装,并以不同的画绘花纹来代表其社会地位的尊卑。如周代帝王服饰中有一种绘有日、月、星辰、山、龙、华(花)、虫、藻(水草)、火、粉米、黼(音同府,斧形花纹)、黻(音同弗,对称几何花纹)等12个花纹图案的画衣。这12种花纹是分等级的,以日、月最为尊贵。从天子起直到各级官吏,按地位尊卑、官职高低分别采用。从出土的西周丝绸及刺绣织品来看,贵族选用的图案既复杂,色彩又丰富。图案不是简单地描绘在织物上,而是采用了一个较为复杂的工艺过程,即先将织物用染料浸泡成一色,再用另一色丝线绣花,然后再用矿物颜料画绘。画绘的方法,因费工费时,着色牢度差,很快就被印花技术所取代了,但因它所染的织物有着与其他染色方法不同的特殊风格,仍深受人们的喜爱,所以历代一直都有少量生产。

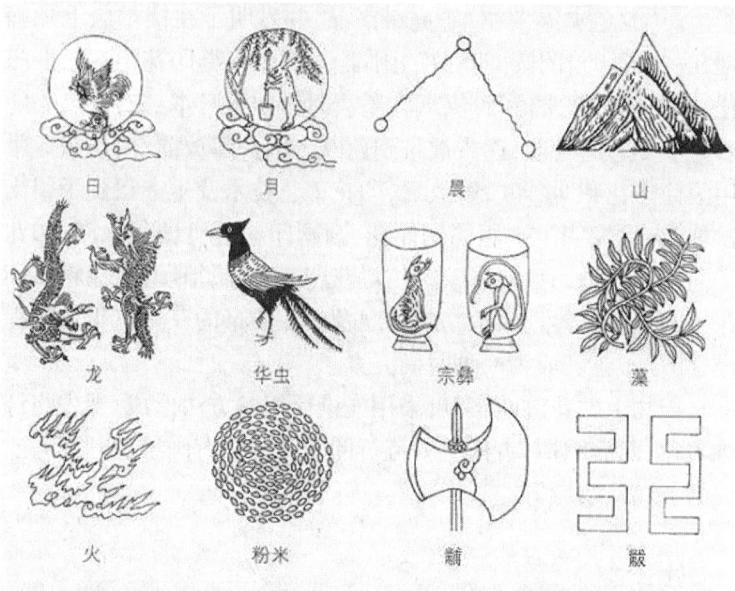

周代帝王服饰中 12 种花纹

凸纹印花

凸纹印花的方法并不复杂，是在平整光洁的木板或其他类似材料上，刻出事先设计好的图案花纹，再在图案凸起部分涂刷色彩，然后对正花纹，以押印的方式，施压于织物，即可在织物上印得版型的纹样。长沙马王堆出土的印花敷彩纱和金银色印花纱，就是用凸纹印花与绘画结合的方法制成的。凸版印花工艺简便，对棉、麻丝、毛等纤维均能适应，因此一直是历代服饰和装帧等方面的主要印刷方法。

凸版印花技术在春秋战国时代得到发展，到西汉时已有相当高的水平。长沙马王堆出土的西汉文物中，有几件印花敷彩纱和金银色印花纱，就是凸版印花和才会技术相结合的产物。有一件印花敷彩纱用的主要是矿物颜料，如朱砂（硫化汞）、铅白（硫化铅）、绢云母和炭黑等，画面上藤蔓底纹清晰，线条流畅有力，充分体现了凸版印花的良好效果；其余部分如花、叶、蓓蕾、花蕊等都是用手工描绘的，生动活泼，细腻入微。

凸版印花工艺简便，对棉、麻丝、毛等纤维均能适应，因此一直是历代服饰和装帧等方面的主要印制方法。这一技术在公元五六世纪传到日本,当时日本人称这种印花布为"析文"或"阶布"。在 14 世纪又传入欧洲,先在意大利比较盛行,到 18 世纪西欧各国才普遍掌握了这一技术。

我国少数民族地区采用凸纹印花也很普遍,运用技巧也比较娴熟。如清代新疆维吾尔族人民创制出的木戳印花和木滚印花就很有特色。木戳面积不大,可用于局部或各种中小型的装饰花纹;木滚印花由于是用雕刻花纹的圆木进行滚印,所以适于大幅度地装饰花纹。

凸纹印花

夹缬

夹缬实际上就是镂空版印花。它是用两块雕镂相同的图案花版,将布帛对折紧紧地夹在两板中间,利用花版的紧夹进行防染,然后就镂空处涂刷染料或色浆。除去镂空版,对称花纹即可显示出来。有时也用多块镂空版,着两三种颜色重染。古代"夹缬"的名称,可能就是由这种夹持印刷的方式而来。夹缬的图案特点是花纹对称,具有均衡规律的美。

夹缬始于秦汉之际,隋唐以来开始盛行,并盛行于唐宋两代,明清时期依然使用,多见于浙江和西藏一带。由于夹缬工艺最适合棉、麻纤维，其制品花纹清晰，经久耐用，所以自唐以后，它不仅是运用最广的一种印花方法，还得到了继续发展。如从宋代起镂刻印花版逐渐改用桐油涂竹纸代替以前的木板，染液中加入胶粉，以防止染液渗化造成花纹模糊，并增添了印金、描金、贴金等工艺。隋代印染的制作，已创造出一种用木板雕出花纹，然后将布夹着入染的方法，即唐代所称的夹缬。

唐代时，夹缬除作为妇女的披巾或衣裙外，还用它制作军服及家具的装饰品。日本正仓院藏有唐代的夹缬山水屏风、夹缬鹿草木屏风和夹缬鸟木石屏风等。这是把山水、树木、鸟兽等印染到绢面上，成为独立欣赏的艺术制作。《唐语林》记载："玄宗时柳婕好有才学，上甚重之。婕好妹适赵氏，性巧慧，因使工镂板为杂花之象而未夹缬，因婕好生日献王皇后一匹，上见而赏之，因敕宫中依样制之，当时甚秘，后渐出，遍于天下。"《学海类编》所受汝姚成《安禄山事迹》也有记述安禄山入京献俘，玄宗以"夹缬罗顶额织成锦帷"为赐。《中华古今注》有"隋大业中，炀帝制五色夹缬花罗裙，以赐宫人及百僚母妻"的记载，可见夹缬并不是唐代始有。

同时，作为优秀工艺，这一时期，夹缬还被借鉴，传到了日本。在日本，夹缬被称为"折文布"。日本法隆寺存有隋代花鸟折文絁，阿斯塔那也曾出土高昌延昌二十六年夹缬，绢质，天蓝色地，上面遍布白色小团花（由中间一个小点，周围七个小点组成）。同时还出土了隋代绞缬数件，一件栗色，一件大红、茄紫、墨绿色。这些都是极为珍贵的隋代印染史料。在日本正仓院，还藏有不少唐代的夹缬品，除以上文提到的夹缬屏风外，还有唐花纹夹缬絁，它用深茶色、浅茶色、黄河绿等色染成，技术更为精巧。唐代还出现了用镂空版加筛网的印花方法，解决了印制封闭圆圈的困难。随着南方海路交通的发展，这一印花技术又在十三、四世纪传到欧洲各国。

夹缬工艺到北魏时已有了相当大的生产规模。据说北魏孝明帝时（公元六世纪初），河南荥阳有一个郑云，曾用印有紫色花纹的丝绸四百匹向当时的官府行贿，弄到一个安州刺史的官衔。这些花绸是用镂空版印花法加工制成的。镂空版的制法，是按照

夹缬印花

设计的图案，在木板或浸过油的硬纸上雕刻镂空而成的。印染时，在镂空的地方涂刷染料或色浆，除去镂空版，花纹便显示出来了。

绞缬

绞缬又名"扎染"，出现于东晋时期，唐宋时极盛，至今一直沿用。绞缬是一种机械防染法，最适于染制简单的点花或条纹，方法是先将待染的织物，按预先设计的图案用线钉缝，抽紧后，再用线紧紧结扎成各种式样的小结；浸染后，将线拆去，缚结的那部分就呈现出着色不充分的花纹。这种花纹，别有风味，每朵花的边界由于受到染液的浸润，很自然地形成由深到浅的色晕。花纹疏大的叫鹿胎缬或玛瑙缬；花纹细密的叫鱼子缬或龙子缬。还有比较简单的小簇花样如蝴蝶、腊梅、海棠等。由于绞缬染只要家常的缝线就可以随意做出别具一格的花纹，因而在古代应用很广泛。绞缬产品也曾通过丝绸之路远销到西亚地区。绞缬制作简易，风格朴质大方，为人们所喜爱。

绞缬通常可分为两种：一种是用线将布扎成各种花纹，钉牢后入染，钉扎部分不能染色，形成色地白花图案，具有晕染的效果；一种是将谷粒包扎在织物上，然后入染，形成各种图案花纹。

在古代西北少数民族地区还有一种扎缬和织造相结合的扎经染色工艺。其法是先根据纹样色彩要求，将经丝上不着色部位以拒水材料扎结，放入染液中浸染。可以多次捆扎，多次套染，以获得多种色彩。染毕，经拆经对花后，再重新整理织造，便能得到色彩浓艳，轮廓朦胧的织品。这种工艺自唐代出现后一直沿用至今，近代深受维吾尔族和哈萨克族人民喜爱的码什鲁布、爱的丽斯绸就是采用这一工艺织成的。

绞缬印花

蜡缬

蜡缬是用蜡作防染剂进行防染印花的产品。蜡缬，现在称为"蜡染"。

传统的蜡染方法是：先将蜜蜡加温熔化，再用三至四寸的竹笔或铜片制成的蜡刀，蘸上蜡液在平整光洁的织物上绘出各种图案。待蜡冷凝后,将织物放在染液中染色,然后用沸水煮去蜡质。这样有蜡的地方,蜡防止了染液的侵入而未上色,在周围已染色彩的衬托下,呈现白色花卉图案。由于蜡凝结后的收缩以及织物的绉折,蜡膜上往往会产生许多裂痕,入染后,色料渗入裂缝,成品花纹就出现了一丝丝不规则的色纹,形成蜡染制品独特的装饰效果。

古代蜡染虽以靛蓝染色的制品最为普遍,但也有用色三种以上者。复色染时,因考虑不同颜色的相互浸润,花纹设计的比较大,所以其制品一般多用帐子、帷幕等大型装饰布。

据研究,蜡染最早出现在东汉时期的棉布上,魏唐间流传渐广,秦汉时才逐渐在中原地区流行。由于中原地区产蜡很少,唐代出现以灰代蜡的防染印花,亦称“灰缬”,隋唐时蜡染技术发展很快,不仅可以染丝绸织物,也可以染布匹,颜色除单色散点小花外,还有不少五彩的大花。

蜡染制品不仅在全国各地流行,有的还作为珍贵礼品送往国外。如日本正仓院就藏有唐代蜡缬数件,其中“蜡缬象纹屏”和“蜡缬羊纹屏”均系经过精工设计和画蜡、点蜡工艺而得,是蜡缬中难得的精品。

宋代时,中原地区的纺织印染技术有了较大进步,蜡染因其只适于常温染色,且色谱有一定的局限,逐渐被其他印花工艺取代。

明清时被广泛用于棉织物,即现今流行的蓝印花布。

《贵州通志》曾有如下记载:“用蜡绘画于布而染之,既去蜡,则花纹如绘。”它是用蜡在织物上画出图案,然后入染,煮去蜡,则成为色地白花的印染品。由于蜡受热溶化、受冷凝结的特性,所以在描绘时要具备熟练的技能。蜡太热则线条化开,花纹变形;蜡太冷则不易流动,花纹断续不齐。由于蜡凝结后的收缩或加以揉搓,所以产生许多裂纹,入染后,色料渗入裂缝,成品上的花纹往往会产生一丝丝不规则的纹理,形成一种独特的装饰效果。复色染有套色到四、五色的,因不同颜色容易互相浸润,花纹都比较大,特别适宜做幛子、帘幕。

蓝白蜡缬花布

碱剂印花

碱剂印花是一种利用碱性物质对丝胶溶解性能及时对某些染料的阻染性能而进行的防染或拔染的印花方法。

在我国最早出现于唐代,采取的具体办法是用草木灰或石灰等强碱性物质,调配成印浆,施印于生丝坯绸上,从而使花纹部位的生丝膨胀脱胶,呈现出不同于较暗地色富有熟丝光泽的图案。或在此基础上,再行入染,利用生丝熟丝在染液中上色率的差异,形成深浅不同的色光。新疆出土的唐代丝织物中有不少碱剂印花织物,如敦煌出土的"白色团花纹纱"和吐鲁番出土的"原色地印花纱"、"绛地白花纱"。宋代还有一种适用于生丝织物的碱剂防染法。它主要是用草木灰或石灰等碱性较强的物质,使花纹部分的生丝丝胶膨化润胀,然后洗掉碱质和部分丝胶再进行染色。由于织物上有花纹地方的丝线脱胶后变得松散,染上去的颜色就显得深一些,因而整个布面的颜色就显出深浅不同的花纹。这种防染技术经过不断发展,改用石灰和豆粉调制成浆,这种浆呈胶体状,更便于涂绘和防染,也容易洗去。这为天然蜡

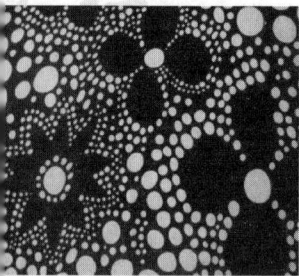

碱剂印花图案

产量较少的地区,推广运用防染技术提供了有利条件。宋代,把这种印花法叫做"药斑布",它产生的效果和蜡防染完全一样,也是"青白相间,有人物、花鸟、诗词各色",这种产品主要是做被单和蚊帐,这即是后来民间广泛流行的蓝印花布。

3. 印染工艺的传承

印染工艺出现后,在各个朝代有了不同的发展。

根据《周礼·职方》的记载,当时的冀州产帛,豫州产丝麻。染色工艺《尚书·益稷》记载:"以五彩彰施于五色,作服。"这都表明我国早在两千多年前就已有专门的染匠从事丝帛染色。周代宫廷手工作坊中设有专职官吏"染人"、"掌染草",管理染色生产,染出的颜色不断增加。周代时我国毛织物染色水平已可得到碧绿和绯红的色彩,这些反映了周代染色工艺的面貌。

在周代,每到春天,奴隶们就在"染人"等官吏的监督下,将生丝和绸坯进行暴炼,对丝纤维进行脱胶处理。那时,生丝脱胶主要用草木灰等泡制的碱性液汁浸泡,共计七天七夜,直到把丝纤维上的丝胶和其他杂质除去。当时,植物染料主要用蓝草(蓼蓝)染蓝色,茜草染红色,紫草染紫色,栀子染黄色。在矿物染料方面,红色的矿物颜料,除赭石外,还有朱砂,又叫"辰砂",古时称为"丹"。它显示的红色光泽正而鲜艳,《周礼·考工记》有用朱砂染羽的记载。除上面所说的红色矿物颜料外,还使用石黄(又叫雄黄、雌黄)等三氧化二砷矿石,以及黄丹(或叫铅丹)等氧化铅矿石作为黄色颜料,并用各种天然铜矿石作为蓝色和绿色。

当时,黑色被看成是一种低贱的颜色,染黑技术也极粗糙,大都是用烧焦了的榛木皮涂抹,牢度很差。在周代,黄色、红色被认为是高贵的颜色,朱红、鹅黄等色彩鲜艳的精细织品,都为贵族制作衣物。那些颜色灰暗的赭色、青色和黑色则是奴隶和平民的服装的色彩。

当时的人们在掌握染料、染技、染色和季节关系等方面都已有了很大提高,染事的分工也更明确。人们不仅掌握了用媒染剂进行染色的方法,而且已创造出套染染色法。由于织物染色的深浅要求不同,在染法上可以进行一次染和多次染。如茜草用明矾为媒染剂可以染出红色，染几遍以后，颜色就会由浅红变成深红。另外，两种以上的不同染料，可以进行套染。如用蓝草染了以后，再用黄色染料套染，就会染出绿色;染红以后，再用蓝色套染就染成紫色;染黄以后再用红色套染就染出橙色。商、周时代，染红、蓝、黄三种颜色的染料都已经获得，并能利用红、蓝、黄"三原色"套染出多种色彩。

除染色外，还用各种颜色在织物上描绘各种图案。《礼记·丧大记》所记述的画帏、画幌就是这种产品。这种用手工在织物上绘花，费时又费工，着色牢度也差，以后就被印花技术所取代。

春秋时期，蓝草的种植更加普遍，染蓝作坊也大批出现。在染蓝作坊里原来用鲜叶浸渍染色的方法，已不能适应新的要求，常常由于浸染不及时，使得一池池的染液自行发酵和氧化，变成泥状的蓝色沉淀而废弃。后来在生产实践中，发现用酒糟发酵，可以随时将沉淀了的蓝泥再还原出来染色，于是染蓝作业就再也不需要抢季节赶时间进行浸染了。由于靛蓝发酵后还原成靛白，同样可以染色，因此蓼蓝收割后，先制成泥状的靛蓝，待要染色时再发酵，一年四季随时都可以进行染色。这一重大发现，促进了蓼蓝的广泛种植，同时，染蓝的作坊开始遍及战国时代各国。

春秋战国时期，人们已开始广泛采用含有单宁酸的植物染料，用媒染法染黑。当时的媒染剂是青矾(盐铁类化合物，那时叫涅)，现在知道原来植物里的单宁酸与青矾作用后，变成黑色的单宁酸铁，它附着在织物的纤维上，日晒和水洗的着色牢度远比过去的浮染抹黑好得多。

汉代的染织工艺在继承战国传统的基础上，又有飞跃性的发展。汉代设有专管染色的机构，据《三辅黄图》所记:"未央宫有暴室，主掖庭织作染练之署。"据《汉书·百官公卿表》所记，在汉代首都长安，"少府属官有东织室令丞、西织室令丞"。东织室、西织室是负责为统治阶级生产高级丝织物的纺织场，令、丞是主管织室的官。《汉书·贡禹传》《汉书·地理志》也记载了西汉朝廷设织室令丞管理纺、织、染手工业，襄邑、临淄专设服官，"齐三服官作工种数千人，一岁费数巨万"，"京城长安东西织室亦一岁费五千万"。襄邑、临淄都是当时染织工艺生产的著名地区，汉代统治

古代印花图

者在这里设"服官"管理生产。这说明汉代从中央到地方都设有专官管理纺织染手工业的生产,生产规模很大。

汉代丝织品不仅产量大,而且丝织品的品种繁多,丝织的染色工艺已达到了较高水平。不但在提花织物方面,已能织出精美而富于变化的花纹,而且染色技术也达到了较高的成就。当时中原地区出产的染色织花丝绸,不仅受到国内边区各族人民的喜爱,而且在国际上也享有盛誉。在许多国家的古史中都有关于我国汉代丝绸的记载,它又一次说明汉代丝绸不仅广销国内,而且已经远销国外,成为国际市场上很受欢迎、争相抢购的珍品。

隋唐时期是我国古代社会经济文化鼎盛时期,也是染织工艺高度发达的时期。隋唐时期,农业经济的高度发展,给染织工艺提供了原料等物质基础,促进了染织工艺的提高。丝织品的产量更有了空前的扩大,缫丝技术有很大改进,由原来简单的缫丝框,发展成比较完善的手摇缫丝车。唐诗有"每和烟雨掉(摇)缫车"句,就是反映当时农村妇女常常利用阴雨天缫丝的情景。唐代著名诗人李贺在《感讽》诗中写道:"越妇未织作,吴蚕始蠕蠕。县官骑马来,狞色虬紫须。怀中一方板,板上数行书。不因使君怒,焉得诣尔庐?越妇拜县官:桑芽今尚小,会待春日宴(暮春),丝车方掷掉。越妇通言语,小姑具黄粱,县官踏餐(饱食)去,薄吏复登堂。"详细描绘了染织的场景。

汉代印花——敷彩纱

隋代只有短短的二十多年,但是在完成统一事业以后,曾出现了经济文化发展的局面,为后来唐代经济文化的发展打下了基础。因而它是一个重要的过渡历史阶段。隋代的染织,虽然民间也有着较普遍的发展,但主要生产仍操纵在统治者手里。当时曾设有专门机构来管理染织生产,如隋炀帝时有少府监,下属有司染署和司织署,之后,两署又合并为染织署。

隋代印染的制作,已创造出一种用木板雕出花纹,然后将布夹着入染的方法,即唐代所称的夹缬。隋大业年间(公元605年—公元617年),隋炀帝命工匠加工五色夹缬花罗裙百件,"以赐宫人及百僚母妻",说明多套色镂空版印花技术已达到了一定水平。在日本,夹缬被称为"折文布"。法隆寺存有隋代花鸟折文絁(shi),阿斯塔那也曾出土高昌延昌二十六年(即隋开皇六年,公元586年)夹缬,绢质,天蓝色地,上面遍布白色小团花(由中间一个小点,周围七个小点组成)。

在隋代,我国西南一带还出产斑布和孔雀布。据《隋书》记载:"诸蛮多以斑布为饰,……二十二年遣使至其国求奇货,得吉贝衣十袭。"又记:"适雅唐楚州贡孔雀布,谓华文如孔雀,即南斑布之类。"可见,隋代的染织品种还是较为丰富的。

此外,据《隋书·礼仪志》记载,当时还有青油幢、绿油幢、赤油幢等各种彩色防雨避尘的车帘,用来装饰帝王后妃所乘坐的车辆,说明当时在干性油中添加各种颜料,使涂层具有美丽色彩的技术已经产生。

唐代开国后,为了恢复生产,保证国家财政来源,除采用并改进均田制外,又实行了"租庸调"的赋税和徭役制度。"租"是丁男每年向政府交纳粟二石或稻三斛;"庸"服徭役二十天,闰年加两天;如不服役,每天折纳绢三尺或布三尺七寸五分;"调"是每年交纳绢或其他丝织品两丈,棉三两;不产丝棉的地方则纳布两丈五尺,麻二斤。租庸调制度的实行,对社会经济的恢复起了推动作用。唐代的染织工艺生产机构在中央的少府监下,设有染织署,这是专门管理染织生产的部门,这充分反映了唐代染织生产的兴盛和丰富。

唐代熨烫图

唐代手摇缫丝图

唐代染织品

福冈传统工艺
——五色博多织

五代时期，中国的北方由于连年兵灾，经济遭到严重后果破坏。南方因受灾较小，所以经济得以逐步上升，并且得到了一定的发展。棉花也在南方开始种植，并且已生成棉织品。据说楚王宫中的地毯，在秋冬时就是用棉织的。染色工艺方面，当时最为有名的是南唐的"天水碧"，这个名称的由来，据《五国故事》所记，是由于"染碧，夕露于中庭，为露所染，其色特好，遂名之"。当时南京的许多染坊，都用天水碧作为商店招牌的名字。

宋代的染织工艺，在盛唐的生产基础上，有着飞跃性的发展。这个时期，虽然遗品不多，但是从文献记载上和绘画资料等方面，仍然可以反映出此时染织工艺的面貌。两宋染织工艺，各地都有特殊产品，如单州威武织的薄缣，长广合乎官度，重才百铢，望之如雾著，而又经洗耐用；泾州的方胜，苏州的黄草心布等，织工都超越前代，这些都是在生产力普遍提高的基础上出现的。这一时期，日本又派人来中国学习织造技术，回日本后，在博多地区，采用中国的技术改造了旧的织机设备，出产以"博多织"为名的纺织品，闻名于世。

印染工艺到了宋代已经比较全面，色谱也比较齐全。染缬加工，在宋代依然盛行，技术上也有所发展。如夹缬印花在宋时已经专门化。《宋史·舆服志》还记载，神宗熙宁年间（公元1068年—公元1077年），王安石任宰相时，进行变法改革，为了整顿军容，将士服装恢复唐朝制度，采用夹缬印花印染军服。据《光绪嘉定县志》所引材料，说在织物上印花，始于宋嘉泰（公元1201年）年间。"出安亭，宋嘉泰中土人归姓始为之，以灰药布染青，俟干拭去，青白成文，有山水楼台人物花果鸟兽诸像。"这当是一种早期的蓝印花布。山西出土南宋时期的印花罗，系一种小散点团花图案，用粉剂印花，和以上所指应属同一制作方法。这种印花方法，宋时已经较为普遍，当时较大的布帛店，已能自制加工这种印花布。如唐仲友在婺州所开的彩帛铺，就生产这种印花布。"仲友到任以来……关集工匠……乘势雕造花板，印染斑缬之属，凡数十片，发归本家彩帛铺充染帛用。"

元代的染织工艺，以金锦、刺绣、毡罽和棉织最有特色。为了供应官府需要，满足贵族阶级的奢侈生活，元代的染织工艺，表现了一种畸形发展,组织规模相当庞大。民间染织工业却受到元代统治者的摧残。表现在:第一、对于染织工匠的大量掠夺。元代几乎俘掠和拘括了全国工匠,使他们成为官营匠局的工奴。《元史》记载,至元二十四年(公元 1287 年),"籍江南民为工匠三十万,选有艺者十余万户"。第二、对重要原料的垄断和对工艺加工等种种限制。元代对民间工艺有许多禁条限制,如禁止民间工艺用金,连金线也禁止使用,禁止使用红白闪紫、迎霜合、雄冠紫、柳芳绿、胭脂红等颜色;还不许人民织绣日月龙凤、五爪龙、四爪龙等花纹图案。第三、桑树的大量破坏。《元典章·劝农桑条》记载:"军马营寨飞放围猎,喂养马驼人等纵放头匹,食践田禾,损坏树木,以致农桑堕废。"第四、元代的各种苛捐杂税和"科派",使劳动人民生活贫苦,陷入"谁知木棉织成后,儿啼女泣寒无襦"(《花好集·卷二黄浦水》)的困境。在这种残酷的剥夺下,人民为了自己的生活需要,家庭手工副业特别是染织工业,还是相当普遍。

明朝中期,随着农业和手工业生产的提高,商品经济也有了发展。棉花、生丝、烟草、瓷器等,大量投入市场,成为交换的商品。

明代的染织工艺,由于原材料来源的扩大,和官民竞市的影响,在传统的基础上,有着很大的发展。当时不仅大中小城市出现了很多官营和民营的各种工厂、作坊,在广大农村,也有不少地区以染织作为副业生产。因此,不仅产品众多,质量也有提高,特别是丝织工艺更为突出。在织造技术、印染技术、花色品种等方面,都有不少创新或显著提高,在我国灿烂的染织工艺史上,又写下了光辉的一页。

明代的染织工艺,除传统的丝、麻、毛等染织原料仍被广泛应用外,棉花的生产和织造,在这时期已经取得了代替丝、麻的地位,成为人们服饰的主要染织品。统治者为了便于掌握染织生产和刮取盈利,在中央到地方,设立了许多管理机构。在这些染织生产部门,生产分工是很细的,染织工计分刻丝匠、挽花匠,染匠、针匠、织匠、腰机匠、挑花匠等等。

明宋应星《天工开物·乃服》总结和记载了:轧车、弹弓、翻车

（绕丝用）、纺车、调丝车（络丝用）、经具（整经用）、过糊具（浆炒用）、腰机、提花机等纺织工具和机械,反映了明代纺织工艺与技术水平,在当时世界上与其他国家和地区是比较高的,也是相当完善的。

清代以后,织染逐渐步入现代化和机械化。未来织染艺术的发展,将是全方位的展现,是古老技艺与现代科技并进的时代,将以教育为时机,以环保为前提,以美化为标准,注入可持续发展理念,给人以心灵的启迪与感化,面向民族化面向世界化发展。

我国是一个纺织大国,又是一个文明古国,具有悠久的历史与文化,孕育了五十六个民族璀璨的艺术,织染文化亦在其中熠熠生辉,弘扬织染文化的精华,吸收美的内蕴,是身为炎黄子孙应有的责任。

附:与纺织有关的诗歌

采桑度

南北朝民歌

蚕生春三月,春桑正含绿。

女儿采春桑,歌吹当春曲。

冶游采桑女,尽有芳春色。

姿容应春媚,粉黛不加饰。

系条采春桑,采叶何纷纷。

采桑不装钩,牵坏紫罗裙。

语欢稍养蚕,一头养百蛆。

奈当黑瘦尽,桑叶常不周。

春月采桑时,林下与欢俱。

养蚕不满百,那得罗绣襦。

采桑盛阳月,绿叶何翩翩。

攀条上树表,牵坏紫罗裙。

伪蚕化作茧,烂熳不成丝。

徒劳无所获,养蚕持底为。

红线毯

唐·白居易

择茧缲丝清水煮，拣丝练线红蓝染。

染为红线红于蓝，织作披香殿上毯。

披香殿广十丈余，红线织成可殿铺。

彩丝茸茸香拂拂，练软花虚不胜物。

美人踏上歌舞来，罗袜绣鞋随步没。

太原毯涩毳缕硬，蜀都褥薄锦花冷；

不如此毯温且柔，年年十月来宣州。

宣州太守加样织，自谓为臣能竭力。

百夫同担进宫中，线厚丝卷不得。宣州太守知不知？

一丈毯，千两丝，地不知寒人要暖，少夺人衣作地衣！

缭绫

唐·白居易

缭绫缭绫何所似？不似罗绡与纨绮；

应似天台山上明月前，四十五尺瀑布泉。

中有文章又奇绝，地铺白烟花簇雪。

织者何人衣者谁？越溪寒女汉宫姬。

去年中使宣口敕，天上取样人间织。

织为云外秋雁行，染作江南春水色。

广裁衫袖长制裙，金斗熨波刀剪纹。

异彩奇文相隐映，转侧看花花不定。

昭阳舞人恩正深，春衣一对直千金；

汗沾粉污不再著，曳土踏泥无惜心。

缭绫织成费功绩，莫比寻常缯与帛。

丝细缲多女手疼，扎扎千声不盈尺。

昭阳殿里歌舞人，若见织时应也惜！

织妇叹

南宋·戴复古

春蚕成丝复成绢，养得夏蚕重剥茧。

绢未脱轴拟输官，丝未落车图赎典。
一春一夏为蚕忙，织妇布衣仍布裳。
有布得著犹自可，今年无麻愁杀我！

缫丝行

南宋·范成大

小麦青青大麦黄，原头日出天色凉。
妇姑相呼有忙事，舍后煮茧门前香。
缫车嘈嘈似风雨，茧厚丝长无断缕。
今年那暇织绢着，明日西门卖丝去。

中华文化遗产系列丛书

美的创造

杨效平／主编

【第叁卷】
意象之美

中国文史出版社

中华民族在五千年的历史中，创造了灿烂的民族文化，留下了极为珍贵的文化遗产，这些文化遗产始终流淌着炎黄基因，记录着中华民族创造历史的艰难历程，永远滋润着中华民族宝贵的精神财富，历史文化作为华夏民族的共同财富，有如常青之树，嘉荣繁茂，愈老弥坚，散发着永恒的魅力。众多的学者围绕这一话题不断深入探讨，可谁也难对历史文化予以准确描绘，不少政府与企业都在努力寻求对文化遗产的诠释与开发，但更多则偏重于对现实功利的经历了"文革"的批判和现实的追逐，我们在历史文化遗产这一轮又一轮成的共同民族心理的现代转型中，有太多的迷茫和困惑，在中华民族走向复兴的今天，我们充分肯定历史传承是要让我们的子孙后代，视为圉之奇葩珍秘，终坚守如一。不可能重塑坚壁，不可能将重在传统文化的基因加以国心力为主过程中，更多侧重于历史遗存的专题研究要突出了各类问题的归纳和串联，历史观念与发展脉络的编撰，这种组织和叙说的方法，可能会有很多不足和疏漏，但我们的目的是为了更集中，更明晰地将历史真迹表达对传统文化新的认识，这种组织和叙说的方法，可能会有很多不足和疏漏，但我们的目的是为了更集中，前，更加突出中国本土传统文化中的基本环节和亮点。

图书在版编目(CIP)数据

美的创造/杨效平主编. ––北京：中国文史出版
社，2017.5

ISBN 978-7-5034-9316-4

I. ①美… Ⅱ. ①杨… Ⅲ. ①中华文化–通俗读物
Ⅳ. ①K203–49

中国版本图书馆 CIP 数据核字(2017)第 144819 号

美的创造

丛 书 名:中华文化遗产系列丛书《天地之间》
书 名:美的创造
卷 次:第三卷·意象之美
主 编:杨效平
责任编辑:程 凤
出版发行:中国文史出版社
社 址:北京市西城区太平桥大街 23 号
邮政编码:100811
经 销:全国新华书店
印 刷:武汉立信邦和彩色印刷有限公司
开 本:787mm×1092mm 1/16
印 张:12.5
字 数:173 千字
版 次:2017 年 7 月第 1 版
印 次:2017 年 7 月第 1 版第 1 次印刷
书 号:ISBN 978-7-5034-9316-4
总 定 价:262.00 元

特邀顾问

耿　莹　肖云儒

编 委 会

编委毛佩琦简介

　　毛佩琦,中国人民大学历史学院教授、博士生导师;中国社
会科学院明史研究室、北京大学明清研究中心、故宫博物院明清
宫廷研究中心客座研究员;中国明史学会常务副会长;中国文物
保护基金会历史文化专家委员会主任。在中央电视台《百家讲
坛》主讲明十七帝、郑和下西洋600年祭、大明第一谋臣刘伯温、

七解中庸等,影响广泛。主要著作有:

《明成祖史论》《永乐皇帝大传》《郑成功评传》《明清行政管理制度》《中国明代政治史》(合著)《中国明代军事史》(合著)《平民皇帝朱元璋二十讲》等。

历史需要解读

近年来有一股通俗历史读物热,为什么? 一个最基本的原因,就是中国人重视历史。这是传统,或者说,中国人多少都有点历史癖。当爸爸对孩子说,咱们的老家如何如何的时候,他已经在向孩子讲述历史了。什么家谱,什么姓氏起源,都是老百姓关心的东西。大多数人都以知道点儿老辈子的事为荣,以知道历史上的事为荣。在民间,能历数历史掌故的,常会受到人们尊重。这是我们特有的民族品格。

通俗历史读物热,其实也不是什么新事物,历史上通俗历史读物就一直受欢迎。自有史以来,对历史的记录就有两条线,一是官方的当朝或前朝的正史,一是民间的包括各种演义和口头传说。并非所有的野史都是通俗的,只有那些在民间流传的才具备通俗的品格。

引起近几年的通俗历史读物热的直接原因,是大量的连篇累牍的书籍对历史的戏说甚至颠覆、恶搞。其中大辫子戏、小说、影视狂轰滥炸,引起了大众的厌倦、反感,而戏说恶搞,则引发了大众的疑问。大众要追究历史真相,要正本清源,致使所谓"正说"的历史读物就大受追捧了。在学术界,史家不必给自己冠以"正说"之名,因治史的基本原则是实事求是。凡是加了"正说"的,都是说给大众的。"正说"针对恶搞而起,"正说"历史读物最先引起了通俗历史读物热。

不仅关于历史的记忆有官民两条线,而且对历史的解读也有官民两条线。两者有时重合,有时则大相径庭。百姓对历史的解读常常与官方不同,甚至故意对立。百姓对历史事件和人物有一套自己的认识,有自己的伦理意识和感情寄托。历史本身只有一个,记载、解释历史的方式和角度则各种各样。官、民的解读不

同，学者写的通俗读物与民间的历史读物也不同。这就出现了所谓"草根史学"，既不是官方，也不是学者，而是老百姓当中的人来解读历史。他们用自己的感情好恶，是非判断来解读历史。

既然历史可以有各种解读，老百姓当然也有解读的权力。非学术的解读并不一定是不健康的。几千年来，民间在历史上所寄托的好恶是非，也是维系民族心理、社会道义的纽带之一。草根史学与戏说恶搞不同，他们只是用自己喜欢的方式，表达了自己的感情和是非判断。因为生活背景、学养的不同，学者写的通俗读物不能取代草根史学。草根对历史有自己的感受，也有一套自己的语言和叙事方式。对于大众而言，和象牙塔里的史学著作相比，他们更愿意倾听和相信草根们对历史的解读，这不仅仅因为草根所使用的语言和解读方式更容易为大众理解，更因为大众与草根写手在感情上更为亲近。他们潜意识中认为那是自己人，说自己人的话。

草根和非史学文化人写的通俗历史读物，常常比史家更显出满腔正义。他们对恶搞的批评态度更加鲜明。史家的清高或无暇顾及，使自己在面对恶搞时往往处于弱势。而草根和非史家写手，反倒成了打击戏说和恶搞的生力军。在和一些写手的接触中发现，他们可能囿于非专业眼界，作品中出现一些错误，但一般不存在故意歪曲历史的情况。

大众读史热还与社会经济发展，与所谓国学热有关系。社会经济发展使人们有了更多的时间和精力关心文化和历史。与所谓国学热一样，伴随我国的和平发展，民族精神的回归和民族意识的集体认同，使大众更加关注中国传统文化。甚至一些人读历史读物仅仅满足于参与了，至于书中说的什么，他们并不在意。黄仁宇的《万历十五年》是一本严肃的史学著作，但由于它独特的写作手法，受到很多人的追捧。这本书已经成为一个符号，读不读这本书似乎成为有没有文化素养的标志。我多次遇到一些把《万历十五年》挂在嘴边上的人，包括大小媒体的记者，他们常以此向我提问，但当我以此反问他们的时候，其中十个有八个回答说"我还没好好看"。这是一种赶时髦的现象，人们不愿意站在时髦之外。读者争看《明朝那些事儿》，也成了一种时髦。而这种赶时髦正是大众对民族身份的集体认同。认知和理解自己的历史,认同自己的民族身份,对于加强民族凝聚力、提高民族自信心和自豪感是有利的。

当然,也有些历史读物的读者是为了从中寻求知识和智慧,解答疑问。比如,朱元璋为什么成功? 明清为什么易代? 历史上中国为什么强盛? 为什么衰败? 等等。大众历史读物热,说明社会有此需要。在一个时期的过热之后,大众将会对通俗历史读物的态度回归理性,但对于通俗历史读物的需求则永远不会消失。

其实,许多通俗读物的写作素材来源于严肃的史学著作,通俗读物作者们很少直接接触原始史料。但在一些情况下,通俗读物的写手们很少注意吸收新的研究成果, 他们所依据的研究成果相对陈旧。作为史学工作者,给草根和非史学专业写手的建议是,请他们多少关注一下史学研究。对于专业的史学工作者,我也建议不要轻视通俗历史读物和草根写手, 他们的作用是庙堂史学不能替代的。如果可能,史学工作者倒应该关心他们,给他们帮助和引导。而史学家也有把知识传播给大众的责任。通过通俗历史读物和草根写手把自己的研究成果传播给大众, 未尝不是一条捷径,至少也会有所助益。

二〇〇九年四月十日

编委马刚简介

马刚,热爱传统文化的研究,书画爱好者,有多幅作品参加展览获奖。

传统文化中积淀着中华民族最深的精神追求

不忘本来,才能赢得未来。中华民族优秀的传统文化就是我们的本来,任何一个民族区别于其他民族都有其根本特征,这个根本就是文化。中华民族有 5000 年的文明史,中华民族传统文化是中华民族的文化基因和精神命脉,为中华民族生生不息、发展壮大提供了丰厚滋养。中华文化源远流长,积淀着中华民族最深层的精神追求,代表着中华民族独特的精神标识,铭刻着祖先的梦想与智慧,是我们在世界文化激荡中站稳脚跟的根基。

中华优秀传统文化博大精深，多元包容，一脉相承，根深叶茂，蕴含着丰富的哲学思想、人文精神、教化思想和道德理念，这些思想、精神、追求和理念历久弥新，不断焕发出强大的的生命力，闪耀着巨大的光辉。正如习近平总书记所指出的"中华民族有着深厚文化传统，形成了富有特色的思想体系，体现了这个人几千年来积累的知识智慧和理性思辨。这是我国的独特优势"。珍视、呵护、探究、传承这些珍贵的传统文化是我们每个炎黄子孙义不容辞的责任。

　　今天，我们坚守和弘扬传统文化，就是要增强文化自信，守住传统文化之根，以更加敏锐的目光，更开放的胸襟，更高远的视野加以鉴别，从博大精深的传统文化中，剔除糟粕，取其精华，抓住本体，提炼精髓，创新自我，领先世界，要使传统文化和当代文化相适应，与现代社会相协调，让其焕发出青春之力，发挥引领风尚、教育人民、服务社会、推动发展的积极作用。开启未来，薪火相传，让中华优秀传统文化转变为促进民族强大的历久弥新、生生不息的内在支撑力。

序 言

耿 莹
（中国华夏文化遗产基金会会长）

古人说，观今宜鉴古，无古不成今。这句看似浅显的老话却深刻揭示了两层含意：一是一个国家的历史，必然会积累和沉积丰厚的历史营养；二是任何一个时代人生的追求与取舍，都离不开民族的传统精神和文化。这也正是我们致力追求、锲而不舍、大声疾呼、保护和传承中华文化遗产的根本所在。

前不久近平总书记在欧洲访问时指出，"历史是现实的根源，任何一个国家的今天都来自昨天"。"中华文明是没有中断、延续发展至今的文明，已经有 5000 多年历史了，2000 多年前诸子百家的许多理念，至今仍然深深影响着中国人的生活。中国人看待世界、社会、人生，有自己独特的价值体系。中国人独特而悠久的精神世界，让中国人具有很强的民族自信心，也培育了以爱国主义为核心的民族精神。"因此，他深刻指出："抛弃传统等于割断精神命脉。"

习总书记的这些论断，深刻揭示了传统文化在中华复兴、实现"中国梦"中的重要作用，体现了我们党对弘扬传统文化的高度重视和深刻认识。

纵观近年来传统文化的研究、阐述和传播，令人欣慰的感到传统文化正在形成一种深受国人接受和欢迎的文化正能量，越来越感受到它已成为凝聚、激励人们团结奋进的强大动力。这也预示着在我们民族共有的精神家园里，中华历久弥新的优秀文化，必将会焕发出更加夺目的光彩和不竭的动力。

　　中华文化遗产系列丛书《天地之间》的出版，正是适应当前这一文化需求的产物。对传承、普及和宣传传统文化知识和理念，是一件很有意义的事。翻阅其第一套《天地人和》（四卷本），感觉他们做了大量细致的工作，其立意和结构很有特点。一是立足普及、宣传和教育，积极探索文化遗产研究的另一种通俗化、知识化模式。目录体例自成系统，资料分类梳理相互关联，连类所及，征引博繁，点点滴滴，浓缩了大量丰富的传统文化知识，给读者以系统性的知识阅读，也启发和帮助人们从昨日世界中找回了许多历史的记忆；二是朴实明快，一事一物，始末原委，一目了然，便于翻阅，而且图文并茂，增加了文化色彩，可读性较强。

　　中华文化，源远流长，博大精深；天地之间，山高水阔，浩然无涯。以《天地之间》为本套丛书命名，体现了本书编撰者的开阔意境和广纳兼容的胸怀。相信这套丛书一定会给人们带来大量丰厚的文化知识和信息，使读者从中感受到中华传统文化的巨大魅力，展示了中华文明的自信和力量。

二〇一五年四月于北京

编者的话

在中华民族五千年的历史中，我们的祖先创造了灿烂的民族文化，留下了极为珍贵的文化遗产。这些文化遗产始终流淌着炎黄基因，记录着中华民族创造历史的艰难历程，将永远成为中华民族宝贵的精神财富。

历史文化作为华夏民族的共同财富，有如常青之树，葱荣繁茂，愈老弥坚，散发着永恒的魅力。众多的学者围绕这一话题不断深入探讨，可谁也难对历史文化予以准确概括。不少政府部门与企业都在努力寻求对文化遗产的挖掘与开发，但更多则偏重于对现实功利的追求。历史文化遗产在经历了"文革"的批判、否定与摧残之后，在新的现代化浪潮的冲击下，其地位、作用和功能又面临着新的错位与迷失。

传统文化是中华民族长期孕育、积累和形成的共同民族心理和精神追求。中华民族文化一是古老悠久，二是各民族共同创造，既深厚，又有韵味，是中华民族之灵魂，是人类智慧与文明的结晶。在中华民族走向复兴的今天，对于传统文化的发展和普及，我们不仅需要有新的认识，还需要认真反思。弘扬历史文化遗产的核心是传承。传承的目的，就是要让我们的子孙后代，不要忘记自己的祖宗，让我们的民族始终坚守自己民族文化的基本理念，让中华民族的精神和正气不断地发扬光大；就是要把民族的文化创造和建树视为国之奇葩，让它永远绽放在东方大地

上。

在思想观念活跃多元的今天，历史可以任人戏说甚至改写，但中华民族的历史传统和文化，犹如国之魂魄，应始终坚守如一。不论历史如何进步，也不论人们生活方式如何改变，在漫长历史岁月中自然形成的民族精神和传统文化，始终具有强大的向心力和凝聚力，只能弘扬，只能重塑，不可缺失。这是中华民族的需要，是国家振兴的需要，也是现代化事业发展的需要。

基于这些认识，我们编写了这套文化遗产系列丛书《天地之间》。丛书重在对传统文化成果的介绍和展现，旨在宣传、普及中华传统文化知识和中华文化的基本理念，以期引起人们对传统观念与文化的回顾和记忆。在资料的搜集和编写过程中，我们充分利用了现有研究成果和大量的网络资料，整合资源，集中焦点，广泛搜求，精心筛选，着重于传统文化的核心问题，加以介绍。资料的梳理、分类和编排，更多侧重于历史遗存和史物资料，没有过多地涉及问题的专题性和专业式的学术讨论，没有太多顾及历史链条与脉络体系的关联和完整，编排和叙述框架主要突出了各类问题的归纳和串联，没有受固定传统史学源流、历史观念与发展脉络的束缚，而是试图以一种新的角度和视野对所要阐述的问题进行归类和梳理，并表达对传统文化新的认识。这种组织和叙述的方法，可能会有很多不足和疏漏，但我们的目的是为了更集中、更明晰地将历史痕迹和基本史实直接呈现在读者的面前，更加突出中国本土传统文化中的基本环节和亮点。

随着越来越多的人对历史文化遗产的关注和讨论，历史文化遗产的功能越来越受到重视，涉及的内容越来越丰富，研究的形式和表达的载体也越来越多样化，为人们重新认识历史和中华文明的传承开辟了更为广阔的道路。我们组织和编写了这套丛书，正是希望通过自己的努力，为中华传统文化的宣传、普及和教育贡献自己的一份力量。我们企盼这种尝试能得到广大读者的认可，同时也诚恳地希望得到大家的批评和指正。

中华文化遗产系列丛书《天地之间》编写组

二〇一三年六月

文明肇始，人治乃兴，人功尽显。人之技巧，心思才力，通灵入圣，巧胜于天。随着生存环境的改善，人类文明进入创造拓展的新阶段。美的创造和艺术形式的诞生，正是人们在物质创造的同时重要的精神飞跃。方寸之心，应物写形，工巧独到；字画玉器，神采咸备；锦瑟华音，气韵生动。中华民族美的观念和美的创造从此独具一格。

目　录
CONTENTS

壹

音乐篇

中华文化遗产系列丛书《天地之间》

ZHONGHUA WENHUA YICHAN XILIE CONGSHU

壹、音乐篇

《诗大序》说："诗者，志之所之也，在心为志，发言为诗。情动于中而形于言。言之不足，故嗟叹之；嗟叹之不足，故咏歌之；咏歌之不足，不知手之舞之，足之蹈之也。"意思是，诗歌是人的情感志趣的表现，从内心的激动到发言为诗，是一个由内向外的过程。若是诗歌不足以表达情感的话，就慷慨感叹，如果仍不足以表达，就引吭高歌，还是不行的话，就手舞足蹈。它表明诗歌、音乐、舞蹈都是源自人的内在情感表达的需要，而且一个比一个更能表达情感的力度。

音乐是人类共有的精神食粮，是最能表达情感的艺术形式之一。音乐既是人类表达情感的一种方式，也是人类的另一种"语言"，它能沟通人与人之间的感情。美好的音乐不仅能给人类带来极大的享受，还能陶冶情操。

我国是世界上最早的文明古国之一，音乐也同样源远流长。早在文字发明之前，当我们的祖先由类人猿进化为人，在劳动中，随同工具的使用和语言的产生，就孕育了音乐。事实上，人的左、右脚行走，心脏和脉搏的跳动，就是最简单的节奏；而原始人单调的语言只要有高低的语调变化,也就蕴含了旋律的因素。在春秋时期,华夏大地百家争鸣的浪潮碰撞出璀璨的火花,而同时代的欧洲正处于一片荒蛮之中, 中国音乐已经在迎接黎明曙光的时候,欧洲音乐还在漫漫长夜里徘徊。

中国素称"礼乐之邦",古代音乐在人格养成、文化生活和国家礼仪方面有着很重要的作用和地位。孔子提出"兴于诗,立于礼,成于乐"的学习步骤。当今,中国的民族音乐不断受着西方音乐为首的外来音乐文化的影响,弘扬民族音乐,已经成为炎黄子孙不可懈怠的责任。

一、音乐的起源与发展

音乐是人们生活中不可缺少的精神调剂品,是人们寄托思想感情的艺术品,更是人类精神文明的组成部分之一。它既可以自娱,也可以娱人,更可以通过音乐音响的信息,来传达交流人与人之间的思想感情,古今中外无不如此。特别是人类越进化、越发展,音乐的复杂性、细致性、多样性越是明显,并且大部分音乐超越了国家民族、人种的界限,以人类共同的感情语言特性,来进行相互间的感情交流,特别是器乐曲更是如此。因为"喜、怒、哀、乐、忧、思、恐"这些感情属性,只要是人类,都会有相同的感知,至于其深度如何,要视具体作品来定。即使是不同民族的音乐语言,其音调虽有所同异,而感情、气质的属性,仍然是相同的。

"音"在商代甲古文中和言语的"言"是一个字,言在甲古文中是单管乐器的象形字,下边是口,上边是一支竖立的古代箫管,用嘴吹箫管而发音,这就是言的本意,这正反映出远古时代原始人类的音乐和语言是密不可分的。"乐"字在甲古文中,其形如木上张弦,也是琴瑟之类的弦乐器的象形。音和乐两字的含义

甲骨文的"言字"

相近,在战国末期的《吕氏春秋·大乐篇》中便已经连用:"音乐之所由来者远矣。"

1. 音乐的起源

关于音乐的起源,可以追溯到古老的洪荒时代。在人类还没有产生语言时,就已经知道利用声音的高低、强弱等来表达自己的意思和感情。随着人类劳动的发展,逐渐产生了统一劳动节奏的号子来相互间传递信息;当人们庆贺收获和分享劳动成果时,往往敲打石器、木器以表达喜悦、欢乐之情,这便是原始音乐的雏形。

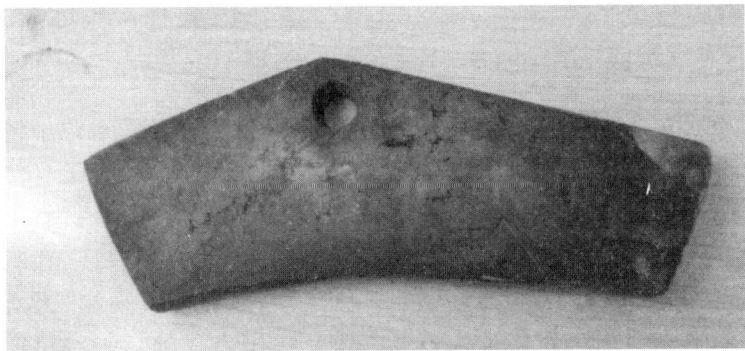

原始乐器

从"劳动号子"到发明"弦乐器",音乐至今经历了五千年的历史演变。漫漫历史长河中,音乐伴随着人们,激励着人们,既可以让人神情荡漾,又可以让情伤者疗伤。

关于音乐的起源,有以下几种说法。

第一种说法:劳动起源说。这种说法认为音乐来源于劳动。《淮南子》认为劳动者之间的呼喊应和是音乐的起源。我们的祖先主要从事集体的体力劳动,像打猎、采野果、砍树木、搬石头等。集体劳动需要一种整齐的声音来指挥大家统一行动,体力劳动也需要一种有号召力的声音来鼓劲,于是,一种有规律,有力量的声音就出现了:"哎嗬,吭哟",这号子声就是最早的音乐。

原始人击打工具模拟图

第二种说法：情感交流说。这种说法认为音乐来源于情感交流。人们在高兴、激动、愤怒、悲伤的时候都会很自然地发出声音来。古人说过："凡音之起，由人心生也。"意思是人的感情促使音乐的产生。人们常可听到一只雄鸟在鸣叫，往往是为了吸引雌鸟的注意，而人作为高级动物，男女之间也会用声音来表达爱慕之情。中国古代的《诗经》里就有"琴瑟友之"的诗句，意思是用奏琴来表达与对方交朋友的愿望。

雄鸟鸣叫吸引雌鸟

第三种说法:模仿自然说。这种说法认为音乐来源于对大自然声音的模仿。大自然的声音是非常丰富的:风声呼呼,雨声沙沙,浪声哗哗,虫鸣叽叽,鸟叫喳喳……早期的人们会模仿自然界的声音,把它加以美化和规律化,像中国的唢呐曲《百鸟朝凤》和贝多芬"田园"交响曲第二乐章中的音乐那样,这也是音乐的来源之一。

唢呐名曲《百鸟朝凤》

第四种说法:语言异化说。这种说法认为音乐来源于语言。人们说话激动时往往会把语言的音调和节奏加以夸张和强调,特别是有韵的诗的语言,如果反复朗诵,会发觉里面蕴藏有好听的音调。此外,人们语言中的呼叫、悲吟和感叹,更是和歌唱非常接近。西方歌剧中有一种"宣叙调",演唱时和说话差不多,音调比较平,节奏和语言非常吻合,很容易让人听懂。

第五种说法:交流信号说。这种说法认为音乐来源于交流的信号。人们交流的信号很多,语言是其中之一,例如手势、眼神、绘画都是信号,而音乐更是一种特殊的交流信号。

第六种说法:巫术起源说。这种说法认为音乐来源于巫术。古代人对许多自然现象弄不懂,以为是神在起作用,因此他们就通过巫术来和神魔交流。在载歌载舞的巫术活动中,音乐也就产生了,后来就发展成为崇拜图腾的音乐、祭祀祖先的音乐等等。

原始的音乐是由歌、舞、乐组成,以狩猎为内容,许多原始音乐反映与大自然斗争有关的内容。远古音乐传说还有有关部落战争的。在原始人类的生活中,各种原始宗教占有重要地位,因而产生许多与之有关的神话传说。

传说在距今五千年前的黄帝时期,有一位叫做伶伦的音乐家,传说中他曾进入西方昆仑山内采竹为笛。当时恰有五只凤凰在空中飞鸣,他便合其音而定律。虽然这一传说并不完全可信,但把它作为管乐器的起源也未尝不可。

伏羲

黄帝是中国历史上最早的君王,他在五千年前就创造了历法和文字。当时,除了前述的伶伦之外,还有一位名叫伏羲的音乐家。据说伏羲是人首蛇身,曾在母胎中孕育了十二年。他弹奏的琴本来有五十根弦,但由于音调过于悲伤,黄帝把他的琴断去一半,改为二十五弦。

在黄帝时代的传说中,还有一位名叫神农的音乐家,据说他是牛首蛇身。神农曾教人耕作五谷,曾遍尝百草而发现医药,还曾经创造了五弦琴。因此我们可以设想,当时的音乐用的是五声音阶。

神农

传说大禹巡行到南方的涂山时,涂山王的女儿爱上了他,但不知什么原因大禹却冷落了她。涂山王之女没有放弃她对大禹的爱,命自己的侍女在涂山的南面等候大禹归来,侍女久等大禹不见归来,便唱了一首歌——"候人兮猗"。这是一首只有四个字的歌曲,其中前两个字——"候人"是具有意义的;后两个字"兮猗"是由感而生的叹语。前两个字是歌的基础,但更应该注意的则是后两个表达情感的慨叹字——"兮猗",正是这慨叹之声,使之成为源远流长的中华民族音乐长河源头组成部分。

大禹

这些传说以另一种方式记录着音乐的起源，也许并不全可信，但从中我们可以窥见各个对应时代音乐的发展状况，也算是一种史料。

2. 中国音乐发展的分期

中华民族音乐的蒙昧时期早于华夏族的始祖轩辕黄帝两千余年，距今六千七百年至七千余年的新石器时代，先民们已经可以烧制陶埙，挖制骨哨。这些原始的乐器无可置疑地告诉人们，当时的人类已经具备对音乐的审美能力。

中国音乐的发展可以大致分为三个时期：

第一，中国音乐的形成期（约公元前 21 世纪至公元 3 世纪）。这个时期包括从夏、商、西周到春秋、战国、秦汉。这一时期为中国音乐以后的发展奠定了基础，其最具有代表意义的音乐艺术形式是钟鼓乐队。

夏商两代是奴隶制社会时期。从古典文献记载来看，这时的乐舞已经渐渐脱离原始氏族乐舞为氏族共有的特点，它们更多地为奴隶主所占有。从内容上看，它们渐渐离开了原始的图腾崇拜,转而为对征服自然的人的颂歌。例如夏禹治水,造福人民,于是便出现了歌颂夏禹的乐舞《大夏》。

大禹治水

夏桀无道,商汤伐之,于是便有了歌颂商汤伐桀的乐舞《大蠖》。

商代巫风盛行,于是出现了专司祭祀的巫(女巫)和觋(男巫)。他们为奴隶主所豢养,在行祭时舞蹈、歌唱,是最早以音乐为职业的人。奴隶主以乐舞来祭祀天帝、祖先,同时又以乐舞来放纵自身的享受。他们死后还要以乐人殉葬,这种残酷的殉葬制度一方面暴露了奴隶主的残酷统治,而在客观上也反映出生产力较原始时代的进步,从而使音乐文化具备了迅速发展的条件。据史料记载,在夏代已经有用鳄鱼皮蒙制的鼍鼓。

商汤

鼍鼓

商代已经发现有木腔蟒皮鼓和双鸟饕餮纹铜鼓，以及制作精良的脱胎于石桦犁的石磬。受青铜时代影响，商代还出现了编钟、编铙乐器，它们大多为三枚一组。各类打击乐器的出现体现了乐器史上打击乐器发展在前的特点。

编铙

始于公元前五千余年的体鸣乐器陶埙从当时的单音孔、二音孔发展到五音孔，它已可以发出十二个半音的音列。根据陶埙发音推断，中国民族音乐思维的基础五声音阶出现在新石器时代的晚期，而七声至少在商、殷时已经出现。

编钟

青铜乐器

西周和东周是奴隶制社会由盛到衰、封建制社会因素日趋增长的历史时期。西周时期宫廷首先建立了完备的礼乐制度。在宴享娱乐中，不同地位的官员规定有不同的地位、舞队的编制。总结历代史诗性质的典章乐舞，可以看到所谓"六代乐舞"，即黄帝时的《云门》，尧时的《咸池》，舜时的《韶》，禹时的《大夏》，商时的《大蠖》，周时的《大武》。

乐舞

　　周代还有采风制度,收集民歌,以观风俗、察民情,经春秋时孔子的删定,形成了中国第一部诗歌总集——《诗经》。

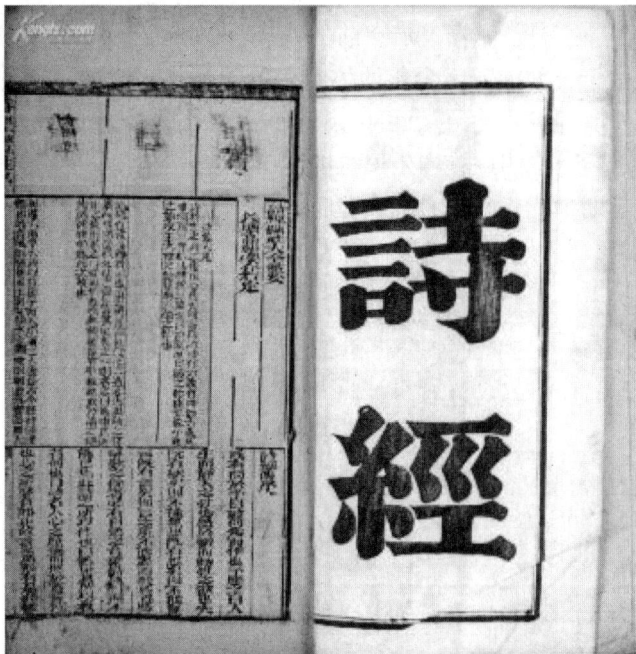

诗经

　　周朝之前的音乐几乎是民间的自发行为,还没有官方介入。在周朝时,政府部门设立了由"大司乐"总管的音乐机构,教学的课程主要有乐德、乐语、乐舞。所谓的乐德,就是"中和、祗庸、孝友"等伦理道德观念;乐语就是"兴道、讽诵、言语"等礼教行为规范;乐舞则包括大舞、小舞等音乐理论、音乐诗篇的唱诵、舞蹈以及六代乐舞的表演。

　　周代宫廷除乐舞之外,另有用于天子祭祖、大射、视学及两君相见等重要典礼的大典乐歌,如颂、雅;以及后妃们在内宫侍宴时唱的房中乐,不用钟、磬,只用琴、瑟伴奏。这都体现了音乐已从原始的乐舞中分化了出来。周代宫廷中还有秦、楚、吴、越等地的四夷之乐的表演,说明了当时各民族风俗性的歌舞已有一定的交流。这一系列成就,从理论上奠定了我国古代乐律学的基础。

周代宫廷乐舞舞者

　　于公元前 221 年统一中国的秦王朝作为一个中央集权国家,为适应政治上大一统和文化管理上一体化的需要,曾设有专门管理音乐的官署——乐府。刘邦建立的西汉政权,也扩大了乐府的机构和职能。当时政府非常重视民间俗乐,令乐府四处收集"赵、代、秦、楚之讴",兼收并蓄西域、北狄等边远民族的音乐。在广泛收集各地民歌的基础上,以音乐家李延年为协律都尉,举司马相如等数十人,对此进行整理、加工、填词改编,以供宫中祭祀、宴乐之用。据《汉书·艺文志》记载,当时收集的民歌计 134 首,另有可能附有乐谱的"周谣歌诗声曲折"及"河南周歌诗声曲折"各 75 篇。

　　夏、商、西周到春秋、战国、秦汉,这一时期被称为中国音乐的形成期。

　　第二,中国音乐的新生期(约公元 4 世纪至 10 世纪)。这个时期包括从魏、晋、南北朝到隋、唐。中国音乐在这一时期发生显著变化,开创了音乐国际化的新乐风。

　　两晋南北朝期间,战乱频繁,朝代更迭,随同社会的动荡变异、民族迁移的交往扩大,外族、外域的音乐文化同中原音乐文化产生了广泛交流,在音乐史上成为一个承前启后的重要时期。

其中清商乐是秦汉传统音乐的余脉,曹魏政权始设清商署,实为乐府变体。晋室东渡后,这些"中原旧曲"与南方音乐互相交流,使清商乐成为包括前朝传下来的相和歌、鼓吹曲,以及江南吴歌、荆楚西声的总称,是当时南方乐府民歌的代表。北朝民歌的歌词多保存在乐府诗集的《梁鼓角横吹曲》中,题材远比南方民歌广泛,大多反映战争及人民的苦难,为北方的鲜卑及汉族人创作,《木兰辞》是北方民歌中最杰出的作品。

隋唐时南北重新统一,社会安定及经济的繁荣,为音乐艺术发展创造了有利条件。唐代统治者在文化上较少保守思想,广泛吸收外来音乐文化,兼容并蓄,使音乐达到了一个发展高峰。在这一历史时期内,诗歌被入乐演唱的著名歌曲中,文学与音乐的融合成为中国古典音乐发展的一个特征。李白的《关山月》、杜甫的《清明》、刘禹锡的《竹枝歌》、王之涣的《凉州词》、王维的《阳关曲》、《陇头吟》、柳宗元的《渔翁》等,有的作为民歌在民间长期流传,有的则被琴家所吸收,以琴歌形式被保存了下来。其中尤以王维为送一位西出阳关服役的友人而作的七言绝句《阳关曲》,因以情景交融的手法抒发了依依惜别的哀怨情绪,成为当时及以后人们送别朋友经常演唱的一首歌曲。

魏、晋、南北朝到隋、唐这一时期被称为中国音乐的新生期。

清商乐

第三,中国音乐的整理期(约公元 10 世纪至 19 世纪)。这个时期包括辽、宋、金、明、清。这一时期的音乐文化与普通的平民阶层保持着密切的联系,呈现出世俗性和社会性的特点,其代表性音乐艺术形式是戏曲艺术及其音乐。

宋代都市经济逐渐繁荣,市民阶层日益扩大。社会音乐活动的重心由宫廷走向世俗。北宋已出现了市民音乐活动场所"勾栏"、"游棚"。适合于市民和文人趣味的诸如词调音乐、说唱音乐、戏曲音乐得到了尤为迅速的发展。宋代同样是我国音乐与文学交融的重要历史阶段。宋代是词体歌曲创作的黄金时代,人们常用词调多达八百多首,其曲调一部分来源于传统及当代流行的民歌、小曲。

宋代瓦舍勾栏

宋代文人创作的词曲不仅数量众多,而且按题材风格可大致分为婉约派与豪放派两类。婉约派的词内容多为男女相思离别之情的抒发,风格纤弱柔婉,讲究音律与曲调的配合,以与音乐关系密切的词人柳永、周邦彦为代表。豪放派词曲开拓了词的表现内容,打破了过于严格的音律束缚,风格雄健粗犷,发轫于北宋的苏轼,继之以靖康之难之后的一批南宋爱国词人如辛弃疾、陈亮、张寿祥、岳飞等。

著名词人柳永

　　宋代有一部分懂得音乐的词人也常自己创作新的词牌曲调，这种新创的歌曲称为"自度曲"。南宋的姜夔是自度曲最有代表性的作者，他作有自度曲《扬州慢》、《杏花天影》等十四首，是宋代词调音乐的珍贵遗产。姜夔的自度曲词乐浑然一体，风格委婉抒情、清新典雅，在旋法、结构、调式、转调等技巧处理上精致细腻。他的作品多用七声音阶，四度与七度音占有重要的地位，并常引用升高的商、徵或宫等变化音，从而使曲调赋予一种独特而又深远的意韵。

　　明清时期，随着工业及商品经济的突出发展，市民音乐逐渐成为音乐艺术的主要成分。自娱性的民歌小曲、民间歌舞音乐，以及带有商品性质的说唱、戏曲音乐，都在这一时期获得了历史上前所未有的艺术成就。

　　明代的卓柯月更将当时的民歌小曲同唐诗、宋词、元曲相提并论，称其"为我明一绝耳"。在明清时期，京剧曲艺的发展也呈现了辉煌的历史阶段。明代中叶以后长期争逐于传奇剧坛的，为弋、昆两腔。起源于江西弋阳的弋阳腔高亢挺拔，称高腔。昆山腔发源于江苏昆山，明嘉靖年前流传不广，后经魏良辅、张野塘等人改进，在原昆山腔的基础上，广泛吸取北曲及南戏诸腔的长处，形成了"细腻水磨，一字数转，清柔婉折，圆润流畅"的新腔。改革后的昆山腔成为"四方歌曲必宗吴门"的全国性剧种，涌现了如汤显祖的《牡丹亭》和清代洪升的《长生殿》、孔尚任的《桃花扇》等众多名作。

桃花扇

牡丹亭

长生殿

　　清初以后，昆山腔因唱词过分雕凿，音乐典雅淡和，日益疏于群众而由盛趋衰，到嘉庆之后逐渐为乱弹所替代。乱弹自明末已广泛流行于秦地，其声腔以陕、甘一带的秦腔为最早，因用梆子击拍，故又称"梆子腔"。梆子音乐唱白通俗，尤擅刻画人物性格和表现戏剧性冲突；而且引用了以二弦、胡呼拉弦乐器为主，梆笛、月琴及锣鼓等打击乐器组成的伴奏乐队，剧目多为历史故事，因此很快得到传播。至清末，各地已产生了唱腔体制大致相同的梆子剧种，如山西梆子（现晋剧）、河南梆子（现豫剧）、河北梆子、山东梆子、四川梆子（即弹戏）、绍兴大班（或称乱弹）等。

　　清代中叶，四大徽班进京后，同来自湖北的汉调艺人合作，广泛吸收昆腔、秦腔等声腔的剧目、曲调、表演方法，并容纳民间曲调，创造了以西皮、二黄为主的新腔——皮黄腔，初步确立了

京剧

梅兰芳

京剧的格局。京剧至清末已一跃而成为全国最大的剧种，在光绪年间已进入盛期的京剧，至清末面临着被封建统治者攫夺和垄断的危机，逐渐脱离人民和现实生活。

清末民初，富有创新精神的"海派"京剧在上海崛起。民国初年的戏曲改良活动，对戏曲艺术同社会现实和人民生活联系起了促进作用，不少新剧目在不同程度上揭露了社会的黑暗，表现了人民要求摆脱封建枷锁的愿望，并在唱腔、表演、舞台装置、服装等方面都进行了一些有益的革新。继后的周信芳发扬"海派京剧"锐意改革的精神，于"五·四"前后编演了《宋教仁》等时装新戏。

"五·四"前后，梅兰芳等人对京剧的创新和改革的成绩也十分突出，使京剧旦角艺术臻于完美。梅兰芳在辛亥革命时即编演了《一缕麻》、《邓霞姑》等具有民主倾向的时装京剧，充满爱国热情的新戏；在唱腔上他也进行了新的发展创造，运腔演唱凝重流畅，脆亮甜润，宽圆兼备，具有雍容华贵的风格，世称"梅派"。

辽、宋、金、明、清是中国音乐的整理期，至此之后，中国传统音乐定型，开始向现代音乐转型。

二、传统乐器

在原始时期，伴随着智慧的发展，人类开始使用工具，而大量工具的使用，又启发了人们的智慧。这种直接或间接的作用，使得人类的祖先就在生产劳动中创造了乐器。

古代中国的帝尧时代就有了《击壤歌》，其歌词大意为"日出而作，日落而息，掘井而饮，耕田而食"。这里的"壤"就是指大地。人们在没有乐器出现的时候，大地被当作了可以发声的乐器，在生产劳动中一边击地，一边唱歌。不难推测，这种劳作下的"击壤"实际上已起到了伴奏的作用。同时，"击壤歌"也说明了乐器的起源与人类的生产劳动有着十分密切的关系，是生产劳动创造了乐器。

1. 乐器的起源

在原始时期，人们喝水时利用某种果壳饮水，这比直接用嘴饮水更为方便，于是人们就造出了瓶、碗等器皿。与此相仿，人类不仅利用嗓音歌唱，而且在竹管上凿出孔或者张弦抚弄以奏出奇妙的声音来伴奏游戏，于是就产生了乐器。

乐器是人类早在原始时期已拥有的文明财富之一。围绕乐器的来历，自古以来中外均有许多传说和神话，并长期被据为乐器的起源与发展之说。如中国许多古书记载："女娲作笙"、"伏羲作箫"、"伏羲作琴"、"庖犧氏作瑟"、"倕作钟"、"伶伦入昆仑山采竹为笛"、"黄帝命伶伦铸十二钟"、"黄帝杀夔以其皮为鼓"等。传说中的人物，是否实有其人，至今史学上仍存疑待探索，但所述乐器实有其物，但任何人不可能一下子造出那样完美的乐器，因此乐器都是逐步演进的。

中国是世界上最早拥有乐器的国家，是无疑的。中国在远古时期（约公元前 21 世纪前），已有一些土鼓、磬、钟铃、骨哨、苇籥、埙等。可能还有龡、管、篪、笙。至夏商（公元前 21 世纪前至前 11 世纪），已出现定音的编钟、编磬，以及鼗、言（大箫）、笙等，到周代，见于记载的乐器约近 70 种，出现了对乐器分类的"八音"，有了琴、瑟等拨弦乐器。

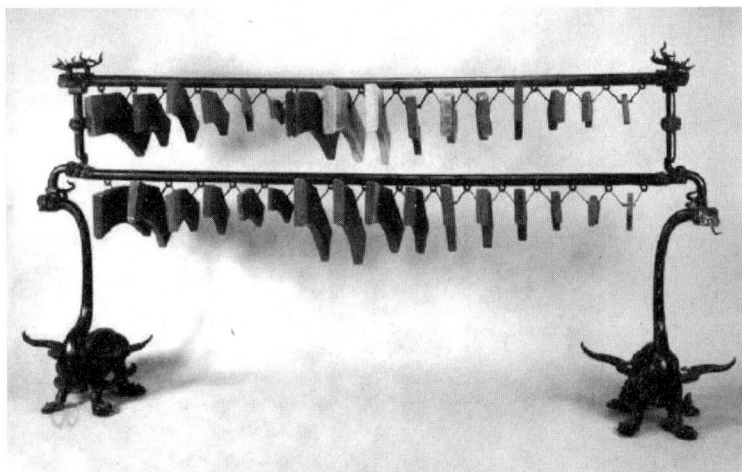

编磬

乐器的起源和人类本身在进化过程中创制劳动工具的历史有密切联系。工具和乐器均可看作是人类器官的延伸，人类在能制造工具而区别于其他动物之前，在很长时期中已会捡起一些树干、石头和兽骨之类的天然物充作工具。这些天然物也可能被作为最原始的乐器，表达某种情绪或信号。

人类制造工具和乐器，开始只是对天然物质做些简单地加工。20世纪中国在浙江河姆渡遗址出土约七千年前的百余件骨哨，是用禽类肢骨加工制成的。其他还有多处这类发现，包括用海螺做的号，均为新石器时代晚期器物。据考，这些原始管乐器，可能是用于诱捕鸟兽或发信号的。那时也出现了一些对天然材料经较复杂加工而成的乐器，河姆渡出土只有一个吹孔的陶埙。有人推测，弦乐器发始于猎弓；鼓类起源于绷紧晾晒的兽皮；簧管乐器始于一端压扁的芦苇管。但这些都是易朽物质，其始源皆无从考察，只是在世界的有些地区，尚能见到当今的类似原始乐器。

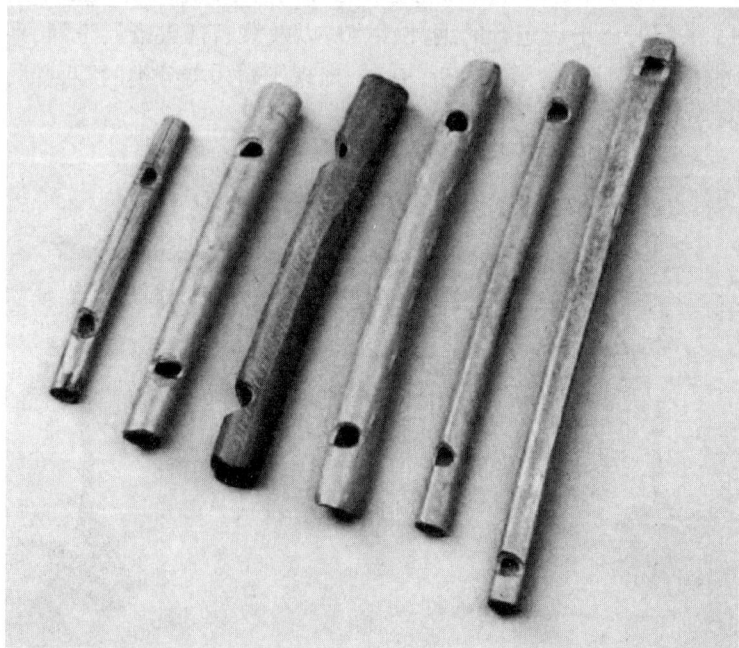

骨哨

从乐器的全部发展史来看,其起源何者在先、何者在后,是和人类生产力和智力的发展水平不可分割的。据考古发现,迄今证明,制作和使用均较简单的打击乐器当始发在先,利用某些芦苇、海螺、兽角等制作较易而发声较难的气鸣乐器(通常所称的管乐器)可能稍后,制作和使用更难的弦鸣乐器则出现较晚。这只是大体的推测,具体的乐器起源孰先孰后,并非依类排列的。这种推断,和中国史书记载也基本吻合。

2. 乐器的种类

我国乐器起源甚古,相传在四千年前夏禹时期,就有一种用芦苇编排而成的吹管乐器,叫做"钥"。民国二十年,山西万泉县荆村发掘出三个新石器时代的"埙"。我国的传统乐器,经过数千年的传承,种类繁多,样式丰富,演奏方式更是充满了不同地域、不同民族的特色习惯,在我们为众多的乐器种类而惊叹时,却不知不觉地发现,一些器乐、乐曲已经融入了我们的生活,散发着它们独特的艺术魅力。

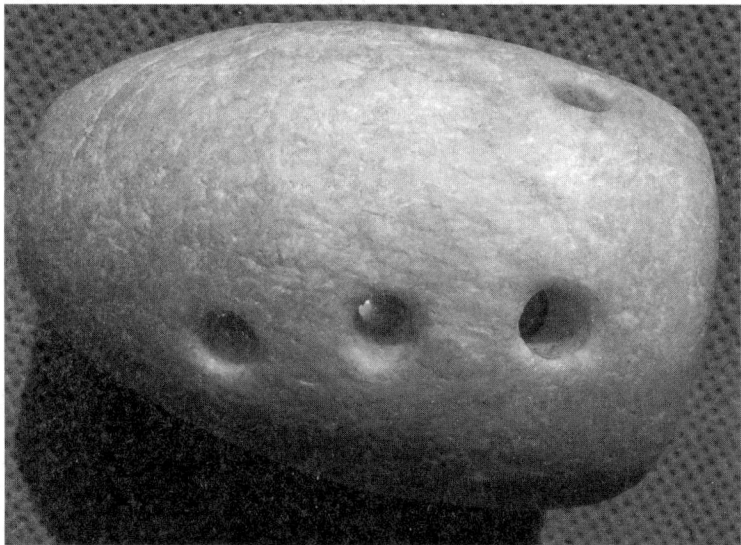

新石器时代玉埙

　　早在数千年前的周代，中国已有根据乐器的不同制作材料
进行分类的方法，将乐器分成金、石、丝、竹、匏、土、革、木八类，
叫做"八音"。在周末至清初的三千多年中，中国一直沿用"八音"
分类法。

　　"八音"的具体门类是：

　　金类：主要是钟，钟盛行于青铜时代。钟在古代不仅是乐器，
还是地位和权力象征的礼器。王公贵族在朝聘、祭祀等各种仪
典、宴飨与日常燕乐中，广泛使用着钟乐。敲击钟的正鼓部和侧
鼓部可发两个频率音，这两个音，一般为大小三度音程。另外还
有磬、錞于、勾鑃，基本上都是钟的变形。

青铜钟

　　石类：主要是各种磬，质料主要是石灰石，其次是青石和玉
石，均上作倨句形，下作微弧形，大小厚薄各异。磬架用铜铸成，呈
单面双层结构，横梁为圆管状，立柱和底座作怪兽状，龙头、鹤颈、
鸟身、鳖足，造型奇特，制作精美而牢固。磬分上下两层悬挂，每层
又分为两组，一组为六件，以四、五度关系排列，一组为十件，相邻
两磬为二、三、四度关系。它们是按不同的律(调)组合的。

打制大石磬

丝类:主要是各种弦乐器,因为古时候的弦都是用丝作的。有琴、瑟、筑、琵琶、胡琴、箜篌等。

箜篌

竹类:主要是竹制吹奏乐器,笛、箫、篪、排箫、管子等。

笛子

笙

埙

匏类：匏是葫芦类的植物果实,用匏作的乐器主要是笙。

土类：就是陶制乐器,埙、陶笛、陶鼓等。

革类：主要是各种鼓,以悬鼓和建鼓为主。

悬鼓

木类：现在已经很少见了,有各种木鼓、敔、柷。敔是古代打击乐器,形制呈伏虎状,虎背上有锯齿形薄木板,用一端劈成数根茎的竹筒,逆刮其锯齿发音,作乐曲的终结,常用于历代宫廷雅乐。柷是古代打击乐器,形如方形木箱,上宽下窄,用椎(木棒)撞其内壁发声,表示乐曲即将起始,用于历代宫廷雅乐。

浏阳古乐——敔

除了八音，按照乐器的演奏方式，中国乐器还分为以下几类：

吹奏乐器：中国吹奏乐器的发音体大多为竹制或木制。根据其起振方法不同，可分为三类：第一类，以气流吹入吹口激起管柱振动的，如箫、笛（曲笛和梆笛）、口笛等；第二类，气流通过哨片吹入使管柱振动的，如唢呐、海笛、管子、双管和喉管等；第三类，气流通过簧片引起管柱振动的，如笙、抱笙、排笙、巴乌等。

弹拨乐器：中国的弹拨乐器分横式与竖式两类。横式，如：筝（古筝和转调筝）、古琴、扬琴和独弦琴等；竖式，如：琵琶、阮、月琴、三弦、柳琴、冬不拉和扎木聂等。

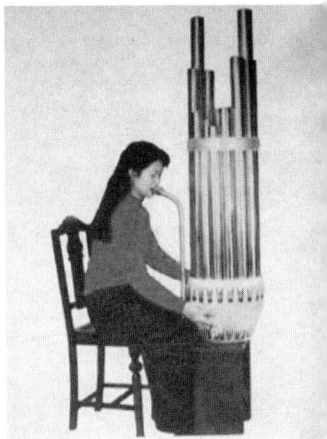

抱笙

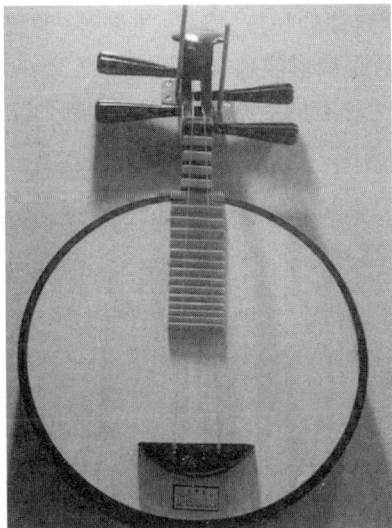

月琴

弹奏乐器音色明亮、清脆，右手有戴假指甲与拨子两种弹奏方法。右手技巧得到较充分发挥，如弹、挑、滚、轮、勾、抹、扣、划、拂、分、擪、拍、提、摘等。右手技巧的丰富，又促进了左手的按、吟、擞、煞、绞、推、挽、伏、纵、起等技巧的发展。

弹拨乐器除独弦琴外，多以码（或称柱）划分音高，竖式用相、品划分音高，分为无相、无品两种。除按五声音阶排列的普通筝等外，一般都便于转调。

形网格四条双耳罐

打击乐器：中国民族打击乐器品种多，技巧丰富，具有鲜明的民族风格。

民族打击乐可分为有固定音高和无固定音高的两种。无固定音高的如：大、小鼓，大、小锣，大、小钹，板、梆、铃等，有固定音高的如：定音缸鼓、排鼓、云锣等。典型乐器：堂鼓（大鼓）、碰铃、缸鼓、定音缸鼓、铜鼓、朝鲜族长鼓、大锣小锣、小鼓、排鼓、达卜（手鼓）、大钹。

拉弦乐器：拉弦乐器主要指胡琴类乐器，其历史虽然比其他民族乐器较短，但由于发音优美，有极丰富的表现力，有很高的演奏技巧和艺术水平，拉弦乐器被广泛使用于独奏、重奏、合奏与伴奏。拉弦乐器大多为两弦，少数用四弦，如：四胡、革胡、艾捷克等。大多数琴筒蒙的蛇皮、蟒皮、羊皮等；少数用木板，如：椰胡、板胡等。少数是扁形或扁圆形，如：马头琴、坠胡、板胡等，其音色有的优雅、柔和有的清晰、明亮；有的刚劲、欢快、富于歌唱性。

革胡

　　乐器的历史也随同人类历史发展一样，有着自身存在、发展的规律。中国是一个有五千年悠久的历史的文化古国，乐器的最初形式，由于没有详尽的文字记载，只能依靠出土文物以及遗留下来的极少的文字记载，从而得到某种程度上的认识，所以对于乐器的分类，在不同的标准下有不同的门类，至今我们只能得出大概的分类，而无法进行全面而详尽的罗列。

3. 中国古代十大乐器

　　在古代，声音是一种绝美的享受，而制造声音，成为了古人探索发现的乐趣，继而发明了各种乐器。古代乐器主要有埙、缶、筑、排箫、箜篌、筝、古琴、瑟等。汉唐以后，源于外国的乐器如笛子、筚篥、琵琶、胡琴等大量为中国音乐采纳，并被中国人改良发展，逐渐替代了中国原来的本土乐器，并形成了具有代表性的中国古代十大乐器。

　　中国古代十大乐器一般是指鼓、笙、埙、琴、瑟、笛、箫、编钟、二胡和琵琶这十种民族乐器。

　　鼓

　　中国古代的乐器，最早的可以说是土鼓。《礼记·明堂经》记载："土鼓，蒉桴，伊耆氏之乐也。""夏后氏之足鼓。"以上记载说明了最初土鼓的形式。

彩陶鼓

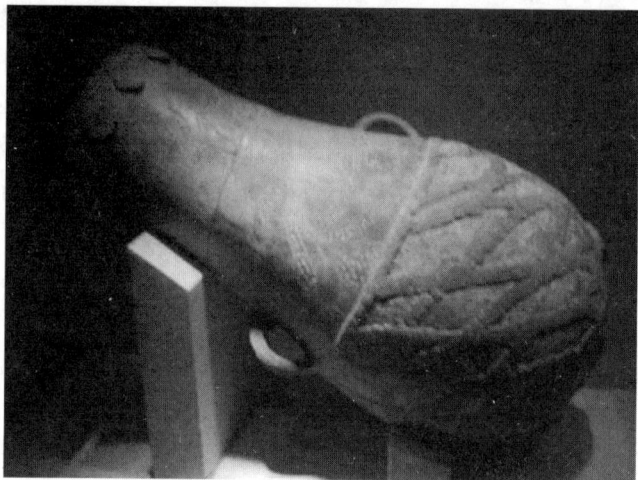

土鼓

从原始的陶鼓、土鼓、皮鼓、铜鼓，一直发展到种类繁多的现代鼓，鼓是最为人们喜爱和广泛应用的乐器之一。

鼓的出现比较早，从如今发现的出土文物来看，可以确定鼓大约有 4500 年的历史。在古代，鼓不仅用于祭祀、乐舞，它还用于打击敌人、驱除猛兽，并且是报时、报警的工具。

随着社会的发展，鼓的应用范围更加广泛，民族乐队、各种戏剧、曲艺、歌舞、赛船舞狮、喜庆集会、劳动竞赛等都离不开鼓类乐器。鼓的结构比较简单，是由鼓皮和鼓身两部分组成。鼓皮是鼓的发音体，通常是用动物的皮革蒙在鼓框上，经过敲击或拍打使之振动而发声的。中国鼓类乐器的品种非常多，有腰鼓、大鼓、同鼓、花盆鼓等不同种类。

笙

"笙，十三簧象凤之身也。笙，正月之音，物生故谓之笙。"
——《说文解字》

笙，古称卢沙，是源自中国的簧管乐器，是世界上最早使用自由簧的乐器，借由每根管子中的簧片发声，是吹管乐器中唯一的和声乐器，也是唯一能吹吸发声的乐器，其音色清晰透亮，音域宽广，感染力强。在传统器乐和昆曲里，笙常常被用作其他管乐器如笛子、唢呐的伴奏，为旋律加上纯四度或纯五度和音。在现代国乐团，笙可以担当旋律或伴奏的作用。笙的形制多样，音色明亮、浑厚，富有浓郁的地方特色，民间常用于芦笙舞伴奏和芦笙乐队合奏。经过改革，已在民族乐队中应用，可独奏、重奏或合奏，有着丰富的表现力。

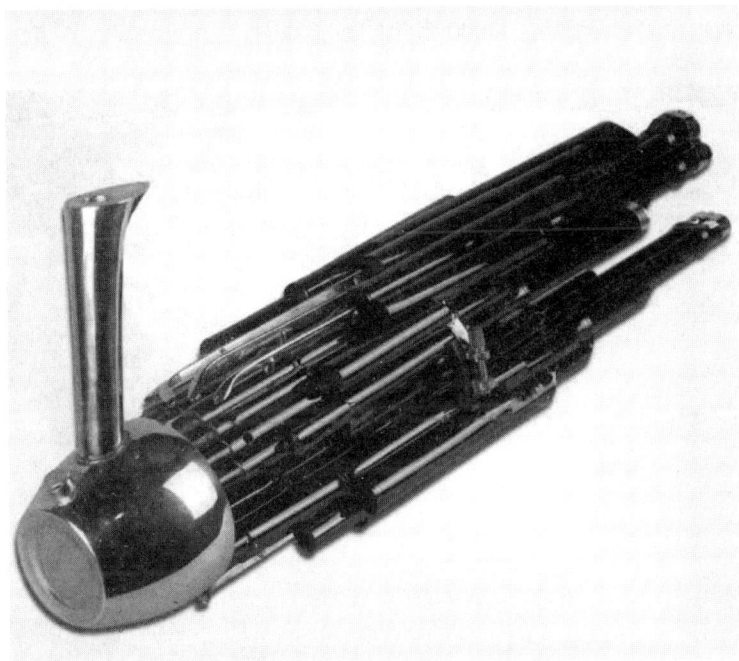

笙

埙

埙是中国最古老的吹奏乐器之一，大约有七千年的历史。

相传埙起源于一种叫做"石流星"的狩猎工具。古时候，人们常常用绳子系上一个石球或者泥球，投出去击打鸟兽。有的球体中间是空的，抡起来一兜风能发出声音。后来人们觉得挺好玩，就拿来吹，于是这种石流星就慢慢地演变成了埙。最初埙大多是用石头和骨头制作的，后来发展成为陶制的，形状也有多种，如扁圆形、椭圆形、球形、鱼形和梨形等，其中以梨形最为普遍。埙上端有吹口，底部呈平面，侧壁开有音孔。埙经历了漫长阶段，大约在四五千年前，埙由一个音孔发展到两个音孔，能吹三个音。进入奴隶社会以后，埙得到了进一步的发展，前些年在甘肃玉门火烧沟出土的父系社会晚期至奴隶社会初期的埙，有三个音孔，能吹四个音。到公元前1000多年的晚商时期，埙发展到五个音孔，能吹六个音。到公元前700多年前的春秋时期，埙已有六个音孔，能吹出完整的五声音阶和七声音阶了。埙由一个音孔发展到六个音孔，经历了3000多年的漫长岁月。

埙

正仓院藏品 唐金银平文琴

琴

在古代，人的文化修养是用琴、棋、书、画四方面的才能表现的，弹琴为四大才能之首。

琴发明于伏羲时代，为五弦之琴，或说为神农所作(《古史考》："伏羲作琴、瑟。"《纲鉴易知录》载："伏羲斫桐为琴，绳丝为弦；绠桑为瑟。"《说文》载："琴，苞牺氏所作弦乐也。"《帝王世纪》载："神农始作五弦之琴，以具宫商角征羽之音。(历九代至文王，复增其二弦，曰少宫、少商。)"琴发明的地点在今鲁西豫东地区(伏羲之都在今河南淮阳，神农之都在今山东曲阜)。

琴和笛、箫等其他乐器一样，隔墙也能欣赏其乐声。而"琴"字从"今"，强调"当面演奏"，是指其演奏的隆重性、郑重性而言，

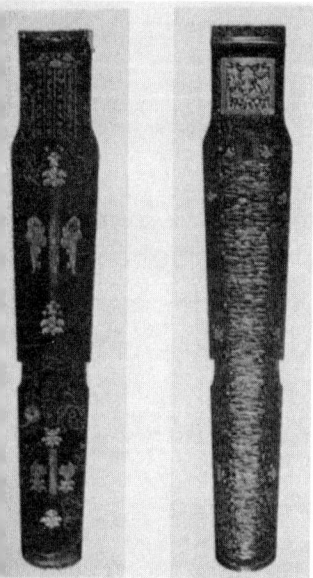

它是为高贵宾客演奏用的高级乐器,宾客在聆听琴曲时,必须正襟危坐,就如现代西方人欣赏古典音乐时不能随便离开座位那样,这是一种文化素质和修养的体现,也是社会文明程度的体现。

瑟

瑟的起源十分久远,在考古发现的弦乐器中所占的比重最大。它的出土地点集中在湖北、湖南和河南三省,并且绝大多数出自东周楚墓。其他如江苏、安徽、山东和辽宁等省,只有一点零星发现。文献记载"庖羲氏"作瑟。

传说在夏代已经有瑟了。甲骨文上的"樂"字,上面就是"丝"字,下面是一个"木"字。瑟要用弦,那么瑟的产生应该在蚕丝出现之后。瑟弦的原料,至少有能够巢丝的技术才可能制出弦线。先秦前后的弦乐器就是琴和瑟。

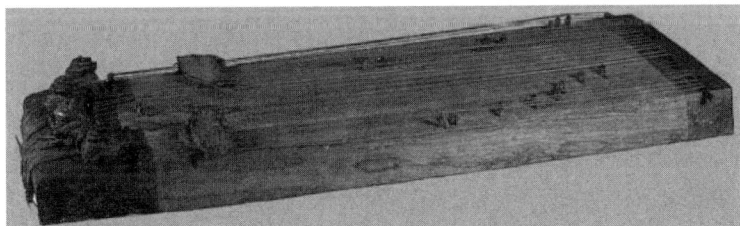

瑟

笛

笛是一种管乐器,不同地方有不同的笛,特点是无簧片。笛的本义是"气体在其中滑行的竹管"。长期以来,对于中国竹笛是从什么时候才有的这个问题一直众说纷纭。近年来在浙江余姚河姆渡出土的文物中就有与我们今天的六孔笛十分相似的骨笛,距今已有七千年的历史,应该说这是迄今为止发现的最古老的乐器。另外还有美国华侨收藏的战国时期七个按音孔横吹的铜笛;湖北随县出土的战国初(公元前433年)曾侯乙墓中的两支横吹的笛;湖南长沙马王堆出土的三号汉墓(公元前168年)中的两支横吹的笛;广西贵县罗泊湾出土的一号墓中一支用二节竹制成的七个按音孔横吹的笛，都足以证明笛子是比其他任何乐器都早几代的、最原始的乐器。

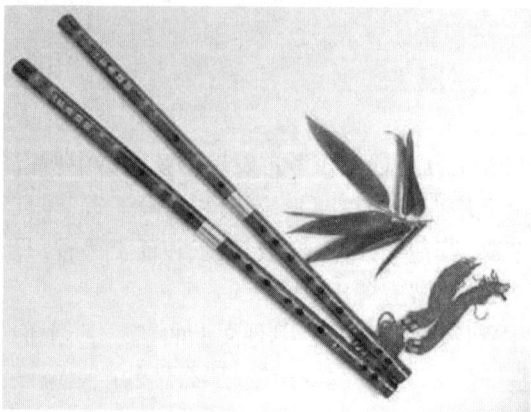

笛

箫

箫的产生，其历史可以追根溯源到远古时期。中国考古学表明，目前出土文物中发现了有距今七千多年的骨质发声器，考古学家称之为"骨哨"。尽管考古学家们称之为骨哨，但从它的形状、结构和发声原理同现代箫笛作一比较，已基本上具备了箫的雏形。

那么用竹子做的吹奏乐器又是什么年代形成的呢？《吕氏春秋》中写有："黄帝命伶伦伐昆仑之竹为管"的记载。据说远古时期气候较暖，中国黄河流域遍长竹子，只是因为后来气候变化，竹箫的生长线才南迁到长江流域。伶伦伐竹为管的记载，充分说明了用竹子做乐器在新石器时代已经开始了。据传，后人将伶伦所订的律管编排在一起就形成了古代的排箫。在虞舜时代，曾出现过一部称之为"箚韶"的古代乐舞，"箚"即是今天的"箫"字。因为这部乐舞主要是用古代排箫来演奏的，所以我们认为《韶》的演奏使箫进入了一个新时代。

箫

编钟

编钟最早出现在商代，当时多为三枚或五枚一组，能演奏旋律。商代编钟造型别致,椭圆形,钟的表面有简单的兽面纹饰。

编钟西周中晚期,编钟已由三枚或五枚发展为八枚一组,能发出相隔一个小三度或大三度音程的两个音级。当时编钟经常用于宫廷宴会,被称为"钟鼓之乐"。至春秋中晚期,又增为九枚一组或十三枚一组。

秦汉以后,在历代宫廷雅乐中所使用的编钟多呈圆形,形制上有了很大改变,且每钟只能发出一个乐音。在经历了500多年黄金时代后,它由盛而衰。

编钟

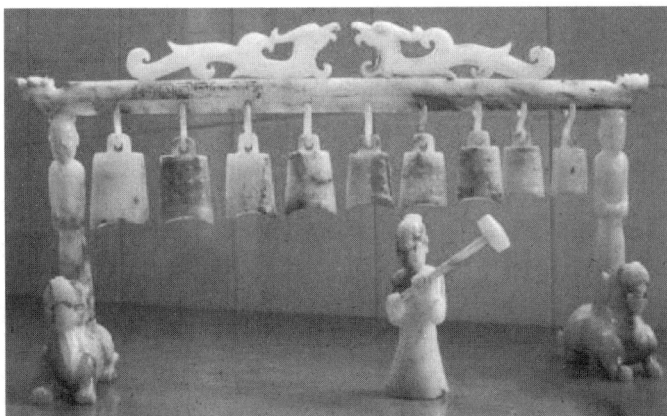

西汉玉编钟

到了隋唐时期，编钟除在"雅乐"中使用外，还用于隋"九部乐"和唐"十部乐"中的"清乐"和"西凉乐"，很少流传民间。唐代诗人在作品中曾描绘编钟声音洪亮、铿锵悠扬、悦耳动听的妙响。

自宋以后至清代，编钟铸造技术鲜为人知，钟乐也逐渐被淘汰，清代宫廷中所铸编钟，不仅其形制与传统编钟不同，其音律更是相去甚远。

二胡

二胡又名"胡琴"，唐代已出现，称"奚琴"，宋代称"嵇琴"。一般认为今之胡琴由奚琴发展而来，现已成为我国独具魅力的拉弦乐器。它既适宜表现深沉、悲凄的内容，也能描写气势壮观的意境。

二胡是中华民族乐器家族中主要的弓弦乐器（擦弦乐器）之一。唐朝便出现胡琴一词，当时将西方、北方各民族称为胡人，胡琴为西方、北方民族传入乐器的通称。至元朝之后，明清时期，胡琴成为擦弦乐器的通称。

二胡形制为琴筒木制，筒一端蒙以蟒皮，张两根金属弦，定弦内外弦相隔纯五度，一般为内弦定 d1，外弦定 a1，其演奏手法十分丰富，左手有揉弦（吟音）、泛音、颤音、滑音、拨弦等；右手有连弓、分弓、顿弓、跳弓、颤弓、飞弓、拨奏等。二胡有效音域达三至四个八度。

二胡

琵琶

最初的琵琶的形制跟现代琵琶不同，最主要的差别在于古代琵琶是圆形的，不同于现代梨形的琵琶。秦汉琵琶属于直项琵琶。所谓"直项"，是指乐器的琴柄笔直。秦汉琵琶琴身呈圆盘状，西晋时竹林七贤中的阮咸善于演奏琵琶，所以后世称这种乐器为阮咸。现在被称为"琵琶"的主要是曲项琵琶(也有直项琵琶，如日正仓院存有的唐传直项五弦琵琶)，琴柄向后折曲，琴身作半梨形，是在魏晋南北朝时代从西域龟兹传到中国北周。《隋书·音乐志》载："周武帝时有龟兹人，曰苏祗婆，从突厥皇后入国，善胡琵琶，听其所奏，一均之中，间有七声"。

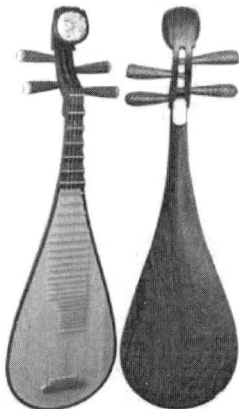

琵琶

当时琵琶的弹奏是横抱，用拨子在弹奏的，弹奏的方式自由无拘束，不必像演奏传统乐器一样正襟危坐，就算是在马背上也可以轻松弹拨，现在南管琵琶与日本琵琶依然保留横抱的弹奏方式。

三、传统音乐的文化辐射

中国音乐在几千年时空流转中，经群体的历练，文化的整合，逐渐以其独特的气质、品格，在世界艺术之林占据一席之地。中国的传统音乐，凝聚了中华民族数千年文化的精华，是民族精神的凝结，是华夏子孙深刻在心中无法抹去的文化记忆，具有极高的文化价值和审美价值，需要我们去研究、发掘、弘扬。只有把握中国音乐的独特精髓并与中华文化相联系，才能真正体悟到其中的高远意境。

在中国各种传统文化中，音乐的辐射面最广，上达帝王公侯、文臣武将，下涉商贾、僧侣、妇孺百姓。无论是在金銮宝殿，还是在穷乡僻壤，无论是内地文化之乡，还是边塞不毛蛮荒，都有着音乐的痕迹。不同性格，不同志趣的人们，都可以在音乐里找到寄托，得到陶冶。

中国独有的传统文化造就了极有特色的中国音乐，同时，中国音乐因其在传统文化中的特殊地位，给中国传统文化的方方

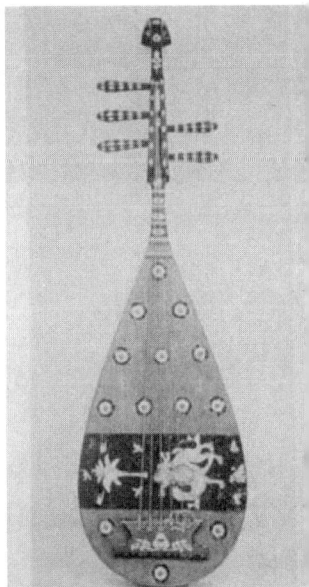

唐螺钿紫檀五弦琵琶

面面增加了诸多音乐色彩。只有了解了中国音乐，才能了解中国的艺术精神；只有了解了中国音乐与中国传统文化的关系，才能真正了解中国音乐文化的精髓与内涵。

1. 音乐与《诗经》

《诗经》是中国的第一部诗歌选集，编成于春秋时代，是中国古代诗歌开端，收集了西周初年至春秋中叶（前11世纪至前6世纪）的诗歌，共311篇，其中6篇为笙诗，即只有标题，没有内容，称为笙诗六篇（南陔、白华、华黍、由康、崇伍、由仪），反映了周初至周晚期约五百年间的社会面貌。后来人们取其整数，多简称"诗三百"，相传由孔子整理删定，今存《诗经》只有文字，音乐已不可耳闻，但从字里行间及每首作品本身的内容结构方面，仍可了解到那个时代丰富的民俗音乐生活，以及诗乐的一般特点和演唱概况。

《诗经》原先全都是乐歌，它的编排就是按照乐曲的不同被分为"风"、"雅"、"颂"三类的。

"风"有"十五国风"，共有诗160篇，全部属于地方曲调；"雅"有"大雅"、"小雅"，共有诗105篇，属于朝廷的"正乐"；"颂"有周颂、鲁颂、商颂，共有诗40篇，属于伴舞的祭歌。

《风》大部分是反映地方民情风貌的歌曲，其中有不少民俗音乐生活特写，这些民俗音乐生活特写，多方面描绘出远古先民进入奴隶社会后，在婚姻恋爱习俗方面仍残留着原始社会的遗风。

《诗经》中的"十五国风"都是"采风"而来。在中国古代，采风制度有着悠久的历史传统，这一制度从西周时就已开始实行。《礼记·王制》载："天子五年一巡狩，命太师陈诗以观民风"。就是说，周天子每五年要到各地视察一次，每到一处，都命采诗官来陈述民间的诗歌，通过这些诗歌来了解民间的反映。《汉书·艺文志》中也有这样的记载："古有采风之官，王者所以观风俗，知得失，自考证也。"其意思是说在古代，设有采诗的官，天子依靠他们采来的诗来观察民间的风土人情，了解政治设施恰当与否，以便自己考核更正。

诗经

"十五国风"几乎全部是民歌,可以说是《诗经》中最宝贵、最有价值的部分。"十五国风"以形象的历史,从各个侧面深刻地反映和揭示了周代五百多年间的社会生活,反映了人民的思想、愿望和感情,有着相当的广泛性和深刻性。

《诗经》中的第二类"雅",是奴隶主贵族文人在学习了民间歌曲之后所创作的乐章。"大雅"多为朝会宴飨之作;"小雅"乃为个人抒情之作。其中也有相当一部分反映现实、同情人民、暴露统治阶级内部矛盾的作品。尽管如此,还是不能超脱这部分人为其维护统治阶级利益服务的局限性。

《雅》大部分是祭祀、礼仪歌谣和歌舞曲,其中包含有丰富的音乐祭祀内容。《小雅》中有许多诗篇是宴客礼俗歌,如《鹿鸣》《南山有台》《鱼丽》《南有嘉鱼》等都是宴请客人时歌唱的酒礼歌。

中国后来各历史朝代的统治者所重视的"雅乐",主要是从"雅"和"颂"的传统中发展而来。由于这种音乐礼仪性较强并脱离人民,所以"雅乐"逐渐衰亡。

《诗经》中的第三类"颂"是周代统治者祭祀宗庙祖先的乐舞,其中舞的部分更多所表现的是舞容、舞姿、舞的步伐和动作,一般很少为人所重视。它虽然主要是歌颂统治者的"文德"和"武功",强调了祭祀的神圣,但也从另一方面反映了当时的精神风貌。

一部《诗经》包含了民间歌曲和奴隶主贵族的作品,所反映的内容是多方面的,"国风"和"小雅"的思想性和艺术性对后来中国民歌发展所产生的影响是不可估量的。

《诗经》篇章中涉及到不少古代乐器,据统计达29种。首篇《关雎》唱词"琴瑟友之"和"钟鼓乐之"就提到男女交往时有多种乐器演奏;《宛丘》所唱"坎其击鼓"、"坎其击缶",反映陈国巫风盛行,女巫祭祀舞蹈时激动地敲打着鼓和缶;《鹿鸣》和《鼓钟》是贵族礼仪祭祀诗篇,提及的乐器有瑟、琴、笙、簧、鼓、钟、磬、篇等;《灵台》和《有瞽》也是祭祀乐歌,歌唱中又新涉及乐器鼗鼓、鼍鼓、镛、应鼓、健鼓、柷、敔雅、箫、管等。这些性能不同和形制各异的乐器,在《诗经》中汇聚成一幅色彩斑斓的古代民族乐器群像,从不同的侧面,体现出商周时期的器乐具有的鲜明民俗特点和突出的实用功能。

附：诗经名篇欣赏

诗经·关雎

关关雎鸠，在河之洲。窈窕淑女，君子好逑。
参差荇菜，左右流之。窈窕淑女，寤寐求之。
求之不得，寤寐思服。悠哉悠哉，辗转反侧。
参差荇菜，左右采之。窈窕淑女，琴瑟友之。
参差荇菜，左右芼之。窈窕淑女，钟鼓乐之。

诗经·蒹葭

蒹葭苍苍，白露为霜。所谓伊人，在水一方。
溯洄从之，道阻且长。溯游从之，宛在水中央。
蒹葭萋萋，白露未晞。所谓伊人，在水之湄。
溯洄从之，道阻且跻。溯游从之，宛在水中坻。
蒹葭采采，白露未已。所谓伊人，在水之涘。
溯洄从之，道阻且右。溯游从之，宛在水中沚。

诗经·子衿

青青子衿，悠悠我心。纵我不往，子宁不嗣音？
青青子佩，悠悠我思。纵我不往，子宁不来？
挑兮达兮，在城阙兮。一日不见，如三月兮。

诗经·周南·桃夭

桃之夭夭，灼灼其华。之子于归，宜其室家。
桃之夭夭，有蕡其实。之子于归，宜其家室。
桃之夭夭，其叶蓁蓁。之子于归，宜其家人。

诗经·采薇

采薇采薇，薇亦作止。

曰归曰归，岁亦莫止。

靡室靡家，猃狁之故。

不遑启居，猃狁之故。

采薇采薇，薇亦柔止。

曰归曰归，心亦忧止。

忧心烈烈，载饥载渴。

我戍未定，靡使归聘。

采薇采薇，薇亦刚止。

曰归曰归，岁亦阳止。

王事靡盬，不遑启处。

忧心孔疚，我行不来。

彼尔维何，维常之华。

彼路斯何，君子之车。

戎车既驾，四牡业业。

岂敢定居，一月三捷。

驾彼四牡，四牡骙骙。

君子所依，小人所腓。

四牡翼翼，象弭鱼服。

岂不日戒，猃狁孔棘。

昔我往矣，杨柳依依。

今我来思，雨雪霏霏。

行道迟迟，载渴载饥。

我心伤悲，莫知我哀。

诗经·采葛

彼采葛兮，一日不见，如三月兮。

彼采萧兮，一日不见，如三秋兮。

彼采艾兮，一日不见，如三岁兮。

屈原

2. 音乐与《楚辞》

楚辞是屈原创作的一种新诗体，也是中国文学史上第一部浪漫主义诗歌总集。"楚辞"的名称，西汉初期已有之，至刘向乃编辑成集，原收战国楚人屈原、宋玉及汉代淮南小山、东方朔、王褒、刘向等人辞赋共十六篇，后王逸增入己作《九思》，成十七篇。全书以屈原作品为主，其余各篇也是承袭屈赋的形式，因其运用楚地的文学样式、方言声韵和风土物产等，具有浓厚的地方色彩，故名《楚辞》，对后世诗歌产生了深远影响。

"骚"是《诗经》的《国风》与新兴的文体，与《诗经》的"风"一起，是中国诗歌的两大源流，各自展现出不同的艺术魅力。"风"朴实敦厚，"骚"瑰丽沉寂，两者分别是古代黄河和长江文明精髓的体现。"骚体"作品，被后世统一整理为《楚辞》一书。宋代黄伯思对《楚辞》的特点解释得比较精辟："屈宋诸骚，皆书楚语，作楚声，纪楚地，名楚物，故可谓之'楚辞'。"

楚辞

《楚辞》的作品，不但想象力丰富，文采华丽，它实际上还是具有鲜明地方特色的民间音乐的集中体现。

楚国民间音乐的内容，以祭神歌舞为主，它在"巫"与"史"两大文化源流中属于"巫"的系统。《楚辞》各篇章均为韵文，多方面具备各种音乐特征，与音乐有密切关系。经屈原修辞、加工而成的《九歌》是最能体现《楚辞》特色的作品。它是由歌词、音乐、舞蹈组合而成的一套祭祀神鬼的歌曲，清丽悲壮，兼而有之，委婉曲折，感发人心。

《九歌》是屈原在民间祭祀鬼神的乐歌基础上，为宫廷举行大规模的祀典而创作，并取古代乐歌为名。屈原在民间歌曲的感染下并从其中吸取了营养，还创作了不少按民歌形式写成的歌。从《九歌》的内容来看，这部作品与人民的生活有着密切关系，并且大都是恋歌。《九歌》不仅有歌有舞，其中还有故事叙述，可以说是一套完整的大型歌舞曲。屈原对这部作品十分推崇，曾在《离骚》《天问》等作品中提到它。

关于《九歌》的演唱形式，近人作了种种解释。现在能够肯定的有一点，即"巫师"在演唱中起着主要作用。

楚俗尚"巫"，在楚国民间和宫廷的祭祀活动中，"巫"是起着主要作用的。在参加祭祀的"群巫"之中，有一"大巫"（或"主巫"）以"神鬼"代表的身份出现。他（她）假托神鬼附身，用受祭祀鬼神的口气来说话，而其他巫者则配合着起着迎神、送神、颂神等作用。《九歌》各篇，除了一般认为是祭祀结束时所唱的《礼魂》之外，其他各篇都有以鬼神本身的语气写成的歌词，是"主巫"或"大巫"在载歌载舞时用以直接表现受祭者的思想感情和行为；而在一部分篇章中，也穿插有不是用鬼神本身的语气写成的歌词，这是"群巫"在助唱陪舞时所用的。

除此之外，还能从甲骨文中看出，这时的"巫"与"舞"的意思一样。在屈原生活的时代，"巫"既管沟通"人"与"神"的关系，同时又是那个时代的专业舞蹈家，所以"巫"与"舞"的最初写法是同一个字，而后来的"舞"字，是"巫"字演化。

总之，"楚声"是一种具有较高艺术水平的音乐，它的产生与发展，对以相和歌为代表的两汉音乐产生了极为重要影响。

附:楚辞名篇欣赏

离　骚(节选)
屈原

帝高阳之苗裔兮,朕皇考曰伯庸。摄提贞于孟陬兮,惟庚寅吾以降。皇览揆余初度兮,肇锡余以嘉名:名余曰正则兮,字余曰灵均。纷吾既有此内美兮,又重之以修能。扈江离与辟芷兮,纫秋兰以为佩。

汨余若将不及兮,恐年岁之不吾与。朝搴阰之木兰兮,夕揽洲之宿莽。日月忽其不淹兮,　春与秋其代序。唯草木之零落兮,恐美人之迟暮。不抚壮而弃秽兮,何不改乎此度? 乘骐骥以驰骋兮,来吾道夫先路!

昔三后之纯粹兮,固众芳之所在。杂申椒与菌桂兮,岂惟纫夫蕙茝! 彼尧、舜之耿介兮,既遵道而得路。何桀纣之昌披兮,夫惟捷径以窘步。惟夫党人之偷乐兮,路幽昧以险隘。岂余身之惮殃兮,恐皇舆之败绩!忽奔走以先后兮,及前王之踵武。荃不查余之中情兮,反信谗而齌怒。

余固知謇謇之为患兮,忍而不能舍也。指九天以为正兮,夫惟灵修之故也。曰黄昏以为期兮,羌中道而改路! 初既与余成言兮,后悔遁而有他。余既不难夫离别兮,伤灵修之数化。余既滋兰之九畹兮,又树蕙之百亩。

畦留夷与揭车兮,杂杜衡与芳芷。冀枝叶之峻茂兮,愿俟时乎吾将刈。虽萎绝其亦何伤兮,哀众芳之芜秽。众皆竞进以贪婪兮,凭不厌乎求索。羌内恕己以量人兮,各兴心而嫉妒。忽驰骛以追逐兮,非余心之所急。老冉冉其将至兮,恐修名之不立。朝饮木兰之坠露兮,夕餐秋菊之落英。

苟余情其信姱以练要兮,长顑颔亦何伤。擘木根以结茝兮,贯薜荔之落蕊。矫菌桂以纫蕙兮,索胡绳之𦀕𦀕。謇吾法夫前修兮,非世俗之所服。虽不周于今之人兮,愿依彭咸之遗则。

长太息以掩涕兮,哀民生之多艰。余虽好修姱以鞿羁兮,謇朝谇而夕替。既替余以蕙纕兮,又申之以揽茝。亦余心之所善兮,虽九死其犹未悔。

九歌·湘夫人

屈原

帝子降兮北渚,目眇眇兮愁予。

袅袅兮秋风,洞庭波兮木叶下。

登白薠兮骋望,与佳期兮夕张。

鸟何萃兮苹中,罾何为兮木上。

沅有芷兮澧有兰,思公子兮未敢言。

荒忽兮远望,观流水兮潺湲。

麋何食兮庭中?蛟何为兮水裔?

朝驰余马兮江皋,夕济兮西澨。

闻佳人兮召予,将腾驾兮偕逝。

筑室兮水中,葺之兮荷盖;

荪壁兮紫坛,播芳椒兮成堂;

桂栋兮兰橑,辛夷楣兮药房;

罔薜荔兮为帷,擗蕙櫋兮既张;

白玉兮为镇,疏石兰兮为芳;

芷葺兮荷屋,缭之兮杜衡。

合百草兮实庭,建芳馨兮庑门。

九嶷缤兮并迎,灵之来兮如云。

捐余袂兮江中,遗余褋兮澧浦。

搴汀洲兮杜若,将以遗兮远者;

时不可兮骤得,聊逍遥兮容与!

3. 音乐与乐府诗

乐府是自秦代以来设立的配置乐曲、训练乐工和采集民歌的专门官署,它的职责是采集汉族民间歌谣或文人的诗来配乐,以备朝廷祭祀或宴会时演奏之用。

汉乐府指由汉时乐府机关所采制的诗歌,在汉武帝时期最为兴盛,其规模最大时乐工人数曾达1000余人。乐府的任务是大规模、大范围地采集民间歌谣。乐府中的乐工除对民歌进行加工、改编、创作和填写歌词外，还研究理论、演唱、演奏。乐府的产生起到了保存民间音乐的作用，促成了汉代民间音乐的繁荣，对其后音乐文化的发展产生深远的影响。

乐府搜集整理的诗歌，后世就叫"乐府诗"，或简称"乐府"。它是继《诗经》《楚辞》后而起的一种新诗体，简称"乐府"。

《陌上桑》和《孔雀东南飞》都是汉乐府民歌，后者是我国古代最长的叙事诗，《孔雀东南飞》与《木兰诗》合称"乐府双璧"。汉代《孔雀东南飞》、北朝《木兰诗》和唐代韦庄《秦妇吟》并称"乐府三绝"。此外，《长歌行》中的"少壮不努力，老大徒伤悲"也是千古流传的名句。

《木兰诗》插图

乐府与乐府诗词音乐文学的史料中以乐府借称乐府诗词，已成通例，最早出现这种用法的是梁刘勰的《文心雕龙·乐府第七》。至宋代，郭茂倩编《乐府诗集》，用乐府二字来概括入乐的诗歌。再晚，某些文人将套用歌词体式的不入乐的诗、词、曲亦皆名之为"乐府"，则是名词的混用了。

附：木兰诗名篇欣赏

木兰诗

南北朝·佚名

唧唧复唧唧，木兰当户织。不闻机杼声，唯闻女叹息。问女何所思，问女何所忆。女亦无所思，女亦无所忆。昨夜见军帖，可汗大点兵，军书十二卷，卷卷有爷名。阿爷无大儿，木兰无长兄，愿为市鞍马，从此替爷征。

东市买骏马，西市买鞍鞯，南市买辔头，北市买长鞭。旦辞爷娘去，暮宿黄河边，不闻爷娘唤女声，但闻黄河流水鸣溅溅。旦辞黄河去，暮至黑山头，不闻爷娘唤女声，但闻燕山胡骑鸣啾啾。

万里赴戎机，关山度若飞。朔气传金柝，寒光照铁衣。将军百战死，壮士十年归。

归来见天子，天子坐明堂。策勋十二转，赏赐百千强。可汗问所欲，木兰不用尚书郎，愿驰千里足，送儿还故乡。

爷娘闻女来，出郭相扶将；阿姊闻妹来，当户理红妆；小弟闻姊来，磨刀霍霍向猪羊。开我东阁门，坐我西阁床，脱我战时袍，著我旧时裳。当窗理云鬓，对镜贴花黄。出门看火伴，火伴皆惊忙：同行十二年，不知木兰是女郎。

雄兔脚扑朔，雌兔眼迷离；双兔傍地走，安能辨我是雄雌？

4. 音乐与宋词

宋词是继唐诗后的又一种文学体裁，它兼有文学与音乐两方面的特点，古词配有乐调，可以演唱，每首词都有一个调名，叫做"词牌名"，依调填词叫"依声"。

词别名"长短句"。宋词远从《诗经》《楚辞》及《汉魏六朝诗歌》里汲取营养，又为后来的明清戏剧小说输送了养分。直到今天，它仍在陶冶着人们的情操，给人们带来很高的艺术享受。宋词的代表人物主要有苏轼（豪放派）、柳永（婉约派）、辛弃疾、李清照等等。

李清照

　　唐宋诗词歌曲是我国历史上歌曲音乐的一个高峰，词体在北宋，则达到了兴盛，这与宫廷教坊燕乐新声的创作繁荣是分不开的，宋人新创调达六百多，且大量见于北宋。另一方面，精通音乐的词家，对词意曲调的开拓，也使词体不断趋于完美，使诗与音乐的融合更加自然。宋朝的柳永，"变旧声做新声"，大量创作长词慢调，使歌词与燕乐水乳交融，成为当时人人喜爱的流行歌曲。北宋的可乐之词，经柳永大规模开拓，苏轼进一步变革，至周邦彦，词与乐的结合日臻完善成熟达到了历史上的高峰。

附：宋词名篇欣赏

虞美人

南唐·李煜

春花秋月何时了，往事知多少！小楼昨夜又东风，故国不堪回首月明中。

雕栏玉砌应犹在，只是朱颜改。问君能有几多愁？恰似一江春水向东流。

雨霖铃

北宋·柳永

寒蝉凄切，对长亭晚，骤雨初歇。都门帐饮无绪，方留恋处，兰舟催发。执手相看泪眼，竟无语凝咽。念去去，千里烟波，暮霭沉沉楚天阔。多情自古伤离别，更那堪，冷落清秋节。今宵酒醒何处？杨柳岸晓风残月。此去经年，应是良辰好景虚设。便纵有千种风情，更与何人说？

念奴娇·赤壁怀古

北宋·苏轼

大江东去，浪淘尽，千古风流人物。故垒西边，人道是、三国周郎赤壁。乱石穿空，惊涛拍岸，卷起千堆雪。江山如画，一时多少豪杰。遥想公瑾当年，小乔初嫁了，雄姿英发。羽扇纶巾，谈笑间、樯橹灰飞烟灭。故国神游，多情应笑我，早生华发，人生如梦，一尊还酹江月。

鹊桥仙

北宋·秦观

纤云弄巧，飞星传恨，银汉迢迢暗度。金风玉露一相逢，便胜却人间无数。

柔情似水，佳期如梦，忍顾鹊桥归路。两情若是久长时，又岂在朝朝暮暮。

鹧鸪天

北宋·晏几道

彩袖殷勤捧玉钟，当年拼却醉颜红。舞低杨柳楼心月，歌尽桃花扇底风。

从别后，忆相逢，几回魂梦与君同。今宵剩把银釭照，犹恐相逢是梦中。

浣溪沙

北宋·晏殊

一曲新词酒一杯，去年天气旧亭台。夕阳西下几时回？

无可奈何花落去，似曾相识燕归来，小园香径独徘徊。

青玉案·元夕

南宋·辛弃疾

东风夜放花千树，更吹落，星如雨。宝马雕车香满路。凤箫声动，玉壶光转，一夜鱼龙舞。蛾儿雪柳黄金缕，笑语盈盈暗香去。众里寻他千百度，蓦然回首，那人却在，灯火阑珊处。

声声慢·寻寻觅觅

南宋·李清照

寻寻觅觅，冷冷清清，凄凄惨惨戚戚。乍暖还寒时候，最难将息。三杯两盏淡酒，怎敌他、晚来风急？雁过也，正伤心，却是旧时相识。满地黄花堆积。憔悴损，如今有谁堪摘？守着窗儿，独自怎生得黑？梧桐更兼细雨，到黄昏、点点滴滴。这次第，怎一个愁字了得！

扬州慢

南宋·姜夔

淮左名都，竹西佳处，解鞍少驻初程。过春风十里，尽荠麦青青。自胡马窥江去后，废池乔木，犹厌言兵。渐黄昏、清角吹寒，都在空城。

杜郎俊赏，算而今、重到须惊。纵豆蔻词工，青楼梦好，难赋深情。二十四桥仍在，波心荡冷月无声。念桥边红药，年年知为谁生？

贰 舞蹈篇

贰、舞蹈篇

舞蹈是人类最古老的艺术形式之一。上古时代,它就充当原始人们交流思想和感情的工具。《现代汉语词典》中把舞蹈解释为:"以有节奏的动作为主要表现手段的艺术形式,可以表现出人的生活、思想和感情,一般用音乐伴奏。"

在人类文明起源前,舞蹈在仪式,礼仪,庆典和娱乐方面都十分重要。它是人类最古老的艺术形式之一。上古时代,舞蹈就充当原始人们交流思想和感情的工具。它的起源是随着人类生产劳动而产生的,动作和节奏与劳动是密切相关的,不管是哪一种劳动,人的手脚总是要活动的,手用以拍打,脚用以踩踏,在某种动作连续重复过程中,就产生有规律的节奏,再伴以呼喊或打击石块和木棍,最原始的舞蹈就出现了。

中国在五千年以前就已经出现了舞蹈,舞蹈产生于奴隶社会,发展到秦汉之际已形成一定特色。可以说,中国有多少年的文明,就有多少年的舞蹈史。从最蒙昧的上古时代开始,中国传统舞蹈经过了多个阶段的发展和演变,逐渐形成了具中国独特形态和神韵的东方舞蹈艺术。

一、舞蹈的起源

中华民族的舞蹈文化源远流长，上下五千年，记录中华民族舞蹈发展轨迹的文物图像和文字，连绵不断，这在世界文化史上也是罕见的。距今五、六千年前的新石器时代舞蹈纹陶盆的出土，向世人展示了原始舞蹈整齐的队势及其群体性、自娱性的特点。远古传说："帝俊有子八人，始为歌舞"，说明了歌舞的创造者是群体。在原始和古老的宗教和巫术仪式中，舞蹈是其重要的不可缺少的组成部分，"以舞通神"是其重要的环节，它常使教徒和舞者进入颠狂状态，也使舞蹈艺术得到了不断地发展。

我国古籍中，记载了不少乐舞的起源传说，仅在《吕氏春秋仲夏记古乐》一篇中，就有这样几则：

一，古帝颛顼在登上帝位的时候，听到四面八方熙熙攘攘的风声很好听，就命令部下"飞龙"仿效风声创作了"乐"，又令一人率先做乐工，它就躺在地上，用尾巴敲打自己的肚子，发出嘤嘤的声音。颛顼把这个乐舞叫做《承云》，用来祭祀天帝。

二，帝喾命令臣下"咸黑"创作歌曲《九招》、《六列》、《六英》，又命令"垂"创制了鼙、鼓、钟、磬、笙、管、篪等乐器，吹打起来，十分动听，凤鸟锦雉随着乐声跳起舞来。帝喾很高兴，就用来歌颂上帝的功德。

三，尧被立为帝的时候，命"质"创作乐舞，"质"模仿山林溪谷的天籁音响制作了乐歌，又用麋鹿的皮蒙在土缶上做成鼓敲打起来，还重击轻打石刀石斧，模仿天帝玉磬的声音，于是百兽都跳起舞来了。

这些神话都是古人记录的当时传说，并非史实，但也可能有若干事实的影子。传说中有一些共同点值得我们注意，譬如原始乐舞是模仿天地自然创造出来的："效八风之音"，"效山林溪谷之音以作歌"；鼓舞奏乐的大都是飞禽走兽："令凤鸟天翟舞之"，"以致舞百兽"；作乐都和祭祀有关联，如"祭上帝"、"颂帝德"。

由中国神话传说透露和考古发现所证明的中国原始舞蹈，都和原始先民的生活紧密地联系在一起。先民们的猎获物，无

颛顼

帝喾

论是兽皮还是鸟羽,成了最初的舞蹈服饰。在狩猎生活中的长期观察,使人们很熟悉鸟兽的形貌和动作。先民们在庆祝劳动的收获时,自然要模仿鸟兽的动态,这就是古书上所说的"鸟兽跄跄"、"凤凰来仪"、"百兽率舞"的意思。

原始先民模拟鸟兽虫鱼的舞蹈,一直流传不绝。今存的中国各民族民间舞蹈中的狮舞、龙舞、牛舞、马舞、鹿舞等,都能使人联想到远古时代的狩猎牧耕和原始的信仰。这些神话传说反映了古人对原始舞蹈的一种感知。关于舞蹈起源和自然、鸟兽、祭祀的相关传说,在今天的民间依然广为流传。

在人类原始部落里,舞蹈具有社会性,在原始人组织散漫和生活不安定的状况下,需要有一种社会感应力使他们团结在一起,舞蹈就是产生这种感应力的重要手段。不论是狩猎还是战争,都是整个部落一起行动,所以原始舞蹈总是集体性的。

原始舞蹈在漫长的原始社会中度过了它的萌芽形成期。这是一个时间跨度极深、舞蹈本体及依存的生态环境、文化氛围变化也很大的阶段。随着原始信仰的出现而形成了图腾舞蹈、巫术舞蹈、祭祀舞蹈,到原始社会后期,舞蹈已经是一门日趋成熟的艺术形态了。

在我国,六、七千年前的新石器时代遗址中,已有不少陶埙、陶哨、骨笛、石磬等乐器出土。更为令人瞩目的是,1973年秋天,在青海大通县上孙家寨发掘出土的舞蹈纹彩陶盆,它为我们展示了大约五千年前舞蹈艺术的直观形象。

舞蹈陶纹盆

祈雨舞　　　乐祭舞

狩猎舞

猎者和原群

阴山舞蹈岩画

在中国的北方和南方还有不少岩画，描绘着从远古到战国时代的舞蹈形象。

考古学家在内蒙古阴山山脉发现过多处岩画，那些凿刻在岩石上的图像，展现了原始先民舞蹈的情景。阴山山脉原横亘内蒙古中南部，东西绵延千里。中国古代的民族如北狄、匈奴、鲜卑、突厥、回纥、党项、蒙古等，都先后在这里活动过。阴山岩画是这些民族在荒野中留下的历史印迹。据考古学家研究鉴定，阴山岩画早期始于一万年前，末期止于明清。在岩石上凿画的人，除了原始的初民，也有后来诸多北方的游牧民族。他们或者是猎民，或者是牧民，还有巫师和喇嘛。阴山岩画中舞蹈场面随处可见，有单人舞、双人舞、四人舞，更多的是群体舞蹈。阴山岩画引起了文化史家莫大的兴趣。一些舞蹈史家将阴山岩画作了归类，指出有狩猎舞、祭祀舞、战争舞、娱乐舞等。

有些岩画刻画得很生动。如凿在磴口县西北托林沟北山岩画上的这幅群舞图，被认为是集体表演的狩猎舞场面。左边两个猎人，一人双手叉腰、系尾饰，一人好像装成某种鸟形，正翩翩起舞。中间四个人勾肩搭臂，连成半圆形，裸体，系着长长的尾饰（有的还有头饰），好像手牵着长尾起舞。动作整齐，富于韵律感。四个舞者的上方有一舞者拉弓成满月形，动作极夸张。右上方还有一些系尾饰的人物，张臂曲腿作舞蹈状。其中一人双臂上举成环形，另一人双臂提起，腿成弓步。右边一人正扬臂起舞。整幅画面充满浓厚的生活情趣。有的论者认为是猎人借用舞蹈形式进行狩猎演习。

内蒙古磴口托林沟岩画中的群舞场面

在内蒙古阴山山脉之北的乌兰察布草原上，考古学家发现了另一处可与阴山岩画媲美的岩画中心。在已发现的一万多幅岩画中，也有不少带尾饰的屈臂曲腿的舞蹈者的形象。乌兰察布岩画反映的多是畜牧生活。

舞蹈在原始社会经历了漫长的路程，但当发展到新石器时代，特别是父系氏族社会时，我国的舞蹈艺术体系已经基本构建形成，后世各类舞蹈的质素在原始舞蹈体系中基本上已都具备了。

中国先民的原始舞蹈，从"投足而歌"的踏地击节，到"击石拊石"的石器敲打，到土鼓（陶鼓）和陶埙、陶哨、骨笛的使用，到石磬的发明，以及琴、瑟、箫、篪等丝竹乐器的出现，表现了中华民族先民在乐舞文化方面的伟大创造力。

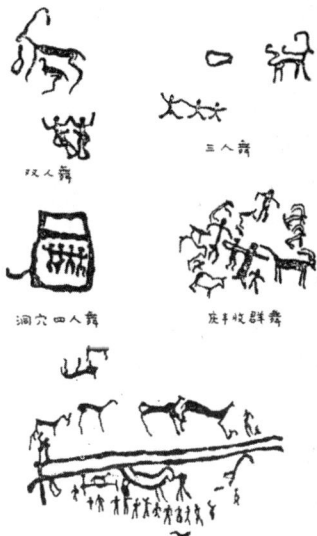

乌兰察布岩画舞蹈

二、原始舞蹈的种类

原始舞蹈是一种人类原始文化形态，是原始人类生活中一个不可或缺的组成部分，因而亦可称为"生活舞蹈"，因为人类生活是原始舞蹈，乃至整个人类舞蹈赖以发生和发展的根本原因和外在环境。受生产力水平低下的限制，原始舞蹈大多目的性明确，而当时尚未出现"为艺术而艺术"的纯艺术。

作为人类与大自然相依为命的直接产物，原始舞蹈包含了大量模仿周边动物甚至植物的内容，其中既有满足自得其乐要求的嬉戏之舞、表现人类好战骁勇精神的战争之舞，也有寄托人类精神追求的抒情之舞、发泄人类过剩能量的狂欢之舞。

舞蹈在原始部落的生活中，具有十分重要的意义，它是和宗教活动密切联系着的。

原始舞蹈可谓原始人类"感觉方式"、"思考方式"、"行为方式"、"生活方式"中最直接、最本能、最鲜明、最形象的身体形式与综合表现。

原始舞蹈从宏观来看，可以分为图腾舞蹈、祭祀舞蹈、庆功舞蹈等等。

1. 图腾舞蹈

在远古时代，人们还处在蒙昧状态中，对许多自然现象如风雨雷电，狼虫虎豹，既不能认识和解释，又无从掌握和控制，于是就想象着存在某种能够主宰万物的神灵，并把自己的希求、期望寄托在了神灵的身上。不同的群体、部落，认为某种东西和自己有着特殊的、甚至是神秘的关系，这种东西特别偏袒自己，佑护自己，能够为自己消灾降福，于是就把它奉为神灵，甚至祖先，以它的形象作为自己族群的标志或象征，这就是所谓的"图腾崇拜"。

图腾舞蹈在世界各地原始民族中都是存在的。早期的图腾不仅作为部落区别的标志，同时亦是一种最原始的宗教信仰。每逢祷告或庆贺，人们都对着图腾跳舞，这就是最初的图腾舞蹈。舞者纹脸纹身，作为对自己部落祖先的纪念。

由于各个部族互相归并，一个图腾已经不能代表整个部落联盟的共同祖先，于是把几种图腾的特征综合，如以鹿的角、蛇的身、鱼的鳞、鹰的爪综合成龙的形象，以孔雀、山鸡等特征综合成凤的形象，用它们代表最高统治者一姓的祖先，作为"帝德"与"天成"的标志。

原始图腾

　　原始氏族图腾崇拜与舞蹈关系极为密切,祭祀、庆典都要对着图腾起舞,后来逐渐演变为模拟图腾起舞,从而产生大量象形取意的拳法和舞蹈节目。如黄帝氏族以云为图腾,而产生了以《云门大卷》为名的乐舞,以祭祀黄帝。原始夏人的图腾为龙,其后有了龙舞,一直留传至今,而龙最终成为华夏民族的象征。

龙图腾

　　滇西南部哀牢山脉彝族和凉山彝族都自称为"罗罗",意为虎。彝族自命为虎,有的奉石虎为祖先,彝族、纳西、傈僳等族以黑虎为图腾。西南地区的巴人及其后代土家族和普米族、白族则以白虎为图腾。彝族以十二属相轮回记日,以虎为首,至今还保留《十二兽神舞》。这是由巫表演的,该舞以表演虎神降临,猛扑家畜的动作为高潮,可以想见虎图腾舞的原貌。彝族《打歌》时边舞边吟唱"罗哩罗,罗哩罗!"意即"虎啊虎、虎啊虎!"这是图腾舞蹈的民族化表现。

虎图腾

　　我国以鸟为图腾的氏族也不少,仰韶文化半坡类型就有鸟头陶塑。传说伏羲氏的后裔少翱氏"以鸟命官",有凤鸟氏、玄鸟氏、青鸟氏等24种,可能是以鸟类为图腾的24个氏族结合在一起,都有一定的官职。龙凤图腾是古代民族中最基本的两大类,凤即玄鸟。《诗经商颂·玄鸟》:"天命玄鸟,降而生商。"传说黄河下游殷商的始祖契,是其母简狄吞食玄鸟蛋而生,因之殷人是以凤为图腾的。

鸟图腾

青蛙在广西等地称"蚂拐",也是古代某些氏族的图腾。东北少数民族有"金蛙""朱蒙",广西壮族东兰、巴马、凤山、天峨等县至今保留着对青蛙的祭典,旧历正月要举行一年一度的"蚂拐节",在天峨县与排乡云榜村,至今还保留着图腾舞蹈《蚂拐舞》。

蚂拐舞

纳西族东巴经象形文字舞谱中还指出,"居住在辽阔富饶的大地上的人类,其舞蹈的来源是由于看到金色神蛙的跳跃而受到启发的",这足以说明图腾和图腾舞蹈的密切关系。

图腾最早是全体族员的共同祖先,进入封建王朝,成为最高统治者一姓的祖先,使用这种图腾符瑞成为他们的特权,皇帝用龙,皇后用凤。但是作为龙凤(包括一些鸟舞)的舞蹈已成为千百万群众喜闻乐见的民族舞蹈。而图腾舞蹈为东方文化的"象形取意"原则和规律奠定了基础。

2. 祭祀舞蹈

祭祖是中国古代社会生活中最重要的祭祀活动。从远古时代起,人们就以牺牲祭奠,所以《说文解字》说"祭"就是以手持肉。其实古代祭祀分得很详细,没有牺牲的祭奠活动叫做"荐",

杀牲祭奠的才叫"祭"。而在神位有屋且栽树的庙宇祭奠则叫
"祀"。《尔雅》里又说,祭特指天祭,祀特指地祭,其实祭祀互义,
不相矛盾。祭祀是人们表达对自然神和祖先神的崇拜,祈求愿望
的特定仪式,但这仪式所蕴涵的人类信仰与精神的价值却不是
那么简单。

当人类意识到人有灵魂,并认为万物也有灵魂,人的灵魂可
以依附在自然万物之上的时候,原始的祭祀活动就开始了。

祭祀舞蹈

祭祀最高尚的意义就在于为人类明天的美好祈福,在祭奠
的哀思中重新思考,在狂欢的舞蹈里焕发新生的力量。

原始祭祀时的舞蹈大多是人装扮成野兽,狂扭身躯,大声喊
叫,继而演变为公众傩舞,戴面具,扮傩翁傩母作戏剧性表演,为
取得的胜利组织集体的狂欢,继而发展为今天的民族戏剧舞蹈
民间社火。在这祭祀神圣的背后,是灵与肉的双重盛宴,是诗与
歌、乐与舞、画与符数千年来与宗教祭祀的并行创造。

祭礼舞蹈起源于原始社会的图腾崇拜舞蹈和巫术仪式舞
蹈。在原始宗教中,人们把与自己氏族有密切联系的动物和植物
作为自己氏族的族徽或图腾标志,把其奉为自己的祖先或保护
神,在图腾崇拜的仪式中,人们用舞蹈颂扬祖先和神明的功绩,

傩祭

祭孔乐舞

哈尼族起源于祭祀
的棕扇舞

以求神明的庇祐。

人们常祭的诸神有八个：先啬（神农氏）；司啬（后稷）；农（农神）；邮、表、畷（管理农田的官）；猫、虎（神）；坊（堤神）；水（河道神）；百种（百谷神）等等。除此之外，巫术活动中还有"雩祭"、"傩祭"和"祀高"，分别是以舞蹈求雨、驱疫、求子的巫术仪式活动。

"雩祭"由巫率众舞蹈在天旱时求雨，如求雨不至，女巫常遭"曝"和"焚"的惩罚。"傩祭"是在每年岁末，戴着面具，由"方相氏"带领舞蹈。

祭祀性舞蹈，在封建社会里非常普遍。晚清至民国时期，在山东特别是山东农村，这类舞蹈仍有活动。新中国成立后，随着社会制度和习俗的改变，有许多专事用于祭神鬼的舞蹈自行消失，有些舞蹈则演化成群众自娱性舞蹈，还有个别舞蹈则作为传统的民族文化而被保留下来。

祭神舞蹈有3种情况：一是宗教祭神专用舞，这类舞蹈在封建社会里大部分流传在寺庙，道教佛教均有。新中国成立后，这类舞蹈均已失传；二是习俗性舞蹈祭神，属于一般民间舞。春节元宵节时，人们先以舞娱神，而后自娱；三是群众性祭神专用舞蹈。这类舞蹈群众平时不跳，如流传在冠县馆陶一带的"善鼓"（当地称"神鼓子"）。每年农历三月十三日（传说为泰山奶奶的生日），东馆陶逢庙会，祭祀泰山奶奶，方圆几十里的妇女在此朝拜，烧香许愿，唱经跳舞。跳舞时每8至12人为一组，自愿结合，手持单皮鼓或串铃，边舞边唱，穿花跑场。动作由小到大，节奏由慢到快，情绪越跳越激烈。据说跳的时间越长心越诚，而神越灵验。因此，数以万计的信女们像着魔似的昼夜歌舞不止。这种大规模群众性的祭祀活动，至今仍在继续。

3. 庆功舞

庆功舞，先秦文献称之为武舞，是模拟冲锋、擒敌、庆功等一场战争的全过程，表达人们取得战争胜利后的喜悦心情。

原始社会，没有阶级，没有剥削，人们群居生活，共同劳动。在劳动中，产生了最古老的表现劳动生活的舞蹈。人们狩猎归来，为猎获了食物和遮身的兽皮而欢乐，他们聚集在一起，有轻有重地敲击着类似磬一样的石器，有节奏地模仿鸟兽的动作和形态而舞蹈。所谓"鸟兽跄跄""凤凰来仪""击石拊石，百兽率舞"（《尚书·益稷》），正是狩猎生活的生动反映。

古代的"百兽率舞"不仅是欢庆胜利和狩猎生活的再现，同时也是年长的人向青年们传授生产知识，教导他们如何识别不同鸟兽的特征，如何去捕捉它们的反映。经过代代相传，代代创新，我国各族有丰富多彩、形象生动表现各种鸟兽的舞蹈。

《西京杂记》载："相与连臂踏地为节"，这是汉代的一种舞蹈。唐代刘禹锡诗《踏歌行》："春江月出大堤平，堤上女郎连袂行。"人们手牵着手，一面歌唱，一面用脚踩着节奏，自由欢畅地舞蹈，参加人数随时可以增减。这是汉族和其他许多民族自娱性群舞的传统形式，都起源于庆功舞。

战国兽衔环狩猎画像纹壶，上半部刻的是狩猎生活，最下部刻有人扮成鸟形的舞蹈，排成一行，都朝着一个方向，头上装饰如长翎，手臂如鸟羽，身后有尾饰。这是原始鸟兽舞的传统，和舞蹈纹陶盆上的舞人有相似之处。

战国兽衔环狩猎画像纹壶

　　从远古直到今天，我国各族民间都有很多模拟鸟兽情态的舞蹈，如：狮舞、龙舞、孔雀舞、翡翠鸟、鸲鹆舞、鹁鸪理窝等等。在传统舞蹈术语中，有很多是用鸟兽动态命名的，如：打鸳鸯场、雁翅儿、龟背儿(宋周密《癸辛杂识》载《德寿宫舞谱》中的舞蹈动作或队形名)、双飞燕、大鹏展翅、虎跳、扑虎、乌龙搅柱、商羊腿、蝎子步等等。这些举不胜举的舞蹈和富有形象的舞蹈术语，是与狩猎等劳动生活密切相关的，即远古时代的人们为了庆贺狩猎所获所发明的庆功舞蹈，也是原始舞蹈的一种类型。

三、传统舞蹈的发展

　　原始舞蹈在漫长的原始社会中度过了它的萌芽形成期。随着原始信仰的出现而形成了图腾舞蹈、巫术舞蹈、祭祀舞蹈，到原始社会后期，已经是一门日趋成熟的艺术形态了。

　　中华民族的舞蹈文化源远流长，上下五千年，记录中华民族舞蹈发展轨迹的文物图像和文字，连绵不断，这在世界文化史上也是罕见的。

　　中国舞蹈的发展历程大约经历了如下几个阶段：

1. 原始舞蹈主导时期

　　这一时期的舞蹈从群众性自娱性的活动向表演艺术发展，是奴隶制时代舞蹈发展的重要进程。这时，出现了以观赏乐舞取乐的奴隶主阶级，同时出现了以表演乐舞供人欣赏娱乐的乐舞奴隶。

　　到夏朝的末代统治者——桀时，供奴隶主娱乐的乐舞又有了很大的发展。相传在桀的宫中，有"女乐"三万人。这些乐舞"演员"，必定是经过一定训练、掌握了一些技术的舞者。这些"女乐"可说是我国历史上最早的专业舞蹈家。

　　周原是商的一个属国，后来逐渐强大起来，周人经过长期的准备后，趁商王朝各方面矛盾极端尖锐化的时候，对商发动了进攻，行军中前歌后舞，士气旺盛，牧野之战，商军内的奴隶，阵前起义，掉转矛头，配合周军，一举灭商，大约在公元前1027年，建立了强盛的奴隶制国家——西周,舞蹈的发展也进入系统时期。

2. 巫舞及民俗祭祀舞蹈发展时期

商代是神权统治的时代。殷人事无巨细,都要占卜问卦,主持祭祀占卜活动的是巫。巫在进行巫术活动时,要跳舞娱神,我们把这种舞蹈称作"巫舞"。至今满族、蒙古族、维吾尔族的"巫舞"中,都有一种连续多圈旋转、持续时间很长的舞蹈技巧。"巫舞"也具有神秘恐怖的气氛,与其他供人欣赏取乐或自娱性的舞蹈截然不同。

巫舞

3. 集古舞之大成的周代礼乐时期

经过夏、商两朝到西周建国,奴隶制达到鼎盛时期,周代的统治阶级已经充分地认识到乐舞用于政治的社会作用,而制定出礼乐制度。为了贯彻这种时期礼乐制度,周王室整理了前代遗存的乐舞,包括黄帝时期的乐舞《云门》、唐尧时期的乐舞《大咸》、虞舜时期的乐舞《大韶》、夏禹时期的乐舞《大夏》、商汤时期的乐舞《大濩》及周武王时期的乐舞《大武》,总称为六代舞,用于祭祀,并设立了庞大的乐舞机构"大司乐",贵族子弟要受严格的六艺(礼、乐、射、御、书、数)教育。这些贵族子弟 13 岁入学,循序渐进,先学习音乐、朗诵诗和小舞。15 岁开始学习射箭、驾车和舞《象》。20 岁时学习各种仪礼和大舞。在举行大祭时,由大司乐率领着贵族子弟跳六代舞。西周的礼乐制度是奴隶社会政治文明的重大创造,集周以前古代舞蹈之大成。

为了加强等级观念,西周宫廷设置了相当庞大的乐舞机构,属大司乐领导,掌管一切乐舞事宜。乐舞机构向贵族子弟传授乐舞知识,教会他们跳各种礼仪祭祀舞蹈(《周礼·春官·大司乐》)。

《六代舞》继承、整理、发展了从原始时代到西周初年,歌颂那些杰出优秀的氏族或氏族联盟的首领,是周代具有代表性的乐舞。

《六代舞》中的羽舞

从舞蹈发展的角度看,周代集前代乐舞之大成,珍视传统并继承传统。正是由于有周初对这些乐舞的汇集、整理,才使《大韶》、《大夏》、《大濩》等舞,能流传数百年甚至上千年。从舞蹈的政治作用看,周代充分利用乐舞的特殊功能,有效地为其统治服务。

加强等级观念,区分上、下、尊、卑,皆以乐舞作其标志之一。

至战国,由于铁器的普遍使用,生产力提高,促使生产关系的改变,较先进的封建地主制先后在各诸侯国确立。这一时期,各阶级、阶层之间,斗争极其复杂、激烈,是我国历史上的一个动乱、变革的时期。社会的大变革,对舞蹈发展产生了深刻的影响。西周为强化统治而建立起来的礼乐制度,随着西周王权的崩溃而"礼崩乐坏"。

河南辉县出土的战国舞女纹壶盖

"礼崩乐坏"表现在两个方面:一是作为区分等级标志的礼乐制度遭到破坏。诸侯、大夫,把天子用乐的规模作为己用,如大夫季氏居然公开"八佾舞于庭",难怪孔子气愤之极,大声疾呼:"是可忍孰不可忍也!"(见《论语·八佾》)。

四川成都百花潭出土的战国嵌错铜壶

"礼崩乐坏"在另一方面的表现是:被奉为"先王之乐"的"雅乐",由于长期用于礼仪祭祀,已成为一种固定而刻板的程式,乐舞本身失去了生命力和感染力。连统治阶级自己也不爱看、不爱听了,正如《乐记·魏文侯》篇记载,魏文侯问孔子的学生子夏说,我穿得整整齐齐地去听古乐,老怕自己会睡着了,一听"郑卫之音"(民间音乐),却不知疲倦,这是什么道理呀?魏文侯身为贵族,也不得不承认古乐僵化、枯燥,民间音乐生动引人入胜。此时古乐已经失去了欣赏价值，而清新活泼、充满勃勃生机的民间舞却迅速兴盛起来了。当然，西周或西周以前的任何时代，民间舞一直在民众中间流传。著名的《六代舞》、《六小舞》，也是在民间舞的基础上编制而成的。但民间舞以空前活跃的姿态，出现在人们生活中，却是春秋战国时代舞蹈发展的显著特色。

从此以后，雅乐（舞）虽代代都有新作，政治地位高，被奉为"雅正之声"，实际上却不被人喜爱、不受人欢迎。在整个舞蹈发展史上，也仅仅是存名而已，没有起到什么作用。

4. 俗乐舞兴盛的秦汉时期

经过长期的战乱以后，秦始皇在公元前221年统一六国，建立了我国历史上第一个以汉族为主体的、多民族的封建集权制国家，秦汉时代建立的乐府，对搜集、整理、提高民间乐舞，在客观上起到了一定的推动作用。

秦汉时代，民间俗舞有显著的发展。秦代已有了乐府，秦二世曾在甘泉宫"作角抵俳优之观"。汉代初年，高祖刘邦喜好民间的楚声、楚舞，并把俗乐舞用于宫廷祭祀。汉武帝扩大了"乐府"机构，任命李延年为协律督尉，大力采集民间乐舞，记录了吴、楚、燕、代、齐、郑各地诗歌314篇，乐府中的乐工舞人有800余名。

汉代是一个广收并蓄、融合众技的时代，舞蹈受杂技、幻术、角抵、俳优的影响向高难度发展，丰富了传情达意的手段，扩大了舞蹈的表现能力，它既有"罗衣从风，长袖交横"等飘逸美妙的舞姿，又有"浮腾累跪，跗蹋摩跌"等高超复杂的技巧。

从原始社会起，男女之间的情爱，总是民间歌舞表现的主要内容之一。现存各民族民间舞歌中，有许多是表现爱情生活的。有些节日的民俗歌舞活动的主要内容，就是给青年男女提供一个自由择偶、婚配的机会，这与《诗经》所描写的民俗歌舞是一脉相承的。这些歌舞都是自娱性的民间舞。

汉代盛行《百戏》，汉墓出土的大量画像石、画像砖及陶俑等，形象逼真地表现了丰富多彩的汉代《百戏》和舞蹈。

山东济南无影山西汉墓出土的彩绘乐舞、杂技陶俑群固定

刘邦

李延年

塑造在一个陶盘上,盘中七人分两组表演,左边两女舞者穿修长花衣,衣带绕身,拂长袖,相对而舞。右边四个是作"倒立"、"下腰"、"柔术"表演的人。后面有伴奏乐人,这是封建贵族饮宴时,由乐舞艺人表演多种技艺的实况记录。

汉代乐舞杂技陶俑群

　　汉代的舞蹈史料,特别是形象资料极为丰富。两汉四百多年间,各种专业和业余舞人,经过辛勤的劳动,创造了丰富多彩的舞蹈,但由于乐舞艺人是被贱视的,史籍中很少留下他们的名字和事迹。汉代墓室中出土的舞俑,乐舞"百戏"石刻等,是封建贵族的随葬品。贵族们幻想死后要到另一个世界去,继续驱使歌舞伎人供他们享乐,所以在墓室中埋下了这些随葬品,这在客观上起到了给我们提供大量真实而生动的舞蹈史料的作用。至于文字记载,常常是由于某种偶然的原因,如某舞人得到最高封建统治者的特别宠爱等,史书中才会记叙他们的技艺和身世,使我们得以从中探索古代舞蹈发展的某些情况。

5. 魏晋民族乐舞文化的交流时期

　　中华民族古老的乐舞文化,是在各族乐舞文化不断地交流融合中形成的。这种交流,夏代已有了,《竹书纪年》载:"少康即位,方夷来宾,献其乐舞"。"后发即位,元年,再保庸会于上池,诸夷入舞"。

　　中原和西域乐舞交流的另一成果,产生于北朝的征战时代。西晋丧乱,关中人士纷纷避难凉州,带去了汉魏传统乐舞。氏族吕光和匈奴族沮渠蒙逊把平西域获得的《龟兹乐》与传于凉州的中原旧乐相结合,产生了新型乐舞《西凉乐》。甘肃敦煌是西凉国都,敦煌石窟壁画记录了《西凉乐舞》的韵律神采。

西凉乐舞

　　自南北朝以来,北方最重胡舞,隋大业年间的九部伎中,西域乐部占有 6 部,至唐贞观十六年(642)十部伎中又增《高昌乐》。出自中亚的《柘枝舞》,流传到宋还盛行不衰,与中原的大曲歌舞形式相融合,改变了胡舞的原貌,发展成一种新的民族舞蹈形式,丰富了中国传统舞蹈的宝库。

6. 鼎盛发展的唐宋舞蹈

　　唐代继承了隋朝大一统的成果,既有南朝的清商乐舞,又有北朝的西凉、龟兹、高丽、天竺、康国、安国、疏勒等东、西方乐舞,特别是接受了西域各族乐舞的影响,旧乐新声,汉胡交融,促进了唐代乐舞的发展。唐代乐舞机构有太常寺、教坊、梨园、宜春院等,集中了大量技艺高超的乐舞伎人,官府也重视舞蹈技巧的培养和训练。

　　真正代表唐代舞蹈艺术风格的, 是小型娱乐性舞蹈健舞和软舞。健舞中以《剑器》、《柘枝》、《胡旋》、《胡腾》为代表。软舞中以《绿腰》、《凉州》、《春莺啭》、《乌夜啼》为代表。唐代舞蹈是集纵向的继承和横向的借鉴二者之大成。

据《教坊记》记载，唐代有 46 种大曲，其节奏复杂、曲调丰富，结构严密，具有大型歌舞的高级形式。大曲中有一部分名为"法曲"，富于《清商乐》的优雅情调。法曲中的《霓裳羽衣》被誉为唐代舞蹈之冠。

宋代的民间舞蹈十分兴盛。每逢新年、元宵灯节、清明节、天宁节（皇帝的生日），民间舞队非常活跃。《武林旧事》所记的元夕舞队有 70 种，这 70 种舞队有许多节目至今尚在民间流传。宋代百戏中的舞蹈，在军旅中常有演出。

从北宋开始有了杂剧以后，在春秋圣节三大宴的娱乐节目中，仍然是以百戏、队舞、杂剧相间演出，一直到明代中叶，还保持着这种组合形式。它们长期并行发展，相互影响，相互吸收。

宋金时期是戏曲的发展期。宋代的"杂剧"，金代的"院本"和讲唱形式的"诸宫调"，从乐曲、结构到内容，都为元代杂剧打下了基础。元代是戏曲的成熟期，戏曲动作的种种要素，与中国古代的歌舞大曲、参军戏、歌舞戏等，有着一脉相承的联系。

绿腰舞

霓裳羽衣

宋杂剧

7. 元代的戏曲舞蹈和宗教舞蹈

元代的戏曲艺术称元杂剧。元杂剧中的"唱"、"云"、"科"是它的艺术表演手段。三者之中的"科",主要是做工,包括表情、舞蹈和武功。元杂剧中的武功技巧,也包含着许多舞蹈因素,如各种器械舞、对打、翻跟斗、扑旗踏跷等。元杂剧中其他做工,逐渐演变为程式化的舞蹈动作,用以表现人物情态,当时的杂剧艺人,还给一些技巧性的舞蹈动作起了名字,如"扑红旗"、"拖白练"、"踏跷"等。

中国古代的宗教舞蹈,主要是巫教、道教和佛教舞蹈。元代以信仰萨满教和喇嘛教(佛教)为主,在元朝的宫廷队舞充满了宗教迷信色彩。元代宫廷队舞,共分4队,元旦用《乐音王队》,天寿节用《寿星队》,朝会用《礼乐队》,宣扬佛法用《说法队》。每队分10个小队。在《乐音王队》的10个小队中,引队是乐队,有两个妇女队,一奏长春柳之曲,一执牡丹花舞,在第10小队中还有妇女作花鞁稍子鼓舞,其余都是男子队舞,扮成神鬼相。在《说法队》中还有扮成八大金刚相的舞蹈。此外,还有《宝盖舞 》、《日月扇舞》、《幢舞》、《伞盖舞》、《金翅鹏舞》,都是具有宗教色彩的舞蹈。

元朝最著名的赞佛舞蹈,是元顺帝时创制的《十六天魔舞》,名为赞佛,实为娱人,在宫中演出时只有受过秘戒的宦官才准观看,并严禁民间演出。

十六天魔舞

8. 明清时代的舞蹈

明清时期的舞蹈,大致可分为三类:宫廷队舞、戏曲舞蹈和民间舞蹈。

明代宫廷舞,大祀或庆功大宴用《万国来朝队舞》、《缨鞭得胜队舞》。万寿圣节大宴用《九夷进宝队舞》、《寿星队舞》。

清代宫廷宴乐队舞的总名为《庆隆舞》,其中包括介胄骑射的《扬烈舞》和大臣对舞的《喜起舞》。舞的内容是有寓意的,开始乐队站两翼,歌者13人,奏《庆隆》乐章,表演《扬烈舞》,有穿黄画布套者16人,穿黑羊皮套者16人,各戴面具,跳跃扑跌,像奇

异的野兽。又上骑竹马的 8 人,周旋驰逐,像八旗兵。一人射中一兽,群兽随而慑服。这时,《喜起舞》舞队上场,大臣朝服 18 人,对舞欢庆。

庆隆舞

明、清的戏曲舞蹈,是戏曲中的重要组成部分。戏曲舞蹈是在中国古代舞蹈的基础上, 又根据剧情和人物的需要发展而形成的。它不仅具有中国古典舞蹈的特色,并且保存了中国古代舞蹈的精萃,这对打开中国古典舞蹈的宝库,研究古代舞蹈的发展规律,有着启示性的作用。

中国是个多民族的国家,共有 56 个民族。因为各民族的生活、历史、宗教、文化和风俗不同,产生了丰富多彩的民族民间舞。从流传至今的各民族民间舞蹈来看,这些舞蹈绝大多数在明清时期已定型成熟,随后不断发展,日臻完美。

附:古代著名舞蹈家

1. 西施

西施是春秋时代著名的宫廷舞人, 也是我国历史上著名的美人。她本是越国的一个平民少女,由于长得美丽非凡,吴灭越后,越王勾践为报仇复国,对吴王夫差施美人计,把西施献给了吴王。在西施入吴宫以前,曾对她进行严格的舞蹈训练。"饰以罗縠,教以容步,习于土城"。学习了三年,西施舞艺超群,仪态万方。

越王勾践把西施送给昏庸好色的吴王夫差,进献吴宫,深得夫差宠爱。夫差得西施后,终日沉溺在歌舞和酒色之中,不理朝政。据记载,为让西施表演《响屐舞》,夫差在御花园的一条长廊中,命人把廊挖空,放进大缸,上面铺木板,取名"响屐廊"。西施脚穿木屐,裙系小铃,在婀娜优美舞姿中时,木屐踏在木板上,发出沉重的"铮铮嗒嗒"回声和裙上小铃清脆欢快的"叮叮当当"声相互交织,别有一番迷人的风味。吴王为西施所迷,荒废了政务,民不聊生,怨声载道。越王勾践趁机发兵打败了吴国,夫差被迫自杀。

西施

2. 赵飞燕

赵飞燕原名宜主,是汉代的著名舞人,本为阳阿公主家的婢女。她聪明伶俐、身材窈窕,学习歌舞时精心、刻苦,所以出人头地。由于她的舞姿特别轻盈,故人称"赵飞燕"。她被汉成帝看中,召入宫中,封为"婕妤"(女官名),数年后立为皇后。

传闻赵飞燕身轻若燕,能作掌上舞。相传汉成帝为赵飞燕造了一个水晶盘,令宫人用手托盘,赵飞燕则在水晶盘上潇洒自如地舞蹈,由此可见其舞蹈的功力。还有一个传说,汉宫中有个太液池,池中突起一块陆地,叫瀛洲,洲上建高榭(音谢,是修筑在高土台上的敞屋),高达四十尺。赵飞燕穿着南越进贡的云英紫裙,碧琼轻绡(音肖,薄纱),表演歌舞——《归风送远之曲》,成帝以文犀箸(或作簪)敲击玉瓯(音欧。玉瓯是玉盆或玉盂)打拍子,冯无方吹笙伴奏。歌舞正酣,忽然起了大风,飞燕随风扬袖飘舞,好像要乘风飞去。成帝急忙叫冯无方拉住赵飞燕。一会儿,风停了,赵飞燕的裙子也被抓皱了。从此宫中就流行一种折叠有皱的裙子,叫"留仙裙"。据传汉成帝怕大风把赵飞燕吹跑,还特地为赵飞燕筑起了"七宝避风台"居住。

赵飞燕

3. 杨玉环

杨玉环是唐代著名的舞蹈家,她生得丰满艳丽,是盛唐典型的美人。她音乐素养很好,会演奏多种乐器,歌舞尤为出色。据传她除了擅长表演《霓裳羽衣舞》外,她跳的《胡旋舞》也有很高的舞蹈技艺。唐代大诗人白居易所写《霓裳羽衣歌》记述了这个舞蹈给予他的深刻印象,其中"飘然转旋回雪轻,嫣然纵送游龙惊。小垂手后柳无力,斜曳云欲生。"描写了《霓裳羽衣舞》的舞蹈动态美和感人的艺术魅力。

杨玉环

4. 公孙大娘

公孙大娘唐代杰出的舞蹈家之一,以舞《剑器》而闻名于世。她在继承传统剑舞的基础上,创造了多种《剑器》舞。唐代著名诗人杜甫对公孙大娘的剑舞曾有这样的描写:"昔有佳人公孙氏,一舞剑器动四方。观者如山色沮丧,天地为之久低昂。"《明皇杂录》载:"上(玄宗)素晓音律。时有公孙大娘者,善舞剑,能为'邻里曲'、'裴将军满堂势'、'西河剑器浑脱'。"

公孙大娘舞剑

建筑篇

叁

中华文化遗产系列丛书《天地之间》
ZHONGHUA WENHUA YICHAN XILIE CONGSHU

叁、建筑篇

中国悠久的历史创造出了灿烂的古代文化，而古代建筑便是其中的一颗耀眼的明珠。

从陕西半坡遗址发掘的方形或圆形浅穴式房屋发展到现在，中国古代建筑已有几千年的历史，在人类的建筑史上，中国建筑可谓硕果累累，成绩斐然：修建在崇山峻岭之上、蜿蜒万里的长城，是人类建筑史上的奇迹；建于隋代的河北赵县的安济桥，在科学技术同艺术的完美结合上，早已走在世界桥梁科学的前列；现存的高达 67.1 米的山西应县佛宫寺木塔，是世界现存最高的木结构建筑；北京明、清两代的故宫，则是世界上现存规模最大、建筑最精美、保存最完整的大规模建筑群。

中国古代涌现出了许多建筑大师和建筑杰作，营造了许许多多的诸如宫殿、陵墓、庙宇、园林、民宅等著名建筑。中国古代建筑不仅是我国现代建筑设计的借鉴，而且早已产生了世界性的影响，成为举世瞩目的文化遗产。这一系列技术高超、艺术精湛、风格独特的建筑，在世界建筑史上自成系统，独树一帜，是我国古代灿烂文化的重要组成部分。

欣赏中国古建筑，就好比翻开一部沉甸甸的史书。它们像一部部石刻的画卷，让我们重温着祖国的历史文化，激发我们的爱国热情和民族自信心，同时它也是一种可供人观赏的艺术，给人以美的享受，所以，我国古代的建筑艺术也是美术鉴赏的重要对象。

一、中国古代建筑概述

中国古代建筑以中国长江黄河一带为中心，受此地区影响，其建筑形式类似，使用材料、工法、营造语言、空间、艺术表现与此地区相同或雷同的建筑，皆可统称为中国古代建筑。

中国古代建筑的形成和发展具有悠久的历史。由于我国幅员辽阔，各处的气候、人文、地质等条件各不相同，而形成了中国各具特色的建筑风格，尤其民居形式更为丰富多彩，如南方的干阑式建筑、西北的窑洞建筑、游牧民族的毡包建筑、北方的四合院建筑等等。

中国建筑从总体上来说是以木结构为主，以砖、瓦、石为辅发展起来的。从建筑外观上看，每个建筑都有上、中、下三个组成部分。上为屋顶，下为基座，中为柱子、门窗和墙面，在柱子之上屋檐之下还有一种由木块纵横穿插、层层叠叠组的构件，称之为斗拱，这是以中国为代表的东方建筑所特有的构件。

中国建筑的形成和定型，经历了漫长的发展时期。

1. 中国建筑的形成时期

早在五十万年前的旧石器时代，生活在中国的原始人就已经知道利用天然的洞穴作为栖身之所，北京、辽宁、贵州、广东、湖北、浙江等地均发现有原始人居住过的崖洞。

原始人在栖居自然岩洞的同时，在森林和沼泽地带，仍然依靠树木作为栖居的处所。当时人们借以栖身的树木和岩洞都只是自然界本身，但是生活的经验已经使他们懂得，对栖居的树木，去掉一些有碍枝杈茎叶，并采用一些枝干之类来填补空档；

对于岩洞则清除有碍的石块以及填补地面坑洼，略加修整以改善栖息条件。

据考古发掘，新石器时代的后期，人类从栖息于巢与穴，进步到有意识地建造房屋。到了新石器时代，黄河中游的氏族部落，利用黄土层为墙壁，用木构架、草泥建造半穴居住所，进而发展为地面上的建筑，并形成聚落。长江流域，因潮湿多雨，常有水患兽害，因而发展为杆栏式建筑。对此，古代文献中也多有"构木为巢，以避群害"、"上者为巢，下者营窟"的记载。当时出现了干阑式与木骨泥墙的房屋。干阑的实例如浙江余姚河姆渡村发现的建筑遗址，距今约六、七千年，已有榫卯技术。

原始建筑的形成

原始建筑河姆渡遗址干阑式民居复原图

目前已发现的最早的人类住所是距今约五十五万年前的北京周口店龙骨山岩洞。

周口店龙骨山岩洞

　　木骨泥墙房屋实例以西安半坡村和陕西临潼姜寨最具代表性。姜寨有五座"大房子",共同面向一个广场,每座"大房子"周围环绕着若干或圆或方的小房子,其布局反映了母系氏族社会聚落的特色。这是属于仰韶文化时期的居住遗址,其中的"大房子"是仰韶文化时期母系氏族社会议事的地方。

姜寨聚落遗址

商朝的宫殿复原图

商代民居复原图

　　到了夏朝,人们的活动区域主要是黄河中下游一带,而中心在河南西北部与山西西南部。据文献记载,夏朝已开始使用铜器,并且有规则地使用土地,天文历法知识也逐渐积累,人们不再消极地适应自然,而是积极地整治河道,防止洪水,挖掘沟渠,进行灌溉以保障生命安全、农业丰收和扩大生产活动范围。

　　商代是我国奴隶社会大发展的时期,青铜工艺已达到纯熟程度,已有甲骨文等文字记述的历史,建筑技术也明显提高。殷墟是商代晚期的都城遗址,位于河南安阳小屯村。中国考古界多年来对殷墟做过细致的考古发掘工作,对于它的宫殿、墓葬等已有较清楚的认识。它的建筑建于长方形土台上,长面朝前,有纵有横,说明布局已具庭院的雏形。它的墓葬为土圹木椁墓,深达十几米,四出羡道,有很多殉葬的人与物。安阳殷墟已列入世界文化遗产名录。

商朝陵墓区墓的形状是在土层中挖一方形深坑作为墓穴,墓穴向地面掘有斜坡形墓道。小型墓仅有南墓道,中型墓有南北二墓道,大型墓则具有东西南北四墓道,穴深一般在 8 米以上,最深的达 13 米。小墓的墓穴面积约 40—50 平方米。最大的墓,面积达 460 平方米,墓道各长 32 米。穴中央用巨大的木料砍成长方形断面,互相重叠,构成井干式墓室,称为椁。从椁的构造来看,可以推知当时房屋除了使用梁柱构造方法以外,应该还有井干式构造的壁体。

商代墓葬遗址

西周时,在奴隶主内部已有按宗法分封的制度,规定了严格的等级,表现在城市的规模上就是诸侯的缄按公、侯、伯、子、男的等级,分别不准超过王城的 1/3、1/5、1/9,否则即是"僭越"。西周最具代表性的建筑遗址是陕西岐山凤雏村的"中国第一四合院",是一处二进院的宗庙建筑。另外在湖北蕲春出土了一处建筑遗址,为干阑式建筑。西周在建筑上突出的成就是瓦的发明,使建筑脱离了"茅茨土阶"的简陋状态。

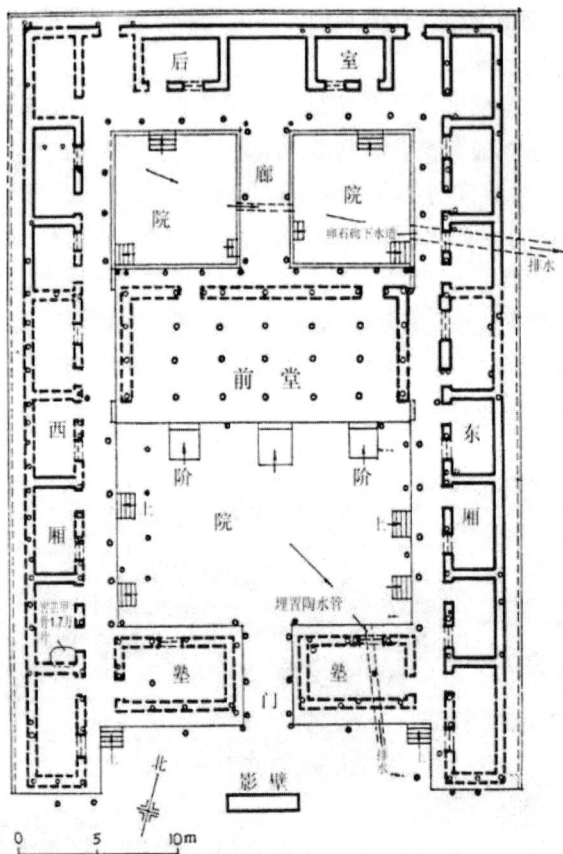

陕西岐山凤雏村西周建筑遗址平面图

　　周灭商以后，在经济和文化等方面继承了商朝的成就而继续发展，建筑发展到超过了商朝。不过瓦的使用到东周的春秋时代才逐渐普遍，屋顶坡度由草屋顶，降至瓦屋顶，这时除板瓦以外，又出现了瓦当，表面有凸起的饕餮纹、涡纹卷云纹、铺首纹等美丽的纹饰。

　　春秋时代，因数百年来战争互相吞并之结果，仅余强大的诸侯十国。因物力人力渐集中，诸侯如晋平公、齐景公皆营建渐侈。

　　中国为崇奉祖先之宗法社会，自天子以至于庶人，其宗庙建筑，均有一定制度。有违规逾制者，则见于史传。其中如鲁庄公

"丹桓宫之楹而刻其桷","子太叔之庙在道南,其寝在道北"等皆为此例。

当时盛行游猎之风,其中最常见的建筑物为台。台多为方形,以土筑垒,其上或有亭榭之类,可以登临远眺。

春秋时期宫殿建筑的特色是"高台榭、美宫室"。这一方面是高台建筑有利于防刺客、防洪水、可供帝王享受登临之乐,另一方面也是由于建筑技术的原因,当时要修建高大的建筑,要依傍土台才能建造成功。

春秋战国时期台榭式宫殿

从原始的巢穴到春秋时期初具模型的成型宫殿,这是中国古代建筑的草创阶段。

2. 中国建筑的成长时期

公元前 221 年,秦始皇吞并了韩、赵、魏、楚、燕、齐六国之后,建立起中央集权的大帝国,并且动用全国的人力、物力在咸阳修筑都城、宫殿、陵墓。此外,他又下令修筑通达全国的驰道,筑长城以防匈奴南下,凿灵渠以通水运。

秦始皇每灭一国,就在咸阳北坂上仿建那一国的宫室,这在建筑技术、建筑风格上起到了交流融会的作用。秦代的都城与宫殿均不遵周礼,而是在跨渭水南北广阔地区,弥山跨谷地修建。脍炙人口的阿房宫是秦始皇拟建的朝宫的前殿,《史记》记载:"先作前殿阿房,东西五百步,南北五十丈,上可以坐万人,下可以建五丈旗。周驰为阁道,自殿下直抵南山。表南山之巅以为阙。络为复道,自阿房渡渭、属之咸阳……"秦始皇把数千米以外的天然地形,组织到建筑空间中来。这种超尺度的构图手法,气魄之大,正是秦这个伟大帝国气势的反映。

阿房宫模型

　　汉代继秦,经过约半个多世纪的休养生息之后,又进入大规模营造建筑的时期。汉武帝刘彻先后五次大规模修筑长城,开拓通往西亚的丝绸之路;又兴建长安城内的桂宫、光明宫和西南郊的建章宫、上林苑。西汉末年还在长安南郊建造明堂、辟雍。东汉光武帝刘秀依东周都城故址营建了洛阳城及其宫殿。

　　西汉在渭水西岸建的长安城,其中包括了秦代未毁的部分宫殿。因受地形限制,城市的外轮廓曲折、附会为北象北斗、南象南斗,俗称"斗城"。城内布局全未按礼制对都城的规定,宫殿与民居杂处,全城面积 36 平方公里,有城门 12 座,城内有五座宫城、八街九陌、168 闾里,布局合理,建筑格局已经非常成熟。

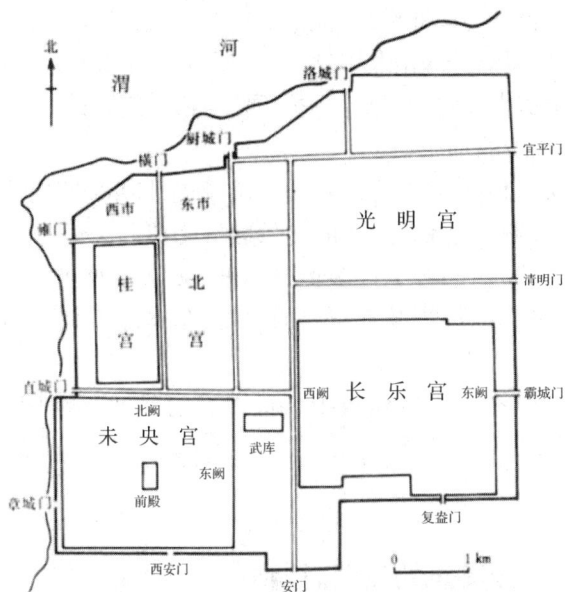

西汉长安城格局

东汉于公元 25 年定都洛阳,都城内有东西二宫,两宫之间以阁道相通。文献上记载东汉的宫室中有椒房、温室殿、冰室等防寒祛暑的房屋,说明建筑的进步,人们已然注意到居住条件的改善。汉代遗存至今的地面以上建筑有墓前的石阙、墓表、石享堂、石象生。另外就是崖墓、砖石墓等中的明器、画像砖、画像石、壁画等间接的建筑形象资料。

秦、汉五百年间,由于国家统一,国力富强,中国古建筑在自己的历史上出现了第一次发展高潮。其结构主体的木构架已趋于成熟,重要建筑物上普遍使用斗栱。屋顶形式多样化,庑殿、歇山、悬山、攒尖、囤顶均已出现,有的被广泛采用,制砖及砖石结构和拱券结构有了新的发展。这是中国建筑急速成长的时期。

3. 中国建筑的融合时期

三国时代的建筑是东汉的继续,最值得注意的成就是公元204 年改建的曹魏邺城。全城面积 6.5 平方公里,平面矩形,由一

条东西干道分为南北两部。北部除东北一角为贵族区外,均为宫室苑囿,主殿居全城南北中轴线上。南部为衙署和居住区,中间有南北干道直抵宫门。这是中国历史上第一座轮廓方正、分区明确、有中轴线的都城。

东汉时传入中国的佛教在三国及南北朝时期快速发展起来,南北政权广建佛寺,一时间佛教寺塔盛行。这就使这一时期的中国建筑,融进了许多传自印度(天竺)、西亚的建筑形制与风格。佛寺、佛塔及石窟寺的出现,是本时期建筑最大的成就。

这一时期的寺庙建筑中,最著名的是北魏洛阳永宁寺,内有九级木塔,高四十余丈,可能是历史上最高的木构建筑。

4. 中国建筑的高潮时期

隋、唐时期的建筑,既继承了前代成就,又融合了外来影响,成为一个独立而完整的建筑体系,把中国古代建筑推到了成熟阶段,并远播影响于朝鲜、日本。

隋朝虽然是一个不足四十年的短命王朝,但在建筑上颇有作为。它修建了都城大兴城,营造了东都洛阳,经营了长江下游的江都(扬州),开凿了南起余杭(杭州),北达涿郡(北京),东始江都,西抵长安(西安),长约 2500 公里的大运河。还动用百万人力,修筑万里长城。

隋代遗存至今最著名的建筑是河北赵县的安济桥,又名赵州桥。这是一座敞肩拱桥,它比欧洲同样类型的桥要早 1200 年。桥由 28 道石券并列而成,跨度达 37.47 米。此桥在技术上,造型上都达到了很高的水平。桥的建造人是隋匠李春,这在中国一向不重视工匠的古代,能留下匠人的名字,是极难能可贵的。隋代遗存的另一建筑是山东济南柳埠的神通寺四门塔,是一座平面为方形的单层石塔,建于隋大业七年(公元 611 年)。

安济桥

　　隋代最突出的建筑成就就是新建一座都城——大兴城。隋文帝杨坚以汉长安城内宫殿与民居杂处，不便于民，水苦涩，不宜饮用为由，在汉长安的东南创建了一座全新的都城。城的面积达84平方公里。城的外廓方正，城内有纵横干道各三条，称为"六街"。这在世界城市建设史上，都是值得称赞的举措。大兴城

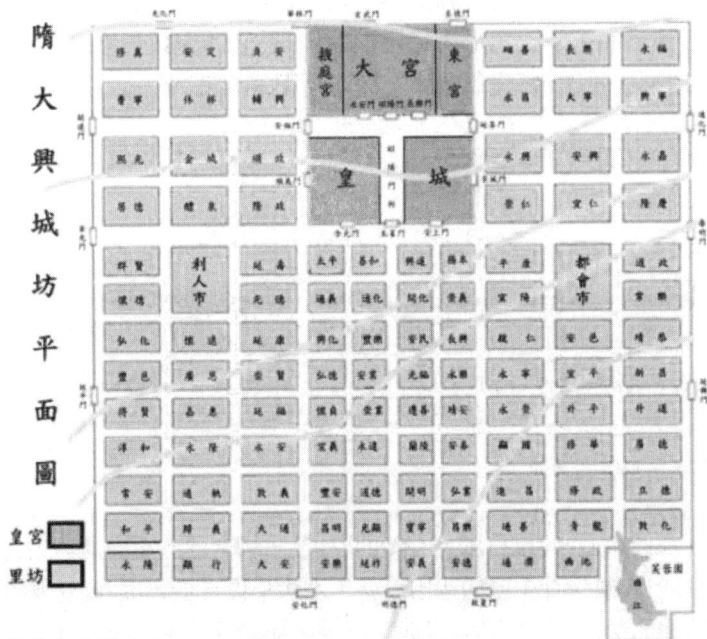

隋朝大兴城

布局严整,街道平直、功能分区明确,规划设计得井井有条,这主要出自哲匠宇文恺之手。宇文恺是一位杰出的建筑家,隋代的东都也是由他规划设计的,他还有许多具有巧思的建筑创作。

唐代前期,经过一百多年的稳定发展,经济繁荣,国力富强,疆域远拓,于开元年间(714—741年)达到鼎盛时期。由于工商业的发展,这些城市的布局出现了许多新的变化。

唐代将隋代的大兴城改称长安城,作为都城,继续加以完善。后来因为宫城湫隘、宫殿不敷使用,在长安城东北隅城墙之外修建了一座大明宫,大明宫逐渐成为唐代的政治中心。

唐代在都城和地方城镇兴建了大量寺塔、道观,并继承前代续凿石窟佛寺,遗留至今的有著名的五台山佛光寺大殿、南禅寺佛殿、西安慈恩寺大雁塔、荐福寺小雁塔、兴教寺玄奘塔、大理千寻塔,以及一些石窟寺等。建于唐大中十一年(公元857年)的佛光寺东是现存唐代木构建筑中规模最大、质量最好的一座。仅就佛光寺东大殿来看,其结构的有机、木构件的雄劲,已能让人领会到唐代木构建筑所达到的高水平。它的木构用料已具模数、斗拱功能分明,尤其是脊搏之下只用大叉手而不施侏儒柱,表明唐代匠人已经了解三角形为稳定形的原理。它的屋顶平缓、出檐深远,造型庄重美观,建筑技术与艺术达到了和谐统一。

佛光寺大殿立面图

在此期间,建筑技术更有新的发展,木构架已能正确地运用材料性能,建筑设计中已知运用以材为木构架设计的标准,朝廷制定了营缮的法令,设置有掌握绳墨、绘制图样和管理营造的官员。

唐代的木塔无一幸存到今天,砖塔则尚有数座,如西安大慈恩寺的大雁塔、长安县的兴教寺玄奘墓塔,这两座塔属于楼阁式塔。

西安慈恩寺大雁塔

隋唐是中国建筑发展的最高峰,唐代的大建筑群布局舒展,前导空间流畅,个体建筑结构合理,斗拱雄劲,建筑风格明朗、雄健、伟丽。本阶段中国建筑体系达到成熟。这一时期,中国建筑博采众长,百花齐放,迎来了发展的一个小高潮。

5. 中国建筑的裂变时期

从晚唐开始,中国又进入三百多年的分裂战乱时期,先是梁、唐、晋、汉、周五个朝代的更替和十个地方政权的割据,接着又是宋与辽、金南北对峙,因而中国社会经济遭到巨大的破坏,建筑也从唐代的高峰上跌落下来,再没有长安那么大规模的都城与宫殿了。但由于商业、手工业的发展,城市布局、建筑技术与艺术,都有不少提高与突破。譬如城市逐渐由前代的里坊制演变为临街设店、按行成街的布局。在建筑技术方面,前期的辽代较多地继承了唐代的特点,而后期的金代,建筑上则继承辽、宋两朝的特点而有所发展。在建筑艺术方面,自北宋起,就已改变唐代宏大雄浑的气势，而向细腻、纤巧方面发展，建筑装饰也更加讲究。

宋代的建筑风格趋向于精致绮丽，屋顶形式丰富多样，装修细巧，门、窗、勾阑等棂格花样很多。宋代留存至今的木构殿堂尚有不少，常以山西太原晋祠圣母殿（宋天圣年间初建，崇宁元年重建）和河北正定隆兴寺摩尼殿（宋皇佑四年公元1052年建）为宋代建筑的代表作。

山西太原晋祠圣母殿

河北正定隆兴寺摩尼殿

宋塔遗存至今的尚有许多,有砖塔、石塔还有琉璃贴面的琉璃塔。河北定县开元寺料敌塔,是现存最高的砖塔,高84米。河南开封枯国寺塔,俗称铁塔,是第一座砌琉璃面砖的塔。福建泉州开元寺双石塔,是现存最高的石塔。

福建泉州开元寺双石塔

南宋定都临安,即今杭州,其建筑规模不大,但精致,属南方风格,多采用穿斗架,即使是官方所建寺观,也具南方地方风格。

辽是由北方契丹族统治的朝代,与北宋对峙。辽的统治者积极汲取汉族文化,辽代建筑可视为唐代建筑的延续。

辽代遗留至今的两处最著名的古建筑,一处是天津蓟县独乐寺的山门和观音阁(公元984年),另一处是山西应县佛宫寺释迦塔(公元1056年)。前者是现存最大的木构楼阁的精品,后者是现存年代最早而且是独一无二的楼阁式木塔。观音阁外观二层,内部三层,中间有一夹层。释迦塔俗名应县木塔,塔高67.31米,斗拱式样有60余种,外观5层,有四个夹层,实为9层,二者夹层中均有斜撑构件,结构合乎力学原理。由辽代这两座木构建筑的技术与艺术所达到的水平,可以反过来推断唐及北宋中原地带木构建筑达到了何等的高水平。

山西应县木塔与底层佛像

　　金破宋都汴梁时，拆迁若干宫殿苑囿中的建筑及太湖石等至中都，在中都兴建的宫殿被称为"工巧无遗力，所谓穷奢极侈者"。这一时期建筑宫殿用彩色琉璃瓦屋面，红色墙垣，白色汉白玉华表、石阶、栏杆，色彩浓郁亮丽，开中国建筑用色强烈之始，中国建筑开始出现新的色彩，产生裂变。

6.　中国建筑的巅峰时期

　　元、明、清三朝统治中国达六百多年，其间除了元末、明末短时割据战乱外，大体上保持着中国统一的局面。由于中国古代社会的发展已近尾声，社会经济、文化发展缓慢，因此建筑的历史也只能是最后的发展高潮了。

　　元代是由蒙族统治的朝代，是中国由少数民族建立的列入正统的第一个统一的大帝国。

　　元代在建筑上最重大的成就是完全新建了一座都城——大都。元大都基本上符合《周礼考工记》中所述的"王城之制"。它位于金中都的东北方，城的外廓近于方形，除北面开二门外，其余三面都是开三门。宫城靠南、宫城以北是漕运终点的商业区，太庙在东侧，社稷坛在西侧，布局上基本符合"方九里，旁三门……面朝后市、左祖右社"的规矩。大都的街道取棋盘状,在南北走向的干道之间平行排列着称为'胡同'的小巷,是成排四合院住宅院落之间的通道。元大都是一座规划周密的城市,街道平直,市政工程完备,郭守敬引西山和昌平水源解决了漕运问题。元大都的规划设计人有刘秉忠和阿拉伯人也黑迭耳。

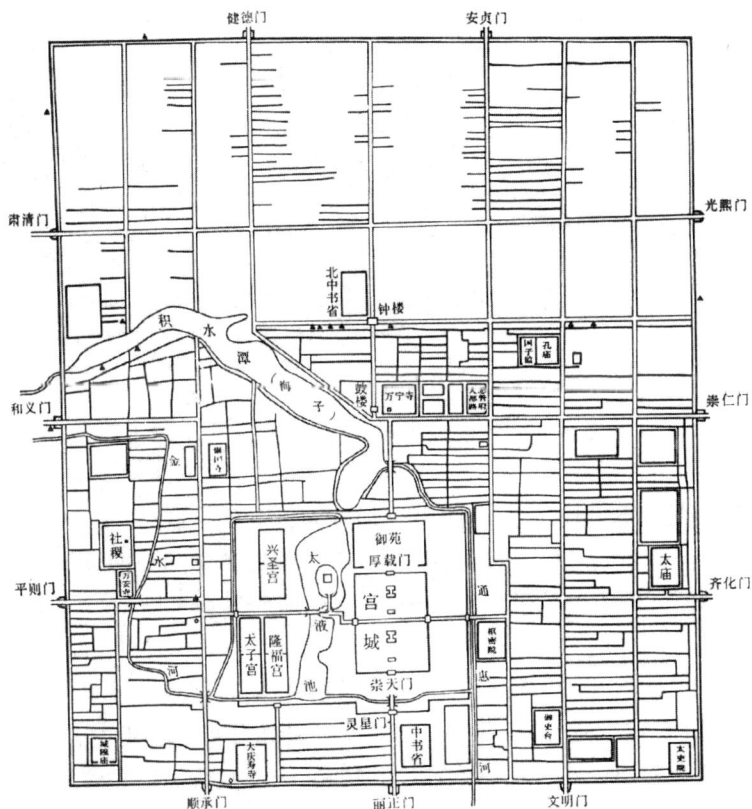

元代大都城平面图

在河南登封有一座由郭守敬建造的观星台,是中国最早的一座天文台,还引西郊的水入城与运河相连接解决了大都的漕运。居庸关云台原是一座过街塔的塔座,是元代建筑中的杰作。

居庸关云台

　　明朝曾在南京、临濠（凤阳）、北京先后三次建造都城和宫殿，建设经验丰富，有一批熟练的工官与工匠。明成祖在元大都的基址上建设北京城。在用砖瓦砌元大都的土城时，去掉了北边不发达的五里，向南边扩展一里。到嘉靖年间加建外城时，从南郊开始，中途收口，形成了北京城特有的"凸"字形外轮廓。

　　紫禁城是中国仅存的一座宫殿建筑，宫殿规划设计严整，造型壮丽，功能完备，是院落式建筑群的最高典范。明朝统治者在北京还建造了各种坛庙如：太庙、社稷、天、地、日、月、先农坛等，并修建了衙署、仓廪、寺观、府邸等。

　　明代的琉璃制品也达到了极高水平，色彩及纹饰丰富。南京报恩寺塔，高80余米，塔身遍饰有佛像、力士、飞天等纹饰的彩色琉璃砖，绚丽壮观，被列为当时世界七大建筑奇迹之一，可惜在太平天国时被毁。山西大同的九龙壁和山西洪洞广胜寺上寺飞虹塔也是明代的琉璃建筑，可以略见明代琉璃的风采。近年在南京发现了报恩寺塔琉璃备件的窖藏，得见明代琉璃的高质量。

　　明初朱元璋曾明令禁止宅旁多留隙地营造花园，但明中叶后，江南富庶之地，私家造园之风大兴。明末吴江人计成著有《园冶》一书，记述反映了明代造园理论与艺术水平。

明代园林

　　清朝定都北京，没有沿用过去每改朝换代均要焚毁前朝宫室以煞王气的传统，继续使用了明代的紫禁城，在使用中加以完善。清代在建筑方面最突出的成就表现在皇家苑囿的建设上。除了在北京城内的三海多有建树之外，在西郊所建的三山五园和在承德所建的避暑山庄都达到了很高的水平。私家园林也大有发展，江南园林达到极盛。中国园林影响所及，不仅是近邻的日本、朝鲜，18世纪时更远及欧洲。

　　清代于雍正十二年（公元1734年）颁布了工部《工程做法则例》，列出了27种单体官式建筑的各种构件的尺寸，改宋式的以"材"、"契"为模数的方法为以"斗口"为模数。书中简化了计算，标准化程度提高，有利于预制构件、缩短工期，程式化程度加大了。清代承担宫廷建筑设计的是七世世袭的"样房"雷氏家族，人称"样式雷"，他们制作的建筑模型称为"烫样"。

清代样式雷

综观此阶段，前后历经 600 余年，其中元代除受宋代影响外，呈现出若干新的趋向。明清建筑则成为中国封建社会建筑的最后一个高潮。明代在经历数个少数民族统治的朝代之后，以一切恢复正统为国策，在建筑方面制定了各类建筑的等级标准。明代修建的紫禁城宫殿、天坛、太庙、陵墓等都是规则严整的杰出之作。清中叶之后，受《工程做法则例》约制，官式建筑过分程式化，建筑风格不免趋于单一拘谨。

7. 中国建筑的衰败时期

19 世纪末 20 世纪初，中国建筑艺术开始发生巨大变化。一方面，传统建筑体系的发展出现了严重停滞。另一方面，西方建筑体系在华夏大地传播开来。

鸦片战争后，西方人纷纷在各通商口岸和租界建造商厦、住宅、教堂等，其样式基本涵盖了当时西方主要国家的建筑艺术风格。继而兴起的洋务运动，又进一步推动了西方建筑体系在中国的兴起。新式工业厂房引入了西方先进的建筑技术和建筑材料，接下来是清末民初的一些政府、学校、公共建筑和商业建筑也纷纷采用西方的建筑样式。

在以后的岁月里，在这种西风东渐的持续作用下，中国近现代建筑艺术的发展道路一直充满曲折。要现代化还是要传统？是民族化还是赶上世界潮流？其前进的脚步好像钟摆一样摇摆不定。于是从 20 世纪二三十年代到六七十年代，各式风格的西方建筑被一批又一批的殖入中国，竭力表现中国传统风格的建筑如潮水般流行起来又衰退下去，二者此消彼长，此起彼伏。而政治，则是左右这"中国近现代建筑艺术钟摆"的最大力量。

近代建筑

20 世纪 80 年代改革开放以来，商品经济逐步替代计划经济,建筑设计开始成为商品,而建筑中的中国传统色彩已经逐渐弱化,甚至消失了。

二、中国传统建筑的特色

中国自古地大物博,建筑艺术源远流长。不同地域和民族,其建筑艺术风格等各有差异,但其传统建筑的组群布局、空间、结构、建筑材料及装饰艺术等方面却有着共同的特点,区别于西方,享誉全球。中国古代建筑的类型很多,主要有宫殿、坛庙、寺观、佛塔、民居和园林建筑等。中国古代建筑不仅是我国现代建筑设计的借鉴,而且早已产生了世界性的影响,成为举世瞩目的文化遗产。

中国从上古至清末,我们的祖先营造了许许多多传世的宫殿、陵墓、庙宇、园林、民宅,其建筑形态及营造方式远播东亚各国。

欣赏中国古建筑,就好比翻开一部沉甸甸的史书。那洪荒远古的传说,秦皇汉武的丰功,大唐帝国的气概,明清宫禁的烟云,还有史书上找不到记载的千千万万劳动者的聪明才智,都一一被它形象地记录了下来。中国古代建筑也有其别具一格的特色。

1. 特殊的外观

中国古代建筑从总体上说是以木结构为主,以砖,瓦,石为辅发展起来的。与西方古建筑相比,中国古代建筑在材料的选择上偏爱木材,几千年来一直如此,并以木构架结构为主。此结构方式,由立柱、横梁及顺檩等主要构件组成,各构件之间的结点用榫卯相结合,构成了富有弹性的框架。这种榫卯结合的形式,在浙江余姚河姆渡原始社会建筑遗址中已有发现,表明它在距今七千多年前就已经形成了。

从建筑外观上看,中国建筑分为上,中,下三部分组成。上为屋顶,下为基座,中间为柱子,门窗和墙面。在柱子之上屋檐之下还有一种由木块纵横穿插,层层叠叠组合成的构件叫做斗拱。

斗拱

　　斗拱是以中国为代表的东方建筑所特有的构件。它既可承托屋檐和屋内的梁与天花板，又俨然具有较强的装饰效果。斗拱这个词在谈论中国古建筑中不可不提，由于它在历代建筑中的做法极富变化，因而成为古建筑鉴定的最主要依据。

　　中国古代建筑以它优美柔和的轮廓和变化多样的形式而引人注意，令人赞赏。但是这样的外形不是任意造成的，而是适应内部结构的性能和实际用途的需要而产生的。如那些亭亭如盖，飞檐翘角的大屋顶，即是为了排除雨水、遮阴纳阳的需要，适应内部结构的条件而形成的。两千多年前的诗人们就曾经以"如翚斯飞"这样的诗句来描写大屋顶的形式。

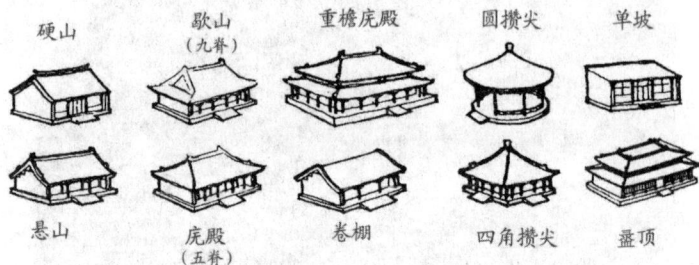

硬山　歇山（九脊）　重檐庑殿　圆攒尖　单坡

悬山　庑殿（五脊）　卷棚　四角攒尖　盝顶

古建筑屋顶结构示意图

雕花柱子

在建筑物的主要部分——柱子的处理上，工匠们一般是把排列的柱子上端做成柱头内倾，让柱脚外侧的"侧脚"呈现上小下大的形式，还把柱子的高度从中间向外逐渐加高，使之呈现出柱头外高内低的曲线形式。这些做法既解决了建筑物的稳定功能，又增加了建筑物外形的优美曲线，把实用与美观恰当地结合起来，可以说是适用与美观的统一佳例。

2. 独特的结构与造型

中国古代建筑的形式丰富多彩。早在汉代，中国建筑的屋顶已有庑殿、歇山、悬山、囤顶、攒尖几种基本形式，并有了重檐顶。为了保护木构架，屋顶往往采用较大的出檐。但出檐有碍采光，以及屋顶雨水下泄易冲毁台基，因此后来采用反曲屋面或屋面举折、屋角起翘，于是屋顶和屋角显得更为轻盈活泼。就整体而言，古代重要建筑大都采用均衡对称的方式，以庭院为单元，沿着纵轴线与横轴线进行设计，借助于建筑群体的有机组合和烘托，使主体建筑显得格外宏伟壮丽。

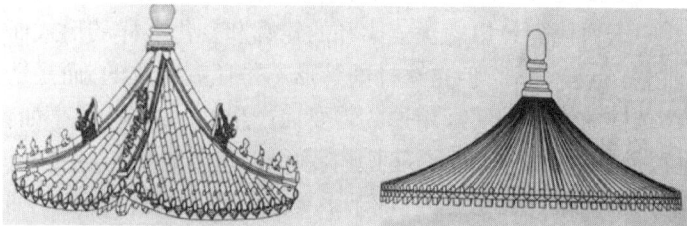

攒尖

小庑殿顶

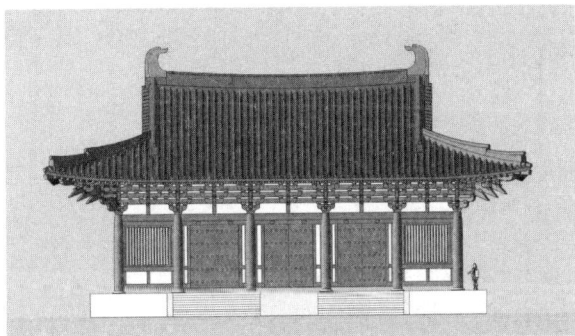

歇山式房顶

　　"墙倒屋不塌"这一句中国民间的俗语,充分表达了中国梁柱式结构体系的特点。由于木材建造的梁柱式结构,是一个富有弹性的框架,这就使它还具有一个突出的优点即抗震性能强。它可以把巨大的震动能量消失在弹性很强的结点上。这对于多地震的中国来说,是极为有利的。因此,有许多建于重灾地震区的木构建筑,数千年至今仍然保存完好。

　　建筑的平面布局是决定一座建筑、一组建筑、一群建筑,甚至一个村镇、一个城市形制的重要因素。在中国古代建筑中,基本上有两种平面布局的方式。一种是庄严雄伟,整齐对称,一种是曲折变化,灵活多样。举凡帝王的京都、皇宫、坛庙、陵寝,官府的衙署厅堂、王府、宅第,宗教的寺院、宫观以及祠堂、会馆等等,大都是采取前一种形式。其平面布局的特点是有一条明显的中轴线,在中轴线上布置主要的建筑物,在中轴线的两旁布置陪衬的建筑物。这种布局主次分明,左右对称。工匠们运用了烘云托月,绿叶托红花等手法，衬托出主要建筑的庄严雄伟。这类建筑，不论建筑物的多少、建筑群的大小，一般都采用此种布局手法。

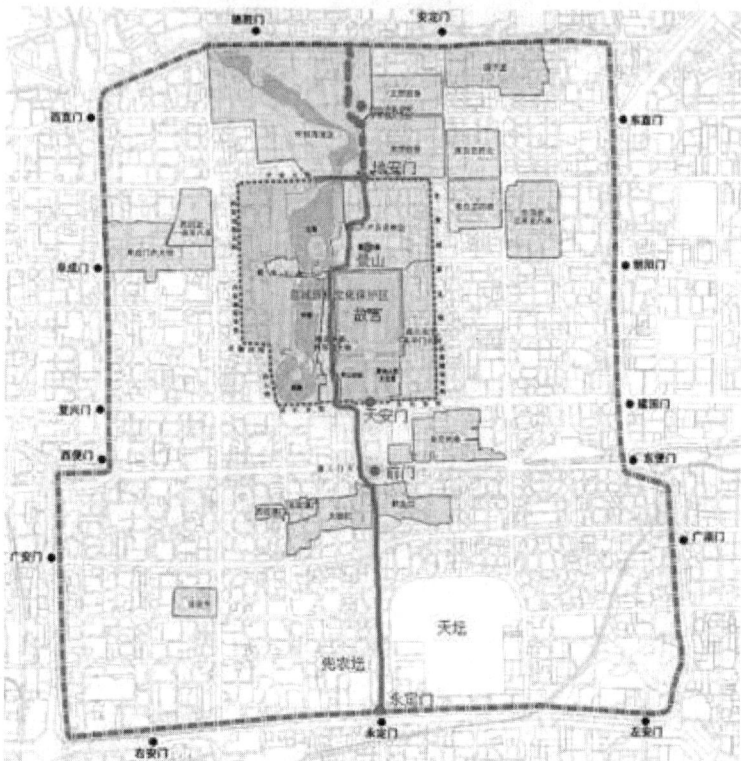

北京城中轴线

中国建筑的布局原则，适应了我国广大的不同自然条件的地区和多民族不同文化特点、风俗习惯的需要，几千年来一直采用着，并有科学的理论基础。中国式的园林更是灵活布局，曲折变化的实例。山城、水乡的城市、村镇布局也根据自然形势、河流水网的情况，因地制宜布局，出现了许多既实用又美观的古城镇规划和建筑风貌。

3. 内涵丰富的装饰

我国古代建筑对于装修、装饰特为讲究，凡一切建筑部位或构件，都要美化，所选用的形象、色彩因部位与构件性质不同而有别。

建筑装饰

　　台基和台阶本是房屋的基座和进屋的踏步,但给以雕饰,配以栏杆,就显得格外庄严与雄伟。屋面装饰可以使屋顶的轮廓形象更加优美。门窗、隔扇属外檐装修,是分隔室内外空间的间隔物,但是装饰性特别强。门窗以其各种形象、花纹、色彩增强了建筑物立面的艺术效果。

雕花门窗

　　天花即室内的顶棚，是室内上空的一种装修。一般民居房屋制作较为简单，多用木条制成网架，钉在梁上，再糊纸，称"海墁天花"。重要建筑物如殿堂，则用木支条在梁架间搭制方格网，格内装木板，绘以彩画，称"井口天花"。藻井是比天花更具有装饰性的一种屋顶内部装饰，它结构复杂，下方上圆，由三层木架交构组成一个向上隆起如井状的天花板，多用于殿堂、佛坛的上方正中，交木如井，绘有藻纹，故称藻井。

藻井天花

中国古代建筑的色彩非常丰富。有的色调鲜明,对比强烈,有的色调和谐,淳朴淡雅。建筑师根据不同需要和风俗习尚而选择施用。大凡宫殿、坛庙、寺观等建筑物多使用对比强烈,色调鲜明的色彩:红墙黄瓦(或其他颜色的瓦)衬托着绿树蓝天,再加上檐下的金碧彩画,使整个古建筑显得分外绚丽,这也是中国建筑的突出特征之一。

4. 和谐的山水搭配

中国古代建筑在建筑与环境的配合和协调方面有着很高的成就,有许多精辟的理论与成功的经验。古人不仅考虑建筑物内部环境主次之间、相互之间的配合与协调,而且也注意到它们与周围大自然环境的协调。中国古代建筑中有一种讲究阴阳五行的"堪舆"之学,也就是看风水之学,其中虽然夹杂了不少封建迷信的东西,但剔去其糟粕,仍有不少可供借鉴之处。特别是其中讲地形、风向、水文、地质等部分,还是有参考价值的。中国古代建筑设计师和工匠们,在进行规划设计和施工的时候,都十分注意周围的环境,对周围的山川形势、地理特点、气候条件、林木植被等等,都要认真进行调查研究,使建筑的布局、形式、色调、体量等与周围的环境相适应。

古代建筑的山水搭配

《管子》书影

例如《管子》论述选择都城条件时就强调,非于大山之下,必于广川之上,高勿近旱而水用足,低勿近涝而沟防省,因天材、就地利等等。这对于中国建筑的选址影响甚大,甚至有了将山水之景移至建筑内的做法,即中国园林艺术的"借景"。把园外远处的山峰冈峦、楼阁塔影以至山林树木、海山景色都可借入园内成景。景与景之间,也相互为借,隔院楼台,出墙红杏都可相互借用,构成一个大的环境空间,山水搭配,也成为中国古代建筑的一大特色。

综合上述,中国古代建筑有着很高的欣赏价值和民族特色。它给我们以审美享受,为研究历史和科学提供实证,为新建筑设计和新艺术创作提供借鉴。它不仅是中华民族文明发展的历史见证,而且是一部极有价值的爱国主义教科书。

三、中国建筑之美

我国古代建筑的发展经历了一个漫长的历史,在几千年的发展进程中,无论在结构上还是在形式风格上,我国建筑始终保持着一贯的独有和完整性。

中国古代建筑艺术的审美内涵特征有三点。其一,审美价值与政治伦理价值的统一。艺术价值高的建筑,也同时发挥着维系、加强社会政治伦理制度和思想意识的作用。其二,植根于深厚的传统文化,表现出鲜明的人文主义精神。其三,总体性、综合性很强,往往动用一切因素和手法综合成一个整体形象,从空间组合到色彩装饰都是整体的有机组成部分,抽掉其中任何一项都会影响整体效果。

我国古代的建筑很早就采用的韵律、和谐、对比、对称、轴线设计等方法,使我国古代建筑呈现出了极佳的美的视觉体验,体现了我国古代建筑的装饰之美、和谐之美、对称之美、天人合一之美。

从建筑类别上说,中国古建筑包括皇家宫殿,寺庙殿堂,宅居厅室,陵寝墓葬及园林建筑等。其中宫殿,寺庙,陵墓等都采用相近的建筑形式与总体布局方式即对称齐整,主次分明。以一条中轴线将个个封闭四合院落贯束起来,表现出封闭严谨含蓄的民族气质,或可以说是地道的儒家风范。

中国古建筑的屋顶样式可有多种,所有屋顶皆具有优美舒缓的屋面曲线。无论它是源于古人对树枝形状还是对其他自然界物质的模仿。这种艺术性的曲线先陡急后缓曲,形成弧面,这也是中国建筑独特的造型之美。

中国建筑特色构造的屋顶

中国传统院落虚实相生:或外实内虚,或内实外虚,或自由布局,势态流通。这三种基本型又可以不同方法和规模相结合,或严整的全局中渗透着自由局部或自由的格局中存在着严整的片断,组成丰富多样的群体。中国传统建筑与自然的关系是"软和谐",表现出内向、收敛的性格。所以尽管在围墙内部各建筑势态万千,院外却趋于平静,主动将自己和自然融合在一起,尽现图画中泼墨挥毫的境界,体现了与自然相互呼应的美。

中国传统建筑完成的是铺开成面的"群",具有体积感的单

古画中的院落

体,不是独立自在之物,只是作为群体的一部分而存在的。这就使得它的个性很弱,共性的因素则是基本原则,例如平面围绕院落的布局等,均表明了共同的生活方式、理想、宇宙观和审美习惯等。"群"是中国建筑艺术的灵魂,也是中国建筑的群体布局之美。

古代建筑群

中国传统建筑多采用间架结构,或露或藏,与绘画中的"笔触"极为相似。墙壁中的柱子,或屋顶下的大梁小椽,并不是藏起来,反而坦诚地表露自己,从而成为建筑物造型的重要组成部分。在中国传统建筑中,整个框架是显露出来的,这些标志着建筑基本格局的结构线条,这些代表事物的主体与主旨的轮廓线,反映出中国建筑的结构美。

中国传统建筑是由线构成的。柱、梁、额、桁、枋、椽、拱等,在宏观上都可视作线,这些线的交织网罗就构成建筑。中国传统建筑普遍具有可贵的本色美,建筑的这些线型构件在满足结构和功能本身要求的同时,也兼具装饰的作用。这些线的形式是来自

于对构造接缝的强调,或是对飘带、云纹或蔓草之类形象的抽象
表达,使中国建筑具备了抽象美。

建筑的装饰

　　中国古代建筑表现的是和谐、恬静的情感,儒家、道家、佛
家的思想深烙其间,体现的都是礼乐相辅、情理相依的审美情
趣,人情味、伦理性是中国绝大多数古建筑宣泄的情调,这种情
思影响着中国古代建筑的规划、布局和构筑,形成了古代中国
建筑特有的建筑风格和艺术风格。中国传统建筑一向以取得与
自然的协调而著称于世,从本质上说,中国传统建筑能形成有
别于其他国家民族建筑文化的格局及体系,除受制于地域、民
族、气候、制度及历史等因素外,"天人合一"这个几乎贯穿中国
哲学乃至整个中国文化发展之始终的哲学审美观念,更是起到
了决定性的作用。事实表明,遵法自然,追求"天、地、人"三者和
谐统一,实际上成了古代中国人营构建筑的一种自觉意识和一
种理想境界,也造就了中国建筑别具一格的美感。

附:中国古代经典建筑欣赏

1. 四大名宫:阿房宫、未央宫、大明宫,故宫。

阿房宫

阿房宫是秦王朝的巨大宫殿,被认为是中国历史上最大的宫殿。《史记》说,秦始皇统一中国之后,自觉功绩可以与三皇五帝相比。他嫌都城咸阳的宫室太小,不足以展现自己君临天下的威仪。在秦始皇三十五年,即公元前212年,他下令在王家园圃上林苑所在的渭河之南、皂河之西建造规模庞大的宫殿群落。"先作前殿阿房",随后,以阿房宫前殿为中心,在周围建造了270余座离宫别馆。宫室之间以"空中走廊"连接。这些走廊又依地势直达终南山下,在山顶建宫阙作为阿房宫大门。

据《史记·秦始皇本纪》记载:"前殿阿房东西五百步,南北五十丈,上可以坐万人,下可以建五丈旗,周驰为阁道,自殿下直抵南山,表南山之巅以为阙,为复道,自阿房渡渭,属之咸阳。"其规模之大,劳民伤财之巨,可以想见。秦始皇死后,秦二世胡亥继续修建。

阿房宫遗址为中国重点文物保护单位,1961年中华人民共和国国务院公布为全国重点文物保护单位。

阿房宫模拟图

　　阿房村南附近,有一座大土台基,周长约 310 米,高约 20 米,全用夯土筑起,当地人称为"始皇上天台",阿房村西南附近,夯土迤逦不断,形成一长方形台地,面积约 26 万平方米,当地称为"郿坞岭"。这两处地方是阿房宫遗址内最显著的建筑遗迹。

阿房宫复原图

　　楚霸王项羽军队入关以后,移恨于物,将阿房宫及所有附属建筑纵火焚烧,化为灰烬。

　　关于阿房宫的命运,众说纷纭,由于年代久远,遗迹难考,但唐代诗人杜牧曾写《阿房宫赋》,第一段详细描写了阿房宫的外景气势,内容如下:"六王毕,四海一,蜀山兀,阿房出。覆压三百余里,隔离六日。骊山北构而西折,直走咸阳。二川溶溶,流入宫墙。五步一楼,十步一阁;廊腰缦回,檐牙高啄;各抱地势,钩心斗角。盘盘焉,囷囷焉,蜂房水涡,矗不知其几千万落。长桥卧波,未云何龙?复道行空,不霁何虹?高低冥迷,不知西东。歌台暖响,春光融融;舞殿冷袖,风雨凄凄。一日之内,一宫之间,而气候不齐。"

　　《阿房宫赋》这一段着重写阿房宫的外貌,写出了阿房宫兴建营造的非同凡响,笔力千钧,从全景到本体构筑,写阿房宫的雄伟壮观。"覆压三百余里,隔离天日",勾勒出阿房宫占地广阔、凌云蔽日的宏伟气势,给人一个总体的印象。"骊山北构而西折"四句,写阿房宫是依着山势、就着水流而修建的,仍然突出了它利用自然、巧夺天工的气派。以下由写渭水和樊川的"流入宫墙"，自然地过渡到写阿房宫的建筑特点。其中实写了楼阁、廊檐，描绘得细致入微；虚写了长桥、复道，想像得神奇瑰丽。然后用夸张和衬托的手法，借写歌舞的冷暖，描述阿房宫"一日之内，一宫之间，而气候不齐"的怪现象，陪衬出它的宏大宽广，后人亦可通过文字想象阿房宫当日的盛景。

未央宫

未央宫是西汉帝国的大朝正殿，建于汉高祖七年（前200年），由刘邦重臣萧何监造，在秦章台的基础上修建而成，位于汉长安城地势最高的西南角龙首原上，因在长安城安门大街之西，又称西宫。自未央宫建成之后，西汉皇帝都居住在这里，未央宫成为汉帝国200余年间的政令中心，所以在后世人的诗词中，未央宫已经成为汉宫的代名词。西汉以后，未央宫仍是多个朝代的理政之地，隋唐时也被划为禁苑的一部分，存世1041年，是中国历史上使用朝代最多、存在时间最长的皇宫。

未央宫原址在长安城的西南部，是皇帝朝会的地方。未央宫宫内的主要建筑物有前殿、宣室殿、温室殿、清凉殿、麒麟殿、金华殿、承明殿、高门殿、白虎殿、玉堂殿、宣德殿、椒房殿、昭阳殿、柏梁台、天禄阁、石渠阁等。其中前殿居全宫的正中，基坛南北长约350米，东西宽约200米，北端最高处约15米，是利用龙首山的丘陵造成的。据历史书籍的记载，未央宫的四面各有一个司马门，东面和北面门外有阙，称东阙和北阙。总面积有北京紫禁城的六倍之大，亭台楼榭，山水沧池，布列其中，其建筑形制深刻影响了后世宫城建筑，奠定了中国两千余年宫城建筑的基本格局。

未央宫前殿五十丈，深十五丈，高三十五丈。宫内有宣室、麒麟、金华、承明、武台、钩弋殿等，另外还有寿成、万岁、广明、椒房、清凉、永延、玉堂、寿安、平就、宣德、东明、岁羽、凤凰、通光、曲台、白虎、猗兰、无缘等殿阁32处。其殿台基础是用龙首山的土作成，殿基甚至高于长安城。由于其处西南，命名很可能是位于未（西南方）的中央宫殿之意。

未央宫遗址

1961 年 3 月 4 日，未央宫遗址被国务院公布为第一批全国重点文物保护单位。2014 年 6 月 22 日，在卡塔尔多哈召开的联合国教科文组织第 38 届世界遗产委员会会议上，未央宫遗址成功列入《世界遗产名录》。

未央宫复原图

大明宫

大明宫是大唐帝国的宫殿,是当时的政治中心和国家象征,位于唐京师长安(今西安)北侧的龙首原。大明宫原名永安宫,是唐长安城的三座主要宫殿(大明宫、太极宫、兴庆宫)中规模最大的一座,初建于唐太宗贞观八年(634年),名永安宫,是唐太宗李世民为太上皇李渊而修建的夏宫,也就是避暑用的宫殿,贞观九年(635年)五月,李渊病死于大安宫,夏宫的营建工程也就此停工。李渊去世后,改称为大明宫,又称"东内"。

大明宫再次大规模营建是在高宗龙朔时期。"龙朔二年(662年),高宗染风痹,恶太极宫卑下,故就修大明宫"。当时为修此宫曾征收关内道延、雍、同、岐、幽、华、宁、廊、坊、泾、虢、绛、晋、蒲、庆等十五州121钱,且在龙朔三年二月减京官一月俸,以助修建。经过这次大规模营建,大明宫才算基本建成,更名为蓬莱宫,皇帝入住其中。咸亨元年(670年)宫殿再次改名为含元宫,神龙元年(705年)复名大明宫。自唐高宗起,先后有17位唐朝皇帝在此处理朝政,历时达二百余年。此后大明宫尚有多次营建和葺修,如玄宗开元元年(公元713年)曾修大明宫,宪宗元和十二年(817年)、十三年又曾二次增修大明宫宫殿,"新造蓬莱池周廊四百间",浚龙首池,起承晖殿。不过这些工程只是增修补葺罢了。

大明宫宫殿的规模宏大,建筑雄伟,王维诗句"九天阊阖开宫殿,万国衣冠拜冕旒"描绘了当时的盛景。中唐和晚唐时朱泚和黄巢先后据此称帝。唐僖宗时,大明宫屡遭兵火,最终于乾宁三年(896年)被烧毁。数年后,因为战争的原因,宫殿的遗迹也都被拆除,此后便成为一片废墟。

大明宫模型

北京故宫

中国宫殿建筑以北京的故宫为代表。紫禁城，即北京故宫，位于北京市中心，曾居住过 24 个皇帝，是明清两代的皇宫。故宫的宫殿建筑，是中国现存最大、最完整的古建筑群，被称为"殿宇之海"，气魄宏伟，极为壮观。无论是平面布局，立体效果，还是形式上的雄伟、堂皇，都堪称无与伦比的杰作，高超的建筑技艺和不朽的艺术价值，充分显示出了古代劳动人民的智慧和力量。

故宫

故宫占地面积 72 万平方米，有房屋 9 千多间，故宫周围是数米高的红色围墙，周长 3400 多米，墙外是护城河。故宫规模之大、风格之独特、陈设之华丽、建筑之辉煌，在世界宫殿建筑中极为罕见。

故宫分前后两部分，前一部分是皇帝举行重大典礼、发布命令的地方，主要建筑有太和殿、中和殿、保和殿。这些建筑都建在汉白玉砌成的 8 米高的台基上，远望犹如神话中的琼宫仙阙，建筑形象严肃、庄严、壮丽、雄伟，三个大殿的内部均装饰得金碧辉煌。故宫的后一部分——"内廷"是皇帝处理政务和后妃们居住的地方，这一部分的主要建筑乾清宫、坤宁宫、御花园等都富有浓郁的生活气息，建筑多包括花园、书斋、馆榭、山石等，它们均

北京故宫雪景

自成院落。一条中轴贯通整个故宫,这个中轴又在北京城的中轴线上。三大殿、后三宫、御花园都位于这条中轴线上。在中轴宫殿两旁,还对称分布着许多殿宇,也都宏伟华丽。这些宫殿可分为外朝和内廷两大部分。外朝以太和、中和、保和三大殿为中心,文华、武英殿为两翼;内廷以乾清宫、交泰殿、坤宁宫为中心,东西六宫为两翼,布局严谨有序。紫禁城4个城角都有精巧玲珑的角楼,所谓"九梁十八柱",异常美观。紫禁城周围环绕着高10米,长3400米的宫墙,墙外有52米宽的护城河。

由于朝代更迭及战乱,中国古代宫殿建筑留存下来的并不多,现存除北京故宫外,还有沈阳故宫,此外,西安尚存几处汉唐两代宫殿遗址。故宫博物院的一些宫殿中设立了综合性的历史艺术馆、绘画馆、分类的陶瓷馆、青铜器馆、明清工艺美术馆、铭刻馆、玩具馆、文房四宝馆、玩物馆、珍宝馆、钟表馆和清代宫廷典章文物展览等,收藏大量古代艺术珍品,据统计共达1052653件,占中国文物总数的六分之一,为中国国内收藏文物最丰富的博物馆,也是世界著名的古代文化艺术博物馆,其中很多文物是绝无仅有的无价国宝。

故宫博物院

2. 三大名楼:岳阳楼(湖南岳阳)、滕王阁(江西南昌)、黄鹤楼(湖北武汉)

我国的三大名楼指的是:江西南昌的滕王阁、湖北武汉的黄鹤楼,湖南岳阳的岳阳楼。它们作为中国古代中华民族传统建筑艺术独特风格和辉煌成就的杰出代表,象征着中华文明五千年积淀的文化、艺术和传统,亦被文人雅士所称颂。

黄鹤楼

黄鹤楼坐落在海拔 61.7 米的蛇山顶,京广铁路的列车从楼下呼啸而过。楼高 5 层,总高度 51.4 米,建筑面积 3219 平方米。黄鹤楼内部由 72 根圆柱支撑,外部有 60 个翘角向外伸展,屋面用 10 多万块黄色琉璃瓦覆盖构建而成,巍峨耸立于湖北省武汉市武昌区蛇山峰岭之上。黄鹤楼楼外铸铜黄鹤造型、胜像宝塔、牌坊、轩廊、亭阁等一批辅助建筑,将主楼烘托得更加壮丽。主楼周围还建有白云阁、象宝塔、碑廊、山门等建筑。整个建筑具有独特的民族风格,散发出中国传统文化的精神、气质、神韵。它与蛇山脚下的武汉长江大桥交相辉映;登楼远眺,武汉三镇的风光尽收眼底。

黄鹤楼始建于三国时代东吴黄武二年,三国时期黄鹤楼只是夏口城一角瞭望守戍的"军事楼",晋灭东吴以后,三国归于一统,该楼在失去其军事价值的同时,唐代《元和郡县图志》记载:孙权始筑夏口故城,"城西临大江,江南角因矶为楼,名黄鹤楼。"是为了军事目的而建。随着江夏城区发展,逐步演变成为官商行旅"游必于是"、"宴必于是"的观赏楼。

唐永泰元年(765 年)黄鹤楼巳具规模,然而兵火频繁,黄鹤楼屡建屡废,仅在明清两代,就被毁 7 次,重建和维修了 10 次,有"国运昌则楼运盛"之说。最后一座建于同治七年(1868 年),毁于光绪十年(1884 年),遗址上只剩下清代黄鹤楼毁灭后唯一遗留下来的一个黄鹤楼铜铸楼顶。

黄鹤楼从北宋至 20 世纪 50 年代,还曾作为道教的名山圣地,是吕洞宾传道、修行、教化的道场。1957 年建武汉长江大桥武昌引桥时,占用了黄鹤楼旧址,1981 年重建黄鹤楼时,选址在距旧址约 1000 米的蛇山峰岭上。1981 年 10 月，重修工程破土开工，1985 年 6 月落成，主楼以清同治楼为蓝本，但更高大雄伟。黄鹤楼为国家 5A 级旅游景区，享有"天下江山第一楼"、"天下绝景"之称，是武汉市的标志性建筑，与晴川阁、古琴台并称"武汉三大名胜"，亦因唐朝诗人李白"黄鹤楼中吹玉笛，江城五月落梅花；崔颢"昔人已乘黄鹤去，此地空余黄鹤楼。黄鹤一去不复返，白云千载空悠悠"的千古绝句，名扬四海。

黄鹤楼

滕王阁

　　滕王阁位于江西省南昌市东湖区西北部沿江路赣江东岸，是中国古代皇家楼阁，是江南三大名楼之一，始建于唐朝永徽四年，因唐太宗李世民之弟——李元婴始建而得名。李元婴出生于帝王之家，永徽三年（公元 652 年），因李元婴在贞观年间曾被封于山东省滕州市故为滕王，且于滕州筑一阁楼名以"滕王阁"，后滕王李元婴调任江南洪州，又筑豪阁仍冠名"滕王阁"，此阁便是后来人所熟知的滕王阁。此阁因王勃一首"滕王阁序"为后人熟知，成为永世的经典。

滕王阁

岳阳楼

岳阳楼位于湖南省岳阳市的西门城头、紧靠洞庭湖畔,始建于三国东吴时期,自古有"洞庭天下水,岳阳天下楼"之誉,因北宋范仲淹脍炙人口的《岳阳楼记》而著称于世。

岳阳楼位于湖南省岳阳市古城西门城墙之上, 下瞰洞庭,前望君山,1988 年 1 月被国务院确定为全国重点文物保护单位。

岳阳楼主楼高 19.42 米,进深 14.54 米,宽 17.42 米,为三层、四柱、飞檐、盔顶、纯木结构。楼中四根楠木金柱直贯楼顶,周围绕以廊、枋、椽、檩互相榫合,结为整体。作为三大名楼中唯一保持原貌的古建筑,其独特的盔顶结构,更是体现古代劳动人民的聪明智慧和能工巧匠的精巧的设计和技能。

岳阳楼是纯木结构,整座建筑没用一钉一铆,仅靠木制构件的彼此勾连。"岳阳楼坐西朝东,构造古朴独特,在建筑风格上,前人将其归纳为木制、三层、四柱、飞檐、斗拱、盔顶。四柱"指的是岳阳楼的基本构架,首先承重的主柱是四根楠木,被称为"通天柱",从一楼直抵三楼。除四根通天柱外,其余的柱子都是四的倍数。其中廊柱有 12 根,檐柱是 32 根。这些木柱彼此牵制,结为整体,既增加了楼的美感,又使整个建筑更加坚固。斗拱是中国建筑中特有的结构,岳阳楼的斗拱结构复杂,工艺精美,几非人力所能为,当地人传说是鲁班亲手制造的。斗拱承托的就是岳阳楼的飞檐,岳阳楼三层建筑均有飞檐。岳阳楼的楼顶为层叠相衬的"如意斗拱"托举而成的盔顶式,这种拱而复翘的古代将军头盔式的顶式结构在古代中国建筑史上是独一无二的。这顶就是岳阳楼最突出的特点——盔顶结构。据考证,岳阳楼是中国仅存的盔顶结构的古建筑。

岳阳楼采用纯木结构,其造型因露明的木梁柱、构件、装修具有线条优美的表现力,显示出中国古建筑的独特的民族风格。

岳阳楼

3. 四大名园:颐和园、承德避暑山庄、拙政园、留园

颐和园

颐和园是中国清朝时期皇家园林,前身为清漪园,坐落在北京西郊,距城区十五公里,占地约二百九十公顷,与圆明园毗邻。它是以昆明湖、万寿山为基址,以杭州西湖为蓝本,汲取江南园林的设计手法而建成的一座大型山水园林,也是保存最完整的一座皇家行宫御苑,被誉为"皇家园林博物馆",也是国家重点旅游景点。

清朝乾隆皇帝继位以前,在北京西郊一带,建起了四座大型皇家园林。乾隆十五年（1750年），乾隆皇帝为孝敬其母孝圣皇后动用448万两白银在这里改建为清漪园，形成了从现清华园到香山长达二十公里的皇家园林区。咸丰十年（1860年），清漪园被英法联军焚毁。光绪十四年（1888年）重建，改称颐和园，作消夏游乐地。光绪二十六年（1900年），颐和园又遭"八国联军"的破坏，珍宝被劫掠一空。清朝灭亡后，颐和园在军阀混战和国民党统治时期，又遭破坏。

　　1961年3月4日，颐和园被公布为第一批全国重点文物保护单位，与同时公布的承德避暑山庄、拙政园、留园并称为中国四大名园，1998年11月被列入《世界遗产名录》。2007年5月8日，颐和园经国家旅游局正式批准为国家5A级旅游景区。

北京颐和园

承德避暑山庄

　　承德避暑山庄又名"承德离宫"或"热河行宫"，位于河北省承德市中心北部，武烈河西岸一带狭长的谷地上，是清代皇帝夏天避暑和处理政务的场所。避暑山庄始建于1703年，历经清康熙、雍正、乾隆三朝，耗时89年建成。

　　避暑山庄以朴素淡雅的山村野趣为格调，取自然山水之本色，吸收江南塞北之风光，成为中国现存占地最大的古代帝王宫苑。避暑山庄分宫殿区、湖泊区、平原区、山峦区四大部分,整个山庄东南多水,西北多山,是中国自然地貌的缩影,是中国园林史上一个辉煌的里程碑,是中国古典园林艺术的杰作,是中国古典园林之最高范例。避暑山庄曾是中国清朝皇帝的夏宫,距离北京230公里,是由皇帝宫室、皇家园林和宏伟壮观的寺庙群所组成,建筑布局大体可分为宫殿区和苑景区两大部分,苑景区又可分成湖区、平原区和山区三部分。它的最大特色是山中有园,园中有山。

承德避暑山庄

拙政园

拙政园位于江苏省苏州市,始建于明正德初年(16世纪初),是江南古典园林的代表作品。拙政园位于苏州城东北隅(东北街178号),截至2014年,仍是苏州存在的最大的古典园林,占地78亩(约合5.2公顷)。全国以水为中心,山水萦绕,厅榭精美,花木繁茂,具有浓郁的江南地方水乡特色。花园分为东、中、西三部分,东花园开阔疏朗,中花园是全园精华所在,西花园建筑精美,各具特色。园南为住宅区,体现典型江南地区传统民居多进的格局。园南还建有苏州园林博物馆,是国内唯一的园林专题博物馆。

明代嘉靖年间御史王献臣仕途失意,归隐苏州后将拙政园买下,聘著名画家、吴门画派的代表人物文征明参与设计蓝图,历时16年建成,借用西晋文人潘岳《闲居赋》中"筑室种树,逍遥自得……灌园鬻书蔬,以供朝夕之膳(馈)……此亦拙者之为政也,"之句取园名。园建成不久,王献臣去世,其子在一夜豪赌中,把整个园子输给徐氏。400多年来,拙政园屡换园主,直到上个世纪50年代,才完璧合一,恢复初名"拙政园"。

1961年3月,拙政园被列为首批全国重点文物保护单位,1991年被国家计委、旅游局、建设部列为国家级特殊游览参观点。1997年联合国教科文组织批准列入《世界遗产名录》。2007年被国家旅游局评为首批AAAAA级旅游景区。

拙政园

留园

留园坐落在苏州市阊门外,始建于明嘉靖年间,原为明代徐时泰的东园,清代归刘蓉峰所有,改称寒碧山庄,俗称"刘园"。清光绪二年又为盛旭人所据,始称留园。留园为中国大型古典私家园林,占地面积23300平方米,代表清代风格,园以建筑艺术精湛著称,厅堂宏敞华丽,庭院富有变化,太湖石以冠云峰为最,有"不出城郭而获山林之趣"。

留园全园分为四个部分,在一个园林中能领略到山水、田园、山林、庭园四种不同景色：中部西区以水池为中心，西北为山，东南为建筑，有涵碧山房、明瑟楼、绿荫轩、曲溪楼、濠濮亭、清风池馆诸构。假山为土石山，用石以黄石为主，雄奇古拙，系16世纪周秉忠叠山遗迹。东区是以五峰仙馆为主体的建筑庭院组合，在鹤所、石林小院至还我读书处一带，多个小空间交汇组合，门户重重，景观变化丰富，是园林建筑空间组合艺术的精华。东部的林泉耆硕之馆、冠云楼、冠云台、待云庵等一组建筑群围成庭院，院中有水池，池北为冠云峰。冠云峰系北宋(12世纪)宫廷征集遗物，高6.5米，为苏州各园湖石峰中最高者，左右立瑞云、岫云二峰。园内还保存有刘氏寒碧庄时所集印月、青芝、鸡冠、奎宿、一云、拂袖、玉女、猕猴、仙掌、累黍、箬帽、干霄等十二奇石。在东方文化中，山、石是人文性格的物化表现。留园的山石玲珑多姿，既表现了自然之美，也反映了中国自古以来特有的爱石、藏石、品石、咏石、画石的石文化现象。北部辟盆景园，陈列盆景名品500余盆。西部为土阜曲溪，沿岸植桃柳，土阜缀黄石，漫山枫林，是苏州园林土山佳作。

　　1961年，留园被中华人民共和国国务院公布为第一批全国重点文物保护单位之一。1997年，包括留园在内的苏州古典园林被列为世界文化遗产。2001年，留园作为苏州园林(拙政园、虎丘、留园)扩展景区成为国家5A级旅游景区。

留园

肆 民艺篇

肆、民艺篇

"民间艺术"是艺术领域中的一项分类,冠以"民间"字样,显然是要与所谓的"宫廷艺术"与"贵族艺术"等有所区别。民间艺术是针对学院派艺术、文人艺术的概念提出来的。

我国有着深厚的历史文化底蕴,在五千多年的文明中,民间艺术也占据着重要的位置。民间艺术有着自己强大的生命力和鲜明的特色。我国的民间艺术在很大程度上,是对我国原始艺术的一种延续,民间艺术中有很多原始艺术的影子。它同样继承了实用与审美统一的特点,大部分都带有浓厚的乡土气息,带有乐观向上、淳厚、真实的感情色彩,是人类劳动生活中最质朴的艺术思想和艺术语言的体现,在世界艺术宝库中也光彩夺目。

民间工艺品以天然材料为主,就地取材,以传统的手工方式制作,带有浓郁的地方特色和民族风格,与民俗活动密切结合,与生活密切相关。一年中的四时八节等岁时节令、从出生到死亡的人生礼仪、衣食住行的日常生活中都有民间艺术的陪伴。

　　民间艺术是我国广大民众长期生活的智慧和艺术的结晶，是我国艺术的瑰宝。它来自于民间，服务于民间，是社会主义精神文明建设的重要体现，是精神文明建设的窗口。

一、民间艺术的主题

　　民间艺术一直以来都是民众创作、使用和欣赏的艺术形式，其主题不外乎满足两个需求：一个是物用方面的使用功能，一个非功利的精神上的审美需求。在民间艺术形成和发展的几千年历史里，农业社会的生产生活方式一直都没有发生太大的变化，所以，农业生产生活中，首先需要的是人力资源，即人口的生产，这就是最大的生存需求，生殖崇拜、祈子内容、子孙繁衍成为民间艺术中最常见的画面和主题。人们相信万物有灵，是源于生产力低下的时代，人们对自然和宇宙力量的崇拜。民间艺术的主题和内涵都是围绕趋利避害、求吉纳祥的心理需求来展开的，这也是人类自我保护的本能。

　　艺术最主要的功能是满足精神需求，既有表达对未来的希望，也有愉悦精神的审美活动，所以人的一生中各个人生礼仪都少不了民间艺术的陪伴，与人生活的衣食住行有关的一切活动和场所也离不开民间艺术的参与。民间艺术就是希望的艺术，是吉祥的艺术，是充满生命力的艺术。

　　民间艺术主要有如下主题：

1. 生殖崇拜

　　生殖崇拜是民间艺术中最重要的主题之一。中国古代农耕文化模式和日出而作、日落而息的生产生活方式，对劳动力和人丁有很大渴求，进而产生了生殖崇拜。生殖崇拜表现的方式之一就是无处不在的乞子活动。它发源于原始人的生殖信仰，并成为人们观念中的一种定势。在古代，祭祀高禖这一生殖神十分隆重，足见人们对子嗣的重视。

　　中国传统文化中，占支配地位的儒家观点之一的"孝"行强调的就是"不孝有三，无后为大"。人们对子嗣的渴望已不仅表现于对古老的送子之神"高禖"——女娲和伏羲的祭祀之中,它已然成为一种文化心理根植于人们心中。后来,道教和佛教、民间地方神灵也都生发出送子职能,如玉皇大帝、王母娘娘、张仙、佛祖、观音娘娘、送子娘娘、妈祖等等,他们的庙宇遍及全国各地。

甘肃的公刘庙(周公庙),河南浚县、淮阳、嵩山、山西平遥双林寺、代县、河北新城白沟、天津天后宫、妈祖庙、北京白云观等至今仍在诸神生日那天祭祀供奉或举行"拴娃娃"活动。民间艺术大量作品都是以表现生子和送子主题的,各种泥捏彩绘娃娃、扣模泥娃、布娃娃、纸祃(印有送生娘娘像)银牌刻制娃娃,其他材料做的娃娃如石膏娃、纸浆娃、画塑娃娃、乞子画符等都在庙会上常能见到。

送子娘娘工艺品

彩绘娃娃

其中有代表性的活动之一是农历二月二至三月二的河南淮阳人祖庙会。庙会期间人们从四面八方赶来祭祀人祖伏羲,触摸象征女性生殖器的"子孙窑",买回象征子嗣的"泥泥狗"供在家中,以求生儿育女。

天津天后宫的祭祀妈祖庙会上,前来乞子的人烧香祭拜后,要拴回一个"娃娃大哥",即土塑童子像,作为家中子嗣中的老大,并希望他能够为乞子人家带来老二、老三。甘肃公刘庙、山西

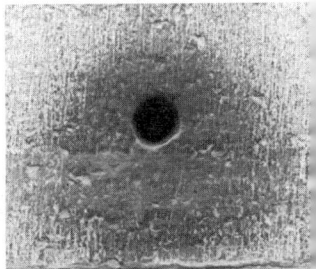
子孙窑

抓髻娃娃剪纸

双林寺庙、代县杨家祠等,都是以泥塑偶人、面花、布娃娃等物进行乞子的庙会所在地。西北地方剪纸艺术中的抓髻娃娃是一种生育巫术的表现,大量的民间艺术中的鱼鸟纹样、乞子所用的娃娃——泥娃娃、布娃娃、银或铜、铁娃娃像和各种面塑、剪纸及其他艺术品,都具有生殖崇拜和乞子的意义。

2. 宗教信仰

中国的民间宗教信仰是综合性极强的一种准宗教,原始宗教的成分占了大部分,既有巫术、占卜、禁忌内容,也有植物、动物等的图腾崇拜,还有鬼神和祖先信仰。随着社会的发展,民间宗教又融入了传统文化的儒学、道教和外来佛教,内容极为广泛。人们祭祀风神、雨伯、五路财神、五方神圣,祭祀福禄寿三神和各类神灵,祭祀佛道两教中的一切神灵,如关公、佛祖等,也祭拜儒家先哲和圣贤如孔子、老子、岳飞等这些被认为是具有神性的人格神。

福禄寿三星塑像

民间宗教虽然不是严格的一神教,但它以实用主义和满足心理需求为特点,已经深深根植于中国民众的生活和习俗之中,又在相对稳定的自然和社会环境中得以完整地保留下来,并在不同时代依人们精神需要而发生变异,有的被淡化、异化,有的被赋予了新的内容得以发展,有很多民俗活动都是民间宗教弱化或转化而来的。

许多民间艺术,都与民间信仰和巫术活动有着密切关系。巫术偶像、神像绘画,甚至像风筝这样今天看来纯属娱乐的玩意儿,早期也是用来散灾去病的巫术工具。农历三月三日是民俗中放风筝的日子,人们认为随着风筝线的剪断,病痛和晦气会随风而去。这类的例子不胜枚举。在自身力量达不到目的的时候,人们总要寻找某种精神寄托,便想借助想象力和外力来帮助自己实现目的,对于这种现象,我们可以视之为一种对世界的扭曲地把握。民间宗教作为一种文化现象和社会存在,就生存于这种观念和心理构成的特殊时空里,所以认识民间宗教信仰的特点,对于我们理解中国传统文化是很重要的,宗教信仰也成为民间艺术的一大主题。

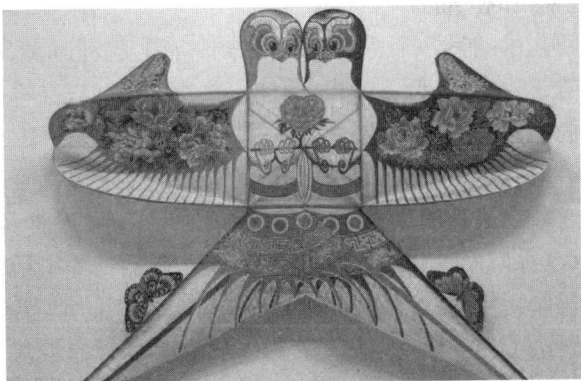

风筝

3. 岁时节令

岁时节令是民俗文化的一个重要组成部分,岁时节令中的民间艺术反映了社会在时间运行和周而复始的循环过程中人们的观念与情感。中国古代是一个古老的农业国家,在漫长的几千年的文明历程中,岁时节令中的各种农事节日和基于与农业生产有关的信仰而产生的各种节日,对中国民众的生活和艺术创作产生了巨大影响。

以汉族为例,则有农历新年到除旧布新的众多节日。一年十二个月,几乎每个月份都有一个中心的节令活动:正月有春节、

元宵灯会

立春、元宵灯节、天仓(填仓)节;二月二龙抬头、淮阳人祖庙会;三月份有清明节、寒食节;四月初八浴佛节;五月五端午节;七月七七夕乞巧节、七月十五鬼节、盂兰盆会;八月十五中秋节;九月九重阳节;十月十五下元节;十月至十二月间冬至日、腊八节、腊月二十三祭灶日(俗称小年),三十除夕守岁,等等。接连不断的岁时节令,把民间艺术由年头至年尾贯穿了起来。

由古代到近代,有些传统的年节时令庆祝活动发生了某些形式上的改变,但人们的心态和初衷却是共通的。驱邪消灾、除病却鬼、迎吉纳祥、富贵荣华、多子多寿、五谷丰登、六畜兴旺、纪念先贤、祭祀祖先、教育后人、从良向善、忠孝节义、互助互爱等愿望,都是各种节令民俗和民间艺术的深层文化意蕴。

4. 辟邪祈福

民间艺术的另一个重要主题是辟邪祈福、趋利避害。在自然条件恶劣,科技水平低下的古代社会,自然灾害和战乱等时常威胁着人们的生存和生活。对神灵的信仰和对自然的依赖,使得人们对能给他们带来幸福和吉祥、驱魔逐害的神灵充满了敬畏之情。每逢节日或神的生日,人们必在神位祈祷或张贴神像、供奉神像,或以吞口面具和辟邪葫芦、照妖镜一类器物等来祈求神灵的保佑。如新年贴的门神、年画、各类神像,家中的镇宅狮子、瓦猫等都表达了迎祥纳福、祛病除灾的心愿。钟馗像是最常见的镇宅驱鬼的神像,常贴在后门上。

年画

随着社会的进步，人们对神灵的信奉程度降低了，各种吉祥画和神像画，更多的是表达一种喜庆的节日气氛，点缀和装饰节日的环境，但祈福辟邪的意趣仍然在其中保留下来，并具有不可替代的意义。我们常见的万年如意、天官增福、麒麟送子、摇钱树等都属于这类祈福吉祥画。

5. 人生仪礼

民间艺术不仅存在于日常生活中和各个岁时节令中，它的重要功能之一还在于它是人生仪礼的陪伴物，是人们精神生活中不可缺少的寄托和安慰。从群体角度看，一年之中四时八节都离不开民间艺术。从个体角度看，民间艺术的作用亦同样重要，与其说是陪伴，不如说是人生的一部分、生命历程的一部分。

人的一生，从在母腹中孕育之前，便已有了以小泥娃娃等民间艺术品为媒介的乞子仪式，即使在现代化程度如此之高的当今社会，拴娃娃的习俗依然存在于农村。妇女怀孕后，一系列禁忌和胎教活动也随即开始了，婴儿满月和周岁也是民间艺术品汇萃之际，各种绣花衣、鞋帽、花馍、贺礼齐集于得子人家。儿童成长过程中，又有成丁礼，12 岁或 13 岁是人生一站，届时有特殊的生日仪式，长命锁是必备之物。从婴儿成为青年，各种儿童玩具伴随着孩子们。恋爱结婚中的风俗和仪礼，又是一次民间艺术的展示会，仪仗饰品、洞房布置和女红活计把人们带向风格不同的民艺世界。庆寿仪式和丧葬仪式，这两个人生的重要时刻，更少不了民间工艺品的点缀和伴陪，庆寿吉祥画、寿糕花馍等是晚辈向长者表现孝心的传达中介；而丧葬纸扎、剪纸和棺罩、送葬仪仗及陈设，又是生者与死者沟通的载体。人的一生，从民间艺术开始，又以民间艺术结束，人生礼仪也是民间艺术的重要主题。

6. 民间故事

民间故事的传诵是最为普遍的大众娱乐，它的历史非常悠久，自人类有了语言以来，就有了口头传说的故事了。在相当长的历史时期里，民间故事就是凭着人们一代一代的口传心授流传和保留下来的。有了文字记载后的史书中，也记载了大量的民

钟旭年画

寿糕花馍

间传说、神话、传奇。

　　我国早在汉代就出现了著名的说书俑这类表现说书人生动传神的说书表情的杰作，说明那时说书就已经成为了一种专门的职业。到了宋代，《东京梦华录》一书中已经有了勾栏瓦肆这样的可供说书、看戏娱乐的专业场所的记载，可见民间文学的的发展到了一个高峰，民间故事已然成为最为普及的市民艺术了。

　　元明清以来，小说和戏曲的发展为民间故事的传播和弘扬提供了更加广阔的平台和渠道，元曲、插图版画和绣像小说、戏曲表演的内容很多来自古代的民间传说故事。它们被谱曲、编辑、整合、改编，成为各种民间艺术的表现内容，民间戏曲、戏出画、彩塑、建筑彩绘、石木雕刻等内容表现得尤为突出。

民间戏曲表演

　　中国历史悠久，延绵五千多年的文明史，从《山海经》、《搜神记》、《封神演义》到《三国演义》、《水浒传》、《红楼梦》、《西游记》等名著，其题材和内容都包含了大量的民间故事内容，更不用说遍及全国的各民族各地的民间故事了。

　　在没有现代传媒形式的传统社会，民众就是靠着各种渠道得来的民间故事和文学内容来教育自己和后代的。民间故事是中国重要的口传文化内容，具有重要的教化功能，它教人们从良向善，爱国爱家，给人们真善美的启迪和教育，这也成为民间艺术的一个主要主题。

附:中国古代民间四大传说

1. 梁山伯与祝英台

梁山伯与祝英台

从前有个姓祝的地主,人称祝员外,他的女儿祝英台不仅美丽大方,而且非常地聪明好学。但由于古时候女子不能进学堂读书,祝英台只好日日倚在窗栏上,望着大街上身背着书箱来来往往的读书人,心里羡慕极了!难道女子只能在家里绣花吗?为什么我不能去上学?她突然反问自己:对啊!我为什么就不能上学呢?

想到这儿,祝英台回到房间,鼓起勇气向父母要求:"爹,娘,我要到杭州去读书。我可以穿男人的衣服,扮成男人的样子,一定不让别人认出来,你们就答应我吧!"祝员外夫妇开始不同意,但经不住英台撒娇哀求,只好答应了。

第二天清早,天刚蒙蒙亮,祝英台就和丫环扮成男装,辞别父母,带着书箱,兴高采烈地出发去杭州了。

到了学堂的第一天,祝英台遇见了一个叫梁山伯的同窗,他学问出众,人品也十分优秀。她想:这么好的人,要是能天天在一起,一定会学到很多东西,也一定会很开心的。而梁山伯也觉得与她很投缘,有一种一见如故的感觉。于是,他们常常一起学习,情投意合,相互关心体贴,促膝并肩,两小无猜。后来,两人结拜为兄弟,更是时时刻刻,形影不离。

春去秋来,一晃三年过去了,学年期满,该是打点行装、拜别老师、返回家乡的时候了。同窗共烛整三载,祝英台已经深深爱上了她的梁兄,而梁山伯虽不知祝英台是女生,但也对她十分倾慕。他俩恋恋不舍地分了手,回到家后,都日夜思念着对方。几个月后,梁山伯前往祝家拜访,结果令他又惊又喜。原来这时,他见到的祝英台,已不再是那个清秀的小书生,而是一位年轻美貌的大姑娘。再见的那一刻,他们都明白了彼此之间的感情,早已是心心相印。

此后,梁山伯请人到祝家去求亲。可祝员外哪会看得上这穷书生呢,他早已把女儿许配给了有钱人家的少爷马公子。梁山伯顿觉万念俱灰,一病不起,没多久就死去了。

听到梁山伯去世的消息,一直在与父母抗争以反对包办婚姻的祝英台反而突然变得异常镇静。她套上红衣红裙,走进了迎亲的花轿。迎亲的队伍一路敲锣打鼓,好不热闹!路过梁山伯的坟前时,忽然间飞沙走石,花轿不得不停了下来。只见祝英台走出轿来,脱去红装,一身素服,缓缓地走到坟前,跪下来放声大哭,霎时间风雨飘摇,雷声大作,"轰"的一声,坟墓裂开了,祝英台纵身跳了进去。接着又是一声巨响,坟墓合上了。这时风消云散,雨过天晴,各种野花在风中轻柔地摇曳,一对美丽的蝴蝶从坟头飞出来,在阳光下自由地翩翩起舞,梁祝二人化蝶而去,留下了一段佳话。

2. 牛郎织女

牛郎是牛家庄的一个孤儿,依靠哥嫂过活。嫂子为人刻薄,经常虐待他,他被迫分家出来,靠一头老牛自耕自食。这头老牛很通灵性,有一天,织女和诸仙女下凡嬉戏,在河里洗澡,老牛劝牛郎

牛郎织女

去相见，并且告诉牛郎如果天亮之前仙女们回不去，就只能留在凡间了，牛郎于是待在河边看七个仙女，他发现其中最小的仙女很漂亮，顿生爱意，想起老牛的话，于是牛郎悄悄拿走了小仙女的衣服，仙女们洗好澡准备返回天庭，小仙女发现衣服不见了，只能留下来，牛郎制造了跟小仙女织女的邂逅，后来他们很谈得来，明白了各自的难处，织女便做了牛郎的妻子。

过了几年，他们生了一男一女两个孩子，一家人过得开心极了。不料天帝查知此事，派王母娘娘押解织女回天庭受审。

牛郎搂着两个年幼的孩子，欲哭无泪，呆呆地站了半天。老牛不忍他们妻离子散，于是触断头上的角，变成一只小船，让牛郎挑着儿女乘船追赶。眼看就要追上织女了，王母娘娘忽然拔下头上的金钗，在天空划出了一条波涛滚滚的银河。牛郎无法过河，只能在河边与织女遥望对泣。

他们坚贞的爱情感动了喜鹊，无数喜鹊飞来，用身体搭成一道跨越天河的彩桥，让牛郎织女在天河上相会。玉帝无奈，只好允许牛郎织女每年七月七日在鹊桥上会面一次，一家团圆。

3. 白蛇传

在宋朝时的镇江市，白素贞是千年修炼的蛇妖，为了报答书生许仙前世的救命之恩，化为人形，后遇到青蛇精小青，两人结伴而行。

白蛇传

白素贞在西湖找到了自己的恩人许仙，决定以身相许。过了不久，他们就结为夫妻，并开了一间"保和堂"药店。由于"保和堂"治好了很多很多疑难病症，而且给穷人看病配药还分文不收，所以药店的生意越来越红火，远近来找白素贞治病的人越来越多，人们将白素贞亲切地称为白娘子。可是，"保和堂"的兴隆、许仙和白娘子的幸福生活却惹恼了一个人，那就是金山寺的法海和尚。因为人们的病都被白娘子治好了，到金山寺烧香求菩萨的人就少多了，香火不旺。这天，法海来到"保和堂"前，看到白娘子正在给人治病，不禁心内妒火中烧，再定睛一瞧，哎呀！原来这白娘子不是凡人，而是条白蛇变的！

法海看出了白娘子的身份后，他就整日想拆散许仙白娘子夫妇、搞垮"保和堂"。于是，他偷偷把许仙叫到寺中，对他说："你娘子是蛇精变的，你快点儿和她分开吧，不然，她会吃掉你的！"许仙不肯相信，而此时白素贞已有了身孕，许仙不愿离弃妻儿。法海见许仙不上他的当，恼羞成怒，便把许仙关在了寺里。

白娘子不见许仙回来，心急如焚，终于打听到原来许仙被金山寺的法海和尚给"留"住了，白娘子赶紧带着小青来到金山寺，苦苦哀求，请法海放回许仙，法海却拒不放人。白娘子无奈，只得施法，掀起滔滔大浪，水漫金山寺。

但由于白娘子有孕在身，实在斗不过法海，后来，法海使出欺诈的手法，将白娘子收进金钵，压在了雷峰塔下，把许仙和白娘子这对恩爱夫妻活生生地拆散了。

小青逃离金山寺后，数十载深山练功，最终打败了法海，将他逼进了螃蟹腹中，救出了白娘子，从此，她和许仙以及他们的孩子幸福地生活在一起。

4. 孟姜女哭长城

秦朝时，孟老汉和姜老汉互为邻居，仅一墙之隔。一年春天，孟老汉在自己院中种了一颗葫芦籽，经过浇水、施肥精心培育，葫芦秧长得肥壮、高大，从墙头爬过去，到姜老汉的院里结了个很大的葫芦，有几十斤重。等葫芦熟后，姜老汉拿刀把它切开，突然见里边躺着个又白又胖、非常可爱的女娃娃，姜老汉喜出望

孟姜女哭长城

外,奔走相告,村里人听说后,纷纷前来观看这新鲜事,可是孟、姜两老汉却因此产生了矛盾,吵得不可开交。孟老汉非常坚定地说:"这葫芦是我亲自种下的,胖女孩该归我。"姜老汉却固执地说:"这葫芦结在我的院子里,这女娃该是我的。"吵了三天三夜,难解难分,毫无结果,后经村里人调解为:女娃娃属于两家共同的,轮流居住,共同扶养,并取了个"孟姜女"的名字。

光阴似箭,日月如梭,转眼间十多年过去了,孟姜女已经长大成人。一日,孟姜女在摘葫芦时发现葫芦架后面藏了个人。孟姜女刚想叫人就被那个人捂住了嘴。后来,那个人告诉孟姜女,他名叫范杞梁,是为了躲避官兵抓人修长城才躲在葫芦架后。之后,范杞梁便住进了孟姜女家里,两人日久生情,范杞梁经过孟姜两家长辈的同意与孟姜女成婚。天有不测风云,成亲当天,新郎被几个衙役抓走了,被发配去充当修长城的民夫了。

转眼一年过去了,范杞梁杳无音信,急得孟姜女饭吃不下,觉睡不着,不知如何是好,跟两家老人商量后,她决定去找丈夫,并发誓找不到丈夫绝不回家。

她带上干粮和给丈夫特制的御寒衣服上路了。一路上,风吹雨淋、日晒风寒、饥寒交迫、步履艰难,经过千难万险的万里跋涉,她终于找到了修长城的地方,一打听才知道,为修长城死了许多人,丈夫范杞梁早就累死了,并被埋在长城下,尸骨都找不到了。这一消息如同晴天霹雳,孟姜女顿时就伤心地痛哭起来。她泪如泉,声如雷,哭得惊天动地,天昏地暗,眼看着长城一段段的倒塌,哭到哪里便塌到哪里。这下可急坏了工程总监,急忙去报告正来此巡查工程进展的秦始皇。秦始皇赶忙去见孟姜女寻问根由。一见之后,秦始皇便被她的美貌迷住了,非要封她为"正宫娘娘"。孟姜女虽然怒火满腔,但还是压住心头仇恨,灵机一动,将计就计地非要秦始皇答应她三个条件,才能当"正宫娘娘"。一是要找到丈夫范杞梁的尸体;二是要为其丈夫举行国葬;三是要秦始皇为范杞梁披麻戴孝、打幡送葬。

秦始皇听罢孟姜女提的三个条件,思索片刻,为了得到美貌的孟姜女,便硬着头皮答应下来,孟姜女戴着孝拜了为筑城而死的范杞梁坟墓后,凤愿已偿,面对滚滚的渤海,纵身一跃,投海自尽了。

二、民间工艺的种类

　　丰富多彩的民间艺术可以有多种角度的分类方法，按照材质来分类，有纸、布、竹、木、石、皮革、金属、面、泥、陶瓷、草柳、棕藤、漆等等不同材料制成的各类民间手工艺品，它们基本上都是天然材料，以手工加工制作的。按照制作技艺的不同，又可以将民间艺术分为剪刻类、塑作类、织绣类（包括印染类）、编织类、绘画类、雕镂类、扎糊类、表演类、装饰陈设类等。也有学者按照造型来分类，但是这几种分类都比较单一，不能完全体现出民间工艺美术极为丰富的内容，以及它与传统文化的密切关系。

　　如果从功能上分，按照其不同的功用和使用场合，以及在民俗活动中的使用情况，则可以将民间工艺分为几个种类：

1. 玩具类

　　玩具类的民间艺术包括泥玩具、陶瓷玩具、布玩具及综合材料所制玩具等。传统玩具是指从古代流传下来的手工制作玩具，俗称"耍货"。它们与民俗关系密切，具有一定的传承历史。传统玩具的生产采取了一家一户的作坊式的加工方法，成为代代相传的地方和家族手艺，其材料大多采用天然的泥、木、竹、石、布、面、金属、皮毛等等。传统玩具的题材是中国传统文化的一部分，表现的是民众的信仰、习俗和戏曲、传说、民间文学等内容。它的造型、色彩和结构随意、主观，具有原始文化和乡土艺术的特点，反映了中国的传统审美观念。

　　传统玩具丰富了中国民间的游戏及体育活动，在进行各种各样的游戏活动时，人们既得到了娱乐，亦达到了强身健体的目的。而共同参与的游戏或竞赛，更使人们增进了情感交流并深刻体会到体育精神的真谛。中国传统玩具在漫长的历史岁月中，形成了丰富多彩的品类和地方风格，并一直伴随着人们的成长。时至今日，虽然许多玩具已改头换面，但个中的含义及先人的智慧却仍长存其中。

　　首先是泥玩具，其中狮、虎、犬、鸡、羊是通用的题材。忻州、代县、定襄一带的泥娃娃造型浓眉大眼、胖敦福态，多为坐像，大块色彩,夸张简洁;而晋南临猗的五彩泥玩具以民间传说中的天将、天狗、虎娃见多,以白色为底,描以黄、红、蓝、绿色,显得细皮嫩肉、乖巧可亲。娘娘庙会上的求子泥娃娃中,绛县、万荣县的面目姣美,小巧玲珑;怀仁、右玉的粗犷脱俗,俨然一副"泥像"。玉田泥人生产已有二百余年的历史,其产地主要分布在戴家屯、西高丘等几个村。

玉田泥人

其次是布玩具,布玩具中的布虎玩具随处可见,形象各异,千姿百态。绛县的布虎系列就有二十四种之多,虎头鱼尾、虎头蛇尾、虎头石榴尾……芮城县的狮虎头身镶嵌,晃头摆尾;雁北地区右玉左云、怀仁县的布虎肥头大耳,胖圆的身躯;晋南、万荣、稷山的布虎,大部分是柳叶眉、核桃眼,小小的嘴巴,胡须用绒毛制作,其背上多做装饰,尾细长且弯曲上翘;晋北的布虎浓眉大眼阔嘴,须毛多为描画,线条豪放,尾粗直。这几个地区的双头虎外形上区别不太大,都具有威猛和乖巧的特点,但晋南的表现得活泼伶俐,晋北的则显得憨厚可爱,这也是民间玩具常见的类型。

还有儿童花灯玩具,这种玩具以手提式多见,一般都是篾扎纸糊,内装小红蜡烛。农村传统的小花灯,用高粱杆扎架,麻纸糊面,用色彩画人们喜爱的动物或神话故事,或印上木版年画,或贴上民间剪纸,内装小油灯。现今发展为竹架构造,彩纸或绸布糊面,内装蜡烛。在制作技艺上虽然并不纯熟,但粗犷有力,无矫

布虎玩具

揉造作之感。无论是造型、用料、色彩和制作风格都具有生动活泼的乡土生活气息和浓厚的地方特色。

花灯玩具

　　玩具类工艺品还有一种棉塑类玩具。只需一把棉花,几根剥了皮的高粱杆和少许的胶水便可做成,制作简便,先把几根高粱杆芯扎成骨架,将蓬起的棉花轻轻缠于骨架上,再用胶水粘塑定型,胶水涂多涂少,可塑出不同形状。最后在形体表面均匀地涂一层胶水固定造型,然后染色,一件棉塑动物或人物就做成了。把它插在预先备好的卟嘟摇鼓上,就是一件既可摆设欣赏又可随手玩耍的声形并茂的玩具。棉塑玩具用料较少,成本低廉,又可就地取材,所以艺人们常常是现做现卖,边表演边出售。棉塑玩具中有鸡、麻雀、喜鹊、燕子、鹤等飞禽,长不过三五寸,高不过六七寸。人物主要有《西游记》中精灵的孙猴子、憨厚的沙和尚,傻乎乎的猪八戒及慈善的唐僧,一个个栩栩如生,令人爱不释手。

2. 染织绣类

　　染织绣类的民间艺术实际上包括了印染、手工纺织、刺绣、织锦、缂丝等几大类别。

　　印染是民间服饰和日常居室装饰密切相关的工艺品,主要有蜡染、扎染、蓝印花布、彩印画布等,主要用在服装、帽子、被褥、床饰、门帘、包袱布等方面,是用途非常广泛的布艺。

刺绣则包括了四大名绣、各地民间刺绣、少数民族刺绣等。四大名绣是指湘绣、苏绣、蜀绣、粤绣，各地民族民间刺绣中有代表性的包括苗绣、土族刺绣、满族枕顶绣(绣于枕头两端)、湖北挑花和陕西、山西、河南民间手绣。

中国的传统刺绣工艺，根据使用者的不同、地域的不同、工艺精致程度的差别，分为民间刺绣和四大名绣。

民间刺绣是相对于具有宫廷文化风格和文人画风格的四大名绣而言的，它普遍存在于中国各地的民间刺绣工艺。中国传统刺绣历史悠久，随着丝绸的产生和发展而存在。早在四五千年前，刺绣就已经成为"章服制度"中重要的装饰手段。两千多年前的长沙马王堆墓出土的刺绣已经有了丰富的不同针法，可见当时刺绣工艺已经出现了不同针法的程式化的固定工艺。1982年从湖北江陵马山一号楚墓中，出土了战国时期的绣衾(被)和禅(单)衣，上面绣着龙、凤、虎和花卉等图案，形神兼备，绚丽多彩。

汉代的乐府诗《孔雀东南飞》中有"妾有绣腰襦，葳蕤自生光"的诗句。汉末、六朝时期，刺绣题材中出现了人物形象，为后来的人物绣品开了先河。唐、宋时期，文人们开始参与刺绣画稿的设计，文人画所表现的诗词境界、书法和绘画的雅致，影响到民间刺绣的创作，刺绣开始向精致化和文人化的方向发展。到了宋代，刺绣几乎成为妇女的女红手艺中最普遍、最重要的一项，不少有文化的富家女子的刺绣创作，更使刺绣工艺臻于精细绝妙。明、清时期，全国城乡出现了众多的刺绣商业作坊。尤其是明代，首先在上海出现了"露香园绣"这样绣工精细，用针巧妙的以个人风格著称的"顾绣"，并专门刺绣花鸟走兽画幅、画页、手卷等陈设品，表明中国传统刺绣从附属在服饰上的装饰手段，成为独立欣赏的艺术品。清代开始出现了几个重要的刺绣艺术流派，如北京的京绣、开封的汴绣、山东的鲁绣等，以及后人称誉的四大名绣。

清代后期，各地都出现了具有地方特色和技艺特色的民间刺绣工艺。但是长期以来，官方文化和精英文化，对各地出现的民间刺绣工艺极少关注，更谈不上记录和传承。民间刺绣基本上处于与日常生活完全融合在一起的普通"手艺"的地位，但是正

苗绣

土族刺绣

满族枕顶绣

传统刺绣

是这种生活的艺术,才使得民间刺绣一代代自发地保留了下来,成为我们今天看到的传统艺术中最精彩、最形象、最富有文化内涵的非物质文化品类。

3. 塑作艺术

塑作类是指以捏、塑、堆、纳等方法为主制作的民间艺术品,其内容包括了泥塑、面塑、陶塑、糖塑、米粉捏制品、纸浆拍塑、琉璃和玻璃等造型艺术。塑作类艺术往往靠艺人以手施艺,靠手工方法造型,由于采用了与雕刻不同的创作手法,它们的艺术效果也不同。塑作类艺术还常结合彩绘装饰方法,在塑形后再施以彩绘,以增加艺术品的欣赏性、象征性和吉庆祥和的气氛。如泥塑中的典型作品有江苏惠山的手捏戏文、河南淮阳的泥泥狗、北京的面人汤、面人郎的作品等;纳模玩具如泥饽饽、泥玩具中的耍货阿福、凤翔泥塑、北京兔儿爷、中秋月饼、巧果、糖人等都是典型的塑作类民间艺术。一些民间脸谱和器物采用纸浆拍塑而成,而玻璃类、糖人等则采用吹塑方法,趁热边吹边塑形,也属于塑作类艺术。

泥塑

泥塑艺术是中国一种古老的民间艺术。它以泥土为原料,以手工捏制或磕模捺泥的方法成形,或素或彩,以人物、动物为主。

新石器时代到汉代,中国境内考古发掘的大量文物中有为数众多的陶俑、陶兽、陶马车、陶船等等。其中有手捏的,也有模制的。汉代先民的丧葬习俗中大量使用陶泥偶像作为陪葬品。到了唐代,泥塑艺术达到了顶峰。被誉为雕塑圣手的杨惠之就是杰出的代表。泥塑艺术发展到宋代,不但宗教题材的大型佛像继续繁荣,小型泥塑玩具也发展起来。有许多人专门从事泥人制作,作为商品出售。元代之后,历经明、清、民国,泥塑艺术品在社会上仍然流传,既可观赏陈设,又可让儿童玩耍。天津、江苏无锡惠山、广东大吴、陕西凤翔、河南浚县、淮阳及北京等地仍是传统泥塑的重要产地。

泥塑艺术

面塑艺术

中国传统饮食文化源远流长，面塑便是其中一种。据文献资料记载，汉代早已有面塑存在了。宋代《梦粱录》中记载了把面塑用在春节、中秋、端午以及结婚祝寿的喜庆日子的习俗。现存最早的古代面人，是在新疆吐鲁番阿斯塔那古墓中发现的唐代永徽四年（公元 653 年）墓中出土的面制女俑头、男俑上半身像和面猪。清代，出现了以做面人为生的手艺人，到了今天，在中国北方大部分地区仍然保存着面人制作的手艺和习俗。

面塑一般分为观赏的面塑和食用的面花（或叫礼馍）。用于观赏的面塑通常用精面粉、糯米粉、盐、防腐剂及香油等制成，而用于食用的面塑则用澄粉、生粉等制成。材料的不同使这两种面塑在制作工艺上也有少许的不同。

面塑

食用面花的制作工具简单,全凭妇女的心灵手巧,其方法是先将白面经过搓、捏成面团,用剪刀、菜刀和梳子等工具对面团进行造型。观赏和装饰面塑,其材料的制作方法则是将面粉、糯米粉、防腐剂中倒入开水并用筷子搅拌,然后将面团反复揉搓均匀。然后把品红、品黄、品蓝、大白粉、锅烟黑等颜色分别加入面中,制成多种色面,再用揉、搓、剪、挑、压、粘等方法来塑造形象。还可以用一些羽毛、棉花等来装饰面人的头发、胡须之类,这样一个完整的形象就出现了。

食用面花或节俗礼馍普遍流行于中国以吃面食为主的北方各地,沿黄河流域的青海、甘肃、宁夏、陕西、山西、河南、山东各省以及内蒙古、新疆、东北等地农村都有食用面花。面塑则以北京、山东、江苏、浙江为主要的产地。北京的面塑艺术水平最高。

4. 木偶

中国木偶艺术从不同侧面反映着博大精深的中华文化的特征,从材质、操纵方法上看,木偶艺术有提线、杖头、掌中、铁枝、药发、水力等不同形式;从表演剧目上有历史传奇、神话传说、寓言故事等,天上人间,驰幻入魔,还有现实小品,可谓多种多样;从造型上可以大至与人同高(汉代大木偶高 193 厘米),又可小于一尺,偶头能造到如拇指般大小而能雕绘五官端正、比例准确、线条均称、色彩鲜明。如粤西地区的杖头木偶,《芙蓉仙子》中的书生陈秋林,以及《孙悟空三打白骨精》中的猪八戒、牛魔王等,即使是神怪夸张却仍保持着合度比例。

现代的粤西木偶双眼能活动自如,能按照表情需要造出睁、瞑、瞅、瞬等动作,得心应手,顾盼传神;冀南的吴桥民间木偶头则夸张简练,独具特色;有的接近唐仕女和敦煌彩塑;有的接近戏曲脸谱却又能变通风趣,灵活运用。

粤西木偶

5. 剪刻艺术

剪刻类是指以剪、刻、凿等方法为主制作的民间艺术品类。其内容包括了剪纸、刻纸、皮影、剪贴画、刻葫芦、铁画、石刻线画、瓷刻画等。民族服饰和布艺的制作中也使用了大量的剪裁工艺。这些艺术品的造型顺序往往是由大及小,所使用的材质一般具有挺阔硬朗的质地,如纸、皮、竹木、石、陶瓷、象牙等。剪刻中常使用的工具有剪子、刀子、凿子、錾子和一些辅助性工具,剪刻作为造型手段,擅长表现作品的细节,体现精致的技巧,如刻纸作品可以达到细如发丝,木刻达到肌理毕现、入木三分的艺术效果(如质地细腻的黄杨木雕、象牙雕刻等)

剪纸画

剪纸

剪纸在中国民间广为流传,根据历史的记载和出土的实物来看,剪纸至少有将近 1500 年的历史了。剪纸的出现应该是在汉代造纸术发明之后的事情,造纸术的发明,为剪纸的出现提供了有利条件。到了唐代,剪纸艺术大大发展,以剪纸招魂是当时民间的重要习俗之一。在民间,剪纸图案还被广泛应用于木版雕刻、铜器饰纹、布匹印染等其他艺术领域。宋代的造纸业发展成熟,纸品种类的增多为剪纸的普及提供了条件,出现了诸如民间窗花、灯彩和茶盏上的装饰等各种不同的表现形式,使民间剪纸的运用范围比唐代更为扩大。南宋时期,就已出现了以剪纸为职业的艺人。明、清时期是剪纸艺术的鼎盛时期,剪纸成为重要的居家装饰品,如门笺、窗花、柜花、棚顶花等,剪纸也成为民俗活动中必不可少的装饰品。中国的剪纸起源于汉至南北朝时期,而真正繁盛却是在清朝中期以后。古老的剪纸多在乡间,以剪刀铰

剪纸

刻纸图案

出为主，趣味浑朴天然，均出自农家妇女之手；剪纸进入城市后，不仅市民情趣和生活理想要参入剪纸艺术，而千家万户拥挤在一起，互传成习，需要颇巨；剪纸艺人为了省工，一刀多张便改为刻刀雕刻为主，风格转向精巧，艺人也就不止于妇女了。然而，时代更迭、生活改变和审美转化，传统民间艺术渐渐不能适应现实需要，所以现代新兴剪纸艺术孕育而生。

刻纸

刻纸也是民间工艺的一种常见形式，剪纸和刻纸两者虽然最终形式相同，但制作技法却不同。剪纸是一种以纸为加工对象，以剪刀为工具进行创作的艺术。刻纸则需要用垫板、刻刀、尖锥子、钉子等工具，先将原有的样子放在 20 张或者 30 张薄纸上，然后将它们放在垫板上并用钉子固定，用刻刀由里到外一层层的刻，刻好花样后，刻纸就完成了。一般来说，剪纸更注重原创性，不受刻刀和纸张的限制，造型更加自由和随意。刻纸则更适合表现细腻的画面效果，如浙江的细纹刻纸细如发丝，令人惊叹。刻纸某种程度上弥补了剪纸的不足，但在创作上，受到了较多的限制。

6. 皮影

中国皮影，北方以滦州皮影为代表，影人结构分七大部分：头、上身、上臂（两件）及下臂（两件）、手（两件）、下身、腿（脚与腿相连，两件），共 11 个组件。中心控制是脖条。以杆子操纵。生旦脸部镂空，净丑则涂色，脸形棱角分明，尖下巴，平额头。形体较小，一般 25.4 厘米至 30.4 厘米左右，最高 40.6 厘米，多以驴皮雕镂。以黄牛皮雕镂的陕西皮影亦分 11 个组件。

南系皮影以成都灯影戏为代表，影偶分大、中、小型，大灯影身高 60—80 厘米，个别高达 1 米，中灯影 40—60 厘米，小灯影 24—30 厘米。成都灯影全身共分 14 关节：帽、头、胸、腹、下肢二、上臂二、前臂二、手掌二。头子可插进脖项上用细铁丝缠绕的皮圈内，其余关节用细麻绳连结。一个穿戴整齐的影人分三段：帽作一段，头作一段，统称"帽子"（北方称"头茬"），衣履共作一段,统称"把子"(北方称"戳子")。

中国皮影关节灵活,在优秀艺人操纵下,行坐顾盼,端带撩袍,舞刀挥剑,驾雾腾云,打斗驰马,出神入化,令人叫绝,扮演种种传奇故事,塑造了生、旦、净、丑、神、佛、灵、怪、兽种种难以想象的影窗形象,成为驭物为灵的艺术。

皮影

7. 雕镌艺术

雕与镌都是指在竹木、玉石、金属等介质上面进行的刻画方式,雕镌类指采用这种方式制作的作品,如我们常见的雕版、雕漆、雕花、浮雕等,还有与塑形结合的雕塑艺术品等。雕和镌往往都是在硬质界面和半干状态的固态界面上进行的,而塑需要在软质材料上进行,这是雕镌和塑作不同之处。我们熟悉的这类作品包括雕花的竹笔筒、玉石首饰和摆设、金属首饰、芜湖铁画、在砖上雕刻的砖雕、石雕作品等。雕镌类作品创作中常使用刀子、凿子、钻子及一些辅助性工具。

玉雕

玉雕是中国传统雕刻艺术形式之一,早在新石器时代,仰绍文化和龙山文化就有了玉雕的鱼和龙。商代的殷墟文化中发现了绿松石和玛瑙等饰品。可见中国的玉石文化已有五千多年的历史了。

大禹治水图玉山

玉雕

　　玉因其原料珍贵，雕琢技术要求高而被视为具有重要的仪式功能的礼器。四川金沙遗址就出土了具有4000年历史的精美绝伦的玉琮。商代至春秋战国时期，出现了用于祭祀神灵的各类玉质的礼器和饰品，皆造型生动，雕刻精美，玉质上乘。

　　汉唐时期，玉雕作为装饰品成为民间和宫廷都喜爱的工艺品，西汉时期的金缕玉衣的出现就是例证。宋元时期，玉雕工艺得到了重视和高速发展，宫廷中的玉院专门为雕琢玉器而设立。福建的寿山石雕在当时的创作量很大，其价值也被朝廷认可。明清时期是玉雕发展的鼎盛阶段，苏州以玉雕雕刻精巧而闻名于世，宫廷大量使用玉器作为装饰和使用器物及把玩的对象。雕刻工艺更加丰富，出现了圆雕等精致的工艺品，"大禹治水图玉山"，是世界上最大的玉件之一。

　　随着传统技艺的消失，玉雕行业因工作辛苦和观念落后而在雕琢工艺上出现了困难。这方面，工匠们应该在继承传统的基础上，学习西方一些科学合理的记忆和技术，是目前玉雕行业翘首以盼的。

木雕

　　中国的木雕种类繁多，遍布于大江南北，最著名的是浙江东阳木雕、广东金漆木雕、温州黄杨木雕、福建龙眼木雕，人称四大名雕。其他种类如：曲阜楷木雕、南京仿古木雕、苏州红木雕、剑川云木雕、上海白木雕、永陵桦木雕、泉州彩木雕……这些木雕都是因产地、选材或工艺特色而得名，有的历史悠久，具有较高的工艺水平和传统特色，能工巧匠遍布各地，后起之秀木雕技艺日趋精湛，造型也日臻完美，具有鲜明的地方特色。

　　木雕工艺品是指以质地细密、坚韧、不易变形的树木为原材料、以雕刻的方法进行创作而成的各种观赏品、富于形式美感的实用装饰品。中国发现的最早的木雕是出土于河姆渡遗址的一条木雕鱼，制作时间距今已有6000至7000年之久。在战国时代，木雕工艺已由商代用于制陶工艺中的简单刻纹和雕花板的阴刻，发印展到立体圆雕工艺。汉代的木雕水平比前代已有提高，在汉墓中出土的木雕动物，形象自然生动，刀法简练果断，显示出当时木雕艺人的高超水平。自唐、宋开始,木雕艺术开始向写实和精致的方向发展,至明、清时期,小型观赏性木雕、建筑和民间实用器具上的装饰性木雕水平都达到了鼎盛时期。20世纪初之后,木雕艺术为愈来愈多的人所认识和喜爱,成为观赏与收藏热品,也成为产业化的实用性装饰艺术。

木雕的雕刻技法有圆雕、浮雕、镂雕等,一般在雕刻过程中,各种技法是混合使用的,由于木雕易腐易蛀,所以有的作品还要施彩、上漆。与所有的雕刻一样,木雕的形式大致可分为二种,一种是"独立式",一种是"依附式"。前者是指可以用来自由放置,并且从任何方向任何角度都能看见的三维空间艺术的圆雕作品,通常是被用作室内的陈设品或案头摆件;后者是指用于装饰建筑物室内墙面或门窗等固定空间的浮雕而言。最为著名的木雕产地有浙江东阳、浙江乐清、广东潮州等地。除此之外,徽州木雕、少数民族的木雕艺术也是成就突出的木雕艺术形式。

精致的木雕

木雕艺术品

石雕

中国石雕艺术具有悠久的历史。河北武安磁山文化遗址出土的石雕人头,是距今7000年前的新石器时代品。秦代已出现了巨型石雕——石麒麟。河北石家庄西北郊发现的一对石人,考证认定为西汉文帝时代的石雕作品，气魄深沉宏大，风格古朴浑厚。东汉时佛教传入中国，中国在宗教石雕和陵墓石雕两个方面发展较快。著名的云冈和龙门等石窟的石雕就可说明六朝、唐、宋时代的石雕艺术水平。

龙门石窟石雕

　　宋、元以后，石雕艺术向世俗化、多样化方面发展。明清时代，精巧玲珑的工艺石雕和具有汉唐石雕气质的乡间拴马桩、镇庄兽等民间雕刻，成为明清石雕艺术的主体。民间小型的工艺石雕，一般以石料产地或石料特点来命名的，从石料产地来看，有安徽徽州、浙江青田、河北曲阳；按石料命名来看，有福建的寿山石雕、湖南浏阳的菊花石雕、四川广元的白花石雕。以石雕艺术品而闻名的地区包括甘肃陇东地区（镇庄兽）、陕西渭北地区（拴马桩）、陕北地区（拴娃石）、河南方城（石猴）、山东掖县（滑石猴）、山东嘉祥（石麒麟等）、广东雷州（石狗）等地。

　　民间小型工艺石雕的制作十分注重石料的品种、色泽纹理的选择，主张因材施艺，追求雕刻精工，运用浮雕、圆雕、镂雕、线刻等多种技法来创作。石雕的制作工序大致相同，一般是：一、相

菊花石雕

石,根据石料的形状和纹理、色彩确定要雕制的题材。二、用笔在石材上画出雕刻的部位,然后凿出粗坯,再刻大体。大局部位刻成后,修刻细部,最后琢磨、修光、上蜡完成作品。

石雕工艺品

砖雕

砖雕出现于中国战国时代,当时就已有花砖出现。汉代画像砖已发展相当成熟,以墓室砖雕最为著名,但制作大都是模印而成的。唐代花砖采用模印后再经过雕刻加工,创造出富有立体感的装饰浮雕作品。砖雕上的人物动物形象突出而且都以卷云纹相衬托,结构充实,形态生动,呈现出一种繁复富丽的艺术风格。宋、金时期,墓室砖雕流行,多以世俗生活为题材,具有浓厚的生活气息,其中宋代砖雕中的形象比例匀称,姿态生动,轮廓整齐清晰,刻画衣纹,刀法利落,是一种清新朴实的艺术风格。到了金代,砖雕人物形体健壮,敦厚质朴,浮雕线条一般粗犷简练,有趣味性。明清时代,砖雕主要用于装饰住宅及寺观庙宇,表现内容丰富,构图复杂,制作除单层浮雕外,还有多层浮雕、堆砖等表现技法。花纹图案具有完整的装饰效果,作品画面具有独立的构图形式。

　　明清时代开始，砖雕艺术逐渐从建筑物的附属装饰发展成为一种独立的民间艺术品，砖雕制作的队伍发展壮大，全国几乎都有各自的砖雕产地，其中以徽州、天津、北京、山东潍县、苏州、广东、甘肃、台湾等地最为著名。

　　明清时代的南北方砖雕艺术逐渐形成了自己的风格，但民间砖雕制作的工艺还是大致相同的，一般来说分为六个步骤，依次为修砖、上样、刻样、打坯、出细（或叫刊光）、磨光。一般来说北方砖雕艺术风格比较浑厚，南方砖雕艺术偏于秀细，但都洋溢着中国各地民间的乡土气息。

砖雕

8. 绘画类

　　人类最早的绘画是距今约万年前的原始先民创作的岩画，民间绘画是相对于文人画、宫廷画、宗教画和现代的学院派绘画而言的。民间画的源头来自远古的岩画、彩陶装饰画等原始艺术。我们通常把古代石刻线画、宗教版画、水陆画、影像画、庙画、年画、灯屏画、建筑彩绘、扇面画、包括现代农民画、布贴画等在内的一切民间绘画形式都纳入到民间绘画之中。

　　民间绘画不仅是独立的观赏性的艺术，还作为环境和器物等的装饰，成为附属性的装饰绘画，如皮影、木偶、脸谱、刺绣、剪纸、建筑装饰、陶瓷装饰等就大量采用民间绘画的语言或图案、对其进行装饰。

　　民间绘画的特点是它有着强烈的地域色彩、民族色彩，与民间习俗相结合、有着很强的程式化色彩，造型古朴、夸张，色彩鲜明，既有工笔重彩之作，也有淡雅隽秀之作，主要包括以下几种：

彩画

　　我们常能在各种实用性的器物和装饰性的摆设、供奉陈列中发现优美的装饰画，那些造型优美的图案和丰富的色彩，有的是直接取自年画等民间绘画，有的则是将传统的民间绘画中的局部图案、传统吉祥图案运用在各种介质的装饰上，更多的是民间艺术家富有灵性的创作和构思的体现。这类彩画虽然依附于器物或其他媒介而存在，但又往往能为所装饰的器物和媒介带来更多的审美情趣，增加更多的观赏价值和经济价值，大大提升了原有器物和媒介的艺术性和技艺高度，它不是简单的二次创作和复制、转移，而是根据器物和媒介的特点有的放矢地进行选择的结果。如建筑彩绘，经常出现在长廊、房山墙、影壁、大门、房檐等处的建筑装饰画，也是典型的装饰性彩画。它增加了建筑的装饰美感，提高了建筑的工艺含金量。

灯屏画

建筑彩绘

彩绘陶罐

又如一个普通的陶罐,因为画上了戏曲场面,那里的人物造型随着陶器的弯曲和弧形界面的展开,呈现出十足的动感和戏剧场景、人物,比起平面的戏曲画更加灵动,更加丰满,于是,一个普通的陶罐就成了一个有观赏价值、收藏价值的作品,而不再仅仅是一个盛放东西的对象了,民间彩画的装饰意义就在这里。

农民画

农民画是中国当代民间艺术中一个特有的术语,是中国特定历史条件下产生的一种绘画艺术形式,它起源于 20 世纪 50 年代末期,中国正值"大跃进"年月,在江苏省邳县、河北省束鹿县、陕西省户县等地先后搞起了农民"诗画满墙"活动。由于它及时地配合着当时的政治运动,很快就传遍全国许多乡镇。

农民画

初期的农民画,大都是采用壁画形式,这也是各地文化馆站为配合运动、以宣传为主要目的而开展的群众艺术活动。画炼钢、画生产、画阶级斗争、画理想,是当时农民画的主要表现题材,流露出民间艺术淳朴美的特质。60—70 年代,农民画创作进展缓慢,一度几乎濒于完全停滞状态,直到改革开放之后,随着农村经济的复苏,沉寂多年的农民画才又重新活跃起来。除原有的"画乡"外又出现了许多,不仅在农村,还在渔岛、牧区和少数民族地区,农民画再度兴起,面貌全然改变,农民画家吸取了剪纸、皮影、刺绣、染织、年画、陶瓷、雕刻等传统民间美术的营养,把它们运用到表现新生活的绘画创作中,创造出崭新的艺术样式,这就是由农民画演变而来的"现代民间绘画"。

年画

年画是中国人春节期间用来装饰生活环境和居住场所的一种装饰画。古代就有过年贴画的风俗,只是不叫"年画"。直到清代道光29年,李庭光在《乡言解颐》一书中提到了"年画"一词,后来被广泛采用。

年画的题材和内容包罗万象,有门神、神等各类神像;有节庆画、吉祥画;有故事、戏曲、小说内容的装饰画;也有保佑出行和牲畜用的神像(也叫纸马),等等。可以说年画是反映民俗生活和观念的百科全书,而且年画色彩鲜艳、构图饱满、造型生动,是独特的艺术形式。

年画

9. 编织类

中国编织工艺品的历史得益于物产丰富,千百年来,勤劳的劳动人民为了生存,就地取材,通过不断的实践,选择利用自然界中生长的各种植物,编织出各种生活所需的器物。随着社会的进步和对实践认识的深化,劳动人民创造出许多编织技法和原

门神

材料加工技术，并使之在实践中不断发展完善。在中国，从南方到北方，许多省、市、自治区都有自己特色的编织工艺品，各地的编织已由纯手工制作转向半手工、半机械化生产，新产品不断涌现，表现了中国劳动人民高超的创造技能和聪明才智。

　　中国的竹、草、藤、柳、棕麻编织工艺品像其他工艺品一样，有着悠久的历史。考古发现证明，中国早在距今六七千年前的河姆渡文化时期、四五千年前的仰韶文化时期、二三千年前的良渚文化时期就已有苇、竹等类的编织物。1973 年至 1977 年在浙江余姚县河姆渡文化遗址中，就发掘出以二经二纬法编织的苇席残片。1934 年在浙江余杭县吴兴钱山漾良渚文化遗址发掘出二百多件竹器，上有一经一纬，二经二纬，多经多纬法编的人字及菱形花格等纹样，尤其产生了梅花眼、辫子口等较复杂的编织技法。藤至少在氏族社会时已用于编织胄和盾牌，柳编则在新疆曾出土的唐代"线柳编长方盒"中，可以了解到柳编工艺在唐以前就已很发达，葵、棕、柳、麻编织也有悠久的历史。

　　草编主要产地是浙江、河南、山东、湖南、广东、广西等地。浙江慈溪长河草编历史悠久，有"草编之乡"的美誉。湖南以动物草编、制造金丝草帽最著名。河南草编相传由山东莱州传入河南，已有一千二百多年历史。山东草编主要有草辫、日用品、杂品三大类。湖南临武龙须草席，相传在唐代即有侍臣向杨贵妃进献龙须草席解热消汗。

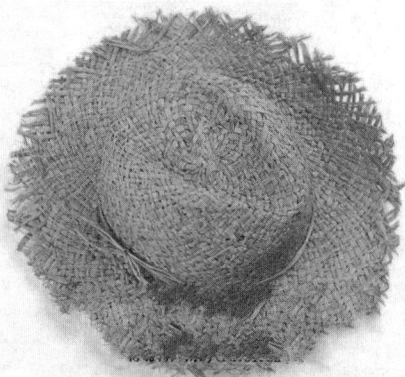

金丝草帽

柳编以河南、江苏、内蒙古、河北、陕北等地为主。

竹编主要集中在浙江、四川、湖南、河南、贵州、广西、安徽等地。顾名思义,竹编就是用竹子作为原材料,将竹筒破为竹篾,经过烤、泡、上色等工艺处理,编织成各种生活器皿和装饰品。

柳编工艺品

竹编工艺品

浙江嵊县的竹编久负盛名,唐代已有。它以当地盛产的水竹为原料,主要有箕、盘、罐、盒、屏风、动物、人物、建筑、家具、灯具、棕壳等 12 大类,三千多个花式。浙江东阳竹编,早在南宋时已有竹编龙灯、花灯、马灯出现。它以动物装饰为主要特色。四川成都瓷胎竹编,以江西景德镇瓷器为胎,用优质慈竹加工编织,四川崇庆竹编也很有名。

浙江嵊县、东阳竹编以动物为主要内容,多取材于家养禽畜及珍奇禽兽,取材于民间神话的作品也很精致。浙江新昌竹编,品种多,以瓶、罐为佳。杭州竹篮底口紧密,罗口细密,牢固耐用。四川成都瓷胎竹编工精艺高,竹丝细如毫发,织时不露接头,织成的作品薄如绸绢,色调和谐,色泽清雅,美观大方。

四川崇庆竹编除各种日常用的竹兜、篮、盘、碗、扇、灯笼、盆等,还有许多新颖、精巧的生活用品,形状固定,牢固,弹性强,能经受一定的压力,易于保护各种物品。湖南益阳水竹凉席质地纤细，编工细腻，平整滑爽，柔韧耐用，吸汗散热，清凉爽快，久用则愈显光亮平滑，最宜夏季消暑使用，以"薄如纸，明如玉，平如水，柔如帛"著称。

10. 漆器

漆是取自漆树的一种天然胶质，是大自然赐予人类的珍贵材质，经过人工处理，提炼出漆泥，制成的各种器皿干后极为牢固且不变形。漆器是在木、布、皮、金属、竹、藤等材质制成的胎骨上经髹漆、打磨、装饰等工艺加工所制成的器物。中国是最早认识漆并制作漆的国家，漆器的制造始自河姆渡时期，已有近8000年的历史。商周时期的器型已较为丰富并有原始纹饰，出现了嵌螺钿漆器。战国时期漆器制造空前繁荣，并脱离了木器业成为独立的手工业部门，以楚国漆器为代表，制作工艺和装饰图案多样化，除木胎外，另有皮胎、竹胎、夹苎胎等。

漆器的制作工艺有描漆、描金银、金箔贴花、错金银扣、针刻等。秦代漆器造型严谨，纹饰精美，设色庄重富丽，以木胎为主，纹饰多采用写实和夸张的手法，有动物、植物、自然景物和几何纹四大类。汉代漆器的发展达到鼎盛，形成了自己独具魅力的特点，出现了鼎、壶、盘、钟等新器型，以后漆器发展便以成熟。

漆器的装饰工艺分为彩绘、刻画、镶嵌、金银箔贴、戗金等，以彩绘最多，人们还创造出"堆漆法"。魏晋南北朝时期，由于青瓷的出现，使得漆器在实际生活中的地位下降，因而漆器制造迅速衰落，器物品种减少，以日常生活用具为主。唐代则是继战国至汉代以来漆器制造的第二个高峰期，雕漆数量最多。明代隆庆年间，漆工黄成写了中国现存唯一的古代漆工专着《髹饰录》。清代漆器在明代基础上继续繁荣发展，制作精美，装饰华丽，极富吉祥寓意。漆器的制作和使用涉及面广，尤其是宫廷漆器，大至典章祭祀用品、陈设品，小到日常生活用品、文房用品和赏玩用品。此时的漆器艺术呈现出异彩纷呈的局面。乾隆时期，福建髹漆艺人沈绍安在几千年来中国髹漆技艺的基础上创新出脱胎漆器。清晚期漆器制作日趋衰落，到光绪时雕漆技法几乎失传，民国时期才逐渐恢复。

红色漆器福禄寿纹盘

漆器的种类非常之多，中国漆器主要有脱胎漆器、雕漆、螺钿、推光、彩绘、雕填等类别，产地也不尽相同。脱胎漆器的主要产地为江西的宜春和鄱阳地区、福建的福州和泉州。雕漆历史上以元代嘉兴西塘的最为著名，现代主要产地有北京、扬州、甘肃天水、武都一带。螺钿镶嵌漆器以扬州为主，推光漆器则首推山西平遥。彩绘漆器较为普遍，基本上很多漆器产地都有彩绘这一品种，其中以重庆和凉山彝族地区的彩绘漆器最有特色。雕填漆器以成都最具代表性，另外还有一些独特的漆器种类，如贵州大方和广东阳江的皮胎漆器、厦门的漆线雕装饰器皿等都各具特色。

犀皮螺钿漆器

漆器制作的主要步骤是：制胎、涂漆、彩绘、打磨、抛光、温室烘干等，主要装饰方法有彩绘、堆漆、镶嵌、雕漆、平脱、戗金等。

中国的漆器产地众多，风格多样，其中北京雕漆、福州脱胎漆、扬州点螺漆、平遥推光漆被誉为"四大名漆"。

漆器碗

11. 其他种类

民间艺术的种类繁多,从不同角度可以有不同分类,难以一一细说。除以上门类外,还有更多其他类别都值得一谈,这里且略说一二。

一是脸谱。脸谱可以上溯到远古时期原始人黥面纹身的习俗,直接源头则是古代倡优女乐的脂粉妆和俳优滑稽的粉墨妆,是中国古老的化妆艺术,其渊源始于先秦时期,汉代已十分盛行。脂粉妆侧重美化人面,对脸谱艺术产生过一定影响。

脸谱主要分为戏剧脸谱和社火脸谱两大类,工艺脸谱的创作也主要集中在这两方面。戏剧脸谱中以京剧脸谱最为普及和最具代表性,因此,北京既是工艺泥塑脸谱的发源地,又成为其主要流传地区。

唐五代时期,在乐舞、戏剧中盛行以粉墨涂面的粉墨妆,更侧重"扮饰"角色,已蕴含了脸谱艺术的因子。宋金元三代,随着杂剧的兴起和繁荣,涂面化妆获得了进一步发展,形成了"素面"和"花面"两种基本的化妆形式,已具备脸谱的基本特征。明中叶至清中叶,由于此时剧本创作的繁荣和角色行当的划分更加完备,戏剧脸谱进入基本成熟的时期。在众多的角色行当中,与脸谱有直接关系的是净和丑,这两个角色分工的日益细密,促使脸谱艺术达到了新的高度。

清中期以后,形成了一批以京剧为代表的地方剧种,这些新兴剧种的脸谱向着多样化、精致化、定型化的方向发展,推动了中国脸谱艺术日臻完善,成为一种具有高度象征性和典型化的舞台化妆艺术。而在清末民初,民间有位后来被称作"花脸桂子"的京剧票友,将净角脸谱勾画在脸形泥胚上,制成一种观赏艺术品,从而创造了工艺泥塑脸谱。

脸谱

二是面具。中国的面具历史悠久,品类丰富,最早广泛运用于原始初民的狩猎活动、图腾崇拜、部落战争和巫术仪式。

商周时期,青铜制造工艺的高度发达和重祭祀、信鬼神的社会思潮使得面具发展从幼稚向成熟过渡,这是面具艺术发展的高峰期,此时的面具更多地用于宗教祭祀当中,风格威严庄重,但由于多为青铜所造,因而形制比较单调雷同,缺乏自由度和随意性,此时期还出现了在中国传承时间最久、辐射地域最广的面具——方相氏面具。秦汉时期的面具上承商周,下启隋唐,使用面具最多的领域是傩祭和百戏,其次是丧葬和狩猎,风格开始变得浪漫诡异,充满生机,面具的宗教色彩减弱,娱乐色彩逐渐增强。

隋唐时期是面具发展的第二个高峰，面具在乐舞中广泛使用，出现了另一个重要的面具——兰陵王面具，面具的审美功能开始占据主位，实用功能逐渐退居次位；宋元时期是中国面具发展的第三座高峰，宫廷傩戏和民间傩戏都大为发展，这是面具功能具有历史意义的转变时期，这一时期出现了专门以制作面具为业的艺人，面具成为商品公开销售。这些乐舞、民俗面具极大地丰富了中国的面具文化。

面具

三是瓷器。中国瓷器成熟于距今 1800 余年前的东汉时期，千百余年来在中国古代手工业制作中，具有非常重要的位置。

瓷器是用瓷石或高岭土做胎，在 1200℃ 左右的高温中烧成，胎体较陶器坚固，且经久耐用。瓷器表面施有一层高温釉，不仅使器物具有美观效果，而且便于清洗。

瓷器的胎体可塑性极强，可以制作成各种形状的器物，便于满足人们各方面的需要。由于制瓷原料成本低，可以大量生产瓷器，与金、银、铜等金属器相比，既经济又实用，所以一经问世，就深受世人喜爱。

瓷器不仅是可供使用的物质器皿，而且在造型、色泽和装饰工艺等方面，具有极高的艺术性、美学鉴赏性和收藏价值，堪称实用与观赏相结合、技术与艺术相交融的产物。

　　我国浓郁的乡土风情孕育了绚丽多姿的民间艺术。龙舞、狮舞、竹马、高跷、灯会遍及城乡,山歌、田歌、渔歌、民间器乐种类繁多。"三雕一塑"——东阳木雕、青田石雕、温州黄杨木雕和"鸥塑"蜚声中外。剪纸、刺绣、染织、编织和灯彩丰富多彩。以嘉兴秀洲、宁波慈溪和舟山为代表的农民画和渔民画充满了生活劳作气息。民间的舞蹈、音乐、器乐、戏曲、曲艺独具特色,群众文化的众多领域在世界颇有影响。全国涌现了一批"中国民间绘画之乡"、"中国民间艺术之乡"等。

瓷瓶

三、民间艺术的传承意义

　　中国是一个具有悠久历史民俗传统的国家,民间艺术的主题多样,内容丰富。在中国境内土生土长的各民族中,都有广大人民群众创造的各类民俗文化,代代传承。这些民俗不仅丰富了人们的生活,还增加了民族凝聚力。民俗起源于人类社会群体生活的需要,在各个民族、时代和地域中不断形成、扩大和演变,为人民的日常生活服务。民俗就是这样一种来自于人民,传承于人民,规范人民,又深藏在人民的行为、语言和心理中的基本力量。

窗花剪纸

中国地大物博、人杰地灵，曾经培育了许许多多心灵手巧的民间艺人，他们用聪明才智向人们展示了很多种曾经辉煌的民间艺术表现形式，诸如剪纸、刺绣、泥塑、面塑、烙画、年画、版画、皮影戏等等，给人们带来了视觉上的美的享受，也给人们留下了深刻的思考与启迪。这些传统民间文化艺术形式历经风雨的洗礼，已经成为中华民族文化的重要组成部分，很多外国人往往将这些传统文化形式视为古老中国文明的特征之一，他们认识中国也往往是从此起步的。

但是，民间艺术随着大工业化的发展而逐渐衰败，一些有识之士提出的如何保护和如何发扬我们现有的文化遗产，为我们今天的特色发展作为其强大的文化后盾，则是我们今天要面临的问题。

很多民间艺人都不曾拥有过于高深的文化，也不曾经历什么专业的美术科班培训，只是通过口传身授的技艺传流，一代代用自己巧妙的双手和智慧的想象创新，创造出美好的艺术品，保留和传承了老祖辈最质朴、醇厚宝贵的艺术财富。而手工艺者出现老龄化的衰弱现状，后继乏人，一些靠口传心授传承的手工技艺正在不断消亡，目前传统手工艺品面临的情况十分严峻，如何保留和继承的问题已经不可避免地摆在了我们面前。

民间艺术伴随着人类的生活已经走过了几千年的历史，传统民间艺术虽然因社会发展、文明转型等种种原因，出现了后继乏人的濒危局面，但它仍然有着强大的生命活力，在当代继续传承和发展，其主要原因之一就是：民间艺术是中国传统文化中最基本、最朴实的文化因子和生生不息的生命血脉，早已随着民族的生活方式和思维方式融汇进了我们的身心之中，它是中华民族固有的、与生俱来的文化基因，离开它，就不能称为中华民族了。

长期以来，我国的民间艺术作品以及文物包括一些传统民间工艺品、艺术品一直为国外人士或机构所青睐，尤其是许多独具特色的少数民族民俗文物，已经成为日本等国家特别喜欢收藏的乡土民间艺术作品。据不完全统计，当前仅仅属于文物的民间艺术作品就有 1000 多万件流失海外民间，其中在 47 个国家的 200 多个博物馆里,陈列着 100 多万件珍贵文物。另据统计,目前中国从事古董收藏的人数已超过 8000 万,目前还在增长。

我国民间文艺产业起步较晚,增加值占 GDP 的比重不大。近年来中国民间文艺家协会响应中央号召,围绕民间文艺保护、传承、转型、创新、产业的五大目标,采取了一系列措施,通过举办民间工艺品博览会,加大民间工艺品的社会影响力,开拓民间工艺品的经济市场,分别在北京民族文化宫和中国农展馆举办了两届民间工艺品博览会,取得了成功;近年来中国民协还举办各种活动,弘扬民间文艺,拉动地方经济发展。如 2004 年在山西榆次举办的第 6 届民间艺术节,在南昌举办的国际傩文化节、在广东汕尾举办的泛珠三角民间艺术节、在江苏张家港举办的长江流域民间艺术节及在山西临汾举办的全国民间鼓舞鼓乐山花奖评选等活动,均带来了可观的经济效益、产生了积极的社会影响。

民间蜡染画

民间文艺产业的兴起，促进了各地加大对民间文艺的抢救、研究和保护力度。如山西榆次老城古建筑古民居，在研讨的基础上，建立了中国民间文化博物馆；河北蔚县建立了中国剪纸艺术基地；山东潍坊寒亭区建立了木版年画研究基地。广东东莞樟木头镇被命名为"中国麒麟之乡"、湛江遂溪被命名为"中国醒狮之乡"，甘肃临夏、岷县分别被命名为"花儿之乡"、庆阳为"香包之乡"，湖北宜昌青林寺为"中国谜语村"，河南桐柏县为"中国盘古之乡"，河北峰峰矿区为"中国民窑研究基地"、邯郸为"中国成语典故之都"、永年为"中国太极拳之乡"等。中国民协先后为各地命名了一批民间艺术之乡和民间文化传承基地，既保护了地方传统民间文化品牌，又在传承的基础上向经济市场渗透和延伸。

祖国大家庭中的各民族，都有着高度的审美能力和卓越的创造才能，在他们当中产生、流传、发展着的民间美术及其丰富多彩，是我国传统文化精华之一，是民族艺术重要的组成部分。

因民间是民俗的载体，就要结合各民族、各地风俗民情来欣赏。俗话说"十里不同俗"，各地各民族都有自己的节日与节日活动的内容，民间艺术与这些节日紧密结合着，要欣赏它是如何"物以致用"，"就地取材"，"因才施艺"的。民间艺术是表意的艺术之一，即像它们自己说的："从心里想出来的"，"想怎么着就怎么着"，不能用科学的解剖透视法去衡量它，也不能用专业美学的标准欣赏它的好坏、美丑，而应通过民间美术特有的"吉祥美好"等情趣及稚拙的表现手法去感受、体会、鉴赏。

只有民族的才是世界的，发扬民族文化中的精髓部分，在传承与保护中去发掘与创造才有可能实现真正的发展。研究与保护一些目前还存在的或是一些濒临绝迹的传统民间艺术，使人们看到这些手艺的过去和现在，要让我们的下一代看到我们国家这些民间伟大的艺术，并把它们发扬光大。

随着经济发展,人们愈来愈重视文化在发展中的作用,人们更加需要民族的、民间的文化,并把它作为非物质文化遗产的重要组成部分,在今天依然发挥它独有魅力,人们仍旧可以从它身上汲取到养分。

民间艺术已经成为一种文化符号和标志永远地储存在每一个中国人的身上和心里。如同华夏民族被称为龙的传人一样,中国人的性格和基因中已经脱离不开祖先留给我们的生命印记。基于此,民间艺术作为表现民族身份的标志,就有了生活的土壤和传承下去的薪火。近年来,在党和政府高度重视下,一批老艺人和传统手艺得到了保护和继承,这正是民间艺术延续的证明。随着中国非物质文化遗产保护工作的全面开展、非物质文化遗产保护法的即将出台,以及全国各级保护名录的建立,民间艺术将得到进一步的抢救和保护,中华文化的伟大复兴将从现在开始,走向更加美好的明天。

附:中国少数民族春节民俗概况

中国是个多民族的国家,除汉族外还有 55 个少数民族。他们虽有不同的语言、文字,有不同的生活方式和风俗习惯,但是他们大多数都以春节作为本民族的重大节日来欢庆。中国民俗丰富多彩,下面以过年风俗为大家阐述中国少数民族春节习俗。

1. 达斡尔族:年年高

北方的达斡尔族有拜年的习惯,春节时,人们穿上节日盛装,逐家走访,互相祝贺。每家都备有蒸糕,拜年者一进门,主人就用蒸糕款待。"糕"在汉语中与"高"谐音,以糕款待,表示互相在新的一年中,生活水平进一步提高。节日期间,达斡尔族还举行歌舞、体育活动,一直持续半个月。

达斡尔族风情图片

2. 蒙古族：酒肉不尽

北方的蒙古族过春节时，节前家家户户都备下了当年生长的公羊和各种奶制品以及几坛美酒。除夕之夜，人们穿上漂亮的蒙古袍，全家席地坐在蒙古包中央，迎接新的一年的到来。午夜开始饮酒进餐，按常规要多吃多喝，酒肉剩得越多越好，这样象征着新的一年酒肉不尽，吃喝不愁。初一早晨，身穿各式服装的男女，跨上骏马，三五成群奔向"浩特"（村镇），挨个地串蒙古包。串包时，先要给长辈叩头祝愿，接着主人家的女婿为前来串包的客人敬酒，人们边歌边舞。

蒙古族宴会

3. 壮族：迎英雄

居住在中国南方的壮族，称春节为"新年节"。这一天，人们出门无论遇到谁都要相互祝贺，认为这样一年才能吉祥。在壮族民间还有过晚年的习惯，壮族称做"吃立节"、"吃立节"是在这个月的 30 号，相传在 100 多年前，壮族的一支农民武装在抗击外来侵略者后凯旋归来，这时春节已过，壮族群众为了欢迎他们，就在这个月的 30 号为他们重过春节。

壮族迎英雄

4. 布依族：姑娘抢挑第一担水

居住在中国西南边疆的布依族，每年除夕晚上，都通宵达旦地守岁。天一亮，姑娘们争着到屋外去挑水，谁挑回第一担水，谁就是最勤劳的姑娘。而那里的景颇族人民喜欢在春节前举行打靶活动，姑娘们是这项活动的组织者和裁判员。她们把绣好的荷包用线吊在竹杆上，在树尖中左右摇摆，请小伙子射击。谁先射落荷包，姑娘们就把酒作为奖品送给谁。荷包里一般装有一枚硬币，几粒谷子和几颗装饰用的珠子，作为幸福的象征。

布依族汲新水

5. 哈尼族：荡秋千

春节前几天，哈尼族居住的村寨就已经热闹起来，妇女们都忙着舂粑粑，粑粑是用糯米做的饼子。而小伙子们则忙着上山砍竹子，准备立秋千。那里的秋千有十几公尺高，哈尼族不管男女老少都很爱荡秋千。节日里,大家都穿着自己最喜爱的衣服去荡秋千,处处呈现出热闹、和睦的节日景象。

哈尼族荡秋千

6. 傣族:掷糠包

傣族青年男女喜爱甩糠包的游戏,春节期间,小伙子和姑娘们互相投掷糠包,看谁投得准,看谁接得着。玩到一定的时候,姑娘们就悄悄抢走小伙子身上佩的腰刀、包头布或拴着的马,跑回家去。假如小伙子有情就追随而来。父母见到女儿拿着头布、牵着骏马回来,便设宴款待。另外,每年4月13日是傣历新年,也是傣族人民的最隆重的节日——泼水节,他们把泼水看成是驱邪除污,吉祥如意的象征,也把这一天视为最美好,最吉祥的日子。

傣族掷糠包

7. 高山族："围炉"

居住在中国台湾省的高山族，他们在过春节时则是另一番情趣。除夕晚上，一家老少围坐在放有火锅的圆桌上聚餐，叫做"围炉"。平常滴酒不沾的妇女，也要象征性地喝一口酒，以示吉利。"围炉"时吃的蔬菜不用刀切，洗净后带根煮熟，表示祝愿父母长寿。如果家里有人外出，也要空出一个席位，把这个人的衣服放在空位上，表示全家人对他的思念。

高山族"围炉"

8. 满族：挂旗过年

满族分"红、黄、蓝、白"四旗人。春节时，红旗人在门上贴红挂旗，黄旗人在门上贴黄挂旗，蓝旗人在门上贴蓝挂旗，白旗人在门上贴白挂旗。这些挂旗图案优美，色彩鲜艳，象征着一年的吉祥开端。

节日期间，男孩成帮结伙地放鞭炮，或乘坐自制的各式各样的木爬犁，在山岗上、冰面上嗖嗖飞驰。少女和年轻的媳妇们穿着新做的花衣服，三五成群，分家合伙地玩嘎拉哈（猪或牛的膝关节骨）。从初一到初五的晚上，人们还自愿组织起来扭秧歌拜年，阵容较强的秧歌队，不仅在本村扭，还到外村去扭。围观的群众常常乐得前仰后合，忘记了疲劳和寒冷。甚至还有热心的观众一直尾随着秧歌队走乡串户，直到天明才归。

满族年画

9. 白族："放高升"

云南白族同胞过年时，有一种叫"放高升"的庆祝活动。所谓

"放高升"就是用整棵的大竹子,在竹节里装上火药,点燃以后可以把整个大竹子崩上天空百十丈,成为名副其实的"高升"。有的地区的白族同胞与苗、壮族一样,从春节到元宵节,男女青年都进行"抛绣球"活动。凡接不住绣球的,要赠给对方纪念品,多次失球而又赎不回纪念品的人,就是表示接受对方的爱情了。

白族放高升

10. 侗族:芦笙会

贵州、湖南一带的侗族同胞,春节期间盛行一种"打侗年"(又叫芦笙会)的群众活动。这种活动类似汉族的"团拜",只不过比"团拜"显得更加欢乐、热烈。这种活动一般是由两个村庄共同商定举办的。两队在广场上正式举行芦笙歌舞比赛。这时两个村庄的观众,伴随着乐曲,翩翩起舞,尽情地欢乐。

侗族芦笙会

中华文化遗产系列丛书

美的创造

杨效平/主编

【第肆卷】
工艺之美

中国文史出版社

中华民族在五千年的历史中，创造了灿烂的文化遗产，留下了极为珍贵的文化遗产。这些文化遗产，始终涌淌着炎黄基因，记录着中华民族创造历史的艰难历程，永远将成为中华民族宝贵的精神财富，历经文化作为华夏民族的共同财富，有如常青之树，葱荣繁茂，愈老愈壮，散发着永恒的魅力。众多的学者对这一话题不断深入探讨，可谁也难对历史文化予以准确概括？对现实功利的追求，历史文化遗产在经历了"文革"的批判和被否定之后，在经历一轮又一轮文化的现成的共同民族心理，可能会有很多不足和疏漏，但我们的目的是为了更集中、更明晰地将历史沉淀和基本史实直接呈现在读者的面前，更加突出中国本土传统文化中的基本环节和亮点。

图书在版编目(CIP)数据

美的创造/杨效平主编. --北京：中国文史出版
社，2017.5
ISBN 978-7-5034-9316-4

I. ①美… II. ①杨… III. ①中华文化–通俗读物
IV. ①K203–49

中国版本图书馆 CIP 数据核字(2017)第 144819 号

美的创造

丛 书 名：中华文化遗产系列丛书《天地之间》
书　　名：美的创造
卷　　次：第四卷·工艺之美
主　　编：杨效平
责任编辑：程　凤
出版发行：中国文史出版社
社　　址：北京市西城区太平桥大街 23 号
邮政编码：100811
经　　销：全国新华书店
印　　刷：武汉立信邦和彩色印刷有限公司
开　　本：787mm×1092mm　1/16
印　　张：12.5
字　　数：173 千字
版　　次：2017 年 7 月第 1 版
印　　次：2017 年 7 月第 1 版第 1 次印刷
书　　号：ISBN 978-7-5034-9316-4
总 定 价：262.00 元

特邀顾问

耿 莹 肖云儒

编委毛佩琦简介

　　毛佩琦,中国人民大学历史学院教授、博士生导师;中国社会科学院明史研究室、北京大学明清研究中心、故宫博物院明清宫廷研究中心客座研究员;中国明史学会常务副会长;中国文物保护基金会历史文化专家委员会主任。在中央电视台《百家讲坛》主讲明十七帝、郑和下西洋600年祭、大明第一谋臣刘伯温、

七解中庸等,影响广泛。主要著作有:

《明成祖史论》《永乐皇帝大传》《郑成功评传》《明清行政管理制度》《中国明代政治史》(合著)《中国明代军事史》(合著)《平民皇帝朱元璋二十讲》等。

历史需要解读

近年来有一股通俗历史读物热,为什么?一个最基本的原因,就是中国人重视历史。这是传统,或者说,中国人多少都有点历史癖。当爸爸对孩子说,咱们的老家如何如何的时候,他已经在向孩子讲述历史了。什么家谱,什么姓氏起源,都是老百姓关心的东西。大多数人都以知道点儿老辈子的事为荣,以知道历史上的事为荣。在民间,能历数历史掌故的,常会受到人们尊重。这是我们特有的民族品格。

通俗历史读物热,其实也不是什么新事物,历史上通俗历史读物就一直受欢迎。自有史以来,对历史的记录就有两条线,一是官方的当朝或前朝的正史,一是民间的包括各种演义和口头传说。并非所有的野史都是通俗的,只有那些在民间流传的才具备通俗的品格。

引起近几年的通俗历史读物热的直接原因,是大量的连篇累牍的书籍对历史的戏说甚至颠覆、恶搞。其中大辫子戏、小说、影视狂轰滥炸,引起了大众的厌倦、反感,而戏说恶搞,则引发了大众的疑问。大众要追究历史真相,要正本清源,致使所谓“正说”的历史读物就大受追捧了。在学术界,史家不必给自己冠以“正说”之名,因治史的基本原则是实事求是。凡是加了“正说”的,都是说给大众的。“正说”针对恶搞而起,“正说”历史读物最先引起了通俗历史读物热。

不仅关于历史的记忆有官民两条线,而且对历史的解读也有官民两条线。两者有时重合,有时则大相径庭。百姓对历史的解读常常与官方不同,甚至故意对立。百姓对历史事件和人物有一套自己的认识,有自己的伦理意识和感情寄托。历史本身只有一个,记载、解释历史的方式和角度则各种各样。官、民的解读不

同,学者写的通俗读物与民间的历史读物也不同。这就出现了所谓"草根史学",既不是官方,也不是学者,而是老百姓当中的人来解读历史。他们用自己的感情好恶,是非判断来解读历史。

既然历史可以有各种解读,老百姓当然也有解读的权力。非学术的解读并不一定是不健康的。几千年来,民间在历史上所寄托的好恶是非,也是维系民族心理、社会道义的纽带之一。草根史学与戏说恶搞不同,他们只是用自己喜欢的方式,表达了自己的感情和是非判断。因为生活背景、学养的不同,学者写的通俗读物不能取代草根史学。草根对历史有自己的感受,也有一套自己的语言和叙事方式。对于大众而言,和象牙塔里的史学著作相比,他们更愿意倾听和相信草根们对历史的解读,这不仅仅因为草根所使用的语言和解读方式更容易为大众理解,更因为大众与草根写手在感情上更为亲近。他们潜意识中认为那是自己人,说自己人的话。

草根和非史学文化人写的通俗历史读物,常常比史家更显出满腔正义。他们对恶搞的批评态度更加鲜明。史家的清高或无暇顾及,使自己在面对恶搞时往往处于弱势。而草根和非史家写手,反倒成了打击戏说和恶搞的生力军。在和一些写手的接触中发现,他们可能囿于非专业眼界,作品中出现一些错误,但一般不存在故意歪曲历史的情况。

大众读史热还与社会经济发展,与所谓国学热有关系。社会经济发展使人们有了更多的时间和精力关心文化和历史。与所谓国学热一样,伴随我国的和平发展,民族精神的回归和民族意识的集体认同,使大众更加关注中国传统文化。甚至一些人读历史读物仅仅满足于参与了,至于书中说的什么,他们并不在意。黄仁宇的《万历十五年》是一本严肃的史学著作,但由于它独特的写作手法,受到很多人的追捧。这本书已经成为一个符号,读不读这本书似乎成为有没有文化素养的标志。我多次遇到一些把《万历十五年》挂在嘴边上的人,包括大小媒体的记者,他们常以此向我提问,但当我以此反问他们的时候,其中十个有八个回答说"我还没好好看"。这是一种赶时髦的现象,人们不愿意站在时髦之外。读者争看《明朝那些事儿》,也成了一种时髦。而这种

赶时髦正是大众对民族身份的集体认同。认知和理解自己的历史，认同自己的民族身份，对于加强民族凝聚力、提高民族自信心和自豪感是有利的。

当然，也有些历史读物的读者是为了从中寻求知识和智慧，解答疑问。比如，朱元璋为什么成功？明清为什么易代？历史上中国为什么强盛？为什么衰败？等等。大众历史读物热，说明社会有此需要。在一个时期的过热之后，大众将会对通俗历史读物的态度回归理性，但对于通俗历史读物的需求则永远不会消失。

其实，许多通俗读物的写作素材来源于严肃的史学著作，通俗读物作者们很少直接接触原始史料。但在一些情况下，通俗读物的写手们很少注意吸收新的研究成果，他们所依据的研究成果相对陈旧。作为史学工作者，给草根和非史学专业写手的建议是，请他们多少关注一下史学研究。对于专业的史学工作者，我也建议不要轻视通俗历史读物和草根写手，他们的作用是庙堂史学不能替代的。如果可能，史学工作者倒应该关心他们，给他们帮助和引导。而史学家也有把知识传播给大众的责任。通过通俗历史读物和草根写手把自己的研究成果传播给大众，未尝不是一条捷径，至少也会有所助益。

二〇〇九年四月十日

编委马刚简介

马刚,热爱传统文化的研究,书画爱好者,有多幅作品参加展览获奖。

传统文化中积淀着中华民族最深的精神追求

不忘本来,才能赢得未来。中华民族优秀的传统文化就是我们的本来,任何一个民族区别于其他民族都有其根本特征,这个根本就是文化。中华民族有5000年的文明史,中华民族传统文化是中华民族的文化基因和精神命脉,为中华民族生生不息、发展壮大提供了丰厚滋养。中华文化源远流长,积淀着中华民族最深层的精神追求,代表着中华民族独特的精神标识,铭刻着祖先的梦想与智慧,是我们在世界文化激荡中站稳脚跟的根基。

中华优秀传统文化博大精深，多元包容，一脉相承，根深叶茂，蕴含着丰富的哲学思想、人文精神、教化思想和道德理念，这些思想、精神、追求和理念历久弥新，不断焕发出强大的的生命力，闪耀着巨大的光辉。正如习近平总书记所指出的"中华民族有着深厚文化传统，形成了富有特色的思想体系，体现了这个人几千年来积累的知识智慧和理性思辨。这是我国的独特优势"。珍视、呵护、探究、传承这些珍贵的传统文化是我们每个炎黄子孙义不容辞的责任。

今天，我们坚守和弘扬传统文化，就是要增强文化自信，守住传统文化之根，以更加敏锐的目光，更开放的胸襟，更高远的视野加以鉴别，从博大精深的传统文化中，剔除糟粕，取其精华，抓住本体，提炼精髓，创新自我，领先世界，要使传统文化和当代文化相适应，与现代社会相协调，让其焕发出青春之力，发挥引领风尚、教育人民、服务社会、推动发展的积极作用。开启未来，薪火相传，让中华优秀传统文化转变为促进民族强大的历久弥新、生生不息的内在支撑力。

序 言

耿 莹
（中国华夏文化遗产基金会会长）

古人说，观今宜鉴古，无古不成今。这句看似浅显的老话却深刻揭示了两层含意：一是一个国家的历史，必然会积累和沉积丰厚的历史营养；二是任何一个时代人生的追求与取舍，都离不开民族的传统精神和文化。这也正是我们致力追求、锲而不舍、大声疾呼、保护和传承中华文化遗产的根本所在。

前不久近平总书记在欧洲访问时指出，"历史是现实的根源，任何一个国家的今天都来自昨天"。"中华文明是没有中断，延续发展至今的文明，已经有5000多年历史了，2000多年前诸子百家的许多理念，至今任然深深影响着中国人的生活。中国人看待世界、社会、人生，有自己独特的价值体系。中国人独特而悠久的精神世界，让中国人具有很强的民族自信心，也培育了以爱国主义为核心的民族精神。"因此，他深刻指出："抛弃传统等于割断精神命脉。"

习总书记的这些论断，深刻揭示了传统文化在中华复兴、实现"中国梦"中的重要作用，体现了我们党对弘扬传统文化的高度重视和深刻认识。

纵观近年来传统文化的研究、阐述和传播,令人欣慰的感到传统文化正在形成一种深受国人接受和欢迎的文化正能量,越来越感受到它已成为凝聚、激励人们团结奋进的强大动力。这也预示着在我们民族共有的精神家园里,中华历久弥新的优秀文化,必将会焕发出更加夺目的光彩和不竭的动力。

中华文化遗产系列丛书《天地之间》的出版,正是适应当前这一文化需求的产物。对传承、普及和宣传传统文化知识和理念,是一件很有意义的事。翻阅其第一套《天地人和》(四卷本),感觉他们做了大量细致的工作,其立意和结构很有特点。一是立足普及、宣传和教育,积极探索文化遗产研究的另一种通俗化、知识化模式。目录体例自成系统,资料分类梳理相互关联,连类所及,征引博繁,点点滴滴,浓缩了大量丰富的传统文化知识,给读者以系统性的知识阅读,也启发和帮助人们从昨日世界中找回了许多历史的记忆;二是朴实明快,一事一物,始末原委,一目了然,便于翻阅,而且图文并茂,增加了文化色彩,可读性较强。

中华文化,源远流长,博大精深;天地之间,山高水阔,浩然无涯。以《天地之间》为本套丛书命名,体现了本书编撰者的开阔意境和广纳兼容的胸怀。相信这套丛书一定会给人们带来大量丰厚的文化知识和信息,使读者从中感受到中华传统文化的巨大魅力,展示了中华文明的自信和力量。

二〇一五年四月于北京

编者的话

在中华民族在五千年的历史中，我们的祖先创造了灿烂的民族文化，留下了极为珍贵的文化遗产。这些文化遗产始终流淌着炎黄基因，记录着中华民族创造历史的艰难历程，将永远成为中华民族宝贵的精神财富。

历史文化作为华夏民族的共同财富，有如常青之树，葱荣繁茂，愈老弥坚，散发着永恒的魅力。众多的学者围绕这一话题不断深入探讨，可谁也难对历史文化予以准确概括。不少政府部门与企业都在努力寻求对文化遗产的挖掘与开发，但更多则偏重于对现实功利的追求。历史文化遗产在经历了"文革"的批判、否定与摧残之后，在新的现代化浪潮的冲击下，其地位、作用和功能又面临着新的错位与迷失。

传统文化是中华民族长期孕育、积累和形成的共同民族心理和精神追求。中华民族文化一是古老悠久，二是各民族共同创造，既深厚，又有韵味，是中华民族之灵魂，是人类智慧与文明的结晶。在中华民族走向复兴的今天，对于传统文化的发展和普及，我们不仅需要有新的认识，还需要认真反思。弘扬历史文化遗产的核心是传承。传承的目的，就是要让我们的子孙后代，不要忘记自己的祖宗，让我们的民族始终坚守自己民族文化的基本理念，让中华民族的精神和正气不断地发扬光大；就是要把民族的文化创造和建树视为国之奇葩，让它永远绽放在东方大地

上。

在思想观念活跃多元的今天，历史可以任人戏说甚至改写，但中华民族的历史传统和文化，犹如国之魂魄，应始终坚守如一。不论历史如何进步，也不论人们生活方式如何改变，在漫长历史岁月中自然形成的民族精神和传统文化，始终具有强大的向心力和凝聚力，只能弘扬，只能重塑，不可缺失。这是中华民族的需要，是国家振兴的需要，也是现代化事业发展的需要。

基于这些认识，我们编写了这套文化遗产系列丛书《天地之间》。丛书重在对传统文化成果的介绍和展现，旨在宣传、普及中华传统文化知识和中华文化的基本理念，以期引起人们对传统观念与文化的回顾和记忆。在资料的搜集和编写过程中，我们充分利用了现有研究成果和大量的网络资料，整合资源，集中焦点，广泛搜求，精心筛选，着重于传统文化的核心问题，加以介绍。资料的梳理、分类和编排，更多侧重于历史遗存和史物资料，没有过多地涉及问题的专题性和专业式的学术讨论，没有太多顾及历史链条与脉络体系的关联和完整，编排和叙述框架主要突出了各类问题的归纳和串联，没有受固定传统史学源流、历史观念与发展脉络的束缚，而是试图以一种新的角度和视野对所要阐述的问题进行归类和梳理，并表达对传统文化新的认识。这种组织和叙述的方法，可能会有很多不足和疏漏，但我们的目的是为了更集中、更明晰地将历史痕迹和基本史实直接呈现在读者的面前，更加突出中国本土传统文化中的基本环节和亮点。

随着越来越多的人对历史文化遗产的关注和讨论，历史文化遗产的功能越来越受到重视，涉及的内容越来越丰富，研究的形式和表达的载体也越来越多样化，为人们重新认识历史和中华文明的传承开辟了更为广阔的道路。我们组织和编写了这套丛书，正是希望通过自己的努力，为中华传统文化的宣传、普及和教育贡献自己的一份力量。我们企盼这种尝试能得到广大读者的认可，同时也诚恳地希望得到大家的批评和指正。

中华文化遗产系列丛书《天地之间》编写组

二〇一三年六月

文明肇始，人治乃兴，人功尽显。人之技巧，心思才力，通灵入圣，巧胜于天。随着生存环境的改善，人类文明进入创造拓展的新阶段。美的创造和艺术形式的诞生，正是人们在物质创造的同时重要的精神飞跃。方寸之心，应物写形，工巧独到；字画玉器，神采咸备；锦瑟华音，气韵生动。中华民族美的观念和美的创造从此独具一格。

目 录

CONTENTS

叁、工艺篇

一、农业社会新的社会分工 /067

壹 陶瓷篇

中华文化遗产系列丛书《天地之间》
ZHONGHUA WENHUA YICHAN XILIE CONGSHU

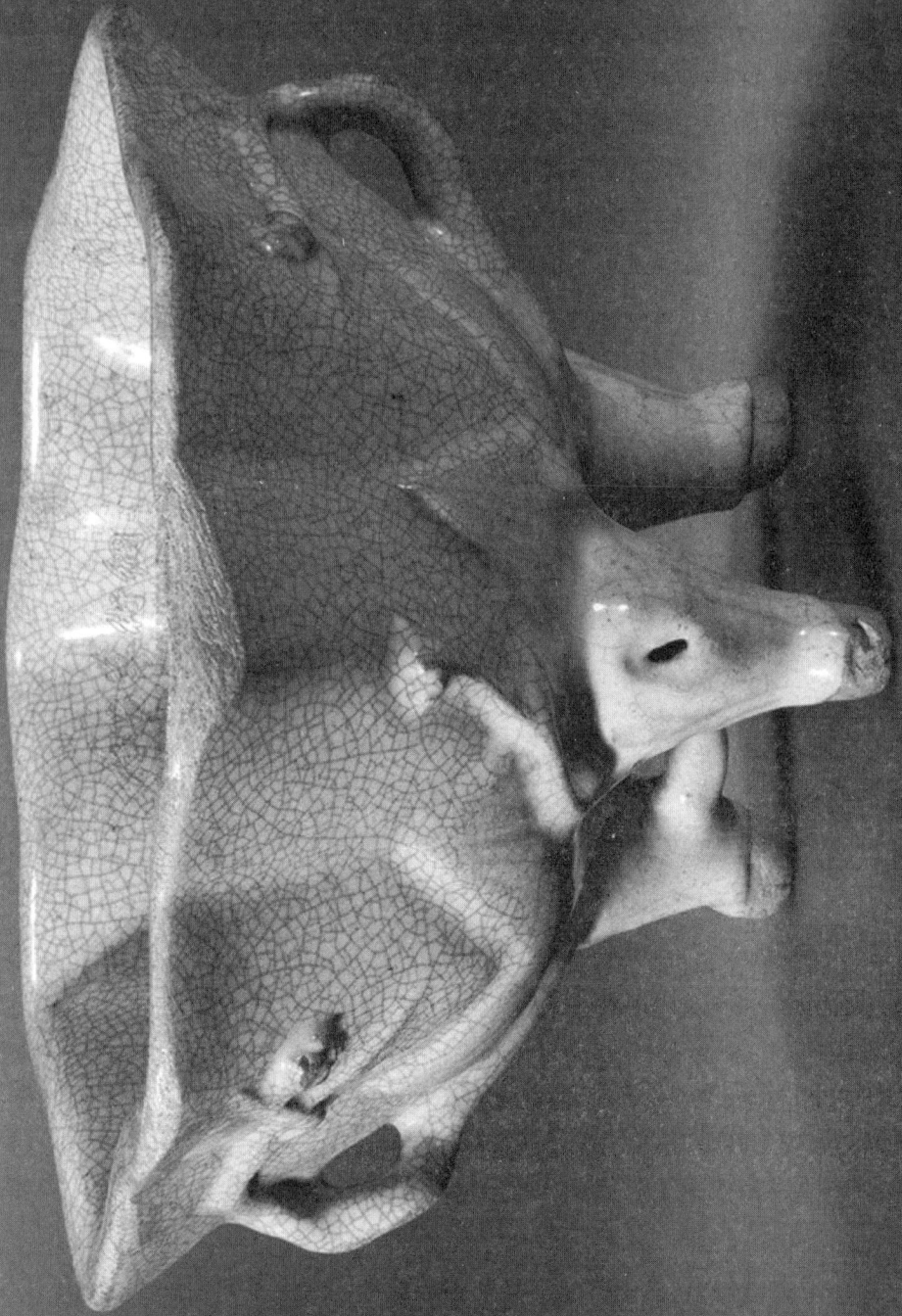

壹、陶瓷篇

　　陶瓷的发展史是中华文明史的一个重要的组成部分，中国作为四大文明古国之一，为人类社会的进步和发展做出了卓越的贡献，其中陶瓷的发明和发展更具有独特的意义。英文中的"china"既有中国的意思，又有陶瓷的意思，清楚地表明了中国就是"陶瓷的故乡"。

　　陶瓷，顾名思义就是陶器和瓷器的总称。凡是用陶土和瓷土为原料，经过配料、成型、干燥、焙烧等工艺流程制成的器物，均属陶瓷。陶瓷的传统概念是指所有以粘土等无机非金属矿物为原料的人工工业产品。它包括由粘土或含有粘土的混合物经混炼、成形、煅烧而制成的各种制品，最粗糙的土器到最精细的精陶和瓷器都属于它的范围。它的主要原料是取之于自然界的硅酸盐矿物（如粘土、长石、石英等），因此与玻璃、水泥、搪瓷、耐火材料等工业，同属于"硅酸盐工业"的范畴。陶器是偶然烧成的，烧造陶器是新、旧石器时代分界的一个特征。能够用火烧造一件陶器，是新石器时代的一个开端。陶器的发明距今不足一万年。正是这个发明，开创了中国陶瓷史的一个先端。因为有了陶器的发明,才有了后面瓷器的发明。

一、陶器的起源和产生

陶器是指以粘土为胎,经过手捏、轮制、模塑等方法加工成型后,在800℃—1000℃高温下焙烧而成的器具,坯体不透明,有微孔,具有吸水性,叩之声音不清。陶器可区分为细陶和粗陶,白色或有色,无釉或有釉,品种有灰陶、红陶、白陶、彩陶和黑陶等,具有浓厚的生活气息和独特的艺术风格。中国早在商代,就已出现釉陶和初具瓷器性质的硬釉陶。陶器的表现内容多种多样,动物、楼阁以及日常生活用器无不涉及。陶器的发明是人类文明的重要进程——人类第一次利用天然物,按照自己的意志创造出来的一种崭新的东西。陶器历史悠久,在新石器时代就已初见简单粗糙的陶器。陶器在古代作为一种生活用品,在现在一般作为工艺品收藏。

1. 陶器的起源

中国是世界上著名的文明古国之一。中国人民在世界科学史上和文化史上,都曾写下了光辉灿烂的篇章,其中陶瓷的制作工艺及其发展,更是绚丽多彩、鲜艳夺目的一页。

人类在长期的劳动和生活实践中,经常和泥土打交道,逐渐发现了粘土与适量的水混合后,它就会有粘性和可塑性,可以用手随意把它塑造成各种形状,在强烈的太阳光下晒干,泥坯变硬,即可盛放干东西。当然,这些土器由于没有经过焙烧,不太坚固,使用时容易破碎,尤其遇水要溶化。但是,随着人类世世代代长期用火经验的积累,对于火的使用有了进一步的认识。火与土的结合是社会生活的需要,这就为陶器的出现准备了必要的条件。考古材料证明,陶器的发明并不是某一个国家或某一地区的古代先民的专利品,只要具备了必要条件,任何一个古代农业部落、人群都有可能独立制作出陶器。它是人类在长期生活实践中,各自独立创造出来的。陶器的出现,揭开了人类利用自然、改造自然、与自然作斗争的新篇章,标志着新石器时代的开端,是

仰韶文化红陶带旋纹尖底瓶

人类生产发展史上的一个里程碑。同时,陶器的发明,也大大改善了人类的生活条件,在人类生活史上开辟了新纪元。

陶器的起源是一个复杂的理论问题,不同地区的情况都不一样,比较流行的观点有"烹饪说"和"资源集约说"。"烹饪说"认为:在陶器发明之前,人们已经认识到了粘土晒干后具有一定的硬度,可以用于烹饪食品。先民们发现粘土遇水后有可塑性,经火烤后能变硬,就具备了发明陶器的条件。该学说的证据还有用陶器煮食物,节约能量,煮饭的人可以同时从事其他活动;而且由于食物在陶器中可以经过长时间地加水煮沸,可以解毒,更加利于消化,还能提高谷物的营养价值;"资源集约说"则认为:最初的陶器产生于不平等的复杂的狩猎——采集社会或是简单园艺农业社会中。这些社会中,出现了一些试图积聚威望、权利和财富的个人。他们通过举行各种宴飨,款待客人,炫耀自己的财富与威望来吸引支持者。

陶片

2. 陶器的产生

陶器的产生与农业经济的发展有着千丝万缕的联系,一般是先有了农业,然后才出现陶器。这些创造发明,无疑应归功于妇女。因为在性别分工的基础上,妇女是家里的主人,必然首先从事这些活动。这种习俗还可以从现在云南景洪傣族妇女慢轮制陶中看到痕迹。要详细说明我国陶器的起源,目前的考古资料和文献资料都很有限,不过最近在河南新郑裴李岗和河北安武磁山出土的陶器都比较原始,据碳14断代,其年代为公元前五六千年以前,是华北新石器时代已知的最早遗存。这些发现不仅有利于探索陶器的起源问题,同时还揭示了正是在这些遗存的基础上,才发展成为后来广泛分布的仰韶文化、龙山文化,直到阶级社会的商周文明,它们在制陶工艺和器型的发展上,基本上是一脉相承的。此外,江西万年仙人洞和广西桂林甑皮岩的陶器也具有一定的原始性,其碳14断代也在公元前四五千年以前,同样属于新石器时代较早的遗存,它们同后来华南地区的陶器发展也有着一定的联系。考古发掘表明,全国很多地方在新石器时代,都曾普遍地使用过陶器,但那时的陶器制作,还只是把泥土先搓成条,然后圈起来,一层一层地叠上去,并将里外抹平,称为"盘筑法"。如仰韶文化中的小口尖底瓶,在器底内部还保留着泥条盘筑法的痕迹。用盘筑法制成的器形不可能规整,器壁上常常留有指纹。以后人们经过反复摸索、不断实践,又发明了用轮制来修整陶坯。它是将泥料放在陶轮上,借其转动的力量,用捻拉的方式使之成型。用轮制法制成的陶器,器形规整,厚薄均匀,器物表面留有圆环状轮纹。在一些新石器时代的陶器内壁上,可以很清楚地看到这种轮纹。从出土的陶器来分析,我国新石器时代的轮制设备,可分为快轮和慢轮两种形式。慢轮修整的陶器往往有局部轮纹,例如仰韶文化的某些陶器上,轮纹大多出现在器口部分,这是慢轮修整口沿留下的重要证据。到了大汶口文化晚期,尤其是龙山文化时期,轮制已普遍使用,从器物内外同心轮纹上看,无疑是在快速转动的快轮上制成的。轮制法的使用,标志着制陶技术的发展和日渐成熟。

二、远古文化的辉煌——中国彩陶

彩陶是指在打磨光滑的橙红色陶坯上,以天然的矿物质颜料进行描绘,用赭石和氧化锰作呈色元素,然后入窑烧制,在橙红色的胎地上呈现出赭红、黑、白、诸种颜色的美丽图案,形成纹样与器物造型高度统一,达到装饰美化效果的陶器。

彩陶制作精美,以泥质陶为主,质地细腻,既是实用器皿,又具有很高的艺术价值。由于色彩绘于烧制前,故和陶器一起焙烧后,色彩和陶胎结合紧密,不易发生脱落。彩绘的形式总体上可分为图案和图画两大类。

彩陶发源于距今约 10000 年前的新石器时代。人类在新石器时代伴随着相对定居的农耕文化一起发明了烧陶技术。关中地区大约在公元前 6000 年的老官台文化时期就有了较发达的陶器,有个别钵形器口沿装饰一条宽彩带,这是彩陶的萌芽。在公元前 5000 年的西安半坡村的仰韶文化遗址中,发现了很多精美的彩陶,表明在半坡时期,人们已经能熟练地控制窑温,并且彩绘艺术也达到了很高的水平。

彩陶的器型基本上都是日常生活用品,常见的有盆、瓶、罐、瓮、釜、鼎等,在器型上很难看出来有其他特殊的用途。在仰韶文化遗址中,曾发现用两瓮合葬小孩的例子,瓮上凿一小孔,表达了原始人对再生的向往。

中国彩陶发现得较晚(1912 年),至今仅有 105 年,而彩陶的诞生到今天却已有 8000 年的历史。彩陶记载着人类文明初始期的经济生活、宗教文化等方面的信息。彩陶文化分布广泛,延续时间长,从距今 8000 年到距今 3000 年左右,绵延了 5000 多年,跨越老官台、仰韶、马家窑、大汶口、屈家岭、大溪、红山、齐家

彩陶图片

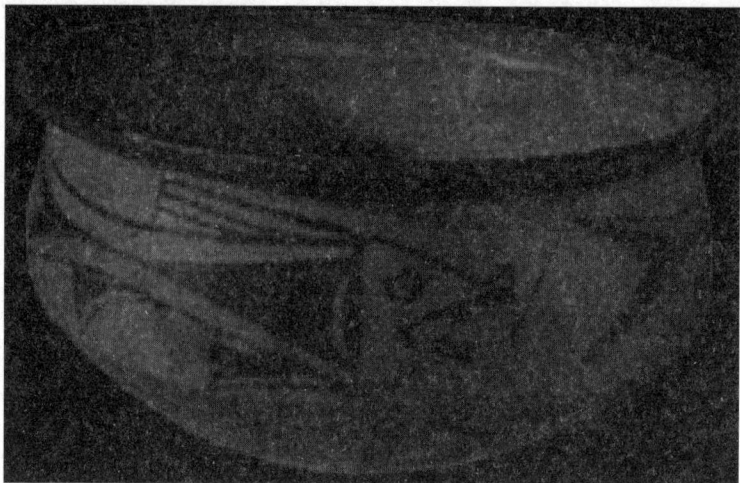

彩陶鱼纹折腹钵仰韶文化半坡类型

等文化区域,在世界彩陶历史中艺术成就最高。从制作工艺、艺术成就、历史价值、升值空间等诸多因素看,陕、甘、宁、青的仰韶、马家窑、齐家文化彩陶和山东地区的大汶口文化彩陶最宜收藏。

1. 仰韶文化彩陶

仰韶文化彩陶,其在色彩搭配、花纹风格上都是千姿百态,不一而足的。陶器是以卷唇盆和圆底的盆、钵及小口细颈大腹壶、直口鼓腹尖底瓶为典型器物,造型比较单纯。据放射性碳素断代,年代为公元前4800至前4300年。其纹饰主要有:

动物纹,以鱼、蛙、鹿及鸟为装饰对象,尤以人面鱼纹、鱼纹、鱼鸟结合纹,生动精采,变化多端,具有鲜明的时代特色。

人面鱼纹彩陶盆

几何纹,多以抽象化的动物纹、植物纹、编织纹演变而来,有宽带纹、三角纹、曲折纹、斜线纹等。

仰韶文化彩陶几何纹盆

编织纹,有线纹、篮纹、绳纹等。另外,在彩陶钵口沿的黑色宽带纹上,饰有各种符号,可能代表着各种特殊的意义或某种特定的记号。

仰韶文化编织纹彩陶纹吉祥图案

仰韶文化半坡类型葫芦形人面纹彩陶瓶(陕西临潼出土),由精选河床淤积黄土淘洗后制坯烧制而成,口部呈葫芦状,下腹外鼓,小平底,通身用黑彩勾画成一人面图案,葫芦形瓶口,恰似人戴的帽子,鼻子长越三庭,两眼圆睁、炯炯有神,大张口,圆腮外鼓。正是陶瓶下腹最大处,使人面表情显得威严庄重,瓶的两耳正好是人面两耳,位置和谐。

仰韶文化半坡类型葫芦形人面纹彩陶瓶

2. 马家窑文化彩陶

马家窑文化是黄河上游新石器时代的晚期文化，因最早发现于马家窑遗址而得名，年代约为距今 5000 年—4000 年。马家窑遗址位于甘肃省临洮县洮河西岸的马家窑村麻峪沟口，1923年–1924年，瑞典地质学家兼考古学家安特生在甘肃、青海一带调查，其助手们在 1924 年发现马家窑遗址并进行了发掘。1957年开始，甘肃省博物馆对遗址进行了多次调查，发现了马家窑类型叠压在仰韶文化庙底沟类型之上的地层关系。马家窑文化和马家窑类型均由该遗址而得名。马家窑文化彩陶的纹饰有：

人物纹，如 1973 年在青海大通县上孙家寨出土的舞蹈纹彩陶盆，绘有 15 人分 3 组手拉手跳舞的形象（见舞蹈纹彩陶盆，青海大通出土）；

动物纹，有蝌蚪纹、蛙形纹，最具有时代特征的为旋涡纹和波浪纹，纹饰旋转、起伏，给人以强烈的运动感（见螺旋纹彩陶盆，甘肃永靖出土）。

马家窑文化半山类型彩陶，1924 年发现于甘肃和政县（今临夏回族自治州）半山地区，分布于甘肃及青海东北部。器形有短颈广肩鼓腹罐、单把壶、敛口钵、敞口平底小碗等，据放射性碳素断代，年代为公元前 2650—前 2350 年。纹饰有锯齿纹、网纹及鱼、贝、人、蛙等形的纹样，尤以锯齿螺旋纹、波浪纹、锯齿纹最为典型。另外，有的器物盖纽还被塑成人首形，形象较生动。

马家窑文化马厂类型彩陶，1924 年秋发现于青海民和县马厂塬，主要分布于青海、甘肃等省，器形基本沿袭半山类型的造型，较之半山显得高耸、秀美，出现了单耳筒形杯，耳、纽的造型富有变化。其年代，据放射性碳素断代，为公元前 2350—前 2050年。纹饰有同心圆纹、菱形纹、人形蛙纹、平行线纹、回纹、钩连纹等。

马家窑文化的村落遗址一般位于黄河及其支流两岸的台地上，接近水源、土壤发育良好，房屋多为半地穴式建筑、也有在平地上起建的，房屋的平面形状有方形、圆形和分间三大类，以方形房屋最为普遍。方形房屋为半地穴式，面积较大，一般在 10 平方米 –50 平方米，屋内有圆形火塘，门外常挖一方形窖穴存放食

马家窑文化舞蹈纹彩陶盆

马家窑文化螺旋纹彩陶盆

马家窑文化早期半山类型

物。圆形房屋多为平地或挖一浅坑起建,进门有火塘,中间立一中心柱支撑斜柱,房屋呈圆锥形、分间房屋最少,主要见于东乡林家和永登蒋家坪,一般在主室中间设一火塘,侧面分出隔间。

　　马家窑文化的墓葬,经发掘的有 2000 多座,墓地一般和住地相邻,流行公共墓地,墓葬排列不太规则,多数为东或东南方向。盛行土坑墓,有长方形、方形和圆形等。葬式因时期和地区不同而有所变化,一般有仰身直肢、侧身屈肢和二次葬。墓葬内一般都有随葬品,主要有生产工具、生活用具和装饰品等,少数随葬粮食和猪、狗、羊等家畜。有的墓地的随葬品,男性多为石斧、石锛和石凿等工具,女性多纺轮和日用陶器,反映出男女间的分工。随葬品在数量和质量上都存在着差别,而且越到晚期差别越大,有的随葬品达 90 多件,而有的则一无所有。这种贫富差别的增大,标志着原始社会逐步走向解体和中国文明曙光的来临。

　　马家窑文化的制陶业非常发达,其彩陶继承了仰韶文化庙底沟类型爽朗的风格,但表现更为精细,形成了绚丽而又典雅的艺术风格,比仰韶文化有进一步的发展,艺术成就达到了登峰造极的高度。陶器大多以泥条盘筑法成型,陶质呈橙黄色,器表打磨得非常细腻。许多马家窑文化遗存中,还发现有窑场和陶窑、颜料以及研磨颜料的石板、调色陶碟等。马家窑文化的彩陶,早期以纯黑彩绘花纹为主;中期使用纯黑彩和黑、红两彩相间绘制花纹;晚期多以黑、红两彩并用绘制花纹。马家窑文化的制陶工艺已开始使用慢轮修坯。并利用转轮绘制同心圆纹、弦纹和平行线等纹饰,表现出了娴熟的绘画技巧。彩陶的大量生产,说明这一时期制陶的社会分工早已专业化,还出现了专门的制陶工匠师。彩陶的发达是马家窑文化的显著特点,在我国发现的所有彩陶文化中,马家窑文化彩陶比例是最高的,而且它的内彩也特别发达,图案的时代特点十分鲜明。从 20 世纪 50 年代末开始,随着大量新出土材料的积累,马家窑文化彩陶的研究,越来越受学术界的关注,逐渐成为史前文化研究中的一大热点。

3. 龙山文化陶器

　　龙山文化最初发现于山东章丘县龙山镇城子崖。该文化分

马家窑文化半山类型菱形网格四条双耳罐陶瓷

马家陶文化彩陶罐

布范围较广,鲁、豫、陕、鄂、苏、皖等都发现有类似的文化遗址,
考古界分别称其为"山东龙山文化"、"河南龙山文化"、"陕西龙
山文化"、"湖北龙山文化"等。山东龙山文化是典型的龙山文化,
它是大汶口文化的延续,分布范围包括山东、苏北等地,距今已
有4000余年的历史。

龙山文化的陶器制作方法与大汶口文化相比有了进一步的
发展,普遍采用轮制技术,器物以造型规整见长,常见的器型有
碗、罐、鼎、鬶、盆、甗等,三足器和圈足器较多,其中圆环状鼎足
与鬼脸式鼎足较为特殊。陶鬶是龙山文化的典型器物。从装饰上
看,龙山文化的陶器朴素少装饰,素面器物较多,表面打磨非常
光亮。有纹饰的器物较少,纹饰种类仅有弦纹、划纹和镂空等几
种,纹饰虽少,由于部位安排恰当,同样也起到了一定的艺术效
果。龙山文化的陶器中,灰陶、白陶、红陶数量较少,黑陶数量较
多,常以划纹作装饰,有三角纹、圆圈纹、方格纹等,还有用镂空
作装饰,质朴大方,匀称端正。

龙山文化白陶鬶

龙山文化黑陶

黑陶最早发现于龙山文化,是龙山文化最重要的一个特征,它是在烧造过程中,采用渗炭工艺制成的黑色陶器。龙山文化时代的陶器有灰、红、黑陶,其中最著名的是黑陶。黑陶是陶胎较薄、胎骨紧密、漆黑光亮的黑色陶器。它在龙山文化陶器中制作最为精美。

龙山文化黑陶

龙山黑陶分有细泥、泥质和夹砂三种,以细泥薄壁黑陶的制作水平最高,胎壁厚仅0.5—1毫米左右,表面乌黑发亮,故有“蛋壳黑陶”之称。龙山黑陶的纹饰一般比较简单,仅以磨光透亮的光泽作为器皿的主要装饰内容,与黑色有机结合,是黑陶显出秀美韵致的风格之所在。黑陶的造型品种除了尖底瓶、罐、盆等外,还出现了鬲、豆、杯、鼎等品种。

黑陶工艺主要利用陶轮轮制的方法。它不以装饰取胜,而是以造型见长。黑陶在烧制时采用了封窑烟薰的渗炭方法,器表呈现出深黑色光泽。它表面磨光,朴素无华,纹饰仅有少数弦纹、划纹或镂孔。黑、薄、光、纽为黑陶的四大特点。其中有一种薄胎黑陶,漆黑乌亮,薄如蛋壳,称"蛋壳陶",代表着这一类型陶器的杰出成就。

黑陶的造型千姿百态,以复杂造型为主,简单者较少,但都端庄优美,质感细腻润泽,光泽沉着典雅,具有一种如珍珠般的柔雅沉静之美,欣赏价值极高。常见器型有碗、盆、罐、瓮、豆、单耳杯和鼎等。

新一代龙山黑陶在烧制工艺上,是根据当地泥质特点和古代制作方法研究产生的,具有实用、巧妙、节约的优点。在成型制作上,主要有可塑法和注浆法两大工艺流程。可塑法有选料、球磨、压滤、真空炼泥、陈腐、拉坯、干燥、修坯、压光、刻制、磨光、干燥、烧制等17道工序,它主要用于瓶、器等形状变化大和比较不规则的制品生产。先将精制的可塑泥块放到成型机上拉坯成型,当干燥到一定程度时,再将坯体放到成型机上修坯、压光,坯体含水为8%—12%时,进行刻制,随后磨光,待含水率再降至一定程度时即可装窑烧制;注浆法有选料、配料、选型、翻模、注浆、干燥、脱模、修坯、压光、烧制等14道工序,它主要用于圆雕、浮雕类异形制品的生产,比可塑法工艺流程短,是一种较先进的制作方法。

在烧制上,龙山黑陶则重点采用传统技术与现代技术结合的循序升级渗透法,使产品达到通体透黑,产品黑度越高,表面越亮,充分展现出黑陶的特色。由于选料考究、做工精细,不仅器物均有镂孔和纹饰,而且姿态万千、品种多样,纹饰与造型、色泽与形象和谐自然,具有高雅、简炼、明快等特点,给人以美的艺术享受。

龙山黑陶的代表蛋壳黑陶高柄杯,通高19.5厘米,口径9厘米,足径4.7厘米,1973年于山东日照东海峪出土,山东省文物考古研究所藏。高柄杯泥质黑陶、造型细高,有喇叭形大侈口、深腹、圆底的杯形,下加细长柄,柄中部凸起一段作鼓腹状,表面布满竖向细小镂孔,整齐匀和,柄下端为圈足形座,腹部饰有弦纹。造型别致秀美,制作精巧,杯身最薄处不足0.5毫米,令人惊叹。它通体透射着黑色光泽,质感细腻温润,散发着高雅的气质和诱人的魅力,是古代陶艺的精华,堪称绝代之作。

龙山文化黑陶蛋壳黑陶高柄杯

龙山文化白陶

龙山文化白陶是用高岭土烧制而成的,质地洁白细腻。它起源于新石器时代,至商代因制作技术的提高,使原料的淘洗更加精细,烧制火度的掌握也恰到好处,因而使所烧器物愈加素净可爱。白陶的器形多为生活用品,如壶、卣、簋等。其纹饰主要吸取青铜器的装饰纹样,如兽面纹、饕餮纹、夔纹、云雷纹、曲折纹等。其装饰方法有刻纹和浅浮雕两种。白陶的装饰往往遍布器物全身,构图严谨且富于变化。如故宫博物院收藏的据残片复原的商代白陶壶,其土体以浅浮雕雕出相对的双夔,底层按空白地位的大小施以云雷纹,底纹与浅浮雕层次分明、错落有致而又彼此和谐,使器物显得庄重华贵。

白陶是当时奴隶主贵族使用的一种生活器皿,至西周已逐渐消失。

龙山文化印纹陶

龙山文化印纹陶是在指定部位捺印上去后进行烧制的陶器,依其烧制温度的低高,又分为印纹软陶和印纹硬陶,前者又有泥质与细砂质之分,多呈红褐、灰白、灰等色,多流行于新石器时代晚期至商代以前;后者因烧制时温度较高,故胎质坚硬,呈灰色,系在前者基础上发展起来,其出现年代约在商代以后。印纹陶的器形大多为日常生活用具,主要有瓮、坛、罐、盂、钵、杯、盘、豆、簋、尊等器皿。制作方式为手制、模制和轮制。其纹饰是用印模在制作好的坯胎上捺印出来,最初只是出于防止器物变形,有加固陶坯的目的,故早期的印纹陶上多留有布纹、席纹和绳纹的痕迹,后来随着技术的发展和人们审美能力的提高,逐渐使纹样趋于丰富、精美。印纹陶的纹样均为几何形,主要有水波纹、米字纹、回纹、方格纹、编织纹、云雷纹。其纹饰多与器形相协调,如曲折纹、云雷纹、回纹等较粗犷的纹样,多用于瓮、坛及较大的罐等。而小件的盂、钵等多饰以米字纹、方格纹等细密秀美的纹样,其中尤以商、西周、春秋时期的纹饰线划均匀,结构严谨,且富有韵律感。

印纹陶的装饰工序,寄寓于器物脱坯后的压印过程中,制作较为简单,且一旦制成模具,即使不会刻划的人,也能从事捺印。

西周早期印纹陶礼器

因此,简单易行,适合大量生产,故它在一定区域内获得了极大发展,成为中国新石器时代晚期以来具有鲜明地域特征的一种制陶工艺。它主要流行于浙江、江苏、上海、福建、广东、广西、台湾、江西、安徽等省区,盛行于商、西周、春秋,战国时期随着暗纹陶、彩绘陶器等的兴起和迅速发展而走向衰落,至汉代以后逐渐消失。

龙山文化彩绘陶

龙山文化彩绘陶即陶器烧好后再描绘朱、黄、白、黑等彩色纹饰,色彩易脱落,兴于战国、盛于汉代,器形多为仿青铜器及陶瓷器皿,主要有杯、盘、碗、壶、盒、鼎、炉、豆、敦、罐等。其制作方法分轮制和模制两种,以轮制居多。胎色有灰、褐两色。灰胎多敷黑色陶衣,后再敷白粉一层,然后用黑线、红色及其他色彩彩绘。褐胎多敷白粉或黄粉,后多用红色彩绘,色彩鲜明,对比强烈。另外还有用金银绘线的。到了汉代,其色彩又有所增加,使用红、灰、褐、绿、蓝、黄、橙等色彩彩绘。纹饰有:几何纹,占比重最大,包括弦纹、菱形纹、锯齿纹、三角纹、方格纹、圆圈纹等;云纹;花瓣纹,有梅花、柿蒂、卷草等纹样;鸟兽纹,有龙、凤、铺首等纹样。其纹样组织多为二方连续,加之鲜明醒目、对比强烈的色彩,使彩绘陶器更为灿烂丰富。

彩绘陶器主要作为明器,用于陪葬,故在盛行厚葬之风的汉代尤为流行。它产生于中原,后扩展至全国大部分地区,以河南洛阳、辉县、陕县,湖南长沙、常德等地出土较多。

三、瓷器的出现

商代以后,出现了用高岭土烧制的原始青瓷,由于瓷器在质量及使用寿命上均优于陶器,因此获得了迅速的发展。至南北朝时,瓷器已成为人们日常使用的主要器皿,特别是唐宋、明清直至近现代,由于技术的提高,瓷器更得到了飞跃性的发展,成为中国工艺美术中的主要门类。在这种情况下,陶器已渐渐失去了以往的辉煌,瓷器在器物的造型和装饰上较之彩陶、黑陶等,已相去甚远。唯战国的暗纹陶,秦汉的釉陶和作为明器用的陶制建

彩绘陶壶

蟠龙纹彩绘陶盘

筑、舟车,唐代的三彩等以其各自的造型、纹饰反映了所处时代
的艺术特征和生活风貌。其中唐三彩是一种施挂彩釉的低温铅
釉陶器,多用黄、绿、褐等色彩,故称"三彩";其品种有器皿及人
物、动物俑等,其中器皿种类繁多,造型新颖别致,设计巧妙,加
之绚丽的色彩,遂使唐三彩成为中国陶器工艺中的一朵奇葩,受
到人们的普遍喜爱,直到现代仍有仿唐三彩的生产。另外,战国、
秦汉、唐等朝代的瓦当、砖、陶俑以及近现代江苏宜兴、广东石
湾、四川荣昌等地的民间陶器,也以其精美的纹饰、生动的造型
和清新质朴的风格,在中国工艺史上占有重要的地位。

唐三彩瓷器

其实,还有一种很特殊的陶器,那就是陶俑。而且中国古俑
在其盛行的从东周至宋代的约1500年中,弥补了同时期地面雕
塑在种类及完整性上的重大缺憾,为我们勾勒出中国古代雕塑
艺术发展的脉络以及历代审美习俗变迁的轨迹,成为了解中国
古代雕塑艺术史不可或缺的珍贵实物资料。其中以秦兵马俑最
为著名。西汉早期的俑像性质和秦代兵马俑相似,多是用军阵来
送葬的模拟物,但在规格上要比秦俑小得多。它沿袭秦的风格,
造型比较呆板,主要是用整齐的阵列向人们展示为死者送葬的
森严军阵。除此之外也有彩绘女侍俑,模制烧成陶后敷涂色彩,
轮廓线条流畅优美,其艺术造型超出军阵陶俑,富有生活情趣。
直至东汉,这种侍仆舞乐俑成为主流,兵马俑不再出现。造型对
象转为舞女、侍仆、农夫和市井等,造型艺术也由呆板变为生动。

唐三彩陶瓷马摆件

四、陶瓷造型的发展和演变

从现有考古学的研究得知,陶器的制作方法主要有以下几
种:一种是捏制法,用手捏制一些比较小的器物,这是最简单最
实用的方法,但其造型比较粗糙、不规整,且不适用于一些形制
较大的器皿;一种是贴筑法,即将粘湿的泥团捏制成片,在一个
物体外部一块块敷贴整合而成,一般用两层或数层泥片。这种方
法制作的陶器器身厚重粗糙,器形不规则;一种是盘筑法,即将
泥料揉搓成条,从下往上盘绕成形,然后再用陶拍和陶抹拍打、
压抹完成。以上三种方法是目前发现的陶器制作最早、最原始的

陶俑

方法,此外还有轮制、模制和雕塑法等几种方法,因为这些方法在陶器制作中出现较晚,是在陶器制作技术被发明并且经过一个相当长的发展时期后才出现的,是一种比较成熟的陶器制作工艺,所以暂不介绍。

从陶器的这些制作方法我们可以知道,在其初始阶段,一定是在基本上没有借助外在工具的情形下用手捏制而成,因为:首先,陶器的制作是为了满足当时人们盛物、特别是盛水的需要,所以罐体不必太大;其次,人们已经有了圆形的观念和思维,且从工艺要求上看,圆形器物的制作始终无法做得很大;此外,陶器器形的出现,当与那时人们普遍使用的一些盛水器物有着密切关系,人们受到了葫芦、人或动物的头盖骨等的启发。进行陶器制作实验的考古学家认为,如果没有任何经验和借鉴,用随意的方法和随意的原料,是难以制作出满足人们日常生活所需要的陶器的。当然,至于第一件陶器是如何制成,恐怕永远是一个无法破译的文化发生之谜了。

从世界陶瓷史上烧制陶器材料的发展变化看,其大约经过了这样几个阶段:一是用软质纯粘土晒干成为"土器"的阶段,这可以看作是陶器的雏形;然后是烧烤阶段,这时火力还不足,于

陶塑精品

是在制作陶器的泥料中掺入碎草，贝壳或石英石等烧制出夹和陶或夹砂陶；第三阶段是在粘土中掺入硅质材料，烧出的陶器呈红色或棕色；第四阶段是泥质红陶；最后一阶段是随着轮盘的发明和绘彩工具的出现，制作日渐精细的彩陶，这一期彩陶一般器形规整、纹饰流畅、色彩艳丽。

1. 陶器的造型

陶器的造型，是一个由简单到复杂的过程，由造型的欠规整到规整的发展过程。纵观新石器时代陶器造型的演变，可以窥见当时人们由注重实用功效转向后来的追求造型的美感。陶器由产生到发展达到高峰的演变过程中，大致经历了五个不同的发展阶段：第一阶段，距今 12000—9000 年间，是陶器的发明阶段，发明陶器的国家、地区逐渐由少到多，已发现的陶器器类少，制作粗糙，造型欠规整，火候不高，数量也少是其特点；第二阶段，距今约 9000—8000 年间，陶器生产已经得到初步发展。此间出土陶器的国家、地区、地点增多，器类增多，数量也增多，造型较规整是其特点；第三阶段，距今 8000—7000 年，陶器制作工艺有所进步，如西美索不达米亚北部底格里斯河中游东岸索万萨迈拉遗址出土的距今 8000—7000 年的陶器皿，索万一期，陶器甚少，以偶见刻痕的素面粗陶为特征。二期出现薄壳彩陶，表明此间已从素陶发展出现彩陶。三期器形已有碗、罐、瓶。在中国甘肃秦安大地湾遗址出土的大地湾文化陶器皿，主要器形有三足钵、三足罐、圈足碗等，部分画有紫色宽带纹。这一发现表明中国同西亚一样，在距今 8000 年之际，素陶已发展到出现了彩陶；第四阶段，距今 7000—6000 年间，是陶器的发展阶段，世界各地普遍发现陶器，陶器的出土地点增多是其标志，陶器种类、数量增多，火候高、质量好、工艺进步是又一标志。当时人们已能根据实际需求设计出造型富于变化且孕育着更丰富美感的各类陶器皿。此时的人们不仅注重实用性，而且还喜欢在器皿易见的口、口沿、肩、腹、足表面进行美化。如半坡遗仰韶文化出土的器形达到十几种，碗、钵、盆、杯、盘、缸、瓮、陶器瓶、鼎、釜、船形壶、尖底瓶等。

仰韶文化陶女塑

大汶口文化彩陶钵
型三足鼎

再如大汶口文化早期所见的钵、豆、瓠、盉等几何体陶器皿。器物口或敞或敛抑，颈或粗或细，肩或溜或圆，腹或直或鼓，有三足或四足等，可见当时的陶器工艺已具有较高的造型艺术水平。他们已能得心应手地根据各类器物的不同用途和当时人们的审美要求，运用对称、均衡法则对各种几何体陶器进行精心设计，并巧用各种线型和体面的结合与变化，使各类器物都有其独特的形体美和艺术魅力；第五个阶段，距今6000—4000年间，陶器发展达到鼎盛阶段，世界各国各地区普遍发现陶器，陶器出土地点更多，分布地域更广，器类、数量也明显增多，用途更广泛是其标志，几何体陶器的造型更显得大方美观，同时还新设计出动物形、植物形、人体形器皿。植物形陶器以马家窑文化多见，如甘肃皋兰遗址出土过的马家窑文化居民创作的模拟葫芦的一半塑成的葫芦形瓢，还有南瓜形盖罐。人物形陶器皿以仰韶文化多见，如甘肃秦安寺出土的人首陶瓶，西安半坡的人首陶盉。

总之，陶器造型所表现的由简到繁，由注重实用与美感的和谐统一的演变发展规律，除几何构图不断精进、造型多变以外，象生造型技法的运用也是其突出的表现。

2. 陶瓷的装饰

陶器装饰，是指人们有意识地从审美出发对陶器作进一步的装饰，也有一个由简到复杂，纹饰由不规整到规整的发展过程。依其装饰手法可分为素陶、陶衣陶、彩陶、彩绘陶、漆绘陶、釉陶、三彩装饰等。其中后两者于历史时期才出现，而前者均始见于新石器时代，但是出现时间有早晚之别。

素陶装饰，是陶器装饰中出现最早，运用最普遍，延续时间最长的装饰，出现于新石器时代早期，其装饰手法大致分为七种：一是用刀、圆管等工具在半干的坯胎外表刻划、压划、雕纹等刺剔几何纹、动物纹、网格纹、涡纹、三角纹、斜线纹等；二是利用绳索压印粗细绳纹；三是用贴塑法在器物表面贴塑、堆塑附加堆纹、浮雕人面纹、动物纹等；四是用捏塑法捏塑动物、人物或人首、动物做盖钮、把手或装饰器口；五是用指甲直接压出指甲纹；六是用贝壳压出曲线纹；七是用尖状物与旋轮结合旋出规整的

汉素陶旋纹罐

凹凸纹。总之，素陶装饰，以点、线、面构成的集合形纹居多，世界各地发现的素陶装饰也是如此。这也证明了普列汉诺夫指出的"在陶器装饰中，我们最初只见直线或折线、正方形、十字形、锯齿形纹等，这种形式是原始艺术从更原始的手工业——编织和编条中借来的"的论断。

陶衣陶的装饰，一般是指在素面磨光的陶坯表面涂刷一层调色的泥浆，而不再用施饰图案纹样的一种陶器装饰手法。陶衣陶装饰手法的应用晚于素陶装饰，而早于彩陶装饰，也早于彩绘陶装饰。

彩陶器装饰，是陶器装饰的又一创造，是指用毛笔一类的绘画工具蘸颜色（矿物颜料）直接在半干的陶坯上或在施过一层陶衣的陶坯上施绘舒展流畅的色线，以构成各种几何形纹和象生纹等装饰图案或寓意画。其外还要塑绘结合的作品，如马家窑文化所见的人首形器盖钮，人形首，用色彩绘出头发、五官。焙烧后色彩与胎体融为一体，不易脱落，栩栩如生，极富审美价值。关于陶器装饰纹样的起源主要有"图腾"说和生活生产说，目前更倾向于后者，考古学家认为具象纹是对人们生活生产的描写，如青海大通马家窑文化彩陶盆内壁所见的舞蹈纹就是最好的佐证。

彩绘陶装饰，是指先将陶器皿烧成后，再进行绘饰矿物颜色彩纹而不再给焙烧的一种装饰手法。彩绘陶出现年代比彩陶晚，但延续时间比彩陶长，但历史时期的彩绘陶与史前的彩绘陶风格时代特点都很明显。彩绘陶早在新石器时代晚期已出现，如大汶口文化中期和崧泽文化所发现的彩绘陶，距今已有 5500 年的历史。马家窑文化中，考古发现的彩绘陶器，其色彩与彩陶器同，即用棕红色施绘简单图案，皆施饰于盘内壁。由此可见，彩绘陶装饰与彩陶装饰均有施饰器表和内壁两种。漆绘陶装饰，是指以漆为颜料在陶器表面施绘图案纹饰的一种装饰手法。此装饰手法，已知是良渚人所创造。不过，此类作品发现尚少，眼下仅于江苏吴江梅堰遗址上层出土的良渚文化黑陶器中发现两件。

从目前所知的考古材料来看，陶器中的精品有旧石器时代晚期距今 1 万多年的灰陶、有 8000 多年前的磁山文化的红陶、有 7000 多年的仰韶文化的彩陶、有 6000 多年的大汶口的"蛋壳

彩陶器双连壶

马家窑古彩陶罐

清代末民国初德丰陶器紫砂壶

馆藏精品辽三彩器

黑陶"、有4000多年的商代白陶、有3000多年的西周硬陶,还有秦代的兵马俑、汉代的釉陶、唐代的唐三彩等。到了宋代,瓷器的生产迅猛发展,制陶业趋于没落,但是有些特殊的陶器品种仍然具有独特的魅力,如宋、辽三彩器和明、清至今的紫砂壶、琉璃、法花器及广东石湾的陶塑等,都是别具一格,倍受赞赏。

3. 造型的发展和演变

当制陶技术不断发展、工艺不断改进的同时,人们也对陶器加以装饰。为了美观,用有色颜料,如赭、红、黑、白等在陶器的表面进行彩绘,于是诞生了各种纹饰美观、色泽鲜艳的彩陶,以期达到实用与美观的效果。在新石器时代的彩陶中,陕西、甘肃、青海等地出土的仰韶文化和马家窑文化的彩陶特别精美。在长江中下游一带的河姆渡文化和山东龙山文化遗址中出土的陶器属于另一种类型,即黑陶。尤其是山东龙山文化和大汶口文化的黑陶,有"黑如漆,薄如纸"的美称,是新石器时代陶器中的一朵奇葩。

商代青铜器的制作尤为辉煌,但青铜器的使用不能代替陶器,因此陶器成为普通人日常生活中的主要用品,并有了很大的发展和进步,以生产灰陶为主。商代晚期灰陶的制作变得更为粗陋,虽说呈下降趋势,但白陶和印纹陶却有了更大的发展,其中尤以白陶胎质洁白细腻,质地坚硬,花纹严谨,吸收了同期青铜艺术的特点,为不可多得的艺术品。

西周、春秋战国时期,制陶业以生产民间实用器皿为主,除承袭商代一些陶器形制外,并没有多大的创新,但建筑用陶却有了新的发展。

秦代陶器的品种繁多,大多仿自铜器的造型。最惹人注目的是兵马俑,被誉为世界奇观。兵马俑个个形体高大,和真人真马大小相似,形象生动而传神。整个军阵严整统一,气势磅礴,充分展现了秦始皇当年"奋击百万"、"战车千乘"统一中国的雄伟壮观的情景。由于陶俑体型高大,制作时需首先考虑如何能使它稳固地站立起来,于是陶工们想了两个办法:一是将腿部做成实心圆柱体,承受腿部以上躯体的重量,使之不易压塌;二是在俑的

秦始皇兵马俑

足下粘接一块足踏板,这样除了可以增加下部的重量、降低重心外,还可以使俑和地面的接触面增大,从而使陶俑的稳定性大大增加。秦兵马俑的烧成,是陶瓷工艺史上的空前壮举,它不仅反映了当时的文化艺术、科学技术和生产水平,而且为我们研究秦代烧陶技术和雕塑艺术提供了极其宝贵的实物资料。

秦始皇兵马俑——人俑

秦始皇兵马俑一号坑

汉陶俑的制作也极为艺术化,出土的说书人俑神形皆备,令人叹服。汉代的砖瓦艺术也达到了相当高的程度,其画面精细、内容丰富、极富时代气息,多侧面地反映了当时的社会生活和风土人情。西汉陶器最常见的是泥质磨光灰陶,同时又出现了一种在釉料中加入助熔剂的铅色釉陶。铅釉陶的制作成功,是汉代制陶工艺的又一成就。釉料中加入铅,不仅可以降低釉的熔点,还可以使釉面增加亮度,平整光滑,使铁、铜着色剂呈现美丽的绿、黄、褐等色;但以绿釉为多,绿如翡翠,光彩照人。墓葬中出土的铅釉陶器表面,往往泛出一层银白色的光泽,称为"银釉"。形成银釉的原因是由于釉面长期受潮,釉层表面析出多层次的沉积物,在光线的折射下,就产生了银白色的光泽,并非在釉料中加入银的缘故。汉绿釉中的银白壶、狩猎壶在 1984 年时,每件价格在香港一下子升到了两三万美元,以后随着绿釉罐的大量出土,

汉陶俑

价格才跌落下来。

　　汉代铅釉技术的发明和发展，在我国陶瓷史上有重要的意义。它不仅为后世著名的唐三彩的出现开辟了道路，而且为明清景德镇五彩缤纷的釉上彩瓷的发展奠定了基础。汉代的釉陶楼阁虽是陪葬物，但它也是我国开始烧造琉璃瓦的先导，在我国建筑艺术史上占有重要的地位。

　　三国、两晋、南北朝时期的陶器，由于瓷器的广泛使用，逐渐不为人们所重视，所以制陶业呈现出衰落的局面。陶器制品一般都很粗糙，不仅种类不多，且灰陶的火候低，质量低劣。而陶塑艺术的水平也不高，制作程式化，表面呆板，比例失调，非常粗拙。能代表这时期陶塑艺术水平的是北朝陶塑人物和动物，其造型尤为生动。陶塑人物中，文吏俑一般头戴冠，身着袍，腰束带，或双手下垂，或拱袖而立，温良恭谨，具备北朝艺术的特征。武士俑以骑甲马武士俑和按盾武士俑令人注目，人马全身披甲，威武强悍，勇猛异常，体现了北朝军队的战斗力。陶塑动物中突出的有马和骆驼，马四蹄矫健、鞍鞯华丽，具有一定的艺术水平。陶塑骆驼，从北朝始方有，制作也有相当的水平。元邵墓中出土的一件骆驼，昂首屹立，双峰间设鞍，上披长毯，毯上横置货袋，仿佛正在跋涉远行，是北朝陶塑艺术中颇具特色、令人爱不释手的作品。

在南北朝的陶塑艺术基础上，唐代三彩陶俑的出现，更是将陶塑艺术推向了一个高峰。无论是造型、施彩或是制作工艺都达到了相当高度，为后世所不及。三彩女俑、镇墓兽、文武俑官、罐壶盘碟等，都成为文物交易中的宠儿，身价倍增。三彩女俑，每件万元；高一点的文官三彩俑，每件五万元上下；三彩罐壶等，每件也都在万元左右。三彩陶俑，一直到宋、元、辽还在流行，但无论风格和气派，整体水平都赶不上唐代盛世。就在三彩陶的发展后劲不足的时候，江苏宜兴的紫砂陶又异军突起，成为陶器中一个独具特色的品种。紫砂陶产生于宋，盛行于明中叶以后，一直为人们所喜爱，至今仍长盛不衰。特别是紫砂陶优良的质地，古朴典雅的色泽，更是令古代文人雅士们倾倒，于是紫砂陶茶具上

铅釉陶瓷罐

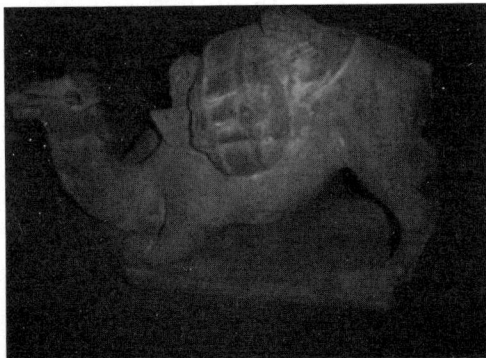

唐彩陶塑骆驼摆件

唐宋三彩陶俑乐队

诗、书、画、篆刻一应俱全,成为我国茶文化的一个重要组成部分。古朴高雅的紫砂陶历来为藏家所珍爱,成了文物中一个独特的品种。

附:与陶瓷有关的诗词

送许屯田诗
宋·彭汝砺
浮梁巧烧瓷,颜色比琼玖。
因官射利疾,从喜君独不。
父老争叹息,从事古未有。

咏景德镇兀然亭
明·缪宗周
陶舍重重倚岸开,舟帆日日蔽江来。
工人莫献天机巧,此器能输郡国材。

赠昊十九

明·李日华

为觅丹砂到市廛,松声云影自壶天。
凭君点出琉霞盏,去泛兰亭九曲泉。

赠昊十九

明·樊玉衡

宣窑簿甚永窑厚,天下知名昊十九。
更有小诗清动人,匡庐山下重回首。

白玉金边素瓷胎

清·弘历(乾隆皇帝)

白玉金边素瓷胎,雕龙描凤巧安排。
玲珑剔透万般好,静中见动青山来。

题宣德宝石红釉碗

清·弘历(乾隆皇帝)

雨过脚云婪屋垂,夕阳孤婺照飞时。
泥澄铁镞丹砂染,此碗陶成色肖之。

咏宣窑霁红瓶

清·弘历(乾隆皇帝)

晕如雨后霁霞红,出火还加微炙工。
世上朱砂非所拟,西方宝石致难同。
插花应使花羞色,比画翻嗤更是空。

年窑墨注歌

清·查俭堂

国朝陶瓷美无匹,尔来年窑称第一。
不让汝定官歌均,何况永乐之坯宣德质?

戏紫蘅中丞

清·许谨斋

宣成陶器夸前朝，收藏价比璆琳高。

元精融冶三百载，迩来杰出推郎窑。

郎窑本以中丞名，中丞嗜古衡览精。

网罗法物供品藻，三千年内纷纵横。

范金合土陶最古，虞夏商周谁复数。

约略官均定汝柴，零落人间搜出土。

中丞嗜古得遗意，政治余闲呈艺可。

雨过天青红琢玉，贡之廊庙光鸿钧。

重临镇厂感赋志事

清·唐英

重来古镇匪夷想，粤海浑如觉梦乡。

山面水心无改换，人情物态有存亡。

依然商贾千方集，仍见陶烟五色长。

童叟道旁争识认，须眉虽老未颓唐。

丁卯仲冬返洵阳，留别珠山陶署

清·唐英

廿载须眉江上翁，渔滨栖息故乡同。

马鞍山碧里村雨，鸭尾船轻昌水风。

鬼儡丰神箫鼓外，报酬事业榷陶中。

霜清使节洵阳道，枫意如春万树红。

窑民行

清·沈嘉徵

景德产佳瓷，产瓷不产手。

工匠来八方，器成天下走。

陶业活多人，业不与时偶。

富户利生财，穷工身觖口。

食指万家烟，中外贾客薮。

坯房蚁蛭多,陶火烛牛斗。
都会罕比雄,浮色抵一捊。

昌江杂咏(选二首)

清·凌汝锦

重重水碓夹江开,未雨殷传数里雷。
舂得泥稠米更凿,祈船未到镇船回。

百种佳瓷不胜挑,霁红霁翠比琼瑶。
故家盆盎无奇品,不羡哥窑与定窑。

浮梁竹枝词(选一首)

清·郑风仪

碓厂和云舂绿野,贾船带雨泊乌蓬。
夜阑惊起还乡梦,窑火通明两岸红。

陶阳竹枝词(选九首)

清·郑廷桂

蚁蛭蜂巢巷曲斜,坯工日夜画青花。
而今尽是都鄱籍,本地窑帮有几家。

坯房挑得白釉去,匣厂装将黄土来。
上下纷争中渡口,柴船才拢槎船开。

码头柴槎各分堆,伙计收筹记数来。
窑位客行催要紧,先后三日一回开。

巧样瓷名尚脱胎,金边细彩暗炉开。
寿溪不是侬家卖,昨日新窑试照来。

青窑烧出好龙缸,夸示同行新老帮。
陶庆陶成齐上会,酬神包日唱单腔。

九域瓷商上镇来,牙行花色照单开。
要知至宝通洋外,国使安南答贡回。

轻灵手巧补油灰,估得明堆又暗堆。
好约提篮小伙伴,黄家洲上走洲来。

鹅颈滩头水一湾,驳船禾秆积如山。
瓷件茭成船载去,愿郎迟去莫迟还。

五月节迎师主会,六月还拜风火仙。
龙缸曾读唐公记,成器成人总靠天。

追赠昊十九

清·朱琰

丹泉兄弟知名久,甄土新裁总后尘。
独有琉盏在江上,壶中高隐得诗人。

陶歌(选三十五首)

清·龚鉽

江南雄镇记陶阳,绝妙花瓷动四方。
廿里长街半窑户,赢他随路唤都昌。

武德年称假玉瓷,即今真玉未为奇。
寻常工作经千指,物力艰难那得知。

方方窖子滤澄泥,古语儿童莫坏坏。
炼到极稠捶极熟,一归模范即佳瓷。

几家圆器上车盘,到手坯成宛转看。
坯墣循环随两指,都留长柄不雕镘。

出手坯成板上铺,新坯未削等泥涂。

钧陶自古宗良匠，怪得呈材要楷模。

坯乾不裂更须车，刀销圆光不少差。
此是修身正心事，一毫欠阙损光华。

画坯上釉蘸兼吹，一体匀圆糁絮宜。
只有青花先画料，出新花样总逢时。

青花浓淡出好端，画上磁坯画面宽。
识得卫风歌尚絅，乃知罩釉里同看。

白釉青花一火成，花从釉里吐分明。
可参造物先天妙，无极由来太极生。

看他吹釉似吹箫，小管蒙纱蘸不浇。
坯上周遮无渗漏，此中元气要人调。

青料惟夸韭菜边，成窑描写淡弥鲜。
正嘉偏尚浓花色，最好穿珠八宝莲。

如椽大笔用羊豪，颠旭能书莫漫操。
看他含釉如含墨，一样临池起雪涛。

官古人家釉果多，含成胎质镜相磨。
非如饭器酥研甲，果釉多将灰水和。

浇釉看来似易皱，一般团转总均匀。
倘留棕眼兼鱼子，却使微瘢玷美人。

滩过鹅颈是官庄，沿岸人家不种桑。
手搏砂泥烧匣钵，笑他盘子满桑郎。

匣钵由来格不同，一般层叠着砂工。
更多平匣排清器，遥望馒头正出笼。

匣钵烧皱破不妨，倩他薄篾尽箍藏。
一经红火同镔铁，格物谁能理工详。

魏氏家传大结窑，曾经苦役应前朝。
可知事业辛勤得，一样儿孙胜珥貂。

满窑昼夜火冲天，火眼金睛看碧烟。
生熟总将时候审，此中丹诀要亲传。

窑火如龙水似云，火头全仗水头分。
美他妙手频挥拨，气满红炉萃晓氛。

开封火窨尚炎炎，抢掇红窑手似钳。
莫笑近前热炙手，霁威不似相公严。

窑边排橙检茅瓷，器正声清出匣时。
最喜官商成一片，未夸出钵与催诗。

白胎烧就彩虹来，五色成窑画作开。
各样霁花与人物，龙眠从此向瓶坌。

明炉重为彩红加，釉料全凭火色华。
我爱鸡缸比鸡子，珍珠无类玉无瑕。

大器难成比践形，自非折挫总伶俜。
要知先立功夫在，不止炉中火候青。

龙缸有供自前朝，风火名仙为殉窑。
博得一身烟共碧，至今有气总凌霄。

市上今传釉里红，唐窑独著百年中。
暗然淡简温而理，都识先生尚古风。

雕作从来枉作劳，更嗤桃核刻牛毛。
圣朝器服惟坚朴，又使矜奇到若曹。

釉如蜜水亦如浆，船载人挑上釉行。
记得盖冈元献宅，十分龙脉九分伤。

年年七月中元节，几处坯房议事来。
每到停工总生事，好官调护要重开。

王家洲上多茅器，买卖偏多倔强人。
比拟携篮走洲客，只能消假不消真。

昨日曾经试照回，窑中生熟费疑猜。
凭他一片零坯块，验得圆融百坂来。

坯工多事问坯头，首领稽查口类周。
三月有钱称发市，年终栈满惰工愁。

云门院里读残碑，静夜闲庭品素瓷。
记得新平行部日，鲁公诗酒建中时。

坯工并日作营生，午饭应迟到二更。
三五成群抔肉饭，怪他夜市禁非情。

民谣

清·佚名

坯房佬，坯房佬，捣泥做坯双手搅，
弯腰驼背受压榨，死了不如一颗草。

装坯开了禁,乡下得了信,
丢掉田不作,漏夜赶上镇;
三吊二百钱,买根压肩棍。

正月机房教子,二月张生起程,
三月山伯访友,四月四九问路,
五月群英聚会,六月夜晃白袍,
七月徐庶荐葛,八月五瞎子算命,
冬月魁星点斗,腊月海螺丝打瓜精。

题《珠山八友雅集图》
民国·王大凡
道义相交信有因,珠山结社志图新。
翎毛山水梅兼竹,花卉鱼虫兽与人。
画法惟宗南北派,作风不让东西邻。
聊将此幅留鸿爪,只当吾侪自写真。

初到景德镇
董必武
昌南自昔号瓷都,中外驰名誉允孚。
青白釉传色泽美,方圆形似器容珠。
艺精雕塑神如活,绘胜描摹采欲敷。
技术革新求实用,共同跃进是前途。

瓷都
田汉
陶冶新平肇汉唐,宋明瓷夺宝珠光。
千年传统垂如缕,正待人民好发扬。

吾觉窑工斗志雄,新瓷今已握天工。
鲜明艳似美人霁,热烈真如火焰红。

海外珠窑著令名，一花一鸟发心声。
瓷风岂为庸夫定，今日光明自北京。

春播归来夕照斜，坡头着意种桑麻。
艺人珍重生花笔，先为农民后及他。

赠刘、曾两先生(二首)
田汉

赠刘雨岑先生
南枝如雪馥雄关，又在先生笔底看。
何止珠山留劲腕，早传春色满人间。

赠曾龙升先生
禹鼎凌烟笔意殊，曾家绝艺蜚瓷都。
于今有鬼犹多事，喜得钟馗试剑图。

题与艺术瓷厂
郭沫若

中华向号瓷之国，瓷业高峰是此都。
宋代以来传信誉，神州而外有均输。
贵逾珍宝明逾镜，画比荆关字比苏。
技术革新精益进，前驱不断再前驱。

题与陶瓷馆
郭沫若

后来居上数东洋，夺取万邦瓷市场。
年进美金七千万，数逾赤县十番强。
花纹形式求新颖，供应需求费数量。
国际水平应超越，发扬光烈陈堂堂。

西江月·别瓷都

郭沫若

发展光辉传统，齐心创造高峰。

调查研究不容松，经济、美观、适用。

内为人民服务，外争贸易阜通。

红旗高举万方红，别矣瓷都珍重。

贰 青铜篇

贰、青铜篇

青铜器在世界各地均有出现,是一种世界性文明的象征。最早的青铜器出现于 6000 年前的古巴比伦两河流域。苏美尔文明时期雕有狮子形象的大型铜刀是早期青铜器的代表。青铜器在 2000 多年前逐渐由铁器所取代。

中国青铜器制作精美,在世界青铜器中享有极高的声誉和艺术价值,代表着中国 4000 多年青铜发展的高超技术与文化。青铜器主要是统治阶级用来区别尊卑等级的器物。青铜器可分为礼器、兵器、工具和车马器等,礼器又分食器、酒器、水器和乐器等。青铜礼器是青铜器中最为重要的一个种类,本篇将重点介绍青铜礼器。

一、青铜工艺的杰出成就

青铜礼器是奴隶主贵族用于祭祀、宴飨、朝聘、征伐及丧葬等礼仪活动的用器,用以代表使用者的身份等级和权力,是立国传家的宝器。青铜礼器种类繁多、数量巨大、工艺精美,其存在是中国古代青铜器的显著特点。

青铜礼器可分为四大类：

食器。有鼎、鬲、甗、簋、簠、盨、敦、豆等。其中盛肉的鼎是最重要的礼器。安阳殷墟出土的司母戊鼎，重达875千克，是已发现的最重的青铜器。西周中晚期形成列鼎制度，即用形状花纹相同而大小依次递减的奇数的成组鼎来代表贵族的身份。据《春秋公羊传》(何休注)，天子用九鼎，诸侯用七鼎、卿大夫用五鼎、士用三鼎或一鼎。在考古发现中，奇数的列鼎往往与偶数的盛黍稷的簋配合使用，即九鼎与八簋相配、七鼎与六簋相配等。

酒器。包括饮酒器爵、觯、觥及盛酒器尊、卣、壶、罍、罂、觚等。商代贵族饮酒成风，西周初期曾严厉禁酒，西周中期以后青铜饮酒器大为减少。

水器。有盘、匜等，主要用于行礼时盥手以表示虔敬。

乐器。有铙、钟(包括甬钟、钮钟与镈)、鼓等。湖北随州战国曾侯乙墓出土的多达65件的青铜编钟，音域宽广、音色优美，代表了中国古代青铜冶铸技术及音乐的高度水平。

二、青铜礼器

西周奴隶主，制定出整套礼制，规定了森严的等级差别，以维护奴隶制统治秩序。由于礼制的加强，一些用于祭祀和宴饮的器物，被赋予特殊的意义，成为礼制的体现，这就是所谓"藏礼于器"。这类器物叫作"青铜礼器"。青铜礼器品种繁多，数量巨大，工艺精美，是中国古代青铜器的典型代表。

1. 青铜礼器的社会功能

中国青铜器的大宗是青铜礼器，这是中国青铜器的又一重要特征，在世界青铜器家族中担任绝无仅有的角色。从上述论说可以看出青铜器的发展是以夏商奴隶制社会的建立为起点，在商末周初奴隶制发展到高峰时期，青铜礼器也达到了它光辉的顶点。春秋以后，奴隶制开始衰落了，青铜器也开始走下坡路。到战国晚期，青铜礼器基本退出了历史舞台。这是从整个奴隶制度的发展与消亡来说；而在每一个奴隶制王朝，青铜礼器被统治阶级用来祭天祀祖、宴飨宾客、歌功颂德，统治阶级死后随之埋葬于地下。显然它是为奴隶制统治服务的。对于一个奴隶制国家来说，青铜礼器，尤其像鼎之类的重器，是社稷的象征，它的存亡就是国家的存亡，所以古书有"桀有昏德，鼎迁于商"、"商纣暴虐，鼎迁于周"的说法。显然青铜器不是一般的实用器。对于一个奴隶主贵族及其家族来说，青铜礼器又是他们身份与地位的象征。据文献记载，天子用九鼎，诸侯七鼎，卿大夫五鼎，士三鼎或一鼎，必须恪守法度，而不能逾越。生前如此，死后埋葬也是如此。所以说青铜礼器被制度化、神秘化、权力化，它就不是一般的实用器了。在形制、纹饰的铸造方面我们就不能简单地用对待实用器的眼光去看待，这是我们在鉴定时必须注意的。很多器物的形制纹饰都表明它不适于生活中使用，原因就在此。在青铜礼器上，各级奴隶主贵族寄托着他们的信条与期望，反映着他们的思想观念。当这种要求用形制与纹饰表达仍嫌不足时，便诉之于文字，这就是中国青铜器铭文很多的原因之一。

如前所述，中国青铜礼器是奴隶主贵族制度在青铜器上的"物化"，它用以表明奴隶制等级制度，以器的多寡与不同的组合形式来显示不同的地位与身份，具体如天子九鼎之类，即青铜礼器在使用与埋葬时相互之间有一定的组合关系。商周青铜器秀美多姿的形态、令人眼花缭乱的纹饰，不但为研究上古美术史和造型艺术提供了丰富的资料，而且是现今装饰艺术很好的借鉴物。

河南省安阳市小屯村殷墟妇好墓出土的三联甗

2. 青铜礼器的作用和价值

中国古代青铜器不但有很高的艺术欣赏价值，而且有很高的科学研究价值。所谓艺术欣赏价值是指青铜器的造型艺术很高超，如一条字、一幅画，会给人以赏心悦目的艺术享受。青铜器的艺术魅力主要表现在三个方面：构思巧妙的形态、富丽精致的纹饰、风格多样的铭文书体。

中国古代青铜器如前所述，其造型丰富、品相繁多。加之用块范法铸造，一般一范只铸一器，很少有面目完全一致的青铜器，因此件件面貌各异，拓宽了艺术欣赏的视野。尤其是其中精品叠出，看了使人叹为观止。例如 1976 年在河南省安阳市小屯村殷墟妇好墓出土的一件三联甗，其形制前所未见。以前发现的这种类似现今蒸锅式的甗都是单体的，而三联甗则是由并列的三个甑和一个长方形案状的鬲组成的，犹如长条桌上放着三只带耳的蒸锅，案上有三个圈形灶孔，用来承置甑体。不但放置稳当，而且一次能加温蒸好三锅饭，可见其构思之奇巧。长方瓯架四周饰一圈蟠龙纹，相间有圆涡纹，其下加垂叶纹。甑的双耳为兽首耳，口沿下有两道细棱，饰对称的大夔纹和小圆涡纹，纹饰相当精美。从器上铭文得知它是当时赫赫有名的商王武丁之妃妇好的器物，怪不得如此珍贵。

商代晚期青铜器一向为世人所珍爱。如 1975 年出土的湖南省醴陵县狮形山的象尊，精美绝伦，通体作象形，其腹部宽大结实，四足粗壮，踏地有声。象鼻卷起，略呈反 S 形，虽有凝重感，曲线仍然显得流畅而不呆板，活脱脱是一头现实生活中的象的形状。更为难得的是，象尊通体布满纹饰，主体部位是饕餮纹、夔纹，鼻上饰鳞纹，额上有蛇纹，简直是一幅立体的优美图画。

西周时期也有很多艺术珍品，其中以牛尊最具魅力。1967 年陕西岐山县贺家村出土的一件牛尊，整体作水牛形，牛体浑圆，四蹄粗壮，头部前伸，双目圆睁，似在鸣叫，造型十分传神。尤其别致的是背上开一方口，口上加盖，盖与牛背以系环相连。盖上铸一立虎，虎四足向前，后身微缩，俨然在捕食。虎瘦劲而凶猛，牛庞大而憨实，两相对照，令人忍俊不禁。有些器物由于自身用途的限制，不可能做得如此奇巧。但细细察看，仍然可以体会铸造者的一片匠心。

解放后出土的铭文最长的西周青铜器是墙盘，1976 年 12 月陕西扶风县庄白村出土。盘为方唇、浅腹、附耳、圈足。造型大方而沉稳。器身通体黑漆发亮，如同新铸的一般。腹部饰一圈带状垂冠分尾长鸟纹，圈足饰宽扁的窃曲纹，纹饰的设计恰恰与器形的宽侈相适应，因而给人以流畅、舒展的美感。铭文共 284 字，铸于盘内底，共十八行。横竖成行，章法齐整，结构均衡，字形依笔划繁简略有错落，更显得活泼。笔划圆润，起笔收笔皆藏锋，给人遒劲秀美的艺术享受。

湖南省醴陵县狮形山的象尊

陕西岐山县贺家村出土的牛尊

陕西扶风县庄白村出土的墙盘

商周青铜器秀美多姿的形态、令人眼花缭乱的纹饰,不但为研究上古美术史和造型艺术提供了丰富的资料,而且是现今装饰艺术很好的借鉴物。

青铜器的历史价值主要由铭文体现。我们知道,商周时代距今已很遥远。由于历史的变迁,那个时代遗留下来的文献极少,只有《尚书》《诗经》和《春秋三传》等书。就是这仅有的一些书籍,经过历代传抄,也已不是原来的面貌,因此根据这些资料想对上古历史有比较真切的认识是很困难的。而青铜器铭文,特别是篇幅比较长的铭文,是当时人们现实生活的反映,没有经过后世的修改,保留了当时的真实面貌,因而具有极高的研究价值。正如郭沫若在《两周金文辞大系图录考释》序中所言:"传世两周彝器,其有铭者已在三四千具以上,铭辞之长有几及五百字者,说者每谓足抵《尚书》一篇,然其史料价值殆有过之而无不及。"

三、青铜器的分类和代表器物

各代青铜器的兴衰历程以及伴随着青铜器的产生和各种社会现象,无不透视着中国文化的演化轨迹。青铜器在这一发展轨迹中留下的辙印和在实际用途上担纲的职能,是中国文化自身拥有的特质,是其他文化载体难以望其项背的。试问,有哪一类器物能全方位地与所有重大人类行为如政治、经济、军事、宗教、技术、文化等,都一一发生了联系呢?答案只有一个,那就是青铜器,而且只有青铜器做到了这一点。这种中国特色文化中的一个极为典型的载体,还有这方方面面与青铜器相关的人类活动。概括地说,主要包括有哪些青铜器和怎么使用青铜器。这实际上就是向人类文化学要义上的两个重要而有联系的学术定位靠拢,既描述"有什么",又诠释"为什么"。而这些又无不构成了新时期中国青铜器文化特征的主要内涵和探究要旨。

青铜器的分类,主要是为了清楚地区别青铜器的性质和作用,有利于研究各自所形成的器形体系。具体分类如下:食器、酒器、水器、乐器、兵器、车马器、农具与工具、货币、玺印符节、度量衡器、铜镜等。

下面就各类器物的名称、形制特征做具体介绍：

1. 食器

包括炊煮器、盛食器和取食器。主要有鼎、鬲、甗、簋、盨、簠、敦、豆、匕等。

鼎：古代炊器，相当于现在的锅，有烹煮肉食或盛放鱼肉的用途。形状大多数是圆形、三足、两耳，也有四足的方鼎和圆形、方形的扁足鼎等形式。圆形鼎的器身，一般为盆、盂的形状。方形鼎器身一般呈斗状。最早的铜鼎都是仿照陶器制作的。

鼎是青铜礼器中的主要食器，在古代社会中它被当作"明尊卑，别上下"的器物，即统治阶级等级制度和权力的象征。据礼书的记载，西周时天子用九鼎，第一鼎是盛牛，称为"太牢"，以下为羊、豕、鱼、腊、肠胃等；诸侯一般用七鼎；卿大夫用五鼎；土用三鼎，也有用一鼎的，鼎实为豕。

鬲：煮粥器，新石器时代已经普遍使用陶鬲。《尔雅·释器》指款足鼎谓之鬲。《汉书·郊祀志》谓鬲为空足鼎。可见鬲的形状是似鼎而足空，足空则煮水易热。最初形式的铜鬲就是仿照陶鬲制成的。还有一种方形的鬲，鬲体分上下两部分，下面部分有门可以开合，门内可以放入木炭。

甗：蒸饭器，全器为上下两部分，上体用以盛米，称为"甑"，下体为鬲，用以煮水，中间的箅通汽以蒸于甑。其形制有圆形、方形；有上下合体的，有上下分体的。汉晋以后甗的鬲足就没有了，这种无足鬲则称为"釜"。甗是绝大多数殉葬青铜礼器的墓中必有之器，它和鼎、簋、豆、壶、盘组成一套随葬礼器，主要出土于西周末、春秋初的墓葬中。

簋：是盛放煮熟的黍、稷、稻、粱等饭食的器具。其用途相当于现在盛饭的大碗。多数为圆腹、侈口、圈足，有无耳、两耳、三耳，甚至四耳的。

商周时期，簋是重要的礼器。特别是西周时代，它和列鼎制度一样，在祭祀和宴飨时以偶数组合与奇数的列鼎配合使用。据文献记载，天子用九鼎八簋，诸侯用七鼎六簋，大夫用五鼎四簋，土用三鼎二簋。考古发现也证明簋以偶数出现的时候为多。

簠：祭祀和宴飨时盛放黍、稷、稻、梁等饭食的器具。《周礼·舍人》："凡祭祀共簠簋"。郑玄注："方曰簠、圆曰簋，盛黍、稷、稻、梁器。"在实物中见到的簠都作长方形，口外侈，有盖，盖与器大小相同，合上为一器，打开则为相同的两器。这一特点，在古器物学上又称为"却立"或"却置"。器、盖各有四短足。簠在经籍中称为"胡"或"瑚"，又有称为"匡"的。

盨：是盛放黍、稷、稻、梁饭食的器具。形似簋而椭圆，敛口、鼓腹，两旁有兽耳或附耳，下有圈足或四足，上有盖，盖上有作矩形的四足或可提拿起的圈形足。盖也可以仰置盛物。盨出现于西周中期后段，主要流行于西周晚期，到春秋初期已基本消失。一般成偶数组合。

敦：盛放黍、稷、稻、梁饭食的器具，由鼎、簋的形制结合发展而成。其基本形制为圆腹、二环耳、三短足、有盖。有的敦为"上下圆相连"形，即通常所说的"球形"或"西瓜形"的敦。盖与器特点完全一致，使用时可分一器为两器用，提高了器物的使用价值。古人又称一种无足的敦为"废敦"。敦产生于春秋中期，盛行于春秋晚期到战国晚期，秦以后消失。

豆：专备盛放腌菜、肉酱等和味品的器皿。从甲骨文和金文看，豆最早可能是盛黍稷之器。豆的基本形制是上有盘，下有长握，有圈足，多有盖。长握称"校"，握下圈足称"镫"，青铜豆出现在商代晚期，盛行于春秋战国。

鼎　鬲　甗　簋　盨

簠　敦　豆　铺　盂

食器

匕：古代挹取食物的工具，古文献中多有记载。《仪礼·少牢馈食礼》中郑注云："匕所以别出牲体也。"可见匕的用途为挹取饭食和牲肉。考古发现的匕常与鼎、鬲等器物同出，如安徽寿县蔡侯墓出土的鬲就附有匕。匕体一般为椭圆形，后有柄，为挹取方便，有的匕体前端作成尖形。柄常常雕镂出很精美的花纹，礼称这种雕镂柄的为"疏匕"。

2. 酒器

饮酒器、盛酒器和提取酒的器皿统称酒器。包括爵、角、斝、觚、觯、尊、觥、卣、盉、方彝、罍、壶、勺等。

爵：最早出现的礼器。爵由铭文证明，为用于宴饮酌酒之器。其形制为圆形，平底或凸底，前有流，即倾酒的流槽，后有尖状尾，以均衡流的重量，起到全器平衡的作用。爵的一侧有鋬，下面有三个高尖足，流与杯口之际有柱，此为商和西周早期的共同特点。

角：饮酒器。《礼记·礼器》："宗庙之祭，尊者举觯，卑者举角。"郑玄注："四升为角。"与其他酒器组合。角的形制似爵，但无两柱，两端都是尾。

斝：温酒器。王国维《说斝》引罗振玉之说，认为经籍饮器之散为斝之讹。斝的形状似爵与角，与爵、角主要不同点是无流无尾，仅在口缘上有两柱。腹的形状为圆形、平底。

觚：饮酒器。传世的数量很多，考古发掘时，经常与爵共出。形状似喇叭，一般是细长身、大侈口、圈足，在长身上常有凸起的棱作为装饰，这与铸造时范的接榫有关系。

觯：饮酒器。青铜器中习称的觯有两类，一类是扁体的，一类是圆体的，形似小瓶，侈口、圈足。此两类器商代晚期和西周早期皆有，后者且沿用至东周。

尊：高体的大型或中型的盛酒器。金文中称礼器为"尊彝"，尊象双手奉酉形，彝象双手献沥血的鸡，即尊酒奉鸡牲祭祀之意。尊彝是祭祀的礼器之共名，是指一组祭器，而不是指某种礼器的专名。诸凡酒器食器，金文中泛称为"尊彝"。尊的形制最常见的有圆形、侈口、圈足的，也有侈口、方形的尊。另外，在尊一类的器物中，还有一些鸟兽形状的，即所说的鸟尊、象尊，这应该是尊的一种特殊形制，统称为"鸟兽尊"。它们的用途均为盛酒器。

觥：盛酒器。器形特征是形似匜，椭圆形腹或方形腹，圈足或四足，有流和把手，有盖，盖作成有角的兽头形或作成长鼻上卷的象头形。觥出现于殷墟晚期，沿用至西周早期。

卣：盛酒器。卣是专用于盛酒的祭器。卣形制似壶，但有提梁，故俗称"提梁卣"。卣腹的形状很多，或圆、或椭圆、或方形，也有作成圆桶、鸱、虎吃人等形的。

盉：盛酒器或酒水调和的器具。盉的形状较多，一般是深腹、圆口、有盖，前有流，后有把手，有三足或四足。也有流在顶上的异形盉，以及圆腹有螭梁的盉。青铜盉的出现在商代早期，盛行于商晚期至西周。

方彝：盛酒器。彝，古代青铜器中礼器的统称。《尔雅·释器》："彝、卣、罍，器也。"郭璞注："皆盛酒尊，彝其总名。"在古籍和铜器铭文中未见以方彝为礼器的名称，宋人以这类器形体作方形

尊

罍

瓿

壶

卣

盉

觥

觯

爵

角

斝

鸟兽尊

鸟兽尊

兕觥

方彝

酒器

夏二里头文化铜制酒器　　商周青铜酒器——爵　　商代的青铜酒器

商周青铜酒器——觥　　商周青铜酒器——人面盉　　商周青铜酒器——尊

商周青铜酒器——牛尊　　商代后期的铜尊　　战国——鸟盖瓠形壶

酒器

而定此名。其特征是高方身，带盖，盖似屋顶形。腹有直、有曲，有的还从腹旁有两耳上出，盖与腹大都相对应地有四条或八条棱脊。商代早期已经有陶质的类似方形器的出现，但已发现的青铜方彝出现于商代晚期。

罍：盛酒器。《说文解字》曰："罍，酒尊。"罍又兼可盛水。罍有方形和圆形两种，方形罍，宽肩，肩上有两耳，有盖；圆形罍，大腹，圈足，两耳。这两种形状的罍，常见在一侧的下部有一个穿系用的鼻。罍的器形，见于商代晚期，它的流行时间至春秋中期。

壶：盛酒器。《周礼·秋官·掌客》："壶四十。"郑玄注："壶，酒器也。"《诗·大雅·韩奕》："清酒百壶。"金文壶字象有盖两侧有系和腹部庞大的容器，故壶可以视为长颈容器的统称。古代酒的品种多，故酒壶的器形也各有不同。青铜壶在历史上使用的时间自商至汉代或更晚。壶的样子很多，有圆形、方形、扁形和圆形带流的壶等多种形状。

3. 水器

水器中绝大部分用于盥洗，故亦称之为"盥器"，大致可分为承水器、注水器、盛水器和挹水器四种,包括盘、匜、盂、鉴、缶、瓿等。

盘:承水器。商周时宴飨用。宴前饭后要行沃盥之礼《礼记·内则》载:"进盥,少者奉盘,长者奉水,请沃盥,盥卒,授巾。"此外,盘还可用来装冰。商代晚期逐渐开始流行,战国以后,沃盥之礼渐废,盘也被洗代替。

匜:盥手注水之器。出现于西周中期后段,流行于西周晚期和春秋时期。

鉴:《说文解字》:"鉴,大盆也。"用作盛水,并可沐浴。在铜镜尚未盛行时,古人也用鉴盛水照容貌。

盘

匜

盂

鉴

缶

罐

水器

4. 乐器

乐器种类繁多,分为钟、镛(大钟)、铎、铃、铙、钲等。下面重点介绍铙、钟、钲三种。

铙:我国最早使用的青铜打击乐器之一,流行于商代晚期,周初沿用。铙形似铃而较大,身体短宽,口部呈凹弧形。《周礼·地官》:"以金铙止鼓。"即退军时用以指示停止击鼓的。也用于祭祀和宴乐。

钟:祭祀或宴飨时用的青铜打击乐器。钟的形式是从铙演化而来。

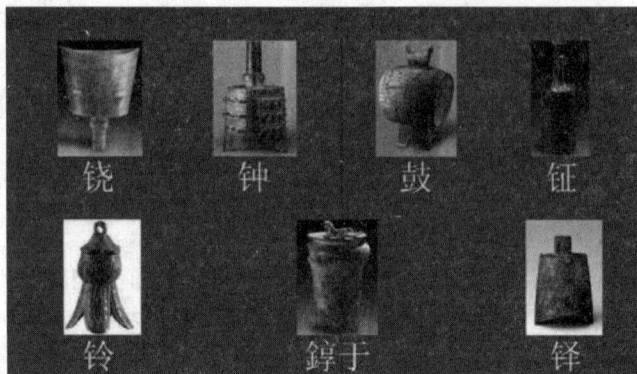

乐器

钲：古代行军所用乐器。形体似铙，比铙高大厚重，俗称"大铙"。

5. 兵器

除了食器、酒器、水器、乐器之外，青铜礼器里头很重要的一个类别就是兵器。中国的兵器比较发达，但是生产工具并不很发达。兵器主要有钺、刀、戈、矛、戟、矢镞、剑、镟、胄、斧、锴这几种。下面重点介绍戈、矛、戟、矢镞。

戈：商周时期兵器中最常见的一种。古称"勾兵"。由戈头、柲、帽和末的镈构成。商和西周帽大多为木质。

矛：用于冲刺的兵器。

戟：戈与矛的合体。兼有勾、刺两种作用。

矢镞：远射兵器。

6. 杂器

包括生活用具、车马器、货币、玺印等。

镜：古代照面的用具，一般呈圆形，正面光洁，背面有纽可穿系。

殷墟：素背，镜面较小。

春秋：数量不多。

战国中期：盛行期，数量大增，制作精巧美观，背面图案多几

齐家文化青铜镜

何纹和动物纹,无铭文。

汉:西汉至东汉早期,铜镜逐渐变厚重,背面多铸吉祥语。王莽时出现纪年铭铜镜。西汉时"透光镜"。

隋唐:铜镜的再盛时期。种类繁多,有葵花镜、菱花镜、人物故事镜、狩猎骑射镜、海兽葡萄镜等。

宋:仍流行菱花镜。

元以后铸镜技术逐渐衰退。

带钩:束腰皮带一端的挂钩,古称"鲜卑师比头",初为北方草原民族使用,春秋战国时期传入中原,一直沿用到汉代。基本形制为下端有钉柱钉于皮带的一头,上端曲首作钩,用以钩挂皮带的另一头,中间有钩体,侧视呈 S 形。

薰炉:汉晋时期薰香用具,也称"博山炉"。

货币:春秋战国时期的青铜铸币主要有布币、刀币、贝钱和圜钱。

布币:仿照青铜农具铲的形状铸成,原始空首布出现在西周时期,大量铸造在春秋时期,式样与铜铲相同。战国时期布币改制,銎部扁平成一体。

刀币:仿照刀铸造的,齐大刀,燕小刀(明刀)。

贝币:俗称"鬼脸钱"或"蚁鼻钱",流行于战国时期的楚国。

圜钱:仿照圆形玉璧。

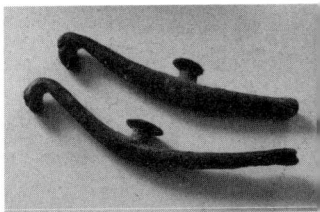

战国时期青铜带钩

青铜薰炉

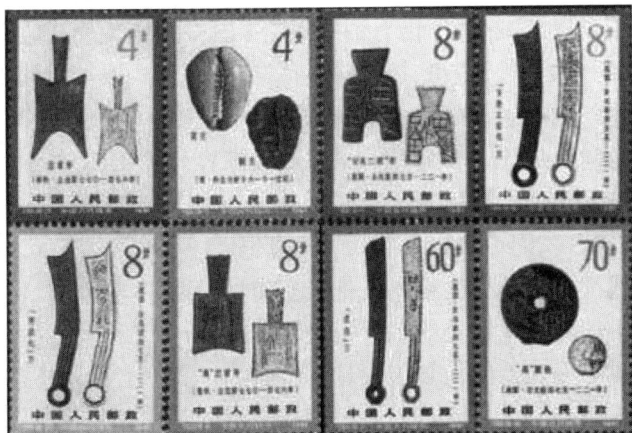

货币

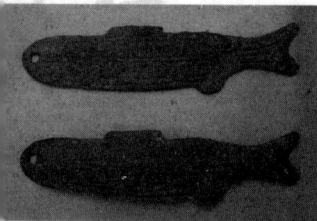

青铜鱼符

战国时期青铜玺印

春秋中期的人形足敦

符及玺印：符是传达命令或调遣兵员的凭证，一符分为左右两半，分存两方，使用时两半相合，称为"符合"，表示命令验证可信，因状若伏虎而又名"虎符"，盛行于战国、秦、汉。玺印是官私书信往来和相互交往的凭证。

总之，以上介绍是根据青铜器的名称、形制特征对青铜器做的划分。根据青铜器的用途，青铜器又可以分为：工具类青铜器、兵器类青铜器和容器类青铜器。

首先，我们来介绍一下工具类青铜器。"工具"概念本身范畴很大，但在中国青铜器中却又算不上是一个很大的门类。原因是我们的先人们不舍得浪费过多的贵重稀有的铜用来铸造工具，考古所发现的数量自然而然也就多不到哪里去。过去，很多考古研究即使提到青铜工具，也主要是指商周时代直接用于生产的农业工具，如砍伐工具中的斧、斤，翻耕工具中的耒、商代后期的父乙铜簋耜，锄草工具中的铲、锄，收割工具中的镰等，其他工具则极少言及，商周以后的工具更是少之又少。其实仅就商周时代的工具来看，除了上述一些用于农业的工具类青铜器以外，还有一定数量的工具用于手工业。最有说服力的要数陕西省凤翔县战国秦墓的一个车马随葬坑，坑内出土了一整套备以修车用的工具，如铜钳、斧、凿、锛等，另外还有铸铜时刻画范模的刻刀、切割时使用的锯、称量用的度量衡等，以上这些都是当时各种生产和生活中无法替代的工具。汉代以后，虽然工具多转为铁质器，铜质工具逐渐减少，但仍有一些铜制工具被人们使用或收藏，如常见的有钻、锥、钉、镊、针、鱼钩、顶针、耳勺、锉、取火用的阳燧、文房的铜砚滴和书刀、碾药用的铜杵臼、熨斗、柄刷等。有些工具还有向机械化或大型化方向发展的态势，如计时用具漏壶、天文仪器、圭表、地震仪等。

其次，我们再来看一看兵器类青铜器。兵器是自进入商周以后历代都不可缺少的重要装备。先秦时代，青铜质兵器是仅次于容器类的礼器青铜器的主要铸造对象之一。人们过去一直认为兵器是作战武器的认知传统是不全面的，实际上兵器还在不少场合使用，如祭祀礼仪、日常生活和捕获野兽等。如今我们所能看到的各种青铜质武器中主要以冷兵器为主，包括勾杀用的戈、戟、殳，刺杀用的矛、剑，砍杀用的钺、刀，射杀用的弓弩和箭镞等。值得注意的是，在这些兵器中，箭镞明显是属于一种消耗性的武器，基本上是放出去没有收回来的可能。所以，一场战争所消耗的箭镞多少是和战争国双方的财力有着密切关系的。在先秦时代，铜是贵重金属，只有拥有大量财富的国家才能维持战争的胜利。与以上攻杀性冷兵器相配套的还有防御性兵器，如胄、甲等。

接下来，我们再来看一下中国青铜器中最重要的一个类项——容器类器皿，中国秦汉时代以前的最高工艺设计能力和技术发展水平，都在它们身上展现得淋漓尽致。容器类器皿包括：鼎、鬲、甗、釜、锅、鍪等烹饪器；簋、簠、豆、敦、盂、碗、钵等盛食器；爵、尊、觚、觥、瓿、盉、觯、角、壶、罍、卣、彝、盏、耳杯等酒器；鉴、洗、盆、盘、匜、缶、瓶、缸等水器；禁、俎案、匙匕、箸筷、斗、勺、盆架等与日常生活用具相配套使用的工具。

商周时期的礼器种类很多，主要存在于中原地区，周边地区不但数量少而且品种单一。青铜礼器持续的时间较长，有些甚至到了明清时期还在生产和使用，这时的青铜礼器主要为日常生活用品。

个别器物还具有一器多用的功能。春秋时期出现的形似大盆的鉴，其用途达到了三项：一是盛水当镜照容；二是盛冰以防食物腐坏；三是洗漱沐浴之用。出现这种情况的原因是多方面的，例如：盘是与匜配套使用的盛水器，后来逐步向大器型方向发展，用作澡盆，供人们洗去污垢，功能与鉴相似。后来盘发展到唐宋时期多做托盘之用，已经失去了盛水这项基本功能。再比如：鼎最初是烹煮肉食的炊器，到了商周时期多用于祭祀和宴享时盛肉，成为一些重大活动中必不可少的礼器，甚至还象征着立国建邦和统治者的权力。"一言九鼎"、"问鼎中原"等成语就是说明鼎在人们的心中是与权力威信相提并论的。秦汉以后，历代仍有铸鼎的习俗，延续至今而不衰。现代，鼎多用于宗教寺观，或作为某些重大事件的象征性纪念物。1997年我国向联合国赠送过这种具有中国特色的世纪宝鼎，以纪念联合国成立五十周年。近年来由于城市建设的大发展，街头广场上竖立的大鼎小鼎也逐

春秋早期·垂鳞纹铜方彝

渐多了起来,这时的鼎多半是起着装饰功能。因此,可以说鼎是青铜器中使用时间最长、造型变化最大、所兼功能最多的一种容器。青铜器中发展比较晚的缸,是近现代仍在使用的少数几种实用器之一,如清代为防火在故宫庭院中置放了贮水用的巨型大缸,重达2000多公斤,外表鎏金,尽显皇家气派。

春秋青铜器编钟

与匜造型相似的还有一种叫"虎子"的铜器,流行于汉代。它呈伏虎形,上有提梁,虎嘴圆张,虎内中空。关于这种器物究竟是用作什么的,已争论了几十年,至今尚无定论。在山东沂南汉墓画像石中,有一幅厕间浣洗图,一仆人执帚扫地,旁边就放有一件虎子。大多数人认为这是一种亵器,可也有的专家认为是水器,或者是茶具。

青铜乐器也是青铜器中一个大的类项。较常见的有秦汉以前的青铜乐器,如铃、鼓、磬、铙、钲、傅、编钟、勾、于等礼仪用乐器,而且编钟还有傅钟、钮钟和甬钟之别。属于军旅用的乐器有铃、鼓、铙、钲、铎等。钟常用于寺庙。锣、钹、唢呐、喇叭、号等功能更是多样化,广泛地用于梨园戏剧、迎亲送葬、军战攻防、娱乐游戏、礼宾游行等各种场合。勾和于盛行于春秋战国时期,在南方地区使用较为普遍。作为敲击乐器的鼓有中原和南方之别。中原产的青铜鼓仅见于商代,多横放在支架上,可两面敲击;西南地区的没有可以放置的支架,只能立置于地上,所以只能一面敲击。

青铜器中的装饰品,在青铜器发展至鼎盛的商周时代少有发现,在以前的著述和研究中也很少提及。但古往今来,不少出土和传世的青铜装饰品不断出现在大型文物展览会、古玩市场或是拍卖会现场上，其数量及质量是不可小视的。这些饰品中既有普通百姓的日用品，也有王公贵族的随葬珍品。身份高贵的人佩带贵重的饰品，像铜丝网冠、铜缕玉衣，而普通人则佩带簪、钗、环、戒、钏、镯、坠链等等。除了人体佩带的服饰、头饰等装饰品外，也有与人们起居生活、社会活动等息息相关的室内外装饰用品。青铜雕塑是这类装饰品的主角，造型有人像、动植物像和几何形等。人像以可移动的鎏金佛造像为主。另外还有形态各异的青铜面具，如四川广汉三星堆发掘的青铜面具，引发了人们对那个时代及当时人们审美观的猜测，其中的植物铜雕枝形灯、摇钱树更是精美绝伦。动物雕像早在商代就已出现，后来历代皆有制作，如西安南郊的唐代铜鎏金羊和鎏金铁心铜龙，甘肃天水出土的明代铜牦牛，清代的各种鹿、龙、凤、鹤、龟、狮等供欣赏把玩的艺术品。到了近现代，人文历史气息逐渐浓郁，铜雕人像较为多见，几何形的铜造像更是扮演着带领时尚的角色。

图为汉代青铜器汉鐎斗壶

目前，考古学家们又把杂项类的青铜器归纳为生活用具、车马器、货币、度量衡、符印等几类。其中，生活用具因器物用途的多样化而比其他各类还要繁复，可以再被分解为镜、带钩、灯、炉、洗、耳杯、樽等项。这里有着明显的分类不均的现象，其实一些类项是可以归并的。最明显的就是作为称量用具的度量衡，完全可以归入到工具类当中，而不必因其出现较晚、数量较少而成为独立的一项。洗、耳杯、樽等也是如此，它们或为水器、或为酒器、或为炊器，自应并项。其他的诸如车马器、货币、符印等，因用途专一、数量大、沿用时间长等，已成专门之学，应独立出来另立新的大类。这样，杂器所剩的种类就不是太多了，基本上只是一些数量不多的日常小器物。

四、青铜艺术的发展和演变

中国何时出现青铜器，换言之，青铜器是怎样产生的？关于这个问题，在本世纪以前，由于文献记载的不同而众说纷纭。以下选取几种常见的说法：

一种说法是青铜器制作始于黄帝、蚩尤。据《吕氏春秋·古乐》记载，黄帝曾命令铸十二钟。《史记·封禅书》也谈到："黄帝作宝鼎三，象天地人。"《管子·五行篇》在提及黄帝作古钟时又说："蚩尤受庐山之金"，做了五种兵器。黄帝、蚩尤是原始社会末期的传说人物，这种说法显然主张原始社会末期已经出现了青铜器。

另一种说法认为青铜器兴起于夏代。鲁宣公三年，楚王北进中原、觊觎王室，问周鼎大小轻重，周大夫王孙满回答："昔夏之方有德也，远方图物，贡金九牧，铸鼎象物，百物而为之备，使民知神奸……桀有昏德，鼎迁于商，载祀六百。商纣暴虐，鼎迁于周。"(《左传》)

《墨子》一书也指出夏代第一位君主启派人在昆吾陶铸九鼎。

中国文化的一个特点是敬崇祖先，尤其崇拜开创万世功业的始祖，所以动辄将种种发明的桂冠往黄帝头上套去。而且黄帝、蚩尤是传说人物，那时是否有青铜器，不少学者怀疑，疑古学派更斥之为子虚乌有。至于夏代有青铜器，古来学者大多相信。但由于没有坚实的物证，两千年来的认识只能停留在有限的文献记载上。

现代考古发现终于揭开了历史上迷惘的一章，将它的真面目清楚地摆在我们面前：

1975 年在甘肃永登蒋家坪马厂类型遗址中发现青铜刀一件，是公元前 4300 年至前 4000 年间器物。

1977 年在东乡县林家马家窑类型遗址发现青铜刀一件，年代为公元前 3000 年。

1975 年甘肃齐家坪齐家文化墓地出土青铜镜一面，年代为公元前 2000 年至前 1620 年。

1975 年山东胶县三里河龙山文化遗址发现两件锥形铜器，为铜锌合金。

以上几件青铜器的发现，大致相当于原始社会末期，也即传说中的黄帝、蚩尤时代。地下出土实物有力地证明了至少在原始社会末期已经出现青铜。因此，我国古代青铜器的历史经历了非常漫长的发展阶段。大致可分为：

1. 原始社会末期(约公元前30世纪至前21世纪)

原始社会末期可以称之为中国青铜时代的开端。由于刚刚进入青铜时代,无论是冶炼技术还是工艺都还比较幼稚,因此表现出三个特点:一是制品不仅有青铜,还有红铜、黄铜。红铜、黄铜的炼取工艺比较简便,它为人们进一步掌握青铜合金技术准备了条件。但它们的硬度不如青铜,尤其红铜较软,红铜工具的刃口很容易钝。而青铜不仅锋利、耐磨损,还有良好的抗腐蚀能力。这一时期除青铜外还有不少红铜、黄铜制品,正说明原始社会末期人类刚刚步入青铜时代;第二,青铜器种类很少,仅限于工具和兵器及装饰品,都是小件制品,如刀、锥、凿、斧、镢、镰、矛、镞、指环、铜镜等;第三,制造方法有冷锻的,也有冶铸的,且用单扇范铸出。

甘肃齐家坪齐家文化墓地出土的青铜镜

2. 夏代(约公元前21世纪至前16世纪)

解放后在河南偃师二里头发现了夏文化遗址,即考古上常说的二里头文化。文献记载夏代已有鼎之类的青铜容器。从考古发现来看,确实出现了青铜爵,经化验为含铜量92%,含锡量7%,是典型的锡青铜。青铜容器的制作,不仅工艺要求较高,而且还必须合范铸器,也需要更多的原料,说明当时已真正进入了青铜时代。当然容器还是很少,器类主要还是工具和兵器,绝大部分是小件青铜器,如铃、戈、刀、斧、凿、锛、镞、鱼钩等。即便是青铜容器,胎质也很薄,大多没有纹饰,更谈不上铭文。

青铜爵

3. 商代早期(公元前16世纪至前15世纪中叶)

解放后在郑州二里岗发现商文化遗址,是商代早期文化的代表。所出青铜器的最大特点是大量容器的出现。除了爵之外,新出现鼎、鬲、甗、簋、斝、觚、盉、盘、尊、瓿、卣、壶、罍等。遍及酒器、饪食器、水器等门类。而且酒器有规律地组合,以爵、觚为主,涉及鼎、斝。礼器系统的初步形成,是中国奴隶制宗法制度开始确立的一个标志。

青铜器方罍

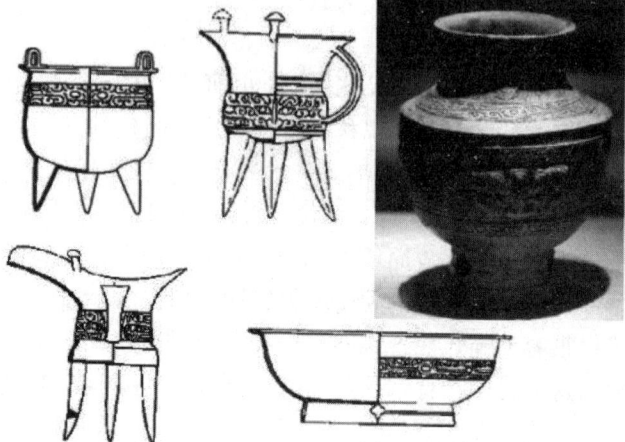

商代前期的青铜器

这个时期前期承袭二里头文化期，器物铸造较粗糙，器壁很薄，到后期器壁开始变得厚重起来，纹饰增多，但仍然是单层花纹，比较简单，铭文仍未发现。

4. 商代中期（公元前 15 世纪中叶至前 13 世纪）

商代中期是指考古学文化上从二里岗文化期至殷墟文化期之间的文化阶段。尽管这一时期没有出现什么新的器种，但无论从形制还是纹饰、铸造工艺方面都有不少革新，产生了新的因素。例如早期三足器如鼎、鬲等，它们都有三足两耳，其中有一足与一耳在同一条垂直线上。换言之，在俯视的平面图上，这五点中有两点重合，形成四点配列式，给人以不平衡的感觉。而本期足与耳不再重合，成五点配列式，更符合力学原理。同时出现了两层花纹，既有地纹，又有主纹。铭文开始出现，但字数少，比较简单。

5. 商代晚期（公元前 13 世纪至前 11 世纪）

商代晚期指武丁至商纣王帝辛时期。其代表就是解放前发现的河南安阳殷墟遗址。这是中国青铜器史上的鼎盛时期，不仅重器增多，而且制作工艺精美，为后世所惊叹。器种方面，新出现了觥、方彝、瓤形尊、椭扁体卣、盂、豆、觯等器。出现三层花纹，而

商代中期的三足鼎

司母戊鼎

且不少铜器通体饰花纹,工艺复杂,形状瑰异,堪称珍品。酒器组合仍是爵、觚、斝。尤为重要的是铭文增多,最长达48字。青铜礼器形制、纹饰的复杂与铭文的增多,标志着中国青铜文化已进入它的成熟期。

6. 西周早期（公元前1046年至前922年）

周承殷制,所以表现在青铜文化方面,无论是形制、纹饰、铭文书体、冶铸工艺都和商代后期相仿。西周青铜器与商代青铜器有四点不同之处:一是酒器如爵、觚、觥、方彝开始减少,证实文献所说周人记取殷人酗酒亡国的教训是可信的。新出器形很少,饪食器增多。器物总量上超过了商代,显示了不断提高的生产力水平;二是器物组合逐渐转为爵、觯及鼎、簋;三是列鼎制度的出现。文献记载,天子用九鼎,诸侯用七鼎,大夫用五鼎,士用三鼎或一鼎。证之考古发现,基本可信。宝鸡竹园沟西周早期1号墓已出现大小相次的三件一组的列鼎。列鼎制度深刻地体现了周代统治阶级的等级观念,是宗法礼制在青铜器上的典型反映,标志着铜器的藏礼作用在西周时期达到了顶峰,说明中国奴隶制在西周时期已进入全面鼎盛阶段;四是大量长篇铭文的出现,涉及祭典、宴飨、田猎、征伐、赏赐册命等方面。如武王时利簋32字,成王时何尊122字,康王时矢令尊186字,大盂鼎291字,每篇铭文都抵得上《尚书》一篇,弥足珍贵。

青铜器何尊

青铜器大盂鼎

西周中期的重环文簋

青铜器铭文毛公鼎

7. 西周中期(公元前 922 年至前 878 年)

如果说西周早期还保留了较多的商代铜器风格的话,那么西周中期自穆王始,商文化因素便逐渐消失,强烈的周文化风格开始确立。商代遗存下来的器种如爵、角、觚、斝、觯、罍、方彝已减少或消失,出现了簠、盨、匜等新器种。商代最为盛行的纹饰饕餮纹、夔纹已失去主导地位,即使残存者也变了形体,与原先意义的饕餮纹、夔纹也已有所不同。几何纹饰如环带纹、窃曲纹占据着主导地位。书体也由商代波磔体,而逐渐变为上下等粗的"玉著体"。族徽铭文已罕见,长篇铭文较之早期更多。

8. 西周晚期(公元前 877 年至前 771 年)

商代传统酒器如爵、方彝等彻底消失了。这一时期尊极为罕见。器制简朴,铸造也往往显得粗陋。商代至西周早期铜器给人的那种瑰异、富丽感已消失。传统纹饰夔纹、鸟纹等绝迹,常见的纹饰是窃曲纹、重环纹、环带纹、瓦楞纹等。铭文多长篇,著名者如毛公鼎,497 字。有些铭文行款错漏,字体潦草。

9. 春秋早期(公元前 770 年至前 650 年)

青铜器的形制、纹饰等方面都与西周晚期相似。也有一些变化。王室和王臣的青铜器大为减少,而诸侯国的青铜器占有主导地位。除继续使用西周晚期的纹饰外,还出现了蟠螭纹,纹饰较粗疏。长篇铭文很少,书体无大变化。

蟠螭纹

10. 春秋中期(公元前 650 年至前 550 年)

随着奴隶制宗法制度的衰落,礼器减少,媵器、弄器增多,逐渐向实用方向发展。新出现有敦、鉴等器种。纹饰较春秋早期显得更精细、更规整。

青铜器觚

11. 春秋晚期（公元前 550 年至前 476 年）

本期青铜器形制比较复杂。由于分铸法和焊接法的普遍使用，制造出莲鹤方壶那样工艺高超的精品。出现了觚形尊、提梁盉，敦很流行。纹饰繁缛、富丽、细密。铭文以自作用器为多，有关史实的文字很少。

12. 战国早期（公元前 476 年至前 350 年）

本期青铜器的器形，与春秋晚期相近。也有些特殊之处，如扁圆形短足鼎、敞口有一圈圆盘的颂、莲办盖壶等。采桑纹、燕乐纹、水陆攻战纹、狩猎纹等新纹饰出现，很典型。记事铭文大为减少。

莲鹤方壶

13. 战国中晚期（公元前 350 年至前 221 年）

由于铁器开始普遍使用，青铜器逐渐减少。特别是大件铜器罕见，小件铜器如剑、铜币、玺印、符却很盛行。素面铜器多，纹饰减少，刻纹画像出现，镶嵌技术发达。铭文一般很短，多是"物勒工名"之类的内容，字体纤小。

青铜器嵌红铜狩猎纹豆

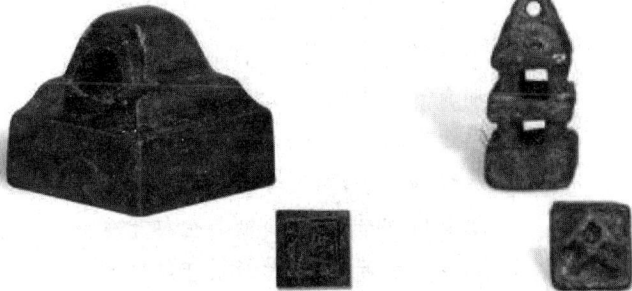

战国中期的青铜器玺印

14. 秦汉时期（公元前 221 年至公元 221 年）

秦汉已不属于中国的青铜时代，所以这一时期的青铜器本文将不涉及。作为青铜时代的终结，这里作一简单介绍。秦汉铜器更趋向于实用，因此器形显得精巧、轻便，几乎没有纹饰，铭文也很少，记载器物的容量(斤两)、纪年、作坊名称、工官名。书体有小篆、隶书、楷书。新器种主要是洗、博山炉、谯斗、钟钫、宫灯等。

综上所述，中国青铜时代从原始社会末期开始，到战国末年结束，跨越夏、商、西周、春秋、战国时代，经历了大约两千多年的时间。青铜器形制、纹饰、铭文及其书体、组合、铸造工艺的发展，无不和当时特定的社会条件息息相关。青铜器各个时代的特点，它的每一步演变，都蕴含着深刻的历史内容。因此我们鉴定青铜器，首先应从宏观的角度，从整个青铜器的发展演变中找出它自身演化的序列来，这样在鉴定每一件、每一批青铜器时，便能很自然地找出它在青铜器发展序列中的位置来。

附：与青铜器有关的诗词

戏郑曾二老

宋·王洋

两编千片白雪茧，六百二斗青铜钱。

不辞破费十日产，要向几上追前贤。

前贤已死不可慕，世上流传只佳句。

不寻断简赏心符，定自前贤无觅处。

郑翁知我用意诚，云有甲乙分馀明。

卢仝书到孟郊富，李老被酒张翁醒。

当时储馆典雠校，今日取送传芳馨。

分多析少每如此，翁甑百金杯千羹。

北邻老子苦好客，悬箪过午须宾食。

昨朝唤客啖鹅炙，十字浮光汤饼滑。

须臾碾畔百尘飞，语是奴音破珪璧。

此翁香串数百枚，一一啖客当千回。

啜香饱炙勘诗谱，但度流年无所苦。

秋怀二首寄圣俞

宋·欧阳修

孤管叫秋月，清砧韵霜风。
天涯远梦归，惊断山千重。
群物动已息，百忧感从中。
日月矢双流，四时环无穷。
降阴夷老物，摧折壮士胸。
壮士亦何为？素丝悲青铜。

白发吟

宋·五迈

明发览青铜，寸白坠华簪。
悬知不能免，岂意遽见侵。
忆昔随群儿，总角混青衿。
纵弱不好弄，既冠知惜阴。
时开磊块胸，浇之以古今。
二十偕计书，进士路欹嵌。
迟迟十四年，一第酬苦心。
今年已六六，暮景来侵侵。
一发照我眸，众发立森森。
忽然一失笑，政要渠相寻。
有田愿种玉，有腰愿重金。
富贵岂不好，劳鹿那能禁。
何如一床书，侑之绿绮琴。
远参兰茝香，清玩山水音。
高歌月满架，醉卧斗横参。
待教头半白，挂冠老山林。
饮犊青草浦，盟鸥白沙浔。
凭虚唤张陆，听我白发吟。

与蒋秘别二十六年田棐二十年罗拯十年始见之

宋·梅尧臣

我今五十二，常苦离别煎。

屈指数离别，正去一半年。

三君异出处，相见有後先。

蒋最会遇早，罗倍晚於田。

仕宦比我迟，官资居我前。

此亦漫轻量，无限归荒埏。

所喜笑语同，各惊颜貌迁。

发有霜华侵，目有蜘蛛悬。

有酒易以醉，有奕徒用妍。

醒来念功名，病蜷希蜿蜒。

安得有园庐，宽闲近林泉。

养鱼数千头，种薤三四廛。

余蔬皆称此，嘉果植亦然。

既无俗造请，穷冬事高眠。

困贮白粳稻，酒沽青铜钱。

饭过引数杯，令儿诵嘉篇。

仰首看赤日，区区随天旋。

朝见出沧海，暮见入虞渊。

毕竟将何穷，磨灭愚与贤。

亿亿万万载，筋骨非玉坚。

桐棺三寸厚，在昔谁免焉。

去去欲及时，嗟嗟无由缘。

叁 工艺篇

中华文化遗产系列丛书《天地之间》
ZHONGHUA WENHUA YICHAN XILIE CONGSHU

叁、工艺篇

　　中国工艺美术起源于旧石器时代的石器。此后,在漫长的社会发展过程中,中国的青铜器、陶瓷、剪纸、皮影、丝绸、刺绣、漆器、玉器、珐琅、金银制品和各种雕塑工艺品,相继取得辉煌成就。历史上著名的"丝绸之路"和"海上瓷器之路",充分反映了中国工艺美术的高度发展和对中国文化乃至世界文化的影响。中国工艺美术蕴含着中国人民的智慧,体现了中华民族特有的民族气质和文化素养。

一、农业社会新的社会分工

　　社会分工是指人类从事各种劳动的社会划分及其独立化、专业化。社会分工是人类文明的标志之一,也是商品经济发展的基础。没有社会分工,就没有交换,市场经济也就无从谈起。社会分工的优势就是让人做自己擅长的事情,使平均社会劳动的时间大大缩短,生产效率显著提高,能够提供优质高效劳动产品的人才能在市场竞争中获得高利润和高价值。"人尽其才,物尽其用"最深刻的含义就是由社会分工得出的。

　　社会分工是在自然分工的基础上，随着生产力的发展而逐步形成的。一方面，在氏族部落共同体和后来的家庭内部纯生理的自然分工基础上，随着共同体的扩大，人口的增长，特别是各氏族之间交往的发展，这种分工的范围也扩大了；另一方面，在不同氏族部落共同体之间形成的自然地域分工，在相互接触时引起了产品的相互交换并使产品变成了商品，这样就使具有不同条件的氏族从事活动的不同领域，逐渐变成社会生产过程中具有某些相互依赖关系的生产部门，社会分工便由此开始产生。

　　畜牧业和农业的分离是人类历史上第一次社会大分离。社会分工促进了生产力的发展，带来了更多的劳动产品。劳动产品在满足本部落的共同消费之外，还会出现剩余，这样以来进入交换的劳动产品的种类和数量便增加了。一些氏族部落首领开始把剩余产品据为已有，私有制开始产生，氏族部落共同体开始瓦解，在此基础上，奴隶制社会随之产生。随着金属冶炼技术的出现，专门从事生产工具制造的手工业逐渐从农业中分离出来，从而出现了农业和手工业相分离的人类历史上的第二次社会大分工。这次社会大分工出现了专门以交换为目的商品生产。为适应商品生产和交换发展的需要，社会中开始出现了专门从事商品买卖的商人阶层，于是又有了人类历史上的第三次社会大分工。在手工业者和商人活动的集中地，逐渐产生了城市经济，又有了城乡的分工。分工带来了生产力的进步和剩余产品的增加，使得一部分人完全摆脱了体力劳动，专门从事监督生产、管理国家及科学、艺术等活动，最终形成了脑力劳动和体力劳动的分工。

二、早期工艺的审美特点

　　中华民族在其发展的漫长岁月中，以勤劳和智慧为人类工艺文化历史创造了境界独到、风范高雅、魅力永恒的工艺造物样式。中国工艺美术浸透着中华民族的文化精神和审美意识，富有鲜明的美学个性，主要体现出：

1. 和谐性

中国传统艺术思想重视人与物、用与美、文与质、形与神、心与手、材与艺等因素相互间的关系，主张"和"与"宜"。对"和"、"宜"之理想境界的追求，使中国工艺美术呈现出了高度的和谐性：外观的物质形态与内涵的精神意蕴和谐统一；实用性与审美性和谐统一；感性的关系与理性的规范和谐统一；材质工技与意匠营构和谐统一。

2. 象征性

中国工艺思想历来重视造物在伦理道德上的感化作用。它强调物用的感官愉快与审美的情感满足之间的联系，同时要求这种联系符合伦理道德规范。受制于强烈的伦理意识，中国传统工艺造物通常含有特定的寓意，往往借助造型、体量、尺度、色彩或纹饰象征性地喻示伦理道德观念。这种象征性的追求常常使宫廷或文人工艺美术沦为纯粹的伦理道德观念的展示，造成矫饰之态或物用功效的损害。相比之下，更多以生产者自身的功利意愿为象征内涵的民间工艺美术则显得刚健朴质、充满活力。

3. 灵动性

中国工艺思想主张心物的统一，要求"得心应手"，"质则人身，文象阴阳"，使主体人的生命灵性在造物上获得了充分的体现。中国传统工艺造物一直在造型和装饰上保持着 S 形的结构范式。这种结构范式富有生命的韵律和循环不息的运动感，使中国工艺造物在规范严整中又显变化活跃、疏朗空灵。

4. 天趣性

中国工艺思想重视工艺材料的自然品质，主张"理材"、"因材施艺"，要求"相物而赋形，范质而施采"。中国传统工艺美术在造型或装饰上总是尊重材料的规定性，充分利用或显露材料的本来面目。这种卓越的意匠使中国工艺造物具有自然天真、恬淡优雅的趣味和情致。

5. 工巧性

对工艺加工技术的讲究和重视是中国工艺美术的一贯传统。丰富的造物实践使工匠注意到工巧所产生的审美效应，并有意识地在两种不同的趣味指向上追求工巧的审美理想境界：去刻意雕琢之迹的浑然天成之工巧性，和尽情微穷奇绝之雕镂画缋的工巧性。

三、手工工艺的发展

严格地讲，工艺指对物体的加工过程，包括对艺术品的加工技艺。民间工艺的"民间"二字，并不是指产品的生产场所或所在地，而是指产品的内涵。用民间工艺加工生产出来的民间工艺品，通过欣赏者的眼睛可以看到的表象外，还有更为丰富的内涵。这些内涵，才是把民间工艺和普通工艺区别开来的标志。

民间工艺是大众生活的民俗化的艺术，是经济和文化的双重载体。民间工艺主要包括：微雕、陶瓷、布艺、木艺、果核雕刻、刺绣、毛绒、皮影、泥塑、紫砂、蜡艺、文房四宝、书画、铜艺、装饰品、漆器等。技艺传统悠久，富有地方和民族特色，反映中国古典文化精神的传统工艺美术的门类主要包括：烧造、煅冶、染织、编扎、雕刻、木工、髹饰工艺等。其中烧造工艺包括陶瓷和玻璃料器；染织工艺是最具普及性最有群众基础的传统工艺，其主要门类有刺绣、织锦、缂丝、地毯和印染；雕刻工艺包括牙、玉、石、竹、骨雕刻在内；髹饰工艺即为漆器和漆画；木作工艺及其他工艺主要指传统家具。进入现代社会后，传统工艺主要多指观赏性工艺品，它们保持着一定的生产规模，其产品主要行销海外。

中国传统手工工艺历史悠久，种类繁多，一直都是我们引以为傲的中华民族历史文化遗产的重要组成部分，下面简要地介绍一下中国传统手工工艺中的典型工艺：

1. 陶瓷业

20 世纪上半叶的中国陶瓷业，随着封建王朝的衰亡、宫廷御窑废弃、穷苦窑工四散而处于风雨飘摇之中。一些实力雄厚的

骨雕工艺品——牙骨雕

果核雕刻工艺品

南宋时期龙泉窑青釉鬲式炉

传统产区如景德镇、宜兴、邯郸、石湾等，曾经依靠仿古瓷或仿洋瓷维持过一定的生产规模，但其原有的盛势已经丧失。虽然在近代天津、唐山、上海等城市以及传统陶瓷产区开办有采用外国设备与技术的新式工厂或瓷业公司，但因国难重重、洋瓷倾销、守旧势力顽固而未能卓见成效。抗日战争爆发后，陶瓷业几乎全被战火摧毁。这一时期的陶瓷业虽走向衰落，制瓷仿古技术却有所提高，引进和采用了一些新的技术并出现了新的品种和装饰手法。进入50年代以后，瓷都景德镇开始苏醒并迅速发展，其他传统产区也相继快速发展壮大，而尤其以醴陵、唐山为甚。许多历代名窑，如磁州窑、耀州窑、龙泉窑、钧窑、定窑、官窑、建窑等在中断了一个相当长的时期以后，重新获得了新生。20世纪下半叶的中国陶瓷业呈现出百花齐放的局面和崭新的气象。

"文革时期"敢教日月换新天玻璃料器帽筒

中华人民共和国建立以前，北京和山东淄博的玻璃器出品最为著名，但生产状况十分萧条。50年代以后，玻璃料器的生产规模有所扩大，技艺、品种均有发展和丰富。现代北京、淄博和河北衡水不仅继承发展了传统的内画壶技艺，使这一独特的工艺蜚声海外，而且还发展生产国内消费的花果盆景、花插、坠饰和其他日用器具。

2. 四大名绣

四大名绣（苏、蜀、粤、湘）于清末民初曾称雄一时，由于固守成法、取向奢侈华贵、悖逆时风，它们大都在20年代至30年代受挫于国际市场而趋向衰落。但湘绣因能融合各方之长，趋向乡村民间，所以景况略好。传统的织锦业如南京织锦、四川蜀锦、苏州的宋锦和缂丝，均因人们穿着方式的变更、传统销售范围的缩小和外国机制工造丝织物的冲击而在20世纪初呈现出衰败之象，只有杭州都锦尚能以融合传统、现代因素于一体的丝织日用品行销于世并得到发展。抗日战争爆发后，中国织染工艺在衰势中遭沉重打击，以至战后少有复苏的迹象。20年代至40年代，一些舶来的欧洲工艺如抽纱、花边、绒绣、绒线编结等，逐渐融和了中国传统织绣工艺而发展成具有民族特色的工艺品种。它们因适合欧美日用品消费市场的要求，生产一度繁荣，但也未能幸免于战火。1949年后，织染工艺生产迅速复苏，日益发展成为当代中国最大的工艺美术行业。这一时期的织染也不断采用新的工艺技术、新的材料和新的图案设计，染织业成了现代中国最具生机活力的工艺美术行业。

苏绣

苏绣，是以江苏苏州为中心包括江苏地区刺绣产品的总称。苏州地处江南，苏绣的发源地在苏州吴县一带，濒临太湖，气候温和，盛产丝绸。因此，素有妇女擅长绣花的传统习惯。优越的地理环境，绚丽丰富的锦缎，五光十色的花线，为苏绣发展创造了有利条件。在长期的历史发展过程中，苏绣在艺术上形成了图案秀丽、色彩和谐、线条明快、针法活泼、绣工精细的地方风格，被誉为"东方明珠"。

从欣赏的角度来看，苏绣作品的主要艺术特点为：山水能分远近之趣；楼阁具现深邃之体；人物能有瞻眺生动之情；花鸟能报绰约亲昵之态。苏绣的仿画绣、写真绣以其逼真的艺术效果名满天下。在刺绣的技艺上，苏绣大多以套针为主，绣线套接不露针迹，常用三、四种不同的同类色线或邻近色相配，套绣出晕染

苏绣牡丹精品

自如的色彩效果。同时,在表现物象时善留"水路",即在物象的深浅变化中,空留一线,使之层次分明,花样轮廓齐整。因此人们在评价苏绣时往往以"平、齐、细、密、匀、顺、和、光"八个字概括之。经过长期的积累,苏绣已发展成为一个品种齐全,画面丰富、变化多端的一门完整艺术,涉及装饰画(如油画系列、国画系列、水乡系列、花卉系列、贺卡系列、鸽谱系列、花瓶系列等)。实用品涉及服饰、手帕、围巾、贺卡等。

蜀绣

蜀绣,亦称"川绣",是以成都为中心的四川刺绣产品的总称。蜀绣的历史也很悠久,据晋代常璩《华阳国志》中记载,当时蜀中的刺绣已十分闻名,并把蜀绣与蜀锦并列,视为蜀地名产。蜀绣的纯观赏品相对较少,以日用品居多,取材多数是花鸟虫鱼、民间吉语和传统纹饰等,颇具喜庆色彩,绣制在被面、枕套、衣、鞋及画屏。清中后期,蜀绣在当地传统刺绣技法的基础上吸取了顾绣和苏绣的长处,一跃成为全国重要的商品绣之一。蜀绣用针工整、平齐光亮、丝路清晰、不加代笔,花纹边缘如同刀切一般齐整,色彩鲜丽。

蜀绣起源于川西汉族民间,作品的选材丰富,有花草树木、飞禽走兽、山水鱼虫、人物肖像等。针法包括12大类共122种,

蜀绣精品

常用的针法有晕针、铺针、滚针、截针、掺针、沙针、盖针等,讲究"针脚整齐,线片光亮,紧密柔和,车拧到家"。绣品的种类繁多,包括被面、枕套、衣、鞋和画屏等,既有巨幅条屏,又有袖珍小件,是观赏性与实用性兼备的精美艺术品;既有高精欣赏名品,也有普通日用消费品。国家非常重视非物质文化遗产的保护,2006年5月20日,蜀绣经国务院批准列入第一批国家级非物质文化遗产名录。2007年6月5日,经国家文化部确定,四川省成都市的郝淑萍为蜀绣代表性传承人,并被列入第一批国家级非物质文化遗产项目226名代表性传承人名单。

粤绣

粤绣,包括广秀和潮绣。以广绣为代表,全国四大名绣之一,历史上指广州、佛山、南海、番禺、顺德等地的刺绣品,即专指广府地区的刺绣工艺品,包括刺绣字画、刺绣戏服、珠绣等。引以广东省广州市为生产中心的手工丝线刺绣的总称。

广绣大致分为两大品类:一是盘金刺绣,二是丝绒刺绣。盘金刺绣以金线为主,辅以彩纷刺绣,金碧辉煌,灿烂夺目,雍容华贵;丝绒刺绣开丝纤细,色彩缤纷,绣出的花鸟尤其精美。广绣所使用的基本材料有丝绒、真丝、金线、银线、金绒混合等几个大类。其中金银绣独具装饰性,构图饱满匀称,色彩辉煌,显得富丽华贵。色彩主要分为两类:"威彩"以较饱满的色彩为主调;"淡彩"以三间色为主调。色彩根据刺绣品种而定。例如,绣喜帐用"威彩",绣文房用品用"淡彩"。

人物绣与花鸟绣等都是广绣的特色产品,其中人物绣是广绣的主要产品之一,它根据画稿的不同要求,以虚实、施疏、层层叠绣、渗绣、线、面结合等不同的绣制方法达到形神兼备的中、外人士肖像;广绣花鸟则善于体现"平、齐、细、密、均、光、和、顺"的艺术风格。它具有构图精密、色彩秀丽分明、针法多变、主题突出等特点。广绣刺绣技法有"钉、垫、拼、贴、缀"五种。其中一些技法难度大,要求高,钉金垫浮绣的二针龙鳞和鱼鳞立体针法被认为是刺绣工艺中难度最高的针法。

广绣作品有一个共同特点:远看非常醒目,近看又精细非常。清初，英国商人拿服饰图样到广州绣坊订绣品。因图样乃西方油画风格，绣工为绣得惟妙惟肖，便增加绣线种类及改革绣法，丰富绣品的表现力，使广绣技艺更加提高。如以孔雀羽毛扭绩成线缕，以马尾缠绒为勒线等。清中叶是广绣出口的全盛时期，大幅的绣画纳税要白银1.2两，可知其价值不菲。当时的广绣作品布局章法已中西合璧，用色浓艳且非常富于光影变化。今故宫仍保存着当时广绣挂屏，可证其艺术的高超。

再来说说粤绣的另一门类——潮绣。潮绣发源并流行于今潮汕地区，自清代以来，潮州妇女多勤纺织，女子到了十一二岁，其母即为其预制嫁衣，家家户户都会织缞刺绣。清代粤绣工人大多是广州、潮州人，广东男子精于绣功，为其他省市所罕见。刺绣艺术被广泛应用于日常生活实用装饰品上。

传说潮绣创始于少数民族黎族，其与黎族织锦同源，潮绣有着有强烈的地方色彩，构图饱满均衡、针法繁多、纹理清晰、金银线镶、托地垫高、色彩浓艳、装饰性强，尤以富有浮雕效果的垫高绣法独异于其它绣法，此外，以金碧、粗犷、雄浑的垫凸浮雕效果的钉金绣也尤为人所瞩目，宜于庙堂会所装饰和喜庆之用。潮绣以金碧、粗犷、雄浑的垫凸浮雕效果的钉金绣为特色而标异于其他绣种。题材有人物、龙凤、博古、动物、花卉等，以饱满、匀称的构图和热烈喜庆的色彩，气氛鲜明、生动地表现题材旨趣，使潮

清中期粤绣花鸟图四屏

绣产生了丰富瑰丽的艺术效果。

潮绣有绒绣、钉金绣和金绒混合绣、线绣等品种,各具特色。绒绣,各种丝、绸、缎上以平绣针法用丝绒绣出平的画面,题材多为飞禽、博古,用作画片、挂屏等;钉金绣,又称金银绣;以金银线为主,绒线为辅的叫金绒混合绣。钉金绣针法复杂,有过桥、踏针、捞花瓣、垫地、凹针、累勾绣等60多种针法,其中"二针企鳞"针法为其他绣种所无。钉金绣运用垫、绣、贴、拼、缀等技术处理,可产生浮雕式的艺术效果;线绣,纯用丝线平面绣制。

潮绣作品《郭子仪拜寿》、《狮子头》、《海龙王头》、《安春鸟》等,在宣统二年(1910年)清政府在南京举行全国工艺赛会上得奖。刺绣作品还于1915年参加巴拿马国际博览会,1923年和1925年参加伦敦赛会,得到了国际上较高的评价。潮绣作品《九龙屏风》和《吹萧引凤》,1982年获中国工艺美术百花奖的金杯奖。国家非常重视非物质文化遗产的保护,2006年5月20日,该遗产经国务院批准列入第一批国家级非物质文化遗产名录。

潮绣作为中国四大名绣之一的粤绣中的一大流派,以绣艺精美细致、构图均衡饱满、色彩亮丽又具立体感而别于其它绣种,在国内外享有盛誉。

湘绣

湘绣,是以湖南长沙为中心的刺绣产品的总称。湘绣主要以纯丝、硬缎、软缎、透明纱和各种颜色的丝线、绒线绣制而成。其特点是:构图严谨,色彩鲜明,各种针法富于表现力,通过丰富的色线和千变万化的针法,使绣出的人物、动物、山水、花鸟等具有特殊的艺术效果。在湘绣中,无论平绣、织绣、网绣、结绣、打子绣、剪绒绣、立体绣、双面绣、乱针绣等,都注重刻画物象的外形和内质,即使一鳞一爪、一瓣一叶之微也一丝不苟。

湘绣的特点是用丝绒线(无捻绒线)绣花,其实是将绒丝在溶液中进行处理,防止起毛,这种绣品当地称作"羊毛细绣"。湘绣多以国画为题材,形态生动逼真、风格豪放,曾有"绣花花生香,绣鸟能听声,绣虎能奔跑,绣人能传神"的美誉。湘绣人文画的配色特点以深浅灰和黑白为主,素雅如水墨画;湘绣日用品的色彩艳丽,图案纹饰的装饰性较强。

从 1958 年长沙楚墓中出土的绣品看，早在 2500 多年前的春秋时代，湖南地方刺绣就已有一定的发展。1972 年又在长沙马王堆西汉古墓中出土了四十件刺绣衣物,说明远在 2100 多年前的西汉时代,湖南地方刺绣已发展到了较高的水平。此后,在漫长的发展过程中,逐渐培养了质朴而优美的艺术风格。随着湘绣商品生产的发展，经过广大刺绣艺人的辛勤创造和一些优秀画家参与湘绣技艺的改革提高，把中国画的许多优良传统移植到绣品上,巧妙地将我国传统的绘画、刺绣、诗词、书法、金石各种艺术融为一体,从而让湘绣形成了以中国画为基础,运用七十多种针法和一百多种颜色的绣线,充分发挥了针法的表现力,精细入微地刻划物象外形内质的特点,绣品形象生动逼真、色彩鲜明、质感强烈、形神兼备、风格豪放,在国内外享有美誉。

湘绣精品

3. 雕刻工艺

雕刻工艺最能体现中华民族匠心独运的创造力和因材施艺的精湛技艺。雕刻,是雕、刻、塑三种创制方法的总称。指用各种可塑材料(如石膏、树脂、粘土等)或可雕、可刻的硬质材料(如木材、石头、金属、玉块、玛瑙等),创造出具有一定空间的可视、可触的艺术形象,借以反映社会生活、表达艺术家的审美感受、审美情感、审美理想的艺术。雕、刻通过减少可雕性物质材料,塑则通过堆增可塑物质性材料来达到艺术创造的目的。

　　清末以来的雕刻工艺生产因国衰民穷、市场狭窄而惨淡零落。创造日渐沦为模仿,精工巧作日益降为粗制劣技。但仍有个别门类略有发展,并出现了一些优秀匠师和作品。北京潘秉衡曾于 30 年代在薄胎玉器制作上取得了很高的成就,恢复和发展了在玉器上压金银丝镶嵌玉石的技艺。广州翁昭制作的 26 层象牙球轰动了 1915 年的巴拿马博览会并获金奖。浙江朱子常曾对黄洋木雕施行改革,使之由附属装饰发展成颇有销路的艺术欣赏品,巴拿马博览会授予他的崇高荣誉,曾带动了黄洋木雕生产的发展。进入 50 年代,雕刻作为民族文化遗产和国际文化、经济交流的有效形式,受到政府的重视和扶持,一些濒临灭绝的技艺和品种在艺人们的努力下获得新生。一代著名的工艺大师如潘秉衡、何荣、刘德盈、王树森、张云和、王彬、崔华轩、杨士惠、翁昭、翁荣标、杜云松、楼水明、王凤祚、叶润周、陆涵生、金绍坊、支慈庵、张仕宽、林如奎、郭功森、阮文辉、戴清升等,不仅精研技艺、悉心授艺,还制作了大量富有时代气息的优秀作品。

玉工精巧的薄胎玉器　　　　　广州翁昭制作的 26 层象牙球

　　著名的传统髹饰工艺产品有北京雕漆、甘肃天水雕填、山西平遥推光漆器、江苏扬州螺钿镶嵌、福建福州脱胎漆器和四川漆器等。现代早期的髹饰工艺生产除北京、福州等地略有维持外,其他产地大都萧条停滞。20 世纪下半叶的髹饰工艺广布北京、上海、江苏、福建、江西、广东、四川、贵州、山西、陕西和甘肃等地。生产规模和从业人员大大扩增，花色品种和产品质量都有所丰富和提高。艺人们不断改进技艺，使之更为精湛，并创造了一些新的技法，如福州脱胎漆器的锡箔嵌丝等。70年代以来，漆画有了显著的发展，福建、江西、四川漆画家在继承传统技艺的基础上取得了新的突破，天津漆画家则引入新工艺新材料，推出了时代感颇强的铝版漆画。

　　景泰蓝又称"铜胎掐丝珐琅"，距今已有600多年的历史，是最具汉族文化特色的北京手工艺品之一，它采用金银铜及多种天然矿物质为原材料，集美术、工艺、雕刻、镶嵌、玻璃熔炼、冶金等专业技术为一体。古朴典雅，精美华贵，具有鲜明的汉族民族风格和深刻文化内涵，被称为国宝"京"粹，2006年入选首批国家级非物质文化遗产名录，适用于鉴赏收藏、商务礼品、日常用品、室内外建筑工程装饰等。

　　明清时期的景泰蓝制品，大都是供皇宫御用，直到清朝后期才作为商品出现在市场上。据有关史料记载，景泰蓝从道光年间开始出口。1904年，在美国芝加哥世界博览会上，景泰蓝"宝鼎炉"获得一等奖，后又在1915年巴拿马万国博览会上再获一等奖，由此景泰蓝在国际上声誉大振。景泰蓝作为一种美术工艺品，其制法是在铜器表面上以各色珐琅质涂成花纹，花纹的四周嵌以铜丝或金银丝，再用高火度烧即成。刚从火中取出的景泰蓝颜色基本呈黑色，待其冷却后才显现出五彩缤纷的样貌。这项工艺始于明代景泰，而且初创时只有蓝色，所以叫"景泰蓝"。虽然各色具备，然而仍然使用以前的名字。因为景泰蓝已变为一种工艺的名称，而不是颜色的名称。据说景泰为宣德之子，宣德重视铜器以及铸冶铜质，景泰在幼年期间耳濡目染，认识极详，且嗜之极深，只是对于铸炼方面，宣德已到达绝顶，没有能力再求突破，就在颜色方面另辟蹊径，以图出奇制胜，终于有景泰蓝的创制。到清朝乾隆时期，又开始烧制，且品类多、成绩好，虽然不能和景泰、成化时期相比，但是比起弘正以后出品物绝不逊色。现今虽有康雍的器物出现，然而细细考究竟与乾隆所制器物没有什么不同，实际上是乾隆所制，刻康雍年款，却不是康雍制作的。

北京漆雕作品

福建福州脱胎漆器
漆画牡丹立盘

景泰蓝器物

明清时期景泰蓝勺彩
绘瓷

民国时期景泰蓝珐琅
彩花鸟盘

明代的胎的铜质较好,多为紫铜,胎体略显厚重,故造型仿古的多,主要仿青铜所用的彩釉均为天然矿物质料,色彩深沉而逼真,红像宝石红,绿像松石绿。此时的丝掐得较粗,镀金部分金水厚,彩釉上大多有砂眼。常见的款有"大明景泰年制"或"景泰年制",底款、边款均有。清代的景泰蓝工艺比明代有提高,胎薄,掐丝细,彩釉也比明代要鲜艳,并且无砂眼,花纹图案繁复多样,但不及明代的文饰生动,镀金部分金水较薄,但金色很漂亮。民国时期景泰蓝总体水平不及前代,胎体薄,色彩鲜艳有浮感,做工较粗。这时只有"老天利"、"德兴成",制作的景泰蓝工细,质量好。造型多仿古铜器,或仿乾隆时的精品款,已都是刻款了。景泰蓝的陈设品多,不做实用品。

随着景泰蓝工艺的提高,造型多样,纹饰品种繁多,价格上也让人比较容易接受,因此,它已成为我们与国际友人和亲朋好友互相往来的最佳礼品了。但当代人对景泰蓝工艺画的认识还停留在书本上,真正欣赏过景泰蓝作品的为数不多。钟连盛大师2007年设计了新加坡佛牙寺超大型景泰蓝《转经轮藏》,是目前世界上最大的景泰蓝制品。此工程与80余平方米的《花开富贵》景泰蓝艺术喷水池工程均在景泰蓝工艺技术和艺术表现上实现了历史性的超越。

传统家具生产遍及全国各地。20年代至40年代较有影响

福州软木画作品

的传统家具有苏州的红木作、北京的京式、广东的广式、浙江宁波的骨嵌和山东的嵌银丝家具。辛亥革命后,苏州红木作曾一度兴盛;抗战期间趋于平淡,战后仿西式家具,生产略有回升。进入50年代以后,传统家具业又全面恢复了生产。但传统家具业因生活方式的改变和现代家具的冲击, 其产品多走向国际市场或用于旅游业。80年代,传统家具业开始探索和寻求适应现代生活需求的途径。另外,福州的软木画,北京的宫灯、戏装、绒鸟,苏、杭、闽、粤的扇子,苏州的装裱等,都在经历风雨之后又获得了新生。20世纪下半叶,还出现了将传统技艺与现代科技结合起来而创制的新品种,如羽毛工艺品、彩石镶嵌、薄木镶嵌、贝雕蜡制工艺品、塑料涤纶花、树皮贴画等。

贝雕工艺品

4. 剪纸和皮影

剪纸,又叫"刻纸",是中国汉族最古老的民间艺术之一。剪纸,就是用剪刀将纸剪成各种各样的图案,如窗花、门笺、墙花、顶棚花、灯花等。它是一种镂空艺术,其在视觉上给人以透空的感觉和艺术享受。剪纸的载体可以是纸张、金银箔、树皮、树叶、布、皮革等片状材料。在2008年出现新的纯手工多层彩色剪纸,最具代表性的是山西的江萍剪纸,发展成为多色、套色、花色美,形成了"简中求繁、繁中求和、和中求殊"的原色、重彩艺术语言。

剪纸在中国农村是历史悠久、流传很广的一种民间艺术形式，它是中国民间艺术中的瑰宝，已成为世界艺术宝库中的一种珍藏。这种民俗艺术的产生和流传与中国农村的节日风俗有着密切的关系，逢年过节亦或新婚喜庆，常常会贴"囍"这个字，人们把美丽鲜艳的剪纸贴在雪白的墙上或明亮的玻璃窗上、门上、灯笼上等，节日的气氛便被渲染得非常浓郁喜庆。那质朴、生动有趣的艺术造型，有着独特的艺术魅力。其特点主要表现在空间观念的二维性、线条与装饰、写意与寓意等许多方面。

剪纸起源于古人祭祖祈神的活动，根植于博大精深的中国传统文化之中。两千年的发展史，使它浓缩了汉文化的传统理念。在其沿革中，与彩陶艺术、岩画艺术等艺术相互交织在一起，递延着古老民族的人文精神与思想脉搏，成为汉传统文化的一个重要组成部分，是传统信仰与人伦道德的缩影，也是观察一个民族的民俗风文化传承的窗口。

中国的民间剪纸手工艺术有它自身的形成和发展过程，中国剪纸的发明是在公元前的春秋战国时期（公元前 3 世纪），当时人们运用薄片材料，通过镂空雕刻的技法制成工艺品，却早在未出现纸时就已流行，即以雕、镂、剔、刻、剪的技法在金箔、皮革、绢帛，甚至在树叶上剪刻纹样。《史记》中的"剪桐封弟"记述了西周初期成王用梧桐叶剪成"圭"赐其弟，封叔虞到唐为侯。战国时期就有用皮革镂花（湖北江凌望山一号楚墓出土文物之一），银箔镂空刻花（河南辉县固围村战国遗址出土文物之一），都与剪纸同出一撤，他们的出现都为民间剪纸的形成奠定了一定的基础。中国最早的剪纸作品发现是 1967 年中国考古学家在新疆吐鲁番盆地的高昌遗址附近的阿斯塔那古北朝墓群中，发现的两张团花剪纸，它们采用的是麻料纸，都是折叠型祭祀剪纸，它们的发现为中国的剪纸形成提供了实物佐证。

关于剪纸手工艺术的历史，即真正意义上的剪纸，应该从纸的出现开始。汉代纸的发明促使了剪纸的出现、发展与普及。纸张是一种很容易霉烂的材料，人们不会像珍宝一样保存起来，搞坏了自己还可以再剪。而在中国西北地区天干少雨，气候干燥，纸张也不易霉烂，这也可能是新疆吐鲁番地区发现北朝剪纸的一个重要原因。

唐代剪纸已处于大发展时期，杜甫诗中有"暖水濯我足，剪纸招我魂"的句子，以剪纸招魂的风俗当时就已流传于民间。从现藏于大英博物馆的唐代剪纸可看出当时剪纸手工艺术水平已极高，画面构图完整，表达了一种天上人间的理想境界。唐代流行颉，其镂花木版纹样具有剪纸特色，如现藏日本正仓院的"对羊"，其羊的纹样就是典型的剪纸手工艺术表现手法。唐代民间还出现了利用剪纸形式制作的漏版印化板，人们用厚纸雕刻成花版，将染料漏印到布匹上，形成美丽的图案。

宋代造纸业成熟，纸品名目繁多，为剪纸的普及提供了条件。如成为民间礼品的"礼花"，贴于窗上的"窗花"，或用于灯彩、茶盏的装饰。宋代民间剪纸的运用范围逐渐扩大，江西吉州窑将剪纸作为陶瓷的花样，通过上釉、烧制使陶瓷更加精美；民间还采用剪纸的形式，用驴、牛、马、羊等动物的皮、雕刻成皮影戏的人物造型；蓝印花布工艺制作的镂花制版是用油纸板雕镂成纹，刮浆印花的花版纹样就是采用剪纸的技法，有阴、阳刻之分，长线要割断，以点分虚实。

明、清时期剪纸手工艺术走向成熟，并达到了鼎盛时期。民间剪纸手工艺术的运用范围更为广泛，民间灯彩上的花饰，扇面上的纹饰，以及刺绣的花样等，无一不是利用剪纸作为装饰再加工成的。中国民间常常将剪纸作为装饰家居的饰物，美化居家环境，如门栈、窗花、柜花、喜花、棚顶花等都是用来装饰门窗、房间的剪纸。除南宋以后出现的纸扎花样工匠外，中国民间剪纸手工艺最基本的队伍还是农村妇女。女红是中国传统女性完美的一个重要标志，作为女红的必修技巧——剪纸，也就成了女孩子从小就要学习的手工艺。她们从前辈或姐妹那里要来学习剪纸的花样，通过临剪、重剪、画剪、描绘自己熟悉而热爱的自然景物，鱼虫鸟兽、花草树木、亭桥风景，以至最后达到随心所欲的境界，亲手剪出新的花样来。

皮影戏，旧称"影子戏"或"灯影戏"，是一种用蜡烛或燃烧的酒精等光源照射兽皮或纸板做成的人物剪影以表演故事的民间

剪纸

戏剧,它是让观众通过白色幕布,观看一种平面人偶表演的灯影来达到艺术效果的戏剧形式。表演时,艺人们在白色幕布的后面,一边操纵戏曲人物,一边用当地流行的曲调唱述故事(有时用方言),同时配以打击乐器和弦乐,富有浓厚的乡土气息。在河南、山西、陕西、甘肃天水等地的农村,这种拙朴的汉族民间艺术形式很受人们的欢迎。

皮影

"皮影"是对皮影戏和皮影戏人物(包括场面道具景物)制品的通用称谓。皮影戏中的平面人偶以及场面景物,通常是民间艺人用手工、刀雕彩绘而成的皮制品,故称之为"皮影"。在过去还没有电影、电视的年代,皮影戏曾是十分受欢迎的民间娱乐活动之一。

皮影戏是中国汉族民间的一门古老传统艺术,老北京人都叫它"驴皮影"。皮影不仅属于傀儡艺术,还是一种地道的工艺品。它是用牛皮、驴、马、骡皮,经过选料、雕刻、上色、缝缀、涂漆等几道工序做成的。受到外在环境以及兽皮材料质地上的差异等因素的影响,皮影戏偶造型风格各地不同。

皮影戏从有文字记载,已经有两千多年的历史,汉武帝爱妃李夫人染疾故去了,武帝的思念心切神情恍惚,终日不理朝政。大臣李少翁一日出门,路遇孩童手拿布娃娃玩耍,影子倒映于地栩栩如生。李少翁心中一动,用棉帛裁成李夫人影像,涂上色彩,并在手脚处装上木杆。入夜围方帷,张灯烛,恭请皇帝端坐帐中观看。武帝看罢龙颜大悦,就此爱不释手。这个载入《汉书》的爱情故事,被认为是皮影戏最早的渊源。

皮影戏剧照

中国皮影艺术从 13 世纪的元代开始,随着军事远征和海陆交往,相继传入了波斯(伊朗)、阿拉伯、土耳其、暹罗(泰国)、缅甸、马来群岛、日本以及英、法、德、意、俄等亚欧各国。

明武宗正德戊辰三年(1508)北京曾举办了百戏大会,皮影戏参加了演出。另传皮影自明中叶从兰州和华亭先传入河北涿州,后再传到京西、北郊农村,然后入城并形成东、西城两派。

锦州皮影戏

从清人入关至清末民初，中国皮影戏艺术发展到了鼎盛时期。当时很多官第王府、豪门旺族、乡绅大户，都以请名师刻制影人、蓄置精工影箱、私养影班为荣。在民间乡村城镇，大大小小皮影戏班比比皆是，一乡一市有二三十个影班也不足为奇。无论逢年过节、喜庆丰收、祈福拜神、嫁娶宴客、添丁祝寿，都少不了搭台唱皮影戏。连本戏(连续剧)要通宵达旦或连演十天半月不止，一个庙会可出现几个影班搭台对擂唱皮影戏，热闹非凡，其盛状可想而知。

清代北京皮影已很普及。除深受农民、市民欢迎外，还进入到宫廷。康熙时，礼亲王府设有八位食五品俸禄的官员专管皮影戏。嘉庆时逢年过节等喜庆日子还传皮影班进宫表演。当时的北京影戏班白天演木偶，夜晚则于堂会唱皮影戏，有不少京剧演员也参加皮影戏班演出。

中国美术馆展出的清代皮影珍品

到了清代后期，曾有些地方官府害怕皮影戏的黑夜场所聚众起事，便禁演皮影戏，甚至捕办皮影艺人。皮影艺人还曾受清末白莲教起义的牵连，被以"玄灯匪"的罪名遭到查抄。日军入侵前后，又因社会动荡和连年战乱，民不聊生，致使盛极一时的皮影行业万户凋零，一蹶不振。

1949 年后,全国各地残存的皮影戏班、艺人又开始重新活跃,从 1955 年起,先后组织了全国和省、市级的皮影戏汇演,并屡次派团出国访问演出,进行文化艺术交流,颇有成果。但到"文革"时期,皮影艺术再次遭"破四旧"的噩运,从此元气大伤。

清代皮影

5. 面塑

"面花",城里人叫"面塑"或"捏面人"。河南省豫东地区称为"蒸花馍";豫西一带早年叫"窝窝花",解放以后改称"糕花",但在河南广大地区,叫的最多、最普遍的称呼是"捏面花"。它是用面捏制成的汉族民间艺术品,普遍流行于中国以吃面食为主的北方,起源于汉族民间祭祀活动中用面塑动物代替宰杀牛羊等动物的习俗。面花是一种中国的面食艺术,也是汉族优秀文化传统中的一种饮食文化。河南地区盛产小麦,以面食为主,其中用小麦做的面粉称之为"白面"。在旧社会面是劳动人民生活中的高档食品,只有逢年过节才能吃上几顿"白馍馍",成为穷苦孩子们企盼一年的最佳食品。母亲们把来之不易的白面粉,制作出各种不重样的小动物、小花馍,即好吃、又好看、又好玩,成为母亲对幼儿进行启蒙教育的最好的食用玩具。我国北方以面食为主,历来有制作面花的习俗。面花在各地有不同的称谓,有的叫"糕花",有的叫"面羊",也有的叫"花馍"。

陕西民间艺术花馍
面塑生肖虎

　　"面花"艺术的历史源远流长。早在宋代《东京梦华录》等书中，就详细记载了当时东京汴梁城制作、出售的各种面花艺术和民间习俗的情况。明代的《宛署杂记》中，还记录了南阳一带的农村，每年的农历正月，为了祈祷来年的粮食丰收，便用面粉做成各种面食品，称为"果食"，"花样奇巧百端"，相互赠送，并将这些面食品挂在田间、地头，以犒劳天地之神。在河南，逢年过节，家家户户都有制作面花的习俗。豫西的洛阳、灵宝；豫北的安阳、内黄、浚县、鹤壁；豫东的尉氏、沈丘；还有许昌、登封、新郑等地，都有各种不同风格的面食玩具。

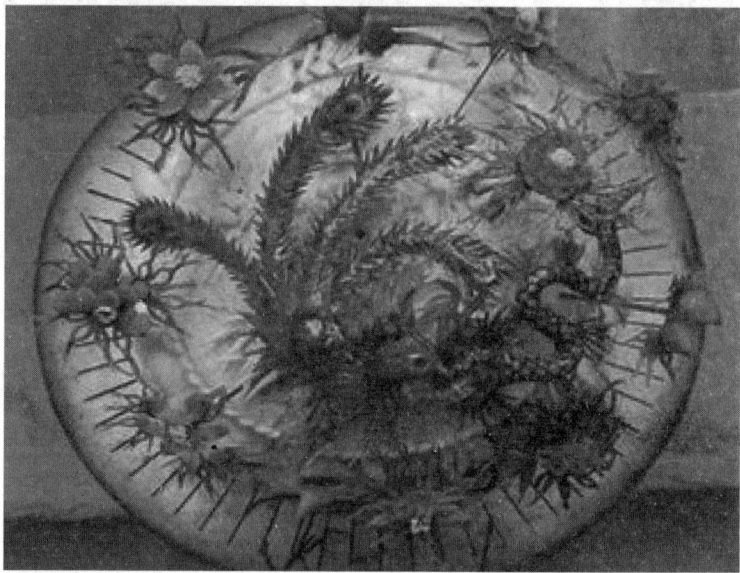

陕西阿庄镇面花

　　在中国众多的汉族民间面花艺术中，以豫西的灵宝和豫东的沈丘顾家的面花最为有名。灵宝面花，据考证明清时期已有。早年的面花是伴随着当地民俗活动应运而生的，叫"窝窝花"，是当地群众，每年农历正月十五赶庙会，用来"祭神"的贡品。据老年人说：凡参加庙会的人，都要到庙里来拜神，对神特别虔诚的人，便达成协议，轮流主持每年一度的盛会。轮到谁，谁就要负责筹资，并在进入腊月后，把当地有名气的"巧巧"们（有一手做面花技艺的巧媳妇),请到自己家里捏"窝窝"(面花)。这些艺人既心灵手巧,又格外虔诚,她们沐浴吃斋,精心捏出不重样的面花,有龙、风、狮、虎、花、鸟、鱼、虫,"十二生肖"等等,形态逼真,栩栩如生。面花做好后,分别插在用麦草绑成的3个2米高的草塔上。到了庙会这天,鞭炮齐鸣,香烟缭绕。主持人把"巧巧们"做好的"窝窝花"、"草塔",摆放在庙院当中,供神享用,求神保佑乡民们四季平安,风调雨顺,五谷丰登。随着时代的推移和社会的不断进步,如今的农村已经向现代化迈进,农民用科学种田,基本上实现了旱涝保丰收,那种靠天吃饭,求神保佑的迷信思想已经逐步减少或消失。面花这一古老的面食艺术,已由供神的祭品,变成了新民俗活动中馈赠亲友的礼品。如青年男女订婚,小孩"作九"、"作满月",乃至建屋上梁,都要制作面花馈赠亲友,达到吉利、祝贺的目的。

面花艺术品在传统节日期间已进入市场,手艺较好的艺人大批制作,拿到集市和县城、市区销售,很受城里人欢迎。这样一来,"面花"不仅仅是节日中的食品,而且已经以"民间艺术品"的面目出现在商品市场上,产生了经济效益。据初步调查:浚县的正月会、淮阳的二月会、登封的三月会上都有出售"面花"的艺人,沈丘槐店乡的艺人们,过去大多是在春节前后才捏制、出售"面花",变成长年制作出售,人们已经逐渐习惯于小孩过生日,老人作寿都要买些面花以示祝贺。值得一提的是远至北京,近到

陕西合阳面花

山东、河北、安徽等省的一些民间美术收藏家、美术工作者及国内外的专家、学者也都加入了购买的行列，他们的主要目的是为了收藏和学术研究。

6. 泥塑

泥塑，即用粘土塑制成各种形象的一种民间手工艺，是中国一种古老常见的汉族民间艺术。它以泥土为原料，以手工捏制成形，或素或彩，以人物、动物为主，在民间俗称"彩塑"、"泥玩"。泥塑发源于宝鸡市凤翔县，流行于陕西、天津、江苏、河南等地。2006年入选中国非物质文化遗产。

泥塑的基本用料——泥土需精心准备，一般选用带些粘性又细腻的土，经过捶打、摔、揉，有时还要在泥土里加些棉絮、纸、蜂蜜等。泥塑的模制一般分为四步：制子儿、翻模、脱胎、着色。制子儿就是制出原型，找一块和好的泥，运用雕、塑、捏等手法，塑造好一个形象，经过修改、磨光、晾干后即可，有些地方还要用火烧一下，加大强度；翻模就是把泥土压在原形上印成模子，常见的有单片模和双片模，也有多片模；脱胎就是用模子印压泥人坯胎，通常是先把和好的泥擀成片状，然后压进模子，再把两片压好泥的模子合拢压紧，再安一个"底"，即在泥人下部粘上一片泥，使泥人中空外严，在胎体上留一个孔，使胎体内外空气流通，以免胎内空气压力变化破坏泥胎；最后一道工序是着色，素有"三分塑，七分彩"之说。一般着色之前先上一层底色，以保持表面光洁，便于吸收彩绘颜色，彩绘的颜料多用品色，调以水胶，以加强颜色的附着力。

彩色泥塑泥人挂饰

泥塑猪

自新石器时代之后，中国泥塑艺术一直没有间断，发展到汉代已成为一种重要的艺术品种。考古工作者从两汉墓葬中发掘了大量的文物，其中有为数众多的陶俑、陶兽、陶马车、陶船等。其中有手捏的，也有模制的。汉代先民认为亡灵如人生在世，同样有物质生活的需求。因此，丧葬习俗中需要大量的陪葬品，这在客观上为泥塑的发展和演变起了推动作用。

两汉以后，随着道教的兴起和佛教的传入，以及多神化的祭祀活动，社会上的道观、佛寺、庙堂兴起，直接促进了泥塑偶像的需求和泥塑艺术的发展。到了唐代，泥塑艺术达到了顶峰。被誉为"雕塑圣手"的杨惠之就是唐代泥塑杰出的代表。他与吴道子同师张僧繇，道子学成，惠之不甘落后，毅然焚毁笔砚，奋发专攻泥塑，终成名家，为当世人称赞："道子画，惠之塑，夺得僧繇神笔路"。

泥塑艺术发展到宋代，不但宗教题材的大型佛像继续繁荣，小型泥塑玩具也发展起来。有许多人专门从事泥人制作，作为商品出售。北宋时东京著名的泥玩具"磨喝乐"在七月七日前后出售，不仅平民百姓买回去"乞巧"，达官贵人也要在七夕期间买回去供奉玩耍。元代之后，历经明、清、民国，泥塑艺术品在社会上仍然盛行不衰，尤其是小型泥塑，既可观赏陈设，又可让儿童玩耍。几乎全国各地都有生产，其中著名的产地有无锡惠山、天津"泥人张"、陕西凤翔、河北白沟、山东高密、河南浚县、淮阳以及北京。

天津的"泥人张"彩塑是一种深得百姓厚爱的汉族民间艺术品，经流传、发展至今已有180年的历史。期间，经过创始，直到世界认可。形象生动，色彩丰富，令人万分喜爱。

泥塑菩萨

"泥人张"

　　"泥人张"是天津张姓民间彩塑艺人的称号,第一代匠师名张长林(1826—1906),号明山,原籍浙江绍兴,清光绪年间移居天津,其父张万全以用黏土做小动物等玩具谋生。张明山随父学艺,进而扩大表现题材,除历史及戏曲人物,并能捏像,因而名声大噪。

　　"泥人张"彩塑属于室内陈列性雕塑,一般尺寸不大,高约40公分左右,可放在案头或架上,故又称为"架上雕塑、彩塑艺术",是一个涉及面极广,运用于各种环境装饰的艺术形式,有着服务社会、美化环境的重要作用。"泥人张"的作品是塑与绘的两大结合,先塑造后绘色。在泥塑过程中,塑大体为关键,先将人物大的形体动态塑出,才有大的感觉,然后刻画衣纹表现质感,又不伤其骨格。在绘色上多采取的是中国绘画中的工笔书法,使作品增添光感和色感。"塑造"与"绘画"这两者巧妙的结合,展示给人们的是真实而有力的生命,使人们在一般中看见美,在枝节、片段中看到无限。同时,它把传统的捏泥人提高到圆塑艺术的水平,又装饰以色彩、道具,形成了独特的风格。它是继元代刘元之后,我国又一个泥塑艺术的高峰,其作品艺术精美,影响远及世界各地,在我国汉族民间手工艺史上占有重要的地位。

　　"泥人张"彩塑创作题材广泛,或反映民间习俗,或取材于民间故事、舞台戏剧,或直接取材于《水浒传》《红楼梦》《三国演义》等古典文学名著。所塑作品不仅形似,而且以形写神,达到神形兼具的境地。"泥人张"彩塑用色简雅明快,用料讲究,所捏的

《红楼梦》"泥人张"彩塑

《三国演义》"泥人张"彩塑

年俗·二十三糖瓜粘·天津"泥人张"彩塑

泥人历经久远,不燥不裂,栩栩如生,在国际上享有盛誉。

1915年,张明山创作的《编织女工》彩塑作品获得巴拿马万国博览会一等奖,张玉亭的作品获得巴拿马万国博览会荣誉奖,后经张玉亭、张景福、张铭、张乃英等四代人的传承,"泥人张"成为中国北方泥塑艺术的代表。1949年后,人民政府对"泥人张"彩塑采取了保护、扶持、发展的政策,安排张家几代艺人到文艺创作、教学等部门工作,第二代传人张玉亭被聘为天津市文史馆馆长,同时民间彩塑艺术步入大学殿堂。第三代传人张景祜先后受聘于中央美院、中央工艺美院任教,在天津建立"泥人张"彩塑工作室,先后招收五批学员,为国家培养了一大批彩塑艺术专门人才。第四代传人张铭在主持工作室和教学工作的二十多年中,呕心沥血,传授技艺。从此,"泥人张"彩塑艺术从家庭作坊走向社会。题词"昨日造人只一家,而今桃李满天下"。天津"泥人张"彩塑艺术是近代民间发展起来的著名工艺美术流派,这支数代相传的艺术之花,扎根于古代泥塑艺术的传统土壤中,再经大胆创新,遂成为今日津门艺林一绝。

陕西凤翔彩绘泥塑,始于先秦西周时期,流传民间三千年之久,是至今中国保留最古老、最具民族特色的泥塑类手工制品。

经考证专家们认为,其彩绘纹饰与西周时期的青铜器纹饰有所不同。以花鸟鱼虫、祥鸟瑞兽为主的意象造型是中国古代图腾崇拜、生殖崇拜、神灵崇拜的遗存,反映出图腾时代的文化特点。凤翔彩绘泥塑,造型优美、生动逼真,具有浓厚的乡土生活气息。泥塑内容有人物、动物,也有植物,大都是空心的圆塑作,也

陕西凤翔彩绘泥塑

陕西凤翔彩绘泥塑

有浮雕式的挂片。其制作方法简便易行，即将粘土和纸浆搅拌成塑泥，先制好模子，翻成胎坯凉干，上白色底粉，随后涂彩、绘画和上光。

凤翔泥塑的色彩别具一格，非常鲜艳，对比强烈。它用色不多，以大红、大绿和黄色为主。以黑墨勾线和简练的笔法涂染，给人以明快醒目的感觉。凤翔彩塑取材立意极为广泛，戏剧脸谱、吉祥图案、民间传说、历史故事、乡俗生活等无所不有。黑牛、卧虎、坐狮、虎头为拳头产品，造型洗炼夸张，神情生动，别具一格。

陕西凤翔彩绘泥塑虎挂件

随着改革开放、旅游事业的发展，泥塑这朵古老的民间艺术之花大放光采，成为陕西重要的旅游纪念品之一。1998年6月访华的原美国总统克林顿夫妇也来观看了这"绝活儿"。世界儿童组织负责人得到彩绘泥塑，如获至宝，称赞泥塑是为孩子们制作的最好礼物，来陕的旅游客人总要带几件回家作以纪念。

陕西凤翔彩绘泥塑

　　美是艺术,美学是哲学,民间艺术是美的哲学的一部分,它是雅与俗的共生,长久以来给中国人的世俗生命以美感的启示。对于过去千百年来的中国老百姓来说,民间美术所传达的远古宗教信仰和文化内容,深深扎根在我们心灵深处。这些艺术形式以其朴素的表达方式来美化我们的生活,装饰着我们的世界,延承着千百年来的"母体文化",为生生不息的世俗生命注入了无限的情怀。

附:与工艺有关的诗词

自蜀江至洞庭湖口,有感而作

唐·白居易

江从西南来,浩浩无旦夕。

长波逐若泻,连山凿如劈。

千年不壅溃,万姓无垫溺。

不尔民为鱼,大哉禹之绩。

导岷既艰远,距海无咫尺。

胡为不讫功,余水斯委积?

洞庭与青草,大小两相敌。

混合万丈深，森茫千里白。
每岁秋夏时，浩大吞七泽。
水族窟穴多，农人土地窄。
我今尚嗟叹，禹岂不爱惜？
邈未究其由，想古观遗迹。
疑此苗人顽，恃险不终役。
帝亦无奈何，留患与今昔。
水流天地内，如身有血脉。
滞则为疽疣，治之在针石。
安得禹复生，为唐水官伯？
手提倚天剑，重来亲指画。
疏流似剪纸，决壅同裂帛。
渗作膏腴田，踏平鱼鳖宅。
龙宫变闾里，水府生禾麦。
坐添百万户，书我司徒籍。

游子吟

唐·孟郊

慈母手中线，游子身上衣。
临行密密缝，意恐迟迟归。
谁言寸草心，报得三春晖。

贫女

唐·秦韬玉

蓬门未识绮罗香，拟托良媒益自伤。
谁爱风流高格调，共怜时世俭梳妆。
敢将十指夸针巧，不把双眉斗画长。
苦恨年年压金线，为他人作嫁衣裳！

春女怨

唐五代·朱绛

独坐纱窗刺绣迟,紫荆花下啭黄鹂。
欲知无限伤春意,尽在停针不语时。

小至

唐·杜甫

天时人事日相催,冬至阳生春又来。
刺绣五纹添弱线,吹葭六琯动浮灰。
岸容待腊将舒柳,山意冲寒欲放梅。
云物不殊乡国异,教儿且覆掌中杯。

迎春乐

唐·周邦彦

人人花艳明春柳。忆筵上、偷携手。趁歌停舞罢来相就。醒醒个、无些酒。

比目香囊新刺绣。连隔座、一时薰透。为甚月中归,长是他、随车后。

咏绣障

唐·胡令能

日暮堂前花蕊娇,争拈小笔上床描。
绣成安向春园里,引得黄莺下柳条。

绣

唐·罗隐

一片丝罗轻似水,洞房西室女工劳。
花随玉指添春色,鸟逐金针长羽毛。
蜀锦谩夸声自责,越绫虚说价犹高。
可中用作鸳鸯被,红叶枝枝不碍刀。

送许屯田诗
宋·彭汝砺

浮梁巧烧瓷，颜色比琼玖。

因官射利疾，从喜君独不。

父老争叹息，从事古未有。

题裁缝
元·清珙

手携刀尺走诸方，线去针来日日忙。

量尽别人长与短，自家长短几曾量。

咏景德镇兀然亭
明·缪宗周

陶舍重重倚岸开，舟帆日日蔽江来。

工人莫献天机巧，此器能输郡国材。

赠昊十九
明·李日华

为觅丹砂到市廛，松声云影自壶天。

凭君点出琉霞盏，去泛兰亭九曲泉。

赠昊十九
明·樊玉衡

宣窑簿甚永窑厚，天下知名昊十九。

更有小诗清动人，匡庐山下重回首。

白玉金边素瓷胎
清·弘历（乾隆皇帝）

白玉金边素瓷胎，雕龙描凤巧安排。

玲珑剔透万般好，静中见动青山来。

题宣德宝石红釉碗

清·弘历（乾隆皇帝）

雨过脚云婆屋垂，夕阳孤鹜照飞时。
泥澄铁镞丹砂染，此碗陶成色肖之。

咏宣窑霁红瓶

清·弘历（乾隆皇帝）

晕如雨后霁霞红，出火还加微炙工。
世上朱砂非所拟，西方宝石致难同。
插花应使花羞色，比画翻嗤更是空。

年窑墨注歌

清·查俭堂

国朝陶瓷美无匹，尔来年窑称第一。
不让汝定官歌均，何况永乐之坯宣德质？

戏紫蘅中丞

清·许谨斋

宣成陶器夸前朝，收藏价比璆琳高。
元精融冶三百载，迩来杰出推郎窑。
郎窑本以中丞名，中丞嗜古衡览精。
网罗法物供品藻，三千年内纷纵横。
范金合土陶最古，虞夏商周谁复数。
约略官均定汝柴，零落人间搜出土。
中丞嗜古得遗意，政治余闲呈艺可。
雨过天青红琢玉，贡之廊庙光鸿钧。

重临镇厂感赋志事

清·唐英

重来古镇匪夷想，粤海浑如觉梦乡。
山面水心无改换，人情物态有存亡。
依然商贾千方集，仍见陶烟五色长。

童叟道旁争识认，须眉虽老未颓唐。

丁卯仲冬返洵阳，留别珠山陶署
清·唐英

廿载须眉江上翁，渔滨栖息故乡同。

马鞍山碧里村雨，鸭尾船轻昌水风。

鬼儡丰神箫鼓外，报酬事业榷陶中。

霜清使节洵阳道，枫意如春万树红。

窑民行
清·沈嘉徵

景德产佳瓷，产瓷不产手。

工匠来八方，器成天下走。

陶业活多人，业不与时偶。

富户利生财，穷工身锄口。

食指万家烟，中外贾客薮。

坯房蚁蛭多，陶火烛牛斗。

都会罕比雄，浮色抵一拇。

肆 玉器篇

中华文化遗产系列丛书《天地之间》
ZHONGHUA WENHUA YICHAN XILIE CONGSHU

肆、玉器篇

　　玉器是一种中国独特的艺术品，也是中国古代文明的重要标志。中国的玉料藏料非常丰富，而且品种齐全，质地优良。由于从新石器时代早期已开始制造，中国的玉器制作技法特殊而先进，造型纹饰典雅，内涵丰富而深蕴。玉器在中国的用途非常广泛，在政治、经济、文化、思想、伦理道德、宗教信仰方面都有其他艺术品不能取代的作用。

一、原始玉器

　　中国古代玉器是古老中华文明的重要组成部分，它经历七千多年，从简单的装饰品发展为古代宗教和礼仪用品，又发展为标志高尚道德品质的佩带品，最后成为内容丰富的艺术欣赏品，深刻地反映了不同历史时期的社会心理。尤其是人们把玉的自然特性道德化，使它在政治、宗教、思想、文化等各个领域扮演了特殊的角色，发挥了其他艺术品所不能取代的作用，体现了鲜明的民族特色和深厚的文化内涵。

　　玉，积山川之精，人文之美。玉文化是中国文化的特色之一，它对中华民族的精神、道德、审美等产生了巨大的影响。战国时期有名的"和氏璧"价值连城。秦始皇统一中国后，用"和氏璧"雕琢成传国玉玺，并由宰相李斯书大篆"受命于天，既寿永昌"刻于其上。明清时期，中华民族国粹之一的玉文化也迎来了发展的高峰。此时的作品，集数千年玉文化之大成，玉质之美、品种之多、雕琢之精、应用之广，都是空前绝后的。玉，致密坚硬，滑润光莹，古人把玉加以人格化，认为玉有"仁、义、智、勇、洁"五德，故有"君子比德于玉"之说。玉，是吉庆、祥和、幸福等精神美的象征，因而在传统文化中，人们往往运用象征寓意或谐音取意的手法把玉制成丰富多样的器物、饰品等，借以表达对生活的热爱。玉，是权力的象征。玉，又是和平的象征，如"化干戈为玉帛"，助人成功用"玉成"一词。至于玉色纯净，质地坚密，常用来比喻节操，如"宁为玉碎，不为瓦全"。

中国是世界上主要的产玉国，不仅开采历史悠久，而且分布地域极广，蕴量丰富。据《山海经》记载，中国产玉的地点有两百余处。经过数千年的开采利用，有的玉矿已枯竭，但一些著名玉矿至今仍在大量开采，为中国玉雕艺术的向前发展，提供了源源不尽的原料。例如《山海经》记述的东北地区医巫闾山产质仡峋，千百年后，这个地名依旧未变，现在辽宁营口，出产滑石。中国最著名的产玉地是新疆和田。和田玉蕴量最富、色泽最艳、品质最优、价格最贵，是中国古代玉器原料的重要来源，历代皇室都爱用和田玉碾器，古代的丝绸之路最早就是玉石之路，后又向西延伸而成。除和田玉外，甘肃的酒泉玉，陕西的蓝田玉，河南南阳的独山玉和密县玉，辽宁的岫岩玉等，也是中国玉器的常用原料。玉器，在中国传统文化中占有非常重要的地位。在古人心目中，玉融天地之灵气，和日月之精华，具有温润洁净、晶莹剔透、精光内蕴、厚重不迁的美好自然属性。在漫长的人类生活实践过程中，玉又与"人性"相融合，成为君子"比德于玉"的对象，成为权力、地位、财富的象征。

1. 古代玉器的形制及特征

中国的玉器刚刚出现之时，只是作为一种生产工具来使用，

和氏璧

随着生产力的发展，先民们在其意识形态领域出现了对美的追求。玉器逐渐被赋予了人性化和神化，玉器开始在原始生产工具单一形制的基础上，演变并发展了原始的神器和佩饰用器。原始社会产生了贫富分化后，导致了阶级的产生和国家的出现，慢慢的，这种产量稀少、美丽耐久的玉器就成为统治阶级专门享有的器物，并产生了更多的功能，赋予了更特殊的意义。玉器从简单的生产工具到作为美化生活的装饰品，到代表政治等级，融进各种礼制内容、伦理道德，成为财富的象征，宗教图腾的崇拜等，其形制也变得更加丰富。

中国玉器发展史已有数千年，各朝各代在对玉器工艺继承与创新的基础上，发展成为迥然不同的器具形制，体现出不同的时代特征。

新石器时代早期的玉器多为工具器、佩饰器等。距今七、八千年以前，辽河的兴隆洼文化，沈阳地区的新乐文化，大连地区的长海广鹿岛小珠山（下层）文化，阜新查海原始村落文化等，在这些原始文化中已经出现了玉制的斧、凿、匕等生产工具和玉玦类佩饰器。它们是玉器创作初期的代表作。

辽河地区是我国最早的用玉地区之一，它与距今五、六千年以前的红山文化及其相同发展阶段的文化是承袭关系。红山文化玉器在此基础上得到发展，并首创了宗教用器。工具类器形增多，如锛、铲、勾形器等。佩饰用器种类发展为以现实题材的鸟兽动物为主题，如鸟、燕、枭、鹰、蝉、鱼、龟、猪等，并增加了如勾云形佩，马蹄形箍，二、三联璧，双兽首（或人首）三孔玉饰等形制。首创的宗教用器如玉 C 形龙和玉兽形（猪龙）玦、玉兽面丫形器、高冠的玉凤首、玉兽形佩等，都属于模拟幻想中的玉雕神灵，反映出红山文化部族的原始宗教图腾崇拜。红山文化玉器不以大取胜，而以精巧见长，"神似"是红山古玉最大的特点。红山文化玉器的形制对相同发展阶段的各种文化玉器以及晚期各种文化玉器都产生过影响，直至商代晚期的玉器形制中，仍然有红山文化玉器的影子，如商代的卷体龙、勾形器等，显示出红山文化玉器很强的延续性。

齐家文化玉器，浑圆饱满、凝重大气，具有浓郁古朴的草原

玉玦

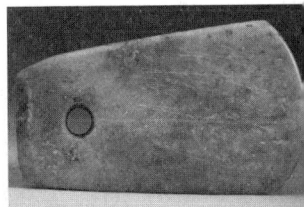
玉斧

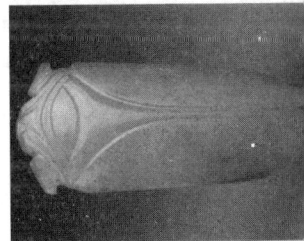
玉蝉

齐家文化玉器

风格。早期制玉形体较为单一,多素面无纹,壁面薄厚不匀,器形不甚规圆,内缘或外壁可见细碎齿刃的痕迹,晚期制玉形式多样化,构思巧妙大胆,制作精良,无加工留痕。个别玉器表面雕刻浮雕纹饰,利用绿松石错石镶嵌完善了玉器工艺的美术品加工技术。齐家文化玉器特征明显,前期的作品讲究形式美,大量使用圆雕技法塑造器型。后期的作品追求神似,以写意的技法来塑造器型的雕刻,再现作品内涵的神韵。

良渚玉器以体大自居,显得深沉严谨,对称均衡得到了充分的应用。商周时代,玉器形制日趋完善,在继承新石器时代文化玉器形制的基础上,突破创新,样式纷呈。实用器物、艺术品开始出现,春秋时代,佩饰玉器出现简单化、小型化的趋向,成对的玉器、器物和动物形器较多。刀剑、革带用玉器问世,玉饰刀剑始见,至汉代发展成为玉具剑。革带用带钩这一时期最多。两汉时期,器形繁多,出现了玉具剑、玉龙、九窍玉、玉舞人、刚卯、翁仲、鸡心佩等。由于隋唐时期佛教的盛行,宗教用器开始增多,金银器开始融入玉器。唐代器形出现了更多的生活用品,如梳、簪、印、杯、钗、环、碗、盆、瓶等。唐代器形出现了表现西域风格的玉制器形。宋、辽时代器形多变为文人清玩。玉雕注重神韵,以"春水玉"和"秋山玉"为代表。元代,春水玉、秋山玉较为流行,美玉制作带钩、带扣比较多。明清是我国玉器发展的高峰。明代玉壶、杯和玉制文房用具较多,佩饰品以"子岗"方形玉牌为代表。清代出现了以玉山子和玉插屏等形体硕大的陈设性玉器,佩饰品、艺术品、实用器增多。清代晚期出现了"仿番作"等器形。

根据文献记载和已知的玉文化器具归类,有各式的生产工具、玉礼器、佩饰器、玉神器、赏玩玉器、玉兵器、玉乐器、葬玉器以及其他类别的玉器等几十种,名目繁多,样式纷呈。以用途分类,大致有生产工具、宗教用器、礼器、仪仗器(武器)、实用器、佩饰品、艺术品、葬玉以及杂器等九大类。

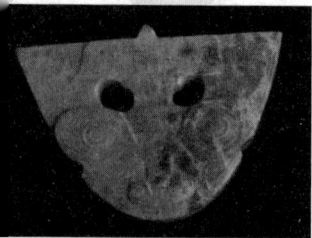

良渚文化玉器

生产工具

玉最早被先民们认知,来源于玉制的工具。先民们在原始的生产和生活过程中,发现了比石器更坚硬、更美的玉。玉制工具的使用从新石器时代开始至商周，商周以后逐渐被金属工具所取代。玉工具主要以玉斧、锛、凿、铲、锯、匕、玉刀状器、玉勾形器、槌、纺轮、锥形器、柄形饰、镰、锄、觿、玉鞢等为代表。

宗教用器

新石器时代的原始宗教中，就用玉器作为沟通神和人的法器。当时由于生产力水平低下，人们征服自然和疾病的能力很弱，对自然界许多怪现象无法理解，于是，对自然界许多现象和生与死有了超越人生、社会和自然的理解，产生了崇拜祖先的图腾文化，如崇拜母性的女性崇拜，崇拜生育的生殖崇拜等。红山文化中的玉 C 形龙和玉猪龙玦、玉兽面丫形器，就是部落的图腾形象。齐家文化有镶嵌绿松石的玉质、石质宗教类神、人雕像，均为圆雕的裸体立像，也是部落的图腾形象。良渚文化中的羽人及兽面纹图案，也属于部落图腾。商代的玉龙、凤、怪鸟兽、神鸟负龙等带有浓烈的宗教神话色彩。中国的道家用玉作为法器也不乏记载。隋唐时宗教盛行，玉法器神像随处可见。佛教传入中国以后，玉造佛像在唐末以后一直颇为流行。宗教用器还包括各种宗教传说中的一些用玉雕琢的瑞兽形象，如貔貅、螭龙、螭虎、朱雀、玄武等。

玉礼器

礼仪用玉一直是中国玉器的主流。早在五千年前，中国刚跨入文明的门槛时，玉器的礼仪功能就已表现出来。良渚文化的玉璧、玉琮，二里头文化中的牙璋，都是纯粹的礼仪用器。礼仪用玉主要有玉琮、璧、璋、璜、环、瑗、多璜联璧等。古代以玉作瑞信之物，用于朝聘，计六种，故名"六瑞"，它既是政治等级制度的标志，又是礼制的具体体现。

仪仗器（武器）

从新石器晚期至商周，出现大量的玉仪仗器、玉兵器。如大汶口文化的玉钺，龙山文化的人面纹玉铲等。玉仪仗器、玉兵器类主要有刀、戚、钺、多孔斧、玉矛、簇、戈、链、剑等。玉兵器皆尖端状,带刃。有些刻有精致花纹,应作仪仗用。有个别的玉仪仗器表面镶嵌绿松石。

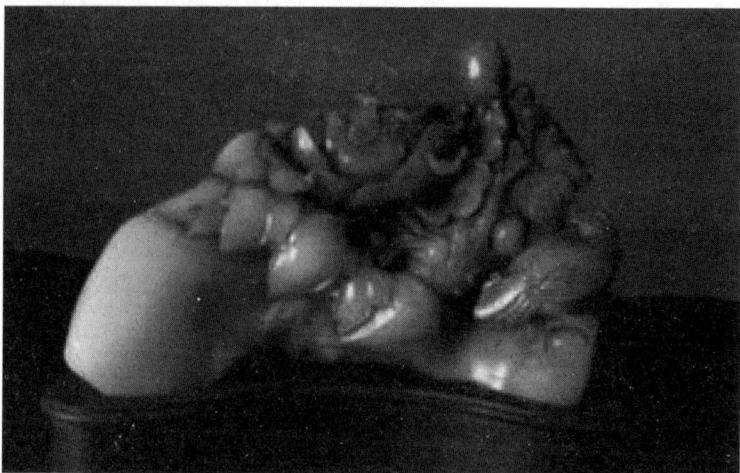

龙山文化的人面纹玉铲

实用器

玉实用器主要有玉生活用器、玉文具用器和玉乐器三大类。玉实用器最早出现于殷商时期。战国时代起玉实用器逐渐增多。隋唐以后,特别是明清时玉实用器不单为王室、贵族专用,也进入了寻常百姓家。

佩饰品

佩饰是玉器的最初功能之一,也是玉器最广泛的用途。在古代,是专供人身体上佩挂结缀的饰品。《礼记》中写到:"古之君子必佩玉,右徵角,左宫羽,趋以采齐,行之肆夏,周还中规,折还中矩,进则揖之,退则扬之,然后玉锵鸣也"。这就是说一个有品德修养的人必须要佩戴玉器,因为"君子于玉比德"。"君子无故,玉不离身"。它不是简单的装饰,还表明了身份、风气,可以起到感情和语言交流的作用。从新石器时代起,东北的新乐文化、华北的裴李岗文化、江南的河姆渡文化中,都发现有玉制饰件,如环、坠等。商代国王武丁配偶妇好之墓出土的七百多件玉器,相当部

商周时期玉扳指

分是佩饰用的穿孔玉器。春秋时,君子佩玉,年轻女子佩玉之风十分盛行,青年男女还互赠佩玉作为信物。佩玉成为一种社会时尚,历数千年而不衰。隋唐之后,作为佩饰的玉器在品种上有了大的变化,主要作为耳、腕、手和头饰。古人佩戴的玉器饰物,种类颇多,从广义上来解释,凡具备穿孔的玉件,都可供人佩戴。玉佩饰品可分为头饰、手饰、项饰、胸饰、服饰等五大类。

艺术品

主要有陈设的玩赏器和摆件两类。

玩赏器以雕刻的小型动物为主。玉动物取像于自然界真实的动物,圆雕或片状雕均有,造型姿态多样,栩栩如生。状雕玉动物一般作为佩饰,圆雕玉动物多可作为陈设玩赏品。玉动物主要有玉虎、玉象、玉熊、玉马、玉鹿、玉牛、玉猪、玉鹰、玉鱼、玉龟等,历代玉器中最为多见。

摆件形制较为繁杂。早在商代就有玉制艺术品的出现,如殷

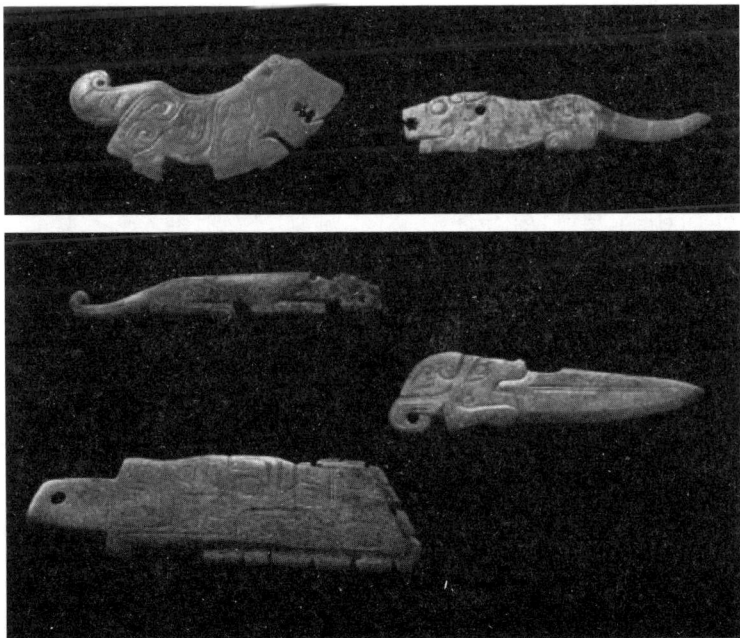

玩赏器玉动物

墟妇好墓出土的圆雕玉龙、龙角玉虎等，以及铜玉复合制品。其
上部均为青铜铸造成的虎头，并镶嵌有绿松石片。虎头末端镶以
玉柱，柱中部都有深孔，大概是一种嵌插在木器上的艺术品。宋、
辽金时期有一种玉山，是利用玉块的天然形状，刻出山水人物
等，起初为小件用作笔架、镇纸，后来出现用上吨的大块玉石，雕
成巨大玉山，如元代的"渎山大玉海"、清代的"香由九老"和"大
禹治水"等巨型玉山。

葬玉

葬玉，指专为殓尸或保存尸体所用的玉器，而不是指墓中陪
葬的玉器。这些玉器有玉衣、玉晗、玉握、玉塞、玉鱼、玉翁仲等。
玉器作为财富的标志，早在原始社会的红山文化、良渚文化中就
有出现。大型的墓葬中，作为陪葬的玉器就有几十件甚至上百
件，可见墓主是有权有势、财富万贯的首领。到了奴隶社会，这种
现象便更加明显，著名的安阳殷墟妇好墓、江西新干大墓等商代
贵族和方国墓葬中，葬玉更是丰富，表明大的奴隶主贵族拥有贵
重的玉器。到汉代，葬玉之风更加兴盛，著名的汉代金缕玉衣、银
缕玉衣、铜缕玉衣就出自于此。

杂器

不能归纳为以上八类的玉器统称为杂器，常见的有：玉如
意、玉钩、玉带、玉剑饰等。

明代玉带

2. 原始玉器的内涵意义

中国古代的玉器富有深刻的文化内涵。最初时，玉器是人们
的装饰品和不同等级标志的一种信物，而到了西周时期宗法制
度和祭祀制度在玉器中就有所体现。到了春秋时期，玉器更多地
有了如同君子品德的抽象含义。秦汉时期，玉器的礼制色彩消失
了。魏晋南北朝之时，又成为信道之人食物。至明清之际成为工
艺品而达到高峰。

中国古玉器不仅有着8000多年的悠久历史，有着丰富多彩
的品种，而且还有着丰富的文化内涵。这也是玉器之所以成为历

代官吏显示身份地位的随葬品。古玉器之所以成为重要的文物、之所以构成中国玉文化体系的原因。中国古玉器的文化内涵不仅包括设计艺术、碾琢工艺、文字记载等，而且还包括古玉器的丰富的价值、礼仪功能、宗教功能、经济价值和装饰功能。

古玉器的政治价值表现在社会等级制的物化，是古代人们道德和文化观念的载体。出土的玉器基本上出自有身份和地位的大中型墓葬中，春秋战国就有"六瑞"的使用规定，六种不同地位的官员使用六种不同的玉器，即所谓"王执镇圭，公执桓圭，侯执信圭，伯执躬圭，子执谷璧，男执蒲璧"；从秦朝开始，皇帝采用以玉为玺的制度，一直沿袭到清朝；唐代明确规定了官员用玉的制度，如玉带制度。

慈禧太后御宝青玉玺

在古代，玉象征着伦理道德观念中高尚的品德，儒家有"君子比德于玉"的用玉观；东汉关于"玉、石之美者，有五德"的说法，就是将玉石的五种物理性质比喻为人的五种品德即"仁、义、智、勇、洁"。古玉器的礼仪功能一直占据中国古玉器的主流，"六器"是封建社会礼仪用玉的主干，即用六种不同形制的玉器作为祭祀、朝拜、交聘、军旅的礼仪活动的玉器，这就是《周礼·大宗伯》所记载的"以玉作六器，以礼天地四方，以苍璧礼天，以黄礼地，以青圭礼东方，以赤璋礼南方，以白琥礼西方，以玄璜礼北方"。

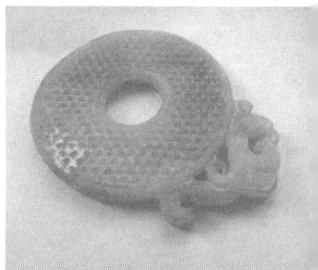

"六器"之礼器

"长宜子孙"铜钱玉

　　古玉器的宗教功能体现了古人在图腾崇拜中的用玉，在佛教和道教中的用玉。玉器的经济价值从古到今不减。大中型墓葬中出土较多的古玉器，除了表征墓主的身份和地位外，也是财富的象征；商代至春秋战国时期，有以玉作币、以玉作交换和贡品的做法；清朝有"古铜旧玉无身价"的说法。

　　玉器的装饰功能始终是玉器的主要功能。包括玉珠串、手镯、玉佩等人体装饰用玉；玉剑饰、玉带钩、玉带扣等服饰装饰用玉；玉山子、玉制瓶、玉制炉熏等陈列装饰用玉等。在中国玉器上述的几种功能中，经济价值和装饰功能是玉器的自然属性，现代玉器仍然具有这两种功能。其他几种价值和功能则是人为赋予的，是古玉器不同于现代玉器的特有的功能。

玉代扣

清代青山绿水人物玉山子

二、玉器的艺术价值和智慧

　　在医学方面，玉器扮演了一个重要的角色。古医书称"玉乃石之美者，味甘性平无毒"，并称玉是人体蓄养元气最充沛的物质。认为吮含玉石，借助唾液与其协同作用，可以"生津止渴，除胃中之热，平烦懑之所，滋心肺，润声喉，养毛发。"因而玉石不仅作为首饰、摆饰、装饰之用，还用于养生健体。玉的养生机理已经被现代科学所证实。据化学分析，玉石含有多种对人体有益的微量元素，如锌、镁、铁、铜、硒、铬、锰、钴等，玉石中的微量元素可被人体皮肤吸收，活化细胞组织，提高人体的免疫功能。故有中医所说"有的病吃药不能医好，经常佩戴玉器却治好病"，道理就在于此。倘佩戴玉手镯，经过长期的良性按摩，不仅能被动除视力模糊之疾,而且可以蓄元气、养精神。

文化方面,玉器更是密切地融于其中。进入阶级社会后,玉被神化,逐渐形成了中国独有的玉器文化。在长达数千年的中国文明史中,玉器文化作为上层建筑领域中的一个特殊分野,与中国古代文明史的发展进程相始终,极大地丰富了中国文明史的内涵。古往今来,关于玉的诗词是数不胜数。例如玉女、玉色、玉貌、玉体等都用来形容美女或其某一特征;玉楼、玉虚、玉京等用来形容古代仙宫或者皇帝居住之地;《诗经》中有"言念君子,温其如玉"之说;另外,玉器更是出现于文学著作中,尤其是《红楼梦》这一部恢宏的巨著,本身写的就是一块"玉",曹雪芹用浪漫主义的手法描写了一块通灵宝玉。这块玉大如雀卵,灿若明霞,莹润如酥,五色花纹缠护,这正是玉典型的特征,把玉的形、色、质、美表现得淋漓尽致。金玉缘主人公叫贾宝玉,通灵宝玉佩在身上,莫失莫忘,不离不弃,是贾宝玉的命根子。而另一位主人公叫林黛玉,又是玉。一个是良苑仙葩,一个是美玉无瑕,就是林黛玉和贾宝玉。还有一位很重要的人物,就是妙玉,又是一块玉。曹雪芹在判词中写"玉带林中挂,金钗雪里埋","玉带林中挂"倒过来念,就是林黛玉,写妙玉"可怜金玉质,终陷淖泥中,"把妙玉比为金玉质。

宋代雕花玉镯

1. 红山文化玉器

红山文化玉器是中国新石器时代红山文化遗址中发现的玉器。红山文化玉器最早发现于辽宁省凌源县牛河梁遗址,1942年考古工作者曾在那里见到了一件勾云纹玉佩。以后,在红山文化诸遗址中多有玉器发现,以凌源县牛河梁、三官甸子、喀左县东山嘴等遗址出土较多,内蒙古翁中特旗三星他拉、敖汉旗大洼、辽宁省阜新县胡头沟等处也有不少重要玉器发现。红山文化出土的成批玉器中多数为动物造型的装饰品,构成了这一文化的显著特征。

红山文化玉器使用的材质较多的是辽宁岫岩县细玉沟透闪石类的玉材,材料质地细密,硬度较高,色泽均匀。玉的颜色有苍绿、青绿、青黄、黄色,也有玲珑剔透的碧玉和纯白色玉。红山玉

红山文化玉器

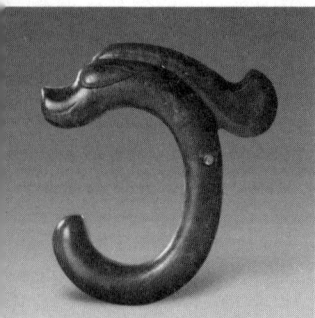

中国的上古玉器玉猪龙

的特点主要有如下几方面：其一，创作题材广泛，主要包括仿生和摄象两大类。其中，仿生类是主要部分，指摹仿并被神化了的动物形玉器和人物形玉器等，尤以动物形玉器独具特色。摄象类指摄取自然现象又经过艺术加工的璧、环、箍形器和勾云形玉佩等；其二，造型手法多样，既有浅雕又有浮雕。红山文化玉器造型上最突出的特点就是讲求神似，大都以熟练的线条勾勒和精湛的碾磨技艺，将动物形象表现得活灵活现，极具古朴苍劲之神韵，红山文化玉器多通体光素无纹，动物形象注重整体的形似和关键部位的神似。

红山文化玉器主要有玉猪龙、C形龙、玉箍形器（或称马蹄形器）、勾云形玉佩、玉璧、玉镯、玉丫形器、玉匕形器、玉玦、玉臂鞲、玉枭、玉龟、玉蝉、玉凤、玉人、串珠等。红山文化玉器是20世纪80年代以来通过考古发现的，虽然在清代和民国时期的玉器图录中偶尔可见红山文化玉器，但那时人们并不认识这些玉器，所以基本上见不到那时的仿红山文化玉器。

据目前统计，博物馆和考古部门所藏传世及发掘出土的红山文化玉器总数大约在300件左右。相对来说，在红山文化玉器种类中，玉猪龙、玉箍形器和勾云形玉佩为三大重器，一般出土于墓地的中心大墓中，数量也最少；而玉匕形器、玉玦、玉枭、玉龟、串珠等则见于大小墓中，数量较多。近几年来，内蒙古赤峰和辽宁朝阳地区很多红山文化墓地和遗址被盗掘，一些红山文化玉器流入古玩市场，其数量不详，应该多于考古出土的数量，但在器形和纹饰上不会超出文博考古部门所藏红山文化玉器的范围。

玉龙、玉猪龙、勾云形玉佩可谓红山文化玉器中最具代表性的玉器。1971年，在内蒙古翁牛特旗三星他拉村出土了一件红山文化玉龙，这是我国迄今发现最早、保存最好的龙的形象。该玉龙用整块墨绿色软玉雕刻而成，体蜷曲呈"C"字形，昂首扬颈、弯背卷尾、鼻端截平、梭眼上翘、头似猪首、颈鬣上卷，龙背重心处对穿一孔。该龙除龙头部分用浮雕和阴刻的手法表现眼、鼻、嘴外，龙身上下光素无纹，通体磨光，使其看上去如蟒似蛇、生气凛然。此龙形体之大、雕工之细，世所罕见。它可能是红山先民的神灵崇拜物或氏族部落的象征及保护神，也可能是祭司祈天求雨的法器。

玉猪龙是红山文化玉器的典型代表，其形制极富猪的特征，猪在原始社会中占有极其重要的地位，在各种祭祀活动中，以猪作为人神之间媒介物是很自然的事情。文物工作者在辽宁省建平县发掘到一件玉猪龙，它体蜷如环、肥头大耳、圆眼有皱、口露獠牙，头尾之间的缺口未完全断开，头部有一圆形钻口。该猪龙通体抛光、浑厚圆滑、线条流畅、造型生动，是红山文化同类玉器中形体较庞大、形制最规整的物件。它既可能是氏族部落的图腾，也可能是祭司的法器，还可能是财富、身份、地位的象征物。

勾云形玉佩也是红山文化典型代表玉器，它不是一般性的装饰品，也不是对于某种使用工具或具体动物的直接摹仿，而是为适应当时的宗教典礼需要专门制作的。在辽宁省凌源县三官甸子城子山，出土了一件勾云形玉佩，它由浅绿色玉制成，呈长方形薄板状，中心镂空作勾云状回旋，四边出勾角和圆突，有正反面之分，正面磨出与中心纹饰走向相致的浅槽，反面光素无纹。该勾云形玉佩温润灵动、寓意深刻，是同类器物中形体较大也较规整的一件。从勾云形玉佩通常出土于等级较高的中心大墓，并且多放置于墓主人的胸部等人体关键部位来看，它可能是当时祭司的专用物品，可能是用于沟通祭司与上天或祖灵之间的媒介，具有其他器物不可替代的特殊地位和作用。

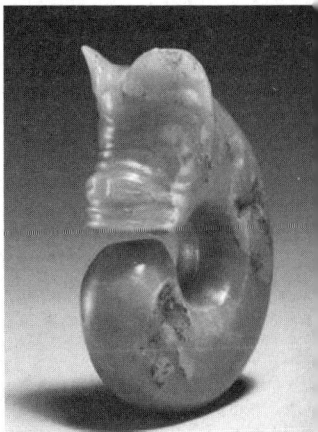

玉猪龙

红山古玉勾云形玉佩

2. 良渚文化玉器

距今 5000—4000 年的良渚文化与东北红山文化并驾齐驱，使中国新石器时代玉器发展到了最高峰。良渚文化于 1936 年发现于浙江余杭良渚镇（现浙江省杭州市余杭区良渚镇），1959 年正式命名，主要分布在太湖地区，南抵钱塘江、北至江苏中部（主要是长江以南）。良渚文化以夹细砂的灰黑陶和泥质次胎黑土陶为主要特征，大量玉器出土也是其重要特征之一。

继崧泽文化以后的良渚文化，其玉器在数量、质料、造型、纹饰、制作技术等各个方面都发生了巨大的飞跃。数量自不必说，质料虽颇庞杂，但绝大部分为质坚色美的透闪石、阳起石软玉，

良渚文化玉器

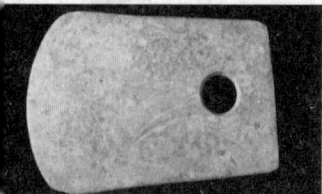

良渚文化玉器

另外还有一部分是硬度为4的蛇纹石玉。良渚文化玉器的制作工艺也取得了长足进步，石英砂已被广泛运用，考古工作者在寺墩良洛文化墓中已发现了可以琢玉的石英砂，管钻法已普遍运用于钻孔技术中，在良渚文化墓中就曾发现了管钻剩下的棕蕊。这时琮、璧等大型玉器的孔壁上留有螺旋纹或垂直的台阶痕迹，这往往主要是因为玉质坚硬对工具不断磨损以及钻孔时对位不准造成的。小件器物一般使用程钻，但由于工具的磨损总会造成进孔处较大，愈深则孔愈小，这是金属钻孔工具出现以前的一个重要特征。根据对良渚文化玉器工艺的考察，此时很可能已出现了旋转性的原始砣具。

20世纪50年代以来，随着考古工作的进展，在江苏吴县草鞋山、张陵山、武进寺墩，浙江嘉兴雀幕桥，杭州水田贩，上海县马桥，青浦县福泉山等良渚文化重要遗址中已出土了数目多至上千件的玉器，其玉质之精美，品种之繁多，技术之精湛，令人赞叹不已。

良渚文化玉器大多失去了原有的半透明光泽而呈粉白色，这是因长期埋于地下受侵蚀所致。

福泉山墓地出土的唯一的一批受侵蚀较小的玉器，其颜色呈黄绿色和黄褐色，一些玉器经鉴定属透问石——阳起石系列软玉，少数为叶蛇纹石和石英，玉料的来源应是就地取材。

良渚先民在治玉技术上普遍采用砂解法，即用砂和水加解玉工具通过摩擦来切割玉料。从玉器留下的痕迹观察来看，当时以片状硬性物件作直线运动为特征的领切割和以弦状硬性物件作弧形运动为特征的线切割两种方法结合，运用于玉器的镂孔。玉器上细密的阴线花纹，主要是用手直接雕刻而成。玉器雕成后，表面还要打磨光滑达到光可鉴人的效果。良渚文化的琢玉技术代表了新石器时代用玉工艺的最高水平。

良渚文化玉器种类按照器形来分有球、璧、冠状器、三叉形器、柱形器、锥形器、锄、半圆形饰、琐、牌饰、串饰、新月形饰、动物形饰、带钩、钺、端饰和柄形器等。从用途来看，璧、琮、冠状器、三叉形器、镇为礼器，是史前时代人类用来崇拜神灵的利器。这标志着中国古代部分玉器已开始脱离现实生活，逐步被蒙上神秘的面纱而走上神坛。

在良渚文化的器型中,玉镯和玉环造型丰富,制作精美,艺术性很高。大致可以分为六种造型:

其一,矮筒形。张陵山四号墓所出的玉镯,器物呈黄绿色,带有褐红斑,半透明,有凝脂感。圆筒形,有对钻大圆孔,孔壁有一周台痕,表面有四块对应的长方形凸弧面。每一凸弧面上琢刻一组兽面纹。兽面纹构图为粗眉、倒眼、横鼻、阔嘴、獠牙外露,系用对称象征方法,以管钻和雕刻相结合的技法制成,它是良渚文化兽面纹图案最早的代表。高3.5厘米,直径10厘米,孔径8.2厘米。

其二,筒形,饰束丝纹。瑶山墓地出土的一件玉镯,器物呈白色,宽带环形,内壁略直。外壁有十三道斜向凸棱纹,其装饰效果略如后世之绞丝纹镯。外径6.9厘米,内径5.7厘米,宽2.2厘米。

其三,窄条环状。瑶山墓地出土的一件玉镯,鸡骨白色,隐现黄绿色杂斑,镯身窄细,宽窄不一,加工不精,截面为长方形,孔为两面对钻而成,内壁中部形成一圈凸棱。高0.5—0.8厘米,直径10厘米,孔径9.3厘米。

其四,深筒形。张陵山四号墓出土的一件玉环,玉色为碧绿色,有褐斑。孔为两面对钻而成,孔壁磨光,外壁微微束腰,光素无纹。直径8.1厘米,孔径6.1厘米,厚2.5—2.9厘米。

其五,矮筒形,外壁内弧。瑶山墓地出土的一件玉镯,为鸡骨白色,有红褐色瑕斑,镯身较宽厚,内壁平直,外壁为凹弧面,横断面略呈半圆形,造型规整,抛光精细。高2厘米,直径8.1厘米,孔径5.9厘米。

其六,扁平圆形。江苏吴县张陵山出土的一件玉环,玉色呈碧绿色,中有对钻大圆孔,外缘方圆形。磨制不够规整,玉质晶莹滋润。直径7.2—8.2厘米,孔径4.5—4.7厘米,厚0.7—1.3厘米。

良渚玉器气势雄伟,讲究对称均衡,给人一种庄严肃穆的感觉,其表现手法以阴刻线为主,辅以淡浮雕,并出现了圆雕、半圆雕、镂空等难度很大的手法,饰纹已采用立体纹、地纹和装饰效三位一体,称为"三层花",即第一层用阴刻线刻出云纹、涡纹等

矮筒形良渚文化玉镯

深筒形良渚文化玉环

为底纹,然后用浅浮雕的手法表现轮廓,最后再以阴刻线在凸面表现细部。如良渚玉器的兽面纹常以单(双)阴线刻的圆圈象征眼睛,两眼之下用淡浮雕出路呈长方形界,其上增配桥状隆起,似如鼻梁,少数在员下阴刻出嘴部。或再以弧线勾勒出脸庞,嘴部有探牙者易呈圆角长方形,有眼睑和鼻梁或额,无獠牙者,易呈蒜头形,无眼睑和鼻梁或额。纹饰着重强调图像头部结构。尤其是以图纹为中心刻画出具、牙齿成图时多采用正视投影。为解决背面平面形象的呆板,设计者匠心独运地采用两个侧面表现立体图形的方式,将原本单调,呆板的背面形象表现得面目狰狞、变幻莫测,令人惊然而惊,称其为"狰狞的美"或"狞厉的美",是很恰当的。

良渚兽面纹鸟纹玉棕

　　良渚文化玉器对周围地区文化的玉器有巨大的影响,西达长江中游的大溪文化(公元前 6000 年—公元前 5000 年)、南到珠江流域的石块文化(公元前 5000 年—公元前 4000 年)发现的琮、璧等玉器与良渚文化玉器有着极深的渊源。而它对北方黄河流域的影响更是至深。商玉器的种类很多都可以在良渚文化玉器中找到原型,特别是良渚文化的兽面纹和玉石镶嵌技术被商代所吸收,而且对商周青铜器制造产生了一定的影响。目前学术界一般认为,良渚玉琮上的兽面纹就是商周青铜器镂台纹的雏形,而玉石镶嵌技术又为商代以后的铜嵌玉的出现定了基础。

3. 玉文化对国人的影响

　　玉是中国传统文化的一个重要组成部分,以玉为中心载体的玉文化,不仅深深影响了古代中国人的思想观念,成为中国文化不可缺少的一部分。玉文化包含着"宁为玉碎"的爱国民族气节、"化干戈为玉帛"的团结友爱风尚;"润泽以温"的无私奉献品德、"瑕不掩瑜"的清正廉洁气魄。

　　发源于新石器时代早期而绵延至今的"玉文化"是中国文化有别于世界其他文明的显著特点。中国人把玉看作是天地精气的结晶,使玉具有了不同寻常的宗教象征意义。取之于自然,琢磨于帝王宫苑的玉制品被看作是显示等级身份地位的象征物,成为维系社会统治秩序所谓"礼制"的重要构成部分。同时,玉在丧葬方面的特殊作用也使玉具有了无比神秘的宗教意义。而把玉本身具有的一些自然特性比附于人的道德品质,作为所谓"君子"应具有的德行而加以崇尚歌颂,更是中国人的伟大创造。因此,玉是东方精神生动的物化体现,是中国传统文化精髓的物质根基。

中国玉作为中华民族的先民从各种石头中筛选出来的"石之美者",具有温润莹泽、缜密坚韧的美感和实用功能。在这个漫长的筛选过程中,"昆山之玉"也就是"和田玉"成为公认的"宝玉"、"真玉"。

中国是爱玉之国、崇玉之邦,玉石来源约有一百余处,中国历史上在用玉制度方面早已体现出真玉、非真玉的界定。帝王是中国古代最高阶级,和田玉在成为真玉的同时,也就成为帝王用玉。此后,经过无数的岁月,和田玉方才走入民间。

和田玉是中华民族的瑰宝,是中国的"国石"。它像一颗明珠,在中国历史文化中放射出灿烂的光辉,是中华民族道德精神的象征。

和田玉与中国文明的发生、发展有着密不可分的关系,可谓渊源深远。我国考古学者最新研究考证并提出了中国在石器和青铜器、铁器时代之间存在着一个玉器时代是中国文明的起源时代。早在新石器时代,昆仑山下的先民们就发现了和田玉,并作为瑰宝和友谊媒介向东西运送和交流,形成了我国最古老的和田玉运输通道"玉石之路",即是后来的"丝绸之路"的前身。和

大清乾隆和田玉吊壶

田玉在东西方文化和经济交流中起着重要的作用。和田玉历来是中国各民族友谊的象征物,和田玉作为历史的证物,有力地证明了新疆自古以来就是中国不可分割的一部分。

从殷商开始,以和田玉为主体的玉器工艺美术新时代登上了华夏民族的玉坛,才出现了称誉世界的"东方艺术",才形成了一部波澜壮阔的中国玉器史,成为中华民族灿烂文化的重要组成部分,同时也是人类艺术史上的辉煌成就和世界文化艺术宝库的珍贵遗产。

几千年来在中华民族中形成了民族爱玉、惜玉的心理,"对玉的爱好,可以说是中国文化特色之一。三千多年以来,玉的质地、形状和颜色一直启发着雕刻家、画家和诗人们的灵感"(李约瑟)。历代诸子百家以儒家学说诠释和田玉并赋予"德"的内涵,于是,玉有十一德、九德、五德之说广泛传播,并被全社会所接受,成为我国玉器久盛不衰的精神支柱。这种寓德于玉、以玉比德的观念把玉和德结为一体;同时,又将玉与君子结缘,物质、社会、精神三合一的独特玉意识是我们华夏民族的思想建树,成为中国玉文化的丰富思想和精神内涵。中国玉文化延续时间之长、内容之丰富、范围之广泛、影响之深远,是许多其他文化难以比拟的。中国玉文化的辉煌不亚于伟大的长城和秦代兵马俑的奇迹。玉文化的成就远远超过了丝绸文化、茶文化、瓷文化和酒文化。玉文化包含着伟大的民族精神和"锐廉不挠"的开拓进取精神。

中国古玉不但历史悠久,而且影响深远,玉和中华民族的历史、政治、文化和艺术的产生和发展存在着密切关系,它影响着中华民族世世代代人们的观念和习俗,影响着中国历史上各朝各代的典章制度,影响着一大批文学、历史著作。中国古玉器世代单件作品的产出与积累,与日俱进的玉器生产技艺,以及与中国玉器相关的思想、文化、制度,这一切物质的、精神的东西,构成了中国独特的玉文化,成为中华民族宝库中一个重要的分支而光照全世界。

总而言之,玉器是中国之粹,也是中华民族独特的文化结晶,它博大精深、源远流长、持续不断、连绵发展长达万年之久,在不同的历史时期发挥着不同的社会功能,为中华文明的诞生

奠定了第一块基石。鉴赏中国古代玉器,我们不但要欣赏它们的
工艺价值,更要研究它们深刻的文化内涵。

附:与玉器有关的诗词

赠傅休奕诗

魏·程晓

茕茕独夫,寂寂静处。

酒不盈觞,肴不掩俎。

厥客伊何,许由巢父。

厥味伊何,玄酒瓠脯。

三光飞竞,玉衡代迈。

龙集甲子,四时成岁。

权舆授代,徐趁当秽。

元服初嘉,万福咸会。

赫赫应门,严媚朱阙。

张后扬扬,庭燎晳晳。

乐府金乐歌

南朝·萧纲

槐香欲覆井,杨柳下藏鸦。

山炉好无比,与篝火窗赊。

床头辟绳结,镜上领巾斜。

铁镬钟梁子,铜枢生枣花。

开门抛水柱,城按特言空。

上云乐玉龟曲

南北朝·萧衍

玉龟山,真长仙。

九光濯,五云生。

交带要分影,大华冠晨缨。

耆如玄罗,出游入太清。

采药大布山诗

南朝·吴均

我本北山北,缘涧采山麻。

九茎日反照,三叶长生花。

可用蠲忧疾,聊持驻景斜。

景斜不可驻,年来果如驱。

安得昆仑在,偓寨三珠树。

三珠始结蠲,绛叶凌珠台。

玉壶白凤肺,金鼎青龙胎。

韩众疾王子,何世无仙才。

安期傥欲顾,相见在蓬莱。

和简文帝卧疾诗

南朝·刘孝威

玉躬耗寒暑,群望崇珪璧。

仁祀盛黄缣,礼坛优绀席。

备钧楚疾愈,俄同宋年益。

岂劳诵赋臣,宁用观涛客。

少年游

唐·欧阳修

玉壶冰莹兽炉灰。人起绣帘开。

春从一夜,六花开尽,不待剪刀催。

洛阳城阙中天起,高下遍楼台。

絮乱风轻,拂鞍沾袖,归路似章街。

曲江

唐·李商隐

望断平时翠辇过,空闻子夜鬼悲歌。

金舆不返倾城色,玉殿犹分下苑波。

死忆华亭闻唳鹤,老忧王室泣铜驼。

天荒地变心虽折,若比伤春意未多。

新月

唐·赵嘏

玉钩斜傍画檐声，云匣初开一寸明。

何时最能悲少妇，夜来依约落边城。

三月三日

唐·白居易

画堂三月初三日，絮扑窗纱燕拂檐。

莲子数杯尝冷酒，柘枝一曲试春衫。

阶临池面胜看境，户映花丛当下帘。

指点楼南玩新月，玉钩素手两纤纤。

赋得吴都

唐·虞世南

画野通淮泗，星躔应斗牛。

玉牒宏图表，黄旗美气浮。

三分开霸业，万里宅神州。

高台临茂苑，飞阁跨澄流。

江涛如素盖，海气似朱楼。

吴趋自有乐，还似镜中游。

秋夜宿龙门香山寺奉寄王方城十七丈奉国莹上人丛弟幼成令问

唐·李白

朝发汝海东，暮栖龙门中。

水寒夕波急，木落秋山空。

望极九霄迥，赏幽万壑通。

目皓沙上月，心清松下风。

玉斗横网户，银河耿花宫。

兴在趣方逸，欢余情未终。

凤驾忆王子，虎溪怀远公。

桂枝坐萧瑟，棣华不复同。

流恨寄伊水，盈盈焉可穷。

玉壶冰

唐·王季友

玉壶知素结，止水复中澄。

坚白能虚受，清寒得自凝。

分形同晓镜，照物掩宵灯。

壁映圆光入，人惊爽气凌。

金罍何足贵，瑶席几回升。

正值求珪瓒，提携共饮冰。

早春行

唐·王维

紫梅发初遍，黄鸟歌犹涩。

谁家折杨女，弄春如不及。

爱水看妆坐，羞人映花立。

香畏风吹散，衣愁露沾湿。

玉闺青门里，日落香车入。

游衍益相思，含啼向彩帷。

忆君长入梦，归晚更生疑。

不及红檐燕，双喜绿草时。

清如玉壶冰

唐·卢纶

玉壶冰始结，循吏政初成。

既有虚心鉴，还如照胆清。

瑶池惭洞澈，金镜让澄明。

气若朝霜动，形随夜月盈。

临人能不蔽，待物本无情。

怯对圆光里，妍蚩自此呈。

春夜洛城闻笛

唐·李白

谁家玉笛暗飞声，散入春风满洛城。

此夜曲中闻折柳，何人不起故园情。

首春渭西郊行呈蓝田张二主簿
唐·岑参
回风度雨渭城西，细草新花踏做泥。
秦女峰头雪未尽，胡公陂上日初低。
愁窥白发羞微禄，悔别青山忆旧溪。
闻道辋川多胜事，玉壶春酒正堪携。

二十四诗品
唐·司空图
玉壶买春，赏雨茆屋，坐中佳士，左右修竹。
白云初晴，幽鸟相随，眠琴绿荫，上有飞瀑。
落花无言，人澹如菊，书之岁华，其曰可读。

无题四首（选其一）
唐·李商隐
飒飒东风细雨来，芙蓉塘外有轻雷。
金蟾啮锁烧香入，玉虎牵丝汲井回。
贾氏窥帘韩掾少，宓妃留枕魏王才。
春心莫共花争发，一寸相思一寸灰。

玉阶怨
唐·李白
玉阶生白露，夜久侵罗袜。
却下水晶帘，玲珑望秋月。

华清宫
唐·杜牧
零叶翻红万树霜，玉莲开蕊暖泉香。
行云不下朝云阁，一曲《淋铃》泪数行。

题画扇

北宋·王安石

玉斧修成宝月团，月边仍有女乘鸾，

青冥风露非人世，黁乱钗斜特地寒。

夜登江楼

南宋·陆游

平生胸中无滞留，旷然独与造物游。

无风驾我周宇县，夜半忽过江边楼。

楼前茫茫天地阔，万顷月浸空江秋。

云阶无尘鸾鹤舞，玉笛裂石鱼龙愁。

肺肝澄澈纳灏气，毛发惨栗临寒流。

世间回首真一梦，谁能更念酬恩雠！

月下闻笛

南宋·杨万里

天色容成水，蟾光链出银。

碧香三酌半，玉笛医生段。

小婉还清壮，多欢忽辛苦。

何人传此曲，此曲怨何人。

拟归院柳边迷诗

南宋·杨万里

玉殿朝初退，金门马不嘶。

院深归有处，柳暗迹都迷。

紫陌春无际，青丝舞正齐。

风烟忘近远，楼阁问高低。

残雪莺声外，斜阳凤掖西。

少陵化底路，物物献诗题。

咏玉阶诗

辽·王枢

玉阶已夸丽，复得临紫薇。

北户接翠幄，南路抵金扉。

重叠通日影，参差藏月辉。

青苔梁珠履，微淀拂罗衣。

独笑昆山曲，空见青凫飞。

伍、附录：中国古代的代表性艺术成果

中国传统古典艺术最早起源于新石器时代，主要代表性艺术有书法、音乐、舞蹈和戏曲等。我国传统艺术的遗产极其丰富并且辉煌。绘画、书法、音乐、舞蹈、戏曲、园林、建筑、雕塑、工艺美术、传统美食、传统服饰等，都有几千年的积累，都有伟大的创造，都透着五千年文明古国深厚的文化底蕴。这是中华民族的宝贵财富，也是全人类的宝贵财富。

一、夏商周的青铜工艺

中国青铜时代形成于公元前 2000 年，距今约 4500 至 4000 年龙的时代，相当于尧舜传说时代，古文献上已经记载当时人们已开始冶铸青铜器，自夏、商、西周起，中国开始了周而复始的朝代更替。夏商两代均设有管理手工业的官职和王室贵族直接控制的手工业。青铜工艺是商周文明的重要标志，人们称夏商周时期为"青铜时代"。

1. 郑州出土的"兽面乳钉纹方鼎"

概况：此鼎为饪食器，商代早期铸品，1974 年于河南郑州张寨南街出土。原器通高 100 厘米，口长 62.5 厘米，口宽 60.8 厘米，现藏中国历史博物馆。

特征：直口、平底、柱状空足，口沿加厚，唇边呈台阶形。器壁上部及四隅各饰兽面纹一组，共八组。下部及两侧均饰乳钉纹带，足上部饰兽面纹。兽面乳钉纹鼎为商代重器，造型准确美观，反映了商代早期的青铜铸造水平。

2. 湖北盘龙出土的"兽面纹鼎"

概况：1974 年湖北省黄陂盘龙城出土。现藏湖北省博物馆。

特征：商前期饪食器，通高 55 厘米，口径 39.8 厘米，重 9.5 千克，宽折沿，方立耳，圆底、深腹、空锥足，耳外侧为凹槽，槽内为一凸起棱脊。颈饰细线兽面纹，器身有补钉六外，尚留烟炱痕。

兽面乳钉纹方鼎

兽面纹鼎

3. 河南安阳殷墟出土的"司母戊大方鼎"

概况：司母戊鼎，亦称"后母戊鼎"，出土于河南安阳，是商王祖庚或祖甲为祭祀母亲戊而作的祭器，是商周时期青铜器的代表作，国家一级文物，现收藏于中国国家博物馆，原称"司母戊鼎"或"司母戊大方鼎"。它是世界迄今出土最大最重的青铜器，享有"镇国之宝"的美誉。

司母戊大方鼎

特征：鼎通体高133厘米、口长112厘米、口宽79.2厘米，重达832.84公斤，是已发现的中国古代最重的单体青铜礼器，因鼎腹内壁上铸有"后母戊"三个字而得名后母戊鼎，亦称"司母戊鼎"。发现于1939年3月，1959年开始作为镇馆之宝收藏于国家博物馆。鼎身为长方形，四个柱形足的外侧有突起的饕餮；鼎腹中间光洁，四周皆饰以龙纹组成的兽面纹装饰带；直立的鼎耳上铸有双虎相向而立，中间夹有一浮雕人头形象。鼎由耳、身、足分别铸成后再合铸成整体。铸造如此大的器物，如果没有高超的工艺技术和水平是无法完成的。司母戊方鼎以其超重、超大、超强的体量感，和谐、均称的比例关系以及具有神秘、狞厉的装饰风格，表现出雄伟庄严之美，给人精神以巨大的震撼，从而成为最高统治者政权与神权合一的象征。

4. 河南安阳殷墟出土的"人面盉"

概况：人面盉，高11厘米、口径8厘米。河南安阳市殷墟出土，馆藏地为美国费利尔美术馆。

特征：该器为大口宽腹圈圆足式，有盖，为具有龙角的人面形，两耳有孔，人面仰天朝上。器盖与器身连起来看，如同一个仰卧的人头，形态甚为奇异。器身显得较矮，在两旁近额处有两只兽面状贯耳，恰与人面双耳巧妙相对；另一个流（出水管）；器底圈足边镂三孔，一孔在流之下，其他两孔分别在盖耳和贯耳之下，可用系深以系绳提携。在腹部和器盖的两角之间，主要饰有商代常见的龙纹，圈足上则铸饰云雷纹。这件形状独特，设计巧妙，装饰风格又殊为怪异的人面，实在是罕有之物。

人面盉

5. 湖南宁乡县黄材镇出土的"四羊方尊"

四羊方尊

概况:四羊方尊,商朝晚期青铜礼器,祭祀用品。1938年出土于湖南宁乡县黄材镇月山铺转耳仑的山腰上。现收藏于中国国家博物馆。

特征:四羊方尊是中国仅存商代青铜方尊中最大的一件,其每边边长为52.4厘米,高58.3厘米,重量34.5公斤,长颈、高圈足、颈部高耸,四边上装饰有蕉叶纹、三角夔纹和兽面纹,尊的中部是器的重心所在,尊四角各塑一羊,肩部四角是4个卷角羊头,羊头与羊颈伸出于器外,羊身与羊腿附着于尊腹部及圈足上。同时,方尊肩饰高浮雕蛇身而有爪的龙纹,尊四面正中即两羊比邻处,各一双角龙首探出器表,从方尊每边右肩蜿蜒于前居的中间。

据考古学者分析,四羊方尊是用两次分铸技术铸造的,即先将羊角与龙头单个铸好,然后将其分别配置在外范内,再进行整体浇铸。整个器物用块范法浇铸,一气呵成、鬼斧神工,显示了高超的铸造水平,被史学界称为"臻于极致的青铜典范",位列十大传世国宝之一。

6. 馆藏于北京、台北的"颂壶"

颂壶

概况:颂壶,西周盛酒器,因作器者为"颂"而得名。颂壶有两件,一有盖一无盖,无盖件收藏于中国国家博物馆,有盖件收藏于台北故宫博物院。

特征:壶为盛酒之器。青铜礼器中的壶自商至春秋、战国一脉沿续,制作从未中断过。颂壶形制庄重、纹饰瑰丽,其整体器身呈椭方形,略呈方形而带圆,壶身颈部装饰一周环带纹,颈两侧各有一兽首耳衔环,腹部四面各装饰环带纹和浮雕双身蛟龙纹,龙头位于腹部正中,龙身向左右伸展,作盘旋状,在龙身和纹饰空白部位,穿插 C 形纹、夔纹,龙尾在器腹转折处成龙首而与侧面龙身相衔接,凸显纹饰立体感,方圈足饰垂鳞纹和窃曲纹。

7. 陕西岐山出土的"毛公鼎"

概况:毛公鼎,中国首批禁止出国(境)展览文物,西周晚期毛公所铸青铜器,清道光末年出土于陕西岐山(今宝鸡市岐山县),收藏于台北故宫博物院,为台北故宫博物院镇馆三宝之一。

特征:鼎高 53.8 厘米,口径 47.9 厘米。圆形,二立耳,深腹外鼓,三蹄足。口沿方折,双耳稍向外张,口沿下装饰一条简单的重环纹,三足作兽蹄形,全鼎朴实无华,形成了优雅朴素的艺术效果。鼎内铭文长达四百九十七字,记载了毛公衷心向周宣王为国献策之事,被誉为"抵得一篇尚书"。其书法乃成熟的西周金文风格,奇逸飞动,气象浑穆,笔意圆劲茂隽,结体方长,是研究西周晚年政治史的重要史料。

毛公鼎

8. 清乾隆年间出土的"圆明园十二生肖铜兽首"

概况:圆明园兽首铜像,又称"圆明园十二生肖铜兽首"、"圆明园十二生肖人身兽首铜像"。圆明园兽首铜像原为圆明园海晏堂外的喷泉的一部分,是清乾隆年间的红铜铸像。十二生肖兽首铜像呈"八"字形,分列在喷水池两旁的人身石台上。每个动物就是一个喷泉机关,每到一个时辰,相应的动物口中就会喷水两个小时。因为古人的一个时辰就是两个小时,十二个时辰正好是二十四小时。不过到了正午,它们就要一起喷水,景象蔚为壮观。1860 年英法联军侵略中国,火烧圆明园,兽首铜像开始流失海外,到 2012 年为止,牛首、猴首、虎首、猪首和马首铜像已回归中国,收藏在保利艺术博物馆;2013 年 4 月 26 日法国人宣布将归还鼠首与兔首给中国政府,据知龙首目前在台湾,保存完好,但短期内不会现身。蛇首、鸡首、狗首、羊首则下落不明,圆明园兽首铜像已经成为圆明园海外流失文物的象征。

特征:生肖铜像身躯为石雕穿着袍服的造型,头部为写实风格造型,铸工精细,兽首上的褶皱和绒毛等细微之处,都清晰逼真。铸造兽首所选用的材料为当时清廷精炼的红铜,外表色泽深沉、内蕴精光,历经百年而不锈蚀,堪称一绝。据考证,当年十二生肖铜像呈八字形排列在圆明园海晏堂前的一个水池两边,被时人称为"水力钟"。每日,十二生肖铜像会依次轮流喷水,分别代表全日不同时分,正午时分时,十二像会同时涌射。海晏堂十二生肖喷泉是按照我国十二生肖设计的喷泉时钟,每到一个时辰,属于该时辰的生肖钟就会自动喷水。正午十二点时,十二生肖则同时喷水,设计极为精巧。海晏堂正楼朝西,上下各十一间,楼门左右有叠落式喷水槽,阶下为一大型喷水池,池左右呈"八"字形排列着这十二生肖人身兽头铜像。每昼夜十二个时辰,由十二生肖依次轮流喷水,俗称"水力钟"。

圆明园兽首铜像的工艺水平尤为精湛,表现在以下几个方面:

首先,它所用的铜是专门为宫廷所炼制的合金铜,内含诸多贵重金属,与北京故宫、颐和园陈列的铜鹤等所用铜相同,颜色深沉,内蕴精光,历经风雨而不锈蚀,堪称一绝。

其次,它是由专门为皇帝服务的宫廷造办处工匠们精心制作的,铸工精整,表面还以精细的錾工刻划,像动物身上的绒毛等细微之处皆一凿一凿锻打而成,清晰逼真,鼻、眼、耳等重点部位及鼻上和颈部皱褶皆表现十分细腻,不见一丝马虎,展现出极高的工艺水准。

第三,十二生肖兽首铜像由中国宫廷匠师制造,而设计者是郎世宁等来自欧洲的艺术家。因此,铜像既具有浓郁的中国传统审美趣味,也融合了西方造型艺术的特点。更为重要的是,它们

圆明园十二生肖铜兽首

是我们中华名族几千年的文化传承，同时也显现了我们祖国当年的强盛。

二、秦代的兵马俑

概况：始皇兵马俑丛葬坑位于临潼宴寨乡，在秦始皇陵园东侧 1500 米处。目前共发现了四个坑，原为土木结构。四号坑有坑无俑，只有回填的泥土，暂不讨论上图。

一号坑面积最大，出土兵马俑有 6000 多件，象征以战车和步兵混合组编的主力部队；

秦始皇兵马俑一号坑

二号坑，为弩兵、战车、骑兵穿插组成的混合部队；

秦始皇兵马俑二号坑

三号坑整体呈凹字型，象征整个部队的指挥部。

秦始皇兵马俑三号坑

象征意义和功能：整体来看，这支庞大的兵马俑队伍是秦代近卫军的真实写照，在总体设计上，既担负着守卫陵园的象征职能，又是对秦始皇完成统一中国这一历史功业的纪念。

兵马俑的制作工艺：采用塑模兼用的方法，分段制作。这种塑模结合、以塑为主的方法，开辟了秦俑制造的新格局。

兵马俑的艺术特点及意义：崇尚写实，手法严谨；性格鲜明，形象生动；在总体布局上，以众多直立静止体的重复，造成排山倒海的气势。其巨大的规模和恢弘的气势，高超的写实水平和对任务精神气质的成功塑造，充分体现了秦代雕塑艺术的最高水平。

三、汉代的石雕和瓦当

中国西汉和东汉的雕塑作品主要包括石刻、玉雕、陶塑、木雕和铸铜等品种。当时雕塑艺术应用范围非常广泛，表现技巧迅速提高，举凡大型纪念性石刻、园林装饰雕塑及实用装饰雕塑等方面均有显著发展留存至今的汉代雕塑遗物极为丰富。汉代雕塑艺术的新成就突出地表现在大型石雕作品上。

汉代是瓦当工艺发展的鼎盛时期。这一时期的瓦当做工精细，新出现了装饰有篆体文字的瓦当，这些文字瓦当多为小篆书体，排列组织和谐匀称，布局讲究，显示出汉代质朴浑厚的艺术风格。文辞多为一些祈福的吉语，其艺术观赏性可与精致的印章相媲美。汉代瓦当以动物装饰最为优秀，除了造型完美的青龙、白虎、朱雀、玄武四神以外，兔、鹿、牛、马也是品种繁多。

1. 陕西兴平县道常村出土的"霍去病墓石雕群"

概况：位于陕西兴平县道常村西北，是西汉大型纪念碑性质的一组石雕作品。

霍去病（约前140年—前117年），西汉著名的将军，五年内六次率部队反击匈奴侵扰，六战六捷，为解除匈奴对汉朝的军事威胁和打通西域道路建立了不朽的功勋，官至骠骑将军、冠军侯，但英年早逝，去世时年仅二十四岁。他死后得到了汉武帝的厚葬。"为冢象祁连山"，陪葬茂陵。

霍去病墓石雕群

特征：这些雕像都是由巨石雕刻而成的，长度一般超过了1.5米，有的甚至超过了2.5米。目前尚存的石刻作品有17件，包括马、牛、象、虎、羊、猪、鱼、怪兽吃羊、人与熊等题材，还有题

怪兽吃羊

铭刻石三块。由于当时雕刻技艺尚处于初创阶段,雕刻作品的造型在相当大的程度上受到石材形状的限制,同时由于缺乏足够锐利的工具将巨大的石坯镂雕成形,因此雕刻前在选择石材上颇费功夫。雕刻艺人会尽量选择与准备雕成的艺术造型的轮廓大致近似的石材,这些石材只需要进行少量的加工,就可以雕刻出物象的轮廓。轮廓分明后,将加工的重点放在雕刻动物的头部,以及表明那种动物体态特征的部位。至于细部刻画,则充分利用浮雕和线刻技法。

跃马

　　《马踏匈奴》石刻高 1.68 米,长 1.90 米,原位于墓冢之前,历来被公认是霍去病墓石刻群中的主体雕刻。作品题义含蓄而意境博大,可视为朝廷当时对击溃匈奴主力的象征,是最具代表性的纪念碑式的杰作。它以写实与浪漫相结合的手法,使用一人一马对比的形式,构成了一个高下悬殊的抗衡场面,深刻地揭示出正义力量坚不可摧的主题思想。从表现技法上看,马踏匈奴作品运用了圆雕、浮雕以及线刻的综合手法,使其显得朴实、浑厚,题材处理得相当大胆,而且巧妙,有丰富的表现力和高度的概括性。

　　作者采用寓意手法,以战马将侵扰者踏翻在地的情节,赞颂了霍去病反击匈奴侵扰所建树的赫赫战功,是汉代纪念碑雕刻的重要代表性作品。

马踏匈奴

2. 东汉石刻

　　东汉石俑,以河北望都 2 号墓出土光和五年(182)雕刻的骑马石俑最为出色,通高 79 厘米,刻画了一位买鱼沽酒、骑马而归者怡然自得的神态,马腹与基座之间已作镂空处理,显示了圆雕技艺日趋成熟。

　　四川省出土的东汉石俑较多,其中重庆江北区鹅石堡东汉

东汉骑马石俑

重庆江北区鹅石堡
东汉墓出土的石俑

山东临沂石羊岭出
土的石羊

四灵瓦当

墓出土了三件伎乐石俑，姿态或坐或立，以刀法简洁、形象生动见称；峨眉双福乡出土农夫、部曲、伎乐等石俑，以形象丰满、神态淳朴见长；芦山石马坝出土了两件镇墓石俑，或持锸执箕，或执斧捉蛇，以形貌狞猛为特色。

东汉石刻艺术的成就还体现在造型劲健的大型动物雕刻上。山东临沂石羊岭出土的1对石羊(故宫博物院)，高95厘米，用矩形石材雕成，胸前分别镌刻"永和五年"(公元140年)、"孝子孙侯"、"孙仲乔所作羊"等隶书刻铭，形象古朴典雅，富有装饰趣味。雕造于桓帝延熹(公元158年—167年)间的汉汝南太守宗资墓石天禄与石辟邪，高约165厘米，虽遭风化剥蚀，仍具挺拔豪迈之气势。河南洛阳孙旗屯出土的石天禄与石辟邪，高109厘米，身长166厘米，躯体矫健，神态威猛，保存状况最佳。此外，陕西咸阳沈家村出土的1对石兽、山东嘉祥武氏祠的1对石狮、四川芦山杨君墓石狮及雅安姚桥高颐墓石辟邪等，均属东汉晚期的优秀石刻。

3. 汉代瓦当

汉代是瓦当工艺发展的鼎盛时期。这一时期的瓦当做工精细，新出现了装饰有篆体文字的瓦当，这些文字瓦当多为小篆书体，排列组织和谐匀称，布局讲究，显示出汉代质朴浑厚的艺术风格。文辞多为一些祈福的吉语，其艺术观赏性可与精致的印章相媲美。

汉代瓦当以动物装饰最为优秀，除了造型完美的青龙、白虎、朱雀、玄武四神以外，兔、鹿、牛、马也是品种繁多。

汉代的瓦当纹饰更为精进。王莽时期的青龙、白虎、朱雀、玄武四神瓦当，形神兼备、力度超凡，是这一时期的代表作。还有各种动物、植物等纹样，如龟纹、蚊纹、豹纹、鹤纹、玉兔纹、花叶纹等，汉代瓦当中，以文字瓦当的数量最大，特点是在形制上分区划界，中心是乳钉与联珠，给铭文安排一个固定模式，在此范围内作上下左右的变化。文字数目不定，最长可达十多字，例如"千秋万岁"、"长乐未央"、"万寿无疆"、"永受嘉福"等。字体有小篆、鸟虫篆、隶书、真书等，布局疏密相间，用笔粗犷，成为中国陶制品中独具魅力的珍藏。

汉代的瓦当继承了秦及以前的瓦当的形制，有半圆形和圆形两种。半圆形瓦当流行于汉初，圆瓦当的形制变化是：汉初与秦代瓦当风格近似，武帝以后特点较为明显。制作时先用模子将瓦面印好，再附在瓦筒坯上，因此一般是瓦面变大，背面光平，没有切痕和棱角，瓦当边轮较宽且平整，质地明显较秦瓦好。陶色为灰色或浅灰色。

西汉长乐未央瓦当

西汉素面瓦当较为少见，所见者多为饰纹瓦当和文字瓦当，其饰纹瓦当亦可分为图像画和图案画两类，图像种类繁多，据《陕西金石志》记载有麟凤、狻猊、飞鸿、双鱼、玉兔、蟾蜍等数十种，构图巧妙，独具匠心。值得注意的是，与秦图像瓦当取材于现实生活不同，汉代瓦当图像多是取材于现实而又经过了高度艺术夸张的超于现实生活的珍禽异兽，通过丰富的想象，巧妙的构思、细腻而不繁琐的线条勾勒，将汉代质朴浑厚、气势磅礴的艺术风格展现得淋漓尽致，极富浪漫主义色彩。

饰纹瓦当

根据瓦当纹饰的区分，基本上分为三大类：图像纹瓦当、图案纹瓦当和文字瓦当三种。

图像纹瓦当

图像纹瓦当主要介绍龙纹瓦当、蟾蜍玉兔瓦当和四神纹瓦当几种。

龙纹瓦当是西汉长安城遗址出土,直径 19.5 厘米,边轮较宽,当面为一鼓目长髯,张牙舞爪的盘龙形象,龙身饰细密的鳞甲。

蟾蜍玉兔瓦当直径 18 厘米,边轮主齿轮状。当面主纹是蟾蜍和玉兔。蟾蜍圆目鼓腹,身后有短尾,四肢屈张作跳跃状;玉兔鼓目长耳翘尾,作腾空奔跃状,周围衬以蔓草纹,这大概是取材于民间传说月宫里的蟾蜍、玉兔形象。

蟾蜍玉兔瓦当

四神纹瓦当由各饰青龙、白虎、朱雀、玄武纹的四种瓦当组成,分施于东、西、南、北不同方位的殿阁之上,汉长安城遗址多有出土。

青龙瓦当

白虎瓦当

朱雀瓦当

玄武纹瓦当

图案纹瓦当

代表作品是云纹瓦当。

云纹瓦当是西汉瓦当中数量最大的一类。其花纹特征是：当面中心多为圆钮，或饰以三角、菱形，分格形网纹、乳钉纹、叶纹、花瓣纹等。云纹占据当面中央大面积的主要部位，花纹变化十分复杂多样。据主纹云纹的主要变化，大致分为卷云纹瓦当、羊角形云纹瓦当等类别。

云纹瓦当

文字瓦当

文字瓦当在汉代最具时代特色，占有突出的地位，内容丰富，词藻极为华丽，内容有吉祥颂祷之辞，如"长生无极"、"长乐未央"、"长生未央"、"富昌未央"、"千秋万岁"、"延年益寿"、"与华无极"等，也有宫苑、陵墓、仓庾、私宅等，如"长陵东当"、"长陵西当"、"冢上"等等。文字瓦当绝大多数为阳文，字数从一到数十不等。

代表作品是卫字瓦当，传世很多，大都出自汉长安城遗址。当面为一"卫"字，通常占满当面。有的"卫"字较小，字外有一周网纹。有的当面或涂朱色，或涂白垩。如在陕西淳化县凉武帝村甘泉宫遗址的一件瓦当，直径15厘米，边轮宽1.2厘米，当面为隶书的"卫"字，从出土地点来看，应属汉甘泉宫卫尉官署所用之瓦。

文字瓦当是汉代的主流，其内容之丰富自不必说，其高妙的

文字瓦当

书法价值更被历代文人墨客推崇备至。书画同源，书法是中国独有的艺术种类和审美对象，它的线条美，比彩陶纹饰的抽象几何纹还要自由和多样化，表现和表达出种种形体姿态、情感、意兴的气势力量，终于形成了中国独有的线的艺术。

四、魏晋时代的书法

代表人物——王羲之。

王羲之（303—361，一作 321—379），字逸少，东晋时期著名书法家，有"书圣"之称。生于琅琊临沂，后迁会稽山阴，晚年隐居剡县金庭。历任秘书郎、宁远将军、江州刺史，后为会稽内史，领右将军。其书法兼善隶、草、楷、行各体，精研体势，心摹手追，博采众长，备精诸体，冶于一炉，摆脱了汉魏笔风，自成一家，影响深远。风格平和自然，笔势委婉含蓄，遒美健秀。代表作《兰亭集序》被誉为"天下第一行书"。在书法史上，他与其子王献之合称为"二王"。

王羲之的《兰亭集序》为历代书法家所敬仰，被誉作"天下第一行书"。其书法平和自然，世人常用曹植的《洛神赋》中："翩若惊鸿，婉若游龙，荣曜秋菊，华茂春松。仿佛兮若轻云之蔽月，飘飘兮若流风之回雪。"一句来赞美王羲之的书法之美。传说王羲之小的时候苦练书法，日久，用于清洗毛笔的池塘水都变成了墨色。后人评曰："飘若游云，矫若惊龙"、"龙跳天门，虎卧凰阁"、"天质自然，丰神盖代"。有关于他的成语有"入木三分"、"东床快婿"等，王羲之书风最明显特征是用笔细腻，结构多变。

王羲之的作品《兰亭集序》（拟本）

王羲之的书法影响了一代又一代的书苑。唐代的欧阳询、虞世南、诸遂良、薛稷、颜真卿、柳公权,五代的杨凝式,宋代苏轼、黄庭坚、米芾、蔡襄,元代赵孟頫,明代董其昌,这些历代书法名家对王羲之的书法心悦诚服,因而他享有"书圣"的美誉。

《快雪时晴帖》以圆笔藏锋为主,起笔与收笔,钩、挑、波、撇都不露锋芒,由横转竖也多为圆转的笔法,结体匀整安稳,显现气定神闲、不疾不徐的情态,明代鉴藏家詹景凤以"圆劲古雅,意致优闲逸裕,味之深不可测"形容它的特色。虽短短二十余字,却显其和谐中妙合造化的意境,于行书中带有楷书笔意。前后两次"顿首"作连笔草书,第二行"果为"也作连笔。此书以圆笔藏锋为主,神态自如,从容不迫,起笔收笔,转换提按,似山蕴玉,虽不外耀锋芒而精神内涵,骨力中藏,识者有"圆劲古雅,意致优闲逸裕,味之深不可测"之评。而其平和简静,从容中道而以韵胜的书风已成为晋人之书的特色。

部分王羲之的作品《兰亭集序》临摹

《快雪时晴帖》是在王羲之死后的两百七十年间在民间珍藏的,后唐太宗设法从民间弄进御府,旋又殉葬昭陵。《快雪时晴帖》的真迹是一定看不到了。1000多年前的纸在没有特殊的保管条件下是很难完好地保留下来的。王羲之所有的书法真迹都已经失传了,没有一幅被完整保存到今天。台北故宫博物院的《快雪时晴帖》就是唐代书法家临摹复制的。用的是双钩填廓法:就是用一张透明的薄纸或是涂了蜡的纸,铺在原作上描出轮廓再将它描在要复制的纸上,然后按原样用墨填写。这样的复制品几乎与原迹一样,保持了原作的神韵。由于是直接从王羲之的真迹上临摹复制的,而且年代距王羲之最近,又是唯一的一件,所以后人就一直把这幅《快雪时晴帖》当作真迹看待,成为了解王羲之书法的直接来源。在真迹失传的情况下,这件距今1300多年的复制品能流传下来已是珍贵无比了。

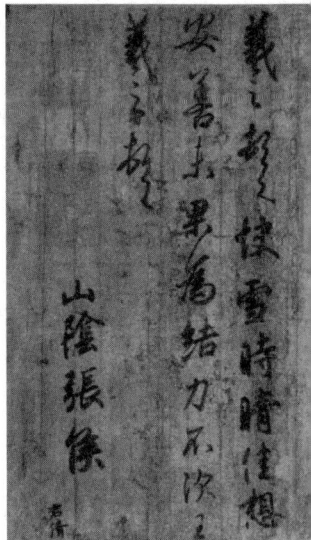

临摹的《快雪时晴帖》

五、南北朝时期的佛教石窟

南北朝时大量开凿佛教石窟,在石工和石雕艺术上也有较大的发展。在崖壁上开凿石窟至迟汉代已有,都用为墓室,如西汉之满城汉墓、铜山小龟山汉墓和四川彭山诸东汉崖墓。佛教开石窟之风传入中国后，由于有这传统技术为基础，得到迅速发展。南北朝石窟最著名的是大同云冈和洛阳龙门的石窟。

1. 云冈石窟

云冈石窟位于山西省大同市西郊武州山南麓，石窟依山开凿，东西绵延 1 公里。现存主要洞窟 45 个，大小造像 51000 余尊，是我国规模最大的古代石窟群之一，1961 年被国务院公布为全国首批重点文物保护单位；2001 年 12 月 14 日被联合国教科文组织列入世界遗产名录；2007 年 5 月 8 日被国家旅游局评为首批国家 5A 级旅游景区。

云冈石窟

据文献记载，北魏和平年间(460 至 471)由著名和尚昙曜主持，在京城西郊武州塞，开凿石窟五所，现编号第 16 窟至第 20 窟，就是当时开凿最早的所谓的"昙曜五窟"。其他主要洞窟，也大多完成于北魏太和十八年(494)孝文帝迁都洛阳之前，距今已有 1500 年的历史。

云冈石窟历史久远，规模宏大，内容丰富，雕刻精细，被誉为"中国美术史上的奇迹"。石窟群中，有神态各异、栩栩如生的各种人物形象，如佛、菩萨、弟子和护法诸天等；有风格古朴、形制多样的仿木构建筑物；有主题突出、刀法娴熟的佛传浮雕；有构图繁富、优美精致的装饰纹样；还有我国古代乐器雕刻如箜篌、排箫、竽篥和琵琶等，丰富多彩，琳琅满目。

云冈石窟

在雕造技艺上，继承和发展了我国秦汉时代雕刻艺术的优秀传统，又吸取和融合了健陀罗艺术的有益成份，创造出具有独特风格的艺术品，在我国雕塑史上留下了重要的一页。云冈石窟不但是今天了解和研究我国古代历史、雕刻、建筑、音乐以及宗教信仰等方面的重要形象资料，也是追溯古代中西文化交流和人民友好往来的实物佐证。

1500 年来，云冈石窟由于受到风化、水蚀和地震的影响毁损较为严重，解放前也遭到人为破环，据不完全统计，被盗往海外的佛头、佛像竟达 1400 多个，斧凿遗痕，至今犹在。建国以来，在党和政府的关怀下对云冈石窟多次进行了大规模的维修工程，使古老的艺术宝库得到了妥善的保护。

如今，云冈石窟已成为国内各界人士参观游览的重要场所，也是国际友人倾慕和向往的旅游胜地。

2. 龙门石窟

龙门石窟是中国石刻艺术宝库之一，位于洛阳市南郊伊河两岸的龙门山与香山上，是中国四大石窟之一。

开凿于北魏孝文帝年间，之后历经东魏、西魏、北齐、隋、唐、五代、宋等朝代连续大规模营造达 400 余年之久，南北长达 1 公里，今存有窟龛 2345 个，造像 10 万余尊，碑刻题记 2800 余品。其中"龙门二十品"是书法魏碑精华，褚遂良所书的"伊阙佛龛之碑"则是初唐楷书艺术的典范。龙门石窟延续时间长，跨越朝代多，以大量的实物形象和文字资料从不同侧面反映了中国古代政治、经济、宗教、文化等诸多领域的发展变化，对中国石窟艺术的创新与发展作出了重大贡献。2000 年被联合国科教文组织列为世界文化遗产。

龙门石窟

龙门石窟是北魏、唐代皇家贵族发愿造像最集中的地方，是皇家意志和行为的体现，具有浓厚的国家宗教色彩。两朝的造像反映出迥然不同的时代风格，北魏造像在这里失去了云冈石窟造像粗犷、威严、雄健的特征，而生活气息逐渐变浓，趋向活泼、清秀、温和。这些北魏造像，脸部瘦长，双肩瘦削，胸部平直，衣纹的雕刻使用平直刀法，坚劲质朴。在北魏时期雕凿的众多洞窟中，以古阳洞、宾阳中洞、莲花洞和石窟寺这几个洞窟最有代表价值。其中古阳洞集中了北魏迁都洛阳初期的一批皇室贵族和宫廷大臣的造像，典型地反映出北魏王朝举国崇佛的历史情态。这些形制瑰异、琳琅满目的石刻艺术品，是中国传统文化与域外文明交汇融合的珍贵记录。

北魏时期人们崇尚以瘦为美，所以佛雕造像也追求秀骨清像式的艺术风格。而唐代人们以胖为美，所以唐代佛像的脸部浑圆，双肩宽厚，胸部隆起，衣纹的雕刻使用圆刀法，自然流畅。龙门石窟的唐代造像继承了北魏的优秀传统，又汲取了汉民族的

龙门石窟

文化,创造了雄健生动而又纯朴自然的写实作风,达到了佛雕艺术的顶峰。唐代龙门石窟的重点洞窟中,以规模宏伟、气势磅礴的大卢舍那像龛群雕最为著名。这座依据《华严经》雕凿的摩崖式佛龛,以雍容大度、气宇非凡的卢舍那佛为中心,用一周极富情态质感的美术群体形象,将佛国世界那种充满了祥和色彩的理想意境表达得淋漓尽致。这组雕像体现了大唐帝国强大的物质力量和精神力量,显示了唐代雕刻艺术的最高成就。

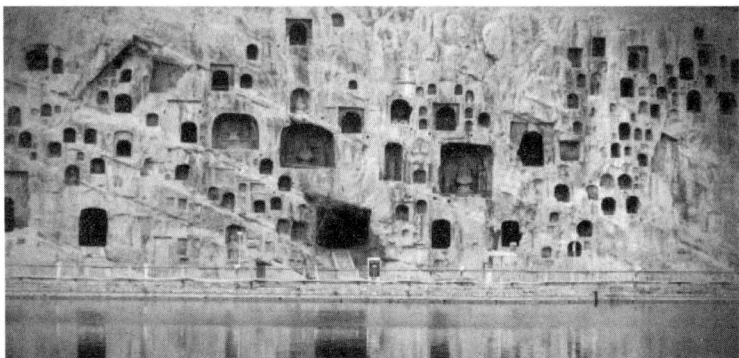

龙门石窟

3. 莫高窟

莫高窟,俗称"千佛洞",坐落在河西走廊西端的敦煌。它始建于十六国的前秦时期,历经十六国、北朝、隋、唐、五代、西夏、元等历代的兴建,形成了巨大的规模。有洞窟 735 个,壁画 4.5 万平方米,泥质彩塑 2415 尊,是世界上现存规模最大、内容最丰富的佛教艺术地。1961 年,莫高窟被中华人民共和国国务院公布为第一批全国重点文物保护单位之一。1987 年,莫高窟被列为世界文化遗产。

莫高窟

莫高窟开凿于敦煌城东南 25 公里的鸣沙山东麓的崖壁上,前临宕泉,东向祁连山支脉三危山。南北全长 1680 米,现存历代营建的洞窟共 735 个,分布于高 15—30 多米高的断崖上,上下分布 1—4 层不等。分为南、北两区,其中南区是礼佛活动的场所,各个朝代壁画和彩塑的洞窟 492 个,彩塑 2400 多身,壁画 4.5 万多平方米,唐宋时代木构窟檐五座,还有民国初重修的作为莫高窟标志的九层楼。莲花柱石和舍利塔 20 余座,铺地花砖 2 万多块。北区的 243 个洞窟(另有 5 个洞窟已编入北区 492 个号中),是僧侣修行、居住、瘗埋的场所,内有修行和生活设施土炕、灶坑、烟道、壁龛、灯台等,但多无彩塑和壁画。

莫高窟各窟均是洞窟建筑、彩塑、绘画三位一体的综合性艺

莫高窟的彩塑

术形态。洞窟最大者 200 多平方米, 最小者不足 1 平方米。洞窟形制主要有禅窟、中心塔柱窟、佛龛窟、佛坛窟、涅槃窟、七佛窟、大像窟等。塑绘结合的彩塑内容主要有佛、菩萨、弟子、天王、力士像等。彩塑形式有圆塑、浮塑、影塑、善业泥等。圆雕、浮雕除第 96、130 窟两尊大佛, 第 148、158 两大卧佛为石胎泥塑外, 其余

莫高窟的建筑

均为木骨泥塑。佛像居中心，两侧侍立弟子、菩萨、天王、力士，少则 3 身，多则 11 身。以第 96 窟 35.6 米的弥勒坐像为最高，小则 10 余厘米。

敦煌石窟营造及其历史过程，敦煌的悠久历史，当地有影响的世族与大姓，以及敦煌同周围民族与西域的关系，在历史中很少记载。敦煌石窟有成千上万个供养人画像，其中有一千多条还保存着题名结衔，这些能够帮助我们了解许多历史状况和历史线索。

本生、佛传、福田经变、弥勒经变、宝雨经变、楞伽经变及供养人题记，可帮助了解古代经济生活的状况。

法华经变、涅盘经变提供了古代军队操练、出征、征伐、攻守的作战图，及兵器装备的宝贵形象资料。敦煌壁画中还保存有属于体育属性的资料，如骑射、射靶、马技、跃马、相扑、角力、举重（举象、举钟）、奕棋、投壶、武术、游泳、马球、蹴鞠等。

敦煌石窟的彩塑和壁画，大都是佛教内容：如彩塑和壁画的尊像，释迦牟尼的本生、因缘、佛传故事画，各类经变画，众多的佛教东传故事画，神话人物画等，每一类都有大量、丰富、系统的材料。还涉及到印度、西亚、中亚、新疆等地区，可帮助了解古代敦煌以及河西走廊的佛教思想、宗派、信仰、传播，佛教与中国传统文化的融合，佛教中国化的过程等等。

4. 麦积山石窟

麦积山石窟是麦积山风景名胜区重要景点，因山形酷似农家麦垛之状，故以此为名。

麦积山石窟窟龛凿于高 20—80 米、宽 200 米的垂直崖面上。存有窟龛 194 个，其中东崖 54 窟，西崖 140 窟，泥塑、石胎泥塑、石雕造像 7800 余尊，最大的造像东崖大佛高 15.8 米，壁画 1000 余平方米。

2014 年 6 月 22 日，在卡塔尔多哈召开的联合国教科文组织第 38 届世界遗产委员会会议上，麦积山石窟作为中国、哈萨克斯坦和吉尔吉斯斯坦三国联合申遗的"丝绸之路：长安—天山廊道路网"中的一处遗址点成功列入了《世界遗产名录》。

莫高窟的彩塑

麦积山石窟

　　麦积山石窟在东崖保存有洞窟54个,西崖140个。

　　东崖的石窟以涅槃窟、千佛廊、散花楼上的七佛阁等最为精美。在涅槃窟前有四根粗短的石柱,柱头有莲瓣形的浮雕,柱顶不用斗拱,而代之以浮雕的"火焰宝珠",设计构思极其巧妙,这座崖阁是北魏晚期建筑的, 是石窟寺建筑中的珍品。千佛廊长32米, 崖壁上分两层整齐地排列着258尊石胎泥塑的神像,神情各异,栩栩如生。

麦积山石窟的千佛廊

麦积山石窟万佛堂
的接引佛

　　西崖聚集着万佛堂、天堂洞、121窟、123窟、127窟、165窟等最有价值的洞窟。万佛堂又叫"碑洞"，跨进门，迎面是一尊3.5米高的接引佛，双目微合，双手作接引之姿。窟内现存泥塑30多件。前壁的左上侧留有影塑的千佛千余身。窟龛中有许多制作精巧的弥勒、沙弥和供养人的雕塑。天堂洞是两崖上最高的石窟，窟内全是大型的石刻造像，中间一尊，高1.95米；左右两尊，高1.28米，每尊像约有二、三吨重。

　　麦积山石窟艺术，以其精美的泥塑艺术闻名中外。历史学家范文澜曾称麦积山为"陈列塑像的大展览馆"。如果说敦煌是一个大壁画馆的话，那么，麦积山则是一座大雕塑馆。这里的雕像，大的高达16米，小的仅有10多厘米，体现了千余年来各个时代塑像的特点，系统地反映了中国泥塑艺术的发展和演变过程。这里的泥塑大致可以分为突出墙面的高浮塑、完全离开墙面的圆塑、粘贴在墙面上的模制影塑和壁塑四类。其中数以千计的与真人大小相仿的圆塑，极富生活情趣，被视为珍品。

　　麦积山的塑像有两大明显的特点：强烈的民族意识和世俗化的趋向。除早期作品外，从北魏塑像开始，差不多所有的佛像都是俯首下视的体态，都有和蔼可亲的面容。虽是天堂的神，却像世俗的人，成为人们美好愿望的化身。从塑像的体形和服饰看，也逐渐在摆脱外来艺术的影响，体现出汉民族的特点。

六、唐代的代表性画家

1. 阎立本

　　阎立本，生年不详，卒于673年，唐代画家。雍州万年（今陕西西安）人，祖籍榆林盛乐（今内蒙古和林格尔）。与父毗、兄立德俱擅绘画、工艺和建筑。高宗显庆初，兄死，代为工部尚书，总章元年（668）升右相，咸亨元年（670）任中书令。工书法，擅画人物、车马、台阁。有"丹青神化"、"冠绝古今"之誉。传世作品有《步辇图》、《历代帝王图》。

《历代帝王图》

《历代帝王图》又称《古帝王图》。此图绢本,设色,纵51.3厘米,横531厘米。现藏于美国波士顿美术馆,全卷共画有自汉至隋十三位帝王的画像,从画像来看,虽仍有程式化的倾向,但在人物个性刻画上表现出很大的进步,不落俗套,而显得个性分明。画中按等级森严的封建伦理观念,处理人物的大小。《历代帝王图》用重色设色和晕染衣纹的方法,有佛教艺术的影响。

《历代帝王图》

《历代帝王图》,画了十三位帝王形象:前汉昭帝刘弗陵,汉光武帝刘秀,魏文帝曹丕,吴主孙权,蜀主刘备,晋武帝司马炎,陈废帝陈伯宗,陈宣帝陈顼,陈后主陈叔宝,陈文帝陈情,北周武帝宇文邕,隋文帝杨坚,隋炀帝杨广,加上侍人共四十六人。帝王均有榜书,有的还记述其在位年代及对佛道的态度。画家既注意到刻划作为封建统治者的共同特性和气质仪容,而又根据每个帝王的政治作为以及不同的境遇命运,成功塑造了个性突出的典型历史人物形象,体现了作者对这些帝王的评议。

此图描绘了从西汉至隋朝十三个皇帝的形象。画家力图通过对各个帝王不同相貌表情的刻画,揭示出他们不同的内心世界、性格特征。那些开朝建代之君,在画家笔下都体现了"王者气度"和"伟丽仪范";而那些昏庸或亡国之君,则呈现出猥琐庸腐之态。画家对作品中的每个形象都寓有褒贬,而这一褒贬又是寓于每个帝王的性格和精神气质之中。在表现帝王的形象时，画家通过人物的面部表情、眼神、眉宇和嘴唇间流露出的神情来刻画不同的个性和气质，以表达作者对前代帝王的作为和才能的评价。

《历代帝王图》的艺术成就代表了初唐人物画的最高水平，在古代绘画史上有着重要地位。唐代是中国画繁荣、鼎盛的时期，在绘画题材方面倾向面对现实。画卷共包含了十三个帝王及一些侍从的肖像，帝王的上方书写有庙号、姓名及在位年数。

总体来讲，《历代帝王图》作为中国肖像画的经典作品，把帝王的气势和内心世界体现得淋漓尽致，画家的色彩审美水平完全达到了登峰造极的地步，艺术价值和历史价值都是无法用金钱来衡量的。

《步辇图》

《步辇图》是唐朝画家阎立本的名作之一。作品设色典雅绚丽，线条流畅圆劲，构图错落富有变化，为唐代绘画的代表性作品，具有珍贵的历史和艺术价值。

贞观十四年（640），吐蕃王松赞干布仰慕大唐文明，派使者禄东赞到长安通聘。《步辇图》所描绘的是禄东赞朝见唐太宗时的场景，现存画作被认为是宋朝摹本，存于北京故宫博物院，为绢本，设色，纵 38.5 厘米，横 129.6 厘米，被称为"中国十大传世

《步辇图》

名画"之一。

松赞干布是吐蕃第三十二世赞普,他平定叛乱,开创了统一的吐蕃王朝。在唐文化的影响下,松赞干布对吐蕃的政治、军事、经济、文化等进行了改革,促进了吐蕃社会开始向封建制过渡,可以说松赞干布是一位颇有作为的赞普。公元 634 年,他派使者向唐求婚,但未能如愿以偿。公元 638 年,他又派使者带琉璃宝入唐求婚,同时,他又带领 20 万军队猛攻唐朝的松州(今四川松潘),想以此向唐朝施加压力以答应自己的求婚,但被唐军击退。至此,他认识到必须要诚心与唐和好。

唐贞观十四年,即公元 640 年,吐蕃王派大相(相当于宰相)禄东赞向大唐求亲,第二年到达长安。由于当时大唐帝国国泰民安,各民族友好相处,因此,当时竟有五个兄弟民族的首领向大唐求亲,唐太宗很是为难。最后,大家想出了一个平等竞争的办法:请五位大使参加考试,谁考胜了,就把公主嫁给谁家的首领。当时出了五道难题,吐蕃使臣禄东赞过关斩将,一路领先,最终取得了胜利。唐太宗非常高兴,心想:松赞干布的使臣这样机智、聪明,松赞干布自己更不用说了。于是,决定将文成公主嫁给吐蕃王松赞干布。文成公主出嫁的消息传到吐蕃以后,吐蕃人在很多地方都准备了马匹、牦牛、食物和饮水,决定隆重迎接;松赞干布亲率欢迎队伍由拉萨出发直奔青海迎接。松赞干布高兴地说:"我今天能娶上国大唐公主,实在荣幸。我要为公主建造一座城,作为纪念,让子孙万代都要与上国大唐永远亲和。"他按照唐朝的建筑风格,在拉萨修建了城郭和宫室,这就是现在的布达拉宫。

文成公主入藏时,带去了大批的丝织品和典籍,还有许多树木、果蔬的种籽,将中原地区的先进文化和生产技术带进了青藏高原,促进了藏族政治、经济、文化的发展。吐蕃也派送了大批的贵族子弟到长安学习诗书, 长安的妇女们也一度风行吐蕃人将脸涂红的风俗,称之为"吐蕃妆"。

松赞干布和文成公主对加强汉藏两族的联系、团结,发展藏族的经济文化作出了重要的贡献,受到人们的敬仰,西藏拉萨布达拉宫内至今还保存着他俩的塑像。

2. 吴道子

吴道子(约 680—759),唐朝著名的画家,汉族,阳翟(今河南禹州)人。画史尊称"吴生",因其深信黄老道学,后改名为"道玄"。被后世尊称为"画圣",被民间画工尊为祖师。早年孤贫喜欢作画,未及弱冠便能"穷丹青之妙"。

他是中国山水画的祖师,被后人尊称为"画圣",素有"吴带当风"的美誉,他的人物绘画更是"冠绝于世"。吴道子初学书后转习绘画,二十岁才崭露头角。曾任兖州瑕丘县尉。后流落洛阳,开元年间以善画被召入宫廷,历任供奉、内教博士、宁王友。曾随张旭、贺知章学习书法,通过观赏公孙大娘舞剑,体会用笔之道。擅佛道、神鬼、人物、山水、鸟兽、草木等,尤精于佛道、人物,长于壁画创作。笔迹落落,气势雄峻。作壁画三百余间,"奇迹异状,无一同者"。画佛像圆光、屋宇柱梁、弯弓挺刃、皆一笔挥成。早年行笔较细,风格稠密;中年雄放,变为遒劲。其画风线条富有运动

吴道子为唐玄宗画钟馗捉鬼

感,粗细互变,线型圆润似"莼菜条",点划之间,时见缺落,有笔不周而意周之妙。后人把他与张僧繇并称"疏体",以别于顾恺之较为古拙的"密体"。所写衣褶,有飘举之势,与曹仲达所作外国佛像,衣纹紧窄。喜用焦墨勾线,略敷淡彩于墨痕中,足显意态,又称"吴装",名作有《地狱变相图》。他兼工山水,描绘蜀道怪石崩滩很有名气。张彦远认为"山水之变,始于吴,成于二李"。苏

轼认为"画至吴道子,古今之变,天下之能事毕矣"。吴生"画塑兼工",善于掌握"守其神,专其一"的艺术法则。画作有《明皇受箓图》、《十指钟馗图》入《历代名画记》;《孔雀明王像》、《托塔天王图》、《大护法神像》等93件入《宣和画谱》,传世作品有《送子天王图》伪本。

七、唐三彩

盛唐时代,经济文化的繁荣促进了绘画艺术的发展,同时工艺美术的发展也是不容忽视的。唐代是我国对外经济开放的一个重要时期,各色工艺品的买卖与交流大大促进了工艺美术的发展,其中最引人注目的便是唐三彩的出现。

唐三彩是一种盛行于唐代的低温铅釉的彩釉陶器,以黄、白、绿为基本釉色,1905年陇海铁路修筑期间,在古都洛阳北邙山一带因工程而毁坏了一批唐代墓葬,后来人们习惯地把这类陶器称为"唐三彩"或"洛阳唐三彩"。三彩釉陶始于南北朝而盛于唐朝,它以造型生动逼真、色泽艳丽和富有生活气息而著称,因为常用三种基本色,又在唐代形成特点,所以被后人称为"唐

图为唐三彩

三彩"。唐三彩的诞生已有1300多年的历史了,它吸取了中国国画、雕塑等工艺美术的特点,采用堆贴、刻画等形式的装饰图案,线条粗犷有力。

唐三彩在古代是冥器,用于殉葬。新中国成立以来,随着人们对唐三彩的关注增多,以及唐三彩复原工艺的发展,人们热衷于文房陈设,是馈赠亲友的良品。

唐三彩在唐代的兴起有着深厚的历史原因。首先是陶瓷业的飞速发展,以及雕塑、建筑艺术水平的不断提高,促使它们之间不断结合、不断发展。因此,从人物到动物以及生活用具都能在唐三彩的器物上表现出来。

唐代贞观之治以后,国力强盛、百业俱兴,同时也导致了一些高官生活的腐化,于是厚葬之风便日益兴盛。唐三彩当时也是作为一种冥器,曾经被列入官府的明文规定,一品、二品、三品、四品,就是说可以允许他随葬多少件,但是实际上作为这些达官显贵们,并不满足于明文的规定,反而他们往往比官府规定要增加很多的倍数,去做这种厚葬。官风如此,民风当然也如此,于是从上到下就形成了这么一种厚葬之风,这也就是唐三彩当时能够迅速在中原地区发展和兴起的一个主要原因。

八、宋代的山水画与花鸟画

宋代绘画在隋唐五代的基础上得以继续发展,民间绘画、宫廷绘画和士大夫绘画各自形成体系,彼此间又互相影响、吸收和渗透,构成了宋代绘画丰富多彩的面貌。北宋统一消除了封建割据造成的分裂和隔阂, 在一段时期内社会保持着相对安定的局面,商业手工业迅速发展,城市布局打破坊和市的严格界限,出现了前所未有的繁荣。南宋虽然偏安江南,由于物产丰盛的江、浙、湖、广地区都在其境内,大量南迁的北方人和南方人一起共同开发江南,经济、文化都得到继续发展并超过北方。北宋的汴梁(今河南省开封市)、南宋的临安(今浙江省杭州市)等城市商业繁盛,除贵族聚集外,还住有大量的商人、手工业者和市民阶层,城市文化生活空前活跃,绘画的需求量明显增加,绘画的服

务对象也有所扩大，为绘画的发展和繁荣提供了物质条件和群
众基础。

唐代出现的文人画，从北宋中后期以后形成了巨大的艺术
潮流。当时对绘画的收藏、品评和延纳画家作画已在上层文人士
大夫中蔚然成风。更有不少文人亲身参加绘画实践，像诗词一样
用以寄兴抒怀，在题材选择、形象处理及审美情趣上，都有自己
的独特要求。他们在画幅上题字咏诗渐次增多，开辟了书画题跋
的新天地，并能自觉地将书法艺术的表现形式引入绘画中，极大
地丰富和提高了绘画艺术的表现手段。两宋时期文人士大夫中
涌现了仲仁、扬无咎的墨梅，文同的竹，苏轼的古木怪石，米芾、
米友仁父子的云山，赵孟坚的水仙等，成为后世文人画家追随学
习的典范。此外，较为著名者还有燕肃、晁补之、宋道、宋迪、蔡
肇、张舜民等人。文人士大夫在绘画理论上也颇有建树，欧阳修
提出了表现萧条淡泊的情怀，陈与义主张"意足不求颜色似，前
身相马九方皋"，苏轼的"论画以形似，见与儿童邻"等一系列见
解都具有代表性。宋代的文人士大夫绘画影响到辽金地区，成为
元明文人画发展的前导。

1.《清明上河图》

作为北宋风俗画的代表，《清明上河图》是中国十大传世名
画之一，是北宋画家张择端仅见的存世精品。清明上河图宽25.2
厘米，长525厘米，绢本设色。作品以长卷形式，采用散点透视构
图法，生动记录了中国十二世纪北宋汴京的城市面貌和当时汉
族社会各阶层人民的生活状况。此图描绘了当时清明时节的繁
荣景象，是汴京当年繁荣的见证，也是北宋城市经济情况的写
照。这在中国乃至世界绘画史上都是独一无二的。在五米多长的

《清明上河图》局部

《清明上河图》局部

画卷里，共绘了814个各色人物，牛、骡、驴等牲畜73匹，车、轿20多辆，大小船只29艘。房屋、桥梁、城楼等各有特色，体现了宋代建筑的特征，具有很高的历史价值和艺术价值。

其特征表现在以下几个方面：

内容丰富，描绘东西繁多。《清明上河图》在表现手法上，以不断移动视点的办法，即"散点透视法"来摄取所需的景象。大到广阔的原野、浩瀚的河流、高耸的城郭，小到舟车上的钉铆、摊贩上的小商品、市招上的文字，和谐的组织成统一整体，在画中有仕、农、商、医、卜、僧、道、胥吏、妇女、儿童、篙师、缆夫等人物及驴、牛、骆驼等牲畜。有赶集、买卖、闲逛、饮酒、聚谈、推舟、拉车、乘轿、骑马等情节。画中大街小巷，店铺林立，酒店、茶馆、点心铺等百肆杂陈，还有城楼、河港、桥梁、货船，官府宅第和茅棚村舍密集。《清明上河图》中画有1695人，各种牲畜60多匹，木船20多只，房屋楼阁30多栋，推车乘轿也有20多件。如此丰富多彩的内容，为历代古画中所罕见。各色人物从事的各种活动，不仅衣着不同，神情气质也各异而且穿插安排着各种活动，其间充满着戏剧性的情节冲突，令观者看罢，饶有无穷回味。

结构严谨，繁而不乱，长而不冗，段落分明。可贵的是，如此丰富多彩的内容，主体突出，首尾呼应，全卷浑然一体。画中每个人物、景象、细节都安排得合情合理。疏密、繁简、动静、聚散等画面关系，处理得恰到好处，繁而不杂，多而不乱。充分表现了画家对社会生活的深刻洞察力和高度的画面组织和控制能力。从内容看,此画属于风俗画,也具有风俗画的特点。

在技法上,大手笔与精细的手笔相结合。善于选择那些既具有形象性和富于诗情画意,又具本质特征的事物、场面及情节加以表现。十分细致入微的生活观察,刻划每一位人物、道具。每个人各有身份,各有神态,各有情节。房屋、桥梁等建筑结构严谨,描绘一丝不苟。车马船只面面俱到,谨小而不失全貌,不失其势。比如船只上的物件、钉铆方式,甚至结绳系扣都交待得一清二楚,令人叹为观止。

2. 宋代山水画与花鸟画概况

北宋开国后,汴京一带成为绘画艺术中心,宫廷画院先后集中了来自西蜀的黄惟亮、赵元长、高文进等,南唐的董羽、厉昭庆、蔡润、徐崇嗣等及中原一带的王霭、赵光辅、高益等画家。院体花鸟画以黄家富贵体为规范,道释画中以吴家样影响最大,山水画以院外画家成就最高。此外,李成善画寒林平远,范宽善画崇山峻岭,许道宁善画平远、野水、林木,他们3人皆先后在不同方面,发展和丰富了荆浩、关仝的北方画派。以董源、巨然为代表的江南画派在这个时期则影响不大。当时画院内外以山水画知名的还有燕文贵、翟院深、高克明、李宗成、屈鼎等,擅长宗教壁画的有高文进、武宗元等,花鸟画则有赵昌、易元吉、王友等。这些画家的创作实践,酝酿着北宋绘画风貌的新变化。

这时期出现了以李公麟为代表的鞍马人物画,以郭熙为代表的山水画,以崔白为代表的花鸟画。他们在内容及艺术上都展示出崭新的风貌,都具有精湛的技巧和深厚的修养。李公麟以单纯朴素的白描形式,精确地表现了不同阶层、民族、地域人物的特征,特别是在刻画士大夫生活形象和情趣上,获得了极大的成功。崔白和郭熙都可以不经起稿而放手作画。崔白描绘季节气候变化中禽鸟的情态,善于表现败荷凫雁的荒情野趣,突破了宋初以来画院内黄氏体制的规范,取得了更为自然生动的效果。郭熙通过景色季节及气候的描绘,表现了山水林泉的幽情美趣,把李成以来的北方山水画派推向更高的水平。以苏轼、文同为代表的文人士大夫绘画潮流，也于此时形成。驸马都尉王诜筑宝绘堂收藏书法名画，并于府第西园中聚集诗人画家赋诗作画，皇族赵令穰善作清丽富有诗意的小景山水，以及米芾这一时期已开展的书画活动，都显示出这一阶层艺术活动的活跃。郭若虚《图画见闻志》、郭熙父子《林泉高致》及苏轼等人的论画诗文显示了此一时期绘画理论的新成就。

山水画继李唐之后，出现了明显的画风变化，代表画家为刘松年、马远、夏圭等人。他们重视章法的剪裁，巧妙地利用画面的大片空白突出鲜明的形象，画面效果含蓄凝练，简洁而富有诗意，具有优美的意境，简明而富有表现力的大斧劈皴则显示了笔墨技巧的提高。历史故事画及风俗画在整个南宋时期都发展得比较快，此时出现的李嵩是尤其值得注意的画家，他曾作《宋江三十六人像》、《服田图》、《四迷图》、《观潮图》等，作品大都含有深刻的意义。梁楷、牧溪、温日观的水墨、减笔则开了元明写意画之风气。

九、明清家具

明清家具同中国古代其它艺术品一样，不仅具有深厚的历史文化艺术底蕴，而且具有典雅、实用的功能，令人回味无穷。明清家具的收藏始于二十世纪三十年代。外国人开始大量地搜集、收购中国明清家具，并运往海外。在后来的几十年间，西方人将中国明清家具提升到了与中国其他文物等同的地位。

明代是中国古典家具发展的黄金时期。明式家具多采用硬木，以黄花梨、紫檀木最为常见。结构采用小结构拼接，使用榫卯，造型上注重功能的合理性与多样性，既要符合人的生理特点，又富贵典雅，是艺术与实用的结合，明式家具极少漆，也没有过多的装饰，突出木色纹理，体现材质美，形成清新雅致、明快简约的风格。明式家具质朴简洁、豪放规整，清代家具工艺精湛、雍容典雅。明式家具以黄花梨木为主，极少使用其他木材。而黄花梨木家具，又以桌椅、橱柜较多，没有镶嵌和雕镂，只有极少雕刻。明末清初由于黄花梨木匮乏而改用紫檀木加工制作。紫檀木家具大件甚少,木材宽一般不过八寸,木材材质好,雕刻的较少,不做镶嵌。据行家介绍,紫檀木木种就有十几种,根据不同的材质,其价格差别较大,最昂贵的为金星紫檀。

清代家具与明代家具不同,大体来说明式简约,清代繁琐;明式的造型取胜,清式装饰见长。清中期以后逐渐使用鸡翅木、酸枝木、铁力木、花梨木等,而新家具大多是用酸枝木和红木作材料。酸枝木家具,大件较多,雕刻花样多,嵌玉和牙、石、木、螺、

明代家具

清代家具

景泰蓝等。花梨木家具也多雕刻、多镶嵌，并且近代产品多。明及清前期的家具式样纷呈，常有变化。明朝在造型上设计出了圈椅、四出头官帽椅、圆角柜、大画案等。清朝在延续了明家具风格的基础上，又设计出了特有的家具，如红木福寿如意太师椅、炫琴案、紫檀圆凳、钉绣墩等家具。

明代家具的风格特点：

1. 造型简练、以线为主

严格的比例关系是家具造型的基础。明代家具的局部与局部的比例、装饰与整体形态的比例，都极为匀称而协调。其各个部件的线条，均呈挺拔秀丽之势。刚柔相济，线条挺而不僵，柔而不弱，表现出简练、质朴、典雅、大方之美。

2. 结构严谨、做工精细

明代家具的卯榫结构，极富有科学性。不用钉子少用胶，不受自然条件的潮湿或干燥的影响，制作上采用攒边等做法。在跨度较大的局部之间，镶以牙板、牙条、券口、圈口、矮老、霸王枨、罗锅枨、卡子花等，既美观，又加强了牢固性。明代家具的结构设计，是科学和艺术的极好结合。

3. 装饰适度、繁简相宜

明代家具的装饰手法，可以说是多种多样的，雕、镂、嵌、描，都为所用。装饰用材也很广泛，珐琅、螺甸、竹、牙、玉、石等，样样不拒。但是，绝不贪多堆砌，也不曲意雕琢，而是根据整体要求，作恰如其分的局部装饰。如椅子背板上，作小面积的透雕或镶嵌，在桌案的局部，施以矮老或卡子花等。虽然已经施以装饰，但是整体看，仍不失朴素与清秀的本色，可谓适宜得体、锦上添花。明代家具纹饰题材最突出的特点是大量采用带有吉祥寓意的母题，如方胜、盘长、万字、如意、云头、龟背、曲尺、连环等纹，与清代家具相比，明代家具纹饰题材的寓意大都比较雅逸，更增强了明代家具的高雅气质。

4. 木材坚硬、纹理优美

明代家具的木材纹理,自然优美,呈现出羽毛兽面等朦胧形象,令人有不尽的遐想。充分利用木材的纹理优势,发挥硬木材料本身的自然美,这是明代硬木家具的又一突出特点。明代硬木家具用材,多数为黄花梨、紫檀等。这些高级硬木,都具有色调和纹理的自然美。工匠们在制作时,除了精工细作而外,同时不加漆饰,不作大面积装饰,充分发挥和利用木材本身的色调、纹理的特长,形成自己特有的审美趣味和独特风格。

清代家具,从发展历史看,大体可分为三个阶段:第一阶段是清初至康熙初,这阶段不论是工艺水平、还是工匠的技艺,都还是明代的继续。所以,这时期的家具造型、装饰等,还是明代家具的延续。造型上不似中期那么浑厚、凝重,装饰上不似中期那么繁缛富丽,用材也不似中期那么宽绰。而且,清初紫檀木尚不短缺,大部分家具还是用紫檀木制造。中期以后,紫檀渐少,多以红木代替了。清初期,由于为时不长,特点不明显,没有留下更多的传世之作,这一时期还是处于对前代的继承期,家具风格可以称为明式。

第二阶段是康熙至嘉庆时期。这段时间是清代社会政治的稳定期,社会经济的发达期,是历史上公认的"清盛世"时期。这个阶段的家具也随着社会发展、人民需要和科技的进步而兴旺发达。到了清朝黄金时代的乾隆时期,家具生产达到了高峰。这些家具材质优良,做工细腻,尤以装饰见长,充分展示了盛世的国势与民风。这些盛世家具风格,与前代截然不同,代表着清代的主流,被后世称为"清式风格"。

第三阶段是道光以后至清末时期。至同治、光绪时,社会经济每况愈下。同时,由于外国资本主义经济、文化、以及教会的输入,使得中国原本的自给自足的封建经济发生了变化,外来文化也随之渗入中国领土。这时期的家具风格,也不例外地受到影响而有所变化。造型上接受了法国建筑和法国家具上的洛可可影响。追求女性的曲线美,过多装饰。木材不求高贵,做工也比较粗糙。

清式家具的风格,概括来说有如下两点:

第一、造型上浑厚、庄重

从雍正年开始,家具新品种、新结构、新装饰不断涌现,如折叠式书桌、炕格、炕书架等。在装饰上也有新的创意,如黑光漆面嵌螺钿、婆罗漆面、掐丝珐琅等。另外用福字、寿字、流云等描画在束腰上,也是雍正时的一种新手法。这一时期的家具一改前代的挺秀,显得浑厚和庄重。突出特点为用料宽绰,尺寸加大,体态丰硕。清代大师椅的造型,最能体现清式的风格特点。它座面加大,后背饱满,腿子粗壮,整体造型像宝座一样的雄伟、庄重。

第二、装饰上求多、求满、求富贵、求华丽

清中期家具特点突出,成为"清式家具"的代表作。清代家具以雕绘满眼绚烂华丽见长,其纹饰图案也相应地体现着这种美学风格。清代家具纹饰图案的题材在明代的基础上进一步发展拓宽,植物、动物、风景、人物无所不有,十分丰富。清代家具的装饰,求多、求满、求富贵、求华丽,多种材料并用,多种工艺结合,甚而在一件家具上,也用多种手段和多种材料。雕、嵌、描金兼取,螺钿、木石并用。此时的家具,常见通体装饰,没有空白,达到空前的富丽和辉煌。吉祥图案在这一时期亦非常流行,但这一时期所流行的图案大都以贴近老百姓的生活为目的,与明代家具的阳春白雪相比,显得有些世俗化。晚清的家具装饰花纹多以各类物品的名称拼凑成吉祥语,如"鹿鹤同春"、"年年有余""早生贵子"等,宫廷贵族的家具则多用"祥云捧日"、"双龙戏珠"、"洪福齐天"等。明末清初之际,西方文化艺术逐渐传入中国,雍正以后,仿西洋纹样的风气大盛,特别是清代广式家具,出现了中西结合式家具,即以中国传统做法制成器,而雕刻西式纹样,通常是一种形似牡丹的花纹,这种花纹出现的年代要相对晚些。

清代工匠崇尚在一件家具上同时采用几种工艺手法,如雕刻加镶嵌,彩绘加贴金、包铜或珐琅等,材料的运用也趋向多样化,常见的有家具上加玉、牙、藤、瓷等等。处理手法比起明代更趋多样化、复杂化。如这一时期出现的紫檀嵌瓷扶手椅、玻璃香几、嵌玉璧插屏、掐丝珐琅宝座等都是清代特有的家具装饰技法。

十、元明清陶瓷

　　公元 1280 年,元朝建立,枢府窑出现,景德镇开始成为中国陶瓷产业中心,其名声远扬世界各地。景德镇生产的白瓷与釉下蓝色纹饰形成鲜明对比,青花瓷自此起兴文化在以后的各个历史时期也一直深受人们的喜爱。

　　明朝统治从 1368 年开始,直到 1644 年。这一时期,景德镇的陶瓷制造业在世界上是绝对最好的, 在工艺技术和艺术水平上独占突出地位,尤其是青花瓷达到了登峰造极的地步。此外,福建的德化窑、浙江的龙泉窑、河北的磁州窑也都以各自风格迥异的优质陶瓷蜚声于世。随着明朝最后一个皇帝的自杀身亡,公元 1644 年李自成率领农民起义军攻入北京。从吴三桂召满清大军入关到 1911 年清室覆灭,满清统治垂两百余年。其中康熙、雍正、乾隆三代被认为是整个清朝统治下陶瓷业最为辉煌的时期,工艺技术较为复杂的产品多有出现, 各种颜色釉及釉上彩异常丰富。到清代晚期,政府腐败,国运衰落,人民贫困,中国的陶瓷制造业日趋退化。

1. 景德镇陶瓷

　　景德镇坐落在黄山、怀玉山余脉与鄱阳湖平原的过渡地带,是中外著名的瓷都,与广东佛山、湖北汉口、河南朱仙镇并称为明清时期的中国四大名镇,景德镇是国务院首批公布的全国 24 个国家历史文化名城之一和甲类对外开放城市。到 2007 年,景德镇已经获得 “中国优秀旅游城市”、“国家生态园林城市”、“全国文明卫生城市”等称号。正是这样的城市,造就了中国引以为自豪的陶瓷帝国。

　　陶瓷,是陶器与瓷器的统称。“陶”、“瓷”并称反映了这两类器物之间的联系与区别。从广义上说,陶瓷包括陶器、瓷器、炻器(介于陶器与瓷器之间的一种陶瓷制品,如水缸、酒瓶等)。陶瓷广泛应用于日常生活和工艺美术中。景德镇陶瓷的发展,大量系艺术陶瓷、生活用瓷和陈设用瓷,以白瓷著名,素有“白如玉,明如镜,薄如纸,声如磬”之称,品种齐全,曾达三千多种品名。瓷质优良,造型轻巧,装饰多样。在装饰方面有青花、釉里红、古彩、粉彩、斗彩、新彩、釉下五彩、青花玲珑等,其中尤以青花、粉彩产品为大宗,颜色釉为名产。釉色品种很多,有青、蓝、红、黄、黑等类。仅红釉系统,即有钧红、郎窑红、霁红和玫瑰紫等,均用"还原焰"烧成,产品驰名世界。

景德镇是"瓷器之国"的代表和象征,制瓷历史悠久,瓷器精美绝伦,闻名全世界,故有"瓷都"之称。景德镇生产瓷器的历史源远流长,唐代烧造出洁白如玉的白瓷,便有"假玉器"之称。在宋代御赐殊荣,即皇帝宋真宗将年号景德赐给景德镇,于是景瓷驰名天下。之后,历经元、明、清三代,景德镇成为"天下窑器所聚"的全国制瓷中心。时至清康、雍、乾三朝,瓷器发展到历史颠峰。2000多年的制瓷文化和技艺的深厚积淀,为景德镇奠定了举世公认的瓷都地位。景德镇瓷器熔工艺、书法、绘画、雕塑、诗词于一炉,真是"贵逾珍宝明逾镜,书比荆关字比苏"。典雅秀丽的青花,五彩缤纷的彩绘,斑斓绚丽的色釉,玲珑剔透的薄胎,巧夺天工的雕塑,无一不是中华文化艺术的瑰宝。在乾隆时期,景德镇的瓷窑很多,而且分布很广,除官窑外,还有民窑两三百处,工匠数以万计。这个时期生产的青花瓷画面清晰干净,色彩翠蓝光艳,给人以清新明快之感。五彩瓷器色调强烈,富丽堂皇,较之明代又有发展。创作的粉彩瓷器色调柔和,层次分明,富有立体感。在瓷胚上用西洋油画激发作画,再入窑烧制成珐琅彩瓷器,融汇中西,异常精美,是皇宫的专用品。这些绚丽多彩的名贵瓷器,通过各种渠道,沿着路上"丝绸之路"、海上"陶瓷之路","行于九域,施及外洋"为传播中华文化艺术,经贸交往,发挥了积极的推动作用,对世界文化的丰富和发展作出了重大贡献。

景德镇瓷器造型优美,品种繁多,装饰丰富,风格独特,是中国文化宝库中的重要财富。景德镇瓷雕制作可以追溯到一千四百多年前,远在隋代就有"狮"、"象"的制作。当代的景德镇,瓷雕工艺精湛,工艺种类齐全,有园雕、捏雕、镂雕、浮雕等;千姿百态、栩栩如生;装饰丰富,有高温色温、釉下五彩、青花斗彩、新花粉彩等;艺术表现力强,有的庄重浑厚,有的典雅清新,有的富丽堂煌,鲜艳夺目。青花、玲珑、粉彩、颜色釉,合称景德镇四大传统名瓷,薄胎瓷称神奇珍品,雕塑瓷为我国传统工艺美术品。

2. 粉彩瓷

粉彩也叫"软彩",是釉上彩的一个品种。所谓釉上彩,就是在烧好的素器釉面上进行彩绘,再入窑经摄氏600度至900度温度烘烤而成。粉彩瓷的彩绘方法一般是,先在高温烧成的白瓷上勾画出图案的轮廓,然后用含砷的玻璃白打底,再将颜料施于这层玻璃白之上,用干净笔轻轻地将颜色依深浅浓淡的不同需要洗开,使花瓣和人物衣服有浓淡明暗之感。由于砷的乳浊法作用,玻璃白有不透明的感觉,与各种色彩相融合后,便产生粉化作用,红彩变成粉红,绿彩变成淡绿,黄彩变成浅黄,其他颜色也都变成不透明的浅色调,并可控制其加入量的多寡来获得一系列不同深浅浓淡的色调,给人粉润柔和之感,故称这种釉上彩为"粉彩"。在表现技法上,从平填进展到明暗的洗染;在风格上,其布局和笔法,都具有传统的中国画的特征。粉彩瓷器使用"玻璃白",并与绘画技法紧密结合,这是景德镇陶工们的一项新的创举。经研究化验,所谓"玻璃白"是不透明的白色乳浊剂,属氧化铅、硅、砷的化合物,利用其乳浊作用,可以使彩绘出现浓淡凹凸的变化,增加了彩绘的表现力,让画面粉润柔和,富于国画风格,因此博得了"东方艺术明珠"的美称。

早在清朝康熙后期,景德镇的粉彩瓷就已问世,雍正时相当精致,乾隆年间已达到了很高的艺术水平。"珠山八友"留下很多粉彩画的瓷器珍品,其领袖人物王琦,将一般的绘瓷方法应用于绘瓷板人物像,画持精深,画风新颖,被人们称为"神技"。新中国成立后,粉彩瓷更有长足的发展,许多具有健康、清新、大方特色的新作琳琅满目。艺术瓷厂生产"福寿牌"粉彩瓷获国家金奖。

3. 玲珑瓷

青花玲珑瓷是在明宣德年间镂空工艺的基础上创造和发展起来的,已有五百多年的历史。它融青花技术之长,集镂雕艺术之妙,玲珑剔透,精巧细腻,具有清新明快之感。据记载,清代景德镇御窑厂制作的玲珑瓷就已具较高水平,但产量甚少,仅供宫

粉彩瓷器

玲珑瓷器

廷使用。瓷工用刀片在坯胎上镂成点点米粒状,被人们称为"米通",又叫"玲珑眼",再填入玲珑釉料,并配上青花装饰,入窑烧制而成。它显得灵巧、明彻、透剔,特别高雅秀洁。在清代,瓷工把青花和玲珑巧妙地结合于一体,形成了人人喜爱的青花玲珑瓷。碧绿透明的玲珑和色呈翠兰的青花互为衬托,相映生辉,给人以一种特殊的美感。

玲珑瓷以玲珑剔透、晶莹雅致而蜚声中外。如今青花玲珑不仅在日用中西餐茶具、酒具上普遍运用,而且已扩展到各种花瓶、花插、花钵、以及吊灯、壁灯、皮灯等各式灯具。"玲珑眼"的形状也已从传统的米粒状发展到月牙状、流线状、圆珠状、菱角状、多角状等多种规则、不规则的形状。有时还与"半刀泥"相结合,组成各种图案。"玲珑眼"的釉色也由原来的单一碧绿色发展为红、黄、绿、蓝交相辉映的"五彩玲珑",更丰富和增强了玲珑瓷的表现力和艺术魅力。

祭红釉

4. 颜色釉瓷

颜色釉瓷又称"色釉瓷",是依靠釉水色彩的变化来装饰瓷器的。通常在釉料之中调整各种微量元素的含量,就能达到改变釉色的目的,如铜红、钴兰、铁黑、铅绿等。在釉料里加上某种氧化金属,经过焙烧以后,就会显现出某种固有的色泽,影响色釉成色的主要是起着色剂作用的金属氧化物,此外还与釉料的组成,料度大小,烧制温度以及烧制气氛有着密切的关系。人们说:"自然界有什么颜色,就可以烧制出什么颜色的瓷器。"我们如果参观一下景德镇的颜色釉瓷,就会相信此话不假。当然,有许多颜色釉的配料和烧制是十分困难的,如"祭红釉",就有千窑一宝之说。

一般来讲,我们将颜色釉分如下几个大类:如青釉、酱釉、黑釉、白釉、黄釉、绿釉、青白釉等。其实每种颜色还可以再细分,如青釉就可以分成豆青、粉青、天青、梅子青等等近20多种。要注意的是颜色釉的划分并不是根据肉眼对釉面颜色的判断来确定的,比如宋代福建窑的一些青白釉,直观看上去是白色的,但由于其所含各种微量元素的比例,决定了他仍是属于青白釉。窑变

青白釉

釉和结晶釉色应纳入色釉瓷的范围之内。

5. 青花瓷

景德镇青花瓷,被人们称为"人间瑰宝"。始创于元代,到明、清两代为高峰。它用氧化钴料在坯胎上描绘纹样,施釉后高温一次烧成。它蓝白相映,怡然成趣,晶莹明快,美观隽久。白釉青花一大城,花从釉里透分明,使人赏心悦目。明代航海家郑和七下西洋,每次都带去大批青花瓷,与 30 多个国家进行交往,不少珍品现被收藏在英、美等国博物馆。

青花瓷在各时代都有其不同的特点, 现代的青花瓷既传承了古代的精巧工艺,又有创新。从功能上分,现代青花瓷大致可分为三种:日用瓷、仿古瓷和艺术瓷。在装饰形式上,青花还经常与釉里红、颜色釉、粉彩、古彩、新彩、玲珑等形式结合起来,相互

青花瓷

衬托而形成青花斗彩（瓷器上的蓝色部分先直接在胎上施青花釉并留白，上釉烧成后再用釉上彩料彩绘其留白部分，最后再次入炉烘烧）、青花釉里红（以氧化铜在瓷胎上绘制图纹后施以透明釉，并在高温还原焰中烧成，纹饰在釉下呈现红色）等种类。

景德镇陶瓷的工艺有72道工序，而青花瓷的工艺跟景德镇普通陶瓷的工艺大体相当，青花瓷尤为珍贵源于其绘画艺术设计的文化内涵和艺术特质，青花瓷的成功，源于很多细节，青花的发色，窑温，釉面厚度，釉料的选择等。

元青花

成熟的青花瓷出现在元代的景德镇。元青花瓷的胎由于采用了"瓷石＋高岭土"的二元配方，使胎中的氧化铝含量增高，烧成温度提高，焙烧过程中的变形率减少。多数器物的胎体也因此厚重，造型厚实饱满。胎色略带灰、黄，胎质疏松。底釉分青白和卵白两种，乳浊感强。其使用的青料包括国产料和进口料两种：国产料为高锰低铁型青料，呈色青蓝偏灰黑；进口料为低锰高铁型青料，呈色青翠浓艳，有铁锈斑痕。在部分器物上，也有国产料和进口料并用的情况。器型主要有日用器、供器、镇墓器等类，尤以竹节高足杯、带座器、镇墓器最具时代特色。除玉壶春底足荡釉外，其它器物底多砂底无釉，见火石红。

元青花的纹饰最大特点是构图丰满，层次多而不乱。笔法以一笔点划多见，流畅有力，勾勒渲染则粗壮沉着。纹饰的题材有人物、动物、植物、诗文等。人物有高士图（四爱图）、历史人物等；动物有龙凤、麒麟、鸳鸯、游鱼等；植物常见的有牡丹、莲花、兰花、松竹梅、灵芝、花叶、瓜果等；诗文极少见。所画牡丹的花瓣多留白边；龙纹为小头、细颈、长身、三爪或四爪、背部出脊、鳞纹多为网格状，矫健而凶猛。辅助纹饰多为卷草、莲瓣、古钱、海水、回纹、朵云、蕉叶等。莲瓣纹形状似"大括号"，莲瓣中常绘道家杂宝；如意云纹中常绘海八怪或折枝莲花、缠枝花卉，绘三阶云；蕉叶中梗为实心（填满青料）；海水纹为粗线与细线描绘相结合。

元代青花瓷

明清青花

　　明清时期是青花瓷器达到鼎盛又走向衰落的时期。明永乐、宣德时期是青花瓷器发展的一个高峰，以制作精美著称；清康熙时以"五彩青花"使青花瓷发展到了巅峰；清乾隆以后因粉彩瓷的发展而逐渐走向衰退，虽在清末（光绪）时一度中兴，最终无法延续康熙朝的盛势。总的说来，这一时期的官窑器制作严谨、精致；民窑器则随意、洒脱，画面写意性强。从明晚期开始，青花绘画逐步吸收了一些中国画绘画技法的元素。

明清青花瓷